suhrkamp taschenbuch
wissenschaft 328

Arthur C. Danto, der an der Columbia-University Philosophie lehrt, hat in diesem inzwischen berühmten Buch den ersten Versuch einer grundlegenden Kritik traditioneller philosophischer Geschichtsauffassungen aus der Sicht der analytischen Philosophie vorgelegt und Prolegomena zu einer analytischen Philosophie der Geschichte entwickelt. Polemisch gegen jeglichen historischen Relativismus gewendet, arbeitet er Grundzüge einer »temporalen Sprache« heraus, die ihm die Geltung von Aussagen über die Vergangenheit zu sichern scheinen. Seine zentrale These: alle Geschichtsschreibung, ob beschreibender oder erklärender Art, hat eine narrative Struktur.

Arthur C. Danto
Analytische Philosophie der Geschichte

Übersetzt von Jürgen Behrens

Suhrkamp

Titel der Originalausgabe: *Analytical Philosophy of History*

suhrkamp taschenbuch wissenschaft 328
Erste Auflage 1980

Druck: Georg Wagner, Nördlingen
Printed in Germany
Umschlag nach Entwürfen von
Willy Fleckhaus und Rolf Staudt

CIP-Kurztitelaufnahme der Deutschen Bibliothek
Danto, Arthur C.:
Analytische Philosophie der Geschichte / Arthur C. Danto.
[Aus d. Engl. von Jürgen Behrens]. - 1. Aufl. -
Frankfurt am Main: Suhrkamp, 1980.
(Suhrkamp-Taschenbuch Wissenschaft; 328)
Einheitssacht.: Analytical philosophy of history ⟨dt.⟩
ISBN 3-518-07938-7

Inhalt

Insbesondere eignet sich das Gebot, das uns verbietet, vom Baum der Erkenntnis zu essen, für geschichtliche Ereignisse. Nur die unbewußte Handlung trägt Früchte, und derjenige, der in einem geschichtlichen Ereignis eine Rolle spielt, vermag niemals, ihre Bedeutung zu verstehen. Versucht er dennoch, sie zu begreifen, bleibt all sein Bemühen fruchtlos.

(Tolstoi, *Krieg und Frieden,* XII. Buch, 2. Kap.)

Um das banalste Ereignis zu einem Abenteuer werden zu lassen, ist es erforderlich und ausreichend, es zu *erzählen.* Damit schlägt man die Leute vor den Kopf: ein Mann ist immer ein Geschichtenerzähler, er lebt, umgeben von seinen und den Geschichten anderer, durch sie hindurch sieht er alles, was ihm zustößt. Und er versucht, sein Leben so zu leben, als ob er es erzählte ... Ich wollte, daß Abschnitte meines Lebens einander folgten und sich einordneten wie die eines Lebens, an das man sich zurückerinnert. Aber ebensogut könnte man versuchen, die Zeit am Schwanze zu packen.

(Sartre, *Der Ekel*)

Vorwort

Es wird zuweilen gesagt, daß die Aufgabe der Philosophie nicht darin bestehe, über die Welt zu denken oder zu sprechen, sondern vielmehr darin, die Weisen zu analysieren, in denen über die Welt gedacht und von ihr gesprochen wird. Doch da wir offenkundig keinen anderen Zugang zur Welt haben als vermöge der Art und Weise, über sie zu denken und zu sprechen, können wir es schwerlich vermeiden – auch dann nicht, wenn wir uns auf Denken und Sprechen allein beschränken –, gewisse Aussagen über die Welt zu machen. Die philosophische Analyse unserer Denk- und Sprechweisen mit Beziehung auf die Welt wird somit schließlich zu einer allgemeinen Beschreibung der Welt, so wie wir sie zu begreifen genötigt sind, vorausgesetzt, daß wir so denken und sprechen, wie wir es tun. Kurz gesagt: Analyse verlangt nach einer deskriptiven Metaphysik, wenn sie systematisch durchgeführt werden soll.

Es ist unmöglich, das Ausmaß zu überschätzen, bis zu dem unsere gewohnheitsmäßigen Weisen, uns über die Welt Gedanken zu machen, historisch sind. Dies wird schon, wenn durch nichts anderes sonst, an der ungeheuren Vielzahl von Begriffen unserer Sprache deutlich, deren Anwendung, auch wenn die Bezugsobjekte unserer gegenwärtigen Umwelt angehören, einen historischen Modus des Denkens voraussetzt. Sollte es irgendwo und zu irgendeiner Zeit ein Volk gegeben haben, das wirklich unhistorisch gedacht hat, so wüßten wir dies allein schon durch die Tatsache, daß die Kommunikation mit ihm bloß marginal sein könnte, wobei beträchtliche Bereiche unserer Sprache in die ihrige nicht übertragbar wären. Sollten wir selbst den Versuch unternehmen, unhistorisch zu denken, so würde dies zumindest eine erhebliche linguistische Enthaltsamkeit von uns verlangen, denn wir wären darauf angewiesen, mit kaum mehr als einem Bruchteil unseres Vo-

kabulars und unserer Grammatik auszukommen. Wir müßten in der Tat Beschreibungen auf gerade jene Prädikate beschränken, die gemäß empiristischen Sinnkriterien als zulässig gelten können. Empiristen, denen dieses begrenzte Vokabular einzigartig sinnvoll erscheint, sind im Zusammenhang mit dem Geschichtlichen auf Probleme gestoßen, was angesichts der Kriterien, die sie aufgestellt haben, nicht wundernehmen kann. Der Ruhm des Empirismus besteht in seiner Strenge, und es geschieht im Laufe der Begegnung mit und der Lösung von Problemen, die er aufwirft, daß man eine erste Ahnung der Konturen historischen Denkens gewinnt und damit nicht zuletzt auch von der Struktur der Geschichte selbst. Dieses Buch ist eine Analyse des historischen Denkens und der Sprache, dargestellt als ein systematisches Netzwerk von Beweisführungen und Klärungen, wobei die daraus gezogenen Schlußfolgerungen sich zu einer deskriptiven Metaphysik der historischen Existenz zusammenfügen sollen.
Mehr zu sagen wäre in einer derartigen Vorbemerkung nicht ratsam, und ich sage dies nur, um irgendwie den Titel des Buches und den Geist zu erklären, aus dem heraus es geschrieben worden ist. Und schließlich auch, um die seltsame Auffassung zu vertreten, daß die Philosophie aus eigenem Recht Dinge zu sagen hat, daß »Analyse« – die ich eklektisch (in jenem Sinne, der diesem Begriff von den Bologneser Malern gegeben wurde) gebrauche – die Weise ist, in der sie gesagt werden müssen, und daß die Entfernung zwischen Cambridge und Saint-Germaine-des-Près nicht so astronomisch weit ist, wie es zunächst erscheinen mag.

Der überwiegende Teil dieses Buches wurde während eines Ferienjahres, das mir die Columbia Universität 1961-62 gewährte, geschrieben, mit Unterstützung eines Forschungsstipendiums des American Council of Learned Societies. Beiden Institutionen bin ich wegen ihrer fühlbaren Ermutigung und Hilfe dankbar verpflichtet. Frühere Untersuchungen wurden angeregt durch zwei Sommer-Stipendien des Columbia Council for Research in the Social Sciences. Zwei Abschnitte des Buches – die Kapitel VIII und XII – erschienen zuerst in Aufsatzform in *History and Theory* bzw. *Filosofia* (Turin; 4. Internationales Faszikel, November 1962), und mein Dank gilt den Herausgebern dieser Zeitschriften für die Genehmigung, hier nochmals Gebrauch von diesem Material machen zu dürfen.

Es gibt drei Menschen, denen ich meine intellektuelle Dankesschuld abstatten möchte. Der erste unter ihnen ist Professor William Bossenbrook, dessen Übungen im Fach Geschichte an der Wayne University mich und eine ganze Studentengeneration zur Welt des Intellekts erweckten. Seine Vorlesungen waren die anregendsten, die ich jemals gehört habe, und ich würde wohl unter ihrem Einfluß mein Leben ganz dem Studium der Geschichte gewidmet haben, hätte ich nicht die Entdeckung gemacht, daß sie einzigartig gewesen sind. Der zweite ist Professor Nagel, dessen Arbeit in der Wissenschaftstheorie und insbesondere auf dem Gebiet der Reduktion für höchste philosophische Leistung beispielgebend gewesen ist. Seinem Beispiel und seinem Zuspruch verdanke ich vieles. Der dritte ist mein enger Freund und Kollege Professor Sidney Morgenbesser, ein Mann von Wärme, Geist und außerordentlichem philosophischen Scharfsinn. Die eigene Unterwerfung unter höchste Maßstäbe philosophischer Integrität steht allen, die ihn kennen, als eine Art Gewissen verpflichtend vor Augen. Mein Buch ist durch diese drei Männer geprägt worden.

Viele andere haben mich gedanklich angeregt, gelegentlich in einer Weise, die ihnen selbst nicht zu Bewußtsein gekommen ist, und sollten sie dieses Buch lesen, dann mag es geschehen, daß sie einem von ihnen selbst gesprochenen Satz oder einem ihrer eigenen Gedanken wiederbegegnen, herausgelöst aus einem Gespräch und montiert wie ein Bruchstück zu einer Collage: ich habe nicht geborgt, sondern gestohlen, indem ich mir ihre Sachen angeeignet habe. Darüber hinaus verpflichten mich zu besonderem Dank Justus Buchler, Robert Cum-

ming, James Gutmann, Judith Jarvis Thomson und John Herman Randall, deren jedem ich stets dankbar sein werde. Meine Töchter Elisabeth und Jane versorgten mich mit Beispiel um Beispiel für die historische Erklärung, von denen einige in meine Erörterung jenes schwergeprüften Gegenstandes eingegangen und somit erhalten geblieben sind.
Insoweit diesen Versuch Klarheit und literarische Form auszeichnen, verdanke ich diese meiner Frau, Shirley Danto, deren unfehlbares Auge und Ohr für literarische Richtigkeit und Geschmack ich mir zur Richtschnur genommen habe. Wo das Geschriebene dunkel bleibt, ist dies dem Umstand zuzuschreiben, daß ich es unterlassen habe, ihren Rat einzuholen, oder ihm nicht gefolgt bin. Doch dessen ungeachtet ist meine Dankesschuld ihr gegenüber in jeder Hinsicht unermeßlich.

New York, 1964 A. C. D.

I. Substantialistische und analytische Philosophie der Geschichte

Der Ausdruck »Philosophie der Geschichte« deckt zwei voneinander abgehobene Weisen der Untersuchung. Ich werde diese als die *substantialistische* und die *analytische* Philosophie der Geschichte bezeichnen. Die erstere steht in Verbindung mit der gewöhnlichen Art historischer Untersuchung, was soviel heißen soll, als daß substantialistische Geschichtsphilosophen, gleich den Historikern, damit befaßt sind, eine Beschreibung dessen zu geben, was in der Vergangenheit geschehen ist, wenngleich ihr Anspruch darin bestehen mag, etwas *mehr* zu tun als nur dies. Dagegen steht die analytische Philosophie der Geschichte nicht nur mit der Philosophie in Beziehung: Sie *ist* wohl Philosophie, doch eine Philosophie, die auf spezielle begriffliche Probleme angewendet wird, die sich aus der Praxis der Historiker ebenso ergeben wie aus der substantialistischen Philosophie der Geschichte. Die substantialistische Geschichtsphilosophie hat in Wirklichkeit überhaupt keine Beziehung zur Philosophie, jedenfalls in keinem höheren Maße als die Geschichte selbst. Dieses Buch ist eine Übung in analytischer Philosophie der Geschichte.

Der erste Gegenstand, den ich analysieren werde, betrifft dasjenige, was die substantialistische Geschichtsphilosophie über die Beschreibung des Vergangenen hinaus zu leisten vorgibt. Es ließe sich vergröbernd sagen, daß die Geschichtsphilosophie im Gegensatz selbst zu den ehrgeizigsten Hervorbringungen gewöhnlicher geschichtswissenschaftlicher Arbeiten bestrebt ist, eine Beschreibung des *Ganzen* der Geschichte zu liefern. Es gibt bei einem Versuch ihrer Charakterisierung jedoch gewisse Anfangsschwierigkeiten. Nehmen wir einmal an, wir stellten sämtliche Arbeiten des gewöhnlichen Typus historischer Untersuchungen zusammen und fügten diesen weitere Stücke der Geschichtsschreibung hinzu, die alle offengebliebenen Lücken ausfüllten, so daß wir am Ende eine vollständige und totale Beschreibung alles dessen hätten, was sich jemals ereignet hat. Man könnte dann sagen, daß wir eine Darstellung der gesamten Geschichte und damit zugleich auch eine Philosophie der Geschichte vorgelegt hätten. Doch in Wirklichkeit wäre uns dies nicht gelungen: Wir hätten dann höchstens eine Beschreibung der gesamten *Vergangenheit* geleistet. Wir müssen dementsprechend zwischen dem Ganzen der Geschichte und der ganzen Vergangenheit unterscheiden; und eine Weise, in der man dies tun könnte, wäre die folgende:

Das typische Bild, nach dem wir uns den Historiker denken, zeigt ihn als jemanden, der Interesse nimmt am Studium und an der bis ins einzelne gehenden Darstellung besonderer Ereignisse. Das Wort ›Ereignis‹ gebrauche ich hier mit einiger Unbestimmtheit, doch die Französische Revolution wäre ganz eindeutig ein Beispiel für jene Art von Ereignis, an dessen Studium und Darstellung Historiker interessiert sind. Nun muß es allerdings unzählige Ereignisse geben, für deren Geschehen nur überaus spärliche Beweise vorliegen, und eine Unmenge anderer, von denen wir zwar glauben, daß sie sich zugetragen haben müssen, über die wir aber kaum mehr wissen, als daß sie geschehen sein müssen. In unserer Beschreibung der Geschichte gibt es, kurz gesagt, viele Lücken. Aber nehmen wir einmal an, daß alle diese Lücken geschlossen werden, so daß wir über jedes Ereignis, das sich jemals zugetragen hat, genausoviel wissen wie über die Französische Revolution. Nehmen wir sogar an, daß wir alles wissen, was jemals geschehen ist, daß wir sozusagen eine *ideale Chronik* der gesamten Vergangenheit besitzen. Indessen wäre auch dies keineswegs schon die ganze Geschichte, von der ich gesagt habe, daß die substantialistischen Geschichtsphilosophen sie sich zur Aufgabe gemacht haben. Eine derartige, ideell vollständige Darstellung der ganzen Vergangenheit würde bestenfalls *data* für eine substantialistische Philosophie des Ganzen der Geschichte bereitstellen. Der Begriff der *data* ist korrelativ zum Begriff der Theorie, und es wird hier ganz offen zu verstehen gegeben, daß die substantialistische Geschichtsphilosophie der Versuch sei, eine Art Theorie zu entdecken, die den bislang noch ungeklärten Begriff des geschichtlichen Ganzen sich zum Gegenstand macht. Ich werde jenem Selbstverständnis nachgehen und zwei unterschiedene Arten solcher Theorien – *beschreibende* und *erklärende* – einander gegenüberstellen.

In diesem Kontext ist eine beschreibende Theorie eine solche, die bestrebt ist, ein Schema in all denjenigen Ereignissen aufzuzeigen, die die gesamte Vergangenheit ausmachen, und dieses Schema in die Zukunft zu projizieren; solcherart wird dann die Behauptung erhoben, daß alle zukünftigen Ereignisse das Schema, das in den Ereignissen der Vergangenheit aufgedeckt worden war, entweder nur wiederholen oder vervollständigen können. Eine erklärende Theorie bedeutet demgegenüber den Versuch, dieses Schema in den Begriffen der Kausalität darzustellen. Ich möchte nun mit allem Nachdruck behaupten, daß eine erklärende Theorie sich einzig insoweit also eine Philosophie der Geschichte zu qualifizieren vermag, als sie mit einer beschreibenden Theorie verbunden ist. Es gibt eine Anzahl kausaler Theorien, die bemüht sind, historische Ereignisse in Begriffen von größter Allgemeinheit zu erfassen – erklärbar durch ihre Beziehung zu rassischen, klimatischen oder ökonomischen Faktoren. Doch jene Theorien sind bestenfalls Beiträge zu den Sozialwissenschaften und als solche durchaus keine genuinen Geschichtsphilosophien. Der Marxismus ist eine Philosophie der Geschichte und weist in der Tat beide Theorien auf: die beschreibende und die erklärende. Vom Gesichtspunkt der beschreibenden Theorie her gesehen besteht jenes Schema im Klassenkonflikt, wobei jede gegebene Klasse aus den Bedingungen ihrer eigenen Existenz heraus ihren eigenen Widersacher erzeugt und von ihm überwältigt wird: »Alle Geschichte ist die Geschichte von Klassenkämpfen«; und die Gestalt der Geschichte ist eine dialektische. Dieses Schema wird sich so lange durchhalten, wie gewisse kausale Kräfte wirksam bleiben, und der Versuch, diese kausalen

Kräfte mit verschiedenen ökonomischen Faktoren gleichzusetzen, konstituiert die erklärende Theorie des Marxismus. Marx sagte voraus, daß das Schema zu irgendeinem zukünftigen Zeitpunkt an sein Ende kommen werde, weil die verursachenden Faktoren, die für seinen Fortbestand verantwortlich sind, unwirksam würden. Abgesehen von einigen wenigen, sehr zurückhaltend formulierten utopischen Andeutungen[1] scheute Marx davor zurück, näher auszuführen, was danach geschehen würde. Dann nämlich, so fühlte er, wäre der Begriff ›Geschichte‹ nicht länger anwendbar. Geschichte, so wie er sie verstand, würde zum Stillstand kommen, sobald die Klassenkonflikte beendet wären, das heißt also: wenn die Gesellschaft klassenlos geworden ist.[2] Und er, Marx, wollte sich darauf beschränken, eine Theorie der *Geschichte* anzubieten.[3] Jedenfalls sollte klar geworden sein, daß der Ausdruck ›das Ganze der Geschichte‹ mehr umschließt als ›die ganze Vergangenheit‹. Er umfaßt ebenso auch die ganze Zukunft oder, wenn es notwendig ist, diese nähere Bestimmung zu geben, die ganze *historische* Zukunft. Ich werde gleich auf diesen Punkt zurückkommen.

Wenn wir die Verbindung zwischen Geschichte und Geschichtsphilosophie in der Weise sehen, wie ich es hier vorgeschlagen habe, könnten wir versucht sein, diese Verbindung analog derjenigen zwischen observatorischer Astronomie und theoretischer Astronomie aufzufassen. So etwa wird Tycho Brahe deswegen gefeiert, weil er über einen langen Zeitraum hinweg eine Reihe von Himmelsbeobachtungen von bislang beispielloser Genauigkeit hinsichtlich der Stellungen (neben anderen Momenten) der bereits bekannten Planeten durchgeführt hat. Dennoch war er selbst nicht dazu imstande, ein auf diese unterschiedlichen Konstellationen projizierbares, tragfähiges Schema ausfindig zu machen. Es war schließlich Kepler, dem hierin Erfolg beschieden war, indem er nach mühseliger Kleinarbeit die Entdeckung machte, daß die Positionen eines Planeten auf einer Ellipse lokalisiert werden können, deren Fokus die Sonne bildet. Dies entspräche etwa dem, was ich eine beschreibende Theorie genannt habe. Es blieb Newton vorbehalten, zu erklären, warum dieses besondere Schema schlüssig ist; d. h. er erst lieferte eine erklärende Theorie. In manchen Fällen haben Geschichtsphilosophen ihre Aufgabe begrifflich in einer Weise gefaßt, die dem soeben Ausgeführten genau analog ist. Zum Beispiel schreibt Kant zu diesem Thema:

»Was man sich auch in metaphysischer Absicht für einen Begriff von der *Freiheit des Willens* machen mag: so sind doch die *Erscheinungen* desselben, die menschlichen Handlungen, eben so wohl als jede andere Naturbegebenheit, nach allgemeinen Naturgesetzen bestimmt. Die Geschichte ... läßt dennoch von sich hoffen: daß, wenn sie das Spiel der Freiheit des menschlichen Willens *im großen* betrachtet, sie einen regelmäßigen Gang derselben entdecken könne; und daß auf die Art, was an einzelnen Subjekten verwickelt und regellos in die Augen fällt, an der ganzen Gattung doch als eine stetig fortgehende obgleich langsame Entwicklung der ursprünglichen Anlagen derselben werde erkannt werden können ... Wir wollen sehen, ob es uns gelingen werde, einen Leitfaden zu einer solchen Geschichte zu finden; und wollen es dann der Natur überlassen, den Mann hervorzubringen, der imstande ist, sie darnach abzufassen. So brachte sie einen *Kepler* hervor, der die exzentrischen Bahnen der Planeten auf eine unerwartete Weise bestimmten Gesetzen unterwarf; und einen *Newton,* der diese Gesetze aus einer allgemeinen Natururşache erklärte.«[4]

Wollten wir diesen irgendwie schmeichelhaften Vergleich weiterführen, dann würde die substantialistische Geschichtsphilosophie in demselben Verhältnis zur gewöhnlichen historischen Untersuchung stehen, in dem die theoretische Wissenschaft zur wissenschaftlichen Beobachtung steht. Es gab und es gibt vielleicht noch immer Bereiche der Wissenschaft, in denen man über das bloße Anstellen von Beobachtungen, das Sammeln von Proben und ähnliches nicht hinausgelangt ist. Die gewöhnliche Historie könnte zu eben solcher Wissenschaft gerechnet werden. Der substantialistischen Geschichtsphilosophie würde es dann obliegen, einen Entwicklungsschritt zu vollziehen, der die Historie an die beiden nächsten Niveaus wissenschaftlichen Begreifens heranführt (i. e. das Keplersche bzw. das Newtonsche Niveau). Dann allerdings wäre ›Philosophie der Geschichte‹ die Wissenschaft von der Geschichte, und daß sie sich immer noch als ›Philosophie‹ ausgibt, würde einfach nur auf das kuriose Überleben einer begriffsgeschichtlich älteren Anwendungsweise dieses Wortes zurückzuführen sein, genau so wie ja auch die Physik einstmals ›Naturphilosophie‹ genannt wurde. Keplers Gesetze, wenngleich sie auch auf den Materialien, die Tycho zusammengetragen hatte, beruhten, gingen doch weit über sie hinaus, indem sie die Astronomen dazu befähigten, nicht nur alle Positionen der von Tycho beobachteten Planeten nach einem kohärenten Schema zu organisieren, sondern zugleich alle ihre *zukünftigen* Stellungen sowie diejenige von solchen Planeten, die zu Keplers Zeiten noch unbekannt waren, vorherzusagen. Newtons Gesetze wiederum leisteten nicht nur die Erklärung jener Tatsachen, die Tycho und Kepler bekannt waren, sondern (ideell) zugleich die einer großen Anzahl von Faktoren, die ihnen unbekannt geblieben waren. Ganz ähnlich, so könnte nun als Anspruch formuliert werden, würde auch eine wahrhaft erfolgreiche *historische* Theorie über die Tatsachenfunde hinausgehen, die von der Historie gesammelt wurden, und dies nicht nur, indem sie jene auf ein Schema reduzierte, sondern auch durch Vorhersage und Erklärung aller Ereignisse einer zukünftigen Geschichte. Im Sinne dieser Voraussetzung ließe sich dann zutreffend feststellen, daß die substantialistische Philosophie der Geschichte mit dem *Ganzen* der Geschichte befaßt ist: der ganzen Vergangenheit und der ganzen Zukunft: mit dem Ganzen der Zeit. Im Unterschied hierzu haben Historiker es lediglich mit der Vergangenheit zu tun und mit der Zukunft nur, wenn sie Vergangenheit geworden ist. Denn all unsere *gegenwärtigen* data stammen aus der Gegenwart und aus der Vergangenheit: Wir vermögen *hier und jetzt* kein Tatsachenmaterial der Zukunft zusammenzutragen:

Und Geschichte ist *eben dies* – ein Unternehmen, bei dem Materialien gesammelt werden.
Eine derartige Charakterisierung hätte etwas überaus Großzügiges, was die Bewertung der Leistungen substantialistischer Philosophien der Geschichte angeht. Dagegen würde sie diejenigen der Geschichte selbst unverhältnismäßig verkleinern. Selbst wenn man annehmen wollte, daß Geschichtsphilosophien Versuche oder Ansätze zu so etwas wie wissenschaftlicher Theorienbildung seien, so kann man doch nach der Bekanntschaft mit einer beliebigen Anzahl von ihnen nur zu der Schlußfolgerung gelangen, daß es sich bei ihnen um recht unfertige Versuche handelt, so unausgereift in der Tat, daß selbst dann, wenn man sie mit noch so einfachen deskriptiven Theorien wie der Keplerschen vergleicht, die vorhandenen Philosophien der Geschichte unsäglich belanglos erscheinen, nahezu völlig außerstande, irgendwelche Vorhersagen zu machen. Erklärende Geschichtsphilosophien, und selbst jene, die höchst einflußreich gewesen sind, taugen zu kaum mehr als zu Programmen für Theorien, die es erst noch zu formulieren gilt, ganz zu schweigen von ihrer Bewährung. Wenn wir andererseits an gewöhnliche historische Darstellungen denken (und nicht einmal nur an die besten unter ihnen), so scheinen sie höchst entwickelte Musterfälle innerhalb ihres eigenen Genres zu sein, indem sie den auf jenes Genre anwendbaren Kriterien Genüge tun und sich gerade von demjenigen Anspruch Entlastung schaffen, in dem Philosophien der Geschichte kläglich scheitern müssen, sobald sie den Kriterien einer wissenschaftlichen Theorie genügen wollen.
Darüber hinaus erfordert das Genre, dessen Kriterien historische Darstellungen offenbar gerecht zu werden vermögen, nicht auch solche Dinge wie Sequenzen von Eintragungen, in denen über die Stellung der Planeten an aufeinanderfolgenden Nächten berichtet wird. Es ist überaus schwierig, ein Werk wie zum Beispiel Gibbons *Aufstieg und Fall des römischen Reiches* mit Tycho Brahes Niederschrift seiner Beobachtungen gleichzustellen, oder mit jedem anderen fortlaufenden

Bericht über wissenschaftliche Beobachtungen. Oder vielmehr: es gibt innerhalb der Geschichte selbst etwas, das jener Art von Aktivität, die wir in unserer Darstellung der Geschichte insgesamt vergleichend gegenübergestellt haben, durchaus entspricht. Ich denke dabei vornehmlich an jene Art von Tätigkeit, die durchgeführt wird, wenn Historiker spezielle Techniken anwenden, um die Authentizität von Dokumenten und Artefakten zu ermitteln, ein Ereignis zu datieren oder darüber zu entscheiden, ob Sir Walter Raleigh wirklich ein Atheist gewesen ist, oder um eine Gestalt der Geschichte namhaft machen zu können. Solche Tätigkeiten können durchaus zu Recht als ›beobachtende‹ angesehen werden, als Techniken, vermittels deren einzelne Sätze aufgestellt werden wie etwa die – von interessierter Seite als wahr erwünschte – Aussage: »Sir Walter Raleigh war kein Atheist.« Doch ist dies keineswegs schon alles, was die historische Tätigkeit erschöpfend ausmacht. Zugleich auch gibt es innerhalb der Historie selbst Versuche, die bekannten Tatsachen in kohärenten Schemata zu organisieren, und derartige Organisationen von Tatsachen haben in gewisser Weise nahezu genausoviel mit wissenschaftlichen Theorien gemeinsam wie die Philosophien der Geschichte. Natürlich gestatten sie nicht in genau derselben Weise Projektionen in die Zukunft. Doch nichtsdestoweniger besitzen sie eine gewisse Macht der Vorhersage. Eine gewisse Darstellung von etwas, das sich in der Vergangenheit zugetragen hat, auf Beweise gegründet, könnte uns gestatten, irgendeine weitere Tatsache über dasjenige vorherzusagen, das stattgefunden hat, wovon wir vorher keinerlei Kenntnis hatten: Und eine unabhängig hiervon durchgeführte Untersuchung könnte diese Vorhersage vielleicht bestätigen. Der Umstand, daß das vorhergesagte Vorkommnis sich in der Vergangenheit ereignet hat, darf uns nicht blind machen für die Tatsache, daß es sich um eine echte Voraussage gehandelt hat, und zwar, wenn man so will, um eine Voraussage über etwas, das wir, als Historiker, nach und nach schon herausfinden werden, wenn wir eine Untersuchung darüber durchführen. Und dies kommt einer Vorhersage dessen gleich, was wir am Himmel sehen werden, wenn wir eine bestimmte Beobachtung anstellen. Wenn wir daher drei im römischen Stil ausgeführte Grabstellen in verschiedenen Teilen Jugoslawiens finden sollten und die Sitte der Römer kennen, Menschen an den Straßenrändern zu bestatten, könnte uns dies als Hinweis darauf dienen, daß all diese Gräber entlang irgendeiner Hauptstraße angelegt sind: Und die nachfolgende Untersuchung könnte diese Vorhersage bestätigen. Die Unterscheidung zwischen Beobachtung und Theorie hat demzufolge zumindest eine Analogie innerhalb der Geschichtswissenschaft. Die Unterschiede zwischen historischen Darstellungen und wissenschaftlichen Theorien mögen gewaltig sein. Sie sind allerdings, so darf man wohl vermuten, nicht gewaltiger als der Unterschied zwischen Philosophien der Geschichte und wissenschaftlichen Theorien.

Ferner wäre es unrichtig und verzerrte die Sicht, wenn man der Historiographie unterstellen wollte, daß sie aus nichts weiterem bestehe als aus zusammengetragenen Materialien, die sie zukünftigen Philosophien der Geschichte bereitzustellen habe. (Tycho wollte eine beschreibende Theorie finden, die mit seinen Beobachtungen zusammenstimmte, doch ist es gewiß falsch, anzunehmen, daß Historiker ihre eigenen ›Beobachtungen‹ gleichfalls in diesem Licht sehen.) Daraus folgt allerdings nicht schon, daß das, was die Historiker tun, nicht auch in jenem Licht gesehen werden *könnte,* sondern einzig, daß sie es nicht in jener Weise sehen, um nichts mehr, als etwa die Künstler sich selbst als diejenigen begreifen, die den Kunsthistorikern Materialien zur Verfügung stellen, selbst wenn es zufällig wahr ist, daß dasjenige, was die Künstler hervorbringen, in der Tat Material darstellt, mit dem Kunsthistoriker arbeiten. Wie immer wir auch – in einem unterschiedlichen Kontext – die historische Arbeit charakterisieren mögen, die vorliegende Darstellung jedenfalls definiert diese Arbeit nicht in Übereinstimmung mit jenen Zwecken und Leistungskriterien, die diejenigen der praktizierenden

Historiker selbst sind. Diese Darstellung zu akzeptieren, wäre gleichbedeutend mit einer Revolution unseres Begriffes von Geschichte als einer intellektuellen Disziplin. Wenn es sich so ergeben sollte, daß ich eine Darstellung des Dreißigjährigen Krieges lese, die mich dazu anregt, über die historische Erklärung nachzudenken, wäre es allerdings wahr, wenn man sagte, daß der Historiker, der sie geschrieben hat, gewisse philosophische Reflexionen stimuliert habe. Doch bei der Niederschrift lag es nicht in seiner Absicht, Reflexionen dieser Art anzuregen. Die Situation ist vielmehr folgende: Ein einzelner Historiker unterzieht sich der mühseligen Arbeit, eine gewisse Tatsache zu belegen, die der Vergangenheit angehört. Und sodann findet ein anderer Historiker diese Tatsache brauchbar bei der Niederschrift seiner Darstellung irgendeines Ausschnittes aus der Vergangenheit. Diese Darstellung mag nun in den Augen seiner Zunftgenossen zufriedenstellend sein oder nicht. Ist sie unbefriedigend, dann wird womöglich eine andere Darstellung geschrieben werden, und zwar eine von genau derselben Art, wie die es gewesen ist, die sie nun ersetzt, doch im Unterschied zu jener wird sie genau denjenigen Kriterien genügen, an denen gemessen die andere als unzulänglich beurteilt werden mußte. Darstellungen dieser Art (und ich werde gleich noch mehr zu sagen haben über die Kriterien, denen historische Untersuchungen gerecht werden müssen) sind irgendwie in sich abgeschlossen, und dies in dem Sinne, daß jede Verbesserung, die sie erfahren, stets eine Hinzufügung bleibt, die sich innerhalb der Historie hält, nicht ihren Rahmen sprengt. Mit anderen Worten: derartige Arbeiten sind nicht Präliminarien zu irgendeiner anderen, *verschiedenartigen* Tätigkeit, sondern vielmehr einzig zu weiteren Darstellungen von vielleicht genau derselben Art, die den nämlichen Kriterien gerecht werden.

Der Unterschied zwischen Geschichte und einer Philosophie der Geschichte kann demgemäß nicht darin bestehen, daß die letztere, ungleich der ersteren, kritische Darlegungen bietet, die auf detaillierten Tatsachenfunden beruhen. Denn solche

Darlegungen oder Darstellungen werden von der Geschichte wie von der Philosophie der Geschichte gleichermaßen gegeben. Demnach müßte die Arbeit, die von einem Geschichtsphilosophen vorgelegt wird, eine erheblich abweichende Darstellungsform aufweisen, wenn sie aus dem Bereich der Historiographie hinausgelangen soll und etwas anderes leisten will, als was die Geschichtsschreibung selbst vollbringt. Und natürlich würde man auch erwarten, daß ihre Art der Darstellung durch andere Merkmale gekennzeichnet sein müßte, wenn sie überhaupt Ähnlichkeit mit einer wissenschaftlichen Theorie aufweisen soll, denn schon bei erstem Hinsehen scheinen wissenschaftliche Theorien einem anderen Genre zugehörig zu sein und Kriterien Genüge zu tun, die von jenen der gewöhnlichen, paradigmatischen historischen Darstellungen unterschieden sind. Doch dann wiederum besteht eine weitere Schwierigkeit darin, daß Philosophien der Geschichte paradigmatischen wissenschaftlichen Theorien schlechthin kaum ähnlich sehen. Will man hier überhaupt Entsprechungen finden, dann sind sie bestenfalls paradigmatischen historischen Darstellungen vergleichbar, ausgenommen den einen Punkt, daß jene Behauptungen hinsichtlich der Zukunft aufstellen, die in dieser Weise von den letzteren im allgemeinen nicht gemacht werden.

Diese eben erwähnte Ähnlichkeit gründet nicht bloß in der Tatsache, daß gleich den historischen Untersuchungen auch Philosophien der Geschichte oftmals Erzählstruktur aufweisen. Sie liegt ferner in der Tatsache begründet, daß Geschichtsphilosophien in einer für sie typischen Weise dahin tendieren, Interpretationen von Geschehensabläufen zu geben, die denjenigen sehr ähnlich sind, denen man in der Geschichtsschreibung begegnet, und mit demjenigen nicht viel gemein haben, was man in typischer Form in den Naturwissenschaften ausgeprägt findet. Philosophien der Geschichte verwenden einen Begriff von Interpretation, der, so will es mir jedenfalls scheinen, in der Naturwissenschaft höchst unangemessen ist, nämlich einen bestimmten Begriff der ›Bedeutung‹. Das soll heißen, sie unternehmen es, dasjenige zu entdecken, was in einem speziellen und historisch angemessenen Sinne des Wortes die ›Bedeutung‹ (den ›Sinn‹) dieses oder jenes Ereignisses ausmacht. K. Löwith gibt hierzu einige Bestimmungen, die uns einer allgemeinen Charakterisierung der substantialistischen Geschichtsphilosophie näherbringen könnten. Sie ist, so sagt er, »eine systematische Interpretation der Universalgeschichte entsprechend einem Prinzip, durch welches geschichtliche Ereignisse und Abläufe vereinigt und auf eine letztgültige Bedeutung (Sinn) gerichtet werden.«[5]

Wie sollen wir diesen speziellen Gebrauch des Wortes ›Bedeutung‹ (›Sinn‹) verstehen, der sich erheblich von der Weise unterscheidet, in der wir zum Beispiel von der Bedeutung eines Begriffes, eines Satzes oder eines Ausdrucks sprechen? In einer ersten, groben Annäherung wohl etwa folgendermaßen, wie ich annehmen möchte: Wir sollen uns die ›Bedeutung‹ (den ›Sinn‹) von Ereignissen mit Beziehung auf irgendeine erweiterte zeitliche Struktur denken, innerhalb derer sie als Komponenten erscheinen. Doch ist dies nicht unbedingt schon eine völlig unvertraute Weise, diesen Begriff zu verwenden. Denken wir zum Beispiel an jene schwachen Stellen, wo wir mit unserer Kritik ansetzen, wenn wir von einer gewissen Episode in einem Roman oder in einem Schauspiel sagen, daß sie keinen Sinn ergebe, daß ihr jegliche Bedeutung fehlt. Wir wollen damit zum Ausdruck bringen, daß es ihr nicht gelungen sei, die Handlung voranzubringen, daß sie überflüssig und infolgedessen ästhetisch unzulänglich sei. Doch natürlich handelt es sich hierbei um ein Urteil, das wir über eine ganz bestimmte Episode einzig dann abgeben können, wenn wir den gesamten Roman vor uns haben, oder erst wenn das Schauspiel beendet ist. Bevor dies nicht der Fall ist, können wir nur sagen, daß wir noch nicht wüßten, worin die Bedeutung jener Episode bestehe, wenngleich wir annähmen, daß ihr im Fortgang der Geschichte eine gewisse Rolle zufalle. *Hinterher* können wir dann allerdings sagen, daß sie *diesen* Sinn gehabt habe, oder *jenen* (es sei denn, daß sich sozusagen nichts ›mitdreht‹[6], daß sie schlechterdings ohne allen Sinn war, ein blinder Fleck in einem sonst gutangelegten Spiel). Ich möchte betonen, daß wir nur im Nachhinein, nur in der Retrospektive dazu berechtigt sind, zu sagen, daß einer Episode ein spezifischer Sinn zukomme, und auch dann nur im Hinblick auf das gesamte Werk. Doch Information, die das gesamte Werk beträfe, ist gerade dasjenige, dessen wir ermangeln, wenn wir es zum erstenmal durchgehen: Wenn uns dann etwas bedeutungslos erscheinen will, müssen wir abwarten und sehen, ob es sich so verhält; und wenn uns etwas von gewisser Bedeutung zu sein scheint, müssen wir auch hier wiederum warten und sehen, ob wir Recht behalten. Oft sind wir gezwungen, unsere Ansichten bezüglich des Sinnes einer Episode im Lichte dessen zu revidieren, was hinterher geschieht. Diese Auffassung der ›Bedeutung‹ kommt auch in der Geschichte zur Anwendung. Jetzt, da die Französische Revolution vorüber ist, vermögen wir zu sagen, worin die Bedeutung des Tennisplatz-Schwures bestanden hat – etwas, worüber selbst die Teilnehmer an diesem Ereignis die wildesten, unzutreffendsten Mutmaßungen gehabt haben mögen. So verstanden könnten wir meinen, daß die Geschichtsphilosophen versuchten, Ereignisse so zu sehen, daß sie erst im Kontext eines geschichtlichen Ganzen, das einem künstlerischen Ganzen ähnlich ist, Sinn ergeben, doch in diesem Falle ist das Ganze, das hier in Frage steht, wiederum das Ganze der Geschichte, das über die Schranken von Vergangenheit, Gegenwart und Zukunft hinausgeht. Im Gegensatz zu jenen unter uns, die den gesamten Roman vor sich liegen haben und mit einiger Autorität zu sagen imstande sind, worin die Bedeutsamkeit dieses oder jenes Ereignisses bestehe, liegt dem Geschichtsphilosophen nicht das Ganze der Geschichte vor. Er verfügt bestenfalls über ein Fragment – die ganze Vergangenheit. Doch er denkt in Begriffen eines Ganzen der Geschichte und ist bestrebt, zu entdecken, was es mit der Struktur dieses Ganzen auf sich haben könne, und dies einzig auf der Grundlage des Fragments, das er bereits im Besitz hat, und dennoch ist er zugleich bemüht, auszusagen, was der Sinn von Teilen dieses Fragments im Lichte der Struktur des Ganzen sein könne, die er sich entworfen hat.

Ich stimme durchaus mit Karl Löwiths Behauptung überein, wenn er erklärt, daß diese Weise, das Ganze der Geschichte zu betrachten, wesentlich theologisch[7] sei oder daß sie jedenfalls strukturell Züge aufweise, die ihr mit einer Geschichtsschreibung aus theologischer Sicht gemeinsam sind, welche Sehweise die Geschichte *in toto* erfassen will, als etwas, worin ein göttlicher Plan zur Durchführung gelangt. Es ist, so denke ich, überaus lehrreich, zu erkennen, daß auch Marx und Engels, obschon sie Materialisten und explizite Atheisten gewesen sind, dennoch dazu neigten, die Geschichte durch im wesentlichen theologische Brillen zu betrachten, ganz so, als könnten sie zwar einen göttlichen Plan darin erkennen, jedoch kein göttliches Wesen, dessen Plan sie wäre. In jedem Falle aber sind die substantialistischen Philosophien der Geschichte, insoweit ich sie richtig gekennzeichnet habe, eindeutig mit demjenigen befaßt, was ich als Prophetie[8] bezeichnen will. Eine Prophetie ist nicht nur eine Feststellung über die Zukunft, denn auch die Vorhersage ist eine Feststellung über die Zukunft. Sie ist eine gewisse *Art* der Feststellung über die Zukunft, und ich möchte hier, ihre spätere Analyse vorwegnehmend, zunächst einmal sagen, daß es sich bei ihr um eine *historische* Feststellung über die Zukunft handelt. Der Prophet ist jemand, der über Zukunft in einer Weise spricht, die nur angemessen ist, wo es um Vergangenheit geht, oder der über die Gegenwart im Lichte einer Zukunft spricht, die er als fait accompli behandelt. Ein Prophet geht mit der Gegenwart aus einer Perspektive um, die gewöhnlich nur zukünftigen Historikern zugänglich ist[9], ihm sind gegenwärtige Ereignisse wie vergangene, für ihn ist der Sinn gegenwärtiger Ereignisse erkennbar.

Genau an dieser Stelle möchte ich meine frühere Behauptung wieder aufnehmen, daß die substantialistische Geschichtsphilosophie mit der Geschichte verbunden ist. Wir erkennen jetzt, wie sehr eine Philosophie der Geschichte Ähnlichkeiten mit einer gewöhnlichen historischen Darstellung aufweist, um nur einen Punkt zu nennen. Und wir vermögen zu verstehen, wie es zuweilen geschehen kann, daß Geschichtsphilosophien sogar dem falschen Genre zugerechnet und als lediglich *sehr* ehrgeizige Beispiele für gewöhnliche Geschichtsschreibung, allerdings in besonders großangelegtem Maßstab, aufgefaßt werden: »Die Schwierigkeit bei den grandiosen Entwürfen der Marx, Spengler, Toynbee ... ist schwerlich darin zu suchen, daß sie historische sind, sondern eben, daß sie grandios sind.«[10] Diese Ähnlichkeit verdankt sich der Tatsache, daß Geschichtsphilosophien einen ungerechtfertigten Gebrauch desselben Begriffs der Bedeutung oder des Sinnes machen, der in der gewöhnlichen historischen Arbeit mit Recht zur Anwendung kommt. Ich werde späterhin einige der Probleme erörtern, die sich im Zusammenhang mit diesem Begriff ergeben, doch für den Augenblick muß der Hinweis darauf genügen, wie die den Ereignissen gewöhnlich zugeschriebene Bedeutung in der historischen Fachdiskussion verwendet wird. Wir können zum Beispiel wissen, daß dasjenige, was ein Individuum *B* hervorgebracht hat, in beträchtlichem Maße auf den Einfluß zurückgeht, den die Arbeit von *A* auf es geübt hat. Gemäß historischen Vorgehensweisen zu fordern, daß man die Bedeutung der Arbeit von *A* kenne, meint, daß man etwa folgende Antwort erwartet: Ihre Bedeutung liege darin, daß sie die Arbeit von *B* beeinflußt hat. Ganz offensichtlich erschöpft ›Bedeutung‹ in diesem Sinne keineswegs schon den ganzen Begriffsumfang und -inhalt von ›Bedeutung‹: ein Gebilde der Dichtung mag bedeutend nur deshalb sein, weil es sich im innersten um große Dichtung handelt. Und es läßt sich vielleicht die Auffassung vertreten, daß wir, vorausgesetzt, wir benutzten die Bezeichnung ›bedeutend‹ in irgendeinem anderen, jedenfalls nicht-historischen Sinne, überhaupt keine Verwendung mehr für dasjenige hätten, was sie im historischen Sinne meint. Das heißt, es mag wahr sein, daß wir die Arbeit von *B* unbedingt für bedeutend halten, sie als eine große Errungenschaft ansehen; und weil dies so ist, sind wir geneigt, die Episode in *B*'s Biographie, in der er zum erstenmal mit der Arbeit von *A* in Berührung kommt, als bedeutungsschwer zu betrachten, als etwas, das in der Tat mit Schicksal geladen ist. Ein Zeitgenosse natürlich wäre blind für diese Bedeutung, denn schließlich wäre ja *B*'s großes Werk noch nicht getan. Es würde ihm fehlen, was wir besitzen, nämlich jene Art von Kenntnis, die erst nach der wichtigen Begegnung erhältlich ist. Im *Nachhinein* allerdings mag ein Biograph diese Episode als das bedeutendste Ereignis im Leben *B*'s herausstellen. Ein Zeitgenosse konnte es unmöglich in gleicher Weise sehen: In der Tat würde er es womöglich als nicht erwähnenswert betrachten. Wogegen hinwiederum die *einzige* Bedeutsamkeit der Arbeit von *A* darin bestehen mag, daß sie die Arbeit von *B* beeinflußte.

Man denke sich in diesem Zusammenhang gewisse, durchaus gewöhnliche Arten von Gefühlen, die verbunden sind sowohl mit der Erinnerung wie der Bewertung unserer eigenen Handlungen und Unterlassungen, wie beispielsweise Bedauern oder Reue. Typisch und konventionell ausgedrückt, würden wir unser Bedauern etwa folgendermaßen in Worte fassen: »Wenn ich das doch nur gewußt hätte...« Nun ist jedoch die Unkenntnis von Zukünftigem eine Unwissenheit, die mit der Zeit beseitigt worden ist, so daß wir jetzt wissen, welches die Konsequenzen unserer Handlungen oder unseres Widerstandes, zu handeln, sind, was wir damals noch nicht gewußt haben und vielleicht auch nicht wissen konnten. Ganz allgemein gesprochen ist das, was wir damit meinen: daß wir dann, wenn wir damals schon gewußt hätten, was wir jetzt wissen, nicht so gehandelt hätten, wie wir gehandelt haben. Solche Feststellungen sind natürlich verwirrend. Wenn ich zum Beispiel weiß, daß *E* geschehen wird, so folgt daraus, daß ›*E* wird geschehen‹ wahr ist; demnach muß *E* geschehen. Wenn aber *E* geschehen muß, läßt sich nichts unternehmen, was verhindert, daß es geschieht, oder das bewirken könnte, daß ›*E* wird geschehen‹ falsch ist. Bedauern wäre demzufolge überflüssig. Wenn ich andererseits etwas unternehmen kann, um *E* zu vereiteln, dann ist es nicht der Fall, daß *E* geschehen *muß*. Und wenn ich *E* verhindere, dann ist ›*E* wird geschehen‹ falsch, so daß ich also nicht von mir behaupten darf, ich wüßte, daß *E* geschehen wird. Wenn ich durch mein Tun die Zukunft beeinflussen kann, kann die Zukunft nicht bekannt sein; und wenn sie gewußt werden kann, läßt sich im Hinblick auf sie nichts unternehmen. Dies ist ein altes, von Aristoteles gestelltes Rätsel, und zwar ein solches, das wir uns verpflichten sollten, später noch einmal zu überdenken. Doch ich möchte behaupten, daß jenes: »wenn ich das doch gewußt hätte ...« nicht in aller *Strenge* aufgefaßt werden kann: wenn ich gewußt *hätte*, so wäre es mir nicht möglich gewesen, etwas dagegen zu tun. Etwas zu bedauern setzt indessen voraus, daß wir bei unseren eigenen Handlungen zum Zeitpunkt ihrer Ausführung nicht absehen können, daß ihnen die Bedeutung zukommt, die wir ihnen später im Lichte weiterer Ereignisse beimessen, zu welchen sie in Beziehung gesetzt werden müssen. Doch ist dies eine allgemeine Einsicht in die historische Organisation von Ereignissen: Ereignisse müssen beständig neu beschrieben und ihre Bedeutsamkeit im Lichte späterer Informationen neu bewertet werden. Und weil sie über diese Informationen verfügen, dürfen Historiker Dinge sagen, die Zeugen und Zeitgenossen zu äußern nicht gerechtfertigt gewesen wären.

Nach der Bedeutung eines Ereignisses im *historischen* Wortsinne fragen, heißt eine Frage stellen, die nur im Kontext einer *Geschichte* (story) beantwortet werden kann. Das nämliche Ereignis wird gemäß der jeweiligen Geschichte, in der es seinen Ort hat, eine unterschiedliche Bedeutung annehmen, oder mit anderen Worten: es wird diese in Übereinstimmung mit den jeweils verschiedenen, *späteren* Ereignisfolgen annehmen, zu denen es in Beziehung gesetzt wird. Geschichten konstituieren den natürlichen Kontext, in dem Ereignisse historische Bedeutung gewinnen, und es gibt dazu eine Anzahl von Fragen hinsichtlich der Kriterien einer solchen Geschichte, an die ich an diesem Punkt noch nicht einmal flüchtig rühren darf, jener Kriterien nämlich, auf die wir uns berufen, wenn wir im Hinblick auf eine Geschichte *S* sagen, daß ein Ereignis *E* ein Teil von *S* sei, während dies für ein Ereignis *E* nicht gelten könne. Eine Geschichte zu erzählen ist indessen offenkundig gleichbedeutend damit, einige Geschehnisse auszuschließen; das heißt zugleich, daß man sich dabei stillschweigend auf einige solcher Kriterien beruft. Gleichermaßen offensichtlich können wir die Geschichte, in der *E* an relevanter Stelle auftritt, nur erzählen, wenn wir uns bewußt sind, auf welche späteren Ereignisse *E* bezogen ist, so daß ein gewisser Sinn darin liegt, wenn man sagt, daß wir *wahre* Geschichten nur über die Vergangenheit erzählen können. Es ist dieser Sinn, der durch die substantialistischen Geschichtsphilosophien irgendwie verletzt wird. Indem sie den Begriff der ›Bedeutung‹ in genau demselben Sinne benutzen, wie es Historiker tun, vermöge dessen also die Voraussetzung gemacht wird, daß Ereignisse in eine Geschichte eingebettet sind, streben Geschichtsphilosophen nach der Bedeutung von Ereignissen, bevor die späteren Ereignisse, in Verbindung mit welchen jene allererst Bedeutung *erlangen* können, überhaupt geschehen sind. Das Schema, das sie in die Zukunft projizieren, ist eine Erzählstruktur. Kurz gesagt, sie sind bestrebt, die Geschichte zu erzählen, bevor noch die Geschichte richtig erzählt werden kann. Und die Geschichte, an der sie interessiert sind, ist natürlich die ganze Geschichte, die ›Story‹ von der Geschichte als einem Ganzen. Dies soll indessen keineswegs heißen, daß jedes Ereignis Teil der ›Story‹ sein wird (denn Geschichten müssen, um Geschichten zu sein, einige Dinge weglassen), und dies wiederum bedeutet – unter anderem –, daß der Geschichtsphilosoph sein Bemühen auf die bedeutsamen Ereignisse richten wird, jene Ereignisse nämlich, die zu der ganzen ›Story‹ gehören. Seine Organisationsweise ist demzufolge in der Tat die historische Weise der Organisation. Doch der Unterschied besteht nicht einzig und allein in jenem ›Grandiosen‹, das ihm eignet, wie wir noch sehen werden. Er

hat zugleich in bedeutendem Maße mit einer gewissen Art des Anspruchs zu tun, der auf die Zukunft erhoben wird.
Es gibt Wege, herauszufinden, was geschehen wird, und sogar Wege, historische Beschreibungen von Dingen zu geben, die geschehen werden. Ein sicherer Weg, dies zu tun, ist, abzuwarten und zuzusehen, was geschieht, und sodann seine Geschichte zu schreiben. Doch der Geschichtsphilosoph ist ungeduldig. Er möchte jetzt tun, wozu gewöhnliche Historiker im Fortgang der Zeit später imstande sein werden. Er möchte die Gegenwart wie die Vergangenheit aus der Perspektive der Zukunft sehen (in Wahrheit aus derjenigen der endgültigen Zukunft, denn zu jeder Geschichte muß es schließlich einen Schluß geben). Und er wünscht sich, dazu befähigt zu sein, Ereignisse in einer Weise zu beschreiben, die im gewöhnlichen Sinne zu dem Zeitpunkt nicht verfügbar ist, in dem die Ereignisse selbst stattfinden. Es gibt Beschreibungen – und ich werde mich in dieser Arbeit noch eingehend mit ihnen zu beschäftigen haben –, denen wir in Geschichtsbüchern begegnen und die in einer Weise angelegt sind, wie sie für Bekundungen der Historiographie recht charakteristisch sind – Beschreibungen, die wir hinreichend vernünftig finden und für wahr erachten, die wir jedoch bei einer merklichen Zeitverschiebung für nahezu gänzlich vernunftlos und kaum glaubhaft ansehen würden, wären sie zu der Zeit geäußert worden, als das Ereignis, das sie beschreiben, stattgefunden hat. Ein Historiker könnte schreiben: »Der Autor von Rameaus Neffe wurde 1715 geboren.« Doch man denke sich, wie seltsam es gewesen wäre, hätte jemand zum rechten Zeitpunkt, nämlich schon im Jahre 1715, gesagt: »Der Autor von Rameaus Neffe ist soeben geboren worden.« Oder noch verwirrender, wenn jemand dasselbe im Futurum, sagen wir im Jahre 1700, geäußert hätte. Was würde eine derartige Feststellung für jemanden im Jahre 1715 bedeuten, oder gar für jemanden, der sie um das Jahr 1700 hört? Gewiß könnte man vorhersagen, daß Mme Diderot einem Autor oder sogar einem Enzyklopädisten das Leben schenken werde (»Dir wird ein Enzyklopä-

dist geboren werden«), zum Beispiel aufgrund der Tatsache, daß die männlichen Mitglieder der Diderot-Familie seit Generationen Literaten gewesen seien. Doch sich mit vollem Titel auf des potentiellen Autors ungeschriebene Werke zu beziehen, übersteigt alle Fähigkeit der Vorhersage: es würde bedeuten, aus einer prophetischen Stimmung heraus zu reden, d. h. die Gegenwart im Lichte von Geschehnissen zu beschreiben, die sich bislang noch nicht ereignet haben (»Dir wird ein Erlöser geboren werden«). Doch sind es gerade dergleichen Beschreibungen, die sich ihrem Wesen nach auf spätere Ereignisse beziehen – Ereignisse, die der Zeit vorausliegen, zu der die Beschreibung gegeben wird –, die die substantialistischen Geschichtsphilosophen uns anzubieten unternehmen. Sie versuchen faktisch, die Geschichte dessen, was geschieht, zu schreiben, *bevor* es geschehen ist, und Darstellungen der Vergangenheit zu geben, die auf Darstellungen der Zukunft beruhen.

Es ist diese Eigentümlichkeit der substantialistischen Philosophie der Geschichte, die ich sowohl philosophisch interessant wie philosophisch befremdlich finde. Kritiker treffen gelegentlich eine wichtige Unterscheidung zwischen dem Sinn *der* Geschichte und dem Sinn *in* der Geschichte[11], um damit Zweifel an der Legitimität des gesamten Unterfangens der Geschichtsphilosophie aufkommen zu lassen. Zu fordern, den Sinn eines Ereignisses anzugeben, bedeutet zugleich, daß man dazu bereit ist, irgendeinen Kontext zu akzeptieren, innerhalb dessen das Ereignis für bedeutsam angesehen werden kann. Dies ist »Sinn in der Geschichte«, und es ist legitim, nach solchen Bedeutungen zu fragen. Gewöhnlich besteht der Kontext, innerhalb dessen ein Ereignis bedeutungsvoll ist, in einer begrenzten Reihe von Ereignissen, die zusammen ein Ganzes konstituieren mögen, in dem das in Frage stehende Ereignis ein Teil ist. Demgemäß ist Petrarcas Besteigung des Mont Ventoux bedeutungsvoll innerhalb der Serie von Ereignissen, die gemeinschaftlich die Renaissance ausmachen (und ist vielleicht nicht einmal einzigartig bedeutsam in diesem Zusammenhang). Doch könnten wir ebenso gut nach der Bedeutung der Renaissance selbst fragen. Und dies wiederum erforderte die Spezifikation eines umfassenderen Kontexts usf. Es gibt weitere und engere Zusammenhänge, doch die Geschichte als Ganzes ist der schlechthin weitestmögliche Kontext, und nach der Bedeutung oder dem Sinn des Ganzen der Geschichte zu fragen, kann nur bedeuten, daß man sich des kontextuellen Rahmens beraubt, innerhalb dessen derartige Fragestellungen einzig vernunftgemäß sind. Denn es gibt keinen Kontext, der weiter wäre als das Ganze der Geschichte, in dem das Ganze der Geschichte selbst lokalisiert werden könnte. Dies ist ein wichtiger kritischer Einwand, der indessen nicht, wie ich glaube, von vernichtender Wirkung auf den substantialistischen Geschichtsphilosophen ist. Der Philosoph könnte dem entgegenhalten, daß das Ganze der Geschichte seinen Sinn einem irgendwie der Geschichte enthobenen, nicht-historischen Kontext verdanke, zum Beispiel einer göttlichen Absicht, und er könnte dann fortfahren und erklären, daß Gott unbedingt außerhalb der Geschichte stehe und gewißlich auch außerhalb der Zeit. Zweitens könnte *er* – wie ich dies bereits getan habe – hervorheben, daß die Zumessung von historischer Bedeutung abhängig sei von der Beilegung irgendeiner anderen, nicht-historischen Art von Bedeutung; zum Beispiel ist *A* deshalb historisch bedeutungsvoll, weil er *B* beeinflußt hat, denn wir erachten die Arbeit von *B* (vielleicht) in einem recht unterschiedlichen Sinne für bedeutsam. Der Philosoph könnte seine Beweisführung sodann fortsetzen, indem er geltend machte, daß wir nicht von der historischen Bedeutung der Geschichte als eines Ganzen sprechen können, sondern daß historische Bedeutung keineswegs die einzige Art von Bedeutung sei. Schließlich könnte er noch betonen, daß er unter ›Geschichte als Ganzes‹ nicht notwendig jedes Ereignis, das geschehen *ist,* und jedes Ereignis, das geschehen *wird,* verstehe. Vielleicht ist nicht alles und jedes Teil der Geschichte als eines Ganzen, noch Geschichte als ein Ganzes der weitestmögliche Kontext. Eine Story, so haben wir gesagt, muß manches weglassen. Beispielsweise wurde nichts, was in Sibirien geschehen ist, von Hegel als Teil der Geschichte angesehen.[12] Er leugnete nicht einfach ab, daß in Sibirien Dinge geschähen, sondern einzig, daß diesen Geschehnissen im großen Gang der Ereignisse, deren Geschichte zu erzählen er sich zum Ziel gesetzt hatte, irgendwelche Bedeutung zukomme. Wo er sich den Sinn der Geschichte in ihrer Ganzheit zum Gegenstand macht, gelangt er zu folgender Annahme: daß er in der fortschreitenden Selbst-Bewußtwerdung des Absoluten bestehe. Alles, was in der Geschichte sich zugetragen hat, war bedeutungsvoll im Hinblick auf diese Story – oder bedeutungslos –, doch legte sich Hegel niemals die Frage vor, worin der Sinn des endgültigen Sich-Selbst-Wissens des Absoluten bestehe. Oder wenn er dies getan hätte, wäre er zweifellos zu einer gänzlich anderen Auffassung dessen gelangt, was ›sinnvoll‹ ist, als diejenige es war, die bei gewöhnlichen Ereignissen der Geschichte zur Anwendung kommt. Worin auch immer der Fehler bestehen mag, den der Geschichtsphilosoph begeht, er liegt jedenfalls nicht, wie ich denke, in der bloßen Konfusion zweier Bedeutungen dessen, was sinnvoll ist. Und selbst gewöhnliche Historiker können nicht, wie ich behauptet habe, das Wort ›sinnvoll‹ stets nur in einer einzigen Bedeutung anwenden. Wenn es nichts gäbe, das von nicht-historischem Interesse wäre, müßte es sinnlos sein, über etwas (wie etwa die neapolitanische Malerei des 18. Jahrhunderts) zu sagen, daß es von *bloß* historischem Interesse sei.

Nichtsdestoweniger bin ich der Auffassung, daß die substantialistische Philosophie der Geschichte eine fehlgeleitete Aktivität darstellt und auf einem grundlegenden Fehler beruht. Es ist ein Fehler, so möchte ich behaupten, wenn angenommen wird, daß wir die Geschichte von Ereignissen zu schreiben imstande sind, noch bevor sie sich zugetragen haben. Der Irrtum dabei ließe sich folgendermaßen dartun: Solche Philosophen unternehmen den Versuch, temporär unangemessene Beschreibungen von Ereignissen zu geben, Ereignisse in einer Weise zu beschreiben, in der sie zu der Zeit, in der der Versuch unternommen wird, nicht beschrieben werden können. Ich berufe mich hier auf den vertrauten Umstand, daß wir die Geschichte von Ereignissen gewöhnlich schreiben, nachdem solche Ereignisse sich zugetragen haben. Doch gibt ein derartiges Sichberufen für sich gewiß noch kein Argument ab, und die eigentlich philosophische Frage müßte vielmehr lauten, warum diese Tatsache Gültigkeit besitzt, wofern sie sie überhaupt hat. Naturwissenschaftler erheben einwandfreie, berechtigte Ansprüche auf die Zukunft, die auch von den Geschichtsphilosophen gemacht werden oder die vermöge der Besonderheit ihres Unterfangens von ihnen gefordert werden, mir allerdings sehr suspekt erscheinen. Ihre Ansprüche, die sich auf die Vergangenheit und die Gegenwart beziehen, stehen, wie ich nochmals behaupten möchte und wovon ich nicht abzubringen bin, in enger Verbindung mit ihren auf die Zukunft gerichteten Ansprüchen, so daß, wenn diese letzteren illegitim sind, erstere nichts Zwingendes für sich haben können. Historiker beschreiben einige vergangene Ereignisse mit Beziehung auf andere Ereignisse, die für jene zwar zukünftige, doch für den Historiker vergangene sind, während die Geschichtsphilosophen gewisse vergangene Ereignisse mit Beziehung auf andere Ereignisse beschreiben, die sowohl jenen Ereignissen wie dem Historiker selbst zukünftige sind. Und ich möchte nochmals betonen, daß wir uns nicht in einen kognitiven Standpunkt versetzen können, der uns eine derartige Aktivität durchführbar macht. Die Weise, Ereignisse zu organisieren, wie sie der Historie wesentlich ist, gestattet keine Projektion in die Zukunft, und in diesem Sinne auch können die Strukturen, denen gemäß solche Organisation durchgeführt wird, naturwissenschaftlichen Theorien nicht ähnlich sein. Und dies wiederum hängt zum Teil von dem Umstand ab, daß historische Bedeutung in Verbindung mit nicht-historischer Bedeutung auftritt und daß diese etwas darstellt, das sich mit den Veränderungen menschlichen Interesses selbst verändert. Die Geschichten, die die Historiker erzählen, müssen nicht bloß relativ zu ihrer zeitlichen Lage sein, sondern zugleich auch zu den nicht-historischen Interessen, die die Menschen, als Menschen, haben. Es gibt demnach, wenn ich dies richtig sehe, in der historischen Beschreibung einen unausrottbaren Faktor der Konvention und der Willkür, und dies macht es außergewöhnlich schwierig, wenn nicht gar unmöglich, den Bestrebungen der substantialistischen Geschichtsphilosophen darin zu folgen, von *der* Geschichte des Ganzen der Historie oder, was dasselbe wäre, *der* Geschichte irgendeiner beliebigen Ereignisfolge zu sprechen. Philosophie der Geschichte ist ein intellektuelles Monstrum, ein »Kentaur«, wie Jakob Burckhardt sie einst genannt hat[13], die weder Geschichte noch Wissenschaft ist, wenngleich sie der einen ähnelt und für sich selbst Ansprüche erhebt, die nur die andere machen kann.

Geschichte, so schreibt Burckhardt, koordiniert, während die Philosophie subordiniert, und der Ausdruck ›Philosophie der Geschichte‹ sei ein Widerspruch in sich selbst.[14] Allgemein gesprochen mag dies durchaus wahr sein, doch es teilt uns nur sehr wenig über die Weise mit, in der die Geschichte koordiniert, was sie, wie wir intuitiv erfassen, so verschieden von der Naturwissenschaft macht. Und dies führt uns schließlich auf die analytische Philosophie der Geschichte, deren eines Hauptanliegen darin besteht, jene Weise der Koordination zu klären. Die wichtigste Tatsache, die zu diesem Zweck in Erinnerung behalten werden muß, ist, daß die koordinierten Ereignisse zeitlich auseinanderliegen, daß sie einander jeweils vergangene und zukünftige sind, obzwar beide für den Historiker vergangene sind. Warum und ob sie beide für den Historiker vergangene sein *müssen,* ist die Hauptfrage, die dieses Buch sich gestellt hat. Indem wir also unsere Kenntnis des Vergangenen untersuchen, kann ich nicht umhin, ein Interesse an der Erörterung unserer Kenntnis des Zukünftigen zu nehmen, wenn wir hier überhaupt von Kenntnis reden wollen. Gewissermaßen werde ich demnach für die substantialistische Philosophie der Geschichte ein zumindest gleich großes Interesse aufbringen wie für die Geschichte selbst. Ich werde daran festhalten, daß unsere Kenntnis des Vergangenen signifikant eingeschränkt wird durch unsere Unkenntnis der Zukunft. Das Auffinden und Aufzeigen von Grenzen ist das allgemeine Geschäft der Philosophie, und das Bestimmen *dieser* Grenze ist das besondere Geschäft der analytischen Philosophie der Geschichte, so wie ich sie verstehe.

II. Eine minimale Charakterisierung der Geschichte

Im letzten Kapitel habe ich die These vorgetragen, daß die substantialistische Philosophie der Geschichte zu einem Genre gehört, das von der Geschichte selbst verschieden ist, und daß sie – was ich als illegitim ansehen muß – vornehmlich damit beschäftigt ist, Projektionen in die Zukunft zu machen, die strukturell demjenigen gleichartig sind, was bei Historikern in der Organisierung des Vergangenen zur Anwendung gelangt. Gerade wegen dieser strukturellen Ähnlichkeiten zwischen gewöhnlichen historischen Darstellungen und Geschichtsphilosophien, und zumal weil derselbe Begriff von historischem *Sinn* die hier angemessene Art der Darstellung, nämlich die erzählende, bestimmt, könnten wir geneigt sein anzunehmen, daß diese beiden Arten von Aktivität denselben Ursprung haben und lediglich ihrem Umfang nach voneinander abweichen. Eine landläufige historische Darstellung befaßt sich nur mit einem Ausschnitt dessen, was Geschichtsphilosophie als Gegenstand überhaupt für sich beansprucht, nämlich das Ganze der Geschichte. Nun gibt es hinsichtlich des Umfangs naturgemäß auch Unterschiede innerhalb der Geschichte selbst. Eine Geschichte der Terreur von 1793 wäre ihrem Umfang nach enger als die Geschichte der Französischen Revolution, und deren Geschichte wieder von geringerem Umfang als eine Geschichte Frankreichs, wobei diese wiederum umfangsmäßig enger wäre als eine Geschichte Europas usf. Die umfänglich weitestmögliche historische Darstellung, so habe ich erklärt, ist eine Darstellung der gesamten Vergangenheit, die wohl unterschieden werden muß von einer Darstellung des Ganzen der Geschichte, da diese vorgeblich einer *Philosophie* der Geschichte vorbehalten ist. Die Annahme hat etwas Verlockendes, daß einer Darstellung der ganzen Vergangenheit einzig eine praktische Unmöglichkeit im Wege steht, während man sich vielleicht vor eine logische Unmöglichkeit gestellt sieht, wollte man es unternehmen, das Ganze der Geschichte darzustellen. Doch in Wirklichkeit ist dies nicht ganz zutreffend, und den Grund hierfür erkennen heißt, dasjenige einzusehen, was nach meiner Auffassung von tiefreichender Bedeutung ist, nämlich die Weise, in welcher die substantialistische Philosophie der Geschichte mit der Geschichte »verbunden« ist. Ich werde in einem späteren Kapitel darzutun versuchen, daß jede Darstellung der Vergangenheit *wesentlich* unvollständig bleiben muß. Daß sie ›wesentlich unvollständig‹ ist, soll heißen: wenn und insofern ihre Vervollständigung die Erfüllung einer Bedingung erfordert, die einfach nicht erfüllt werden kann. Und meine These wird lauten, daß eine vollständige Darstellung der Vergangenheit eine vollständige Darstellung der Zukunft zur Voraussetzung haben müßte, so daß man demnach keine vollständige historische Darstellung erlangen könnte, ohne zugleich eine Philosophie der Geschichte zu leisten; so daß also, wenn es keine legitime Philosophie der Geschichte geben kann, es ebensowenig eine legitime und vollständige historische Darstellung geben kann. Um hier ein berühmtes Resultat der Logik zu paraphrasieren: Es gibt, kurz gesagt, keine *logisch folgerichtige, vollständige* Darstellung der Geschichte. Unser Wissen um Vergangenes ist, mit anderen Worten, begrenzt durch unser Wissen (oder unsere Unkenntnis) von der Zukunft. Und hierin besteht die tiefere Verbindung zwischen substantialistischer Philosophie der Geschichte und gewöhnlicher Geschichte. Dies gibt den Grund ab dafür, daß man die substantialistische Philosophie der Geschichte nicht umgehen kann, wenn man analytisches Interesse am Begriff der Geschichte nimmt, worunter selbst die Geschichte verstanden werden muß, wie sie von gewöhnlichen Historikern praktiziert wird.

Eine kurze Illustration hierzu wird vielleicht zeigen können, was ich meine. Die vollständige Darstellung eines Ereignisses müßte jede einzelne wahre historische Beschreibung jenes Ereignisses mit einbeziehen. Betrachten wir einmal die Geburt Diderots im Jahre 1715. *Eine* wahre historische Beschreibung dessen, was sich damals an jenem Datum des Jahres 1715 zugetragen hat, besagt, daß der Autor von *Rameaus Neffe* geboren wurde. Vor der Niederschrift von *Rameaus Neffe* konnte man das Ereignis *nicht* solcherart beschreiben, es sei denn, man machte einen Vorgriff auf die Zukunft, d. h.: *nicht* ohne daß man nach Art der Propheten redete. Dergleichen historische Beschreibung innerhalb des erforderlichen Intervalls würde logisch einen Satz zur Voraussetzung haben, der in die *Philosophie* der Geschichte gehörte. Doch ohne diese Beschreibung verfügen wir nicht über eine *vollständige* Beschreibung des Ereignisses von 1715. Demgemäß wäre uns eine vollständige historische Beschreibung ohne die Voraussetzung unmöglich, daß eine Philosophie der Geschichte gültig hervorgebracht worden ist. Und dies kennzeichnet einen durchaus allgemeinen Sachverhalt. Es wird immer Beschreibungen von Ereignissen des Jahres 1715 geben, die abhängig sind von der Beschreibung solcher Ereignisse, die noch nicht geschehen sind. Erst dann, wenn sie sich zugetragen haben, können wir diese Beschreibungen geben, und ohne diese Beschreibungen verfügen wir nicht über eine vollständige Darstellung. Werden indessen solche Beschreibungen gegeben, bevor die erforderlichen Ereignisse eingetreten sind, so betreibt man Philosophie der Geschichte. Wenn demnach Geschichtsphilosophie unmöglich ist, dann müssen ebenso auch vollständige historische Darstellungen unmöglich sein, und folglich sind historische Darstellungen *ihrem Wesen nach* unvollständig.

Dabei ist zu beachten, daß Philosophie der Geschichte, könnte sie einen Anspruch auf Legitimität erheben, gewisse Feststellungen über die Vergangenheit nicht nur gestatten, sondern sogar fordern würde, zu denen die Historiker sich sonst außerstande sehen müßten. Geschichtsphilosophen treffen nicht *nur* Feststellungen über die Zukunft, sie machen ebenso Aussagen über die Vergangenheit. Demnach reicht »über die Vergangenheit Feststellungen treffen« durchaus noch nicht zur Unterscheidung zwischen Historikern und Geschichtsphilosophen aus. Dies ist letztendlich das Verbindende zwischen Geschichte und Philosophie der Geschichte, wozu ich späterhin noch einiges bemerken möchte. Der eigentliche Unterschied liegt vielmehr in dem, was ihre jeweiligen Aussagen über die Vergangenheit voraussetzen, und was den Geschichtsphilosophen abhebt, ist, daß seine Aussagen über die Vergangenheit gewisse Feststellungen über die Zukunft voraussetzen. Mit ›die Zukunft‹ meine ich natürlich ›seine Zukunft‹. Die Charakterisierung sowohl von Geschichte wie von Philosophie der Geschichte schließt wesentlich die Beziehung auf die zeitliche Stellung des Historikers wie gleichermaßen des Geschichtsphilosophen mit ein.

Vorerst will ich mich allein mit der gewöhnlichen Geschichte befassen. Historiker, *als* Historiker, geben sich nicht mit Ereignissen in *ihrer* Zukunft ab, oder zumindest beschäftigen sie sich nicht in derselben Weise mit ihnen wie mit Ereignissen aus ihrer Vergangenheit, oder, wie in gewissen Fällen, mit Ereignissen ihrer Gegenwart, Ereignissen, die sie selbst durchleben. Sie mögen nun zum Beispiel ihr Interesse folgendermaßen jenen Ereignissen zuwenden, die sie durchleben: Sie beobachten diese Ereignisse in der Erwartung, daß sie eines Tages, wenn sie vergangene sein werden, deren Geschichte niederschreiben können. Dies war bei Thukydides der Fall, dessen Werk im vorliegenden Kontext besonders lehrreich ist. Er leitet sein berühmtes Buch mit dem folgenden Satz ein: »Thukydides, ein Athener, schrieb die Geschichte des Krieges zwischen den Peloponnesern und den Athenern, beginnend mit dem Augenblick seines Ausbrechens und in dem Glauben, daß es ein großer Krieg sein werde, würdiger der Überlieferung als irgendein anderer, der ihm voraufgegangen war.«[1] Es ist offenkundig, daß er spürte, wie die Abfolge der Ereignisse, die er durchlebte, ›bedeutend‹ war, daß es eine wichtige Geschichte zu erzählen galt, und er beobachtete die Dinge im Moment ihres Geschehens, um späterhin imstande sein zu können, ihre Geschichte nachzuerzählen. Thukydides macht den Versuch, im Auffinden dessen, was sich wirklich ereignet hatte, so genau zu sein, wie es ihm nur möglich war, eine Genauigkeit, so erklärt er uns, die ihn beträchtliche Mühe kostete.[2] Denn es gelang ihm nur bei einem Bruchteil der Ereignisse, die zu seiner Geschichte gehörten, persönlich Zeuge zu werden, und er war in den anderen Fällen gezwungen, sich auf die Berichte anderer zu verlassen. Doch stimmen diese nicht immer überein, und um entscheiden zu können, ob der eine von zwei einander widersprechenden Berichten (oder überhaupt auch nur einer von ihnen) richtig sei, war er gezwungen, »überaus gründliche und möglichst ins einzelne gehende Versuche« anzustellen. Es ist diese Sorgfalt, die ihm die Ehre eingetragen hat, der Vater einer wissenschaftlichen Geschichtsschreibung zu sein. Doch der Grund dafür, solche Mühen auf sich zu nehmen, war nicht *einfach* die Aufzeichnung eines korrekten Berichts, wenngleich die Niederschrift einer wirklichkeitsgetreuen Darstellung notwendige Bedingung für dasjenige gewesen ist, was er darüber hinaus zu tun bestrebt war. Er wünschte sich, daß sein Werk eine *nützliche*[3] Arbeit sei, und er war überzeugt, daß sie nicht nützlich sein könne, solange sie sich nicht an die Wahrheit hielt. Das erklärt sein Bemühen um Korrektheit. Nun wünschen sich vielleicht alle Historiker, daß ihre Arbeiten nützlich seien. Doch oftmals besteht die Nützlichkeit ihrer Arbeit in nichts weiterem als der Niederschrift von mehr und immer mehr Geschichte. Das heißt, ihre Arbeiten sind anderen Historikern nützlich, die sich für die behandelten Zeiträume oder Ereignisse interessieren, oder sie nutzen Nicht-Historikern, die ein Interesse daran nehmen, herauszufinden, was geschehen ist. Die Kriterien der Nützlichkeit verbleiben innerhalb des Bereiches von Geschichte selbst; doch Thukydides erstrebte Nützlichkeit in einem nicht-historischen Sinne. Er verfolgte, wenn man so will, eine nicht-historische Absicht beim Niederschreiben einer Arbeit der Historie, ebensosehr jedenfalls wie die offenkundig historische Absicht. Es ist diese weiterreichende Art der Nützlichkeit, mit der ich mich kurz auseinandersetzen will.

Sein Buch richtete sich an eine Leserschaft, die sich, mit seinen

Worten, »eine exakte Kenntnis der Vergangenheit als Hilfsmittel für eine Interpretation der Zukunft wünschte«. Denn »die Zukunft muß der Vergangenheit ähnlich sein, wenn sie sie nicht gar widerspiegelt«.[4] Sein Werk also soll zum »Besitz für alle Zeit« werden. Nach diesen wenigen Bemerkungen geurteilt, könnte leicht der Anschein entstehen, als schreibe Thukydides für jene, die meinen Vorstellungen und Ausführungen gemäß nur Geschichtsphilosophen sein können: Er schreibt über die Vergangenheit, jedoch nur, oder überwiegend nur deshalb, um einen Leitfaden zu Ereignissen der Zukunft bereitzustellen, die jener »ähnlich sein (muß), wenn sie sie nicht gar widerspiegelt«. Doch seine Bezugnahme auf die Zukunft ist, so glaube ich, *nicht* jene Art von Vorgriff auf die Zukunft, die Geschichtsphilosophien charakterisiert, und die Forderung, daß die Zukunft der Vergangenheit »ähnlich sein (muß), wenn sie sie nicht gar widerspiegelt«, ist in Wahrheit nur eine grobe Formulierung dessen, worin wir unschwer das Prinzip der Induktion wiedererkennen. Ich biete demgemäß die folgenden Überlegungen als eine Rekonstruktion dessen an, was Thukydides wohl vorgeschwebt haben mag. Hier, so sagt er, ist ein Krieg, der unter diesen und jenen Bedingungen stattgefunden hat. Bedingungen, die jenen gleichen, werden in Zukunft dieselben Auswirkungen haben, die sie in der Vergangenheit hatten, und demnach werden zukünftig ähnliche Kriege ausgetragen werden, wie sie sich in der Vergangenheit ereignet haben. Wenn wir also imstande sind, zu bestimmen, welches jene Bedingungen im vorliegenden Fall gewesen sind, dann werden wir auch bei jeder späteren Gelegenheit, sobald wir ähnliche Bedingungen ausmachen können, erwarten dürfen, daß ähnliche Ereignisse geschehen werden. Auf diese Weise wird uns ein Leitfaden für zukünftige Ereignisse an die Hand gegeben, die dem Peloponnesischen Krieg gleichen oder ihm hinreichend ähnlich sind.[5]

Diese Feststellung nun gestattet eine gründlich trivialisierende Interpretation. Natürlich wären wir in der Lage, die Folge solcher Geschehnisse in jedem Kriege vorherzusagen, der eine *zureichende* Ähnlichkeit mit dem Peloponnesischen Krieg besitzt, vorausgesetzt, daß wir über eine genaue Beschreibung des Peloponnesischen Krieges selbst verfügen: Wer jemals *x* verstanden hat, wird auch jede Kopie von *x* verstehen können, gesetzt, daß es sich um eine gute Kopie handelt. Die eigentliche Frage aber lautet, ob es tatsächlich Kriege *gibt*, die eine zureichende Ähnlichkeit mit dem Peloponnesischen Krieg aufweisen, so daß wir zu Voraussagen berechtigt wären; ob in der Tat die Ereignisse der Zukunft den Ereignissen der Vergangenheit ähnlich sein werden oder sie gar »widerspiegeln«. Zum Beispiel verfügen wir über die Kenntnis einer Anzahl von Kriegen, die für uns Vergangenheit sind, für Thukydides jedoch Zukunft waren und zwischen denen und dem Peloponnesischen Krieg die Verschiedenheiten zumindest ebenso auffällig gewesen sind wie die Entsprechungen. Ganz gewiß war es Thukydides nicht vergönnt, um die Kriege seiner Zukunft zu wissen. Doch müssen ihm andererseits Informationen zum Vergleichen zur Verfügung gestanden haben, wenn wir, was er schreibt, wörtlich nehmen dürfen. Denn immerhin war der Krieg, den er so glanzvoll beschrieben hat, Zukunft mit Beziehung auf mancherlei Kriege in der *Vergangenheit* des Thukydides, und vermutlich hat er einiges auch über diese gewußt. Wenn sein Krieg *exakt* jenen anderen ähnlich war, dann müßten wir große Teile seiner Darstellung als unrichtig zurückweisen. Zum Beispiel macht er die Behauptung, daß sein Krieg ein Krieg in »großartigem Maßstab« gewesen sei. Doch zugleich erklärt er uns, daß die ermittelten Tatsachen, »die eine Untersuchung so weit zurückverfolgte, wie es sich nur irgend durchführen ließ, um mir Gewißheit zu schaffen, durchweg die Schlußfolgerung nahelegen, daß es nichts gegeben hat, was von großartigem Maßstab gewesen wäre, weder im Kriege noch in anderen Angelegenheiten«.[6] Wir müssen in der Tat vermuten, daß es um seinen Krieg etwas in jeder Beziehung Einzigartiges gewesen sei, wenn seine Feststellung gerechtfertigt sein soll, daß *sein* Krieg »des Erzählens würdiger ist als jeder, der ihm vorherging«. Wenn die Zukunft der Vergangenheit ähnlich sein soll, dann muß auch die Vergangenheit Ähnlichkeit mit der Zukunft aufweisen (wobei ›ähnlich sein‹ als ein symmetrisches Verhältnis aufgefaßt werden muß), so daß hiermit offenbar wird, daß Thukydides sich nicht, wie er es tut, auf das Beispiellose und Niedagewesene seines Krieges berufen kann und auch nicht sagen darf, daß alle zukünftigen Kriege diesem einen ähnlich sein müßten. Offensichtlich ähneln in gewissem Sinne alle Kriege einander, wenn sie es verdienen, so genannt zu werden. Doch dann bedürften wir letztlich nur der Auskunft von Wörterbüchern oder Nachschlagewerken über den grammatischen Gebrauch, um zu bestimmen, worin diese Grundzüge bestehen, denen zufolge ein Ereignis mit Recht ein Krieg genannt werden kann. Wir brauchten dazu nicht Geschichte zu studieren. In einem kognitiv überaus wichtigen Sinne muß indessen gefragt werden, welches Recht Thukydides zu der Annahme hatte, daß zukünftige Kriege seinem Krieg ähnlich sein würden, wenn dies für vergangene Kriege nicht gelten konnte. Gewiß konnte er hierfür keinen Beweis vorzeigen, denn der einzige Beweis, über den er verfügte, würde nachdrücklich *gegen* seine Behauptung gesprochen haben, daß zukünftige Kriege diesem einen hinreichend ähnlich sein würden. Wie also konnte er etwas der Annahme Gegenteiliges vermuten, daß zukünftige Kriege diesem Krieg ebenso ungleich sein würden, wie dieser Krieg allen voraufgegangenen Kriegen der Vergangenheit unähnlich war? Wenn jedoch dies die einzige Schlußfolgerung sein konnte, zu der er aufgrund der Beweise, über die er verfügte, berechtigt war, dann muß sein Zweck – die Niederschrift ›nützlicher‹ Geschichte – von Anbeginn als gescheitert angesehen werden. Oder diese Nützlichkeit bestand genau im Gegenteil dessen, was sie ihm zu sein dünkte, nämlich in dem Nachweis, daß die Vergangenheit einen gänzlich nutzlosen Leitfaden für die Zukunft abgibt, so daß hieraus die Lehre zu ziehen wäre, daß man besser nicht seine Zeit mit Geschichte vergeude, wenn man sich ernstlich mit der Zukunft auseinandersetzen will.

Doch wenn die Vergangenheit kein Führer in die Zukunft ist, was ist sie dann? Gewiß: In einem ganz bestimmten Sinne, in dem nämlichen Sinne, in dem dies in unseren induktiven Verfahrensweisen angelegt ist, kann sie als ein Leitfaden für die Zukunft angesehen werden. Die Frage ist nur, ob Thukydides hier zu einer Induktion berechtigt gewesen ist.
Es scheint etwas höchst Künstliches darin zu liegen, diese Art von logischem Druck auf des Thukydides Bemerkungen zu üben.[7] Indessen erklärt er sich sehr deutlich darüber, daß er ein nützliches Buch zu schreiben gedenke, und sagt nicht weniger explizit, worin seiner Meinung nach sein Nutzen bestehen müsse. Eine weitaus entsprechendere Rekonstruktion seiner Methodologie könnte folgendermaßen aussehen: Wie Platon in einem berühmten Abschnitt seiner *Politeia*, könnte Thukydides zu der List seine Zuflucht genommen haben, »deutlich erkennbar« etwas für ein anderes zu nehmen. Der Gedanke dabei war, daß, wenn *A* eine vergrößerte Projektion von *B* ist, die gemeinschaftlichen strukturellen Merkmale von *A* und *B* mit größerer Bereitwilligkeit an *A* anstelle von *B* untersucht und aufgenommen werden könnten. Dabei wird selbstverständlich vorausgesetzt, daß *A* und *B* strukturell wirklich gleich *sind*, doch eine ähnliche Voraussetzung liegt schließlich auch darin, wie wir unbefragt etwa die Mikroskopie akzeptieren: wir vertrauen dem Verfahren, selbst wenn wir nicht dazu imstande sind, mit ›bloßem Auge‹ ein vergrößertes Bild von x mit x selbst zu vergleichen. Ähnlich mag Thukydides empfunden haben, daß der Krieg, der sich abspielte, in einem derart großen Maßstab vonstatten ging, daß man ihn als ein vergrößertes Musterbeispiel der gesamten Klasse der Kriege ansehen könne, so daß man durch sein Studium strukturelle Grundzüge zu erkennen vermöchte, die an kleineren Beispielfällen nicht gleichermaßen problemlos ausgemacht werden können. Schließlich erklärt er – oder er gibt uns jedenfalls nachdrücklich zu bedenken –, daß es seine *Größe* war, die diesen Krieg berichtenswerter machte als jeden anderen. Daß seine Wahl also gerade auf ihn gefallen

ist, ließe sich dann eben durch die Art und Weise rechtfertigen, in der schlechthin die Auswahl eines besonders deutlichen Merkmals an einer Sache vornehmlich dann gerechtfertigt erscheint, wenn andere Teilaspekte des Merkmalskomplexes, aus dem jenes herausgehoben worden ist, die charakteristischen Grundzüge der gesamten Klasse weniger sinnfällig aufweisen, als es bei diesem einen der Fall ist. Seine Erzählung verfolgt demnach den Zweck, Grundzüge typisch menschlicher Reaktionsweisen auf typische Situationen herauszuarbeiten, von denen er glaubte, daß sie mit großer Gleichförmigkeit wiederkehren. Mit derartigen Begriffen ist schließlich auch sein Werk bisher gewürdigt und, wie er es sich erhofft hatte, als ein »gesicherter Besitz für alle Zeit« und für etwas angesehen worden, das mehr ist als *bloß* ein Bericht über alles dasjenige, was sich in langer, toter Vergangenheit zwischen Athen und Sparta zugetragen hat.

Wir können demgemäß sagen, daß er mit seiner Forderung, die Zukunft habe der Vergangenheit zu gleichen, und mit dem Anspruch, er habe mit seiner überaus genauen Beschreibung eines glänzenden Musterbeispiels der Klasse von Kriegen einen Leitfaden für die Erkenntnis zukünftiger Kriege geschaffen, keinen seinem *Wesen* nach auf die Zeit gerichteten Anspruch erhoben hat. Er bezieht sich nicht ausdrücklich auf die Zeit als solche, wenn er von der Zukunft spricht. Er hätte mit gleicher Berechtigung die Feststellung treffen können, daß er ja eigentlich, und zwar durchaus der Sache entsprechend, einen Leitfaden für alle *vergangenen* Kriege erstellt habe. Doch dies letztere hätte er vielleicht nicht für einen Beitrag angesehen, der die Anstrengung wert gewesen wäre. Als praktischer Mensch muß Thukydides zweifellos empfunden haben, daß hinsichtlich der Vergangenheit nichts Nutzbringendes mehr getan werden kann (wie Richard Taylor dargelegt hat, verhalten wir uns der Vergangenheit gegenüber fatalistisch).[8] Nur die Zukunft gestattet uns, verändernd einzuwirken, und es ist einzig die Zukunft, in der sein Werk den von ihm beabsichtigten Nutzen haben konnte.[9] Doch ist dies in der Tat insoweit ohne Belang, als es uns in der hier versuchten Interpretation um die *Logik* seiner Argumentation zu tun ist. Denn was er eigentlich getan hat, war ja, daß er von einem Beispielfall (wenngleich von einem ›guten‹) auf eine Gesamtheit von Fällen geschlossen hat – vom gegenwärtigen Krieg auf *alle*, vergangene *und* zukünftige Kriege. Doch ›vergangene *und* zukünftige‹ fügt dem Ausdruck ›alle Kriege‹ nichts hinzu. Thukydides erhebt demnach einen Anspruch auf die Zukunft, jenem Anspruch auf die Zukunft nicht unähnlich, den jeder von uns macht, wenn er sich bei einem gewöhnlichen Ereignis der Induktion bedient. Es handelt sich hier jedoch um einen Anspruch, bei dem es irreführend wäre, anzunehmen, daß er sich vornehmlich und in besonderer Weise mehr auf die Zukunft richtete als auf die Vergangenheit. Denn es ist vielmehr ein Anspruch, der sich auf eine Gesamtheit bezieht und unabhängig von jedweder Information ist, die die genaue zeitliche Festlegung ihrer einzelnen Teile beträfe, und zwar entweder in ihrem Verhältnis zueinander oder in Beziehung auf die Person, die die Induktion vornimmt. Es ist wahr, daß wir unsere philosophischen Zweifel an der Induktion gelegentlich in der Frage formulieren: Wird die Zukunft der Vergangenheit gleichen? Doch es gibt in der Tat keine zeitliche Gerichtetheit bei der Induktion, die im Hinblick auf die Zeit symmetrisch ist. Und wir könnten die Frage ebensogut folgendermaßen formulieren: Wird die *Vergangenheit* der Vergangenheit gleich gewesen sein? Das heißt, werden diejenigen Abschnitte aus der Vergangenheit, die jener Periode der Vergangenheit vorhergegangen sind, der wir unsere Beispiele entnommen haben, der späteren Periode ›gleich‹ sein? Denn hinsichtlich zukünftiger Beispielfälle aus einer Gesamtheit, der mein je besonderes Beispiel entnommen ist, ergeben sich genau dieselben Probleme, die sich durch Beispiele aus der nämlichen Gesamtheit stellen, die zeitlich früher liegen als jene von mir ausgewählten Beispiele. Wir besitzen beispielsweise keine besseren Gründe zu der Annahme, daß es spätere Geschehnisse auch nur *geben wird,* als wir begründet annehmen dürfen, daß es jemals frühere Ereignisse *gegeben hat.* Und genauso, wie es die Möglichkeit gibt, daß die Beispiele, über die wir verfügen, die *letzten* ihrer Art sind, gibt es die entsprechende Möglichkeit, daß diejenigen, die wir haben, die *ersten* sind. Hume setzte sich einst mit der logischen Möglichkeit auseinander, daß der gesamte Aufbau der Welt sich eines Tages von Grund auf ändern könnte, so daß hinterher keines unserer allgemeinen Gesetze mehr anwendbar wäre.[10] Doch wir können dem die Möglichkeit entgegenhalten, daß dies bereits geschehen sei, daß eine solche Veränderung stattgefunden haben könnte und die Welt dem, wie sie jetzt ist, einst genauso unähnlich war, wie sie es Humes Annahme zufolge dereinst sein wird. Gewiß besitze ich keine induktiven Gründe, die eine oder die andere dieser Möglichkeiten gesetzmäßig herzuleiten. Denn es sind gerade die Begrenztheiten derartiger Gründe, die die von Hume erwogene Möglichkeit aufzeigen sollten. Oder vielmehr, ich verfüge nur über induktive Gründe, die eine oder die andere dieser Möglichkeiten zu durchdenken, da jede für sich logisch kohärent ist: Und induktive Gründe sind hier unangemessen. Sie für angemessen zu halten, würde bedeuten, von einer falschen Voraussetzung her an die Sache heranzugehen.

Ohne dieses Schema von Symmetrien noch näher ausführen zu wollen, können wir abschließend feststellen, daß induktive Prozesse hinsichtlich ihrer Gerichtetheit – auf Zukünftiges oder Vergangenes – invariant sind, daß sie keine Schlußfolgerungen auf noch ungeprüfte Begebenheiten zulassen. Die impliziten Schlußfolgerungen, zu denen Thukydides in seinem Werk gelangt ist, daß nämlich die Motivationen der Menschen immer und überall dieselben sind, daß die Menschen in voraussagbarer, typischer Weise auf typische Situationen reagieren, sind demnach zeit-unabhängig. Folglich ist der Anspruch, den er auf Zukünftiges macht, nicht verschieden von dem, den er an Gegenwart und Vergangenheit richtet. Es geht mir natürlich nicht darum, in Frage zu stellen, ob einige seiner Schlußfolgerungen nun im einzelnen richtig oder falsch sind, sondern ich will lediglich ihre Zeit-Unabhängigkeit unterstreichen. Thukydides betreibt also keine Geschichtsphilosophie, wie ich sie vorhin charakterisiert habe. Zumindest implizit bestand sein Anliegen vielmehr darin, ein sozialgeschichtliches Werk zu schreiben, denn es war seine Absicht, daß wir aus ihm einige ganz allgemeine Tatsachen über das Verhalten von Individuen und Gruppen in politischen Zusammenhängen herauslesen sollten, Tatsachen, wie sie besonders gut durch jene Ereignisse illustriert werden, die er erzählt. Natürlich aber bliebe sein Werk auch dann noch von großem Wert, wenn dies keine allgemeinen Tatsachen wären, ja selbst dann noch, wenn die Griechen und Spartaner erheblich verschieden von denjenigen gewesen wären, die vor oder nach ihnen gelebt haben. Noch wir Heutigen sehen uns in seinem Buch gespiegelt.

Der Erfolg von Thukydides' Schilderung rührt offenbar (zumindest in seiner eigenen Einschätzung) daher, daß er seinen Bericht dessen, was sich ereignet hatte, mit größtmöglicher Genauigkeit formulierte. So ist also das mindeste, was wir über Thukydides sagen können, daß er den Versuch machte, eine wahrhafte Beschreibung der Ereignisse aus *seiner* Vergangenheit zu liefern, deren einige er selbst als Zeuge miterlebt hatte, andere wiederum nicht, die jedoch von seinen Zeitgenossen verfolgt worden waren, deren Zeugnis er der strengsten Prüfung unterwarf. Das alles ließe sich auch dann über ihn sagen, wenn sein letzter Zweck nicht der gewesen wäre, den ich soeben erörtert habe. Auch wenn wir einräumen, daß dieser Endzweck leitend war bei der Auswahl jener besonderen Merkmale, über die er sich ausläßt, können wir demungeachtet beide Tätigkeiten doch für in gewisser Weise voneinander unabhängig betrachten und zwischen jenen Grundzügen desselben Werkes unterscheiden, die den komplementären Kennzeichnungen ›ist ein Geschichtswerk‹ und ›ist ein Stück Sozialwissenschaft‹ genügen.

Ich werde jetzt einmal Thukydides' Kunstgriff – nämlich den, eine allgemeine Feststellung über eine ganze Klasse vermittels der Hervorhebung eines gut gewählten Beispielfalles aus jener Klasse zu treffen – verwenden, indem ich *ihn selbst* zu einem besonders geeigneten Beispielfall für die Klasse der Historiker mache. Ich werde sagen, daß das Unterfangen, dem Historiker sich letztendlich widmen, der Versuch ist, wahre Feststellungen über Ereignisse aus ihrer *eigenen* Vergangenheit zu treffen oder wahre Beschreibungen davon zu geben. Ich stelle dies vorerst einmal als eine minimale Charakterisierung der historiographischen Tätigkeit heraus, als eine notwendige Bedingung, das Prädikat ›ist ein Historiker‹ auf ein Individuum anzuwenden. Ich sage damit nicht, daß dies eine zureichende Bedingung sei, denn sie ist ja auch, wie wir gesehen haben, ein Teil unseres Kriteriums für die Anwendung des Prädikats ›ist ein Geschichtsphilosoph‹ auf ein Individuum. Vielleicht können wir dieses Kriterium erweitern, damit wir zumindest in der Lage sind, eine Unterscheidung zwischen Historikern und Geschichtsphilosophen zu treffen, indem wir etwa sagen, daß Historiker im Unterschied zu Geschichtsphilosophen versuchen, wahre Feststellungen über Ereignisse aus ihrer eigenen Vergangenheit zu machen oder wahre Beschreibungen davon zu geben, die *nicht* zur logischen Voraussetzung haben, daß sie wahre und zeit-abhängige Feststellungen über Ereignisse *ihrer* Zukunft treffen oder sie beschreiben.

Ich sage nicht, daß das bereits alles sei, was Historiker tun. Doch ich halte unbedingt daran fest, daß, *was immer auch sonst* man den Historikern an weiterreichenden Absichten zuschreibt, ihr Erfolg bei der Formulierung derartiger Feststellungen eine notwendige Vorbedingung für jene Aktivität ist, worin sie auch immer bestehen mag. So könnte man sagen, daß Historiker bestrebt sind, Ereignisse aus ihrer Vergangenheit zu *erklären*. Ich habe nichts dagegen einzuwenden. Ich sage lediglich, daß es zuvörderst notwendig sei, eine wahre Beschreibung des Ereignisses zu geben, das erklärt werden soll. Was aber, wenn ein Historiker *A* bereits eine solche Beschreibung eines Ereignisses geliefert hat? Nennen wir dann *B* einen Historiker? Die Antwort darauf ist, daß jede Erklärung eines Ereignisses die Beziehung auf ein anderes Ereignis fordert, und solange wir keine wahre Beschreibung dieses anderen haben, ist es uns nicht gelungen, das vorgegebene Ereignis zu erklären. Ebensowenig dürfen wir übersehen, daß der Satz »*E*-2 ist geschehen, weil *E*-1 geschehen ist« – sofern man einmal annimmt, daß dies als Erklärung für *E*-2 angeboten wird – zumindest eine wahre Feststellung über irgendein Ereignis in der Vergangenheit irgendeines Historikers ist. Ähnlich verhält es sich, wenn gesagt wird, daß ein Historiker, um irgendein vergangenes Ereignis erklären zu können, sich durch einen Akt der Einfühlung mit Personen identifizieren müsse, die mit jenem Ereignis zu tun haben. Ich habe keinen Zweifel, daß Historiker zu derartigen Akten imstande sind und sie auch vollbringen. Doch ganz gewiß hängt ihre Fähigkeit dazu, dies in einer mehr als nichtssagenden Weise zu tun, davon ab, ob sie vorher einwandfrei geklärt haben, daß es ein solches Ereignis gegeben und die Person auch wirklich gelebt hat, mit der die einfühlende Identifizierung versucht werden kann. Und eben *dies* läßt sich durch einfühlende Identifikation nicht erreichen. Das allerdings läßt auf eine Lücke in meiner ›Charakterisierung‹ schließen. Denn es könnte eingewendet werden, daß eine Person schließlich kein Ereignis sei und daß meine Charakterisierung lediglich mit Ereignissen in der Vergangenheit des Historikers zu tun habe. Demnach müßte ich meine Charakterisierung des Vorgehens, dem gemäß wahre Feststellungen über die Vergangenheit zustande gebracht werden, dahingehend verbessern, daß ich angebe, ob diese sich auf Ereignisse oder Personen oder beliebige Gegenstände beziehen.

Dies soll für den Augenblick alles sein, was ich über Historiker zu sagen habe. Ich will nicht einmal darauf bestehen, daß sie stets in demjenigen erfolgreich seien, womit sie sich, wie man allgemein annimmt, beschäftigen, sondern behaupte *lediglich*, daß sie versuchen, es zu sein. Und ganz sicher ist eine solche Bemerkung über Historiker hinreichend unverfänglich.

Es ist vielleicht nicht einmal übermäßig erleuchtend, dies zu sagen, jedenfalls so lange nicht, wie wir uns nicht näher über die Besonderheiten jener Art der Feststellung erklären, die sie zu treffen versuchen (denn eine wahre Feststellung ist in diesem Sinne keine *Art* der Feststellung). Ähnlich könnten wir sagen, daß ein Geschichtsphilosoph eine Feststellung ganz bestimmter Art über die Zukunft zu machen versucht. Doch was ich sagen will, ist, daß der substantialistische Geschichtsphilosoph dieselbe Art der Feststellung über die Zukunft zu treffen versucht, die der Historiker über die Vergangenheit zu treffen unternimmt. Also wird das Bild, das wir uns vom substantialistischen Geschichtsphilosophen machen wollen, deutlichere Konturen annehmen, sobald wir uns ein besseres Bild vom Historiker selbst gemacht haben. Und wir werden schließlich, wie ich hoffe, imstande sein zu erkennen, warum es illegitim ist, dieselbe Art der Feststellung über die Zukunft zu machen, die hinsichtlich der Vergangenheit durchaus legitim ist.

Allerdings gibt es einigen Grund, unsere Charakterisierung der Zielsetzung des Historikers so allgemein und unspezifisch zu lassen, wie ich dies getan habe. Der Grund ist folgender. Es wird gelegentlich argumentiert, daß wir *generell* dazu außerstande sind, wahre Aussagen über die Vergangenheit zu machen. Wenn aber die Zielsetzungen des Historikers generell undurchführbar sind, wird nur wenig durch eine nähere Beschreibung dieser Zielsetzung gewonnen. Wenn es keine Einhörner gibt, ist es müßig, nach gewissen Besonderheiten der Einhörner zu fragen, wie zum Beispiel, ob sie wild oder sanftmütig sind. Ich wende mich daher den Einwänden zu, die dagegen erhoben werden könnten, daß wir wahre Aussagen über unsere Vergangenheit zu machen beanspruchen.

III. Drei Einwände gegen die Möglichkeit historischer Erkenntnis

Wenige, so denke ich, werden ernstlich bezweifeln, daß es den Historikern manchmal gelingt, jenes Ziel zu erreichen, das ich ihnen in einer ersten Annäherung als minimalen Anspruch zugesprochen habe, und daß sie gelegentlich, ja sogar recht häufig und in einer typischen Weise, darin erfolgreich sind, wahre Aussagen über Dinge in ihrer Vergangenheit zu machen. Die Frage ist, ob wir dazu berechtigt sind, dies anzunehmen. Eine derartige Frage aufzuwerfen bedeutet selbstverständlich nicht, Zweifel an der Kompetenz oder Integrität der Historiker zu verbreiten. Wir verfügen reichlich über Mittel und Wege, Unfähigkeit und Lügenhaftigkeit zu erkennen, und sind gewöhnlich hinreichend geschult, zu bestimmen, ob historiographisches Geschick redlich eingesetzt oder mißbraucht wird. Die Frage ist vielmehr, ob diese Fertigkeiten uns befähigen, die minimale Zielsetzung zu verwirklichen, für die wir die Mühe auf uns genommen haben, ihre Beherrschung zu erlernen, und ob sie uns gestatten, wahre Aussagen über Dinge in unserer Vergangenheit zu machen oder zu entscheiden, ob irgendeine Aussage, die diesen Anspruch erhebt, richtig oder falsch ist. Die Frage stellt sich sogar noch allgemeiner. Denn angenommen, es ließe sich nachweisen, daß die Fertigkeiten, deren Beherrschung und redliche Anwendung jemanden, den je zeitbedingten Kriterien gemäß, zum Historiker qualifizieren, in irgendeiner Weise grundsätzlich unzulänglich sind, unsere minimale Zielsetzung zu erreichen. Es ist wohl kaum denkbar, daß dieser Nachweis je erbracht werden kann, doch wenn es gelänge, müßten die Menschen es unternehmen, ein anderes Ensemble von Fertigkeiten zu finden, die besser dazu geeignet sind, dieses Ziel zu erreichen, als jene es sind, die uns gegenwärtig zur Verfügung stehen. Sicher ist in der Geschichte des Denkens schon der Fall eingetreten, daß eine Reihe von Techniken, von denen man sich vorgestellt hatte, daß sie zur Erreichung eines gegebenen Zweckes, zum Beispiel zur Lösung eines Sonderproblems, zureichend seien, als unzulänglich nachgewiesen wurden, so daß neue und wirksamere Techniken entwickelt werden mußten. Doch es ist nicht meine Aufgabe, Einwände gegen die heute allgemein akzeptierten historiographischen Fähigkeiten zusammenzutragen. Vielmehr setze ich mich mit Einwänden dagegen auseinander, ob wir überhaupt, mit welcher Art von Technik auch immer, dazu imstande sind, wahre Aussagen über die Vergangenheit zu machen, und zwar so, daß weitere Verbesserungen der vorhandenen Techniken ebenso müßig wären, wie beispielsweise weitere Verbesserungen derzeit gebräuchlicher Zirkel es sein würden, nachdem man nun ein für allemal mit Hilfe von Lineal und Zirkel keine Dreiteilung eines Winkels vornehmen kann. Die Frage in dieser *allgemeinen* Form zu stellen, bedeutet einen Angriff auf die Grundlagen der historischen Erkenntnis selbst zu führen. Und genau um diesen Angriff ist es mir hier zu tun.

Es kommt nicht eben häufig jemandem in den Sinn, eine Haltung radikaler Skepsis gegenüber Aussagen einzunehmen, die Vergangenes zum Inhalt haben. Man mag diese oder jene Feststellung bezweifeln, doch dann gewöhnlich deshalb, weil man gute Gründe dafür hat, wie etwa den, daß man der Person mißtraut, die sie trifft, oder daß man die Beweise, die zu ihrer Stützung herangezogen werden, in mancherlei Hinsicht für fehlerhaft hält, oder aber man verwirft sie, weil sie im Widerspruch zu einer anderen Aussage steht, deren Wahrheitsgehalt wir bereitwilliger vertrauen. Natürlich wird oftmals jene andere Aussage selbst wieder eine Feststellung über die Vergangenheit sein. Dementsprechend könnten wir etwa die Feststellung, daß Sir Walter Raleigh ein Atheist gewesen sei, deswegen zurückweisen, weil wir gewisse andere Aussagen über Sir Walter Raleighs Verhalten, die unvereinbar damit sind, daß er Atheist gewesen sein könnte, für wahr halten. Und in jedem derartigen Fall sind wir stets zumindest bereit, genau das Gegenteil der zurückgewiesenen Feststellung zu akzeptieren, d. h. daß Sir Walter Raleigh *kein* Atheist gewesen sei – was wiederum selbst eine Aussage über die Vergangenheit ist. Wir können hier einen radikalen Skeptizismus nur dann akzeptieren, wenn die Annahme *jeder* Aussage, die Vergangenes zum Inhalt hat, zu irgendeiner anderen Aussage in Widerspruch steht, die wir bereit sind, für wahr zu halten, und die *jede* Aussage über Vergangenheit als unwahr ausschließt; das eliminiert *sowohl* den Satz »Sir Walter Raleigh war ein Atheist« wie den ›natürlichen‹ direkten Widerspruch hierzu. Doch ein jeder derartiger Satz muß ganz und gar allgemein sein, wenn er einen radikalen Skeptizismus rechtfertigen soll, d. h. wenn er die Unannehmbarkeit sowohl von *p* wie von *non-p* zur Folge haben soll, wenn *p* dabei als Aussage gilt, die sich auf Vergangenes bezieht. Mit dem ›natürlichen Widerspruch‹ einer Aussage meine ich einen Widerspruch, der dasselbe Subjekt, Prädikat und Tempus wie der abgewiesene Satz hat. So wie »*S* war nicht *P*« der natürliche Widerspruch zu »*S* war *P*« ist.

Ich werde jetzt kurz drei verschiedene Argumente vorbringen, die, sollten sie sich als zwingend erweisen, die Unmöglichkeit besiegeln, irgendeine wahre Aussage über die Vergangenheit zu machen, und die einen radikalen Skeptizismus sowohl gegenüber *p* wie gegenüber *non-p* rechtfertigen, sofern diese im Tempus der Vergangenheit stehen. Diese Beweise sind von drei verschiedenen Punkten her ein Angriff auf Aussagen, die Vergangenes zum Inhalt haben: hinsichtlich ihres Sinnes, hinsichtlich dessen, worauf sie sich beziehen, und hinsichtlich ihrer Wahrheits-Werte. Ich glaube allerdings nicht, daß irgendeines dieser Argumente tatsächlich zwingend ist. Es ist sogar ziemlich leicht einzusehen, was an jedem von ihnen falsch ist. Doch sich durch jedes einzeln und im Detail hindurchzuarbeiten, ist nicht nur philosophisch aufschlußreich, sofern diese Beweise selbst philosophisch interessant sind; es bieten sich zudem im Gefolge einer solchen Auseinandersetzung verschiedene Aspekte des Begriffs der Geschichte, und es ist dieser Umstand, der, so hoffe ich, eine ziemlich ausgedehnte Behandlung dieser Argumente rechtfertigen wird, die ich für die nächsten Kapitel ankündigen will. Für den Augenblick will ich mich damit begnügen, jedes für sich bloß zu referieren und kurz zu kommentieren.

(1) Jede Aussage, die Vergangenes zum Inhalt hat, ist streng genommen *sinnlos*. Wenn aber Aussagen sinnlos sind, kann sich prinzipiell die Frage, ob sie wahr oder falsch seien, gar nicht erst stellen. Wenn wir demnach keine sinnvolle Aussage über die Vergangenheit machen können, ist auch eine wahre Aussage über die Vergangenheit unmöglich.

Dieses Argument setzt eine bestimmte Theorie über dasjenige voraus, was als sinnvoll gelten kann. Der sachkundige Leser wird leicht erkennen, daß dasjenige, was vorausgesetzt wird, in der Tat jenes gefeierte Verifizierbarkeits-Kriterium des Sinnvollen ist, das in einer seiner mannigfaltigen Ausformulierungen den Standpunkt vertritt, daß ein nicht-analytischer Satz nur dann sinnvoll sei, wenn er durch Erfahrung verifiziert werden kann. Gelegentlich ist man der Auffassung gewesen, dies schließe mit ein, daß wir imstande sein müßten, dasjenige zu erfahren, was ein solcher Satz beinhaltet. Doch wir können hier und jetzt nicht erfahren, was Aussagen über die Vergangenheit zum Inhalt haben – dementsprechend können wir sie nicht verifizieren und folglich sind sie, bei Anwendung dieses Kriteriums, sinnlos. Wenige nur sind derart puritanisch oder so heroisch, an dieser extremen Auffassung festzuhalten, am wenigsten von allen aber wohl jene, die das Verifizierbarkeits-Kriterium selbst aufgestellt haben, dessen Ziel schließlich nicht Ausmerzung, sondern Explikation der empirischen Wissenschaft sein sollte. Eine etwas gemilderte Version indessen, die davon ausgeht, daß der Sinn eines empirischen Satzes gerade in der Weise seiner Verifikation bestehe, hat Konsequenzen, die beinahe ebenso paradox sind. Denn es zählt schwerlich unter die Verifikationsweisen historischer Aussagen, dasjenige zu erfahren, was sie beinhalten. Denn hier und jetzt liegt dieser Inhalt für uns jenseits der Erfahrbarkeit. Was wir stattdessen tun, ist, nach einem Beweis zu suchen, der sie stützen kann, und dies wiederum spricht dafür, daß der Sinn einer historischen Aussage sich in dem Prozeß manifestiert, der zur Auffindung eines historischen Beweises führt, und daß dementsprechend historische Aussagen als Vorhersagen hinsichtlich der Resultate historiographischer Verfahrensweisen gedeutet werden können. Doch alle derartigen Verfahrensweisen müssen eingesetzt werden *nach* der Kundgabe der betreffenden historischen Aussagen, deren Sinn und Bedeutung sie ausmachen, d. h. in der *Zukunft* des Historikers. Und insoweit die Bedeutung eines Satzes dasjenige ist, worüber er etwas aussagt, sind historische Aussagen, wenn sie sinnvoll sein wollen, solche über die Zukunft. Wir sind demnach immer noch nicht imstande, sinnvolle Aussagen über die Vergangenheit zu machen. Wir stehen also auf demselben heroischen Standpunkt wie zuvor. Man beachte dabei, daß wir selbst bei der Einnahme eines aufgeklärteren Standpunktes hinsichtlich Bedeutung und Sinn, wie etwa dem, daß der Sinn eines Satzes dessen *Nutzen* sei, uns ungefähr wieder derselben Konsequenz gegenübersehen. Denn es ist der *Nutzen* von Vorhersagen, Aussagen über die *Zukunft* zu machen, und folglich ist es uns ein weiteres Mal versagt, historische Aussagen zu benutzen, um Feststellungen über Vergangenes zu treffen. Die These, daß historische Aussagen (verdeckte) Vorhersagen seien, findet in der einen oder anderen Weise seine Befürworter bei Pragmatisten wie Peirce, Dewey und Lewis; und bei Positivisten, wobei hier insbesondere A. J. Ayer[1] zu nennen ist.

(2) Vielleicht verwechselt Argument (1) Bedeutung (meaning) mit *Beziehung* (reference), ein nicht eben ungewöhnlicher philosophischer Irrtum. Doch erhebt sich hier wiederum eine andere Schwierigkeit. Denn vielleicht gibt es oder gab es nichts, was die Aussagen über die Vergangenheit zum Inhalt haben oder gehabt haben könnten. Zumindest logisch wäre es möglich, daß die Welt erst vor fünf Minuten geschaffen wurde, vollständig, mit uns darin und all unseren Erinnerungen, und daß sie all jene Stücke und Teile von Dingen enthielte, die

wir zum Beweis für eine wesentlich ältere Welt heranziehen, als wir sie tatsächlich bewohnen. Die gesamte gegenwärtige Mannigfaltigkeit der Welt könnte gerade so sein, wie sie ist, unabhängig davon, wann die Welt geschaffen wurde, und die Welt wäre dennoch, so wie wir sie jetzt kennen, durchaus vereinbar mit einer ungeahnt kurzen Geschichte. In diesem Fall aber, d. h. wenn sie tatsächlich erst fünf Minuten zuvor erschaffen wäre, gäbe es in den Aussagen, die vorgeblich Vergangenes beinhalten, nichts, worauf sie sich beziehen könnten. Demnach wären, abhängig von der jeweils bevorzugten zeitgenössischen Analyse dessen, was ›beziehende (referring) Ausdrücke‹ genannt geworden ist, alle derartigen Aussagen entweder *falsch* (Russell), oder die Frage nach wahr und falsch würde sich gar nicht erst stellen (Strawson).[2] Doch dann ließe sich mit keiner dieser Analysen das minimale Ziel der historischen Wissenschaft, nämlich wahre Aussagen über die Vergangenheit zu machen, erreichen. Die Mehrzahl historischer Kontroversen wäre dann gegenstandslos. Denn genau genommen würde jede einzelne von zwei Parteien disputierender Historiker entweder einen *falschen* Satz behaupten oder von einem Satz ausgehen, bei dem sich die Frage, ob er wahr oder falsch sei, gar nicht erheben kann. Doch dies ist genau dasselbe, wie wenn man skeptisch hinsichtlich *p* wie gegenüber seinem natürlichen Widerspruch ist, wofern *p* eine Aussage ist, die vorgeblich mit der Vergangenheit zu tun haben soll.[3]

Dabei muß beachtet werden, daß diese Beweisführung nicht streng allgemein ist und demgemäß einen weniger radikalen Einwand gegen meine Charakterisierung in sich schließt, als dies für (1) gilt. Denn selbst wenn wir einräumen, daß die Welt erst vor fünf Minuten, mit allem ausgestattet usw., entstanden ist, wird es uns nichtsdestoweniger gelingen, wenigstens *einige* wahre Aussagen über die Vergangenheit zu machen, z. B. daß die Welt vor fünf Minuten entstanden ist, und ferner sind Aussagen über Geschehnisse innerhalb der vergangenen (tatsächlich *nur* dieser) fünf Minuten zulässig. Diesem Beweis gelingt es nicht, jede Aussage über die Vergangen-

heit auszuschließen, wie er natürlich selbst zumindest eine Aussage über die Vergangenheit in seiner eigenen Formulierung voraussetzt. Allerdings gestattet er derart wenige echte Aussagen über die Vergangenheit, daß sein einer Mangel, nicht vollkommen allgemein zu sein, wenig bietet, woran historischer Fleiß behaglich sich auslassen könnte. Denn wie viele Historiker gibt es schon, die sich mit dem beschäftigen, was sich nur innerhalb der letzten fünf Minuten zugetragen hat?
Der Beweis fordert natürlich nicht, daß die Welt tatsächlich erst vor fünf Minuten angefangen hat zu existieren, sondern daß es, »nach allem, was wir wissen«, so sein *könnte*. Es könnte sein, aber ebensogut auch nicht. So gelingt es uns vielleicht, wahre Aussagen, über die Vergangenheit zu machen, aber vielleicht sind wir dazu auch außerstande. Haben wir Erfolg, dann können wir nicht *wissen*, ob es sich tatsächlich so verhält. Denn alles Beweisen ist vereinbar damit, daß die Welt vor fünf Minuten entstanden ist, und wir besitzen demnach, auf der Basis von Beweisen, keinen sicheren Weg, der uns ein Wissen davon gibt, ob wir Erfolg gehabt haben oder nicht. Wir sind folglich niemals in der Lage, zu wissen, ob unsere historischen Kontroversen eine echte Grundlage haben oder bodenlos sind. Das ist dann aber genau dasselbe, als wenn wir skeptisch gegenüber *p* wie gegenüber *nicht-p* sind, sofern *p* Vergangenes zum Inhalt hat. Denn wenn wir nicht in der Lage sind, anzugeben, ob ein gegebener Satz wahr oder falsch (oder keines von beidem) ist, was bleibt dann hinsichtlich dieses Satzes anderes als Skepsis?
Im Vergleich zu (1) haben nur wenige Menschen diesen Beweis ernst genommen, ausgenommen Bertrand Russell, der ihn formuliert hat, und *er selbst* sagt, daß niemand ernstlich daran festhalten könne. Nichtsdestoweniger wirft er in überaus dramatischer Weise eine Vielzahl von Fragen über Zeit, Beziehung und Erkenntnis auf und verdient sorgfältige Prüfung.
(3) Historische Aussagen werden von Historikern gemacht,

und Historiker haben ihre Motive, wenn sie historische Aussagen lieber über den einen Gegenstand als über einen anderen machen. Nicht allein dies, sondern Historiker haben auch gewisse Empfindungen den Dingen der Vergangenheit gegenüber, deren Beschreibung sie geben wollen. Manche dieser Empfindungen mögen persönlicher Art sein, manche wieder mögen von Mitgliedern der verschiedenen Gruppen geteilt werden, denen ein Historiker zugehört. Derartige Einstellungen und Wertungen veranlassen Historiker dazu, auf einiges größeres Gewicht zu legen, gewisse Dinge zu übersehen, ja sie sogar zu entstellen. Wegen dieses Bündels von Einstellungen und Voreingenommenheiten, die sie mitbringen, sind sie selbst nicht immer imstande, die Entstellungen zu entdecken, die ihnen unterlaufen. Jene aber, die vorgeben, Entstellungen aufgedeckt zu haben, bringen wiederum selbst eine besondere Reihe von Einstellungen mit und demgemäß ihre je eigene Weise, zu gewichten, wegzulassen und zu entstellen. Überhaupt keine Einstellungen haben würde bedeuten, kein menschliches Wesen zu sein, doch Historiker sind nun einmal Menschen und können dementsprechend keine vollkommen objektiven Aussagen über die Vergangenheit machen. Jede historische Aussage ist, infolge untilgbarer persönlicher Faktoren, eine Entstellung und demzufolge nie ganz wahr. Es gelingt uns also nicht, Aussagen über die Vergangenheit zu machen, die unbedingt wahr sind.

Dieses Argument scheint auf den ersten Blick offen gegenüber dem Vorwurf völliger Bedeutungslosigkeit. Was würde es zum Beispiel besagen, wenn man erklärte, daß jedes Objekt auf der Welt ungerade sei? Ungerade Gegenstände lassen sich nur im Vergleich und im Kontrast zu geraden Gegenständen bestimmen, und wenn es keine geraden Gegenstände gibt, können wir den Ausdruck ›ungerade‹ nicht sinnvoll anwenden. Es ist dies ein Begriff, der logisch sein polares Gegenteil fordert. Und genau dasselbe gilt für Entstellungen. Wenn wir keine Vorstellung davon haben, wie eine nicht-entstellende Aussage über die Vergangenheit beschaffen sein müßte, welchen Sinn können wir dann dem Ausdruck ›entstellende Aussage‹ noch geben? Wenn wir nun aber *wirklich* eine genaue Vorstellung darüber haben, können wir im Prinzip Beispiele für dergleichen nicht-entstellende Aussagen liefern, und der ganze Beweis ist falsch. Demnach also läßt sich aus diesem Einwand schlußfolgern, daß der Beweis entweder belanglos oder falsch ist.

Doch in Wahrheit ist dieser Einwand nicht besonders zwingend, und die Befürworter von (3) können ihm unschwer beikommen und werden in der Regel auch leicht mit ihm fertig. Denn sie sagen in Wirklichkeit nicht etwa: »alles ist ungerade«, sondern lediglich, daß eine gewisse Klasse von Dingen ungerade ist. Es kann dann sehr wohl eine Klasse gerader Dinge geben, die diese Aussage verständlich macht. Demgemäß behaupten sie also nicht, daß jede Aussage eine Entstellung beinhalte, sondern nur, daß dies für historische Aussagen zutreffe. Die Klasse der historischen Aussagen wird dann insgesamt gegen eine andere, anscheinend nicht-entstellende Klasse von Aussagen abgehoben, und zwar von der Klasse der natur-wissenschaftlichen Aussagen. Was Margaret Macdonald in der im folgenden angeführten Stelle über die Kritik sagt, gilt dann sehr wohl auch für die Geschichte:

> »Kritische Auslassungen zu einem Werk sind zugleich dessen Konstruktion durch jemanden, der sie zu einer bestimmten Zeit, in einem bestimmten sozialen Kontext vornimmt. Demnach soll die Kritik – was ihr schlechthin unmöglich ist – den unpersönlichen Charakter strenger Regeln haben, die unabhängig von Zeit und Ort anwendbar wären, wie sie für Mathematik und Naturwissenschaften gültig sind.«4

Demzufolge wissen wir allem Anschein nach, welche Arten von Darstellungen ›objektiv‹ sind, nämlich alle diejenigen, die unabhängig sind von Zeit, Ort und den jeweiligen Einstellungen desjenigen, der sie gibt. Doch ebenso versetzen die genau angebbaren Kriterien, durch die wir imstande sind zu wissen, wann eine Darstellung objektiv ist, uns in die Lage, anzugeben, wann dies für eine Darstellung nicht zutrifft. Wir selbst können keine Darstellung *derselben Art und Weise* liefern, wie eine Darstellung es wäre, von der wir behaupten, daß sie nicht-objektiv sei, die jedoch ihrerseits objektiv ist. Denn jede solche Darstellung wäre wiederum relativ zu unserer Zeit, unserem Ort und unseren persönlichen Einstellungen. Wir wissen schließlich, daß *jede* Darstellung von jener Art dem Anspruch auf Objektivität nicht gerecht werden kann. Und historische Darstellungen sind sämtlich von der genannten Art.

Argument (3) ist in der einen oder anderen Form von einer Mehrzahl von Denkern mit sonst durchaus verschiedenen Überzeugungen vertreten worden. Nietzsche z. B. verwendet es in einem vielgerühmten Aphorismus, der später von Freud zustimmend zitiert worden ist: »›Das habe ich getan‹, sagt mein Gedächtnis. ›Das kann ich nicht getan haben‹ – sagt mein Stolz und bleibt unerbittlich. Endlich – gibt das Gedächtnis nach.«[5] Der Stolz hat hier das Gedächtnis verfälscht, und was ich von der Vergangenheit zu glauben wünsche, entstellt die Wahrheit. Doch es ist natürlich logisch möglich, daß jede meiner Erinnerungen vom Stolz gewebt war oder jedenfalls von meinen Anschauungen, Wünschen oder Gefühlen. So *könnte* also jede Erinnerung eine Entstellung sein, »nach allem, was ich weiß«. Ich besitze kein Mittel, das mir Gewißheit schaffen könnte, d. h. darüber, ob meine Erinnerung richtig ist oder nicht. Also selbst wenn sie korrekt wäre, verfügte ich nicht über das Mittel, mit Bestimmtheit anzugeben, daß sie es ist. Es könnte eingewendet werden, daß es ganz sicher Wege gibt, dies festzustellen. Ich kann mich auf unabhängige Beweismittel berufen. Doch wenn diese als unabhängig ausgegebenen Beweise in einem Sich-Berufen auf die Erinnerungen anderer bestehen, welchen Grund habe ich dann zu der Vermutung, daß ihre Erinnerungen weniger verfälscht sind als meine eigenen? Gewiß gibt es Beweismittel anderer Art, zum Beispiel Tagebucheintragungen, Zeitungsausschnitte und ähnliches mehr. Doch gerade an diesem Punkt tritt wiederum das generelle relativistische Argument (3) dazwischen, und meine Einschätzung des Beweismittels wird ein weiteres Mal von persönlichen Faktoren beeinflußt sein, usw. Nietzsches Argument ist zudem nicht auf das Gedächtnis beschränkt. Es sagt vielleicht in meinem Tagebuch über mich aus, daß ich dieses oder jenes getan habe. Ich weise es von mir, das getan zu haben, und mein Vertrauen in das Tagebuch bricht zusammen: Ich erkläre, daß jemand anderer es geschrieben haben muß oder daß ich es nur getan haben kann, um besonders klug zu erscheinen.

Dieses Argument scheint mir von allen dreien das beeindruckendste, wenngleich seine Formulierung durch die bedeutendsten unter seinen Befürwortern – Beard, Becker, Croce – aufgrund ihrer je besonderen Anschauungen, Vorurteile und Gefühle verstümmelt worden ist. Es bedarf erst gründlicher logischer Reinigung und Politur, doch letztlich liegt etwas in ihm, das richtig und wichtig ist, und ich werde im folgenden meine minimale Charakterisierung der Geschichte seinen Bedingungen entsprechend modifizieren. Tatsächlich habe ich mich bereits zu Auffassungen bekannt, die ihm geistesverwandt sind. Denn ich habe erklärt, daß historische Bedeutung von nicht-historischer Bedeutung abhängig und daß letztere in sehr starkem Maße eine Angelegenheit lokaler Einflüsse, Einstellungen und Interessen des Historikers sei: Daraus folgt, daß unsere gesamte Weise, die Vergangenheit zu organisieren, ursächlich mit unseren lokalen Interessen verknüpft ist, welches immer diese auch sein mögen.

Doch ich werde zunächst alle diese Beweise in der Reihenfolge erörtern, in der ich sie vorgetragen habe, und jedem ein gesondertes Kapitel widmen.

IV. Verifikation, Verifizierbarkeit und zeitabhängige Aussagen

Ich möchte zuerst Beweis (1) näher untersuchen. Ich werde vom Standpunkt zweier unterschiedlicher Theorien aus an ihn herangehen, deren jede ihm ein gewisses Maß an philosophischer Unterstützung gewährt oder sie jedenfalls zur Folge hat. Die erste ist eine Theorie der Erkenntnis, und die zweite eine Theorie der Bedeutung (meaning). Die beiden Theorien stehen natürlich in gewichtiger Weise miteinander im Verhältnis, und wer immer sich für die Theorie der Erkenntnis erklärt, wird in der einen oder anderen Form bereit sein, zugleich die Theorie der Bedeutung zu akzeptieren, und umgekehrt. Dennoch verlohnt es der Mühe, jede Theorie gesondert zu betrachten, denn jede von ihnen ist geeignet, einen je unterschiedenen Aspekt am Begriff der Geschichte zu erhellen. Wenngleich also die Gesichtspunkte, die vorzutragen ich ein Interesse habe, durchaus einer vollkommen allgemeinen Formulierung zugänglich wären, werde ich die Theorien mit Beziehung auf einzelne Philosophen darlegen, die zu der einen oder anderen Zeit bereit waren, sie zu verteidigen und zu vertreten. Die Theorie der Erkenntnis, die ich erörtern will, geht auf C. I. Lewis zurück, und die Theorie der Bedeutung auf A. J. Ayer. Allerdings werde ich *mehrere* Theorien Ayers untersuchen, die sich zwar alle mit demselben Problem auseinandersetzen, jedoch gewisse Wandlungen seiner philosophischen Grundanschauungen widerspiegeln.

Seit Lewis im Jahre 1929 sein Werk *Mind and the World Order* veröffentlichte, ist auf dem Gebiet der Analyse der empirischen Erkenntnis gründliche und wichtige philosophische Arbeit geleistet worden, einiges davon von Lewis selbst in seinem späteren Hauptwerk *The Analysis of Knowledge and Valuation.* Niemand, so denke ich, würde sich heute ohne erhebliche Einschränkungen zu jener Form des Empirismus bekennen, wie er in jener früheren Veröffentlichung ausgearbeitet worden ist. Ungeachtet dessen werde ich mein Augenmerk auf das richten, was Lewis in *Mind and the World Order* vorträgt, denn die nachfolgenden Verbesserungen und Korrekturen sind ohne entscheidenden Einfluß auf das Problem, das mich beschäftigt, und vor allem gibt Lewis dort eine große Zahl interessanter Hinweise, die sich auf unser Wissen von der Vergangenheit beziehen.[1]

Ich beginne mit einer Zusammenfassung der allgemeinen Theorie der Erkenntnis, die Lewis aufstellt, und wende mich sodann ihrer spezifischen Anwendung auf unsere Erkenntnis der Vergangenheit zu. Lewis befaßt sich hauptsächlich mit solchen Ansprüchen, in denen vorgegeben wird, man wisse, daß ein *x* eine gewisse Eigenschaft *F* habe, und er behauptet nun, daß dann, wenn wir davon sprechen, daß *x F* ist, wir dies so auffassen müßten, daß wir damit etwas über Handlungen und Erfahrungen aussagen, und er geht nun daran, Sätze der Form ›*x* ist *F*‹ mit den Begriffen des Handelns und der Erfahrung zu analysieren. Er schreibt:

»Einem Ding eine objektive Eigenschaft zuschreiben, bedeutet implizit die Voraussage darüber, daß sich dann, wenn ich in einer gewissen Art und Weise handele, bestimmte Erfahrungen einstellen werden: Wenn ich in diesen Gegenstand hineinbeiße, wird er einen süßen Geschmack haben; wenn ich darauf drücke, wird er sich ziemlich weich anfühlen; wenn ich ihn esse, wird er bekömmlich sein und mich nicht vergiften; wenn ich ihn umdrehe, werde ich eine ähnlich gerundete Oberfläche wie diese wahrnehmen... Diese und noch Hunderte anderer hypothetischer Sätze konstituieren meine Erkenntnis des Apfels, den ich in meiner Hand halte...«[2]

Allgemein gesprochen:

»Der gesamte Inhalt unseres Wissens von der Wirklichkeit ist die Wahrheit solcher ›Wenn-dann‹-Sätze, in denen die Hypothese darin besteht, daß etwas von uns Wahrgenommenes durch unsere Weise des Handelns zu einem Wahren gemacht werden kann, während der Nachsatz einen Inhalt der Erfahrung bietet, der, wenngleich er noch nicht wirklich ist und vielleicht niemals wirklich wird, eine mögliche Erfahrung ist, die mit der Gegenwart verknüpft ist.«[3]

Grob gesagt ist also, ungeachtet der Zeitform, des umgangssprachlichen Gebrauchs und der grammatischen Form, ein Satz der Form ›*x* ist *F*‹ eine Voraussage, oder besser noch eine Reihe von Voraussagen der Form ›Wenn *A*, dann *E*‹, worin *A* eine Handlung und *E* eine Erfahrung bezeichnet. Und der Ausgangssatz muß nun in diese Konditionalsätze zerlegt[3a] werden, deren Verbindung unsere Erkenntnis dessen zum Ausdruck bringt, was der Ausgangssatz behauptete. Jeder dieser Bedingungssätze beinhaltet einen gesonderten Prozeß der Verifikation, und der ursprüngliche Satz ist *erschöpfend* verifiziert, wenn alle Bedingungssätze, in die er zerlegt werden kann, durch das Ausführen der genannten, je einzelnen Handlungen und das ›Haben‹ der je einzelnen Erfahrung wahr gemacht worden sind. Dies ist keine ganz so ungebräuchliche Art der Analyse empirischer Erkenntnis, und es gibt eine beträchtliche Anzahl schwerwiegender Probleme, die im Zusammenhang mit ihr auftauchen, doch ich werde sie hier übergehen und mich ausschließlich auf jenen Teil von Lewis' Analyse beschränken, in dem die Auffassung vertreten wird, daß ich dann, wenn ich etwas zu wissen vorgebe, implizit vorhersage, was ich erfahren werde, wenn ich etwas tue, und daß Vorhersagen, die sich auf Handlungen und deren Ergebnisse in der Erfahrung beziehen, den »gesamten Inhalt unseres Wissens von der Wirklichkeit« repräsentieren.

Nehmen wir einmal an, daß ich von einem besonderen Gegenstand *a* sage, daß *a F* ist, und daß der Satz ›a ist *F*‹ in einer Zeit *t*-1 ausgesprochen wird. Wenn *a* innerhalb *t*-1 existiert, kann ich darangehen, auf *a* einzuwirken und – abhängig von den Erfahrungen, die ich im Ergebnis dieser meiner Handlung gewinne – meinen Ausgangssatz verifizieren oder teilweise verifizieren. Oder nehmen wir an, ich verlegte meinen Satz in die Zukunft, und *a* existierte später als *t*-1. Auch hier bin ich wiederum imstande, Handlungen auszuführen, habe Erfahrungen und bin also wieder in der Lage, meinen

Ausgangssatz zu verifizieren, oder teilweise zu verifizieren, oder gar zu falsifizieren. Denn in beiden Fällen war meine ursprüngliche Aussage eine Vorhersage darüber, was ich tun und erfahren würde. Nehmen wir jedoch einmal an, *a* existierte bereits, bevor ich meinen Satz ausgesprochen habe, und sei nun nicht mehr existent, so daß mein Satz in der Vergangenheitsform steht. Nun, ich kann dann nicht mehr in *t*-1 auf *a* einwirken, noch kann ich zu irgendeinem zukünftigen Zeitpunkt auf *a* einwirken – die Dinge existieren nicht mehr, sie hören zu existieren auf und gelangen wieder zum Dasein in derselben Weise, in der sie von Rot zu Grün und wieder zu Rot werden. Und ich kann nicht hoffen, irgendwann in der Zukunft jenen Teil der Zeit einzunehmen, der von *a* eingenommen wurde; es gibt für mich also keinen Weg, meinen Satz zu verifizieren. Allerdings könnte ich jene Handlung mit Beziehung auf *a* schon ausgeführt und jene Art der Erfahrung bereits gemacht haben, die ich, würde *a* noch immer existieren, sowohl ausführen wie erfahren könnte; so daß ich also den Satz bereits verifiziert haben würde, den ich in der Vergangenheitsform – in *t*-1 – ausspreche, wobei die Verifizierung dem Satz vorausgegangen wäre, den sie verifiziert. Doch in Wirklichkeit steht die Behauptung, daß ich eine Handlung ausgeführt, daß ich eine Erfahrung gemacht habe, in der Vergangenheitsform, und genau dieselben Probleme würden sich auch hier wieder ergeben. Demnach legen diese einleitenden Überlegungen im Hinblick auf Aussagen, die Vergangenes zum Inhalt haben, den Gedanken nahe, daß sie nicht verifiziert werden können und folglich kein Teil unseres Wissens von der Realität sind. Dieser Beweisgang ist wohl jedermann einsichtig, und zweifellos hat er etwas Gekünsteltes; doch Lewis hielt dies für einen Einwand, der einige paradoxe Konsequenzen haben würde und dem es entgegenzutreten gelte:

»Erkenntnis, so erklärt man, wird hier mit Verifizierung identifiziert, und Verifizierung wird herbeigeführt, indem man von der Gegenwart zur Zukunft fortgeht. Dann aber wird die Vergangenheit, soweit sie erkannt werden kann, in etwas Gegenwärtiges und Zukünftiges verwandelt und wir stehen vor der gleichermaßen unmöglichen Alternative, daß entweder die Vergangenheit nicht anerkannt werden kann, oder daß sie nicht wirklich vergangen ist.«[4]

Sehen wir nun zu, wie Lewis selbst diesen Einwand erledigt. Zunächst einmal bestreitet er, daß er hier überhaupt vorgebracht werden könne, und besteht darauf, daß Sätze über die Vergangenheit verifizierbar seien und wir im übrigen die Vergangenheit zu erkennen fähig sind. Doch er stützt diese Behauptung, indem er nun den neuen Begriff eines *Objekts* einführt und sich eine Mannigfaltigkeit metaphysischer Annahmen zugesteht, die auf der Grundlage seiner Darstellung der Erkenntnis außerordentlich schwer zu rechtfertigen sind. Er erklärt zunächst einmal:

»Die Annahme, daß die Vergangenheit verifizierbar sei, ist gleichbedeutend damit, daß es zu jedem Zeitpunkt nach dem Eintreten eines Ereignisses stets etwas gibt, das zumindest als erfahrungsmöglich denkbar ist und vermöge der Erfahrung erkannt werden kann.«

Das klingt gewiß überaus harmlos. Lewis sagt hier, daß unser Wissen über die Vergangenheit auf Beweisen aus der Gegenwart beruht, auf Dingen, deren Erfahrung wir tatsächlich machen können. Diese Dinge bezeichnet er als die »Wirkungen« des Ereignisses, das wir auf ihrer Grundlage als bekannt behaupten können. Sollte es ein Ereignis geben, das überhaupt keine Wirkungen oder keine gegenwärtigen Wirkungen hat, so gibt es freilich keine Möglichkeit, zu wissen, ob und daß es geschehen ist: Es gäbe ein bleibendes Loch in unserem Wissen über die Vergangenheit. Dies ist in groben Zügen die Lösung des Problems, die Dewey anbietet:

»Das Objekt [der historischen Erkenntnis] ist irgendein vergangenes Ereignis in seiner Verbindung mit gegenwärtigen und zukünftigen Folgen und Wirkungen.«[5]

Und weiter:

»Wenn das vergangene Ereignis zufällig keine erkennbaren Folgen hatte oder unser Gedanke, den wir von ihm haben, nirgendwo einen angebbaren Unterschied herausarbeiten kann, dann gibt es keine Möglichkeit für eine echte Beurteilung.«6

Wer wollte das bestreiten? Seine Darlegung läßt sich auf die schlichte Feststellung reduzieren, daß dasjenige, was sich auf der Grundlage von Beweisen erkennen läßt, nicht erkannt werden kann, wenn wir nicht über den erforderlichen Beweis verfügen. Und sie geht ferner, was wohl gewiß ebenso unbestritten ist, davon aus, daß wir von vergangenen Ereignissen nur auf der Grundlage von Beweisen wissen können. Dennoch können diese genialischen Platitüden noch nicht ganz das Unbehagen beschwichtigen, in das uns Lewis' Analyse versetzt hat. Denn er hatte behauptet, daß ich, indem ich etwas über die Vergangenheit aussage, lediglich eine Vorhersage darüber mache, welche Erfahrungen ich haben werde, wenn ich gewisse Handlungen ausführe, und daß das Ganze meines Wissens aus Bedingungssätzen dieser Art besteht. Solange wir etwa mit ›die Schlacht von Hastings‹ nicht z. B. irgendeine Reihe von Handlungen und Erfahrungen *meinen*, die in unserer eigenen Zukunft liegt, was anzunehmen reichlich unvernünftig wäre, welchen Sinn könnten wir dann der Formulierung: »wissen, daß die Schlacht von Hastings 1066 stattgefunden hat«, noch geben, wenn das *Ganze* unseres Wissens aus einer Reihe von Bedingungssätzen besteht, die sich auf zukünftige Handlungen und Erfahrungen beziehen? Wie *kann* ich denn überhaupt, unter Zugrundelegung einer derartigen Analyse, über Vergangenes oder irgend etwas anderes als jene Konditionalsätze ein Wissen haben? Mehr noch, wenn es für mich keinen Weg gibt, mich auf vergangene Ereignisse zu beziehen, wenn ich jedesmal, sobald ich mich auf ein vergangenes Ereignis zu beziehen versuche, statt dessen feststellen muß, daß ich eine Vorhersage über meine zukünftigen Erfahrungen mache, wie soll ich dann diese Erfahrungen als solche beschreiben, die in irgendeiner aufweisbaren Beziehung zu einem Ereignis der Vergangenheit stehen? Denn in demselben Augenblick, in dem ich mich auf ein vergangenes Ereignis zu beziehen versuche, muß ich statt dessen eine Vorhersage über zukünftige Erfahrungen machen. Wie kann ich sagen, daß diese Erfahrungen einen Beweis für *p* abgeben, wobei *p* sich vorgeblich auf ein vergangenes Ereignis bezieht, wenn *p* selbst nichts anderes als eine Vorhersage über zukünftige Erfahrungen ist?

Lewis muß angesichts dieser Probleme dunkel beunruhigt gewesen sein, denn gerade an dieser Stelle führt er den neuen Begriff eines *Objekts* ein, auf den ich vorhin kurz Bezug genommen habe. Nehmen wir an, *E* sei ein Ereignis und $\{e\}$ die Reihe seiner Wirkungen in einer gegebenen Zeit *t*. Dann, so schlägt Lewis vor, könnten wir *E*, zusammen mit $\{e\}$, als ein einzelnes, sich in der Zeit ausbreitendes Objekt betrachten, das sich vom Zeitpunkt von *E*, sagen wir t-1, bis *t* erstreckt. Vermutlich wird dieses Objekt, das ich O nennen will, sich auch fürderhin in der Richtung der Zeit ausdehnen und an Umfang zunehmen, sobald neue Wirkungen ein Teil seiner selbst werden. Dementsprechend schließen sich die Schlacht von Hastings plus der Wandteppich von Bayeux plus alle anderen Wirkungen der Schlacht von Hastings zu einem einzigen, sich in die Zeit erstreckenden Objekt zusammen. Nennen wir dieses O. Und da es, wie er erklärt hat, »zu jedem Zeitpunkt nach dem Eintreten eines Ereignisses stets etwas gibt, ... das erfahrungsmöglich ist ...«, gibt es genau in diesem Augenblick etwas, das eine Wirkung der Schlacht von Hastings ist und das zu erfahren mir zeitlich möglich ist. Auf diese Weise kann ich also O erfahren. Ich könnte O allerdings einfach ›die Schlacht von Hastings‹ *nennen* und damit behaupten, daß ich die Schlacht von Hastings erfahren könne. Doch gewiß würde es jene, die sich mit dem Studium der englischen Geschichte abgeben, einigermaßen aus der Fassung bringen, wenn ihnen erklärt würde, daß die Schlacht von Hastings noch immer andauere. Ebensowenig würde ihre Unruhe sich durch die von mir vorgenommene Veränderung der Bedeutung (Beziehung) von ›die Schlacht von Hastings‹ beschwichtigt fühlen, mit der ich meine Behauptung zu stützen versuche. Es wäre ausgesprochen närrisch, wenn ich sagen wollte, ich hätte just diesen Morgen Abraham Lincoln gesehen, wenn ich damit nichts anderes meine, als daß mir ein Abdruck der Rede von Gettysburg zu Gesicht gekommen ist. So hilft uns, strenggenommen, die Einführung von O überhaupt nicht weiter. Die Tatsache, daß ich O erfahren kann, besagt noch nicht, daß ich die Schlacht von Hastings erfahren könne. Es bedeutet lediglich, daß ich Teile desselben zeitlichen Objekts erfahren kann, von dem die Schlacht von Hastings einen zeitlich früheren Teil darstellt. Und da ich zeitlich frühere Teile von sich in die Zeit erstreckenden Objekten hier und jetzt nicht erfahren kann, stehen wir genau wieder da, wo wir angefangen hatten. Wir haben dem Problem lediglich eine andere Beschreibung gegeben, indem wir die Frage nach unserem Wissen über vergangene Ereignisse in Richtung auf die Frage nach unserem Wissen über zeitlich frühere Teile sich in die Zeit erstreckender Objekte verschoben haben, wenn einzig gegenwärtige und zukünftige Teile solcher Objekte der Erfahrung zugänglich sind. Lewis schreibt, daß »die Totalität solcher Wirkungen ganz offensichtlich das gsamte, für uns erkennbare Objekt konstituieren«.[7] Doch das wiederum besagt genau dies, daß die Schlacht von Hastings, die schließlich nicht eine der Wirkungen ihrer selbst ist, nicht erkannt werden kann. Doch nicht allein dies. Alle zeitlich früheren Teile von O können nicht erkannt werden, wenn das ursprüngliche, verursachende Ereignis nicht erkennbar ist. Und wenn es für uns Mittel und Wege gibt, *jene* zu erkennen, warum soll es dann für uns keinen Weg geben, das ursächliche Ereignis zu erkennen, dessen Wirkungen sie sind? Nur gegenwärtige und zukünftige Wirkungen sind erkennbar, und wir bleiben völlig unaufgeklärt hinsichtlich der Frage, wie wir die Vergangenheit erkennen können. Oder besser, wir *sind* aufgeklärt. Denn die Antwort lautet, daß wir es nicht können. Und das ist absurd.

Hierzu noch eine kurze Bemerkung. Angenommen, wir machen die Erfahrung von $\{e\}$, und $\{e\}$ ist tatsächlich ein Teil von O. Mit welchem Recht können wir zu wissen vorgeben daß $\{e\}$ ein Teil von O ist, wenn O zeitlich frühere Teile in sich enthält, die selbst nicht erkennbar sind? Und wenn jedesmal, sobald wir uns über zeitlich frühere Teile äußern wollen, unsere Aussage sich als eine Vorhersage über zeitlich spätere Teile erweist, dann hat Lewis in seiner Theorie der Erkenntnis faktisch keinen Raum für jene Arten von Erkenntnis gelassen, die die Beziehung auf sich in die Zeit erstreckende Objekte fordert. Solche Beziehung ist in dieser Darstellung der Erkenntnis in der Tat unmöglich. Doch es ist sehr aufschlußreich, sich die Art und Weise näher zu betrachten, in der Lewis diese Schwierigkeiten zu umgehen versucht. Er spricht zum Beispiel von »Zeichen des Vergangenen«, die gegenwärtigen Objekten womöglich anhaften und die uns zum Leitfaden werden können auf unserem Weg zurück zu zeitlich früheren Teilen sich in die Zeit erstreckender Objekte, deren Teile auch jene sind. Daher:

> »Die Vergangenheit wird erkannt durch die richtige Interpretation von etwas Gegebenem, einschließlich gewisser vorhandener Merkmale, die Zeichen des Vergangenen sind.«[8]

Wie ist der Ausdruck »Zeichen des Vergangenen« zu verstehen? Als Hinweis auf Einkerbungen, Kratzer, Abnutzung und allgemeine Anzeichen von Verschleiß und Fadenscheinigkeit? Oder auf Datums-Eintragungen? Oder schlicht als unterschieden von Objekten, die Zeichen von Gegenwärtigkeit zeigen? Und was sollten wiederum diese sein? Lewis ist hier bemerkenswert ausweichend:

> »Für unseren gegenwärtigen Zweck muß es ausreichend sein, hervorzuheben, daß offenbar irgendeine Art von angebbaren Zeichen das Vergangensein des uns vorliegenden Dinges bedeuten muß, da sonst die Vergangenheit nicht von der Gegenwart zu unterscheiden wäre.«[9]

Die Frage lautet indessen, ob wir vermittels der Theorie von Lewis dazu in der Lage sind. Das alles gemahnt auffallend an ein vergleichbares Rätsel in der empiristischen Theorie der Erinnerung. Durch welche vorhandenen, angebbaren Kriterien können wir zwischen Erinnerungen und Vorstellungsbildern unterscheiden, wenn wir davon ausgehen, daß das Haben einer Erinnerung zugleich das Auftreten eines Vorstellungsbildes bedeutet? Hume versucht die Deutung, daß wir dies aufgrund irgendeines Gefälles in der Lebhaftigkeit unserer Gemütsbewegungen tun[10], doch es ist darauf hingewiesen worden, daß wir auch Erinnerungen durch unterschiedliche Grade jener Lebhaftigkeit unterscheiden können[11], und das Problem, farblose, verblaßte Bilder von leuchtenden, lebhaften Erinnerungen zu unterscheiden, bleibt nach wie vor bestehen. Russell war der Auffassung, daß es ein gewisses »Gefühl der Vergangenheit« gebe, das den Unterschied markiert[12], und dies ähnelt in bemerkenswerter Weise Lewis' »Zeichen des Vergangenen«. Ich beabsichtige nicht, mich hier näher auf die empiristische Theorie der Erinnerung einzulassen, doch liegt zumindest ein Teil der hierin auftretenden Schwierigkeiten in der Annahme, daß Erinnerung in der Anschauung eines Bildes bestehe, genauso wie in Lewis' Fall Erkenntnis mit einer gegenwärtigen Erfahrung identifiziert wird, oder mit einer Erfahrung, die irgendwann gegenwärtig sein wird. Demgemäß besteht der einzige Weg, für die Erkenntnis der Vergangenheit einzustehen, darin, nach irgendwelchen gegenwärtigen Zeichen des Vergangenen Ausschau zu halten.

Mir fehlt jede Vorstellung davon, was ein Zeichen des Vergangenen ist, doch wäre ich etwa, sagen wir, ein Fälscher etruskischer Kunstdenkmäler, dann würde ich gern sichergehen wollen, daß meine schandbaren Machwerke ihrer Vorlage genügen, so daß ein leichtgläubiger Kurator sie nicht vermittels der »Zeichen des Vergangenen« sogleich von den echten Sachen unterscheiden kann. In Wirklichkeit verhält es sich so, daß wir Fälschungen und Originale nicht deswegen auseinanderzuhalten vermögen, weil letztere, mit den Worten eines Autors, »durchsetzt sind mit Gewesenheit«.[13] Statt dessen vergewissern wir uns anhand fein verteilter Mengen von Magnesium und Bitumen, ziehen wir vom Vorhandensein von

Luftlöchern oder aus der Kenntnis des Verhaltens von Terrakotta unter Hitzeeinwirkung unserer Rückschlüsse.[14] Jedenfalls aber ist dieser Punkt irrelevant im Hinblick auf dasjenige, was wir gegenwärtig erörtern. Die hier allein relevante Frage ist darauf gerichtet, daß etwas gegenwärtig Erfahrenes zum Beweis für etwas dienen soll, das vergangen ist. ›Ist Beweis für‹ ist ein zweistelliges Prädikat, und die Frage hat sich mit dem anderen Aussageteil des Verhältnisses auseinanderzusetzen. Denn wenn wir uns nicht auf dasjenige beziehen können, das als jenes Etwas zum Beweis für etwas gemacht wird, ist es schwer einzusehen, wie wir überhaupt von Beweisen sprechen können. Lewis' Unfähigkeit, eine Beziehung auf Vergangenes zu gewährleisten, die nicht wieder auf die Beziehung auf gegenwärtige und zukünftige Erfahrung zurückfällt, beraubt uns aller Mittel, überhaupt etwas als Beweis zu beschreiben. Beweis *wofür?* Das eben vermögen wir nicht anzugeben.

Dem kritischen Einwand, der sich als Folge dieser Theorie der Erkenntnis ergibt, daß die Vergangenheit unerkennbar sei, würde, so erklärt Lewis, »weitaus mehr Gewicht beizumessen sein, wenn ganz allgemein jene, die ihn vorbringen, dazu bereit wären, uns zu erklären, wie die Vergangenheit, die wirklich tot und abgetan ist, erkannt werden kann«.[15] Es ist vielleicht verfrüht, uns dieser Aufforderung zu stellen, doch einige vorbereitende Bemerkungen sind hier nicht zu umgehen.
Nehmen wir einmal an, daß, wenn E während der Zeitspanne t-1 geschieht, niemand nach Ablauf dieser Zeit E noch erfahren kann. Das wird in der Lewisschen Behandlung des Problems eindeutig unterstellt und wirft all jene Schwierigkeiten auf, die dann die Einführung solcher ad-hoc-Behelfe wie »sich in die Zeit erstreckende Objekte« und »Zeichen des Vergangenen« zur Folge haben, die jedoch, wie wir gesehen haben, völlig ungeeignet sind, etwas zu leisten. An dieser Stelle wird gewiß jemand den Standard-Einwand vorbringen, daß schließlich die Astronomen in der Tat Zeugen von

Ereignissen sind, die nun wirklich sehr lange Zeit vor dem aktuellen Zeitpunkt stattgefunden haben, in dem sie beobachtet werden können, z. B. haben stellare Explosionen, deren Zeuge wir jetzt sind, um so viel früher stattgefunden, wie das Licht braucht, uns zu erreichen, und wir können die Zeit berechnen, die seit dem Geschehen und dem Moment, in dem wir es beobachten, vergangen ist. Es ist für uns zudem ganz natürlich, zu sagen, daß wir Zeuge terrestrischer Explosionen geworden seien. Tatsächlich aber ist es ebenso natürlich, dies zu sagen, wenn wir wissen, daß jedenfalls *einige* Zeit, wenn auch nicht *soviel* Zeit wie im Falle stellarer Explosionen, zwischen dem Zeitpunkt, zu dem sich die Explosion ereignet hat, und dem Augenblick, in dem wir sie beobachten, vergangen sein muß. Doch wir können noch weiter gehen. Erkenntnistheoretiker werden nicht müde, hervorzuheben, daß jegliche Wahrnehmung, ganz gleich wovon, aus rein physischen Gründen eine gewisse Zeitspanne – wie klein sie auch immer sein mag – später stattfindet, als das wahrgenommene Ereignis selbst geschehen ist, daß es einer gewissen Zeitspanne, wie kurz auch immer, bedürfe, bis ein Impuls die Wahrnehmungszentren erreicht, welches auch immer diese sein mögen.[16] Doch wenn diese Tatsachen stimmig sind, verliert das Beispiel vom explodierenden Stern einiges von seiner Überzeugungskraft. Denn der Unterschied ist sodann ein nurmehr gradueller, da solche Explosionen ›weiter zurückliegend‹ sind oder einen größeren zeitlichen Abstand vom Augenblick der Wahrnehmung haben als gewöhnliche, terrestrische Explosionen, und diese wiederum liegen ›weiter zurück‹ als, sagen wir, das Aufflammen eines gewöhnlichen Streichholzes, das wir in der Hand halten. Und die Frage lautet nicht mehr, ob es möglich sei, vergangene Ereignisse wahrzunehmen, sondern vielmehr, ob es überhaupt möglich ist, etwas *anderes als* vergangene Ereignisse wahrzunehmen.

Versuchen wir, diese Tatsachen miteinander in Einklang zu bringen, so gut wir können. Gehen wir einmal davon aus, daß ich heute Gelegenheit habe, in dem hier geforderten natürlichen Sinne Zeuge der Explosion eines Sterns zu werden, die zeitlich eine Reihe von Jahren zurückliegt. Aus genau derselben örtlichen Position, von der aus ich dies beobachte (z. B. von meinem auf der Erde befindlichen Observatorium), werde ich *morgen* nicht dasselbe Ereignis beobachten können. Wenn ich es nicht heute wahrgenommen hätte, wäre ich von dieser räumlichen Position aus niemals wieder in der Lage, Zeuge jenes Vorgangs zu werden. Vielleicht wäre ich von einer unterschiedlichen örtlichen Position aus in der Lage, ihn morgen zu beobachten, genauso wie ich von einem anderen räumlichen Punkt aus imstande gewesen wäre, ihn gestern zu verfolgen. Doch in Wirklichkeit stehe ich dort, wo ich bin, und ich war nicht in der erforderlichen räumlichen Position und werde es nicht sein, ihn gestern wahrgenommen zu haben oder ihn morgen wahrzunehmen. Dies legt den Gedanken nahe, daß es eine raum-zeitliche Spanne gibt, innerhalb deren ein Ereignis wahrgenommen werden kann. *E* ist also zu verschiedenen Zeiten innerhalb dieser Spanne von verschiedenen Positionen aus innerhalb eines räumlichen Umkreises wahrnehmbar, und die Wahrnehmung von *E* ist bedingt dadurch, daß wir zur rechten Zeit am richtigen Ort stehen. Ich kann es zu verschiedenen Zeiten wahrnehmen, aber dann nur jeweils von verschiedenen örtlichen Punkten aus. Wenn nun gesagt wird, daß wir *E* nicht beobachten können, *weil* *E* vergangen ist, dann bedeutet dies (*a*), daß *E* stattgefunden hat, und (*b*), daß der Zeitpunkt, zu dem *E* von dem räumlichen Punkt aus, den wir einnehmen, wahrgenommen werden konnte, dem gegenwärtigen Augenblick vorherging. Und zu sagen, daß wir jetzt niemals wieder *E* werden beobachten können, ist gleichbedeutend mit (*a*) und (*b*) und auch mit (*c*), daß wir nämlich zu keinem zukünftigen Zeitpunkt imstande sein werden, einen anderen räumlichen Punkt zu erreichen, von dem aus wir *E* wahrnehmen könnten – d. h. in der Zeit, die wir benötigen, irgendeinen Ort verschieden von demjenigen zu erreichen, den wir jetzt einnehmen, würde der Zeitpunkt, zu dem *E* von jenem Punkt aus beobachtet werden konnte, vergangen sein, d. h. der Zeitspanne vorausliegen, innerhalb derer wir ihn einnehmen könnten. Man kann sich innerhalb der zeitlichen Spanne, doch außerhalb des räumlichen Umkreises befinden, von dem aus ein Ereignis wahrgenommen werden kann, oder innerhalb des räumlichen Umkreises und außerhalb der zeitlichen Spanne, innerhalb deren wir sein Zeuge werden. Dementsprechend wäre jemand, der sich 1066 n. Chr. in Straßburg aufgehalten hätte, ein Beispiel für den erstgenannten Fall, und jemand, der sich 1963 bei Hastings aufgehalten hätte, ein Beispiel für den letzteren. Es ist diese zweite Art von Fällen, die hier anwendbar ist. Es wäre sinnlos, wenn sich heutzutage jemand in den räumlichen Umkreis versetzen wollte, um Zeuge der Schlacht von Hastings zu werden, denn wir sind unwiederbringlich jenseits der zeitlichen Spanne, um die gewünschte Erfahrung zu machen.

Mit einer nur geringfügigen Berichtigung können wir, so glaube ich, die Tatsache damit in Einklang bringen, daß wir nur vergangene Ereignisse zu bezeugen vermögen. Wir können sogar die Tatsache damit zur Deckung bringen, daß wir zur *selben* Zeit Zeuge von Ereignissen werden können, die zu verschiedenen Zeiten stattgefunden haben, so etwa, wenn ein Astronom gleichzeitig eine Bombe in der Luft detonieren sieht und eine stellare Explosion beobachtet. Wir könnten sie natürlich nicht durch irgendwelche »Zeichen des Vergangenen« auseinanderhalten, denn wenn *alles*, was wir bezeugen, ein vergangenes Ereignis ist, muß alles diese Zeichen des Vergangenen tragen, und wir wären, immer auf der Grundlage der Lewisschen Annahme, gezwungen zu behaupten, daß das eine Ding stärker mit derartigen Zeichen behaftet sei als ein anderes. Doch wir gewinnen auf diesem Umweg nur wenig, denn aus der Tatsache – wenn es eine Tatsache ist –, daß wir einzig zu Zeugen vergangener Ereignisse werden können, folgt noch nicht, daß wir jetzt *jedes* vergangene Ereignis ausmachen können. Denn was einige Ereignisse der Vergangenheit betrifft, sind wir für immer außerhalb der erforderlichen Spanne, um ihr Zeuge zu werden, und dies trifft genau wieder auf das Beispiel der Schlacht von Hastings zu. Die Frage muß dann lauten, wie wir nicht-erfahrbare vergangene Ereignisse erkennen können, Ereignisse, die wirklich »tot und abgetan« sind. Gewiß verhält sich dies so, weil wir über Beweise dafür verfügen, daß sie geschehen sind. Und wir können darin übereinstimmen, daß wir auf der Grundlage von etwas, das gegenwärtig erfahrbar ist, imstande sind, von Dingen zu wissen, die geschehen sind, von uns jedoch jetzt nicht mehr erfahren werden können. Doch man könnte nun prompt erklären, daß Lewis genau diese These vertreten habe. Habe ich – alternativ zu der seinigen – die Beweisführung angetreten, zu der er die Kritiker seiner Anschauungen aufgefordert hat? Die Antwort lautet, daß ich es nicht getan habe. Doch die Schwierigkeiten, die sich aus Lewis' Analyse ergaben, leiteten sich gewiß *nicht* aus der platten Behauptung her, daß wir nur auf der Grundlage von Beweisen von der unbezeugbaren Vergangenheit wissen können. Sie entstanden vielmehr durch die Behauptung, daß ich dann, wenn ich eine Aussage über die Vergangenheit mache, implizit die Erfahrungen voraussage, die ich in der Zukunft haben werde, wenn und insofern ich gewisse Handlungen ausführe. Es kann durchaus sein, daß ich implizit solche Voraussagen mache. Doch ganz sicher ist dies noch längst nicht alles, was ich tue, wenn ich eine Aussage über die Vergangenheit mache. Und Lewis' Fehler besteht darin, anzunehmen, daß dies schon *alles* sei, was ich tue, daß die Gesamtheit meiner kognitiven Ansprüche in Konditionalsätzen von jener Art zum Ausdruck gebracht würde, die wir vorhin untersucht haben.

Man stelle sich nur für einen Augenblick vor, wie unbefangen wir den Satz verstehen: »Die Schlacht von Hastings hat 1066 n. Chr. stattgefunden«, und welch lebhaftes Bild viele von uns mit dieser Schlacht verbinden. Doch man versuche jetzt einmal, sich vorzustellen, was alles uns an Voraussagen hinsichtlich unserer zukünftigen Handlungen und Erfahrungen möglich wäre, wenn wir eine solche Aussage machen. Ich weiß nur sehr wenig über die derzeit für die Wahrheit dieses Satzes verfügbaren Beweise, ich habe keine Vorstellung davon, welche Arten von Beweisstücken ein Spezialist der englischen Geschichte vorlegen würde, ihn zu erhärten. Vermutlich könnte ich bestenfalls vorhersagen, daß, wenn ich einen englischen Historiker nach Beweisen für die Schlacht von Hastings befragen müßte, er gewiß einige vorzuweisen hätte: Doch *was* er vorlegen würde, kann ich schwer sagen. Wenn *alles*, was ich getan habe, als ich jene Aussage machte, lediglich in der Vorhersage des Ergebnisses solcher Befragungen bestanden hat, dann besitze ich in der Tat eine sehr unklare Vorstellung von dem, was ich gesagt habe. Und es wäre nicht viel anders, wenn ich gesagt hätte, »die Schlacht von Waterloo fand 1815 statt«. Ich wäre kaum imstande, zwischen diesen Aussagen eine Unterscheidung zu treffen, da ich keine klarere Vorstellung von den Arten von Beweisstücken hätte, die ich für den einen Fall beibringen müßte, als von denjenigen für den anderen Fall. Selbst wenn ich also – damit man von mir sagen könnte, daß ich davon wüßte, daß ein solches Ereignis sich zugetragen hat – imstande sein muß, irgendeine Art Beweis vorzulegen, bleibt es doch eine Tatsache, daß ich, wenn ich sage, daß ein solches Ereignis geschehen ist, nicht bloß vorhersage, welches meine Erfahrungen im Gefolge meiner Suche nach Beweisen sein werden. Ich sage vielmehr, daß dieses bestimmte Ereignis sich zugetragen hat. Das sind zwei ganz verschiedene Dinge. Meine Aussage wurde *über* die Schlacht von Hastings gemacht und nicht darüber, was man vielleicht in den Staatsarchiven findet. Ich habe keine Ahnung, was man dort alles finden mag, doch möchte ich einmal annehmen, daß das, was man dort fände, vielleicht der Beweis für eine Aussage über die Schlacht von Hastings wäre, daß es, optimistisch gesprochen, sie verifizieren würde. Aber wenn ich nicht unabhängig und losgelöst davon über vergangene Ereignisse sprechen könnte, was würden dann solche verifikatorischen Erfahrungen eigentlich *verifizieren*? Vermutlich versetzen sie uns in die Lage, etwas über die Schlacht von

Hastings zu wissen. Etwas über die Schlacht von Hastings zu wissen, ist aber gewiß gänzlich verschieden davon, die Beweise dafür zu kennen. Die Beweise kennen, könnte beispielsweise bedeuten, daß man Einsicht in gewisse Blätter Pergament nimmt (sie ›erfährt‹). Doch ich beziehe mich gewiß nicht auf irgendwelche Bogen Pergament, wenn ich mich auf die Schlacht von Hastings beziehe. Vielmehr nehme ich auf eine Szene menschlichen Kampfes Bezug. Würde ich hingegen lediglich Voraussagen machen, wenn ich meine Feststellung treffe, dann würde ich weder von bewaffneten Männern noch von Königen und Hauptleuten sprechen, sondern von Pergamentfetzen und zerrissenen Wandteppichen. Und dies ist eine höchst unwahrscheinliche Perspektive. Wie sollte ich auch jene Dinge vornehmlich als Beweise für die Schlacht von Hastings auffassen, wenn jede Äußerung eines Satzes über die Schlacht von Hastings sich als nichts weiter erweist denn als Vorhersage, die sich auf meine Erfahrung mit Pergament und Gobelin bezieht?

Selbst wenn unser gesamtes Wissen über die Schlacht von Hastings in gewissem Sinne solche Konditionalsätze zur Grundlage haben sollte, kann es nicht allein aus derartigen Aussagen *bestehen.* Lewis hat im großen und ganzen recht, wenn er sagt, daß wir von der Vergangenheit wissen, weil wir Beweise über sie haben, und daß wir auf keine andere Weise ein Wissen von ihr haben können. Doch hat er uns keinen Weg offengelassen, über die Vergangenheit anders zu reden als von demjenigen, worauf unser Wissen von ihr beruht. Er läßt uns keine Möglichkeit, in einer Weise über die Vergangenheit zu reden, die nicht unmittelbar zu einer Weise würde, über Gegenwart und Zukunft zu sprechen. Das hat seine Ursache nicht nur darin, daß er im Banne des Dogmas steht, daß alles, was wir wissen können, dasjenige sei, was wir erfahren (und folglich können wir die Vergangenheit nicht erkennen), eine Lehre, die ihn dazu getrieben hat, alle Arten von wild wuchernden, schwerlich plausiblen Entitäten und »Zeichen« einzuführen, sondern entscheidender noch darin, daß er im Banne einer gewissen Theorie der *Bedeutung* stand, der gemäß als die Bedeutung eines nicht-analytischen Satzes eine Reihe von Erfahrungen angenommen wird, die ihn verifizieren. Genau dieser Punkt ist es, dem ich mich jetzt zuwenden will.

»Was mich angeht«, so schrieb Ayer in der Blütezeit des ›Verifikationismus‹, »so finde ich nichts übermäßig Paradoxes an der Auffassung, daß Sätze über die Vergangenheit Regeln für die Vorhersage jener ›historischen‹ Erfahrungen sind, von denen gewöhnlich gesagt wird, daß sie sie verifizieren, und ich kann mir nicht vorstellen, wie anders unsere ›Erkenntnis der Vergangenheit‹ analysiert werden soll.«[17] Er setzt hinzu, daß er bei jenen, die eine derartige Analyse unbefriedigend fänden, argwöhnen müsse, sie seien von der metaphysischen Auffassung befallen, daß die Vergangenheit »irgendwie ›objektiv da‹« sei – daß sie »›wirklich‹ im metaphysischen Sinne des Wortes« sei.[18] Es verlohnt der Mühe, hervorzuheben, daß es genau eine solche metaphysische Annahme ist, die Lewis anscheinend zu schaffen macht, nämlich die, daß deswegen, weil die Vergangenheit nicht »objektiv da« ist, sie nicht erfahren, daß sie demzufolge nicht erkannt werden kann, oder daß wir jedenfalls allein dasjenige erkennen können, was »objektiv da« ist, und dementsprechend das, was wir über die Vergangenheit wissen, ein Wissen von etwas sein muß, das »objektiv da« ist, und daher nicht die Vergangenheit, das Vergangene selbst sein kann. Ebensowenig kann Ayer selbst sehr weit von einer solchen Auffassung entfernt sein, insofern er nämlich annimmt, daß da etwas *sein* müsse, worauf unsere Aussage geht, etwas, das wir erfahren können, wenn wir es erkennen sollen, und wenn wir demzufolge Sätze über die Vergangenheit kennen sollen, dann können sie nicht *wirklich* von der Vergangenheit handeln, sondern nur von etwas, das wir zu erfahren imstande sind. Trotz seiner ehernen Worte rückte Ayer von dem Standpunkt ab, daß Aussagen über die Vergangenheit nicht eigentlich Aussagen über Vergangenes, sondern vielmehr Regeln der Konstruktion von Aussagen über die Zukunft seien.

Ein Grund dafür, warum ein vernünftiger Mensch, ungeachtet seines Geschmacks an Paradoxien, von dieser Position abrückt, liegt darin, daß sie eine Revision dessen zur Folge hat, was ein Satz wie: »Die Schlacht von Hastings fand 1066 n. Chr. statt«, jeweils *bedeutet*, wenn dieser Satz verifiziert wird.[19] Das heißt, die Mehrzahl von uns würde wohl einräumen, daß in *gewissem Sinne* die Aussage: »Die Schlacht von Hastings wird 1066 n. Chr. stattfinden«, sich ihrer Bedeutung nach von dem Satz: »Die Schlacht von Hastings hat 1066 n. Chr. stattgefunden«, unterscheidet. Vielleicht würden wir dies sagen, weil im ersteren Fall der Satz durch die Erfahrung der Schlacht von Hastings verifiziert werden könnte (wenngleich nur wenige unter uns dies als den Grund dafür nennen würden, daß sie sich in ihrer Bedeutung voneinander unterscheiden), was für den zweiten Fall nicht gilt. Doch wer wollte schon sagen, daß der Satz: »Die Schlacht von Hastings fand 1066 n. Chr. statt«, sich seiner Bedeutung nach von »Die Schlacht von Hastings fand 1066 n. Chr. statt« unterscheidet? Dennoch ist es dies, was wir aufgrund der ursprünglichen Analyse des Verifikationisten zu sagen gezwungen sein könnten: Der Satz ändert jeweils seine Bedeutung, wenn und sobald wir ihn verifizieren. Denn angenommen, er wird das eine Mal als Voraussage angesehen, daß man eine gewisse Erfahrung haben werde, und man *hat* diese Erfahrung wirklich. Dann kann er nicht mehr genau *diese* Erfahrung vorhersagen, sondern nur eine andere, und folglich wandelt sich seine Bedeutung. Wir können unserem Vorurteil, daß er stets dieselbe Bedeutung habe, nur unter Aufbietung eines Kunstgriffs nachgeben, indem wir ihn nämlich zur Vorhersage einer Erfahrung benutzen, die unmittelbar nach der absolut letzten, endgültig abschließenden Äußerung des Satzes eintreten soll. Doch in vielen Fällen ist es dafür bereits zu spät. Daher bedeutet »Cäsar ist gestorben« nicht mehr, was es einst bedeutete, und dies zum Teil als Folge der eingehenden Nachforschungen Marc Antons. So induziert also die Theorie eine radikale Unfertigkeit in der Bedeutung der meisten Sätze über die Vergangenheit, oder zumindest all jener, die jemals verifiziert worden sind. Nach Art Heraklits können wir gewissermaßen sagen, daß wir denselben Satz nicht zweimal zu verifizieren vermögen. Wir müßten statt dessen immer einen anderen Satz verifizieren, insofern ein Unterschied der Bedeutung zugleich einen Unterschied auch des Satzes meint. Und dies würde zur Folge haben, daß »Cäsar ist gestorben« und »Cäsar ist gestorben« nicht ein und derselbe Satz ist, und zwar in dem Fall, daß einer von ihnen verifiziert worden ist. Dennoch würden wir gewiß sagen wollen, daß dies beides inhaltlich identische Feststellungen desselben Satzes seien und daß dieser nämliche Satz immer dieselbe Bedeutung habe. Ebensowenig wäre viel damit gewonnen, wenn man sagte, daß jene einen verschiedenartigen *Gebrauch* desselben Satzes darstellten, um verschiedene *Feststellungen* zu treffen. Denn diese verschiedenen Feststellungen könnten niemals dasselbe bedeuten, wenn eine von ihnen tatsächlich verifiziert worden ist oder wenn sie durch unterschiedliche Erfahrungen verifiziert worden sind.

Ayer räumte schließlich ein, daß es irrig sei, anzunehmen, Feststellungen über die Vergangenheit könnten »in Aussagen über gegenwärtige und zukünftige Erfahrungen übersetzt werden«.[20] Er erklärte nunmehr, daß »dies mit Sicherheit unrichtig« sei, und fügte schließlich hinzu, er glaube nicht länger, daß »die Wahrheit irgendwelcher Beobachtungssätze, die sich auf Gegenwart oder Zukunft beziehen, eine notwendige Bedingung der Wahrheit irgendeiner Aussage über die Vergangenheit ist«. Doch die Frage hatte nicht eigentlich mit der Wahrheit zu tun, sondern mit der Bedeutung, und es beschäftigt ihn nach wie vor insonderheit das Problem, wie solche Aussagen als bedeutungsvoll angesehen werden können, wenn wir sie nicht – indem wir uns durch Erfahrung vergewissern, worauf sie sich beziehen – direkt verifizieren können. Er begegnet ihm durch die Einführung der Formel: »im Prinzip verifizierbar«. Dies impliziert einen Wandel des gesamten Vorhabens. Sätze über die Vergangenheit sollen nicht mehr in solche über Gegenwart und Zukunft übersetzt, sondern nur mehr vom Indikativ in den Konjunktiv transponiert werden. Ich will mich im folgenden etwas näher mit jener Formel auseinandersetzen.

Es ist wahr, daß ich, der ich eine Zeitspanne einnehme, die 1924 eingesetzt hat, und seither kontinuierlich, ohne Unterbrechungen in meiner Existenz, zu leben fortfahre, niemals Ereignisse beobachtet haben kann, die vor 1924 geschehen sind oder deren raumzeitliche Erstreckung an ihrem vordersten Punkt hinter diesem Datum zurückbleibt. Während jenes Zeitraumes habe ich indessen eine Mannigfaltigkeit verschiedener räumlicher Positionen eingenommen. Wobei ich wiederum in jenen räumlichen Positionen, zu einem gegebenen Zeitpunkt, solche Ereignisse nicht beobachtet haben kann, die zwar zeitgleich mit meiner Einnahme jener lokalen Position geschehen sind, bei deren Eintreten ich mich jedoch außerhalb ihres *räumlichen* Umfeldes befunden habe. Bei einem Aufenthalt in Rom im Jahre 1962 war ich nicht in der Lage, Zeuge von Geschehnissen zu werden, die sich in New York zugetragen haben. Aber ich hätte mich 1962 ebensogut in New York statt in Rom aufhalten können. Es ist durchaus nicht logisch absurd, dies anzunehmen. Und wäre ich in New York gewesen, hätte ich vielleicht mitvollziehen können, was dort geschehen ist. Es war eine rein kontingente Tatsache, daß ich mich an diesem statt an einem anderen Orte aufgehalten habe. Doch genau dasselbe gilt auch hinsichtlich der Zeit. Ich könnte ebensogut innerhalb einer anderen Zeitspanne leben (oder gelebt haben) als derjenigen, die ich – was wiederum eine bloß zufällige Tatsache ist – jetzt einnehme. Und ebensowenig wie es absurd ist, anzunehmen, daß ich, anstatt mich 1962 in Rom aufzuhalten, ebensogut in New York hätte gewesen sein können, ist die Annahme absurd, daß ich mich, anstatt 1962 in Rom gewesen zu sein, genausogut im Jahre 44 v. u. Z. dort aufgehalten haben könnte. Wie es eine bloß zufällige Tatsache ist, daß ich die New Yorker Ereignisse von 1962 nicht miterlebte, sondern vielmehr, was sich seinerzeit in Rom zugetragen hat, ist es auch eine zufällige Tatsache, daß ich nicht, anstatt zum Zeugen der Ereignisse von 1962 zu werden, Zeuge der römischen Ereignisse des Jahres 44 v. u. Z. geworden bin. Ich habe jene Ereignisse nicht bezeugen können, aber es ist logisch nicht absurd, die Annahme zu machen, daß ich ihr Zeuge hätte geworden sein können. Also kann ich Cäsars Tod nicht durch mein Zeugnis verifizieren. Doch ich hätte ihn verifizieren können, wäre ich zu jener Zeit dort gewesen. Demnach ist der Satz »Cäsar ist gestorben« *im Prinzip* verifizierbar. Und da er verifizierbar ist, ist er sinnvoll. Das ist in groben Zügen die Analyse, die Ayer hier gibt.[21]

Lassen wir einmal die Frage außer Betracht, ob ich dieselbe Person gewesen wäre, die ich jetzt bin, hätte ich im Jahre 44 v. u. Z. statt im Jahre 1962 gelebt. Legen wir uns vielmehr nur die Frage vor, ob es dieser neuen Darstellung gelingt, die verwirrenden Bedeutungswechsel zu vermeiden, in denen alle voraufgegangenen Explikationen steckengeblieben sind. In gewisser Weise vermeidet sie diese allerdings. Wir brauchen alle denkbaren Fälle der Aussage »Cäsar ist gestorben« nur so aufzufassen, daß sie in Beziehung zu derselben Reihe möglicher Erfahrungen stehen, nämlich solcher, die man gehabt hätte, wäre man 44 v. u. Z. in Rom gewesen. Auch hier wiederum gibt es eine *Übersetzungs*-These, doch statt einer Übersetzung in eine Konjunktion von Bedingungssätzen soll diesmal der Satz

(1) Cäsar ist 44 v. u. Z. in Rom gestorben

nun in einen Satz etwa der folgenden Form übertragen werden

(2) Wenn ich 44 v. u. Z. in Rom gewesen wäre, dann hätte ich mit Cäsars Sterben zusammenhängende Erfahrungen gehabt.

Nun ist zwar (2), wie wir sehen werden, keine vollständige oder vollkommene Übersetzung von (1), doch für unseren gegenwärtigen Zweck ist sie vollkommen ausreichend. Man beachte dabei, daß ich mich nicht länger auf meine gegenwärtigen und zukünftigen Erfahrungen beziehe, wenn ich auf die Vergangenheit Bezug nehmen will. In der Tat bin ich nicht einmal mehr gezwungen, mich auf irgendwelche Erfahrungen zu beziehen, die ich jemals tatsächlich machen werde. Andererseits bin ich auch jetzt noch nicht ganz imstande, mich auf Cäsars Tod zu beziehen. Statt dessen bin ich gezwungen, mich auf Erfahrungen zu berufen, die ich gehabt hätte, wäre ich zu einer bestimmten Zeit an einem bestimmten Ort gewesen. Wir dürfen uns dabei natürlich nicht durch den möglichen Einwand aus der Fassung bringen lassen, daß nicht zwei Personen, die beide (1) aussprechen, dieselbe Sache meinen können, da (1) in jedem der beiden Fälle dazu verwendet wird, von den je *eigenen*, subjektiven Erfahrungen des Sprechenden zu reden. Dies läßt sich, wie ich denke, leicht vermeiden, indem davon ausgegangen wird, daß die fraglichen Erfahrungen von *jedermann* gemacht worden wären, daß, wenn du statt meiner hier gestanden, eben du diese Erfahrungen gehabt hättest, so daß sich jeder, der sich (1) bedient, gleichermaßen und ohne jeden Unterschied auf diese Erfahrungen beziehen kann. Wir können nun als bessere Übersetzung von (1) in Erwägung ziehen:

(3) wenn irgendwer an dem entsprechenden Ort (etc.) gewesen wäre, hätte er mit dem Sterben Cäsars zusammenhängende Erfahrungen gemacht.

»Mit dem Sterben Cäsars zusammenhängende Erfahrungen« hat ein wenig das Aussehen eines Notbehelfs. Die Formulierung steht, grob gesprochen, für diejenigen Erfahrungen, die den Satz »Cäsar stirbt jetzt« direkt verifizieren würden. Ich muß hier beiläufig bemerken, daß (3) strenggenommen nicht vollständig wahr ist, denn ihm kommt hinsichtlich Cäsars selbst keine Wahrheit zu. »Der Tod«, so schrieb Wittgenstein, »ist kein Ereignis im Leben. Der Tod wird nicht erlebt.«[22] Doch ich will diesem Punkt keine allzu große Bedeutung beimessen, da es mir weiterhin darum geht, daß wir noch immer nicht über Cäsars Tod sprechen können – sondern bisher nur über *Erfahrungen*, die mit dem Sterben Cäsars zusammenhängen. Der Grund, warum dies nur ein Notbehelf sein kann, ist darin zu suchen, daß wir in unserer Sprache über keine Wörter verfügen, die präzise genug wären, zu leisten, was für die vorliegende Analyse von ihnen verlangt wird. Es wäre dies vielmehr die Aufgabe einer völlig anderen Sprache, als die es ist, die wir sprechen, einer Sprache, in der alle Begriffe, die sich gewöhnlich auf physikalische Ereignisse und Objekte beziehen, in solche Begriffe übertragen sein müßten, die sich auf Erfahrungen beziehen. Das erklärt, warum (2) und (3) nur *partielle* Übersetzungen sind. ›Rom‹ bezeichnet eine bestimmte, physisch daseiende Stadt, und eine vollständige Übertragung würde ›Rom‹ durch das jeweilige erfahrungsmäßige Äquivalent ersetzen, das uns diese neue Sprache bereitstellen müßte. Mit anderen Worten, wir haben es hier mit dem Programm des Phänomenalismus zu tun. Und das ist der Grund, weswegen es uns so schwergefallen ist, uns auf Cäsars *Tod* zu beziehen – i. e. ein *physisches* Ereignis. Das eingestandene Versagen des »Verifikationismus« in seiner ursprünglichen Gestalt bedeute nicht, so schreibt Ayer,

> »... daß Sätze, die sich auf die Vergangenheit beziehen, nicht in eine phänomenale Begrifflichkeit zerlegt werden können; denn sie lassen sich so auffassen, als implizierten sie, daß gewisse Bedingungen erfüllt gewesen seien. Die Schwierigkeit ist nur, daß diese Bedingungen niemals erfüllt sein können; denn sie erfordern für den Beobachter, daß er eine Stellung innerhalb der Zeit einnehmen müßte, die er *ex hypothesi* in Wirklichkeit nicht einnimmt.«23

Wie wir gesehen haben, ist diese letztere Schwierigkeit nicht unübersteigbar. Nichtsdestoweniger sollten wir uns für einen kurzen Augenblick genauer ansehen, was in der vorgeschlagenen Übersetzung wirklich enthalten ist.

Der Phänomenalismus vertritt die These, daß alle Aussagen, die physische Objekte und Ereignisse zum Inhalt haben, in Aussagereihen über wirkliche und mögliche Erfahrungen übersetzbar sein müßten, wenn sie sinnvoll zu sein beanspruchen wollen. Es wird davon ausgegangen, daß ich einen Begriff nur verstehen kann, wenn ich weiß, welche Erfahrungen ich haben würde, wenn wir demjenigen gegenüberstünden, was der Begriff bezeichnet. Dann aber muß der Begriff durch andere Begriffe verstehbar gemacht werden können, die sich auf gerade diese Erfahrungen beziehen, und nichts läßt sich sinnvoll über das Bezeichnete sagen, das nicht in dieser Weise vermittelt werden kann. Eine ausführliche, alle Aspekte berücksichtigende Diskussion dieses Programms ist hier nicht erforderlich, doch allein schon aus diesem bloßen Referat der wichtigsten Punkte sollte deutlich werden, warum wir uns außerstande sahen, uns auf *vergangene* Ereignisse, in diesem Falle den Tod Cäsars, zu beziehen. Es ist dies eine Folge der Tatsache, daß wir uns nach Auffassung des Phänomenalisten nicht *simpliciter* auf Ereignisse beziehen können, wenn wir mit ›Ereignis‹ physische Vorgänge meinen. Denn jeder Versuch, sich unmittelbar auf ein Ereignis zu beziehen, nötigt uns die Beziehung auf wirkliche oder mögliche Ereignisse ab. Es ist also nicht irgendeine besondere, die Vergangenheit betreffende Tatsache, die die Beziehung auf vergangene Ereignisse verstellt. Es ist vielmehr eine allgemeine Tatsache, daß wir uns nicht auf Ereignisse, als physische Vorgänge, und demgemäß auch nicht – was nur eine triviale Folgerung daraus ist – auf *vergangene* Ereignisse beziehen können. Selbst Brutus wäre danach außerstande gewesen, sich auf den Tod Cäsars zu beziehen, sondern lediglich auf »mit dem Tod Cäsars zusammenhängende Erfahrungen«. Folglich ist dies kein besonderes Problem, das sich vornehmlich für solche Aussagen stellt, die *Vergangenes* zum Inhalt haben.

Ich möchte mich nicht mit der Frage aufhalten, ob es uns möglich sei oder nicht – gleichgültig, ob nun tatsächlich oder bloß prinzipiell –, eine phänomenalistische Übersetzung, d. h. eine Übersetzung in Begriffe zuwege zu bringen, die sich ausschließlich auf Sinnesdaten und Sinnliches beziehen – auf wirkliche und mögliche Erfahrungen –, und zwar im Hinblick auf eine Aussage, die vorgibt, sich auf die Ermordung und den Tod Cäsars zu beziehen. Ich weiß nicht, ob dies geleistet werden kann, doch ich will einmal annehmen, daß es wirklich der Fall ist und daß es uns bereits gelungen sei, dies zu tun. Ich bin mir allerdings nicht sicher, ob ich ganz verstanden habe, wie der Phänomenalist Vergangenheit in phänomenalistischer Terminologie wiedergeben will. Ayer hat einen Weg vorgeschlagen, wie wir davon als einem *Möglichen* sprechen können, daß wir die Erfahrungen gehabt haben könnten, auf welche die phänomenalistische Redeweise sich in der Aussage ›der Tod des Cäsar‹ bezieht. Es ist möglich in dem Sinne, daß es nicht logisch unmöglich ist, daß wir im Jahre 44 v. u. Z. in Rom gewesen sein könnten. Vorher jedoch hatte er erklärt, daß in Wirklichkeit die Bedingungen für derartige Erfahrungen unerfüllbar seien, vermutlich deshalb, weil wir die geforderte raumzeitliche Position in Wahrheit nicht einnehmen können: »Sie erfordern für den Beobachter, daß er eine bestimmte Stelle innerhalb der Zeit einnehme, was ihm *ex hypothesi* unmöglich ist.« Man kann allerdings nicht umhin, hervorzuheben, daß die Beziehung auf zeitliche Positionen mit Sicherheit zugleich eine Beziehung auch auf physische Lokalisierung bedeutet und daß wir, solange nicht aufgezeigt wird, wie der Begriff der zeitlichen und räumlichen Koordinatenpunkte in phänomenalistische Terminologie zu bringen ist, genötigt sind, anzunehmen, daß zumindest einigen sinnvollen physikalischen Begriffen keine erfahrungsmäßigen Äquivalente zukommen, und wenn einige Dinge nicht in das bevorzugte Idiom übertragbar sind, haben wir wohl kaum Grund, die beschwerliche Ausdrucksweise der Phänomenalisten in jedem Punkt zu akzeptieren. Ein nur *partieller* Phänomenalismus ist philosophisch wertlos, denn es wird schließlich der Anspruch erhoben, daß alles, was im Sprechen über eine Sache allein für sinnvoll gelten darf, nur in Begriffen der wirklichen und möglichen Erfahrung sinnvoll sein kann. In Entsprechung hierzu läßt sich von *einigen* Winkeln wohl sagen, daß man sie allein mit Zirkel und Lineal dreiteilen könne. Doch ist damit noch nicht sogleich der allgemeine Fall gesetzt, obschon der Beweis dafür, daß es irgendeinen Winkel gebe, der eine solche Dreiteilung nicht zulasse, den allgemeinen Fall unweigerlich aufheben muß. Wenn wir infolgedessen zeitliche Positionen nicht vermittels phänomenalistischer Prädikate zu fassen imstande sind, bedeutet dies den vollständigen Zusammenbruch des Phänomenalismus.

Doch ich fahre nun fort mit der Unterstellung, daß uns die Übersetzung für den Tod Cäsars gelungen sei, und ich will sogar die Annahme machen, daß wir Sorge dafür getragen haben, die Beziehung auf zeitliche und räumliche Koordinatenpunkte in die phänomenalistische Sprache aufzunehmen. So wird der Satz

(4) Cäsar stirbt im Jahre 44 v. u. Z. in Rom

erfolgreich wiedergegeben mit dem Satz

(5) Wenn irgendjemand Erfahrungen aus dem Rom des Jahres 44 v. u. Z. haben könnte, dann würde er mit dem Tod Cäsars zusammenhängende Erfahrungen haben.

Es macht kaum einen Unterschied, daß (5) skizzenhafter ist, als eine vollständige Übersetzung es sein würde. Ich unterstelle hier einfach, daß er die Stelle markiert und die Form für eine vollgültige, adäquate Übersetzung vorgibt, wie lang und komplex diese auch sein möge. Denn der Punkt, der uns wirklich angeht, liegt ganz woanders. Er liegt nämlich genau in folgendem: Man kann unmöglich sagen, *wann* der Satz (4) ausgesprochen worden ist, noch ob er sich auf etwas Vergangenes, Gegenwärtiges oder Zukünftiges bezieht (abgesehen davon, daß die Römer wohl kaum den Ausdruck ›v. u. Z.‹ verwendet hätten). Ebensowenig läßt sich dies von (5) sagen. Und der Grund hierfür ist der, daß (4), wie (5) deutlich macht, in eine ›zeitlose‹ Sprache gebracht worden ist. Was mich interessiert, ist die Frage, wie wir die Tatsache in erfahrungsspezifische Begriffe fassen können, daß ein gegebenes Ereignis ein vergangenes ist. Und dies ist, wie wir sehen werden, recht verschieden von der Fragestellung, in der es darum geht, wie wir die Beziehung auf raum-zeitliche Positionen auf den Begriff bringen können. Denn es mag uns zwar bei dieser Aufgabe Erfolg beschieden sein, jedoch *ohne* daß es uns möglich wäre, anzugeben, ob die solcherart übersetzte raum-zeitliche Position in Vergangenheit, Gegenwart oder Zukunft angesiedelt ist.

Es wird zuweilen gegen den Phänomenalismus eingewendet, daß ein Satz wie (4) falsch sein könnte, selbst wenn ein Satz wie (5) wahr wäre. Daher brauchen mir keine Dolche entgegenzustarren, ob ich gleich »Dolch-Erfahrungen« habe. Dieser Einwand ist indessen wenig beweiskräftig, wenn der Phänomenalist zu Recht darauf besteht, daß (5) nichts aussagt, was nicht auch in (4) enthalten ist, daß jener lediglich eine Übersetzung dessen ist, was in (4) Sinnvolles gesagt wird. Nichtsdestoweniger sind wir hier zu einem vergleichbaren und, wie ich hoffe, zwingenderen kritischen Einwand berechtigt. Man beachte, daß (4) zeitlos ist und (1) nicht. Dann aber wäre es ein Fehler, (5) unterschiedlos als Wiedergabe sowohl von (1) wie von (4) anzusehen. Denn weil (1) eine Information enthält, die sich in (4) nicht findet, ist (5) entweder eine inadäquate Wiedergabe von (1), wenn er eine adäquate Wiedergabe von (4) ist, oder er geht über eine Übersetzung von (4) hinaus, wenn er eine in allen Stücken entsprechende Übersetzung von (1) ist. Und (1) enthält *wirklich* Information, die (4) nicht liefert, insbesondere deshalb, weil das Ereignis, auf das jeder von beiden sich bezieht, in der Vergangenheit stattgefunden hat. (4) sagt uns nicht, ob das Ereignis geschehen ist, gerade geschieht oder geschehen wird. Demzufolge könnte (1) falsch sein, während (4) wahr ist: Er könnte falsch sein, wenn das Ereignis sich *nicht* in der Vergangenheit zugetragen hat. Wenn demnach (5) als eine genaue Übersetzung von (4) angesehen wird, könnte (1) falsch sein, während (5) wahr ist, weil (5), nicht weniger als (4), alles das enthält, was (1) zum Inhalt hat. Doch noch allgemeiner formulierend muß man sagen, daß jeder zeitabhängige Satz der Möglichkeit nach falsch sein kann, selbst wenn seine phänomenalistische Übersetzung wahr ist. Es sei denn, natürlich, wir könnten Zeitstufen phänomenalistisch wiedergeben.

Es ist nicht eben leicht, einzusehen, wie wir Zeitstufen in erfahrungsspezifischen Begriffen wiedergeben sollen. Man könnte selbstverständlich einen Kunstgriff wie diesen vorschlagen: daß man ein erfahrungsspezifisches Äquivalent für *Bewegen in der Zeit* konstruiert.[24] Das sähe dann folgendermaßen aus: Wir gelangen in das Jahr 44 v. u. Z., indem wir eine Reihe von Ereignis-Stufen durchlaufen, und jede dieser Stufen kann phänomenalistisch wiedergegeben werden. Es ist wohl wahr, daß wir diese Positionen nicht einnehmen können, doch es ist möglich, daß wir sie, aus den vorhin dargelegten Gründen, eingenommen haben könnten. Die Schwierigkeit würde indessen darin bestehen, den *ersten* Schritt zwischen dem Hier und Jetzt und dem Jahr 44 v. u. Z. zu tun. Denn der erste Schritt muß auf ein Ereignis zurückgehen, das vergangen ist, wenn unsere Reise die richtige Richtung nehmen soll, und die Frage ist nun, wie wir deutlich machen wollen, daß der erste Schritt in Richtung auf die Vergangenheit getan wird oder sich von dem ersten Schritt einer Zeit-Reise in die Zukunft unterscheidet. Man könnte sagen: Der erste Schritt in Richtung auf das Jahr 44 v. u. Z. Doch dann müssen wir irgendwie kenntlich machen, daß das Jahr 44 v. u. Z. Vergangenheit ist, und das heißt wiederum, vorauszusetzen, was erst erwiesen werden soll. Ganz gewiß können wir nicht hoffen, daß der Trick mit einem *zeitlosen* Idiom uns zum Ziel führen wird. Denn angenommen, wir erklären, daß 44 v. u. Z. 2007 Jahre vor der *Jetztzeit* liege. Doch ›Jetzt‹ deutet auf den Gebrauch des Präsens hin und müßte durch eine Datumsangabe ersetzt werden, d. h. 1963. Wir könnten dann sagen, die Aussage, daß 44 v. u. Z. dem Jahre 1963 um 2007 Jahre vorausliege, sei wahr und infolgedessen analytisch wahr. Doch das sagt uns noch nicht, daß 44 v. u. Z. Vergangenheit ist. Denn irgendwer könnte diese Binsenwahrheit zu jedem beliebigen Zeitpunkt, eingeschlossen das

Jahr 43 v. u. Z., ausgesprochen haben, solange die Jahre, auf die man sich bezieht, Zukunft sind. Wir müssen wissen, wann der Satz geäußert worden ist, und sodann, ob dieser Zeitpunkt vor oder nach – oder gleichlaufend mit – der Zeit angesetzt werden muß, zu der wir unsere Frage stellen. Wir können also nicht leichthin die Art von Information beiseite lassen, die uns das Tempus gibt. Wenn wir aber diese Information nicht in unsere phänomenalistischen Übersetzungen hineinnehmen können, dann ist der Phänomenalismus als Programm, alles in unserer gewöhnlichen Sprache Sinnvolle zum Ausdruck zu bringen, gescheitert. Sicherlich könnte man nun den heroischen Weg einschlagen und sagen, daß die Tempus-Information sinnlos sei, doch wäre dies unvernünftig, denn gewiß verstehen wir durchaus, was gemeint ist, wenn man sagt, daß etwas vergangen sei. An dieser Stelle wird uns ein Phänomenalist, wie an einem früheren Punkt der Auseinandersetzung bereits der Erkenntnistheoretiker, dazu auffordern, anzugeben, wie wir denn, wenn *nicht* in Begriffen der Erfahrung, diese Information verstehen. Doch ich will im Augenblick nicht einmal den Versuch machen, darüber Auskunft zu geben. Angelegentlich einer noch ausstehenden Erörterung werde ich darauf zurückkommen, und ich beruhige mich vorerst mit dem Glauben, daß die Ausdrucksweise ›im Augenblick‹ und ›später‹ verstanden werden wird, ganz gleich, wie man sie analysieren sollte.

Der Phänomenalismus ebensosehr wie der »Verifikationismus« beinhaltet einen Angriff auf den Erfolg der historiographischen Minimal-Zielsetzung, denn wenn ersterer im Recht ist, können wir keine sinnvolle Aussage über die Vergangenheit machen, die nicht unmittelbar zu einer Aussage über wirkliche und mögliche Erfahrungen würde. Doch ich habe mir gerade diesen Punkt zum Anlaß genommen, einen Angriff gegen den Phänomenalismus selbst vorzutragen. Wenn es ihm nicht gelingt, jene Art von Information, die uns in zeitabhängigen Sätzen gegeben wird, dem von ihm bevorzugten Idiom anzupassen, so wäre dies für den Phänomenalismus eine Niederlage. Doch der genaue Status der Zeitstufen bleibt noch immer klärungsbedürftig, und ich werde den ersten Schritt in dieser Richtung tun, indem ich sogar noch eine weitere Polemik aufnehme; und zwar eine solche, die die gesamte Diskussion zur Entscheidung bringt. A. J. Ayer, der in seinen Bemühungen um eine Analyse von Sätzen über die Vergangenheit keine Ermüdung zu kennen scheint, hat kürzlich eine eingehende Analyse vorgelegt, die, so sie richtig sein sollte, die Behauptung rechtfertigt, daß, wie er es formuliert, »keine Aussage als solche eine über die Vergangenheit ist«.[25] Diese Behauptung würde natürlich jener minimalen historiographischen Zielsetzung um ein weiteres Mal eine Niederlage bereiten und den Phänomenalismus vor den Schwierigkeiten retten, in die wir ihn gebracht haben. Denn wenn keine Aussage *als solche* eine Aussage über die Vergangenheit ist, dann kann es schwerlich ein Mangel des Phänomenalismus sein, daß er Aussagen über die Vergangenheit nicht in seine eigene Sprache zu übersetzen vermag. Man kann schließlich keine nicht-existenten Sätze übersetzen. Dann jedoch können wir ebensowenig unserer minimalen Charakterisierung gerecht werden, da es keinen Satz der geforderten Art gäbe, den die Historiker mit Erfolg bilden könnten. Nichtsdestoweniger würde man doch gern wissen wollen, worüber eine Aussage wie »Cäsar ist gestorben« denn eigentlich – wenn schon nicht über die Vergangenheit – etwas aussagt. Und gerade dies ist es, was Ayers neue Analyse zu beantworten unternimmt.

Zunächst räumt Ayer ein, daß wir uns, wenn wir diesen Satz verwenden, auf ein Ereignis beziehen, in unserem Falle auf den Tod Cäsars. Allerdings beziehen wir uns nicht auf ein *vergangenes* Ereignis, denn anscheinend enthält der Ausdruck ›vergangenes Ereignis‹ in gewissem Sinne einen Kategorienfehler. Dies klingt vielleicht rätselhafter, als unbedingt notwendig ist. Es läuft auf wenig mehr hinaus als auf ein Festhalten an der Unterscheidung zwischen einstelligen und mehrstelligen Prädikaten, oder der zwischen absoluten und relationalen Eigenschaften. Wenn dies paradox klingen sollte, so dürfte dieser Eindruck nicht minder angesichts der folgenden Behauptung entstehen: daß keine Aussage als solche jemals über irgend etwas gemacht werden kann, das sich neben einem anderen Etwas befindet. Gewiß, eine Flasche kann nahe neben einer Kiste stehen, und die Aussage, die diesen Sachverhalt festhält, würde wahr sein. Doch wie es etwa richtig ist zu sagen, eine Flasche sei grün, ergibt es keinen Sinn, wenn man sagt, eine Flasche sei *neben*. Flaschen sind als solche nicht *neben*, oder *zwischen*, oder *hinter*. Also ist eine Aussage darüber, daß eine Flasche neben einer Kiste steht, wohl eine Aussage über eine Flasche, *nicht* jedoch etwa, über eine »neben«-Flasche. Denn dergleichen Dinge gibt es nicht. Ganz ähnlich richtet sich folglich eine zeitabhängige Aussage auf ein Ereignis, nicht jedoch auf ein *vergangenes* Ereignis. Denn Vergangensein ist keine Eigenschaft von Ereignissen, sondern ein Verhältnis, in dem Ereignisse die eine Seite einnehmen mögen. Der *tatsächliche Inhalt* solcher Sätze hat Beziehung auf Ereignisse und auf absolute Eigenschaften von Ereignissen. Wenn wir von einer zeitabhängigen Aussage diesen tatsächlichen Inhalt abziehen, dann bleibt uns, streng genommen, noch etwas, das die zeitliche Stellung der Person anzeigt, die den Satz vis-à-vis jenem Ereignis ausspricht, auf welches der Satz sich bezieht. Wir verfügen allerdings nicht, als über einen grammatischen Grundzug unserer Sprache – und zwar in der gleichen Weise, in der (nach dieser Analyse) die Zeitstufen das zeitliche Verhältnis angeben, in dem wir zu den Ereignissen stehen, auf die wir uns beziehen –, über solche Mittel, die automatisch die räumlichen Verhältnisse anzeigen, in denen wir zu den Dingen stehen, auf die wir uns beziehen.[26] Doch wenn ich sage, daß die Tür sich zu meiner Linken befindet, bezeichnet ›zu meiner Linken‹ keine Eigenschaft der Tür, auf die ich mich beziehe, sondern ein Verhältnis zwischen der Tür und mir. Ein anderer könnte von derselben Tür sagen, daß er sie zu seiner Rechten habe.

Doch die beiden Aussagen »die Tür ist zu meiner Linken« und »die Tür ist zu meiner Rechten« sind nicht miteinander unvereinbar, selbst wenn sie von derselben Tür und sogar wenn sie zur selben Zeit behauptet werden, vorausgesetzt, daß sie von verschiedenen Personen ausgesprochen werden, die in unterschiedlichen räumlichen Verhältnissen zu dieser Tür stehen. Aber auch verschiedene Personen – angenommen, sie sprächen zur selben Zeit von derselben Tür – *würden* allerdings Unvereinbares aussagen, wenn sie, jeder für sich, erklärten: »Die Tür ist aus Holz«, und: »Die Tür ist aus Metall«. Doch dem ganz ähnlich wären folgende Sätze miteinander unvereinbar: »Cäsar starb im Jahre 44 v. u. Z.«, und: »Cäsar war das ganze Jahr 44 v. u. Z. hindurch am Leben«, wenn sie zu beliebiger Zeit von verschiedenen Personen ausgesprochen würden. Aber »Cäsar wird im Jahre 44 v. u. Z. sterben« und »Cäsar starb im Jahre 44 v. u. Z.« sind keineswegs miteinander unvereinbar, wenn sie zu verschiedenen Zeiten von derselben oder von verschiedenen Personen ausgesprochen werden. In der Tat fühlt man schon auf den ersten Blick, daß, wenn einer von beiden wahr ist, auch der andere wahr sein muß, und wenn einer von beiden falsch ist, auch der andere falsch sein muß, so daß sie *per definitionem* material äquivalent sind.

Es folgt daraus, daß zeitabhängige Sätze in zwei voneinander unterschiedene Komponenten zerlegt werden können, deren jede eine eigene Information vermittelt; wobei die eine mit einem Ereignis zu tun hat und die andere mit dem Verhältnis zwischen einem Ereignis und der Zeit, zu der eine Aussage gemacht wird. Dementsprechend sind die folgenden drei Sätze, jeweils von Calpurnia, Brutus und Marc Anton ausgesprochen, unterschiedslos auf dasselbe Ereignis gerichtet: (a) Cäsar wird sterben; (b) Cäsar stirbt jetzt; und (c) Cäsar ist gestorben. Betrachtet man nur den Tatsachengehalt dieser drei Aussagen, dann macht es keinen Unterschied, *wann* sie ausgesprochen werden, denn das Tempus hat hinsichtlich des Faktischen in diesem Satz keinerlei Gewicht. Die beiden Informationsteile, die in einer zeitabhängigen Aussage zusammenlaufen, sind ›logisch distinkt‹, und die drei Aussagen sind äquivalent: wenn die eine wahr ist, sind es alle anderen auch, und wenn eine falsch ist, dann sind es auch alle anderen.

Dies ist, wenn ich richtig verstanden habe, im wesentlichen Ayers Analyse. Ich möchte, ungeachtet ihrer Genialität, dagegen geltend machen, daß sie nicht ganz ohne Schwächen ist. Jene drei Sätze sind nicht äquivalent, und die Bestandteile der Information, die in zeitabhängigen Sätzen zusammengebracht werden, sind nicht logisch distinkt, sofern damit gesagt werden soll, daß sie ›logisch unabhängig‹ seien. Aus meiner Beweisführung, sollte sie stimmig sein, wird sich ergeben, daß man nicht ganz so säuberlich die zeitliche und die ›tatsächliche‹ Information, die beide in zeitabhängigen Sätzen enthalten sind, voneinander scheiden kann.

Beginnen wir mit der Erörterung der folgenden Behauptung, in der bündig die These vorgetragen wird, die ich vorhin beschrieben habe:

> »Die Wahrheit oder Falschheit einer Aussage, die es unternimmt, die Witterungsbedingungen zu einem gegebenen Zeitpunkt zu beschreiben, ist relativ unabhängig von der Zeit, zu der sie geäußert wird. Indem eine Beschreibung des in Frage stehenden Ereignisses mit einem Hinweis auf die zeitliche Position des Sprechenden kombiniert wird, bringt der Gebrauch der Tempora zwei Informationsteile zusammen, die logisch unterschieden sind. Es geschieht dies auf eine zwar recht ökonomische Weise, ist jedoch nicht unerläßlich notwendig. Jeder Teil der Information könnte ganz ausgezeichnet in einer Sprache wiedergegeben werden, die überhaupt keine Zeitformen enthielte. Die zeitliche Stellung des Sprechenden – relativ zu dem beschriebenen Ereignis –, die durch jenen Gebrauch von Gegenwart, Vergangenheit oder Zukunft angezeigt wird, ließe sich dadurch charakterisieren, daß sie explizit durch ein Datum angegeben würde.«[27]

Hiermit, so will mir scheinen, wird die Auffassung vertreten, daß ein in Zeitform gebrachter Indikativ-Satz analysierbar sei als eine wahrheits-funktionale Verbindung logisch unterschiedener Aussagen, wobei die Verbindung als solche durch bloßen grammatischen Zufall verdunkelt wird. Das eine der Relata *(A)* sagt etwas über ein Ereignis *E* aus, und das andere Konjunkt *(B)* enthält eine Aussage über die zeitliche Stellung des Sprechenden relativ zu *E*. Jeder Informationsteil könnte gesondert wiedergegeben werden, und da wir davon ausgegangen waren, daß die zwei Verbundenen logisch voneinander unabhängig sind, läßt die Wahrheit oder Falschheit des einen von beiden den Wahrheitswert des anderen völlig unberührt. Natürlich hat Wahrheit oder Falschheit der Relata mit der Wahrheit oder Falschheit der Verbindung selbst, als ganzes genommen, zu tun: Dies folgt aus der von uns gemachten Annahme, daß ein in einer Zeitform stehender Indikativ eine verdeckte *wahrheitsfunktionale* Relation sei. Insbesondere wird die Konjunktion dann falsch sein, wenn das eine oder beide Verbundenen falsch sind. In diesem Fall folgt daraus ganz natürlich, daß der Wahrheitswert eines in Zeitform stehenden Indikativs *in ganz erheblichem Maße* von der Zeit abhängig ist, zu der er ausgesprochen wird, denn hierbei handelte es sich schließlich um eine seiner Wahrheits-Bedingungen. Wenn beispielsweise Brutus Satz (*b*) äußert, so wird seine Aussage dann falsch sein, wenn Cäsar bereits verschieden oder wenn er noch nicht gestorben ist. Nehmen wir an, Brutus' Aussage hätte im Präsens gestanden. Dann jedoch wäre seine Aussage wiederum deswegen falsch, weil eines ihrer Relata falsch ist: In diesem Beispiel dasjenige Konjunkt, das sich auf die zeitliche Stellung des Brutus bezieht, zum Zeitpunkt, in dem die Äußerung gemacht wird, relativ auf das Ereignis, das er beschreibt. Er hätte das Verhältnis falsch dargestellt, indem er faktisch erklärte, daß die Äußerung zeitgleich mit dem Ereignis sei, über welches sie etwas aussagt, während sie doch in Wirklichkeit später oder früher gemacht wird, als das Ereignis geschieht. In dieser Hinsicht ist demnach klar, daß die drei Sätze nicht äquivalent sind: (*b*) kann falsch sein, obschon (*a*) wahr ist oder (*c*) wahr ist.

Demgemäß widersprechen diese beiden Sätze einander, wenn wir den Zeitpunkt in Rechnung stellen, in dem die Äußerung getan wird: (*I*) »Cäsar wird sterben«. (*II*) »Nein, er ist bereits gestorben« – und dies, obgleich jeder denselben ›tatsächlichen Inhalt‹ hat. Wenn (*a*), (*b*) und (*c*) alle zur selben Zeit geäußert werden, müssen zwei von ihnen falsch sein, während einer wahr ist.

In dem hier untersuchten Fall ist demnach das Konjunkt (*B*) falsch, und infolgedessen muß die Verbindung insgesamt gleichfalls falsch sein. Aber natürlich könnte man einwenden, daß dies den Wahrheitswert des anderen Konjunkts (*A*) noch immer unberührt lasse, insofern es als von der Zeitform unabhängige Aussage über den Tod Cäsars aufgefaßt wird. Man könnte dann allerdings sagen, daß (*A*), sofern wahr, unabhängig vom Zeitpunkt seiner Äußerung wahr, und daß (*A*) infolgedessen unabhängig vom anderen Konjunkt (*B*) sei. Das ist es, was Ayer zweifellos im Sinne hatte: Die Wahrheit einer nicht in der Zeitform stehenden Aussage ist nicht vom Zeitpunkt ihrer Äußerung abhängig. Und zweifellos denkt er an nicht an die Zeitform gebundene Aussagen, wenn er sagt, daß kein Satz, als solcher, sich auf die Vergangenheit beziehe. Ein in die Zeitform gesetzter Satz allerdings hängt sehr wohl hinsichtlich seines Wahrheitswertes von dem Zeitpunkt ab, zu dem er ausgesprochen wird. Daraus folgt sodann, daß wir entweder in Zeitform stehende Sätze nicht ohne Zeitform wiedergeben können, oder daß einige Sätze ohne Zeitform hinsichtlich ihres Wahrheitswertes ganz entschieden vom Zeitpunkt ihrer Äußerung abhängig sind. Demzufolge muß entweder der eine oder der andere Teil von Ayers Analyse zurückgewiesen werden. Doch es kommt uns sehr schwer an, die Auffassung zu vertreten, daß ein Satz, der sich auf die Zeit bezieht, zu der er selbst ausgesprochen wird, nicht vom Zeitpunkt seiner Äußerung abhängig sein soll. Es wäre überaus befremdend, anzunehmen, daß in: »dieser Satz wird in *t*-1 ausgesprochen« der Wahrheitswert nicht durch die Zeit bestimmt sein sollte, in der er geäußert wird. Er kann schwerlich zeitlos wahr sein. Selbst wenn wir das ›genaue Datum‹ in den Satz einfügten, wäre es uns noch nicht gelungen, ihn sowohl ohne Zeitform wiederzugeben *als auch* unabhängig von der Zeit zu halten, in der er ausgesprochen wird.

Zudem ist zu beachten, daß › . . . ist unabhängig von . . . ‹ kein symmetrisches Verhältnis ist. Selbst wenn das Verbindungsglied (*A*) unabhängig vom Konjunkt (*B*) ist, folgt noch nicht das Umgekehrte. Es mag unabhängig sein oder nicht, doch in Wirklichkeit läßt sich beweisen, daß es nicht unabhängig ist. Wenn dem aber so ist, dann kann unmöglich ein Teil der Information unabhängig vom anderen vermittelt werden, wie es uns die wahrheits-funktionale Interpretation einreden möchte. Denn nehmen wir einmal an, daß (*A*) *falsch* ist. »Cäsar stirbt im Jahre 44 v. u. Z. in Rom« könnte in mehrfacher Weise falsch sein: wenn es etwa die Person Cäsar gar nicht gegeben hätte, wenn Cäsar unsterblich wäre, wenn Cäsar zu einem anderen Zeitpunkt und an einem anderen Ort stürbe. Jedenfalls wäre die Annahme, daß der Satz falsch sei, gleichbedeutend damit, daß es (zeitunabhängig) kein solches Ereignis gibt, wie es die Aussage zu beschreiben vorgibt. Wenn nun aber (*A*) falsch ist, muß natürlich auch die Verbindung falsch sein. Dennoch bleibt die Frage bestehen, wie das andere Verbindungsglied wahr sein könne, wenn (*A*) falsch ist. Wie kann ich überhaupt in *irgendeinem* zeitlichen Verhältnis zu einem nicht-existenten Ereignis stehen? Das Verhältnis muß in Ermangelung des entsprechenden Relats zusammenbrechen. Man könnte natürlich sagen, daß es eine Tatsache sei, daß Cäsar nicht im Jahre 44 v. u. Z. stirbt. Doch »Tatsachen als solche sind ohne Datierung«, und ich kann eine Aussage demnach nicht so betrachten, als sei sie vor, nach oder zeitgleich mit etwas ausgesprochen worden, dem sich sinnvoll keine Datierung zuordnen läßt. Die Wahrheit von (*A*) ist demgemäß eine notwendige Bedingung der Wahrheit (oder, gemäß einer alternativen Analyse, der Wahrheit oder Falschheit) von (*B*). Man könnte also, wenn man so will, sagen, daß die Wahrheit eines in der Zeitform stehenden Satzes die Wahrheit jenes Teils eines Satzes voraussetze, der, ohne in eine Zeitform gesetzt zu sein, ausgesagt werden kann. Nichtsdestoweniger könnte ein zeitförmiger Satz falsch sein, während die nicht an eine Zeitform gebundene Komponente wahr ist, womit als erwiesen gelten kann, daß sie nicht äquivalent sind. Doch darüber hinaus finden wir uns auch hier genau in derselben Situation, in die uns bereits der Phänomenalismus gebracht hatte: eine Wiedergabe jenes Teiles in einem Satz nach phänomenalistischer Manier, der ohne Zeitform wiedergegeben werden kann, mag wahr sein, während der entsprechende zeitförmige Satz falsch ist. Und die Information, die diese uns vermitteln, kann nicht phänomenalistisch wiedergegeben werden. Insoweit wir außerstande sind, Zeitformen in einer Weise auszuschalten, daß dieselbe Information auch ohne Zeitform ausgesagt zu werden vermag, sind wir schwerlich zu der Auffassung berechtigt, daß keine Aussage, als solche, über die Vergangenheit gemacht werden könne. Ein wahrer Satz in einer Vergangenheitsform bezieht sich als solcher auf Vergangenes.

Es sei schließlich noch darauf hingewiesen, daß sich dieselbe Situation ergibt, wenn wir uns vornehmen, die beiden in einem zeitförmigen Satz vermittelten Informationsteile – in einer irgendwie unterschiedlichen Art und Weise – wiederzugeben. Die einzig sinnvolle Alternative zur wahrheits-funktionalen Konjunktion, die mir denkbar erscheint, ist folgende. Wir könnten Zeitformen als Operatoren auffassen, oder genauer, als aussagenbildende Operatoren, die Aussagen aus Aussagen gewinnen. Als Operatoren besitzen sie natürlich keinen eigenständigen Wahrheitswert, in derselben Weise zum Beispiel, in welcher der quantifizierende Operator (x) nicht als solcher entweder wahr oder falsch ist. Nehmen wir einmal an, p sei ein Satz ohne Zeitform und P ein Tempus-Operator, der die Fähigkeit besitzt, p in die Vergangenheitsform zu setzen. Danach würde $P(p)$ besagen: »Es war der

Fall, daß p.« Nun könnte es sein, daß p wahr und auch P (p) wahr ist; oder daß p falsch und auch P (p) falsch ist. Aber unmöglich kann der Fall eintreten, daß p falsch und P (p) wahr sein könnte.[28] Ebensowenig wäre, noch allgemeiner gesprochen, der Fall denkbar, daß p falsch und $T(p)$ für irgendeinen Wert von T wahr ist, wenn T als eine Operator-Variable angesehen wird, die Zeitformen als Werte bestimmt. Eine Vielzahl der Probleme, mit denen ich mich auseinandergesetzt habe, ergibt sich in Wirklichkeit aus dem Begriff der Wahrheit. Nicht so sehr geht es hierbei darum, daß »Cäsar stirbt im Jahre 44 v. u. Z.« zeitlos ist, sondern vielmehr darum, daß der Satz: »Es ist wahr, daß Cäsar im Jahre 44 v. u. Z. starb«, als zeitlos gültig aufgefaßt wird – vornehmlich deswegen, weil Wahrheit im Hinblick auf Sätze für eine a-temporale Tatsache angesehen wird. Wenn demnach »Cäsar starb im Jahre 44 v. u. Z.« wahr ist, dann muß diese Aussage *zeitlos* wahr sein. So gesehen ist die Zeit, zu der sie ausgesprochen wird, offenbar irrelevant: denn ist sie zeitlos wahr, so wäre sie wahr, ganz gleich, ob sie vor oder nach dem Jahre 44 v. u. Z. oder während des Jahres 44 v. u. Z. gemacht würde. Dadurch wird das Tempus irgendwie belanglos. Die Vorstellung jedoch, daß Wahrheit a-temporal sei, hat sich seit je als notorisch unheilvoll erwiesen, und ich werde im folgenden[29] versuchen, Gründe zu ihrer Widerlegung beizubringen. Doch für den Augenblick sollen einige weitere Bemerkungen über die Analyse, die wir soeben einer Prüfung unterzogen haben, vorerst genügen.

Warum eigentlich erklärt Ayer, daß kein Satz als solcher Aussagen über Vergangenes (oder, was hier dasselbe wäre, über Gegenwart und Zukunft) macht? Ich vermute, daß die Weigerung, den Tempora irgendwelche Bedeutung beizumessen, von dem Umstand herrührt, daß Ayer noch immer zurückweicht vor der alten Frage nach der Verifizierbarkeit von Sätzen über die Vergangenheit. Seine Strategie nun besteht darin, daß er aufzuzeigen versucht, daß dieses Problem sich gar nicht erst stellen müsse, insofern nämlich, als kein Satz, ›als solcher‹ auf Vergangenes gerichtet sei. Demgemäß also gibt es hinsichtlich der Verifizierbarkeit historischer Aussagen kein wirkliches Problem. Diese Sätze, die, gemäß seiner Analyse, nicht auf Vergangenes gerichtet sind, bleiben daher unberührt von dem Einwand, daß sie nicht verifizierbar seien, weil dasjenige, worüber sie etwas aussagten, *Vergangenheit sei.* Ayer macht geltend, daß sie zwar Ereignisse zum Inhalt haben, jedoch niemals vergangene Ereignisse. Die Wahrheit oder Falschheit derartiger Aussagen hängt dann vollständig davon ab, was hinsichtlich der Ereignisse, die sie sich zum Inhalt machen, (zeitlos) der Fall ist, nicht jedoch von der Zeit, zu der sie ausgesprochen werden. »Ein Satz«, so schreibt er, »der verifizierbar ist, wenn das Ereignis, worauf er sich bezieht, gegenwärtig ist, ist gleichermaßen verifizierbar, wenn das Ereignis, auf das er abstellt, vergangen ist oder in der Zukunft liegt.«[30] Was er aber eigentlich sagen will, ist, daß ein nicht-zeitförmiger Satz, so er überhaupt verifizierbar ist, immer verifizierbar sein muß, daß seine Verifizierbarkeit nicht Funktion der Zeit ist, zu der er ausgesprochen wird. Es ist wahr, diese Formulierung besagt nicht mehr und nicht weniger, als daß die zeitlose Verifizierbarkeit des Satzes davon abhängig ist, daß dieser zu *irgendeiner Zeit* verifiziert wird und daß, sofern der Satz in der Gegenwartsform nicht *irgendwann* – zu dem Zeitpunkt nämlich, zu dem das Ereignis, auf das er sich bezieht, wirklich eintritt – verifizierbar ist, er überhaupt niemals verifizierbar sein kann. Doch dies ist nicht der Punkt, auf den ich vornehmlich mein Augenmerk richten will. Vielmehr möchte ich hervorheben, daß das eben Gesagte wohl auf Sätze ohne Zeitform zutrifft, daß damit jedoch längst noch nicht für ausgemacht gelten kann, daß *zeitförmige* Sätze verifizierbar sind. Die Wahrheit eines nicht-zeitförmigen Satzes garantiert keineswegs die Wahrheit all seiner zeitförmigen Spielarten.

Und es könnte sehr wohl sein, daß die Verifizierbarkeit eines nicht-zeitförmigen Satzes auch nicht die Verifizierbarkeit seiner sämtlichen zeitförmigen Versionen garantiert. Denn immerhin ist der vorgeblich verifizierbare Gehalt dieser Sätze – laut Ayers' Analyse – nur ein *Teil* des ganzen Satzes. Die Verifizierbarkeit eines Teils indessen hat nicht die Verifizierbarkeit des Ganzen zur Folge: Aus der Verifizierbarkeit von »Gras ist grün« folgt nicht die Verifizierbarkeit von »Das Gras ist grün und das Tao ist purpurn«. Es bleibt *noch immer* hinlänglich Spielraum für einen Skeptizismus mit Beziehung auf die Vergangenheit.

Doch in Wahrheit ist ein derartiger Skeptizismus relativ unabhängig von dem gesamten Problembereich, an den Ayer soviel Zeit, Mühe und Einfallsreichtum gewendet hat, in der Hoffnung, ihn ein für allemal aus der Welt zu schaffen: ganz so, als hätte er eine Armee auf dem falschen Schlachtfeld aufgestellt. Daß die Verifizierbarkeit von Sätzen ohne Zeitform nichts zu tun habe mit der Zeit, zu der sie geäußert werden, ist genau die Schlußfolgerung, die wir erwarten würden, wenn davon ausgegangen wird, daß Verifizierbarkeit eine Angelegenheit der *Bedeutung*, des *Sinnes* sei. Wir müssen einen Satz bezogen auf diejenigen Arten von Erfahrungen verstehen, die erforderlich wären, wenn wir ihn verifizieren wollten. Allerdings könnte man einwenden, daß die Frage, ob ein Satz sinnvoll sei, nicht vom Zeitpunkt seiner Äußerung abhängig ist. Ein Satz kann sinnvoll sein, selbst wenn im Fluß der Zeit für ihn nirgendwo ein Ereignis festzumachen ist, auf das er bezogen werden könnte. Wenn es einen Punkt gibt, in dem die meisten zeitgenössischen Philosophen übereinkommen, so ist es der, daß ein Unterschied zwischen dem Sinn und der Beziehung eines Begriffes besteht. Wenn es sich als wahr herausstellen sollte, daß es die Person Cäsar nie gegeben habe, würden Sätze, die sich Cäsar zum Inhalt machen, damit noch längst nicht zur Bedeutungslosigkeit herabsinken. Falsche Sätze sind nicht sinnlos, ebensowenig wie Sätze aus dem Bereich der Fiktion: Wir verstehen *Hamlet* mit derselben Leichtigkeit wie *Julius Cäsar*. Ich könnte sagen, daß die Geburt der siebzehnten Tochter Cäsars durch seine sechsund-

neunzigste Gemahlin alle 150 Jahre von den behuften Braumeistern des Libanon festlich begangen werde, und dieser Satz, falsch wie nur irgendeiner, ist nichtsdestoweniger sinnvoll und dementsprechend sogar verifizierbar. Denn ganz gewiß kann das Prädikat ›ist verifizierbar‹ nicht allein auf *wahre* Sätze beschränkt werden. Man würde sich in unzumutbarer Weise Fesseln anlegen, wäre Wahr-Sein eine notwendige Bedingung für Sinnvoll-Sein, denn wie sollten wir dann wissen, ob ein Satz Bedeutung hat, bevor wir uns nicht zunächst einmal vergewissert haben, daß er wahr ist? Wie aber können wir uns denn vergewissern, ob er wahr ist, solange wir nicht wissen, was er bedeutet? Was Sätze in der Vergangenheitsform anbelangt, können wir lediglich dann sagen, daß sie sinnvoll oder verifizierbar seien, wenn wir vorab wissen, daß dasjenige, worüber sie etwas aussagen, wirklich stattgefunden hat. Daß derartigen Sätzen Bedeutung, Sinn beigemessen werden kann, würde also die Kenntnis der Vergangenheit voraussetzen.
Bedeutungshaftigkeit, als Verifizierbarkeit begriffen, ist unabhängig vom Wahrheitswert, von den aufeinander bezogenen Verhältnissen und von dem Zeitpunkt, zu dem Sätze ausgesprochen werden. Doch wenn wir mit Bedeutungshaftigkeit Verifizierbarkeit meinen, bleibt die Frage bestehen, wie wir die Bedeutung von Sätzen mit Zeitform verstehen sollen. Welche Erfahrungen verifizieren, daß dasjenige, wovon wir sprechen, *vergangen* ist? Das ist das Problem, das sich so bei Lewis und ganz allgemein bei den Pragmatisten stellte, und das abgewandelt im Phänomenalismus als das Problem auftritt, in Begriffen der Erfahrung jene Art der Information zu definieren, die einzig und ausschließlich von den in Zeitform gebrachten Teilen von Sätzen vermittelt wird, nachdem wir erst einmal den ›Tatsachengehalt‹ abgezogen haben. Und an diesem Punkt empfindet man unwiderstehlich das Anziehende der Position Kants, daß nämlich Zeit kein Datum der Erfahrung, sondern eine Form der Erfahrung, (Vor)-Bedingung der Erfahrung ist. Und das Gefühl der Vergeb-

lichkeit, dem wir beständig ausgesetzt gewesen sind, erinnert stark an die berühmten Schwierigkeiten, an denen Wittgenstein sich in seinem Traktat abarbeitete: Wie können wir das Verhältnis zwischen Sprache und demjenigen, worüber sie aussagt, zur Sprache bringen? Wenn ›über etwas‹ ein Verhältnis ist, können wir es nur in sprachlichen Ausdruck bringen, indem wir seine Momente in Sprachform setzen, und dies zerstört das Verhältnis zwischen Sprache und *Welt* überhaupt. Beziehung ist nicht selbst Teil der Sprache, aber Teile der Sprache konstituieren eines der Glieder des Beziehungsverhältnisses. Ganz ähnlich ist die Behauptung eines Satzes nicht Teil des behaupteten Satzes. Der Pragmatismus und ebenso der Phänomenalismus stellen den Versuch dar, die gesamte Realität in der Erfahrung oder in Sprache aufgehen zu lassen. Was wir als beständige Frustration erlebt haben, ist in der Tat die Beschränkung auf ein derartiges Programm. In dieser Hinsicht könnte man, so seltsam das klingen mag, so weit gehen, zu behaupten, daß, alles in allem genommen, Zeitformen nicht Teil der Sätze sind, die wir aufstellen. Man könnte sie vielmehr als Aussageweisen betrachten, in denen zum Ausdruck gebracht wird, daß ein Satz wahr ist, wahr gewesen ist oder wahr sein wird. Und das wäre beinahe so, als würde man sagen, daß die Wahrheit eines Satzes nicht Teil des Satzes selbst ist. Aber die Schwierigkeit ist hier, daß in den Ausdrücken ›ist wahr‹, ›ist wahr gewesen‹ und ›wird wahr sein‹ die Zeitformen wiederkehren. Ihre Analyse ist also nach wie vor nicht geleistet: Ein Existentialist würde sagen, daß sie die Weise registrieren, in der wir in der Welt – der Zeit – sind.

Bleibt noch ein weiterer Punkt. Im Gefolge dieser Erörterung habe ich stillschweigend die Identifizierung von Bedeutung und Verifizierbarkeit unbefragt gelassen und darauf verwiesen, daß unser Verstehen eines Satzes vielleicht teilweise mit unserem Wissen darüber zu tun habe, welche Erfahrungen den Satz verifizieren könnten. Ayer erklärt, daß ein Satz über ein Ereignis, wenn und insofern er im Prinzip zu dem

Zeitpunkt verifiziert werden kann, in dem dieses sich ereignet, immer verifizierbar bleibe. Das aber legt den Gedanken nahe, daß Sätze über die Vergangenheit von einer Art sein müssen, die es gestattet, daß das in Frage stehende Ereignis von jemandem, der es bezeugt, verifiziert werden könnte. Und dies, so fürchte ich, ist wohl ein etwas zu weit gehendes Zugeständnis. Denn viele, und vielleicht sogar die Mehrzahl der wichtigsten Arten von Sätzen, die in historischen Schriften begegnen, liefern Beschreibungen dieser Ereignisse in einer Art und Weise, die es unmöglich erscheinen läßt, daß diese Ereignisse so und nicht anders bezeugt worden sind. Petrarcas Bruder wurde Zeuge, wie dieser den Mont Ventoux bestieg. Historiker könnten sagen, daß er mit der Besteigung des Ventoux die Renaissance eröffnet habe. Doch sein Bruder kann nicht Zeuge geworden sein, wie Petrarca die Renaissance eröffnete. Er kann das Ereignis schwerlich unter dem Aspekt dieser Beschreibung gesehen haben, und dies nicht etwa, weil seine Wahrnehmungsfähigkeit mangelhaft gewesen wäre, sondern einfach deswegen, weil er eine derartige Beschreibung zu jenem Zeitpunkt gar nicht verstanden haben würde. Nicht solange er nicht wissen konnte, was in Zukunft alles geschehen würde, und ferner, was die Historiker später über die Bedeutung dessen zu berichten haben würden, was er gesehen hatte. Welche Erfahrungen konnten ihm zu jenem Zeitpunkt den Satz verifizieren: »Petrarca eröffnet die Renaissance«? Ich möchte keine Mutmaßung wagen. Ich würde statt dessen sagen, daß ein solcher Satz, wie sinnvoll auch immer er heute, in der angemessenen Vergangenheitsform, anmuten mag, damals, als das Ereignis, auf das er sich bezieht, geschah, nahezu sinnlos gewesen wäre. Denn genau genommen *gibt* es keine Erfahrungen, die jenen Satz verifizieren, wenn wir hier unter Verifizierung verstehen, daß erfahren werde, worüber der Satz etwas aussagt, nach Maßgabe der Beschreibung dieses Etwas, die durch diesen Satz gegeben wird. Verifizierbarkeit ist folglich, soweit historische Sätze in Betracht kommen, kein adäquates Sinnkriterium.

Die philosophische Bedeutung derartiger Sätze ist demnach folgende. Wenn es wahre Beschreibungen von Ereignissen gibt, die so, wie sie beschrieben werden, nicht bezeugt werden können, dann hat hinsichtlich dieser Klasse von Beschreibungen unser Unvermögen, Zeugen jener Ereignisse zu werden, keinerlei Tragweite. Denn selbst einmal angenommen, wir könnten sie bezeugen, so würden wir sie dennoch nach Maßgabe *dieser* Beschreibungen nicht verifizieren können. Die *allgemeine* Analyse von Sätzen über die Vergangenheit ist mithin kaum erst angeschnitten worden.

V. Temporale Sprache und temporaler Skeptizismus

Sollte jemand es vorziehen, Sätzen über die Vergangenheit mit Skepsis zu begegnen, dann ließe er sich schwerlich durch die Überlegung in seiner Haltung erschüttern, daß solche Sätze im Prinzip sinnvoll oder verifizierbar sind. Daß sie sinnvoll seien, wird er kurzerhand zugeben können, insoweit dies zugleich Bedingung der Vernünftigkeit seiner eigenen Position ist. Sätze aus dem Bereich der Fiktion sind zudem, selbst wenn sie falsch sind, dennoch sinnvoll, und die Sätze, aus denen ein historischer Roman zusammengesetzt ist, lassen sich ohne Zwang denjenigen vergleichen, die ein Werk echter Geschichtsschreibung ausmachen. Dem Skeptiker geht es vielmehr darum, unsere Unterscheidung zwischen jenen zwei Klassen von Sätzen hinfällig zu machen. Man denke sich jemanden, der Geschichtsbücher und historische Romane – oder jede beliebige andere Art Roman – durcheinandermischt und uns sodann auffordert, sie unter Zuhilfenahme von Kriterien wieder zu sondern, die jenen Büchern selbst zu entnehmen wären oder den Sätzen, aus denen sie sich zusammenfügen. Die bloße Etikettierung ›Geschichtsbuch‹ wird hier nicht helfen, ebensowenig wie das Erscheinen des Wortes ›Geschichte‹ auf dem Titelblatt. Ein Romancier mag sich in einem Schlüsselroman des hergebrachten Dementis bedienen, daß alle auftretenden Personen nur erfunden seien und Ähnlichkeiten ihrer Verhältnisse mit denjenigen wirklicher Personen rein zufällig seien. Oder ein Romancier könnte schreiben: »Alles, was ich jetzt niederschreiben werde, ist die reine Wahrheit, so wahr mir Gott helfe!« Dabei könnte gerade das erste Buch die lautere Wahrheit sein, das letztere hingegen pure Phantasie. Oder ein Mann könnte aus seiner wildbewegten Einbildung heraus ein tolles Machwerk zusammenschreiben und in der Folgezeit zu seinem Entsetzen die Entdeckung machen, daß das, was er geschrieben, absolute Wahrheit ist.

Wir sprechen von Dingen, die sich bewahrheiten können. Doch wir können ebenso leicht von Dingen sprechen, die wahr geworden *sind,* von solchen Ereignissen nämlich, die geschehen, bevor die Aussagen, die jene schildern, gemacht worden sind, wobei also derjenige, der die Aussage machte, keine Ahnung davon hatte, daß dasjenige, was er sagte, Wahrheit gewesen ist. Es ist indessen nicht die Erfindung, die sich als wahr erweist, was den Skeptiker eigentlich beschäftigt, sondern vielmehr die Geschichte (oder was als Geschichte gilt), die sich als falsch erweist. Er ist darauf vorbereitet, uns entgegenzuhalten, daß wir nicht zu sagen vermöchten, ob es sich so verhalte oder nicht. Wir können schwerlich die durcheinandergewürfelten Bücher unter Zuhilfenahme eines Kriteriums sortieren, das ähnlich dem von Hume applizierten wäre, als er versuchte, Erinnerungen von Vorstellungsbildern zu unterscheiden. Denn Romane sind im ganzen gesehen weitaus lebendiger als historische Arbeiten. Kurzum, das quasi-ästhetische Kriterium der relativen Farb- und Leblosigkeit scheint irgendwie unzureichend, die Wahrheit von Geschichten zu bekunden.

Tatsache ist natürlich, daß wir – besondere Beispielfälle beiseite gelassen (und diese sind vornehmlich für Logiker von Interesse) – nicht wahre von falschen Sätzen einfach dadurch unterscheiden können, daß wir sozusagen die Oberfläche des Satzes in Augenschein nehmen. Denn Wahrheit hat zu tun mit einem Verhältnis zwischen Sätzen und ihrer Beziehung auf das, worüber sie etwas aussagen. Der Skeptiker, der von der Vorstellung ausgeht, daß man unbedingt und unabhängig Zugang zu demjenigen haben müsse, worüber Sätze etwas aussagen, und sodann bei näherer Prüfung zusieht, ob die Sätze wahr sind, wird einwenden, daß wir nicht den geforderten Zugang zu demjenigen hätten, was historische Sätze beinhalten, um bestimmen zu können, ob diese nun wahr sind oder nicht. Also können wir darüber nichts wissen. Es ist nun allerdings wahr, daß uns Beweise vorliegen und wir auf ihrer Grundlage Schlußfolgerungen hinsichtlich des Vergangenen ziehen. Doch der Skeptiker, der wiederum Prüfung, Kontrolle, Untersuchung zur Richtschnur nimmt, wird dem entgegenhalten, daß wir kein Mittel besäßen, endgültig klarzustellen, ob unsere Schlußfolgerungen in Verbindung zu den Tatsachen stehen. Also können wir auch hier nichts wissen. In Anbetracht dieser Fragen ergeben sich kaum Sinnprobleme: wenngleich der Pragmatismus und in gewisser Weise auch der Phänomenalismus als Versuche gedeutet werden können, einen Skeptizismus dieser Art (und anderer Spielarten) zu umgehen. Widerlegen wir *jene*, so müssen wir notgedrungen einen Frontalangriff gegen den Skeptiker vortragen.

Ganz gewiß kann sich der Skeptiker nicht auf den Umstand berufen, daß wir in einer gewissen zeitlichen Distanz zu einem Ereignis stehen, wenn er seine Einwände gegen uns geltend macht. Er kann zum Beispiel nicht sagen, wir könnten nicht wissen, daß *E* geschehen sei, *weil E* vergangen ist. Denn wir können unsererseits nicht behaupten, daß *E* vergangen sei, ohne gerade dasjenige vorauszusetzen, was offensichtlich in Frage gestellt wird. Wenn unsere kurz zuvor angestellten Überlegungen ein Resultat erbracht haben, so war es dies, daß ein in der Zeitform stehender Satz die Wahrheit eines entsprechenden unzeitförmigen Satzes voraussetze. Zu erklären, daß *E* vergangen sei, bedeutet dann bereits, die Wahrheit eines Satzes vorauszusetzen, und zwar derart, daß das Ereignis *E* (ohne Zeitform) zu einem Zeitpunkt *t* stattfindet, und daß *t* früher liegt als der gegenwärtige Augenblick. Doch wenn wir zugestehen, daß *E* geschehen ist, was kann dann darüber hinaus der Skeptiker noch verlangen? Wir können nicht gleichzeitig feststellen, daß *E* vergangen ist und daß wir nichts über *E* wissen. Denn wir wissen schließlich, daß *E* vergangen ist. Nur soviel zu sagen, geht bereits über dasjenige hinaus, was ein Skeptiker an Zugeständnissen machen dürfte. Auf die Gründe hinzuweisen, warum wir *E* (weil es vergangen ist) nicht untersuchen, prüfen können, ist gleichbedeutend damit, daß wir die Wahrheit mindestens eines Satzes über die Vergangenheit für gesichert ansehen, nämlich daß *E* bereits geschehen ist und nicht bezeugt werden kann. Doch wenn wir uns schon soviel Freiheit einräumen, dann ist es offensichtlich, daß einige Aussagen über die Vergangenheit gemacht werden können, selbst wenn wir nicht bezeugen können, worüber sie etwas vermitteln. Worauf also soll man so nachdrücklich insistieren? Überlegungen wie die soeben angestellten legen den Gedanken nahe, daß ein Skeptizismus hinsichtlich der Vergangenheit, der genau jene Art von Tatsachen voraussetzt, von denen er behauptet, daß über sie keine Gewißheit einzuholen sei, nur ein Skeptizismus von geringem philosophischen Interesse sein kann. Insbesondere gilt dies im Hinblick auf die im letzten Abschnitt des vorigen Kapitels gemachten Überlegungen, daß nämlich einige der wichtigen Beschreibungen, die wir von vergangenen Ereignissen geben, derart sind, daß wir diesen Beschreibungen gemäß ohnehin nicht jene Ereignisse *prüfen* könnten, die ihren Inhalt ausmachen.

Der Skeptizismus läßt die Regeln der Bedeutung in unserer Sprache unangetastet und greift statt dessen die Regeln der Beziehung an. Er sagt nicht, daß es Dinge gebe, über die wir nichts wissen, sondern fragt vielmehr, ob es überhaupt etwas *gibt,* worüber wir vorgeblich Aussagen machen, oder ob wir eine Weise kennen, uns Gewißheit darüber zu verschaffen, daß es dieses Etwas gibt. Der Skeptizismus leitet seine Macht aus der Tatsache ab, daß er die Erfahrung so beläßt, wie er sie gerade vorfindet, wobei er nichts verändert, sondern lediglich fragt, ob die Erfahrung selbst sich überhaupt auf irgendetwas beziehe. Und weil das, worauf Erfahrung (oder Sprache) bezogen werden soll, nicht selbst *Teil* der Erfahrung (oder Sprache) ist, bleibt Erfahrung (oder Sprache) unangetastet. Ein Skeptizismus, der auf die Vergangenheit gerichtet ist, würde alles so belassen müssen, wie es ist, müßte all jene Techniken zur Gewinnung historischer Aussagen unverändert gelten lassen und Fragen stellen, die nur unterhalb des Geltungsbereiches dieser Techniken relevant sind, er würde diese Techniken also, was die Beantwortung jener Fragen angeht, überhaupt nicht treffen können. Und da es uns nur vermittels dieser Techniken gelingt, Fragen über die Vergangenheit zu beantworten, können diese skeptischen Fragen hinsichtlich der Vergangenheit gar nicht beantwortet werden. Das heißt allerdings nicht, daß der Skeptizismus unangreifbar wäre, aber es bedeutet, daß über den Skeptizismus, soweit er Geschichte in Frage stellt, nicht durch die Geschichte selbst entschieden werden kann. Nichtsdestoweniger deckt der Skeptizismus einiges über die Geschichte auf, wenn auch vielleicht nicht mehr als nur eine Grenze, und die Philosophie – die es schließlich mit Grenzen zu tun hat – kann ihn mit vollem Recht einer Prüfung unterziehen.

Das Argument, daß die Welt, nach allem, was wir wissen oder wissen können, gerade erst vor fünf Minuten *ex nihilo* geschaffen sein könnte, wirft für uns eine grundsätzliche Frage auf, die Frage nämlich, welchen möglichen Unterschied es denn wohl für uns bedeuten würde, daß es vor jenem Zeitpunkt tatsächlich etwas gegeben haben könnte. Denn das Argument unterstellt, daß die Dinge genauso wären, wie sie eben sind, und daß wir uns genauso verhalten würden, wie wir es tun, wenngleich diese Welt selbst, in der unsere Handlungen vollzogen werden, gerade erst fünf Minuten alt ist. Wir könnten dann zum Beispiel über das gesamte Potential unserer Erinnerungen verfügen, mit dem wir tatsächlich ausgestattet sind, obgleich die meisten unserer Erinnerungen, ja sogar *alle* unsere Erinnerungen, die vorgeben, sich auf Ereignisse zu beziehen, die vor mehr als fünf Minuten stattgefunden haben, *falsch* wären.[1] Die Ereignisse, die wir zu erinnern scheinen, haben dann eben niemals stattgefunden. Da dies aber unsere Erinnerungen sind und von uns als solche aufgefaßt werden, welchen Unterschied würde es da schon machen, wenn sie tatsächlich alle falsch wären? Wiederum verhielte es sich so, daß wir dennoch dieselben Personen als unsere Eltern betrachten würden, die wir jetzt als unsere Eltern anzusehen gewohnt sind, obgleich streng genommen jeder Mensch auf der Welt, ausgenommen wenige Neugeborene, genau gleichaltrig mit seinen Mitmenschen wäre. Stilistische Unterschiede würde es in den uns umgebenden Artefakten noch immer geben, obgleich Carcassonne und Delphi nicht älter wären als Levittown, die meroïtischen Schrifttafeln nicht älter als die Demoiselles d'Avignon. Das Gestein enthielte Fossilien, Bronzen trügen die Patina längstvergangener Zeiten, es gäbe verschlissenes Schuhwerk und zerbrochene Töpfe: »Zeichen der Vergangenheit« fänden sich allenthalben: auf Banketten hätten Festredner ihre Ansprache gerade zur Hälfte hinter sich gebracht, und die Zuhörer würden genauso ermüdet sein, als hätten sie seit Stunden zugehört. Und vornehmlich die Historiker würden ihrem Geschäft nachgehen: in irgendeinem fünf Minuten alten Archiv würden fünf Minuten alte Historiker fünf Minuten alte Dokumente sorgfältig durchgehen und Schlußfolgerungen aus Ereignissen ziehen, die sich niemals zugetragen haben. Es gibt, oder vielmehr: es gab, keine Vergangenheit, aus der ihre Schlußfolgerungen sich herleiten könnten. Dennoch bleibt ihr Verhalten von diesem Umstand völlig unberührt, denn sie *nehmen an,* daß es eine Vergangenheit gegeben hat. Doch wenn ihre Annahme falsch ist und trotzdem nichts, was sie tun, von dieser Tatsache berührt wird, wessen bedarf es für uns dann, damit der Begriff von einer wirklichen Vergangenheit sinnvoll ist? Welchen Unterschied macht es, ob es sie gegeben hat oder nicht? Wir haben die Situation so beschrieben, daß es hier absolut keinen Unterschied gibt.

Es gibt beispielsweise auch insofern keinen Unterschied, als wir mit Menschen verkehren, bei denen wir das Gefühl haben, als kennten wir sie bereits seit langem, die wir jedoch in Wirklichkeit nie vorher gesehen haben: Der Mann kehrt aus dem Büro heim zu seiner Frau, die er ›diesen Morgen‹ verlassen hat, doch sie hat keine Schwierigkeit, ihn wiederzuerkennen. Wie H. H. Price schreibt:

> »Worauf es ankommt…, ist nicht, was meine Vergangenheit wirklich gewesen ist oder, ob ich überhaupt eine gehabt habe; es

sind lediglich die Erinnerungen, die ich hier und jetzt habe, was zählt, seien sie nun wahr oder falsch. Ich nehme hier und jetzt etwas wahr, das rot ist. Nehmen wir einmal an, daß ich tatsächlich nie vorher etwas Rotes gesehen habe. Doch was macht das schon? Ich habe noch immer meine sämtlichen Erinnerungen, wie irrtümlich sie im einzelnen auch sein mögen. Unter diesen befinden sich Erinnerungen an rote Gegenstände, und das genügt mir, diesen einen zu erkennen.«2

Man stelle sich in diesem Kontext Denkmaschinen vor. In diesen sind ›Erinnerungen‹ gespeichert, die die Grundlage dafür abgeben, daß die Maschine in der Lage ist, gewisse Aufgaben auszuführen. Sobald diese Aufgaben bewältigt sind, wird das Gedächtnis-Muster gelöscht und neue Erinnerungen können in die Maschine gefüttert werden. Die Maschine hat selbst niemals Erfahrungen davon gehabt, worauf diese Erinnerungen sich beziehen, doch vom pragmatischen Gesichtspunkt her gesehen macht dies überhaupt keinen Unterschied. Sie gebraucht ihre Erinnerungen in genau derselben Weise, ob sie nun wahr sind oder falsch. Nehmen wir das vorliegende Argument, dann könnten wir uns vorstellen, daß die Welt vor fünf Minuten geschaffen worden und mit Erinnerungen oder Dingen gespeichert sei, die eine Funktion erfüllen, die derjenigen von Erinnerungen sehr ähnlich ist. So gäbe es in ihr beispielsweise Bibliotheken. Darin befänden sich Gibbon-Ausgaben mit Fußnoten, die sich auf andere Bücher beziehen, die ebenfalls in Bibliotheken vorhanden wären. Wir könnten also Gibbon überprüfen, Nicht-Übereinstimmendes tilgen, den Vorschlag machen, ein Ereignis anders als Gibbon und unter Berücksichtigung weiterer, von ihm nicht zitierter Dokumente zu rekonstruieren usf. Wir gehen dabei genauso vor, wie wir es getan hätten, wenn es wirklich ein römisches Imperium, das seinen Aufstieg und endlich seinen Fall zur Zeit des Rienzi erlebte, gegeben hätte. Doch es *hat* kein solches Imperium gegeben. Nichtsdestoweniger wird die Arbeit weitergeführt.

Die Unterscheidung zwischen Erinnerung und Phantasie hat

ihre Parallele in derjenigen zwischen Geschichte und literarischer Fiktion. Doch in einer Welt, wie die es ist, deren Möglichkeit wir hier erörtern (die sehr leicht auch gerade *unsere Welt* sein könnte), würden diese Unterscheidungen in der Hauptsache jeder Grundlage entbehren. Ihnen selbst am wenigsten bewußt, würden unsere Historiker in mühevoller Weise literarische Fiktion schreiben. Nichtsdestoweniger würden wir noch immer zwischen Historiographie und Roman gleichermaßen wie zwischen Erinnerung und Phantasie unterscheiden, genauso wie wir es in Wirklichkeit tun. Ein Kind mag behaupten, es erinnere sich, gestern einen Bären gesehen zu haben, und seine Mutter erzählt ihm, daß es sich nur einbilde, einen Bären gesehen zu haben. Vielleicht vermag sie es zu überzeugen. Wenn aber die Welt erst fünf Minuten alt ist, dann reicht auch ihre Erinnerung nicht weiter zurück als die seine. Was uns veranlassen könnte zu sagen, daß sie sich erinnere, während das Kind sich nur etwas eingebildet habe, mag daran liegen, daß ihre Behauptung mit den verfügbaren ›Beweisen‹ zusammenstimme, was für die seine nicht gelte. In ihrer Darstellung stimmen die Dinge überein, in der seinen dagegen nicht. Man könnte sodann erklären, daß es dieses Zusammenstimmen sei, das uns unser Wahrheitskriterium liefere: Dinge, die nicht mit unseren Annahmen zu vereinbaren sind, würden wir demgemäß für falsch ansehen. Doch es könnte nun jemand erwidern: Genau *dies* ist die Weise, in der wir auch wirklich vorgehen. Indem wir nämlich Dinge zusammenfügen, wobei wir solche Aussagen akzeptieren, die mit demjenigen kohärent sind, was vorgängig akzeptiert worden ist, und jene zurückweisen, für welche dies nicht gilt. Wenn wir dies zugeben, wie natürlich ist es dann, jetzt zu sagen: Aussagen, die angeblich Vergangenes zum Inhalt haben, sind, was ihre kognitive Bedeutung angeht, wirklich nur Regeln für die Vorhersage des Ergebnisses historischer Forschungsarbeit. Wir akzeptieren oder verwerfen historiographische Sätze gemäß ihrer Eignung, uns Anleitung zum Aufspüren weiterer Beweise zu geben. Sie versetzen uns in die

Lage, dasjenige zu organisieren, was wir in der gegenwärtigen Welt vorfinden: Ein Dokument führt uns vom Kolosseum, das uns jetzt durch Erfahrung erlebbar ist, auf den Palazzo Farnese, der uns gleichermaßen durch Erfahrung zugänglich ist: Und hier finden wir die Steine, die dem ersteren fehlen. Die Aussage: »Die Familie Farnese verwendete beim Bau ihres Palastes Steine vom Kolosseum«, dient uns dazu, die beiden Steinhaufen zu organisieren. Gewiß kommt es hier nicht in Betracht, diese Aussage mit demjenigen zu vergleichen, *worauf* sie sich scheinbar bezieht. Es macht mithin keinen Unterschied, ob es etwas gegeben hat oder nicht, auf das sie bezogen werden kann. Beide Möglichkeiten sind mit der Ausführung historischer Forschungsarbeit vereinbar. Wir finden die fehlenden Steine. Doch die Welt wurde vielleicht erst vor fünf Minuten erschaffen, mit gewissen Steinen im Mauerwerk des Palazzo Farnese, die mit gewissen Lücken im Kolosseum kongruent sind.

Genau dies ist es, was ich so beunruhigend finde an diesem absonderlichen Argument, daß die Welt vor erst fünf Minuten gemacht worden sein könnte und dennoch vollständig intakt wäre, eine Welt, in der alles genauso wäre, wie es ist, genauso, wie es gewesen wäre, hätte die Welt das Alter, das wir ihr glauben zuschreiben zu können. Es ist nicht einfach so, daß ich beunruhigt wäre, wenn es keinen Weg gäbe, das Falsche einer derartigen Annahme zu beweisen. Es ist vielmehr dies, daß es einen derart geringen Unterschied zu machen scheint, ob sie falsch ist oder nicht. Dann aber muß auch ihre Einschätzung als bedrohliche Herausforderung viel weniger gewichtig erscheinen, als man naturgemäß denken möchte. Wenn diese Annahme pauschal fallengelassen werden kann und alles unverändert so bleibt, wie es war, dann kann es sich hierbei schwerlich um eine Konstruktion handeln, die in unserem allgemeinen Vorstellungs- und Begriffsschema irgendeine bedeutsame Rolle zu spielen vermöchte. Und wenn das skeptische Argument hier kein anderes Ergebnis zeitigt, als eben dies darzutun, dann hat es schon eine ganze Menge bewiesen. Denn schließlich ist es von einigem Belang, bewiesen zu haben, daß eine Annahme, die bislang für einigermaßen wichtig gehalten wurde, tatsächlich von weniger als nebensächlicher Bedeutung ist. Ich will damit natürlich nicht behaupten, daß es hier keinerlei *psychologische* Unterschiede geben könnte. Einiges, so empfindet man deutlich, würde sehr wohl aus einem Leben schwinden, in dem die Menschen Ernst mit der Annahme machen, daß es keine Vergangenheit gibt. Es läge vermutlich wenig Sinn darin, wenn Historiker mit ihrer Arbeit fortführen wie bisher, Beweise herausfilterten etc., wenn ihren Aussagen, zu denen sie schließlich gelangen, nichts entsprechen würde. Ebensowenig wärc es sehr sinnvoll, Anklagen gegen Personen zu erheben, wenn die Verbrechen, derer man sie beschuldigt, gar nicht verübt worden sein können, derer man sie also in Wirklichkeit gar nicht beschuldigen kann, selbst wenn alles so ›zusammenpaßt‹, daß wir sie, *wenn* es eine Vergangenheit gäbe, für schuldig befinden würden. Es gäbe vielleicht sogar ganz gewaltige psychologische Unterschiede. Doch hier, so könnte ein Skeptiker einhaken, liege ein weiteres Beispiel dafür vor, wieviel Gewicht vom Menschen solchen Dingen beigemessen werden kann, die sich am Ende, ›nach allem, was sie wissen können‹, als bloße Fiktion erweisen mögen. Wie beispielsweise ihr Glaube an einen Gott.

Jenes Argument mag für unser Leben zwar keinen Unterschied machen, doch es hat etwas Sonderbares an sich, und wenn wir das Eigentümliche namhaft machen könnten, wodurch es uns so seltsam erscheint, wären wir vielleicht imstande, zu erkennen, was daran falsch ist. Ein Weg, in dieser Richtung einen Anfang zu machen, wäre es – weil man hier schon einen recht deftigen Kontrast aufbieten muß –, die entgegengesetzte Annahme in Erwägung zu ziehen: daß die Welt innerhalb einer Frist von fünf Minuten *vernichtet* werden könnte. Das erste, was uns dabei auffällt, ist, daß diese Annahme in keiner erkennbaren Weise als eine *skeptische* gewertet werden kann: daß es keine Zukunft geben werde, scheint nicht Sätzen wie jenem vergleichbar zu sein, daß es keine Vergangenheit gegeben habe, oder daß es keine Welt ›außer uns‹ gebe, oder daß es vielleicht kein anderes Bewußtsein außer uns gibt. Warum das abrupte Verschwinden der Welt in einer Weise faßbar erscheint, wie es für ihr abruptes Erscheinen nicht gilt, ist vielleicht nicht ganz so leicht zu erklären, doch erscheint diese Annahme, wenn sie gleich pessimistisch ist, uns dennoch nicht skeptisch, und sie ist zudem eine solche, mit der zu leben wir inzwischen beinahe schon gelernt haben. Und einer der Gründe dafür, warum sie philosophisch nicht beunruhigend erscheint, mag darin zu suchen sein, daß sie, ganz im Gegensatz zu der ihr genau entgegengesetzten Annahme, nicht mit unserem begrifflichen Bezugssystem in Konflikt gerät – eine Aussage ›über‹ die Zukunft scheint sich nicht in genau der gleichen Weise zu beziehen wie eine Aussage über Vergangenheit oder Gegenwart –, noch in der gleichen Weise mit dem umgangssprachlichen Gebrauch gewöhnlicher Zeitwörter kollidiert. Es hätte beispielsweise etwas Sonderbares, anzunehmen, daß alle Menschen auf der Welt – ausgenommen die wenigen Neugeborenen – genau gleichaltrig wären, nämlich fünf Minuten alt, daß die meisten der uns umgebenden Dinge nur dieselbe kurze Zeitspanne existiert haben sollen. Demgegenüber liegt nichts entsprechend Seltsames in der Annahme, daß jedes Individuum, ganz gleich wie jung oder alt es auch sein mag, nur noch genau fünf Minuten zu leben habe (ausgenommen einige wenige, die womöglich etwas früher sterben): Der heiße Lavastrom von Pompeji riß unterschiedslos Jung und Alt in den Tod. Es ist zudem nicht annähernd so sonderbar, sich vorzustellen, daß Levittown und Carcassonne binnen fünf Minuten vom jetzigen Augenblick gerechnet untergehen werden, daß jede Stadt nur dieselbe Zeitspanne überdauern wird, wie die Annahme zu machen, daß jede Stadt über dieselbe Zeitspanne bestanden *hat*, also seit nicht mehr und nicht weniger als fünf Minuten. Ebenso ist sehr leicht vorstellbar, daß niemand, ausgenommen die wenigen Leute, die glücklich genug sind, daß ihnen innerhalb der nächsten Augenblicke noch Kinder geboren werden, eine Nachkommenschaft haben wird, während es nur schwer vorzustellen ist, daß niemand, es sei denn, er wäre innerhalb der vergangenen letzten Augenblicke geboren, irgendwelche Vorfahren hat. Es gibt, zumindest im Normalfall, nichts, was dieselbe Art der Beziehung zu zukünftigen Ereignissen hätte, die die Erinnerung zu vergangenen Ereignissen hat, man denke dabei zum Beispiel an Vorahnungen oder Vorhersagen. Doch während es nicht im mindesten seltsam erscheint (vor allem wohl deshalb, weil Behauptungen darüber, was man vorherzusehen vorgibt, an sich schon befremdlich anmuten würden), sich vorzustellen, daß all die für einen Zeitpunkt nach Ablauf von fünf Minuten vorhergesehenen Ereignisse in Wirklichkeit gar nicht stattfinden werden, muß es demgegenüber doch sehr sonderbar erscheinen, sich vorzustellen, daß keines der Ereignisse, die vor mehr als fünf Minuten stattgefunden zu haben man sich erinnert, in Wirklichkeit je geschehen sein sollte. Und schließlich ist es keineswegs befremdlich, all jene Bücher für falsch zu halten, die die Geschichte der nächsten hundert Jahre niedergeschrieben zu haben vorgeben, zunächst schon einmal deswegen, weil es wenige solcher Bücher oder überhaupt keines dergleichen gibt, und es läge wohl in der Natur der Sache, zu erwarten, daß sie falsch sein müssen. Doch es ist allerdings sonderbar, anzunehmen, daß alle Bücher, die die Geschichte der letzten hundert Jahre nachzuerzählen beanspruchen, falsch sein sollten, denn es gibt viele derartige Bücher, und es läge in der Natur der Sache, zu erwarten, daß sie wahr sind.

Man könnte unablässig damit fortfahren, Asymmetrien und Dissonanzen herzuzählen, doch es ist offenbar klar, daß die Möglichkeit der Nicht-Zukunft keine der begrifflichen Revisionen erforderlich zu machen scheint, zu denen uns die Möglichkeit einer Nicht-Vergangenheit zwingen mußte. Ich will damit nicht behaupten, daß wir gänzlich unberührt davon blieben, wenn wir die erstgenannte wirklich *ernstnähmen*. Es wäre ein grausamer Schlag für liebevoll gehegte Hoffnungen, Pläne, ehrgeiziges Streben, Projekte. Sie würde uns nicht weniger schrecken als die Aussicht auf einen plötzlichen Tod. Wir sind, glaube ich, nur selten und kaum mit demselben lebhaften Interesse von dem Umstand berührt, daß es eine Zeit gegeben hat, als wir noch nicht existierten, wie wir es von der Tatsache sind, daß es eine Zeit geben wird, in der wir nicht mehr existieren werden. Ich wäre entsetzt, wenn mir jemand erzählen würde, daß ich nur noch fünf Minuten zu leben hätte, jedoch nur milde verwundert, wenn man mir auseinandersetzte, daß ich erst seit fünf Minuten gelebt hätte. Es forderte mich zwar intellektuell heraus, nicht jedoch praktisch. Vom praktischen Gesichtspunkt aus könnte ich in der Tat sagen: Welchen Unterschied macht es denn schon? Die entsprechende Annahme über die Zukunft beunruhigt mich praktisch, nicht aber intellektuell. Ich müßte schon sehr stoisch sein, wenn ich sagen wollte: Welchen Unterschied macht es denn schon? Es ist schwer zu akzeptieren, aber leicht zu glauben. Das Gegenstück hierzu wiederum ist leicht zu akzeptieren, jedoch aus Gründen, die noch nicht ganz klar sind, nur schwer zu glauben.

Nun ist es allerdings nicht hinreichend, die Tatsache nur eben zu registrieren, daß gewisse Annahmen absonderlich sind, daß sie zu jenen Arten von vorstellungsmäßigen und konzeptuellen Spannungen führen, die aufzuzeigen wir imstande waren, indem wir nachweisen konnten, daß entsprechende Spannungen bei einer symmetrisch entgegengesetzten Annahme nicht auftreten. Man bedarf dafür irgendeiner Art der Erklärung, und es scheint mir nicht allzu schwer zu sein, zumindest in groben Zügen die Tatsache verständlich zu machen, daß wir fähig sind, die Annahme von einer Nicht-Zukunft unseren gewohnheitsmäßigen Denk- und Sprachgepflogenheiten anzupassen, und warum wir mit intellektuellem Gleichmut die Vorstellung ertragen können, daß die Welt und unsere gesamte auf sie bezogene Sichtweise genau dieselbe bliebe, wenngleich nur fünf Minuten vom jetzigen Augenblick gerechnet die ganze Welt aufhören würde, zu sein. Zunächst verhält es sich deshalb so, weil der Zukunft keine Wirkung auf die Gegenwart eingeräumt wird, und da die Gegenwart nicht ursächlich von der Zukunft abhängig ist, insoweit Wirkungen ihren Ursachen in der Zeit nicht vorhergehen können. Wenn wir demgegenüber kausale Terme überhaupt zur Anwendung bringen wollen, müssen wir zugestehen, daß die Gegenwart sehr wohl Wirkung der Vergangenheit ist. Nun werden diese Tatsachen, sofern es sich hier um Tatsachen handelt, immerhin nach der allgemeinen Auffassung für stichhaltig angesehen, und sicher spiegeln sie sich auch in unserer Sprache wider, die wir zur Beschreibung der Welt gebrauchen. Schon der Gebrauch gewisser Begriffe und gewisser Ausdrucksweisen zur Darstellung von Objekten involviert *logisch* das Herstellen einer Beziehung zu gewissen vergangenen Objekten und Ereignissen, die *kausal* auf das Objekt bezogen sind, auf welches der Begriff oder Ausdruck angewendet wird. Oder besser, nehmen wir eine Trennung der Ausdrücke und Begriffe unserer Sprache in drei Klassen vor, deren Einzelglieder gewöhnlich auf gegenwärtige Objekte und Ereignisse anwendbar sind: (a) vergangenheits-bezogene Begriffe; (b) tempus-neutrale Begriffe; und (c) zukunfts-bezogene Begriffe. Für unseren gegenwärtigen Zweck kann ich die Erörterung auf (a) und (b) beschränken.

Mit einem vergangenheits-bezogenen Begriff meine ich hier einen solchen, dessen richtige Anwendung auf ein gegenwärtiges Objekt oder Ereignis *logisch* eine Beziehung zu irgendeinem zeitlich früheren Objekt oder Ereignis einschließt, das in einem kausalen Verhältnis zu dem Objekt stehen kann oder auch nicht, auf welches der Begriff zur Anwendung kommt. Ich werde die Erörterung wiederum auf kausal miteinander im Verhältnis stehende Objekte und Ereignisse beschränken, auf die man sich durch vergangenheitsbezogene Begriffe bezieht. Ein tempus-neutraler Begriff stellt, wenn er auf ein gegenwärtiges Objekt bezogen wird, kein Verhältnis zu zeitlich früheren Objekten oder Ereignissen her. Stellen wir uns in diesem Zusammenhang einmal drei verschiedene Objekte,

O-1, O-2 und O-3 vor, festgehalten in den tempus-neutralen Beschreibungen »ist ein Mann«, »ist ein weißlich glänzendes Mal« und »ist ein zylindrisches, metallisches Objekt«. Die Kriterien, nach denen die jeweiligen Begriffe angewendet werden, sind spezifiziert im Hinblick auf gewisse manifeste Eigenschaften der drei Objekte, und zwar in dem Sinne, daß man durch einfache Nachprüfung imstande ist, anzugeben, ob jene Begriffe wirklich auf das in Frage stehende Objekt angewendet werden können. Nun stelle man sich die folgenden drei Beschreibungen, angewandt auf genau dieselben Objekte in genau der gleichen Reihenfolge, vor: »ist ein Vater«, »ist eine Narbe«, und »ist eine Kanone, die von Franz I. im Jahre 1544 nach der Schlacht von Cérisoles hier aufgestellt wurde«.

(1) Der Begriff ›Vater‹ ist zeitlich insofern doppeldeutig, als er in dem einen seiner Anwendungsfälle zeitlich neutral ist: Wir beziehen uns damit im wesentlichen auf soziologische Kriterien, wenn wir ihn auf Menschen anwenden. Dennoch ist dies nicht die hauptsächliche Verwendungsweise. Jemand mag in jenem tempus-neutralen Sinne ein Vater sein, und dennoch möchten wir gern wissen, ob er *wirklich* der Vater jenes Individuums ist, dem gegenüber er das sozial angemessene väterliche Verhalten an den Tag legt. Wie wir sehr wohl wissen, kann ein Mann im soziologischen Sinne *nicht* der Vater und nichtsdestoweniger Vater im ursprünglichen Sinne sein, wie etwa Talleyrand der Vater *von* Delacroix gewesen ist, wenngleich er im Verhältnis *zu* Delacroix nie die Rolle des Vaters gespielt hat. Vater im ursprünglichen Sinne zu sein erfordert, daß der betreffende ungefähr neun Monate vor der Geburt eines menschlichen Wesens die Mutter jenes Individuums schwängert. Hier natürlich wird das Wort ›Mutter‹ nicht in dem tempus-neutralen Sinne von ›jemandem Mutter sein‹ gebraucht, sondern in dem vergangenheits-bezogenen Sinne der Formulierung ›Mutter von‹, d. h. daß die so bezeichnete Frau wirklich das Wesen geboren hat, dessen Mutter sie ist, in der Weise etwa, in der Jokaste die Mutter

›von‹ Ödipus gewesen ist, jedoch niemals, oder jedenfalls nicht immer, sich zu Ödipus als Mutter verhalten hat. Jemanden korrekt, im ursprünglichen Sinne einen Vater zu nennen, schließt logisch die Beziehung auf ein zurückliegendes Ereignis ein, das in Übereinstimmung mit bekannten Prinzipien kausal mit der Gegenwart verbunden ist. Man kann nicht durch bloßen Augenschein sagen, ob O-1 Vater im ursprünglichen Sinne ist. Man kann natürlich auf der Grundlage anderer Eigenschaften von O-1, die man auf der Basis des bloßen Augenscheins ermittelt, ableiten, daß O-1 ein Vater ist.

(2) Das Prädikat ›ist eine Narbe‹ ist zeitlich nicht doppeldeutig. Wenn O-2 nicht durch eine Wunde verursacht würde, handelte es sich eben um keine Narbe. Es wäre lediglich narbenähnlich. Etwas korrekt als eine Narbe zu beschreiben, schließt folglich logisch die Rückbeziehung auf ein früheres Ereignis ein, das zu dem so beschriebenen Objekt offenkundig in einem kausalen Verhältnis steht. Wenn weißlich-glänzende Male spontan, wie Stigmata, am Körper aufträten, würde man sie als narben-ähnlich, nicht aber als Narben beschreiben. ›Narben-ähnlich‹ ist tempus-neutral, solange wir darunter eine *negative* Beziehung auf die Vergangenheit verstehen, d. h. also *nicht* von Verursachung durch eine Wunde sprechen. In diesem Sinne unterscheidet sich ›narben-ähnlich‹ von ›sich *als* Vater verhalten‹, insoweit, als im letzteren Falle keine Beziehung – weder positiv noch negativ – auf die Vergangenheit hergestellt wird. Derjenige, der sich *x* gegenüber väterlich zeigt, kann der Vater von *x* sein oder auch nicht.

(3) Die dritte Beschreibung stellt eine offensichtliche Beziehung zu einem vergangenen Ereignis her, und hätte es ein solches vergangenes Ereignis niemals gegeben, dann wäre die Beschreibung falsch oder legendenhaft, wie »der Felsen, der von den Titanen nach ihrem Siege über Uranus an diese Stelle gesetzt wurde«. Die einzig interessante Differenz zwischen diesem Fall und den beiden anderen liegt darin, daß es keine offenkundigen kausalen Gesetze gibt, die die Kanonen von St.-Paul de Vence mit den Taten der französischen Monar-

chen des 16. Jahrhunderts verknüpfen. Gewiß, man könnte sagen, daß die Kanonen schließlich von *irgend jemandem* hier aufgestellt worden sein müssen, doch faktisch ist es nicht einmal klar, daß die Kanone hier *aufgestellt* worden ist: Sie kann hier ganz einfach zurückgelassen worden sein. Das wäre dann freilich ausschlaggebend dafür, ob sie ein *Zeugnis für* den Sieg oder lediglich ein *Memento* jenes Sieges genannt zu werden verdient.

Ich bin der Auffassung, daß tempus-neutrale Prädikate logisch unabhängig von vergangenheits-bezogenen Prädikaten sind, und in der Tat habe ich ja auch versucht, sie in dieser Weise zu definieren. Doch ich glaube nicht, daß ich hier bloß dekretiert habe: Es scheint klar, daß jemand ein Mann sein kann und nicht zugleich Vater sein muß, daß ein weißes, glänzendes Mal *nicht* unbedingt eine Narbe, ein zylindrisches metallisches Objekt *keine* Kanone sein muß, viel weniger noch eine Kanone, die von Franz I. aufgestellt wurde, der sie einst in seinen Schlachten eingesetzt hat. Im Gegensatz hierzu sind vergangenheits-bezogene Prädikate *nicht* von tempus-neutralen Prädikaten unabhängig. Niemand kann Vater sein, der nicht ein Mann ist, etc. Die kompositionellen Beziehungen zwischen den beiden Klassen von Prädikaten sind vielschichtig, und die philosophischen Probleme sind jenen vergleichbar, die im Zusammenhang mit Verhältnissen zwischen anderen Begriffsklassen entstehen, zum Beispiel ›ist eine Armbewegung‹ im Gegensatz zu ›ist eine Abschiedsgeste‹ oder ›ist schön‹ im Gegensatz zu ›ist rot‹. Worauf ich hier vorerst allen Nachdruck legen will, ist der Umstand, daß eine interessante Analogie zwischen tempus-neutralen Begriffen und vergangenheits-bezogenen Begriffen einerseits und Sätzen ohne Zeitform und zeitabhängigen Sätzen andererseits besteht. Denn ein zeitabhängiger Satz schien, um als wahr gelten zu können, einen nicht-zeitförmigen, wahren Satz vorauszusetzen. Und vergleichbar hiermit muß, damit ein vergangenheits-bezogenes Prädikat für ein gegenwärtiges Objekt als wahr gelten kann, zunächst einmal irgendein verwandter tempus-neutraler Begriff als wahr für dasselbe gelten können. Wir können ›ist ein Vater‹ durch den Nachweis falsifizieren, daß ›ist ein Mann‹ nicht darauf zutrifft. Doch wir haben keine Gewißheit, daß ›ist ein Vater‹ einfach deswegen zutreffend sei, weil ›ist ein Mann‹ zutreffend ist.

Unsere Sprache ist angereichert mit vergangenheits-bezogenen Prädikaten, und es wäre plausibel, zu vermuten, daß Lewis' Formulierung von den »Zeichen der Vergangenheit« sich der bei Philosophen nicht selten anzutreffenden Tendenz verdankt, ein Strukturmerkmal unserer Sprache mit irgendeinem Strukturmerkmal der Welt zu verwechseln und, wie dies in seinem Fall geschehen ist, irgendwelche geheimnisvoll abwesenden Eigenschaften von Dingen als etwas anzusehen, auf das wir uns beziehen müssen, wenn wir von diesem Teil unserer Sprache Gebrauch machen. Doch wir beziehen uns keineswegs auf vorhandene Eigenschaften von Dingen, wenn wir vergangenheits-bezogene Prädikate verwenden, wenngleich unsere Anwendung dieser Terme auf gegenwärtige Objekte in gewissem Sinne *tatsächlich* davon abhängt, daß das Objekt gewisse Eigenschaften besitzt, die aufgrund einfachster Nachprüfung als wirklich vorhanden dargetan werden können. Ja mehr noch, wir beziehen uns auf gewisse vergangene Objekte und Ereignisse. Das Haus, in welchem George Washington schlief, sieht wie ein vollkommen gewöhnliches Haus aus, und es gibt keine spezielle Eigenschaft, nach der wir Ausschau halten könnten, um mit Bestimmtheit anzugeben, daß der erste Präsident der Vereinigten Staaten darin geschlafen hat. Es gibt, wenn man so will, keine derartigen Eigenschaften, oder zumindest keine, die sich auf der Grundlage bloßen Augenscheins bemerken lassen. Die Kriterien ihrer Anwendung sind weitaus komplizierter, und noch schwieriger ist die Entscheidung darüber, ob sie von den Gegenständen als *wahr* gelten können, auf die sie angewendet werden. Wie immer sich die Sache auch verhalten mag, es muß hinreichend klar sein, daß wir – da vergangenheits-bezogene Prädikate, sofern sie für gegebene, gegenwärtige Objekte als wahr gelten, uns Information über Ereignisse und Gegenstände liefern, die *nicht* gegenwärtig sind – solche Sätze nicht bruchlos in ein tempus-neutrales Idiom übersetzen können, die sich jener Terme bedienen. Denn die vollständige Übersetzung eines Satzes *S* in einen Satz *T* muß zusätzlich der ungeminderten Bewahrung des Wahrheitswertes von *S* genau dieselbe Information vermitteln wie *S*. Wenn die *Unübersetzbarkeit* einer Gruppe von Termen in eine andere Gruppe von Termen unser Kriterium für die Verschiedenheit von Sprach*ebenen* ist, dann sind auch die beiden uns hier vorliegenden Begriffsklassen solche verschiedener Ebenen, wenngleich sie auf dieselben Gegenstände angewendet werden können, wie etwa O-1, O-2 und O-3.

Nun könnte man sagen, daß die Möglichkeit der ›Vergangenheitslosigkeit‹, mit der wir uns auseinandergesetzt haben, in der Tat die Sprachebene unberührt läßt, auf der nur tempus-neutrale Ausdrücke angewendet werden. All diese Prädikate gelten für Objekte als wahr, ganz gleich, ob diese nun vergangen sind oder nicht. Doch dies läßt sich schwerlich auch von Prädikaten der anderen Ebene sagen. Es verhält sich nicht einfach so, daß aufgrund der Möglichkeit der ›Vergangenheitslosigkeit‹ alle Aussagen, die den Anspruch erheben, sich auf Vergangenes zu richten, durchweg falsch sind. Es wäre gleichermaßen der Fall, daß auch eine große Anzahl von Sätzen über die Gegenwart ebenso falsch wäre, all jene Sätze nämlich, die gegenwärtigen Objekten vergangenheitsbezogene Prädikate beilegen, Objekten, denen noch immer all jene Eigenschaften zukämen, deren Vorhandensein wir vermöge einfacher sinnlicher Betrachtung feststellen können. Unsere beiden Begriffsgruppen sind zusammengesetzt aus extensional äquivalenten Paaren, insofern jeder Term in dem einen Paar genau dasselbe Objekt bezeichnet wie der andere Term in jenem Paar. Doch das eine Glied eines jeden Paares setzt für seine Anwendbarkeit irgendeine Tatsache über die Vergangenheit voraus. Also bliebe letztlich alles genauso, wie es ist. Es gäbe eben nur keine Väter, keine Narben und keine

Kanonen, die von Franz I. zurückgelassen oder aufgestellt worden sind. Doch nichts wäre verschwunden: All die Objekte wären nach wie vor vorhanden, die kürzlich noch von jenen Begriffen bezeichnet worden sind, d. h. Männer, glänzende, weiße Male, zylindrische und metallische Objekte. Und nicht allein wären alle derartigen Sätze falsch, weil die Prädikate, derer sie sich bedienen, in ihrer Anwendung auf die Objekte falsch sind; sondern auch alle diejenigen Kausalgesetze, die in Gebrauch und Anwendung der Mehrzahl unserer vergangenheits-bezogenen Prädikate vorausgesetzt sind, müßten, wenn nicht falsch, so doch völlig gehaltlos sein.

Wenn wir uns nun den zukunfts-bezogenen Prädikaten zuwenden, muß uns als hauptsächlicher Punkt sogleich auffallen, wie schwer es ist, irgendwelche natürlichen Beispiele zu finden, wenn wir mit einem derartigen Prädikat ein solches meinen, das sich auf ein *zukünftiges* Ereignis oder Objekt bezieht, und zwar als einer Bedingung der Anwendung auf ein gegenwärtiges Objekt oder Ereignis. Man stelle sich einmal das Prädikat ›ist ein zukünftiger Vater‹, angewendet auf den Gatten einer gegenwärtig schwangeren Frau, vor. Gewiß nehmen wir gewöhnlich an, daß ein Kind zur Welt gebracht und der Mann Vater wird, »wenn alles gut geht«. Doch tatsächlich wenden wir das Prädikat ›ist ein zukünftiger Vater‹ auf der Grundlage entweder tempus-neutraler oder vergangenheits-bezogener Prädikate an, die nach unserer Auffassung für das so bezeichnete Individuum als zutreffend gelten. Dennoch ist *x* zukünftiger Vater in dem Falle, daß *x* bei *y* eine Schwangerschaft herbeigeführt und *y* das Kind noch nicht geboren hat. Und das ist auch alles, was hier erforderlich ist. Selbst wenn *x* sterben sollte, bevor das Kind zur Welt gebracht ist, oder wenn *y* dies zustoßen sollte, oder auch wenn eine Fehlgeburt eintreten sollte – *x* war dennoch ein ›zukünftiger Vater‹. Es ist gar nicht erforderlich, daß er später wirklich Vater wird. Sein Titel als zukünftiger Vater ist logisch nicht von demjenigen abhängig, was die Zukunft bringen wird. Mehr noch, unsere Erwartung, daß *x* Vater werden wird, weil er tatsächlich Vaterfreuden entgegensieht, basiert auf Kausalgesetzen, die sich manifestiert *haben*, gültig *gewesen* sind, und dergleichen zukunfts-bezogene Prädikate, wie wir sie gewöhnlich zu verwenden pflegen, wären dann im Hinblick auf unsere Fähigkeit, vergangenheits-bezogene Prädikate zu benutzen, schlechthin parasitär, da schließlich Zukunft, wenn von kausaler Gesetzlichkeit die Rede ist, der Vergangenheit »ähnlich sein, wenn nicht gar diese widerspiegeln« muß. Einzig wichtig ist hier indessen, daß dasjenige, wobei es sich – oberflächlich betrachtet – um zukunfts-bezogene Prädikate zu handeln scheint, sich zumeist in eine vergangenheits-bezogene oder tempus-neutrale Sprache übersetzen läßt und daß deren Anwendung auf gegenwärtige Individuen keineswegs das Eintreten irgendwelcher späteren Ereignisse erfordert. Sollte also die Welt nach Ablauf der nächsten fünf Minuten untergehen, so wäre dennoch keiner der Sätze, die sich solcher Prädikate zur Beschreibung gegenwärtiger Objekte bedienen, falsch. Wenn es sich aber so verhält, dann hat die Wahrheit keines einzigen Satzes über die Gegenwart die Wahrheit irgendeines Satzes über die Zukunft zur Voraussetzung, und wenn dies so ist, würde es die Erklärung dafür sein, warum wir keine Schwierigkeit dabei finden, daß unser begriffliches Bezugssystem nicht Anstoß an dem Gedanken nimmt, daß es sehr bald vielleicht keine Zukunft mehr geben wird.

Es gibt natürlich einige Beschreibungen vergangener Geschehnisse, die, wären sie genau zu der Zeit formuliert worden, als jene sich zugetragen haben, sich tatsächlich zukunfts-bezogener Prädikate hätten bedienen müssen. Wir könnten also auf Piero da Vinci als den Vater jenes Mannes zu sprechen kommen, der *La Gioconda* gemalt hat. Hätte man ihn so genannt, als er noch der zukünftige Vater Leonardos war, so wäre daraus als logische Forderung abzuleiten, daß sein Kind einst *La Gioconda* malen müsse. Hier *wäre* mithin die Beschreibung eines gegenwärtigen Objekts, deren Wahrheit von demjenigen abhinge, was die Zukunft bringt, und eine solche zumal, die in keiner einsichtigen Weise in entweder vergangenheits-bezogene oder tempus-neutrale Ausdrucksweise übersetzbar ist. Denn das geforderte Bildnis existierte noch nicht, und die Beschreibung, wäre sie wahr, würde uns eine echte Auskunft über die Zukunft vermitteln und könnte demgemäß nicht in Aussageformen übersetzt werden, die diese Information nicht enthielten. Doch wenn man bedenkt, wie merkwürdig es anmuten würde, jemanden eine derartige Feststellung treffen zu hören – im Vergleich nämlich mit der keineswegs sonderbaren Möglichkeit einer nicht aufs Futurum bezogenen Aussage –, so erhält man hoffentlich eine Vorstellung davon, was ich vorhin meinte, als ich von substantialistischen Geschichtsphilosophen sprach, die in einer Weise über die Zukunft reden, wie man sich gewöhnlich nur über die Vergangenheit ausspricht. Doch die Erklärung für diese Merkwürdigkeit muß einer späteren Erörterung vorbehalten bleiben.

Keine dieser Erwägungen jedoch berührt auch nur im geringsten jenes skeptische Argument, daß nach allem, was wir wissen und wissen können, die Welt erst vor fünf Minuten ihren Anfang genommen hat und daß eine solche Behauptung zumindest logisch möglich wäre. Sie beeinträchtigen es nicht, weil der Gebrauch vergangenheits-bezogener Terme gewisse Thesen bezüglich der Kausalität voraussetzt, und der skeptische Einwand ist eben gerade dies: ein Angriff auf gewisse, mit der Kausalität zusammenhängende Annahmen, der zumindest bis auf Hume zurückgeht, dessen Hauptargument lautete, daß Ursachen logisch nicht unbedingt ihre Wirkungen zur Folge haben müssen, daß aus einer Beschreibung der wirklichen Eigenschaften eines Dinges nicht seine möglichen Wirkungen logisch *deduzierbar* sind, noch daß aus einer erschöpfenden Beschreibung eines anderen Dinges deduziert werden kann, welches seine Ursachen gewesen sein mögen. Unser Begriff von Kausalität ist zusammengesetzt aus gewissen Assoziationen, die sich von demjenigen herleiten, was *tatsächlich* geschehen ist, aber es gibt – zumindest logisch betrachtet – nichts Zwingendes in diesen Assoziationen, und das Vorhandensein eines gegebenen Dinges ist logisch durchaus damit vereinbar, daß ihm andere Ursachen zugrunde liegen als es tatsächlich hatte, oder aber daß es überhaupt *ohne jede* Ursache ist. Hume erklärt:

> »Wenn wir alle Ursachen ausschließen, wir sie wirklich ausschließen, und weder Nichts, noch das Ding selbst als Ursache seiner Existenz setzen; und man kann daher keinen Beweis aus der Absurdität dieser Voraussetzungen ableiten, um die Absurdität dieser Ausschließung zu beweisen. Wenn jedes Ding eine Ursache haben muß, so folgt freilich, wenn ich alle übrigen Ursachen ausschließe, daß ich entweder das Objekt selbst, oder Nichts als Ursache annehmen müsse. Aber das ist ja eben der strittige Punkt, ob ein jedes Ding eine Ursache haben müsse, oder nicht; und dies kann also, nach allen richtigen Schlußregeln, nie schon für gesichert angenommen werden.«[3]

In gewisser Weise führt meine Darlegung über den Humeschen Gedanken hinaus, daß wir aus einer erschöpfenden Beschreibung der manifesten Eigenschaften von Dingen nicht deren Ursachen deduzieren könnten. Meine Erweiterung bestand in dem Nachweis der Irreduzierbarkeit von vergangenheits-bezogenen Prädikaten auf solche tempus-neutraler Formbestimmtheit. Bisher habe ich nur zu zeigen versucht, daß dies, zusammen mit der Tatsache, daß alle natürlichen Prädikate, die sich auf die Zukunft zu beziehen scheinen, in Wirklichkeit zugunsten tempus-neutraler oder vergangenheits-bezogener Terme eliminierbar sind, zu jener Leichtigkeit beiträgt, mit der wir die Möglichkeit einer Nicht-Zukunft einzuräumen bereit sind, und zu dem dieser korrespondierenden Unbehagen, das uns befällt, sobald wir zugestehen sollen, daß es keine Vergangenheit gebe. Doch dies allein ist noch kein Beweis dafür, daß an der Hypothese von der Nicht-Vergangenheit als solcher irgend etwas falsch sei. Denn der Gebrauch vergangenheits-bezogener Prädikate setzt voraus, daß gegenwärtig vorhandene Dinge ihre Ursachen in der Vergangenheit gehabt haben, und das ist genau der Punkt, auf den es hier ankommt. Wir können schwerlich eine Beweisführung widerlegen, indem wir lediglich voraussetzen, was jene attackiert. Was sie nämlich im Grunde angreift, ist die Vorstellung, daß es irgendeine *logische* Verbindung von Ereignissen oder Dingen untereinander gebe, und es ist dies, was die ganze Beweisführung in sich logisch möglich macht:

> »Es liegt keine logische Unmöglichkeit in der Hypothese, daß die Welt vor fünf Minuten ins Dasein gekommen ist, in allem genau so, wie sie zuvor gewesen ist, mit einer Bevölkerung, die sich einer völlig unwirklichen Vergangenheit ›erinnert‹. Es gibt keine logisch notwendige Verbindung zwischen Ereignissen aus verschiedenen Zeitabschnitten; demzufolge vermag nichts, was jetzt geschehen ist oder zukünftig geschehen wird, die Hypothese zu widerlegen, daß die Welt vor fünf Minuten ihren Anfang gefunden hat. Demnach sind die Vorgänge, die Erkenntnis der Vergangenheit *genannt werden,* von der Vergangenheit logisch unabhängig; sie sind voll und ganz in gegenwärtige Inhalte zerlegbar, die, theoretisch betrachtet, sein könnten, was sie eben sind, auch wenn es überhaupt keine Vergangenheit gegeben hätte.«[4]

Das durch Kursivdruck herausgehobene ›genannt werden‹ kann folgendermaßen erklärt werden: Aus der späteren, sachlich mit diesen Ausführungen zusammenhängenden Formulierung » . . . *a* ist bekannt . . .« – wobei ›*a*‹ für einen beliebig gewählten Gegenstand steht – folgt doch, daß *a* existiert.[5] Wenn man demnach zutreffend von jemandem behaupten will, daß er die Vergangenheit kenne, so wäre daraus die Realität der Vergangenheit zu folgern, und es würde nun *tatsächlich* widersprüchlich sein, wollte man einerseits behaupten, daß jemand die Vergangenheit kenne, und andererseits erklären, daß dasjenige, worüber er etwas wisse, niemals existiert habe. Ein vergleichbares Argument läßt sich hinsichtlich jener ›Narben‹ vorbringen. Unter Voraussetzung des gegenwärtigen Sprachgebrauchs folgt aus der Bemerkung, daß jemand eine Narbe habe, daß er irgendwann eine Wunde gehabt haben müsse, die verheilt sei. Ähnlich sollten wir im Falle des Wissens besser von demjenigen sprechen, was Wissen *genannt* wird (jedoch keines ist oder zumindest kein Wissen im eigentlichen Sinne etc. sein mag), genauso wie wir im Falle der Narben besser von dem sprechen sollten, was man Narben *nennt*, was jedoch keine sind (oder vielleicht nicht sind). Ich glaube, daß die Aussage ›ist eine Narbe‹ nicht in eine tempus-neutrale Sprache zerlegt oder jenen »gegenwärtigen Inhalten« zugerechnet werden kann, sondern daß wir vielmehr sagen müßten, daß gemäß der Russellschen Hypothese, sollte sie richtig sein, jede Beschreibung glatter, weißlicher Male als *Narben falsch* sein müßte.[6] Vergleichbar hiermit wäre jedwede Beschreibung von Kognitionen als *Erkenntnissen der Vergangenheit* gleichermaßen – und aus ähnlichen Gründen – falsch. Die Welt wäre, kurz gesagt, genauso wie sie ist. Unsere Sprache dagegen, mit der wir sie beschreiben, wäre verschieden.

Diese Bemerkungen hatten m. E. das positive Ergebnis, daß aufgezeigt wurde, wie sehr unser Begriff der Vergangenheit mit dem Begriff der Kausalität verknüpft ist und daß unser Begriff der Kausalität zu unserer Sprache unauflöslich in Beziehung steht. Wenn hier ein wenig psychologische Spekulation gestattet ist, möchte ich die Vermutung wagen, daß Kinder im beginnenden Sprachalter mit einer tempus-neutralen Sprache den Anfang machen und sozusagen gleichzeitig, ineins den Gebrauch einer vergangenheits-bezogenen Terminologie, die Vorstellung von Kausalität und einen Begriff der Vergangenheit erwerben, wobei alle drei Errungenschaften sich interdependent entwickeln. Es ist demzufolge nur natürlich, daß jeder Angriff auf unsere Konzeption der Vergangenheit zugleich den Angriff auf unseren Kausalitätsbegriff und gegen unseren Gebrauch vergangenheits-bezogener Termini einschließen muß.

»Wie alle skeptischen Hypothesen«, so schrieb Russell, »ist diese zwar logisch vertretbar, doch gänzlich ohne Interesse.«[7] Wir haben, so glaube ich, demgegenüber feststellen können, daß sie sehr wohl von Interesse ist. Ob sie logisch vertretbar ist oder nicht, wird noch entschieden werden müssen.[8] Mir scheint es jedenfalls möglich, eine Analyse der Rolle zu liefern, welche Sätze spielen, die auf die Vergangenheit bezogen zu sein beanspruchen, während der Nicht-Vergangenheits-Hypothese dabei lediglich die Funktion zufällt, für dramatische Akzente zu sorgen. Die Analyse besteht, grob umrissen, in folgendem: Sätze, die sich angeblich auf vergangene Objekte und Ereignisse beziehen, können – wie wir aus früheren Erörterungen wissen – nicht richtig verstanden werden als Sätze *über* die Beweise, die für sie angeboten werden, noch lassen sie sich voll und ganz in Reihen von Beobachtungssätzen auflösen; tatsächlich gelingt es nicht einmal, die Wahrheit einer Reihe von Beobachtungssätzen zu einer notwendigen Bedingung der Wahrheit oder Falschheit von auf die Vergangenheit gerichteten Sätzen zu machen. Nichtsdestoweniger könnte solchen Sätzen in einer historischen Untersuchung eine Funktion analog der Rolle zufallen, die jene Sätze in der Naturwissenschaft spielen, in denen von sogenannten theoretischen Begriffen Gebrauch gemacht wird, und sie stehen zu Beobachtungssätzen in der gleichen Beziehung, wie dies für die eben genannten Sätze zutrifft. Man könnte dies folgendermaßen ausdrücken: Ihre Rolle besteht hauptsächlich darin, die gegenwärtige Erfahrung zu organisieren. Sollte diese Analyse richtig sein, dann kann die Frage, ob sie sich unabhängig *auf* irgend etwas beziehen, sinnvoll gar nicht gestellt werden, und die Nicht-Vergangenheits-Hypothese wäre irrelevant und hätte lediglich dazu gedient, unsere Aufmerksamkeit auf eine fehlgehende Auffassung zu lenken, die wir hinsichtlich der Funktion dieser Sätze innerhalb der Ökonomie des menschlichen Denkens und Erkennens hatten. Einem Begriff wie ›Julius Cäsar‹ fällt in historischen Arbeiten dieselbe Rolle zu, die die Begriffe ›Elektron‹ und ›Ödipuskomplex‹ in physikalischen resp. psychoanalytischen Theorien spielen. Sätze, die von diesen letztgenannten Begriffen Gebrauch machen, stehen und fallen nicht mit der Frage, ob sie wirkliche Sachverhalte bezeichnen – seien diese auch unbeobachtbar –

oder nicht. Denn es käme ihnen in der Organisation der Erfahrung genau dieselbe Rolle zu, ob sie dies nun tun oder nicht. Es dürfte wohl nicht unbekannt sein, daß es hier ein Problem gibt, das nur auf ziemlich triviale und unvertretbare Weise gelöst wurde, nämlich durch Eliminierung theoretischer Begriffe zugunsten eines bloßen Beobachtungs-Vokabulars.[9] Indem wir jedoch Sätze verwenden, die sich jener bedienen, ist es uns noch keineswegs gestattet, unbeobachtbare Sachverhalte zuzulassen. Es mag solche Sachverhalte geben oder auch nicht, doch macht dies letztlich nicht den geringsten Unterschied. Ihre wesentliche Rolle bleibt unberührt von der Frage nach ihrer logischen Geltung. Solche Sätze, als Instrumente, bedürfen nicht in höherem Maße der Legitimierung durch Wahrheitswerte als andere wissenschaftliche Instrumente, beispielsweise Teströhrchen. Und dergleichen Sätze stehen – genau wie Teströhrchen – unterschiedslos Wissenschaftlern zur Verfügung, die in Fragen der Ontologie abweichende Meinungen vertreten mögen – Abweichungen, die, wenn man so will, einen Luxus darstellen, den sich der Intellekt leistet, die jedoch letztlich keinen Einfluß auf ihren Gebrauch theoretischen Vokabulars in der Organisation der Erfahrung haben.
Ich würde diese Analyse eine instrumentalistische Auffassung von Sätzen über die Vergangenheit nennen. Der Instrumentalismus ist selbstverständlich nur eine aus einer Vielzahl möglicher Positionen, die im Hinblick auf theoretische Begriffe eingenommmen worden sind. Eine erschöpfende Diskussion der hiermit zusammenhängenden Probleme liegt allerdings außerhalb des Bereiches, den sich diese Arbeit abgesteckt hat, und gehört in die Zuständigkeit der Wissenschaftstheorie. Keiner der mir bekannten Instrumentalisten hat jemals seine von ihm bevorzugte Analyse von Theorien auf *historische* Aussagen[10] ausgedehnt, doch es scheint mir dies im vorliegenden Kontext eine durchaus natürliche Weiterung, und geschähe sie nur zu dem Zweck, die Überzeugungskraft des skeptischen Arguments zu neutralisieren und nicht zuletzt eine deutliche Analogie zwischen theoretischer Wissenschaft und

Historie hervorzuheben – eine Analogie, die vielfach in solchen Diskussionen mißachtet wird, die historische und theoretische Wissenschaft gegeneinander abgrenzen. Es ist dies eine Analogie, die uns späterhin eine schwer angreifbare Position sichern wird, gleichgültig, welchen Standpunkt wir schließlich gegenüber dem historischen Instrumentalismus, als einer *generellen* Analyse historischer Aussagen, einnehmen werden. Ich bin jedoch der Auffassung, daß der historische Instrumentalismus als eine partielle, funktionale Analyse solcher Aussagen mit an Sicherheit grenzender Wahrscheinlichkeit richtig ist. Historische Aussagen spielen tatsächlich eine Rolle, die derjenigen theoretischer Aussagen hinsichtlich der Organisation des Gegebenen vergleichbar ist. Wir nehmen uns zum Beispiel zwei Bühnenstücke vor, die, sagen wir, gewisse augenfällige stilistische Ähnlichkeiten aufweisen. Indem wir für beide Stücke ein und denselben Autor postulieren, organisieren wir diese Werke zu einem einzigen, einheitlichen Korpus. Ähnlich könnte es geschehen, daß wir auffallende stilistische Diskrepanzen in zwei dramatischen Werken finden, die man bisher für einem einzigen Œuvre zugehörig angesehen hat, und wir würden folglich zwei *verschiedene* Urheber postulieren, womit wir wiederum etablierte Zuordnungen literarischer Werke geändert, reorganisiert hätten. Sodann gehen wir dazu über, uns nach weiteren Teilstücken der gegebenen Welt umzusehen, die diese unterschiedlichen Organisationen belegen können, und fügen auf diese Weise nun ein weiteres Mal Teile der gegenwärtigen Welt zu anderen Teilen. Wir können diese, so glaube ich, ohne große Schwierigkeit als Theorien ausgeben: Wir sprechen dann von der ›Ein-Autor-Theorie‹ oder der ›Zwei-Autoren-Theorie‹ und veranlassen damit, daß solche Theorien *inter alia* dazu dienen, die beobachtbare Welt zu organisieren.

Dazu muß indessen unbedingt noch bemerkt werden, daß diese Auffassung von einer Theorie nicht von vornherein die Möglichkeit *ausschaltet*, daß solche Theorie sowohl wahr als auch nützlich sein kann. Beim Autofahren bemerke ich, daß die Instrumente in den Armaturen eine Überhitzung des Wagens anzeigen und die Batterie sich nicht mehr auflädt; zwei rote data, Warnsignale. Ich vertrete die Theorie, daß der Keilriemen des Ventilators gerissen ist, da dies die Tatsache erklären würde, daß die Batterie sich nicht mehr auflädt und der Wagen überhitzt ist. Das dient zweifelsohne dazu, mein Ablesen am Armaturenbrett zu organisieren, aber es handelt sich zudem um eine Theorie, die unmittelbar in eine Tatsache übergeht, sobald ich unter die Motorhaube sehe und einen gerissenen Keilriemen entdecke.[11] Ist es lediglich die mangelnde Zugänglichkeit der Vergangenheit, die es verhindert, daß historische Theorien in ähnlicher Weise in Tatsachen umschlagen? Denn man hat doch unweigerlich das Empfinden, daß einer der Unterschiede zwischen historischen Theorien und derartigen wissenschaftlichen Theorien, die wir zu jenen in Beziehung gesetzt haben, darin besteht, daß, während die letzteren – d. i. wenn und sofern sie sich überhaupt auf Daseiendes richten – sich auf dasjenige beziehen, was in singulärer Weise von denjenigen Dingen unterschieden wäre, denen wir in einer alles in allem beobachtenden Erfahrung begegnen, die von historischen Theorien postulierten daseienden Dinge genau von der gleichen Art sind wie die, denen wir im Alltagsleben begegnen. Das soll heißen: Niemand hat zwar Dinge wie Atome, Elektrone, Psi-Funktionen, mit libidinöser Energie überbesetzte Vorstellungen u. ä. wirklich beobachtet, doch die alltägliche Welt enthält, neben vielen anderen Dingen, auch Autoren. Demnach also machen historische Theorien von Begriffen Gebrauch, deren Applikation auf solche Dinge eindeutig möglich ist, die der augenblicklichen Erfahrung zugänglich sind. Es ist demnach nicht eine Verschiedenheit in der Art der Dinge, die wir als Alltagsgegebenheiten erwarten, was hier den Unterschied ausmacht, sondern lediglich die epistemische Unzulänglichkeit historischer Entitäten, die die Hinwendung zum historischen Instrumentalismus ratsam erscheinen ließ und begünstigt hat.

Man könnte dem nun entgegenhalten, daß ich die Ebene gewechselt hätte und von Überlegungen, die im wesentlichen mit dem Begriff der Kausalität zu tun hatten, zu Erwägungen übergegangen sei, die sich wesentlich mit Fragen des Wissens und der Erkenntnis befassen. Doch das Zwingende an der Nicht-Vergangenheits-Hypothese bezieht seine Überzeugungskraft aus der Tatsache, daß wir offenbar epistemologisch keinen Zugang zur Vergangenheit haben und demzufolge über kein unabhängiges methodisches Mittel verfügen, sie zu überprüfen. Stünde uns ein solcher Zugang offen, besäßen wir auch ein Mittel, Theorien in Tatsachen zu verwandeln, und zugleich würden sich uns Wege eröffnen, die Nicht-Vergangenheits-Hypothese empirisch zu widerlegen. Es handelte sich sodann um nichts weiter als eine empirische Hypothese, die zum Gegenstand empirischer Falsifikation gemacht werden könnte. Erkenntnistheoretische Überlegungen sind also gewiß nicht irrelevant. Sobald wir sie anzustellen beginnen, können wir eine Strategie ausarbeiten, mit deren Hilfe es gelingen wird, die Nicht-Vergangenheits-Hypothese wirkungsvoll anzugehen.

Zunächst einmal wandten wir uns dem Instrumentalismus[12] als einer Methode zur Neutralisierung von Problemen der Beziehung zu, die in Verbindung mit Aussage-Reihen auftreten, wobei es sich im vorliegenden Fall um Aussagen über die Vergangenheit handelt, deren *referenda* sich dem Zugriff entziehen, auch wenn sie einstmals existiert haben mögen. Der Instrumentalismus verspricht, alle Fragen der Beziehung zu umgehen, indem er nachweist, daß es nicht darauf ankomme, ob jene Aussagen sich auf etwas beziehen oder nicht: Alles bliebe unverändert wie es ist, doch hätten wir immerhin Aussagen von Instrumenten zur Tatsachenfeststellung in Instrumente der Organisation umgewandelt, und in dieser ihrer letzteren Eigenschaft wäre die Frage nach dem Wahr oder Falsch logisch unzulässig: Es gibt nur »bessere oder schlechtere« Instrumente, wie Dewey es ausgedrückt haben würde, wobei diese eben genannten Werte Funktionen der relativen organisierenden Leistungsfähigkeit von Satz-Paaren wären.

Allerdings ist es möglich, eine unbegrenzte Anzahl von ad-hoc-Skeptizismen zu produzieren, deren jeder dann durch einen ähnlichen Rückzug auf den Instrumentalismus umgangen werden könnte. Angenommen, es würde irgend jemand beispielsweise die Hypothese vortragen, daß genau zwei Meter über unsere maximale Reichweite hinaus die Welt räumlich zuende sei[13]: daß nur zwei Meter von dem Punkt entfernt, an dem man gerade steht, das Nichts beginnt, so daß beispielsweise Aussagen, die von jemandem, der im Central Park steht, vorgeblich über das Empire State Building gemacht würden, falsch sein müßten, weil ihnen das Objekt fehlt, auf welches sie sich beziehen. Wir sprechen von Dingen, die dreißig Meilen von *hier* entfernt sind, doch sie sind uns nicht zugänglich, und irgend jemand könnte nun empfehlen, daß wir uns jetzt eines ›räumlichen‹ Instrumentalismus bedienen, vermittels dessen Probleme der Beziehung vermieden werden, indem wir ›Empire State Building‹ auf den Status eines theoretischen Begriffes zurückstufen, so daß Sätze, in denen er enthalten ist, nurmehr die Aufgabe haben, räumlich erreichbare (beobachtbare) Phänomene zu organisieren.
Die fatale Schwierigkeit derartiger Formen des Skeptizismus ist ihre pure Willkürlichkeit. Warum verläuft die Trennungslinie gerade dort, wo sie gezogen worden ist, und nicht irgendwo anders?[14] Warum zieht man die Grenzlinie bei zwei Metern und nicht bei dreien oder schon bei einem Meter? Oder bei sieben oder vier? Warum »vor fünf Minuten« und nicht vor vier, drei, sechs oder zehn? Oder andersherum, wenn man behaupten will, daß Objekte zwei Meter vom äußersten Punkt unserer Reichweite entfernt uns unzugänglich sind, weil wir sie nicht berühren können, und daß sie, soweit uns bekannt ist, überhaupt nicht vorhanden sind, warum soll man dann nicht gleich sagen, daß wir – zum gegenwärtigen Zeitpunkt – kein Mittel haben, mit Sicherheit zu wissen, ob es außer dem, was wir jetzt mit Händen greifen, überhaupt noch irgend etwas gibt? Oder daß überhaupt noch irgend etwas existiert außer dem, was wir *jetzt* sehen?

Man könnte argumentieren, daß wir, wenngleich wir die Dinge nicht berühren, sie doch jederzeit berühren *können* und wissen, daß sie vorhanden sind. Doch dann ließe sich wiederum fragen, warum wir nicht augenblicklich auf die Dinge, die zwei Meter außerhalb unserer Reichweite liegen, zugehen und sie berühren? Man kann nicht behaupten, daß sie nicht dort seien, daß es zwei Meter von uns entfernt nichts gebe, denn damit würde man doch die eigentliche Frage bereits für ausgemacht halten, nämlich das Problem, *wie* wir wissen können, ob es dort irgend etwas gibt oder nicht. Die Sache ist nun einmal die, daß wir dort sind, wo wir sind, und nicht zwei Meter von jener Stelle entfernt. Aber andererseits berühren wir, was wir tatsächlich berühren, und nicht irgend etwas anderes. So daß die Annahme kontinuierlich berührbarer Gegebenheiten zwischen den manifesten taktilen Erlebnissen, wenn man so will, gleichbedeutend mit der Einführung theoretischer Entitäten zum Zweck der Organisation der Erfahrung wäre, wobei solche kontinuierlichen physikalischen Objekte bestens geeignet sind, den Nachweis zu führen, daß wir uns auch hier neuerlich auf eine Variante des Instrumentalismus zurückgezogen haben. Es sollte demnach unzweideutig klar sein, daß diese differentiellen Skeptizismen ziemlich schnell in Skeptizismus *per se* umschlagen und jedes Gerede über Objekte im allgemeinen in der instrumentalistischen Denkweise befangen bleiben muß.[15]
In meinen voraufgegangenen Bemerkungen über das Nicht-Vergangenheits-Argument habe ich hervorgehoben, daß es nicht vollkommen allgemein ist, daß es nicht alle Aussagen über die Vergangenheit entwertet, sondern lediglich jene, die vorgeben, von etwas zu handeln, das vor mehr als fünf Minuten existiert oder sich ereignet hat. Doch ich habe inzwischen dargelegt, wie willkürlich die Spezifizierung ist, die sich an jene fünf Minuten hält. Es gibt unzählig viele andere Punkte, wo die Grenzlinie verlaufen könnte, und wenn alle verfügbaren Beweise sich mit einer erst seit fünf Minuten bestehenden Welt vereinbaren lassen, dann sind sie vereinbar

auch mit einer sechs oder sieben oder *beliebig* viele Minuten alten Welt. Sämtliche Beweise sind jeweils, wenn man so will, mit unendlich vielen Hypothesen vereinbar, deren jede mit allen anderen wiederum inkompatibel ist. Doch wenn man rechtfertigen wollte, daß man den Einschnitt gerade an diesem und an keinem anderen Punkt gemacht hat, könnte man dies freilich nur, indem man sich irgendwie auf Evidenz beruft, und wenn das Sichberufen auf Evidenzen nicht für hinreichend erachtet wird, *gibt* es keinen möglichen Rechtfertigungsgrund dafür, warum man der einen Hypothese vor einer anderen den Vorzug gibt, zum Beispiel der, daß die Welt vor genau fünf Minuten, oder vor fünf Jahren, oder vor fünf Jahrhunderten entstanden ist. Jedes der zwecks Abgrenzung verwendeten einzelnen Beweisstücke kann durch den Anhänger einer These, die eine kürzere Zeitspanne annimmt, als vorher durch ein anderes festgelegt wurde, neutralisiert werden.

Optieren wir einmal versuchsweise für die Hypothese, daß die Welt vor fünf Minuten entstanden sei. Zu beachten wäre hierbei, daß dies eine Teilung innerhalb der Klasse von Aussagen über die Vergangenheit bewirkt. Wenn die Welt vor fünf Minuten angefangen hat, so sind einige Aussagen über die Vergangenheit wahr oder falsch, nämlich jene Aussagen über all das, was in der Vergangenheit dieser einzigen fünf Minuten sich ereignet hat.[16] Der Rest, dem die Bezugsobjekte fehlen, ist entweder falsch, oder die Frage nach wahr oder falsch stellt sich gar nicht erst, oder aber Fragen nach Wahrheit oder Falschheit sind irrelevant, da diese Aussagen den Status theoretischer Sätze haben. Machen wir uns jetzt, hieran anknüpfend, den historischen Instrumentalismus zunutze, indem wir erklären, daß einige Aussagen instrumentalistisch analysiert werden müßten und andere nicht, wobei diese letzteren von etwas handeln, das erst vor ganz kurzer Zeit geschehen ist. Es ist wiederum auffallend, daß auch hier eine entsprechende Aufteilung innerhalb der Klasse der vergangenheits-bezogenen Prädikate vorgenommen werden muß.

Wir können die Gültigkeit solcher vergangenheits-bezogenen Prädikate, die sich auf vergangene – mit gegenwärtig existierenden Objekten zusammenhängende – Objekte und Ereignisse beziehen, so lange zugestehen, wie diese innerhalb der letzten fünf Minuten existiert oder sich ereignet haben. Danach gäbe es echte Drei-Minuten-Eier und nicht lediglich Drei-Minuten-Eier *genannte* Eier. Es gäbe *einige* Väter, *einige* genuine Erinnerungen usw. Sobald wir indessen den willkürlichen Anfangspunkt zeitlich vor- und zurückverlegen, variieren entsprechend die Exemplare dieser verschiedenen Klassen. Verschieben wir ihn weit genug zurück, dann wird jedermann, der gewöhnlich ein Vater genannt wird, auch wirklich Vater sein, und es wird echte Erinnerungen, echte Narben und tatsächlich auch Kanonen geben, die wirklich von Franz I. in Stellung gebracht worden sind. Mehr und mehr Aussagen werden zu solchen, die wirklich von Vergangenem handeln und nicht mehr bloß nützliche Instrumente zur Organisation der Gegenwart sind. Verlegen wir ihn jedoch näher und näher zum gegenwärtigen Augenblick hin, dann wird die Zahl echter vergangenheits-bezogener Prädikate immer geringer, und genuine Aussagen über die Vergangenheit werden immer weniger. Wir erreichen schließlich einen Punkt, an dem die einzigen wirklich noch anwendbaren Prädikate tempus-neutral sind, und die *einzige* Rolle, die den vorgeblich Vergangenheit beinhaltenden Aussagen noch zu spielen bleibt, besteht darin, die Daten der Gegenwart zu organisieren. Einzig der historische Instrumentalismus kann noch Anspruch auf Geltung erheben. Doch gibt es irgendeinen guten Grund, warum wir jenen Punkt nicht erreichen sollten, warum wir den Ursprung der Welt nicht näher und näher zum Jetzt verschieben sollten, bis es eben schließlich überhaupt keine Vergangenheit mehr gibt, nicht einmal eine solche, die nur fünf Minuten zurückliegt? Gibt es keine überzeugende Schranke, die diese temporalen Skeptizismen, von denen es, wie ich bereits dargelegt habe, eine unendliche Anzahl gibt, davor bewahrt, in einen *instantanen* Skeptizismus abzugleiten? Die Antwort lautet, daß es sie nicht gibt und geben kann. Denn kein besserer Beweis kann für eine bestimmte Trennungslinie anstatt für irgendeine andere beigebracht werden, wenngleich, wie ich eingeräumt habe, jede von ihnen *einige* genuine Aussagen über die Vergangenheit zuläßt. Da sie indessen dieses Zugeständnis nicht rechtfertigen können, ist es schwerlich von Belang, daß sie es einräumen.

Ich glaube nicht, daß der instantane Skeptizismus letztendlich überhaupt vertretbar ist. Es ergibt einen eindeutigen, analytisch wahren Sinn, wenn man sagt, daß nur das Gegenwärtige wirklich existiert. Es folgt daraus allerdings, daß die Vergangenheit nicht existiert, doch läuft solche Beweisführung auf wenig mehr als die Trivialität hinaus, daß die Vergangenheit nicht die Gegenwart ist, was wohl schwerlich die Schlußfolgerung zuläßt, daß die Vergangenheit nicht existiert *hat*. Darüber hinaus ist es durchaus nicht klar, ob wir, wenn wir von Gegenwart reden, von einem *Moment* sprechen. Wenn wir auf etwas hinweisen und bemerken, daß es jetzt existiert, dann sagen wir damit nicht, daß seine Existenz in den gegenwärtigen Augenblick eingeschlossen und durch ihn begrenzt ist, denn ein Moment hat keine Grenzen, innerhalb derer etwas zu existieren vermöchte. Ein Moment ist in keinem bedeutenderen Sinne eine Einheit der Dauer, als der Punkt eine Einheit der Ausdehnung ist. Das räumliche Analogon zum instantanen Skeptizismus ist vermutlich ein ›punctiformer‹ Skeptizismus. Wir können jedoch schwerlich davon sprechen, daß Dinge eine punctiforme Existenz hätten. Das würde erfordern, daß bei einem Kreis Mittelpunkt und Umfang zusammenfallen, womit dies Gebilde eben kein Kreis mehr wäre. Die Konsequenz eines punctiformen Skeptizismus ist, daß nichts existiert; das *ist* reiner Skeptizismus. Aber ebenso auch ist instantaner Skeptizismus reinster Skeptizismus. Um ein Ding zu sein, muß etwas Ausdehnung und Dauer haben, und die Leugnung des einen oder anderen von beiden ist die Leugnung der Existenz von Dingen schlechthin.

Natürlich erkennt unsere Zeit Leistungen[17] dort an, wo sie vollbracht werden, und zwar in dem Sinne, wie wir Gilbert Ryles bedeutsame Unterscheidung zwischen Leistungs-Verben wie ›gewinnen‹ und anderen Verben wie etwa ›rennen‹ akzeptieren. Ein Rennen zu laufen erfordert Zeit, es zu gewinnen nicht: man gewinnt *zu* einem Zeitpunkt, aber nicht in der Dauer eines Intervalls. Doch der Sinn solcher Distinktion ginge verloren, wenn jedes Verb ein Leistungs-Verb wäre, und gewiß muß man ein Rennen erst laufen, um jemals sagen zu können, man habe eines gewonnen. Mehr noch, es sind Läufer, die Rennen gewinnen, und Läufer sind Entitäten, die somit eine gewisse Dauer haben: Es gibt Moment-Sieger (jeder Sieger ist ein solcher), aber keine Moment-Läufer. Ein Moment markiert eine Position in der Zeit, ist ein Mittel, Zeit auf ein genaues Maß zu bringen, jedoch, wie ich glaube, nicht selbst ein Teil der Zeit, noch kann man ihm Zeiten als Teile seiner selbst zuschreiben. Momente gehören nicht auf dieselbe Tabelle wie ›Jahr, Monat, Woche, Tag, Stunde, Minute, Sekunde‹ – genausowenig wie Punkte in eine Reihe zu stellen sind mit ›Kilometer, Meter, Zentimeter, Millimeter‹. Das ist schon aus dem Umstand ersichtlich, daß nichts zwei *Momente* lang dauern kann, während doch etwas zwei Stunden, Minuten oder Sekunden dauern kann; ebensowenig kann sich etwas über zwei Punkte ausdehnen. In gewissem Sinne also setzt man, wenn man von Momenten spricht, Dauer voraus, und man kann dementsprechend nicht einen instantanen Skeptizismus vertreten und zugleich damit Zweifel an der Dauer zu erwecken hoffen.

Aus diesen Überlegungen – vorausgesetzt sie sind richtig – folgt, daß man nicht konsequent an einem instantanen Skeptizismus festhalten kann. Meine Beweisführung hat, soweit ich dies überblicken kann, nichts vorausgesetzt, was mit der Kausalität zu tun hätte. Wenn man will, mag man über die exakte Dauer, mit der man das Bestehen der Welt veranschlagt, streiten, jedoch nicht über die Frage, ob die Welt überhaupt irgendeine Zeitdauer habe: Damit sie überhaupt

Welt sein kann, muß sie irgendeine Dauer haben, und die Frage, die zu stellen einzig legitim ist, wäre, wie man sie bemessen soll. Der Mensch, der behaupten will, daß ihre Dauer nur fünf Minuten betrage, ist genötigt zu sagen, daß einige Aussagen über die Vergangenheit wahr sind, und zwar jene, deren referenda innerhalb der zeitlichen Begrenzungen zu suchen sind, die er gesetzt hat. Doch jetzt können wir ihn fragen, wie *er* das wisse. Dies ist kein Problem mehr, dem er ausweichen kann, denn wenn er lediglich erklärt, daß die von ihm angenommene Dauer willkürlich gewählt sei, können wir ihn auf die Instantaneität festnageln. Das Hauptproblem besteht für ihn darin, daß er für seine Wahl nicht optieren kann, ohne etwas zuzugestehen, das als Beweis gelten kann; und wenn er überhaupt etwas zugesteht, warum dann nicht gleich alles? Der Punkt, der die Dauer der Welt betrifft, ist ein empirisches Problem, das prinzipiell entscheidbar ist, und ist es dies nicht, dann gelangt man zwangsläufig zum instantanen Skeptizismus – aber dieser, so behaupte ich, ist unhaltbar. Er ist haltlos, da es in sich selbst widersprüchlich ist, ihn vertreten zu wollen. Man kann nicht von einer instantanen Welt sprechen. Das entspräche der Behauptung, daß es zwar eine Vergangenheit gegeben habe, wir jedoch nicht wissen könnten, daß es sie gegeben hat. Die einzige Position, die man demnach noch vertreten kann, ist ein offener Skeptizismus, und es liegt nicht in unserem Aufgabenbereich, uns auf Diskussionen über ihn einzulassen, denn der reine Skeptizismus wirft für die Geschichtsphilosophie keine *speziellen* Probleme auf.

Das ist der Punkt, so glaube ich, bis zu dem wir gehen können. Wenn wir jetzt eine Hypothese über die genaue zeitliche Dauer, die der Welt zugeschrieben werden soll, bieten wollen, dann müssen wir uns dazu bereit finden, irgend etwas als Beweis für diese unsere Hypothese zu akzeptieren, was sie gegen konkurrierende Annahmen abheben kann. Doch der Umstand, daß wir etwas als Beweis für unsere Behauptung über die Vergangenheit akzeptieren müssen, führt uns wiederum an die Schwelle unseres dritten Einwandes gegen die Möglichkeit, mit Erfolg wahre Aussagen über die Vergangenheit zu treffen. Denn gerade hier überwiegen die relativistischen Faktoren: Aussagen über die Vergangenheit müssen relativ zu Beweismaterialien sein. Bevor wir diese Schwelle überschreiten, möchte ich indessen einen weiteren Punkt zu diesem Einwand in Erwägung ziehen.

Indem wir unsere Schätzung über die genaue Zeitdauer, die der Welt beizumessen sei, revidieren, reaktivieren wir in gesteigertem Maße unser temporales Vokabular und eine steigende Zahl dessen, was man gemeinhin als Kausalgesetze für verbindlich und gültig erklärt. Eine Fünf-Minuten-Welt wäre der Natur der Sache entsprechend zeitlich zu kurz, als daß es in ihr echte Narben geben könnte. Angenommen einmal, es bedürfte eines Monats, bis eine durchschnittlich schwere Wunde vernarbt. Doch eine Welt anzunehmen, die seit einem Monat besteht, gäbe uns zwar einige Narben, jedoch keine echten Fossile. Sagt man, die Welt sei eine Million Jahre alt, so stellt dies den eigentlichen Gebrauch des vergangenheitsbeziehenden Prädikats ›ist ein Fossil‹ wieder her. Je weiter wir zurückgehen, desto geringer wird die Schwierigkeit der Anwendung unserer kausalen Schemata oder unseres temporalen Vokabulars, und wenn jemand sagen würde: Gehen wir davon aus, daß die Welt vor einhundert Millionen Jahren entstanden ist, so ist schwer einzusehen, warum eine solche Behauptung uns überaus skeptisch vorkommen oder weswegen sie für uns von großem philosophischen Interesse sein sollte. Sie gesteht uns die gesamte Humangeschichte sowie einen beträchtlichen Teil der Prähistorie zu, und sollte dieser Jemand gar noch hinzufügen: »vollständig und fertig, mit allem, was in ihr ist«, so würde uns dies kaum Anlaß zur Beunruhigung geben, sofern wir nicht wüßten, wie die Welt zu jener Zeit wirklich ausgesehen hat, und dann allerdings würde unser derart beschaffenes Wissen mit bekannten kausalen Gesetzen und dem gebräuchlichen temporalen Vokabular in Konflikt geraten. Enthielte jene »intakte« Welt, sagen wir, trächtige Dinosaurier, dann müßten wir einige unserer kausalen Vorstellungen revidieren, insofern wir eine derartige Annahme akzeptieren wollen. Doch je einfacher die Inhalte der Welt und je sparsamer die zeitlichen Prädikate, die ihre Beschreibung erfordert, desto weniger grell und disproportional wäre der Begriff der ›Intaktheit‹. Selbst die Schöpfungsgeschichte erfordert nicht, daß die Welt plötzlich ins Dasein getreten ist, sondern nur, daß sie gemacht wurde und sechs Tage nötig waren, sie mit allem gehörig zu versehen. Es liegt, logisch betrachtet, nichts Absurdes in dem Gedanken, daß die Welt erschaffen wurde, oder daß sie vor beliebig langer Zeit erschaffen worden ist. Ich habe nur zu zeigen versucht, daß jede derartige Hypothese, sofern sie willkürlich ist, ins Absurde abgleitet. Doch nicht jede solche Hypothese ist willkürlich, und einzig die Möglichkeit empirischer Bewährung verhindert, daß sie logisch in sich zusammenfällt. Hiermit können wir uns endlich einer neuen Reihe von Schwierigkeiten zuwenden, die mit der Anerkennung der Beweisnotwendigkeit auf uns zukommen.

VI. Beweis und historischer Relativismus

Der historische Relativismus als eine Form des Skeptizismus bezüglich unseres Vermögens, wahre Aussagen über die Vergangenheit zu machen, bildet einen auffallenden Kontrast zu den beiden bisher von uns untersuchten Formen des Skeptizismus. Vor allem anderen hebt ihn heraus, daß er ernst genommen und von einer beträchtlichen Anzahl praktizierender Historiker, darunter einige sehr beachtliche und hervorragende Repräsentanten ihrer Zunft, aktiv vertreten worden ist. Um diese Position behaupten zu können, ist – im Gegensatz zur ersten Art des Skeptizismus – offenbar erforderlich, daß einige Aussagen wirklich auf Vergangenes gerichtet sind und daß es – im Gegensatz zur zweiten Art des Skeptizismus – wirklich eine Vergangenheit gibt, von der solche Aussagen handeln. Daß es wirklich eine Vergangenheit gibt oder gegeben hat, betont vor allem Charles Beard, der von »Geschichte als vergangener Wirklichkeit« spricht, womit all dasjenige gemeint ist, »was von menschlichen Wesen auf diesem Planeten gesagt, getan, empfunden, gedacht worden ist, seit die Menschheit ihren langen, beschwerlichen Weg angetreten hat«.[1] Wir besitzen natürlich keinen direkten Zugang zur Geschichte-als-Wirklichkeit, sondern nur indirekt, vermittels der »Geschichte-als-Urkunde«, d. h. also durch Dokumente, Monumente, Symbole, Erinnerungen oder Ausschnitte und Teilstücke der *gegenwärtigen* Welt, die bestimmte Beziehungen zur Geschichte-als-Wirklichkeit unterhält. Schließlich spricht Beard auch von »Geschichte-als-Gedanke«. Das umfaßt, was *über* Geschichte-als-Wirklichkeit ausgesagt ist, jedoch »vermittelt und abgegrenzt durch Geschichte-als-Urkunde«.[2] Bis hierhin findet sich offenkundig nur wenig, was an dieser Analyse außergewöhnlich wäre[3]: Tatsächlich handelt es sich hier lediglich um die herkömmliche Betrachtungsweise, in der die Tätigkeit des Historikers gesehen wird. Beard weicht von der gängigen Auffassung nur insofern ab, als er der Ansicht ist, daß gewisse kausale Faktoren, die auf Individuen, welche Aussagen über die Geschichte-als-Wirklichkeit zu machen beabsichtigen, einwirken und sie irgendwie davon abhalten, wahre und objektive Aussagen zu treffen. Ich werde mich einleitend jedoch nur mit dem uns vertrauten Teil der Beardschen Darlegungen auseinandersetzen und mich erst danach den relativierenden Faktoren zuwenden, und dies in der Hoffnung, den Nachweis erbringen zu können, daß sie nicht *so* verhängnisvoll sind, wie Beard sowie einige seiner Anhänger und Kritiker anzunehmen geneigt sind.

Es ist nachgerade erfrischend, sich mit einer Auffassung zu beschäftigen, die etwas derartig Beruhigendes für unsere gewöhnliche Vorstellung von der Geschichte besitzt, einer Anschauungsweise, die davon ausgeht, daß wir schließlich doch logisch dazu befähigt sind, Aussagen über die Vergangenheit zu machen, anstatt lediglich solche, die – obzwar auf die Vergangenheit gerichtet – immer irgendwie von ihrem Ziel abgelenkt werden und statt dessen die Gegenwart oder die Zukunft treffen. Beards Zeitgenossen, die Pragmatisten, erklärten kategorisch, daß Aussagen über die Geschichte-als-Wirklichkeit schließlich immer als Aussagen über Geschichte-als-Urkunde gedeutet werden müßten, ganz so, als stünden die Dokumente, Monumente etc. als ein undurchdringlicher, gegen die Möglichkeit einer Aussage abgedichteter Vorhang *zwischen* uns und einer Vergangenheit, die wir nicht zur Sprache bringen können. Es sind hingegen nicht die Dokumente, die *zwischen* uns und der Vergangenheit stehen, sondern ganz im Gegenteil: Sie erst ermöglichen es uns, etwas über eine Vergangenheit in Erfahrung zu bringen, die wir nicht einmal versuchen könnten zu belegen ohne »Überlieferung und Wissen, die durch Kritik beglaubigt und mit Hilfe der wissenschaftlichen Methode geordnet sind«.[4] Sie stellen das Mittel, jedoch nicht den Gegenstand historischer Fragestellung dar. Ronald Butler drückt dies folgendermaßen aus:

»Wenn wir behaupten, ein vergangenes Ereignis zu kennen, so tun wir damit etwas, das von einer bloßen Auswertung des Beweismaterials grundverschieden ist. Bei derartigen Anlässen erscheint uns das Beweismaterial nicht als ein undurchdringlicher Vorhang: Wir geben vielmehr vor, durch das Gewebe hindurch- und darüber hinauszublicken... Dennoch müssen wir dieses ›Durch und über das Gewebe hinaus Blicken‹ etwas näher untersuchen.«5

Es ist dies ein gewiß nicht ganz müheloses Vorhaben, das hier untersucht werden soll, teilweise zumindest – wenn man mir gestattet, die Metapher noch ein wenig zu dehnen, die allerdings nicht voll zum Ausdruck bringt, was ich verdeutlichen möchte – weil wir nur, *indem* wir »durch den Vorhang hindurch- und darüber hinausblicken« das Gewebe selbst erkennen können. Weniger metaphorisch ausgedrückt: indem man etwas als *Beweismaterial* begreift, ist man bereits über das Stadium hinaus, in dem man bloß Feststellungen *darüber* trifft: etwas als Beweis werten, heißt bereits, eine Aussage über etwas anderes machen, und zwar über dasjenige, wofür es als Beweis stehen soll. Indem man *E* als Beweis für O ansieht, betrachtet man *E* verschieden von der Weise, in der man es auffassen würde, wenn man keinen Begriff von O hätte. Etwas als *Beweis* ansehen ist also gleichbedeutend damit, »durch das Gewebe hindurch- und darüber hinauszublicken«.
Mit Beziehung auf Aussagen über die Vergangenheit impliziert der Umstand, daß man etwas – *E* – als Beweis für eine von ihnen nimmt, daß *E* in einer gewissen zeitlichen Perspektive gesehen wird. Und tatsächlich kann es nur vermöge der Beziehung auf die Vergangenheit geschehen, daß wir gewisse Beschreibungen dessen, was wir sehen, beglaubigen können. Einen Reisenden, der aus Venedig zurückgekehrt ist, könnte ich etwa fragen, ob er die *Pietà Rondanini* von Michelangelo gesehen habe. Das ist ein sehr lehrreiches Beispiel, denn vor noch nicht allzu langer Zeit hätten diejenigen, die das inzwischen so benannte Objekt zu Gesicht bekamen, wohl kaum erklärt, sie hätten die *Pietà Rondanini* gesehen: bis vor kurzem

nämlich wurde dieses Objekt für ein aus dem Fundament des Palazzo Rondanini in Rom herausgebrochenes Stück gehalten, und alle jene, die es zu sehen bekamen, haben es als *eben dies* und nichts anderes betrachtet. Wenn wir uns nun auf ein zeitlich neutrales Vokabular beschränken, dann gelten Prädikate für dieses Objekt als wahr, die mit beiden Beschreibungen vereinbar sind; zum Beispiel: es ist aus Marmor, mißt in seiner Längsachse so und so viele Zentimeter, wiegt so und so viele Kilogramm, etc. Wenn man darüber als von einem Stein des Fundaments spricht, gibt man ihm bereits eine zeitliche Dimension, d. h. setzt es zu voraufgegangenen Arbeitsabschnitten der Errichtung eines Bauwerkes in Beziehung. Ganz ähnlich, wenn man es als Statue bezeichnet: Hier wird es auf die voraufgegangene Tätigkeit der Bildhauerei bezogen. Es als von Michelangelo geschaffene Statue zu bezeichnen oder als die letzte seiner vier bekannten Pietàs, bedeutet, daß man von einem ziemlich präzisen zeitlichen Prädikat Gebrauch macht. Weil vorher niemand die Pietà als dasjenige erkennen konnte, worauf dieses Prädikat gültig anzuwenden gewesen wäre, mußte sie ein Stück aus dem Fundament des Palazzo werden. Wichtig daran ist aber vor allem, daß sie, um so bezeichnet werden zu können, mit der Vergangenheit in Verbindung gebracht werden muß, damit man *mehr* darin erblickt als ein Stück Marmor von so und so vielen Zentimeter Länge. Imstande zu sein, es als Arbeit Michelangelos zu erkennen, bedeutet, durch den Vorhang hindurch- und noch weiter gesehen zu haben. Wenn wir dagegen unser zeitliches Vokabular irreduzibel in ein tempus-neutrales Idiom transponieren, sind wir jenseits des Vorhanges. Oder vielmehr, der Vorhang zwischen vergangenheits-bezogener und tempus-neutraler Sprache fällt. Doch in tempus-neutraler Sprache kann nicht davon die Rede sein, daß wir etwas als historischen *Beweis* ansehen.

Nach einer näheren Analogie befragt, würde ich vorschlagen, daß man Objekte der gegenwärtigen Welt als mit Wörtern vergleichbar betrachtet und ihre historische Anwendung sowie ihr Verstehen dem Lesen gleichsetzt. Gewöhnlich kommt wohl kaum jemand auf den Gedanken, die Wörter, in denen etwas niedergeschrieben ist, als einen Tinten-Vorhang *zwischen* uns und der Bedeutung, die sie haben, anzusehen: Beim Lesen sehen wir, wenn man so will, durch die Wörter hindurch und über sie ›hinaus‹ und bemerken tatsächlich kaum jemals die Wörter in ihrem Status als physikalische Objekte, d. h. als Häkchen und Kringel getrockneter Tinte. Es gibt m. E. drei Hauptklassen von Individuen, die *nur* Figuren sehen, wenn ihnen ein mit Schriftzeichen bedecktes Blatt Papier vorgelegt wird: Die Analphabeten, sodann Menschen, die literat in der einen Zeichensprache, aber illiterat in einer anderen sind, und schließlich jene, die unter gewissen Schädigungen des Gehirnes leiden. Der sizilianische Bauer, der einen bestimmten Steinhaufen nicht als normannischen Turm erkennt, ist historisch illiterat: Er weiß nicht, was die Steine *besagen.* Ein Altphilologe, der eine etruskische Inschrift untersucht, weiß bereits, daß die Zeichen eine Bedeutung haben, doch er weiß noch nicht, was sie bedeuten: Er hat nicht gelernt, diese Zeichen zu entziffern, und ist daher gewissermaßen abnorm an den Zeichen *als* Zeichen interessiert. Es ist nicht ganz leicht, ein Beispiel für jemanden zu finden, der dem Fall des Mannes mit der Gehirnschädigung entspricht. Am nächstliegenden scheint mir hier noch jener Philosoph, der beharrlich erklärt, daß *alles,* was wir sehen, gegenwärtige Dinge seien, daß wir die Vergangenheit nicht sähen; kurzum ein Mensch, für den Lesen eine irgendwie geist- und vernunftlose Beschäftigung ist. Gewiß, wir sehen die Vergangenheit hier und jetzt nicht; wir sehen nur, was wir unmittelbar vor uns haben. Doch Lesen ist eine interpretative Tätigkeit, und allein schon, daß man Zeichen als Wörter erkennt, heißt, sie einer Interpretation bedürftig zu erachten. Gewiß können wir nicht den Sinn dessen, was ein Buch ausmacht, in eine unbestimmt lange Reihe von Aussagen über die Buchstaben, mit denen es gedruckt ist, übersetzen, solange wir nicht unsere Vorstellung von einem ›Buchstaben‹ ausweiten und in ihn die genauen begrifflichen Bedeutungen einbauen, die wir durch jene Übersetzung zwangsläufig zu eliminieren bestrebt sein müßten. Nichts anderes lag mir im Sinn, als ich an der Überzeugung festgehalten habe, daß die Sprache der Zeit nicht in einem tempus-neutralen Vokabular paraphrasiert werden kann.

Wenn wir hier zur Beardschen Unterscheidung zurückkehren, dann läßt sich sagen, daß etwas nur vermittels der Beziehung auf »Geschichte-als-Wirklichkeit« als »Geschichte-als-Urkunde« konstituiert werden kann. Demnach ist es ein wenig einfältig, sich darüber zu wundern, wie es möglich sei, von »Geschichte-als-Urkunde« zu »Geschichte-als-Wirklichkeit« überzugehen. Denn schon indem etwas für »Geschichte-als-Urkunde« angesehen wird, hat man diesen Schritt vollzogen. Andernfalls würden wir eben nur *Dinge* sehen. Nur allzu oft beginnen erkenntnistheoretische Diskussionen über die Geschichte mit einer grundsätzlich falschen Annahme: daß wir alle zeitlich illiterat seien. Es wird dann natürlich zu einer drängenden Frage, wie wir von der Gegenwart zur Vergangenheit gelangen können. Die Antwort muß lauten, daß wir es nicht können. Wir könnten es nicht, so heißt es, aus dem einfachen logischen Grund, weil es in jeder Schlußfolgerung von einem gegenwärtigen Datum auf ein vergangenes Faktum notwendigerweise einer allgemeinen Regel bedürfe, eines Prinzips, irgendeines nichthinterfragbar Vorausgesetzten unter den Prämissen unserer Ableitung der folgenden Form: »Wenn *E*, dann *F*«, wobei *E* sich auf ein Gegenwärtiges, Gegebenes bezieht und *F* auf irgendein vergangenes Ereignis. Und es wäre in der Tat ein kniffliges Problem, derartige Voraussetzungen zu begründen, wenn wir nur das Gegenwärtige zum einzig Verfügbaren hätten. Wir könnten solche Voraussetzungen unmöglich verstehen. Sie sind uns indessen hinreichend geläufig, wir verstehen sie dennoch, und jene, die nur eine tempus-neutrale Sprache für sinnvoll erachten, können diese Tatsache schwerlich befriedigend erklären. Man könnte, nach dem Vorbild Kants, sich auf den kategorialen

Charakter der Zeit berufen. Ob dies nun richtig ist oder nicht, sei dahingestellt, jedenfalls ist es nach meiner Auffassung eine Tatsache, daß wir unsere Konzeption von einer Vergangenheit automatisch erwerben, genauso wie wir unsere Sprache erwerben, die reich an vergangenheits-bezogenen Prädikaten ist. Ohne diesen Sachverhalt ist es mir unmöglich, einzusehen, wie Geschichte überhaupt beginnen sollte. Es war eine großartige Erkenntnis Vicos, die Entstehung der Sprache und den Beginn der Geschichte in *einem* Begründungszusammenhang darzustellen. Niemand, so möchte ich behaupten, der seine Sprache ausreichend beherrscht, kann vollständig in der Gegenwart leben. Oder er vermag dies nur durch eine besondere Willensanstrengung und führt, da er eine reichere zeitliche Existenz *zurückweisen* muß, sein Leben nur in einem abgeleiteten, verkümmerten Sinne in der Gegenwart. Ungefähr auf die gleiche Weise, in der Marie Antoinette im Petit Trianon zu Versailles ein künstliches Arkadien durchlebte: ein Fall von *mauvaise foi*.
Diese Überlegungen lassen sich noch in anderer Weise zum Ausdruck bringen. Es ist m. E. schlüssig[6] nachgewiesen worden, daß man keine Definitionen unserer verschiedenen zeitlichen Distinktionen geben kann, ohne daß man sich zumindest stillschweigend in den *definientia* auf die zeitlichen Begriffe bezieht, die bereits in den *definienda* enthalten sind. Es könnte beispielsweise jemand versuchen, die Vergangenheit als etwas zu definieren, was zu erinnern logisch möglich ist. Doch die Verwendung des Wortes ›erinnern‹ im definierenden Ausdruck stellt bereits stillschweigend die Beziehung zum Begriff der Vergangenheit her: Es ist ein Teil der *Bedeutung* von ›erinnern‹, daß dasjenige, was erinnert wird, vergangen ist: ›sich erinnern‹ ist, wie ich es nennen würde, ein vergangenheits-bezogener Begriff. Eine solche Definition wäre also unausweichlich in Zirkelhaftigkeit verstrickt. Entsprechend könnte man es unternehmen, die *Gegenwart* als dasjenige zu definieren, was man *wirklich erfährt*[7]. Daraus folgt, daß Vergangenheit und Zukunft nicht erfahrbar sind. Doch ›Er-

fahrung von etwas haben‹ schließt ein Verhältnis zwischen einem Individuum und etwas ein, das erfahren werden soll, genauer gesagt eine Konfrontation des letzteren mit dem erstgenannten, und in einem relevanten Sinne verstanden, kann man nur einander konfrontieren, was gleichzeitig ist. Der Begriff der Gegenwärtigkeit ist folglich wiederum bereits im definierenden Ausdruck enthalten. Es ist wahr, man kann nun allerdings weitergehen und sagen, daß es logisch möglich sei, sowohl Vergangenheit als auch Gegenwart zu erfahren, doch bedeutet dies bei genauerem Hinsehen lediglich, daß man die Erfahrung von etwas gemacht haben könnte, solange es gegenwärtig war, oder daß man imstande sein werde, etwas zu erfahren, sobald es gegenwärtig ist. Der Begriff der Gegenwärtigkeit ist im Begriff der Erfahrung schon angelegt, so daß es demnach analytisch notwendig ist, daß man nur das Gegenwärtige erfahren kann. Geht man von dieser logischen Tatsache aus und verbindet sie noch mit der Identifizierung von Erkenntnis und Erfahrung, dann wird es überaus schwierig, einzusehen, wie man die Vergangenheit erkennen kann: Die Vergangenheit ist eines jener Dinge, die nicht erfahren werden können. Doch wenn wir nun weitergehen und fragen, wie wir denn, wenn das Gegenwärtige unsere ganze Erfahrung ausmacht, überhaupt das Vergangene wissen und erkennen können, dann gehen wir von einer tempus-neutralen Art der Erfahrung aus. Das aber ist, wie ich dargelegt habe, unrealistisch. Wenn wir auf die Art und Weise achtgeben, in der wir tatsächlich die Welt erfahren, dann müßte die wirklich vordringlichste Frage lauten: Wie ist es möglich, die gegenwärtige Welt so zu erfahren, wie wir es tun, wenn wir die Vergangenheit nicht erkennen? Denn in der Tat – unsere Sprache zeigt dies hinlänglich – erfahren wir die gegenwärtige Welt stets in einem logischen und kausalen Kontext, der mit vergangenen Objekten und Ereignissen verknüpft ist, und demgemäß in Beziehung auf Objekte und Ereignisse, die wir nicht zu dem Zeitpunkt erfahren können, in dem wir die Gegenwart erfahren. Es gibt auch keinen Weg, unseren Begriff der Gegenwart gewissermaßen so zu erweitern, daß jene in die Gegenwart mit aufgenommen werden können. Wenn Proust die in den Tee getauchte *madeleine* erfährt, so *erfährt* er nicht etwa auch Tante Léonie und Combray: Er erinnert sich ihrer mit bemerkenswerter Klarheit, und das zwingend Mitreißende jenes Abschnitts, in dem er all dies beschreibt, hängt von unserem Erkennen ab, daß diese Dinge nicht gegenwärtig sind und es niemals sein werden, daß sie unabänderlich vergangen sind und nur künstlerisch wieder eingeholt, wiedergefunden werden können. Doch wir bemächtigen uns dessen, was wir erfahren, nicht zu der nämlichen *Zeit* wieder, in der wir es erfahren: ›Wiederfinden‹, in jenem spezifisch Proustschen Sinne, ist logisch ein vergangenheitsbezogener Begriff. Prousts Erfahrung mit der *madeleine* ist ein dramatisches Exempel dafür, was typisch und gemeinhin in demjenigen vorgeht, der überhaupt sich eine Vergangenheit erworben hat. Sein Gefühl der *Verwunderung*, kurz nachdem er Gebäck und Tee geschmeckt hat, darüber nämlich, was diese *bedeuten*, ist natürlich von besonderer Art: Es ist einer der Fälle, in denen man momentan nicht imstande ist, etwas zu lesen, was man sonst durchaus zu lesen weiß. Es ist eben dies, daß die Gegenwart als bedeutsam für das Vergangene erfahren wird, ohne daß man so recht zu sagen vermöchte, *wofür* sie bedeutsam ist. Tatsächlich hat er die Gegenwart im Licht der Vergangenheit erfahren, ohne daß er – für einen kurzen, schmerzhaften Augenblick der Ungewißheit – eine Verbindung herzustellen fähig ist, bis ihm dann schließlich klar wird, daß »es der Geschmack des kleinen Stückchens der *madeleine* war, das an jedem Sonntagmorgen in Combray . . ., wenn ich in ihr Schlafzimmer ging, ihr Gutenmorgen zu sagen, meine Tante Léonie mir zu geben pflegte . . .« Weniger persönlich gefärbt und ohne eine vergleichbare Beziehung auf die Erinnerung empfinden wir vielleicht alle dieselbe Verwunderung, wenn wir die Gesteinsblöcke von Stonehenge betrachten: Wir haben die Erfahrung, daß wir nicht imstande sind, zu lesen, wenngleich wir genau wissen, daß wir hier vor

einer Botschaft stehen, die es zu enträtseln gilt. Es ist ein Erfahren der Gegenwart im Lichte der Vergangenheit.
Es gibt zwei unerläßliche Testübungen, denen sich der analytische Geschichtsphilosoph zu unterziehen hat. Die erste besteht in dem Versuch, sich vorzustellen, wie es sein würde, wenn man die Gegenwart erführe, ohne auch nur das mindeste über die Vergangenheit zu wissen. Zweitens sollte er versuchen, sich vorzustellen, wie es wäre, wenn man die Gegenwart bei *gleichzeitigem* Wissen um die Zukunft erführe. Über den letzteren Versuch werde ich später noch einiges mehr zu sagen haben. Doch was den ersteren angeht, läßt sich vorab schon so viel sagen, daß unsere Erfahrung der *Gegenwart* weitgehend eine Sache ist, die von unserer Kenntnis der Vergangenheit abhängt. Wir werden demgemäß die Gegenwart notwendig je verschieden erfahren, d. h. entsprechend den je unterschiedlichen Vergangenheiten, die wir mit jener in Verbindung bringen können. Das Proustsche Werk enthält überaus lehrreiche Beispiele hierfür. Da ist etwa die Unfähigkeit Mme Sazarins, Mme de Villeparisis als alte Frau zu erleben, denn sie erinnert sich dieser Frau noch, als sie einen für manchen Mann verhängnisvollen Charme ausstrahlte, aus einer Zeit, als sie eine gewaltige erotische Anziehungskraft auf Mme Sazarins Vater ausübte; während Marcel, dem diese Vergangenheit verschlossen ist, unmöglich imstande ist, Mme de Villeparisis als etwas anderes denn eine alte Frau zu erleben, in Verbindung mit der erotische Vorstellungen kaum aufkommen wollen. Ich hebe dies besonders hervor, bevor ich mich wieder Beard zuwende. Es ist nicht einfach so, daß gegenwärtige Faktoren die Tendenz haben, unsere Aussagen über die *Vergangenheit* störend zu beeinflussen. Vielmehr tendieren vergangene Faktoren zu einer Beeinträchtigung unserer Erfahrung der Gegenwart, so daß man, etwas salopp gesprochen, sagen könnte, daß Marcel und Mme Sazarin kaum *dieselbe Person* erlebt haben können. Es ist, wie wir noch sehen werden, genau so schwer, das Vergangene aus dem Gegenwärtigen herauszulösen, wie die Zukunft mit der Ge-

genwart zu verbinden. Die *Pietà Rondanini* ist aus einer griechischen Säule herausgemeißelt worden. Vor ihrer Umwandlung konnte man jene Säule als antikes Baudenkmal bewundern. Aber wer konnte sie etwa im 14. Jahrhundert als jene Säule betrachten, aus der später die *Pietà Rondanini* von Michelangelo herausgemeißelt werden sollte?

Beard und die historischen Relativisten im allgemeinen beklagen die Vorteile, derer sich Naturwissenschaftler erfreuen, während sie dem Historiker angeblich versagt seien. Er erklärt, beispielsweise, daß im Gegensatz zum Naturwissenschaftler der Historiker seinen Gegenstand nicht beobachten könne: »Er vermag ihn nicht *objektiv* zu sehen, wie der Chemiker seine Teströhrchen und Verbindungen sieht.«[8] Das ist eine in mancherlei Hinsicht recht seltsame Klage. Unsere eingestandene Unfähigkeit, die Vergangenheit zu beobachten, ist kein der Geschichte selbst inhärenter Defekt, sondern ein Mangel, den zu überwinden ja gerade der Zweck der Historie ist. Ähnlich ist es nicht ein Mangel der medizinischen Wissenschaft, daß Menschen krank werden, sondern es ist gerade jener Mangel der menschlichen Existenz, mit Krankheit behaftet zu sein, *wogegen* die medizinische Wissenschaft auf den Plan gerufen wurde: Wir könnten sie entbehren, wären wir immer gesund. Daß Städte durch große Entfernungen voneinander getrennt sind, wird ebenfalls nicht als Defekt in unserem Verkehrssystem gewertet: Es ist ein Mangel, wenn man es denn so bezeichnen will, zu dessen Überwindung die Verkehrssysteme angelegt worden sind. Gerade weil wir keinen direkten Zugang zur Vergangenheit besitzen, haben wir die Geschichtswissenschaft. Geschichte verdankt ihre *Existenz* dieser Tatsache: sie macht Geschichte erst möglich, anstatt unmöglich oder gar überflüssig.
Es ist nur allzu offensichtlich, als daß es hier noch mühevoller Erklärungen bedürfte, daß Naturwissenschaftler in der Regel keinen Zugang – via direkter Beobachtung – zu ihrem Gegenstand haben. Gerade weil das, womit sie zu schaffen haben,

nicht beobachtbar ist, greifen sie zurück auf detailliert ausgearbeitete Theorien und Techniken, und was die Naturwissenschaftler wirklich direkt beobachten können, steht womöglich in keinem intimeren Verhältnis zu ihrem eigentlichen Gegenstand, als das, was Historiker unmittelbar beobachten können – Münzprägungen und Manuskripte und Tonscherben –, zu ihrem Gegenstand in Beziehung steht. Die Nicht-Beobachtbarkeit des Gegenstandes mag unterschiedliche Gründe haben. Es ist vielleicht eine logische Wahrheit, daß wir die Vergangenheit nicht beobachten können, und lediglich eine Angelegenheit kontingenter Faktizität, daß wir Elektronen oder Gene nicht beobachten können. Doch daß die Gründe einmal logische und im anderen Fall faktisch bedingte sein mögen, hat keinen Unterschied in der *Praxis* zur Folge. Es mag Wissenschaftsgebiete geben, in denen der Gegenstand beobachtbar ist: Wir denken zum Beispiel an gewisse Bereiche der Chemie, an Zoologie und Geologie. Doch diese sind recht eigentlich sehr elementare Wissenschaften im Gegensatz etwa zur Atomphysik, und die Tatsache, daß die am höchsten entwickelten Wissenschaften mit unbeobachtbarem Material zu tun haben, beweist m. E., daß die Nicht-Beobachtbarkeit des Gegenstandes kein erdrückender Nachteil für eine Wissenschaft ist, oder andersherum, daß der Zugang zum Gegenstand nicht unbedingt ein unschätzbarer Vorteil sein muß. Wenn demnach Beard bitter beklagt, daß die »Historiker die Wirklichkeit der Geschichte durch das Medium der Dokumentation ›sehen‹ müssen. Das ist das einzige, worauf sie zurückgreifen können« – dann brauchen wir hier kein Mitgefühl zu verschwenden. Es ist ein nur allzu verbreiteter Grundzug wissenschaftlicher Arbeit, als daß sich daraus irgendwelche *speziellen* Probleme für die Geschichte ergäben. Ich habe auseinandergesetzt, daß ohne die Beziehung auf Geschichte-als-Wirklichkeit der Historiker ein Dokument nicht einmal als solches zu erkennen vermöchte. Ähnlich wären in den Naturwissenschaften ohne das Vertrauen in ihre theoretischen Konzeptionen, welche die unbeobachtbaren Gegebenheiten auf den Begriff bringen, die Wissenschaftler wohl kaum imstande, Zeichen auf photographischen Platten oder Spuren in Nebelkammern oder Oszilloskopen zu deuten. Auch das ist ganz offensichtlich. Es erfordert ein erhebliches Maß an Schulung in theoretischer Arbeit, bevor man in der Lage ist, die relevanten Aspekte solcher Zeichen zu erkennen. Was die Leistungsfähigkeit des optischen Sinnes angeht, mögen wir dem Naturwissenschaftler ebenbürtig sein, doch sehen wir die Dinge dennoch nicht so, wie er sie sieht.[9] Gewiß verhält es sich mit historischen Dokumenten genauso. Wenn wir unfähig sind, diese Dokumente zu lesen, dann bedarf es nicht stärkerer Linsen, sondern historiographische Unterweisung ist vonnöten. Es gibt klare und offensichtliche Unterschiede zwischen Geschichts- und Naturwissenschaften, doch hier verlaufen die Trennlinien nicht.

Es gibt noch einen zweiten Gegensatz zwischen Geschichte und Naturwissenschaft, den Beard aufstellt, und dieser führt uns zum Angelpunkt in der Grundposition des Relativismus. Es ist ein Gegensatz, der sich den unterschiedlichen Sinn des Wortes ›objektiv‹ zunutze macht, jenen Wortsinn nämlich, in dem ›objektiv‹ gegen ›vorurteilsgebunden‹ abgehoben wird. Es ist danach dem jeweiligen Gegenstand, mit dem sich Naturwissenschaftler resp. Historiker befassen, etwas inhärent, das dem Naturwissenschaftler eine Haltung nüchterner Neutralität gestattet, während es den Historikern eine parteiische Einstellung aufzwingt. »Die Ereignisse und Persönlichkeiten der Geschichte involvieren ihrer Natur nach ethische und ästhetische Überlegungen«, schreibt Beard, während im Gegensatz hierzu »Vorgänge in der Chemie und Physik zur Neutralität von seiten des ›Beobachters‹ auffordern.«[10] Es ist wahr, daß Historiker es mit Menschen zu tun haben und daß Menschen sich durch gewisse Verhaltensgewohnheiten auszeichnen. Doch daß dies irgendeinen Unterschied zwischen historischer und naturwissenschaftlicher Praxis zur Folge haben sollte, ist schlechterdings falsch, und läßt man einmal die Frage nach den Konsequenzen ganz beiseite, so ist es doch sehr bemerkenswert, daß gerade ein Historiker eine derartige Behauptung aufstellt. Allein schon eine mäßige Vertrautheit mit der Wissenschaftsgeschichte würde ausreichen, ihr zu widersprechen. Im 17. Jahrhundert zum Beispiel waren gerade die Naturwissenschaftler in ihrer Arbeit durch ethische und ästhetische Überlegungen motiviert, und es konnte angesichts der religiösen und moralischen Atmosphäre, in der sie lebten und arbeiteten, auch kaum anders sein. Es ist sehr fraglich, ob diese Überlegungen den Naturwissenschaften heutzutage völlig abhanden gekommen sind. Das Bild des leidenschaftslosen und kalt-objektiven Naturwissenschaftlers ist selbst ein ethisches Ideal, und auch wenn ihm ein beträchtlicher Teil der Wissenschaftler vielleicht entsprechen mag, wäre es ein Beweis für eine mehr als außergewöhnliche Naivität, wenn man annehmen wollte, daß die Naturwissenschaftler tatsächlich von jener Neutralität sind, die wir so gern bei ihnen sehen möchten. Es gibt einfach zu viele Belohnungen, die mit dem wissenschaftlichen Erfolg verbunden sind, ganz zu schweigen von dem bloßen Wunsch, *recht* zu behalten, als daß wir uns zu der Annahme verleiten lassen sollten, daß die Naturwissenschaftler nicht manchmal sehr mühevolle Anstrengungen machen müssen, ihre Neutralität zu wahren. Claude Bernard schreibt dazu:

> »Menschen, die einen ausschweifenden Glauben gegenüber ihren eigenen Theorien oder Gedanken hegen, besitzen nicht nur die denkbar schlechteste Disposition dafür, Entdeckungen zu machen, sondern auch ihre Beobachtungsfähigkeit ist sehr unzulänglich. Sie beobachten notwendigerweise mit einem vorgefaßten Gedanken, und wenn sie ein Experiment anstellen, suchen sie in ihren Resultaten nur die Bestätigung für ihre Theorie ... Es geschieht ganz natürlich, daß diejenigen, die ein allzu großes Vertrauen in ihre eigenen Theorien setzen, nicht den nötigen Glauben an die Theorien anderer aufbringen ... Die Schlußfolgerung aus allem hier Gesagten ist also, daß es unerläßlich notwendig ist, sowohl die eigene Meinung wie diejenige von anderen zurückzustellen, sobald man den Ergebnissen des Experiments gegenübersteht.«11

Pierre Duhem kommentiert diesen Abschnitt mit den Worten:

> »Eine solche Regel ist nicht leicht zu befolgen. Sie erfordert vom Wissenschaftler das absolute Ausschalten der eigenen Gedanken und das Fehlen jeglicher Animosität, wenn er mit der Meinung einer anderen Person konfrontiert wird; weder Eitelkeit noch Neid sollten seine Einstellung bestimmen ... Freiheit des Geistes, die laut Claude Bernard das eine und einzige Prinzip der experimentellen Methode darstellt, hängt nicht nur von intellektuellen, sondern auch von moralischen Bedingungen ab, was ihre Bewährung noch seltener und verdienstvoller macht.«[12]

Dabei ist zu bemerken, daß es hier nicht um die willkürliche Entstellung von Resultaten geht. Beard behauptet nicht von den Historikern, so wenig wie Bernard und Duhem von Naturwissenschaftlern, daß es ihnen schwerfalle, der Versuchung zu Fälschung und Täuschung zu widerstehen. Es handelt sich vielmehr um einen Fall *unwillkürlicher* Entstellung und Verzerrung, die mannigfaltige Gründe haben mögen. Doch auch hier wiederum ist Duhems Beobachtung – daß es *schwer* sei, Objektivität zu wahren; daß es lobenswert sei, wenn es gelinge, und daß der Naturwissenschaftler folglich nicht automatisch dazu veranlagt sei – geeignet, Beards Unterscheidung um ein Erhebliches zu mildern, wenn nicht gar gegenstandslos zu machen. Eine Disposition zum Vorurteil ist ein den verschiedenen Disziplinen durchaus Gemeinsames.

Es gibt, jedenfalls nach Auffassung Beards, gewisse Faktoren, die jeden Versuch des Historikers, sich Offenheit gegenüber den Fakten und Freiheit des Geistes zu erhalten, letztlich zunichte machen: »Welcher Anstrengungen zur Purifizierung der Historiker sich auch immer unterziehen mag, er ist und bleibt menschlich, ein Geschöpf von Zeit, Raum, Lebensumständen, Interessen und Kultur.«[13] Es ist nicht ganz leicht, zu erkennen, ob es sich hier implizit um einen Seitenhieb gegen oder um ein implizites Kompliment für die *Naturwissenschaftler* handelt. Doch wenn der Umstand, daß auch sie menschlich sind, über menschliche Interessen und Vorlieben verfügen, etc., sie nicht davon abhält, die Wahrheit zu finden, dann ist schwer einzusehen, warum es für die Historiker anders sein sollte. Historiker mit verschiedener Herkunft können sich natürlich verschiedenen Gegenständen zuwenden, doch ihre je unterschiedliche Provenienz verlangt ihnen nicht automatisch ab, daß sie nicht jeder für sich wahre Aussagen machen können. Die klassische philosophische Kritik an der relativistischen Anschauungsweise hält dieser vor, daß sie die Ursachen für einen Glauben und die Gründe für einen Glauben konfundiert. Die Tatsache, daß es *Ursachen* für einen Glauben geben müsse, ist ganz offensichtlich unabhängig von der Frage, ob dieser Glaube zureichend begründet ist, und *diese* Frage ist entscheidbar, trotz eingestandener Unkenntnis der Ursachen, die auf den Menschen eingewirkt haben mögen, der sich zu jenem bekennt. Ein Autor mag sich wegen seines katholischen Hintergrundes beifällig zu der Behauptung äußern, daß die Familie Borgia bis ins letzte Glied tugendhaft gewesen und in übler Weise verleumdet worden sei. Es steht ihm frei, seine Meinung zu vertreten, und es geschieht einzig auf der Grundlage der von ihm beigebrachten Beweise, daß wir uns für oder gegen seine Auffassung entscheiden. Tatsächlich mögen seine Motive ihn mit einem besonderen Sensorium für derartige Dokumente und Interpretationsmöglichkeiten ausstatten, die von *weniger* engagierten Historikern niemals bemerkt worden wären. Naturwissenschaftler nicht weniger als Historiker sind Ursachen unterworfen. Doch in der Naturwissenschaft so wenig wie in der Geschichtswissenschaft sind ad-hominem-Gründe für das Akzeptieren oder die Ablehnung einer Annahme maßgeblich. Es läßt sich kaum eine niederträchtigere Unterstellung denken als diejenige, die ernsthafte Zweifel gegenüber einer Meinung anempfiehlt, indem sie erklärt, warum jemand darauf verfallen konnte. Man könnte beispielsweise Beards Meinung durch einen Hinweis auf den Umstand erklären wollen, daß er Historiker gewesen ist und sich demgemäß überwiegend für die *Ursachen* interessierte, die dem menschlichen Meinen zugrunde liegen.

Allein, diese Tatsache *hervorheben* heißt nicht, Beards These widerlegt zu haben, noch können wir sagen, daß seine These irrig sei, *weil er Historiker gewesen ist.* Sie ist irrtümlich in eben dem Sinne, wie es jede These ist, die nicht mit den Tatsachen übereinstimmt. Das soll nicht heißen, daß dasjenige, was Beard zu sagen hat, nicht gleichwohl wichtig und bedeutsam ist. Ich selbst habe stets darauf hingewiesen, daß die Zeit, zu der seine Ausführungen gemacht worden sind, einer der Faktoren ist, die bei der Bewertung einer historischen Aussage in Betracht gezogen werden müssen, und es mag durchaus wahr sein, daß dies bei wissenschaftlichen Aussagen nicht immer der Fall sein muß, wenn zum Beispiel letztere keine spezifischen zeitlichen Implikationen haben.

Natürlich sind auch hier sorgfältige Unterscheidungen bzw. Einschränkungen angebracht, denn es ist klar erwiesen, daß es in gewissem Sinne von Wichtigkeit sein kann, einer vorliegenden Theorie eine Zeitangabe zuzuordnen. Ernest Nagel hat zum Beispiel nachgewiesen, daß wir ohne eine derartige Restriktion nicht von der Reduzierbarkeit der Thermodynamik auf die Mechanik sprechen können.[14] Denken wir dabei an die Mechanik zur Zeit Newtons, dann ist solche Reduktion nicht durchführbar. Demgemäß müssen wir von den mechanischen Theorien sprechen, wie sie zu einer bestimmten Zeit vertreten worden sind. Nichtsdestoweniger ist es ein kontingentes Faktum, daß die eine mechanische Theorie im 17. Jahrhundert vertreten worden ist und eine andere im 19. Jahrhundert. Hinsichtlich der Logik der Reduktion ist ein zeitlicher Bezug nicht wesentlich erforderlich, was allerdings im Falle der Geschichte anders ist. Doch ist dies eine Angelegenheit, der ich mich später zuwenden will. Zuvor möchte ich auseinanderlegen, was m. E. das wesentliche Mißverständnis in der Beardschen Analyse ist.

Es gibt viele grundsätzliche Unterschiede zwischen Geschichte und Naturwissenschaften, doch ich denke, daß wir in unseren ersten Scharmützeln mit Beard einen Einblick darein gewinnen konnten, mit welch nahezu unheimlichem Spürsinn es ihm gelungen ist, keinen davon als solchen zu identifizieren. Ich will versuchen, diese seltsame Blindheit durch den Nachweis zu erklären, daß Beard einem totalen Mißverständnis der Naturwissenschaften aufgesessen ist. Festhaltend an einer abwegigen Vorstellung von Naturwissenschaft, mußte er sie gegen die Historie – eine Disziplin, die er mit unvergleichlichem Geschick beherrschte – absetzen. Nachdem er eine Diskrepanz zwischen Historie, wie er sie verstand, und Naturwissenschaft, wie er sie mißverstand, festgestellt hatte, gelangte er zu der Schlußfolgerung, daß es der Historie wesentlich inhärente Mängel gebe, für die sich in der Naturwissenschaft keine Entsprechung finde. Diese »Mängel« bilden nun allerdings einen Grundzug auch der Naturwissenschaft, und sobald wir dies erkannt haben, sind wir sogleich imstande, die Quelle des Beardschen Irrtums aufzuklären und uns von jener Entgegensetzung von Geschichte und Naturwissenschaften, wie er sie auffaßte, zu befreien. Doch es ist nicht nur so, daß diese sogenannten Mängel in der Historie etwas sind, das sich ebensowohl in den Naturwissenschaften findet. Sie sind vielmehr das *sine qua non* der empirischen Untersuchung überhaupt, *einschließlich* der Geschichte.

Was Beard an der Geschichte so beunruhigend fand, war nicht so sehr, daß die Hypothesen des Historikers *verursacht* sind, sondern daß die Historiker überhaupt auf Hypothesen zurückgreifen müssen. Gleich als ob der Gebrauch von Hypothesen ein irgendwie fatales, verunstaltendes *faute de mieux* innerhalb der historischen Untersuchung sei, das in sie Eingang gefunden hat als Konsequenz unserer eingestandenen Unfähigkeit, dasjenige zu sehen und zu beobachten, was herauszufinden wir vornehmlich interessiert sind. Gerade an diesem Punkt beginnen wir das Irreführende der Analogie oder Metapher zu erkennen, derzufolge wir die Vergangenheit (Geschichte-als-Wirklichkeit) durch das Medium der Dokumente (Geschichte-als-Urkunde) »erblicken«. Das Vorurteil lautet hier, daß wir erkennen, was wir sehen können, und *nur* was wir sehen können, und daß wir dementsprechend, wollen wir die Vergangenheit erkennen, irgendwie imstande sein müssen, sie zu sehen: Denn wie können wir andernfalls (und dies war das Problem, das Lewis bedrängte) überhaupt die Vergangenheit erkennen? Während es wohl kaum einen Zweifel daran geben kann, daß das Beobachten ein wesentlicher, nicht eliminierbarer Bestandteil unserer empirischen Erkenntnis ist, so ist es doch keineswegs das einzige, sie erschöpfende Charakteristikum. Gleichwohl bildet es einen hinlänglich bezeichnenden Grundzug wissenschaftlicher Untersuchung, so daß man, verknüpft man ihn zudem noch mit jenem Vorurteil, das Erkenntnis und Beobachtung identifiziert, durchaus das dringende Bedürfnis des Empirismus verstehen kann, eine vollständige, bruchlose Übersetzung der Wissenschaftssprache in ein Beobachtungs-Vokabular zu erreichen. Daraus erklärt sich der Reiz von Pragmatismus und Phänomenalismus als Varianten des radikalen empiristischen Programms, ein Reiz, der dunkel auch von Beard empfunden worden ist, der mit der Überzeugung jemandes schrieb, der glaubt, daß Major-Prämissen irgendwie fatal entstellende Fehler in Syllogismen hervorrufen müßten oder daß jedenfalls die Verwendung von Syllogismen in gewissem Sinne ein verhängnisvoller, verunstaltender Makel in der historischen Arbeit sei. Man hat nur vermittels einer Schlußfolgerung Zugang zur Vergangenheit, und solche Rückschlüsse zu ziehen, erfordert (oder setzt voraus) gewisse theoretische Sätze – seien diese nun explizit gemacht oder nicht –, die das Gegenwärtig-Evidente mit der vergangenen Tatsache verknüpfen. Doch in Wirklichkeit sind es nicht derartige Sätze, die Beard hauptsächlich interessieren. Es ist, denke ich, vielmehr die Tatsache, daß wir in der einen oder anderen Weise Theorien einsetzen, um die Ereignisse zu *organisieren,* wofür in der Geschichte-als-Überlieferung der Beweis zu sehen ist. Beards doch recht merkwürdige Überzeugung war es, daß Theorien in diesem Sinne in der Naturwissenschaft keine Verwendung fänden, daß man in der Naturwissenschaft die Dinge genauso sehen könne, wie sie eben sind. Könnten wir die Ereignisse einfach sehen, so wäre das geradezu ideal. Doch wir können es nicht. Also greifen wir auf Hypothesen zurück. Und das ist irgendwie eine schlechte Sache.

Beard schreibt:

> »Jede umgreifende Hypothese oder jeder überwölbende Begriff, die verwendet werden, um in der geschriebenen Geschichte vergangenen Ereignissen Kohärenz und Struktur zu geben, sind bereits in irgendeiner Weise Interpretation, etwas Transzendentes.«14a

Nun glaube ich allerdings, daß Historiker solche »umgreifenden Hypothesen« verwenden, daß geschriebene Geschichte sich ihrer bedienen muß, und ich werde dies später noch im einzelnen darlegen. Hier indessen liegt mir nur daran, zwei Fragen aufzuwerfen. Die erste lautet, ob dieser an der Geschichte bemerkte Sachverhalt als solcher dazu dienen kann, jenen Gegensatz zu verankern, den Beard zwischen Geschichte und Naturwissenschaft festgestellt zu haben glaubt. Und zweitens, ob es *innerhalb* der Geschichte selbst einen Gegensatz gibt, nämlich zwischen solchen Partien geschriebener Geschichte, die von jenen übergreifenden Hypothesen Gebrauch machen, und solchen, für die dies nicht gilt. Das soll heißen: Selbst wenn sich in jedem Stück Geschichtsschreibung erweisen sollte, daß derartige Begriffe verwendet worden sind, können wir uns denn überhaupt – zumindest ideell – ein Stück geschriebener Geschichte denken, in dem dies nicht der Fall wäre und das mithin Beard als jene Art von *objektiver* Historie zufriedenstellen müßte, die bislang in der Geschichte – sehr zu ihrem Schaden – noch nicht erreicht werden konnte? Wie müßte eine solche Darstellung aussehen?
Halten wir zunächst fest, zu welchen Aussagen der Beweisgang uns berechtigt: (a) eine Theorie kann richtig oder unrichtig sein, unabhängig davon, was jemanden dazu veranlaßt hat, diese Theorie aufzustellen; (b) als allgemeine Regel gilt, daß wir durch Beobachtung bestimmen, ob eine Theorie richtig ist; und (c) nichts kann als Beobachtung gelten, ausgenommen

eine irgendwie geartete Theorie. Geben wir sodann noch die Vorstellung von jenem Historiker auf, der durch einen Vorhang von Dokumenten blickt, in dem Versuch, aus vergangenen Ereignissen sich eine Landschaft zu erschaffen. Sehen wir ihn vielmehr als jemanden, der irgendeine *Darstellung* vergangener Ereignisse zu testen, zu untermauern oder nachzuprüfen versucht, indem er den Blick auf »Geschichte-als-Urkunde« richtet. Dies würde meine früher gemachte Beobachtung noch sinnfälliger machen, daß wir das, was wir als »Geschichte-als-Überlieferung« auffassen, nicht sehen könnten ohne den impliziten Bezug auf »Geschichte-als-Wirklichkeit«. Man möchte herausfinden, ob eine gewisse Darstellung der Vergangenheit richtig ist. Man stellt dann dasjenige an, was zu Recht eine historische Beobachtung genannt werden kann. Man prüft die Belege, salopp ausgedrückt. Doch nebenher ist daran zu erinnern, daß ›ist eine Urkunde‹ ein relationales Prädikat darstellt. Wir sprechen von Dingen als Urkunden *für*. Wenn demnach etwas richtig als Urkunde bezeichnet werden soll, muß das so benannte Ding bereits in einer gewissen Beziehung zu etwas anderem stehen. Ich versäume indessen nie, hervorzuheben, daß man sozusagen nicht nackt in die Archive geht. Doch dann, so mag eingewendet werden, könnte man ebensogut sagen, daß man nicht nackt in die Laboratorien geht. »Es ist unmöglich«, schrieb Duhem, »auch die Theorie, die man testen will, außerhalb der verschlossenen Labortür zu lassen, denn ohne Theorie ist es unmöglich, auch nur ein einziges Instrument einzustellen oder einen einzigen Meßwert zu interpretieren.«[15] Ohne Theorien »wären die Meßwerte ohne jeden Sinn«. Es wird offenkundig geworden sein, daß meine Sympathien voll und ganz dieser Darstellung Duhems gelten, einer Darstellung, an die man – wäre dies eine wissenschaftstheoretische Arbeit – ein Höchstmaß an sorgfältiger Analyse wenden könnte. Ich zitiere sie hier dennoch, und zwar wegen des merklichen Gegensatzes, in dem sie zu jenem impliziten Bild der Naturwissenschaft steht, von dem Beard beherrscht zu sein scheint.

Beard stand, wie ich Anlaß habe zu vermuten, im wesentlichen in der philosophischen Tradition Bacons, und es gibt auch bei ihm den für Bacon typischen Irrtum im Denken. Bei Bacon findet sich der richtige und bedeutsame Hinweis darauf, daß die Menschen dem störenden, entstellenden Einfluß einer Mannigfaltigkeit verschiedenster Vorurteile ausgesetzt sind, die er als »Idole des menschlichen Verstandes« charakterisierte. Wenn es einen Fortschritt in der Erkenntnis geben soll, dann müssen wir, so glaubte er, uns dieser Idole entledigen und der Natur frisch und ohne Vorverständnis gegenübertreten. Dann jedoch geht Bacon unvermittelt – beinahe so, als sei er einem Scherz aufgesessen – von diesem begrüßenswerten Ratschlag zu der entschieden abzulehnenden, irrigen Auffassung fort, daß wir uns der Natur ohne jegliche *Theorie* zuwenden. Er dachte tatsächlich, daß seine eigene Methode der »wahren Induktion«, angewandt von Männern mit offenem Geist, es diesen gestatten werde, vermittels einer komplex gegliederten Fülle von Tabellarisierungen und ohne Zuhilfenahme von Theorien zu der eigentlichen »Form« der Phänomene zu gelangen. Wir wissen heute, daß Bacons System seinem Wesen nach unmöglich ist[16], daß die Naturwissenschaft, wäre sie Bacon verhaftet geblieben[17], sich in eine Sackgasse verrannt hätte und daß Bacon demzufolge nicht zu dem großen Präzeptor der wissenschaftlichen Revolution werden konnte, die er sich erhofft hatte, denn *diese* Revolution gründete sich auf den Gebrauch einer Methode – der hypothetisch-deduktiven Methode –, die Bacon selbst zutiefst zuwider gewesen wäre. Beard war Schüler Bacons in dem genauen Sinne, daß er nicht etwa nur annahm, die Naturwissenschaft könne auch ohne Hypothesen auskommen, sondern überzeugt war, es gelänge ihr dies tatsächlich; und daß Hypothesen von der gleichen Art seien wie die Idole des menschlichen Verstandes.

Die Frage »Kann die Physik objektiv sein?« mutet uns seltsam an, doch wohl kaum so sonderbar wie die folgende Begründung einer negativen Antwort darauf: Die Physik ist nicht objektiv, weil sie Theorien und Hypothesen verwendet. Das Absonderliche dieser Antwort liegt wohl in der Tatsache, daß nur unter größten Schwierigkeiten auszumachen ist, was man, klammert man Theorien und Hypothesen aus, desgleichen Testverfahren und Auswertung, überhaupt noch unter Physik verstehen soll. Doch wenngleich als Tatsache angesehen werden kann, daß Physiker in unterschiedlichen Graden objektiv sein mögen, was es mehr persönlichen und philosophischen Erwägungen gestatten mag – oder auch nicht –, bestimmenden Einfluß auf ihre Deutung der Phänomene zu üben, so käme man mit dieser Tatsache doch nicht sehr weit, wenn sie einzig vermöge der Anwendung von *Theorien* automatisch disqualifiziert wären, objektiv zu sein. Wollte ein Physiker den Gedanken ernst nehmen, daß grundsätzliche Unvereinbarkeit zwischen seinem Wunsch nach Objektivität und seinem Gebrauch von Theorien bestehe, so wäre nicht leicht einzusehen, wie es ihm noch gelingen könnte – es sei denn, er fände anderswo Beschäftigung –, sich auch fürderhin als objektive Person zu betrachten. Er sollte sein Betätigungsfeld dann freilich nicht in der Geschichtswissenschaft suchen. Nicht, wenn Beard recht behalten sollte. Und ich habe auseinandergesetzt, daß er bezüglich der Geschichte recht hat. Er hat gründlich unrecht in allem, was die Naturwissenschaft angeht, und dementsprechend sind auch seine Vorstellungen über die gesamte Struktur empirischer Erkenntnis falsch. Denn eben das Kriterium, dessen er sich bedienen wollte, um neidvoll und verzweifelt zwischen Geschichte und Naturwissenschaft einen scharfen Trennungsstrich zu ziehen, erweist sich schließlich als ein wichtiger, beiden gemeinsamer Grundzug. Bemerkenswert allerdings ist, daß er hinsichtlich der Geschichte überhaupt zu richtigen Schlußfolgerungen gelangen konnte. Denn man findet gewöhnlich nicht ausgesprochen, daß die Geschichte sich allgemeiner Begriffe und Theorien bedient. Gewöhnlich wird nämlich mit dem *umgekehrten* Argument die Trennlinie zwischen Geschichte und Naturwissenschaft gezogen und werden beide etwa in der Weise einander entgegengesetzt, wie man es mit Tatsache einerseits und Theorie andererseits tut.

An diesem Punkt möchte ich mein Augenmerk auf eine Variante der Beardschen Auffassung richten, die in W. H. Walsh ihren Verteidiger gefunden hat und deren nähere Überprüfung – so hoffe ich jedenfalls – dabei helfen mag, einige weitere philosophische Grundzüge des relativistischen Standpunktes aufzuzeigen. Gewiß steht Walsh den Thesen Beards überaus kritisch gegenüber, doch dessenungeachtet glaubt er, daß schließlich doch einiges zu ihren Gunsten gesagt werden könnte. Er hebt hervor, daß Historiker oftmals theoretische Auffassungen sehr spezieller Art vertreten und daß sie – wenngleich manche von ihnen, zum Beispiel Marxisten, diese dramatischer als andere hervorkehren – ausnahmslos irgendwelchen Überzeugungen anhängen. Er spricht von Interpretationsschemata, an denen ein Historiker voraussichtlich selbst angesichts solcher Fakten festhalten wird, die anderen als überwältigender Gegenbeweis zu seinen Auffassungen erscheinen mögen. Und manche Theorien werden »mit größerer Überzeugung« vertreten, »als ... wenn es sich um bloße empirische Hypothesen handelte«.[18] Angenommen, es gibt derartige Theorien wirklich, was würde dann die Hartnäckigkeit erklären, mit der sie behauptet werden? Walsh findet die Antwort in den »unterschiedlichen philosophischen Überlegungen ... moralischen und metaphysischen Überzeugungen ... in einer allgemeinen Philosophie, die sich auf vielen Gebieten bewährt hat«.[19] Historiker also »nähern sich der Vergangenheit jeweils mit den ihnen eigentümlichen philosophischen Ideen, und das ... hat natürlich entscheidenden Einfluß auf die Art und Weise, in der sie sie interpretieren«. Andererseits jedoch, so räumt er ein, ist schwer zu begreifen, wie die Historiker anders verfahren sollten: Wir könnten nicht einmal »anfangen zu verstehen, solange wir nicht einige Aussagen über die menschliche Natur voraussetzen, solange wir keinen Begriff davon haben und anwenden, was im menschlichen Verhalten vernünftig oder normal genannt werden kann«.[20] Wenn dem so ist, dann werden die Interpretationen der Vergangenheit, wie sie der Historiker gibt, in gewissem Maße von jenem Bezugsrahmen aus Voraussetzungen abhängig sein, die das menschliche Verhalten betreffen, mit dem er sich auseinanderzusetzen hat; und Historiker mit unterschiedlichen philosophischen Überzeugungen werden Interpretationen liefern, die diesen gemäß je voneinander abweichen. Walsh führt dazu näher aus, daß diese Argumentationslinie lediglich jene, die Hume in seiner berühmten Widerlegung der Wunder verfolgt, auf menschliches Verhalten ausdehne. Hume behauptet, daß »wir solchen Zeugnissen in der Vergangenheit keinen Glauben schenken können, deren Auftreten die Gesetze der physikalischen Natur außer Kraft setzen würde«.[21] Weil er philosophisch gewissen Voraussetzungen hinsichtlich dessen, was in der Natur »normal oder vernünftig« sei, verpflichtet gewesen ist, hätte Hume einer erheblich anderen Interpretation biblischer Ereignisse den Vorzug gegeben als etwa jemand, der frömmer oder anpassungswilliger war.

Auch hier besteht kein Anlaß, offenkundige Tatsachen abzuleugnen. Historiker hängen, mit graduell verschiedener, mehr oder weniger expliziter Bewußtheit, vielfach veränderlichen Voraussetzungs-Komplexen bezüglich der Art und Weise an, in welcher sich die Menschen verhalten. Sehen wir einmal für gesichert an, daß sie, wenn sie sich mit menschlichem Verhalten befassen, *irgendeiner* solchen Reihe von Voraussetzungen anhängen müssen. Die Frage, die jetzt zur Entscheidung ansteht, lautet, ob dies nun Tatsachen sind, die in einzigartiger Weise der Geschichte zukommen, und es scheint mir offensichtlich, daß dies nicht zutrifft. Auf jeglichem Untersuchungsfeld verfügen wir über einige Kriterien für normales Verhalten und neigen zu Feindseligkeiten oder Verdächtigungen gegenüber solchem Belegmaterial, das diese Kriterien zu verletzen scheint. Oftmals auch sind wir geneigt, an unseren Kriterien über lange Zeit festzuhalten, bevor wir auch nur einzuräumen gewillt sind, daß uns echtes, ihnen direkt zuwiderlaufendes Beweismaterial vorliegt. Das ist jedoch in den Naturwissenschaften anders als in der Geschichte. Greifen wir Humes Beweisführung von vorhin wieder auf, dann wird ersichtlich, daß das behauptete Eintreten von Wundern zumindest genauso unvereinbar mit unseren Kriterien für ein allgemein anerkanntes *physikalisches* Verhalten ist, wie es unseren Kriterien für menschliches Verhalten gegenläufig sein würde. Und tatsächlich war es ja die Konsequenz eines offenen Konflikts zwischen der Behauptung von Wundern einerseits und physikalischen Theorien andererseits, daß Hume sich rational verpflichtet fühlte, jene ersteren für unmöglich zu erklären.

Allerdings ist die Sache hiermit noch nicht ausgestanden, und worauf Beard und Walsh sich gemeinschaftlich berufen, mag letztlich einige wichtige Tatsachen über die Geschichte zutage fördern. Es könnte nun jemand vorbringen, daß es überaus leicht sei, anzugeben, ob dieser oder jener Historiker dezidierter Marxist oder eingeschworener Freudianer ist. Die theoretischen Voraussetzungen sind in derartigen Fällen unschwer zu identifizieren. Doch Walsh will nachdrücklich zu verstehen geben, daß es nicht jene Historiker allein und ausschließlich sind, die solche Voraussetzungen mitbringen. Wir selbst sind nicht frei davon, nur sind die unseren vielleicht anders beschaffen, und wenn wir *deren* Voraussetzungen zurückweisen, so nur, weil wir uns einer Reihe anderer, nämlich unseren eigenen, verschrieben haben, Voraussetzungen, die vielleicht unserem allgemeinen begrifflichen Bezugssystem so fest eingepaßt sind, daß wir uns kaum noch der Tatsache bewußt sind, sie zu haben. In der Tat, was gemeinhin als ›gesunder Menschenverstand‹ durchgeht, mag gerade eine Reihe solcher Voraussetzungen sein. Es ist womöglich gar nicht leicht, diese ›Vormeinungen‹ in einer erschöpfend expliziten Weise zu ermitteln. Nichtsdestoweniger können wir ungefähr imstande sein, zum gegebenen Zeitpunkt anzugeben, wann etwas nicht mit demjenigen übereinstimmt, was wir als normales oder vernünftiges Verhalten betrachten. Wir empfinden einen gewissen Schock oder registrieren ein gewisses Gefühl der Überraschung, wenn wir von irgendeiner besonderen Verhaltensweise erfahren, und dieser Schock oder diese Überraschung sind ein sicheres Anzeichen dafür, daß unsere common-sense-Anschauungen einem Angriff ausgesetzt worden sind. Ist dieser Schock tiefgreifend genug, werden wir dazu veranlaßt, die Kunde davon einfach für unglaubwürdig zu halten. Das ist es offenbar, was Walsh zum Ausdruck bringen wollte, wenn er schreibt:

»Wenn ich meinem Material irgendeinen Sinn abgewinnen will, kann ich nicht umhin, einige allgemeine Beurteilungen über die menschliche Natur abzugeben, und in diesen wiederum finde ich meine eigenen Anschauungen beständig wieder aufleben. Ich finde mich unwillkürlich durch dieses Ereignis schockiert und zeige mich von jenem befriedigt, indem ich unbewußt diese Handlung als vernünftig und jene als das genaue Gegenteil davon ansehe.«21a

In dieser Weise formuliert, handelt es sich hier um eine – wie ich meine – wesentlich mildere Auffassung der Dinge, als Hume sie vertritt. Denn es fehlt der Hinweis darauf, daß wir unser Schockgefühl als Kriterium dafür nehmen könnten, was wirklich geschehen sein müsse oder unmöglich geschehen sein könne. Es ist schwerlich mit gesundem Menschenverstand unverträglich, die Annahme zu machen, daß seltsame und unsere begrifflichen Schemata irritierende Dinge wirklich geschehen, nicht zu reden von verabscheuungswürdigen und moralisch schockierenden Dingen. Ich mag Suetons Bericht über Kaiser Neros dolce vita moralisch schockierend finden, ein anderer aber findet vielleicht Gefallen daran; ich mag Genugtuung darüber empfinden, daß er abgetan und tot ist, und ein anderer nimmt die Tatsache als solche gleichmütig zur Kenntnis. Er teilt weder meine Indignation noch meine tiefempfundene Befriedigung. Das kann der einzige Punkt sein, in dem wir nicht übereinstimmender Meinung sind. In der Tat: Würden wir uns über die Tatsachen nicht vorab einig sein, so gäbe es gar keinen Platz für abweichende moralische Wertungen. Daß wir moralisch andere Auffassungen vertreten, ist kaum unvereinbar mit unserer jeweiligen Befähigung, dieselben Berichte als wahr oder falsch zu bewerten. Demnach können die Faktoren, auf welche Walsh hier unser Augenmerk lenkt, wohl unsere Einstellung gegenüber Ereignissen beeinflussen, doch bleibt unsere Eignung zum Historiker davon unberührt. Gewiß hatte er aber mehr und Aufregenderes im Sinn als dies, wenn er seine Auffassungen mit denen Humes verband. Ich nehme jedenfalls an, daß er folgendes zu sagen beabsichtigte: Fraglos gestattet der gesunde Menschenverstand das Auftreten irgendwelcher Dinge, die gemessen an einer gegebenen Reihe von Voraussetzungen *überraschend* und *schockierend* sind – wobei Schock und Überraschung uns gänzlich unbekannt wären, *hätten wir nicht* einige feste Vormeinungen[22] –, doch es gibt gewisse Berichte, die wir einfach nicht als Wahrheit passieren lassen würden, ganz gleich welche ›Beweise‹ dafür beigebracht werden mögen. Wenn zum Beispiel jemand sagen würde, daß Platon, als er drei Tage alt gewesen, die *Gesetze* geschrieben habe, wobei er ›drei Tage alt‹ in genau demselben Sinne gebrauchte, wie es unserem wirklichen Sprachgebrauch entspricht, und er als die ›*Gesetze*‹ genau die Schrift bezeichnete, die gewöhnlich so genannt wird, dann würden wir wohl allgemein der Überzeugung sein, daß keine noch so erdrückende Menge von Beweisen uns dahin bringen würde, jener Aussage Glauben zu schenken.[23] Demnach dürfen wir sagen, daß es gewisse vorgefaßte Konzeptionen von einer Art gibt, an denen gemessen jedes Zeugnis, das ihnen inkompatibel ist, als historisch unzulässig verworfen werden muß. Das war mehr oder weniger auch die Einstellung Humes gegenüber Wundern. Und mehr oder weniger vertrat auch Bradley nach Auffassung Walshs diesen Standpunkt, wenn er in seinen *Presuppositions of a Critical History* erklärte, daß wir nur solche Berichte von Ereignissen als glaubwürdig (oder zulässig) ansehen dürfen, für die es in der gegenwärtigen Erfahrung irgendeine Analogie gibt.[24]

Kriterien für die Zulässigkeit geschichtlicher Zeugnisse führen in der historischen Arbeit allerdings nur ein unbedeutendes Stück weiter. Sie geben uns bestenfalls Auskunft darüber, welche Berichte glaubhaft sind, doch ist damit nicht die Nötigung verbunden, ein glaubhaftes Zeugnis nun auch wirklich zu *glauben*. Daß der Philosoph Kant seine Geliebte mit nach Kreta nahm, ist *glaubhaft*. Es fänden sich sogar Entsprechungen in der gegenwärtigen Erfahrung: Manche Leuten nehmen ihre Geliebte mit nach Kreta. Dessenungeachtet sind wir nicht genötigt, diese Aussage zu *glauben*, sondern wir können nur einräumen, daß sie aufgrund unserer vorgefaßten Überzeugungen nicht ausgeschieden werden kann. Bradley hielt demgegenüber nach einem Kriterium Ausschau, mit dessen Hilfe gewisse Berichte als *unmöglich* ausscheiden müssen. Berichte von Wundern stellen in der Tat keine Verletzung irgendwelcher logischer Kriterien dar: Sie sind, allgemein gesprochen, *logisch* möglich. Bradley indessen wollte einen eindeutigen Begriff von empirischer Unmöglichkeit und sprach die Empfehlung aus, daß wir das Übereinstimmen mit der gegenwärtigen Erfahrung als Kriterium für die empirische Möglichkeit verwenden sollten. Nun ist jedoch nicht jeder *mögliche* Bericht zugleich *wahr*, noch ist – wenn man mir diese Plattheit auszusprechen gestattet – jedes mögliche Ereignis auch wirklich.

Doch es steht kaum zu erwarten, daß die Meinungen der Historiker über ihre Kriterien für *unmögliche* Berichte allzuweit auseinandergehen. Tatsächlich könnten wir uns beinahe sogar auf Bradleys eigenes Kriterium berufen, indem wir nämlich die Möglichkeit ausscheiden, daß es jemals Historiker gegeben haben könnte, deren Möglichkeitskriterien signifikant von den unseren verschieden gewesen seien: Denn in der gegenwärtigen Erfahrung ist uns niemand begegnet, der einer solchen Person analog wäre. Und wir könnten uns in derartigen Fällen beinahe auch auf Humes Wahrscheinlichkeitskriterium berufen und fragen, ob die Wahrscheinlichkeit nicht höher ist, daß eine solche Person Romane geschrieben hat, als daß die Ereignisse, von denen sie erzählt, jemals geschehen sein könnten. Es wäre fast mit Sicherheit der Fall, daß wir nach Maßgabe unserer Kriterien nicht zulassen würden, daß eine solche Person als Historiker angesehen würde, ganz gleich was er als ›Beweis‹ dafür anführt, daß er einer sei. Wenn es nur das ist, worauf unsere Darlegungen schließlich hinauslaufen, dann ist damit nichtsdestoweniger kaum etwas erreicht. Historiker, denen Zulässigkeitskriterien gemeinsam sind, können gegensätzliche Darstellungen geben, und der Umstand, daß auch wir diese Kriterien teilen, würde uns lediglich erlauben, zu sagen, daß beide Darstellungen glaubhaft sind. Denn wenn die eine Darstellung möglich ist, kann daraus schwerlich folgen, daß die andere *unmöglich* sei: Aus einem Paar widersprechender Darstellungen kann *jede* der beiden ihre Entsprechung in der gegenwärtigen Erfahrung haben.

Dessenungeachtet sind wir jetzt jedoch in der Lage, diejenige Form des historischen Relativismus zu bestimmen, die durch diese Überlegungen nahegelegt wird. Es ist die, daß gewisse Darstellungen als *möglich* konstruiert werden müssen – gemessen an einer Reihe vorgefaßter Begriffe –, und dergemäß jede Darstellung, die mit diesen Begriffen nicht zusammengeht, von keinem Historiker, dessen ›Vormeinungen‹ sie wiedergeben, toleriert werden kann. Doch nun kann es wiederum unterschiedliche Reihen solcher vorausgesetzten Grundkonzeptionen geben. Dementsprechend könnte eine gegebene Darstellung *A* relativ zu der einen Reihe möglich und relativ zu einer anderen unmöglich sein. Nebenbei sei auch bemerkt, daß man, wenn *A* unmöglich relativ zu einer Reihe von Voraussetzungen *P* ist, angesichts gegensätzlicher Beweise *nicht* an *P* festhalten würde, d. h. also, sofern das Beweismaterial zugunsten von *A* ausgelegt würde. Wenn *A* im Lichte von *P* unmöglich ist, gibt es für ersteres allerdings keinen Beweis, d. h. was diejenigen betrifft, die sich auf *P* berufen. Man könnte einen Beweis nur für solche Darstellungen zulassen, die der *Möglichkeit* nach relativ zu jemandes Voraussetzungen sind. Dies könnte so etwas wie ein neues Problem aufwerfen, insofern in den menschlichen Grundanschauungen Veränderungen angenommen werden, doch kann es sehr wohl sein, daß sie – als Folge eines gerade erbrachten, solchem Wandel widersprechenden Beweises – nicht geändert werden. Jedenfalls möchte ich kurz diese Version des Relativismus untersuchen, eine Version m. E., die invariant gegenüber der Unterscheidung zwischen Geschichte und Naturwissenschaft ist.

Denken wir uns den Idealfall, daß nämlich zwei Historiker je ein Paar einander widersprechender historischer Sätze *S*-1 und *S*-2 vorliegen haben. Nehmen wir darüber hinaus noch an, daß der erste Historiker eine Reihe von Grundvoraussetzungen *P*-1 mitbringt, relativ zu welcher *S*-1 zulässig ist und *S*-2 nicht; während der zweite Historiker eine Reihe von Grundvoraussetzungen *P*-2 vertritt, relativ zu welcher *S*-2 zulässig ist und *S*-1 nicht. Es ist dabei wichtig zu erkennen, daß ›zulässig‹ und ›unmöglich‹ nicht einfach Eigenschaften von Sätzen sind: Wir sollten statt dessen besser von ›zulässig relativ zu‹ und von ›unmöglich relativ zu‹ sprechen, wobei dann dasjenige, in Beziehung worauf Aussagen zulässig oder unmöglich sind, gewisse Reihen von Grundkonzeptionen sind. Doch führen wir uns zunächst die Konsequenzen dieser ›Relativierung‹ vor Augen.

Die erste besteht darin, daß es, sind die Sätze erst einmal entsprechend relativiert, keinen logischen Gegensatz zwischen den Resultaten geben kann. Selbst wenn *S*-1 und *S*-2 logisch gegensätzlich sind, stehen die Aussagen ›*S*-1 ist zulässig relativ zu *P*-1‹ und ›*S*-2 ist zulässig relativ zu *P*-2‹ nicht etwa nur in keinem logisch entgegengesetzten Verhältnis: Sie sind beide wahr. Dies Resultat ist dem vergleichbar, was eintreten müßte, wenn man darauf bestehen wollte, daß jede Aussage auf den Sprechenden hin relativiert wird. In diesem Falle werden zwei Sätze *p* und *q*, die ursprünglich in Gegensatz zueinander standen, vollkommen kompatibel, sobald sie erst

einmal relativiert worden sind. Das heißt, die Sätze ›*A* sagt, daß *p*‹ und ›*B* sagt, daß *q*‹ sind nicht nur miteinander vereinbar: Sie sind beide wahr.
Zweitens aber kann es zwischen Historikern hinsichtlich der Annehmbarkeit oder Unmöglichkeit historischer Aussagen gar keine echten Meinungsverschiedenheiten geben. Denn entweder ist ihnen *dieselbe* Reihe von Grundvoraussetzungen gemeinschaftlich und sie können folglich nicht entgegengesetzter Meinung sein, oder sie gehen von verschiedenen Voraussetzungen aus, in welchem Falle es ebenfalls keine echte Differenz in ihren Auffassungen geben kann. Sie können nicht wirklich abweichender Meinung sein, weil sie darin übereinkommen müssen, daß ein kontroverser Satz jeweils annehmbar relativ zu den Grundvoraussetzungen des einen und unmöglich relativ zu den Voraussetzungen des anderen ist. Sicherlich könnte man nun weitergehen und sagen, daß es nichtsdestoweniger einen echten Konflikt zwischen *Voraussetzungsgruppen* geben mag. Oder man könnte sagen, daß sie – solange keine weitere Relativierung vorgenommen wird – beispielsweise abweichende Kriterien für die Annehmbarkeit einer Reihe von Voraussetzungen haben, in welchem Falle es keine echte Meinungsverschiedenheit über Voraussetzungen gibt, sondern bestenfalls eine solche über die anzuwendenden Kriterien. Was ich meine, ist, daß es echte Divergenzen in den Auffassungen nur dort geben kann, wo ein gemeinsamer Boden vorhanden ist, und nur dann, wenn man Dinge in einen logischen Gegensatz zueinander bringt. Trifft dies nicht zu, dann können wir getrost darin fortfahren, Meinungsverschiedenheiten durch Relativierung aufzulösen.
Damit können wir schließlich auch zu einer Wertung jenes Hauptargumentes gelangen, das manchmal zur Verteidigung des historischen Relativismus vorgebracht wird. Walsh schreibt: »Es gibt zweifellos einen Fall *prima facie*, der für einen grundsätzlichen, endgültigen historischen Skeptizismus spricht, einen Fall, dem der Anblick aktueller Differenzen innerhalb der Historikerzunft Nahrung gibt.«[25] Doch in Wirk-

lichkeit wird der Fall abgeschwächt, wenn diese Differenzen unter den Historikern echt sind, und auch nur dann, wenn es sich um Divergenzen der *richtigen Art* handelt. Denn es gibt, wie ich annehme, Niveaus der Nicht-Übereinstimmung. Um uns die Angelegenheit zu vereinfachen, nehmen wir einmal an, daß es genau drei Ebenen der Meinungsverschiedenheit gibt: unterschiedliche Auffassungen über historische Aussagen, über Voraussetzungen und über Kriterien für eine gegebene Reihe von Voraussetzungen. Nun will es mir allerdings scheinen, daß die Hauptmasse der Differenzen unter Historikern auf der ersten Ebene ausgetragen wird, und zwar über Aussagen, die gleichermaßen *annehmbar* sind, wobei die Frage einzig lautet, welche von ihnen wahr ist. Die Meinungen der Historiker gehen zum Beispiel darüber auseinander, ob Cäsar in Britannien gewesen ist oder nicht. Doch der Umstand, daß die Meinungen hier auseinandergehen, bietet der Sache des historischen Skeptizismus nicht die geringste Unterstützung, denn gewiß ist die Feststellung, daß er in Britannien gewesen sei, für die Mehrzahl der Historiker akzeptabel, und unmöglich scheint sie nur sehr wenigen. Aus der Tatsache, daß sie für die meisten von ihnen akzeptabel ist, muß aber folgen, daß alle Historiker, denen sie annehmbar erscheint, von gleichen Grundannahmen ausgehen: Anderenfalls könnte niemand eine genuin abweichende Meinung vertreten. Es gibt demnach eine ganze Klasse von Differenzen, die wir automatisch ausscheiden können.

Gleichwohl kann es Meinungsverschiedenheiten über Voraussetzungen geben, beispielsweise Voraussetzungen hinsichtlich dessen, was man für normales oder vernünftiges menschliches Verhalten ansieht, um Walshs Beispielfall zu nehmen. Gewiß gibt es darüber divergierende Auffassungen. Nichtsdestoweniger kann wiederum jede einzelne aus einer Anzahl differierender Voraussetzungsreihen solchen Historikern gleichermaßen annehmbar sein, die gemeinschaftliche Kriterien für die Annehmbarkeit von Voraussetzungsreihen haben. Aus der Tatsache, daß eine Theorie akzeptabel ist, folgt nicht, daß die

Menschen sie auch wirklich annehmen werden, denn aus der Annehmbarkeit als solcher folgt nicht, daß die Theorie richtig ist, sondern daß sie den Kriterien, die man an eine Theorie anlegt, Genüge tut. Die Phlogiston-Theorie zum Beispiel ist wissenschaftlich annehmbar, doch niemand akzeptiert sie heutzutage mehr. Tatsächlich ist es geradezu die Folge ihrer wissenschaftlichen Annehmbarkeit, daß sie jetzt nicht mehr akzeptiert wird: Hätte sie den Kriterien einer wissenschaftlichen Theorie nicht entsprochen, dann wäre sie aus gänzlich andersartigen Gründen verworfen worden, als es die gewesen sind, aus denen sie tatsächlich abgelehnt worden ist: Hätte sie jenen Kriterien nicht genügt, so wäre sie gar nicht erst als Theorie angesehen worden. Es gilt also ganz allgemein, daß Meinungsverschiedenheiten über Voraussetzungen nicht das mindeste dazu beitragen, den historischen Skeptizismus zu erhärten. Denn solche Unterschiede kann man prinzipiell beseitigen, solange diejenigen, die tatsächlich in ihren Auffassungen auseinandergehen, dieselben Annehmbarkeits-Kriterien für Voraussetzungsreihen gemeinsam haben. Und es kann kaum zweifelhaft sein, daß wir von Zeit zu Zeit unsere Voraussetzungen bezüglich rationalen menschlichen Handelns ändern. So können wir also wiederum eine ganze Klasse von Nicht-Übereinstimmungen als entweder irrelevant oder dem historischen Relativismus abträglich ausscheiden.

Doch schließlich kann es auch Differenzen grundsätzlicher Art geben. Die Menschen könnten über gerade diejenigen Kriterien uneins sein, vermittels deren sie verschiedene Theorien beurteilen, sogar allgemeine philosophische Theorien. Der sogenannte Konflikt zwischen Naturwissenschaft und Religion mag hier als Beispiel für diese grundsätzliche Art der Differenz in den Überzeugungen gelten, die so tiefreichend ist, daß es nichts gibt, worauf diejenigen, deren Anschauungen so sehr divergieren, sich als auf das ihnen Gemeinschaftliche berufen könnten. Und genau an dieser Stelle können wir, glaube ich, eine Verbindung zu jener Art von moralischen Überlegungen herstellen, auf die Walsh anspielt. Es gibt vielleicht Unterschiede des Glaubens, der Überzeugung, die Unterschieden der Haltung ähnlich sind, Differenzen derart fundamentaler Natur, daß wir sie Nicht-Übereinstimmungen *aus Prinzip* nennen könnten. Dies läßt sich kaum besser ausdrücken, als indem man von gewissen grundlegenden Entscheidungen spricht, Dezisionen von einer Art, die bestimmen, welche anderen Entscheidungen man auf höherer Ebene treffen soll. Dergleichen disparate Unterschiede verschwinden erst dann, wenn die eine oder andere Partei sich dazu entschließt, auf die andere Seite überzuwechseln, das heißt die wesentlichen Grundanschauungen ändert. Wir können dies mithin allgemein formulieren und sagen, daß schließlich alles, was immer wir auch glauben mögen, relativ zu solchen Grundentscheidungen ist und daß solche Entscheidungen in einem bedeutungsvollen Sinne willkürlich sind. Sie sind willkürlich in dem Sinne, daß sie nicht in Übereinstimmung mit irgendwelchen Kriterien gefällt werden, denn sie bestimmen letztendlich, welches die Kriterien sein sollen, die wir akzeptieren werden. Nachdem wir nun soviel eingeräumt haben, können wir diese ganze Diskussion zu einem Ende bringen, indem wir abschließend hervorheben, daß man, wenn man diese Tatsachen als Grundlage für einen Skeptizismus gegenüber der Historie zu betrachten gedenkt, dafür keinerlei Gründe besitzt. Nicht weil Geschichte nicht relativ zu solchen grundlegenden Entscheidungen wäre, sondern weil dies für jedes kognitive menschliche Unterfangen gilt. Man kann nicht mit Beziehung auf die Geschichte skeptisch sein, ohne es auch hinsichtlich alles übrigen zu sein, und dies schließlich zerstört die – wie immer geartete – spezifische Macht, die man dem Relativismus im Hinblick auf die Geschichte beimessen möchte. Es ist dies ganz so, als wollte jemand ein Lamento darüber anstimmen, wie traurig es sei, ein Franzose zu sein, weil alle Franzosen sterblich sind. Man könnte ihn sehr leicht und ohne viel Federlesens von seiner Melancholie abbringen, indem man ihn darauf hinwiese, daß Franzosen nicht die einzigen Sterblichen sind. Wenn er nun hartnäckig bliebe und erklärte, daß er dies

sehr wohl wisse, doch wie jammerschade es dennoch sei, daß gerade *Franzosen* sterben müßten, dann könnten wir einwenden, daß es keinen Grund gebe, weswegen Franzosen vor allen anderen privilegiert sein sollten, es sei denn, man hätte irgendein sonderbares Vorurteil. Genau so verhält es sich nun mit der Geschichte. Geschichte unterliegt nicht mehr und nicht weniger relativistischen Faktoren als die Naturwissenschaft. Und wenn man erklärt, daß es ein besonders bedauerlicher Umstand sei, daß es Geschichte gibt, so läßt sich dazu nur sagen, daß dies eben ein Vorurteil ist und daß es nicht legitim sein kann, hier irgendwelche Ausnahmen zu verlangen.
Walshs Argument greift also zu kurz, weil es viel zu weit reichen will. Wenn man darlegen wollte, daß es unmöglich sei, eine wahre Aussage zu machen, dann würde natürlich daraus folgen, daß man keine wahre Aussage über die Vergangenheit machen kann. Doch warum nennt man dies dann *historischen* Skeptizismus? Es ist Skeptizismus *überhaupt*, und nichts verpflichtet uns, uns mit ›Überhaupt-Skeptizismus‹ abzugeben.

Es gab indessen bei Beard *zwei* Kontrastierungen, die ich erörtern wollte. Zunächst einmal den Kontrast zwischen Geschichte und Naturwissenschaft. Er erwies sich als illegitim. Er gründete sich auf eine völlig verfehlte Konzeption der Naturwissenschaft, und dies deswegen, weil in ihr behauptet wird, daß die Naturwissenschaften im Gegensatz zur Geschichte (und zum Schaden auch der Geschichte) sich übergreifender Organisationsschemata bedienen, die über das Gegebene hinausgehen. Wir zerstörten diese Entgegensetzung durch den Nachweis, daß die Verwendung derartiger Organisationsschemata ein generischer Bestandteil empirischer Erkenntnis ist. Der zweite Gegensatz war in der Geschichte selbst angesiedelt, ein Kontrast zwischen Geschichte, die diese Schemata verwendet, und einer solchen, die es nicht tut. Die Frage ist, ob es eine Geschichte der letzteren Art überhaupt oder auch nur ideell geben kann. Ich werde nun darangehen, das Fiktive auch dieser Entgegensetzung darzutun. Gewiß könnte man erklären, daß dies bündig aus unseren bisherigen Ergebnissen hervorgehe, so daß hier kein weiteres Argument erforderlich sei. Dessenungeachtet verlangt diese Angelegenheit eine spezielle Analyse, bei deren Durchführung mein Interesse darin besteht, zwei Punkte klarzustellen. Zunächst einmal handelt es sich um einen wesentlichen – wiewohl verständlichen – Fehler in jenem in der Beardschen Sprechweise implizit angelegten Modell von der Aktivität des Historikers: *Hier* ist Geschichte-als-Wirklichkeit, *dort* Geschichte-als-Zeugnis, und Aufgabe des Historikers ist es nun, erstere (via Geschichte-als-Gedanke) mit den Mitteln der letzteren zu reproduzieren, auch wenn er damit keinen rechten Erfolg hat. Ich werde zu zeigen versuchen, daß es uns aus recht verschiedenartigen Gründen, keineswegs nur aus bloßem Mangel an Dokumenten, nicht gelingen kann, und ich will versuchen, dies dadurch zu erhellen, daß ich den Versuch mache, mir vorzustellen, wie ein *vollkommener* Bericht auszusehen hätte. Nachdem uns dann klar geworden ist, warum es keinen vollkommenen Bericht geben kann, werden wir, so hoffe ich jedenfalls, zu erkennen imstande sein, warum jener nicht einmal ein für die Historie erstrebenswertes Ideal sein kann und daß *der Natur der Sache gemäß* Historiker dazu verpflichtet sind, nicht eine Reproduktion, sondern eine Art Organisation der Vergangenheit sich zum Ziel zu setzen. Dies werde ich dann schließlich als logisch abhängig von topischen Interessen, die die Historiker motivieren, aufzuweisen versuchen, so daß der historische Relativismus, sollte ich Recht behalten, schließlich als legitim angesehen werden kann. Er wird gerechtfertigt in dem Sinne, daß er in ganz allgemeiner Weise richtig ist und daß wir uns Geschichte nicht ohne Organisations-Schemata denken können, auch nicht ohne historisch organisierende Schemata, ganz zu schweigen von spezifischen menschlichen Interessen.

Der zweite Punkt ist folgender. Der Unterschied zwischen Geschichte und Naturwissenschaft besteht nicht darin, daß wohl die Geschichte, nicht aber die Naturwissenschaft sich organisierender Schemata bedient, die über das Gegebene hinausgehen. Sie tun es beide. Der Unterschied hat mit der *Art* der Organisations-Schemata zu tun, die jede der beiden Wissenschaften verwendet. Die *Geschichte* erzählt Geschichten (*History* tells stories).

VII. Geschichte und Chronik

Ich begann mit der Feststellung, daß die Historiker bestrebt seien, wahre Aussagen über ihre Vergangenheit zu machen. Und ich habe im Gegensatz zu abweichenden philosophischen Argumentationen daran festgehalten, daß ihnen im Prinzip Erfolg beschieden sein kann, so daß also die Frage, sollte ich Recht behalten, nicht lauten muß, ob sie es können, sondern ob es ihnen gelingt, solche Aussagen zu machen. Daß sie tatsächlich erfolgreich darin sind, kann für mich nicht zweifelhaft sein, doch ich möchte nun noch Überlegungen darüber anstellen, was sonst noch hinsichtlich dieser Art von Feststellungen gesagt werden kann, die zu machen sie sich zum Ziel gesetzt haben. Oftmals, so glaube ich, können die von ihnen gemachten Aussagen als explizite Antworten auf das angesehen werden, was ich an anderer Stelle ›historische Fragen‹ genannt habe[1], Fragen der Form: ›Was geschah in (bei) *x*‹, wobei *x* eine räumliche Region innerhalb eines vergangenen Zeitintervalls bedeutet. Die Antworten – sogar auf dieselbe historische Frage – können durch unterschiedliche Grade des Details und der Ausführlichkeit gekennzeichnet sein. Gefragt, was 1815 bei Waterloo geschehen sei, könnte ich zum Beispiel lediglich sagen: »Napoleon verlor«. Das kann eine vollkommen ausreichende Antwort sein, wenn das alles ist, was der Fragesteller wissen wollte. Denn die Menschen beginnen die historische Fragestellung mit einem unterschiedlichen Maß an vorgängiger Information. Wir können tatsächlich sagen, daß es ganze Bücher gibt, die genau dieselbe Frage beantworten, die die lakonische Feststellung ›Napoleon verlor‹ auch beantwortet. Wir können also sagen, daß man relativ zu einer einzigen historischen Frage eine Rangordnung von Aussagen spezifizieren kann, die sich hinsichtlich des Details voneinander unterscheiden. Diese Aussagen werden sich alle auf dasselbe Ereignis beziehen, beispielsweise die Schlacht von Waterloo, jedoch in zunehmendem Maße mehr Einzelheiten dazu anführen. Am entgegengesetzten Ende unserer Rangordnung, angefangen mit der kargen Feststellung »Napoleon verlor«, stünde sodann, was wir den *maximal detaillierten Bericht* der Schlacht von Waterloo nennen könnten. Es ist dieses letzte Glied der Reihe, das mich jetzt beschäftigen soll.

Es wird gelegentlich eingeräumt, daß es nicht einzig das Ziel des Historikers sei, wahre Aussagen über die Vergangenheit zu machen, sondern – jedenfalls ideell – die maximal detaillierte Aussage zustande zu bringen. Und die Frage, mit der ich mich befassen will, lautet, ob sie, zumindest im Prinzip, bis an den Endpunkt dieser Rangordnung gelangen und Erfolg haben können, vorausgesetzt, daß wir mit unserer Schlußfolgerung Recht hatten, daß sie mit ihren Aussagen am Anfangspunkt erfolgreich sein können.

Beard beklagt an einer Stelle seines Buches, daß wir gerade dies nicht vermöchten, obgleich es in der Regel nur eine Folge des Umstandes ist, daß es stets Teilstücke der Geschichte-als-Wirklichkeit geben wird, für die wir nicht über die entsprechende Geschichte-als-Zeugnis verfügen oder sie uns zumindest unbekannt geblieben ist.[2] Vorausgesetzt also, daß es Lücken in der Geschichte-als-Zeugnis gibt, muß es entsprechende Lücken auch in der Geschichte-als-Gedanke geben, mithin Löcher in unserem Wissen von der Vergangenheit. Was wir besitzen, ist also *tatsächlich* etwas, das stets weniger ist als ein vollkommenes Wissen von der Geschichte-als-Wirklichkeit, und manchmal auch versteht Beard unter historischem Relativismus, daß unser Wissen von der Vergangenheit relativ zu einem Korpus von Beweisen ist, die wirklich in den Händen der Historiker sind. Doch ich möchte gern wissen, ob es *nur* am Tatsächlichen liegt, daß wir hier weniger als das vollkommene Wissen besitzen. Das aber läßt sich schwerlich beantworten, bevor wir nicht eine etwas klarere Vorstellung, als wir sie m. E. besitzen, von demjenigen haben, worin vollkommenes Wissen bestehen müßte. Das ist indessen eine Frage, die nicht nur hinsichtlich vergangener Dinge aufgeworfen werden kann, Dingen, die, weil sie vergangen sind, nicht direkt gewußt werden können und die auf der Grundlage dessen ermittelt werden müssen, was wir tatsächlich beobachten können. Bei derartigen Dingen gibt es vermutlich kein Beweis-Problem, denn wir besitzen das Ding selbst zur genauen Prüfung oder es ist uns jedenfalls zugänglich. Wenn es hier eine Schwierigkeit geben sollte, dann mag sie anderswo liegen, und insbesondere, so denke ich jedenfalls, liegt sie in der Frage, wie man dem Ausdruck ›vollkommene Kenntnis von *x*‹ einen Sinn geben kann. Was würde es beispielsweise bedeuten, vollkommene Kenntnis vom Empire State Building zu besitzen? Oder von diesem Apfel auf dem Tisch? Oder von Brigitte Bardot? Und wenn wir Schwierigkeiten haben, anzugeben, was wir mit ›vollkommener Kenntnis‹ zeitgleich mit uns existierender Objekte meinen, dann sind die Klagen darüber, daß uns die vollkommene Kenntnis der Vergangenheit versagt sei, wenig beeindruckend. Denn das Problem hätte nichts mit Gegenwärtigkeit oder Vergangenheit zu tun, sondern einzig mit jener Vorstellung, etwas vollkommen zu wissen.

Das hierüber angestimmte Lamento allerdings stellt ein interessantes Symptom innerhalb jenes relativistischem Syndroms dar, denn es erleichtert uns die Erkenntnis, warum Beard sich so abwertend über seine Profession ausspricht. Nicht nur glaubte er zu sehen, daß diesem Beruf im Vergleich zu den Naturwissenschaften unübersehbare Mängel anhafteten, sondern er fand ihn mangelhaft auch hinsichtlich seines eigenen impliziten Ideals davon, wie eine vollkommene Darstellung von Ereignissen auszusehen hätte, deren wir doch bestenfalls recht unvollkommene besitzen. Und er machte die Geschichte-als-Zeugnis dafür haftbar, anstatt die Gültigkeit dieses Ideals selbst zu hinterfragen. Man stelle sich einen Künstler vor, der der Nachahmungstheorie in der Kunst anhängt und der derart besessen von der Nachahmung der Realität ist – die in der Reproduktion immer hinter ihrem Gegenstand zurückbleibt –, daß er dekretiert, nur das Ding selbst könne als eine Imitation seiner selbst durchgehen. Dementsprechend versucht er nun, den Weg konsequent zu Ende zu gehen: Er erstellt sich eine zweite Landschaft, indem er wirkliche Bäume verwendet, wirkliches Wasser, echte Vögel. Ein vollkommener Erfolg wäre natürlich eindeutiges Mißlingen. Denn als Folge all seiner Mühen hätte er nicht etwa ein Kunstwerk, sondern einen neuen Gegenstand für die Kunst hervorgebracht, und die Aufgabe, jetzt ein Gemälde davon anzufertigen, bliebe nach wie vor bestehen. Nicht zugleich das zu sein, wovon es ein Bild ist, ist eine notwendige Bedingung dafür, überhaupt Bild zu sein. Und es ist ein Fehler, anzunehmen, daß alles, was den Gegenstand ausmacht, im Bild reproduziert sein müsse, wohingegen es doch bereits genügt, daß all das, was auf dem Bild ist, sich auch im Gegenstand finden sollte oder in ihm jedenfalls eine Entsprechung hat. Bilder lassen naturgemäß Dinge aus. Genau dasselbe läßt sich nun auch von der Geschichte von Dingen sagen. Was Beard nicht zu verstehen vermag, ist, daß selbst wenn wir Zeugen der gesamten Vergangenheit wären, jede Darstellung, die wir ihr geben wollten, Auswahl, Hervorhebung, Eliminierung in sich schließen muß und gewisse Kriterien der Relevanz voraussetzt, so daß unsere Darstellung – wofern sie nicht bei durchschlagendem Erfolg gleichzeitig mißlingen will – nicht alles in sich enthalten kann. Es ist natürlich wahr, daß Lücken im Bericht sind, Fragen offen bleiben, zu denen wir gern Antworten hätten, sie jedoch nicht haben können, weil uns Tatsachenmaterial fehlt. Doch diese unumkehrbare Tatsache verdeckt nur, was Beard eigentlich beklagt. Vergleichbar wäre dies dem Fall eines Mannes, der verzweifelt malen möchte, jedoch nicht dazu kommt, weil es entweder draußen regnet oder der Laden, in dem er seinen Malbedarf bekommt, geschlossen ist. Doch es wäre nachgerade sinnlos, diese Tatsachen in Verbindung mit einem Künstler zu erwähnen, der beim Malen an die Herstellung von Duplikaten seines Gegenstandes denkt. Sein Unvermögen ist logischer Natur, nicht jedoch zufällig bedingt, denn er will nicht Kunst hervorbringen, sondern Gott sein, und Malen ist für ihn ein unbefriedigendes *faute de mieux*. Es ist dies eine überkommene platonische Auffassung, die es für ein Skandalon erachtete, daß die Bilder von Betten nicht selbst wirkliche Betten, viel weniger noch *wahre* Betten seien. Die Baconsche Auffassung der Naturwissenschaft, die den Kern einer der illegitimen Entgegensetzungen Beards ausmacht, war verquickt mit einer platonischen Haltung gegenüber der Kunst oder der Geschichte, und dies wiederum bildete das Kernstück der zweiten ungerechtfertigten Entgegensetzung. Geschichte-als-Gedanke ist die fehlerhafte Imitation von Geschichte-als-Wirklichkeit, wobei das Wort ›fehlerhaft‹ allerdings nicht gebraucht wird, um damit zwischen Imitationen zu unterscheiden, sondern sie als Klasse zu charakterisieren: Eine Imitation von *x* ist eben nicht *x*. Etwas fehlt. Demzufolge gibt es also keine vollkommenen Darstellungen, wiewohl dies teilweise der Tatsache zuzuschreiben ist, daß eine Darstellung von *x* nicht selbst *x* ist und Darstellung von *x* nur sein kann, wenn zu *x* noch etwas gehört, das von ihr ausgelassen worden ist.

Ich werde mich indessen der Vorstellung von einer vollkommenen Darstellung später noch einmal zuwenden. Denn ich möchte hier zunächst eine andere und abweichende Auffassung von der Aufgabe des Historikers vortragen. Es ist dies eine Auffassung, die in gewisser Weise das Ideal einer Nachahmung der Vergangenheit akzeptiert, zugleich jedoch daran festhält, daß es etwas gibt, was jenseits der bloßen Abfassung von Darstellungen – selbst solchen vollkommener Art – der Vergangenheit oder Ausschnitten von ihr liegt und was ebenfalls als Ziel und Zweck der Geschichtsschreibung angesehen werden muß. Denn man vertritt die Ansicht, daß Historiker – zusätzlich zu dem Bestreben, wahre Sätze über die Vergangenheit zu formulieren – ein Interesse daran haben, *Interpretationen* der Vergangenheit zu liefern. Und selbst wenn es eine perfekte Darstellung gäbe, stünde die Aufgabe der Interpretation noch immer aus. Das Problem, nichts als eben nur Beschreibungen zu geben, gehört einer bescheideneren Ebene historischer Arbeit an: Es ist dies im

Grunde Sache des Chronisten. Allerdings ist dies eine Unterscheidung, die ich nicht zu akzeptieren vermag. Denn ich möchte unbedingt daran festhalten, daß Geschichte aus einem Guß ist. Sie ist es in dem Sinne, daß es nichts gibt, was man im Gegensatz zu etwas, das Interpretation genannt werden soll, als reine Beschreibung bezeichnen könnte. Sich überhaupt der Geschichte verschreiben, heißt übergreifende Konzeptionen verwenden, die nach Beards Worten über das Gegebene hinausgehen.[3]
Allein nur dies einzusehen, bedeutet, daß Geschichte als Imitation oder Duplikat der Vergangenheit ein unmögliches Ideal ist. Sobald diese Punkte erst einmal geklärt sind, können wir besser vorbereitet zum Begriff eines vollkommenen Berichts zurückkehren und schließlich verstehen, was an diesem Begriff falsch ist. Und ich werde zu zeigen versuchen, daß die Gründe, derentwegen wir uns außerstande sehen, einen vollkommenen Bericht über Vergangenes zu geben, nicht so sehr mit dem Begriff eines Berichts oder irgendeinem die Vergangenheit betreffenden Sachverhalt oder Lücken in der Geschichte-als-Zeugnis zu tun haben, vielmehr – und weitaus wichtiger – mit gewissen Tatsachen, die mit der Zukunft zusammenhängen. Ich werde in der Tat die Behauptung wagen, daß eben dasjenige, was *letzten Endes* den vollkommenen Bericht unerreichbar macht, genau das ist, was eine spekulative Geschichtsphilosophie undurchführbar macht. Ich werde mich dementsprechend auf eine etwas heikle Polemik einlassen müssen, doch beginnen will ich mit der Verteidigung der Auffassung, daß Geschichte ein einheitliches Ganzes, aus einem Guß ist. Dies wird den gesamten Raum dieses Kapitels beanspruchen, denn mit den hier behandelten Punkten hängen bedeutsame Weiterungen zusammen.

Der Unterscheidung zwischen Historie und Chronik – oder boshafter noch: *bloßer* Chronik und *eigentlicher* Geschichtsschreibung – begegnet man nicht eben selten in philosophischen Schriften über die Geschichte, und es liegen ihr verschiedene Absichten zugrunde. Croce zum Beispiel machte diese Distinktion im Hinblick auf Darstellungen von solchen Abschnitten der Vergangenheit, an denen wir ein entschiedenes Interesse nehmen, im Gegensatz zu Darstellungen, denen kein derartiges Interesse gilt und die als Chronik definiert werden.[4] Chronik wäre mithin eine akademische Geschichtsschreibung, wenngleich Croce seinen Standpunkt unversehens wieder trivialisiert, indem er darauf verweist, daß wir jedenfalls niemals die Geschichte von Dingen schreiben, die uns nicht interessieren, so daß demgemäß *alle* Geschichte, um hier sein berühmtes Diktum zu zitieren, Zeitgeschichte ist. In diesem Falle könnten wir keine Chroniken schreiben, selbst wenn wir es wollten. Croce ist allerdings in all seinen Schriften aufreizend unbeständig, und es ist überaus schwer, seinem berühmten Schlagwort irgendeinen Sinn abzugewinnen. Gelegentlich meint er damit nicht etwa, daß ein Geschichtswerk einem gegenwärtigen Interesse entgegenkommen müsse, sondern daß es etwas berichten müsse, das lediglich eine Analogie in der Gegenwartserfahrung hat und das, ist solche Analogie nicht herstellbar, dann *folglich* Chronik und nicht Historie sei: Immerhin hat er niemals erklärt, daß *alle* Chronik ›gegenwärtige‹ Chronik sei. Doch trotz des in der einen oder anderen Weise hergestellten Gegenwartsbezuges gibt es für ihn keinen weiteren Unterschied zwischen Geschichtsschreibung und Chronik, und ganz gewiß keinen formalen Unterschied. Chronik ist, wie er sich ausdrückt, »tote Geschichte«, während Historie »lebendige Chronik« ist, was ein wenig so klingt, als sagte man, daß ein Mensch ein lebendiger Leichnam, ein Leichnam aber ein toter Mensch sei. Was immer hier gemeint sein mag, jedenfalls handelt es sich nicht um diese Form der Unterscheidung, die für uns wichtig ist.

Eine treffendere Weise, solche Distinktion zu versuchen, ist folgende: Von der Chronik sagt man, sie sei eben eine Darstellung von dem, was geschieht, und nichts weiter. Es ist dies eine Feststellung – gleichgültig, mit welchem Grad an Komplexität –, die auf einer Linie mit dem liegt, dessen einen

Endpunkt der »vollkommene Bericht« bildet. Allerdings wäre der perfekte Bericht, sollte es möglich sein, ihn zu geben, dennoch nichts anderes als Chronik, denn er würde sich von anderen Aussagen in derselben Reihe nur quantitativ unterscheiden, d. h. insofern er mehr Details enthielte. Oder besser, insofern er *alle* Einzelheiten enthielte. Demnach wäre auch die beste Art der Chronik immer noch nicht Historie im eigentlichen Sinne, und folglich könnte etwas selbst dann ein Stück ›eigentlicher‹ Geschichtsschreibung sein, wenn es weitaus weniger Einzelheiten mitteilte als der perfekte Bericht. Die *eigentliche* Historie betrachtet Chroniken lediglich als vorbereitende Übungen. Ihre *eigene* Aufgabe liegt darin, daß sie den Tatsachen, wovon die Chroniken angeblich berichten, irgendeine Bedeutung beilegt oder irgendwelchen Sinn darin erkennt. So ähnlich lautet die Auffassung, die Walsh anscheinend vertreten hat, der zwei Möglichkeiten der historischen Arbeit nennt:

> »Das erste ist, daß der Historiker sich auf eine exakte Beschreibung des Geschehenen beschränkt (oder sich darauf beschränken sollte), womit er konstruiert, was eine einfache Erzählung vergangener Ereignisse genannt weden könnte. Das andere ist, daß er über eine solche einfache Erzählung hinausgeht und nicht nur darauf abzielt, auszusprechen, was geschehen ist, sondern es (in gewissem Sinne) auch erklärt. Im zweiten Falle sollte die Art der Erzählung, die er konstruiert, ›signifikant‹ anstatt ›einfach‹ genannt werden.«[5]

Chroniken wären demgemäß einfache Erzählungen; und eigentliche Historie würde sich in signifikanten Erzählungen ausdrücken. Gerade das ist eine Auffassung, die ich einmal näher untersuchen möchte.

Ich möchte voranstellen, daß jedes Stück Geschichtsschreibung, das man als Beispiel für eine Chronik oder sogar von etwas, das einer Chronik nahekäme, heranziehen will, *etwas mehr* leisten muß, als nur den folgenden zwei Bedingungen für jede Art von Historiographie zu genügen: jedes Stück Geschichtsschreibung muß a) Ereignisse berichten, die wirklich geschehen sind; und b) sie in der Reihenfolge ihres Eintretens berichten oder vielmehr uns in die Lage versetzen, anzugeben, in welcher Reihenfolge sich die Ereignisse zugetragen haben.

Ich gehe davon aus, daß die genannten notwendigen Bedingungen nicht kontrovers sind, daß sie gerade nur das Minimum nennen, das von einem Stück Geschichtsschreibung erwartet werden kann, selbst wenn sie keineswegs zusammengenommen die *zureichende* Bedingung konstituieren, die etwas als ein Stück Geschichtsschreibung ausweisen könnte. Das ist wohl hinlänglich erwiesen. Denn jeder wäre imstande, etwas hervorzubringen, das sowohl (*a*) als auch (*b*) genügte und dennoch nicht als ein Stück geschriebener Geschichte akzeptiert würde. Hier ein Beispiel:

S: Naram-Siu erbaute den Sonnentempel bei Sippar; dann verbannte Philipp III den Moriscos; dann besiegte Urguiza die Streitkräfte von Buenos Aires bei Cepada; dann erwachte Arthur Danto Schlag 7 Uhr am 20. Oktober 1961.

Nicht nur ist *S* keine Erzählung, sondern es ist, glaube ich, auch leicht nachzuweisen, daß eine *signifikante* Erzählung nicht bloß eine Aussage ist, die (*a*) und (*b*) Genüge tut, zusammen mit einer weiteren notwendigen Bedingung: (*c*) sie erklärt, was geschehen ist.

Daß eine Aussage, die alle drei Bedingungen erfüllt, dessenungeachtet hinter dem Anspruch einer signifikanten Erzählung zurückbleiben kann, läßt sich leicht aufzeigen, denn es läßt sich ohne Schwierigkeit eine Aussage konstruieren, die diesen Bedingungen gerecht wird und dennoch *überhaupt keine* Erzählung ist. Ein Beispiel:

S: Naram-Siu erbaute den Sonnentempel bei Sippar unter dem Druck, den die Priesterkaste auf ihn ausübte; dann verbannte Philipp III den Moriscos wegen seiner religiösen Überzeugungen; dann besiegte Urguiza die Streitkräfte von Buenos Aires bei Cepada, weil er besser ausgerüstet war; dann erwachte Arthur Danto Schlag 7 Uhr am 20. Oktober 1961, weil er mit den Ausgrabungen bei Cervetri möglichst früh beginnen wollte.

Ebensowenig kann (*a*) vermittels (*c*) die zureichende Bedingung für eine signifikante Erzählung konstituieren.

Es könnte hier der Einwand kommen, daß diese Beispiele nicht fair seien, denn beabsichtigt sei schließlich eine Unterscheidung zwischen verschiedenen Erzählungen gewesen, und weder *S* noch *S'* könne als eine solche gelten. Diese Kritik ist berechtigt. Doch ich habe zumindest gezeigt, daß der Satz ›*N* ist eine Erzählung‹ nicht aufgelöst werden kann in die Aussage ›*N* genügt Bedingung (*a*) vermittels (*c*)‹, viel weniger noch in ›*N* genügt (*a*) und (*b*)‹; und für den Augenblick ist das vollkommen ausreichend. Wenn wir es als das Ziel des Historikers ansehen, Erzählungen zu schreiben, dann muß er offensichtlich etwas mehr tun, als Dinge in der Reihenfolge, in der sie sich zugetragen haben, zu beschreiben, selbst wenn er darüber hinaus noch erklärt, warum die von ihm beschriebenen Dinge geschehen sind, und sogar wenn er sie richtig erklärt, wie dies für *S'* nicht zutrifft. (Falsch an *S'* ist *nicht*, daß die gegebenen Erklärungen unrichtig sind.) Worin immer dieses ›etwas mehr‹ auch bestehen mag, ich habe m. E. jedenfalls bewiesen, daß es ein ›etwas mehr‹ geben muß.

Zudem können wir es nach meiner Auffassung für erwiesen ansehen, daß dieses ›etwas mehr‹, worin es auch immer bestehen mag, invariant bezüglich der Unterscheidung zwischen einfachen und signifikanten Erzählungen sein muß und dementsprechend nicht benutzt werden kann, um *zwischen* einfachen und signifikanten Erzählungen zu unterscheiden. Unser Problem besteht demnach darin, herauszufinden, was dieses ›etwas mehr‹ eigentlich ist, und sodann, nachdem wir es ermittelt haben, festzustellen, was *weiterhin* uns dabei dienen könnte, Erzählungen in zwei Klassen aufzuteilen. Unmittelbar gerade an diesen letzteren Punkt anknüpfend, möchte ich vorab zwei Dinge nennen, auf die sich die Unterscheidung nicht gründen kann, wenn wir annehmen wollen, daß die Unterscheidung zwischen einfachen und signifikanten Erzählungen eine Unterscheidung *innerhalb* der Geschichte selbst ist, so daß einige Historiker einfache, andere wiederum signifikante Erzählungen schreiben; oder daß einige unter ihnen einfachere (oder signifikantere) Erzählungen schreiben als andere und dennoch *Historie* treiben.

Zunächst einmal muß eine signifikante Erzählung weniger als eine substantialistische Philosophie der Geschichte sein; denn es besteht ein Unterschied zwischen Historie und Geschichtsphilosophie, und sollte eine signifikante Erzählung einen Beispielfall für die letztere abgeben, so wäre die vorzunehmende Unterscheidung keine solche, die *innerhalb* der Geschichte selbst getroffen werden kann. Dies gilt selbst dann, wenn eine spekulative Geschichtsphilosophie – wie etwa diejenige Hegels – eine ungewöhnliche historische Erzählung zum Bestandteil hat (wie es in der Hegelschen der Fall ist). Es ist kaum zweifelhaft, daß einige Aussagen, die sich in Geschichtsphilosophien finden, auch in der gewöhnlichen Geschichtsschreibung anzutreffen sind (sich dort sogar finden müssen), da die Geschichtsphilosophie sich mit dem *Ganzen* der Geschichte, einschließlich der Vergangenheit, befaßt. Man vergesse nicht, daß Philosophien der Geschichte *wirklich* versuchen, Erklärungen für die Ereignisse zu bieten, die sie beschreiben, und diesen Ereignissen zugleich irgendeinen Sinn beilegen wollen. Demnach müssen vermutlich die Art der Erklärung und die Art der Bedeutung, die relevant ist für genuin signifikante Erzählungen (die sich innerhalb der Geschichte halten), voneinander verschieden sein. Nebenbei bemerkt, ich möchte damit nicht andeuten, daß Historiker sich nicht auch sozusagen eine andere Kappe aufsetzen und sich in philosophisch-spekulativer Historie versuchen können. Ich will nur klarstellen, daß sie, wenn sie dies tun, sich *außerhalb* der Geschichtsschreibung bewegen. Wenn schließlich signifikante Erzählungen lediglich als spekulative philosophische Erzählungen der gesamten Geschichte bestimmt würden, dann wäre die Unterscheidung zwischen einfachen und signifikanten Erzählungen gleichbedeutend mit der zwischen Geschichte und etwas anderem: nicht aber eine Distinktion innerhalb der Geschichte selbst.

Zweitens sind theoretische Arbeiten auf dem Gebiet der Sozialwissenschaften denkbar, die echte historische Erzählungen zum Bestandteil haben. Ein Buch über ökonomische Zyklen könnte irgendwo innehalten und eine Geschichte erzählen. Nichtsdestoweniger kann, zusammengenommen mit dem Rest des Buches, eine signifikante Erzählung nicht diese Art von Geschichte sein, weil das Buch *in toto* eben keine Geschichte von irgendwelcher Art ist, selbst wenn es einen erzählenden Teil enthalten sollte. Wenn wir dergleichen Bücher signifikante Erzählungen nennen wollten, würden wir indessen mehr tun, als den Begriff der Erzählung nur mißbräuchlich verwenden. Wir würden einfache Erzählungen mit Werken eines völlig anderen Genres kontrastieren, Geschichte gegen Sozialwissenschaften setzen, und das wäre, da es keine Unterscheidung innerhalb der Geschichte selbst ist, unangemessen. Behalten wir diese Einschränkungen stets im Gedächtnis und wenden wir uns nun der Hauptfrage zu, nämlich dem Versuch einer Bestimmung, durch welches Kriterium man eine Unterscheidung zwischen Erzählarten innerhalb der Geschichte plausibel bewerkstelligen kann. Es ist wahr, daß Walsh gesagt hat, daß die eine Art der Erzählung erklärt, wo die andere lediglich beschreibt. Doch er ist dabei nicht stehen geblieben, sondern hat noch weitaus mehr gesagt, und das ist für uns von beträchtlichem Interesse.[6] Ich möchte auf seine Ausführungen etwas näher eingehen, wenngleich ich die von ihm getroffene Unterscheidung letztlich zurückweisen muß, denn wir können auf diesem Wege vieles über die Geschichte in Erfahrung bringen. *Genug* jedenfalls, um uns in die Lage zu versetzen, die Unterscheidung zwischen Historie und Chronik abzulehnen oder diejenige zwischen einfachen und signifikanten Erzählungen oder – was auf dasselbe hinausläuft – zwischen erklärenden und beschreibenden historischen Erzählungen.

Walsh geht davon aus, daß der Unterschied zwischen einfacher und signifikanter Erzählung (1) zwei verschiedene Ebenen des Verstehens und (2) zwei verschiedene Erkenntnisweisen repräsentiert bzw. ihnen korrespondiert. Ich werde beide getrennt behandeln.

(1) Walsh bietet als Beispiele für Chronik resp. Historie diejenige Art der geschichtlichen Darstellung, die wir, im Lichte der uns verfügbaren Information, der griechischen Malerei einerseits im Gegensatz zu politischen Geschehnissen des 19. Jahrhunderts andererseits geben können. Das, so glaubt er, verdeutliche hinreichend, daß die »Unterscheidung einem realen Unterschied des historischen Verstehens entspricht«.[7] Der Unterschied ist tatsächlich »derart tiefreichend, daß man beinahe schon behaupten kann, es würden dadurch unterschiedliche Genres begründet«. Weiter heißt es:

> »Die Erzählung, die wir aus der politischen Geschichte des 19. Jahrhunderts konstruieren können, ist sowohl inhaltsreich wie zusammenhängend; die Ereignisse in ihr können in einer Weise vorgetragen werden, daß ihre Entwicklung geordnet und einsichtig erscheint ... Doch eine Geschichte der griechischen Malerei, oder was dafür gehalten werden könnte, ist im Vergleich zu jener eine desolate Angelegenheit, bestehend bestenfalls aus den Namen und approximativ festgelegten Lebensdaten einiger weniger Berühmtheiten, zusammen mit den Werktiteln, die bei klassischen Autoren genannt werden ... eine wirklich unbefriedigende Chronik, das bloße Skelett einer Geschichte.«[8]

Sollte es sich hier um eine zutreffende Beschreibung der Verständnisebene handeln, auf die wir uns angesichts der griechischen Malerei beschränken müssen, dann scheint mir wiederum offensichtlich, daß die gewünschte Unterscheidung nicht aufgrund dieser Illustrationen getroffen werden kann. Denn wäre eine Darstellung der griechischen Malerei nur »eine nackte Wiedergabe unzusammenhängender Fakten«, so besäßen wir offensichtlich überhaupt keine erzählende Darstellung der griechischen Malerei. Eine Auflistung ist keine Erzählung: das New Yorker Telefonverzeichnis ist kein Stück Geschichtsschreibung, obschon es von Nutzen sein könnte, wollte es jemand unternehmen, die Geschichte der New Yorker City zu schreiben. Betrachten wir ein ähnliches Beispiel. Man vergleiche eine Tafel mit den Namen der bedeutendsten wie auch der zweitrangigen Maler der Italienischen Renaissance mit einer ausführlichen Geschichte der italienischen Renaissancemalerei. Hier würden wir nicht etwa zwei Erzählungen einander gegenüberstellen, sondern eben eine Aufzählung und eine Erzählung. Dasselbe täten wir, würden wir ein Verzeichnis aller Könige von England mit einer Geschichte der englischen Könige vergleichen. Nehmen wir jetzt einmal an, alles, was wir an Informationen über die Italienische Renaissance besäßen, wäre eine Liste mit Namen der Maler und Datierungen von Bildern. Das entspräche unserem angenommenen Wissensstand hinsichtlich der griechischen Malerei: Wären wir in einer solchen Situation (übrigens sind wir hinsichtlich der griechischen Malerei nicht einmal in dieser Lage), so würde daraus schwerlich folgen, daß wir keine Erzählung über die Malerei der Italienischen Renaissance schreiben könnten. Es wäre lediglich so, daß wir nicht jeden einzelnen Punkt hinreichend belegen könnten, welcher Art die Erzählung auch sein mag, die wir zustande bringen. Was in Walshs Analyse übersehen wird, ist die kreative Tätigkeit dessen, was ich ›historische Imagination‹ nennen möchte.

Ein Rückgriff auf Imagination gilt in philosophischen Diskussionen fast mit Sicherheit als frommer Rückzug oder wird für windig erachtet. Aber es gibt hier zumindest einen logischen Gesichtspunkt, den dieser Rückgriff vielleicht sichtbar machen kann. Zunächst einmal läßt sich wohl sagen, daß niemand *de novo* erzählend die Geschichte des 19. Jahrhunderts konstruieren muß. Es war dies eine von historischem Selbstbewußtsein durchdrungene Epoche; die Menschen berichteten in Erzählform von den Ereignissen, die sie durchlebten; und manche ihrer größten Staatsmänner fanden sich zugleich unter ihren bedeutendsten Historikern. All das ist uns überkommen, und unsere Aufgabe war es, diese Erbschaft zu vertiefen und zu modifizieren, zu berichtigen und zu erweitern. Wir stehen vielleicht zu diesem Corpus geschriebener Geschichte in einer derjenigen nicht unähnlichen Beziehung, in welcher Lagrange zu Newton gestanden hat. Wir sind nicht so sehr gezwungen, eine insgesamt neue Theorie zu entwikkeln, als vielmehr zu glätten und in elegante Form zu bringen, was als Theorie bereits auf uns gekommen ist.

Mit der griechischen Malerei (oder mit unserem vorgestellten Beispiel von der italienischen Malerei) verhält es sich nicht ebenso. Die Griechen sahen sich nicht dazu bemüßigt, ihre eigenen Kunstgeschichten zu schreiben (was allerdings, für sich genommen, schon etwas über die griechische Malerei aussagt), wenngleich hier und da Informationsfetzen über ihre Kunst in ihre Geschichtsschreibung, ebenso wie auch in andere Schriften, mit eingeflossen sind. Hier also sehen wir uns genötigt, ein Stück imaginativer Rekonstruktion zu leisten, gewissermaßen eine Theorie zu entwickeln, im Gegensatz zu einem bloßen Aufbereiten und Glätten einer uns bereits überlieferten Theorie. Nur allzuoft, wie mir scheinen will, haben Philosophen, die sich mit der Naturwissenschaft abgegeben haben, diese als eine abgeschlossene Sache angesehen, als ein Organon uns bereits zur Verfügung stehender Sätze, die jetzt nur noch in der jeweils bevorzugten philosophischen Sprache rekonstruiert oder in diese übersetzt werden müssen. Und dies führt oftmals seitens der Philosophen zu einer Vernachlässigung dessen, was die Logik der wissenschaftlichen *Entdeckung* genannt worden ist. Doch ein vergleichbares Versäumnis läßt sich auch im Hinblick auf die Geschichte feststellen.

Bleiben wir für den Augenblick einmal bei dieser Analogie zwischen einer Theorie und einer historischen Erzählung – eine Analogie, der wir bereits in unserer Auseinandersetzung mit Beard nachgegangen sind. Wir sind, glaube ich, zu der Annahme berechtigt, daß eine Theorie logisch verschieden von dem Beweismaterial ist, welches sie untermauert. Dann aber können wir auch sagen, daß eine Erzählung logisch verschieden von dem Beweismaterial ist, welches sie belegt: Fußnoten sind keine echten Bestandteile einer Geschichte, vielmehr bringen sie an manchen Stellen der Geschichte das Beweismaterial bei. Es ist wahr, daß Historiker vielleicht zögern könnten, eine Erzählung zu publizieren, die sie nicht Punkt für Punkt belegen können. Der Historiker wird vielleicht, an einem gewissen Punkt angelangt, sagen, daß er sich nurmehr auf Mutmaßungen stützen könne: doch wäre dies eher ein Bruch in den Fußnoten als ein Bruch in der Erzählung. Jedenfalls ist eine Erzählung nicht einfach die Zusammenfassung seines eigenen wissenschaftlichen Apparats. Sie fungiert vielmehr als eine geplante Darstellung von etwas, das geschehen ist, und es wird kaum geleugnet werden, daß eine derartige Darstellung, die als Hypothese fungiert, es unternehmen könnte, etwas als Beleg zu ihren Gunsten zu werten, das anfänglich nicht verfügbar gewesen ist. Es steckt jedenfalls *soviel* Wahrheit in der vorhin erörterten Auffassung, daß eine Aussage über die Vergangenheit eine verdeckte Voraussage über das Resultat einer historischen Untersuchung ist. Doch das Verhältnis zwischen einer Erzählung und den Materialien, die sie anfänglich dokumentieren, ist in einem den Schülern von Peirce vertrauten Sinne *abduktiv*.[9] Und in einem bedeutsamen Sinne können wir nicht irgendwelchen Bruchstücken, über die wir als ›Geschichte-als-Zeugnis‹ verfügen, wirklichen Sinn geben, solange wir nicht imstande sind, eine Erzählung dazu zu finden, der jene als Beleg dienen können. Solange wir keine Erzählung konstruieren können, für die sie das Belegmaterial abgeben, ist es in der Tat ein Wortmißbrauch, wenn man sie als Beweise betrachtet.

Es gibt viele Quellen, aus denen sich sowohl Belegmaterial für eine Geschichte als auch Anregungen dazu herleiten lassen. Zusätzlich zu wirklichen Berichten und Dokumenten verlassen wir uns sicherlich auch auf etwas, das wir *begriffliche* Beweise nennen könnten. Jemanden beispielsweise als einen Künstler zu identifizieren, unterstellt jenes Individuum bereits einem Begriff und gestattet uns mit einem gewissen Maß an Plausibilität, auf jenes Individuum eine Reihe ganz verschiedener, im Sinne unseres vorigen Kapitels: *annehmbarer* und *möglicher* Sätze anzuwenden. Was ich damit deutlich machen will, ist, daß diese Begriffe nicht nur als Kriterien für bereits geschriebene Erzählungen fungieren, sondern zugleich die Basis für die Konstruktion einer neuen Erzählung abgeben; in diesem besonderen Falle also einer Erzählung über das Leben von jemandem, der als Künstler identifiziert worden ist. Diese Erzählung wird in dem Maße plausibel sein, wie sie anzugeben vermag, was sich an Typischem im Leben eines Künstlers ereignen könnte. Stellen wir uns vor, wir verfügten nur über folgende Information: ein Künstler, Leonardo da Vinci, lebte zu einer bestimmten Zeit in Florenz und malte ein Fresko in Mailand, *Das Abendmahl*. Daß die Namen von Künstlern überhaupt bezeugt sind, zeigt bereits eine bestimmte Einstellung gegenüber der Malerei an: Gesellschaften überliefern selten Namenslisten ihrer Flickschuster und Schornsteinfeger. Daß Leonardo in einem solchen Verzeichnis erwähnt ist, deutet darauf hin, daß *er* der Erwähnung wert befunden wurde, denn nicht *jeder* Künstler wird in einer solchen Liste geführt. Der Umstand, daß *Das Abendmahl* erwähnt wird, läßt vermuten, daß man ihm eine besondere Bedeutung beigemessen hat, denn es ist das einzige seiner Bilder, das namentlich angeführt ist (es ist nicht plausibel, anzunehmen, daß er nur dieses eine Bild gemalt hat), und er wird als sein Maler identifiziert. Sicher ist da noch das Problem, ob die Frage nun gelautet habe: »Was hat Leonardo gemalt?«, oder »Wer hat *Das Abendmahl* gemalt?« Wie dem auch sei, wir dürfen davon ausgehen, daß es das am meisten geschätzte unter seinen Bildern gewesen ist, und können annehmen, daß es als sein Meisterwerk angesehen wurde. Ist uns die Datierung des Bildes bekannt, so vermittelt uns dies wiederum eine gewisse Vorstellung von der Periode seiner Gesellenzeit und darüber, ob er ein Wunderkind gewesen sei oder nicht: die Kenntnis der Lebensdaten Masaccios und die Datierungen der Fresken in der Brancacci-Kapelle *würde* allerdings die Vermutung zulassen, daß er ein Wunderkind war. Kennen wir den Titel des Bildes und *verstehen* wir es, so gestattet uns dies, uns eine gewisse Vorstellung über die Arten von Dingen zu bilden, die auf ihm enthalten sein mußten[10], und wir können außerdem vermuten, daß dann, wenn ein Maler von Rang ein Bild von hohem künstlerischen Wert schuf und diesem letzteren ein religiöses Motiv zugrunde liegt, es eine mehr oder weniger intime Beziehung zwischen Kunst und Religion gegeben haben muß: Jedenfalls können wir uns eine allgemeine Vorstellung davon machen, wer sein Mäzen gewesen sein könnte. Sobald diese Verbindungslinien hergestellt sind, können wir uns nach weiteren umsehen und für die bereits gezogenen nach Beweisen suchen. Stück um Stück würden wir so eine *plausible Erzählung* des Lebens Leonardo da Vincis zusammenfügen. Gewiß wäre dies eine ziemlich allgemein gehaltene und schematische Darstellung, und womöglich würde man daraus niemals jene besondere Art von Genie, das Leonardo gewesen ist, ableiten oder auch nur sich vorstellen können. Es darf nicht übersehen werden, daß unsere wirkliche Kenntnis des Lebens Leonardos Eingang in unseren Begriff davon, was ein Künstler sei, gefunden hat, so daß es nicht leicht ist, anzugeben, wie dieser Begriff aussähe, wenn alles, was wir im Falle Leonardos an Information zur Verfügung hätten, jene wenigen Fakten wären, die ich angeführt habe. Entscheidend ist jedoch, daß wir, von wenigen Tatsachen ausgehend, den Bogen ziemlich weit spannen können und daß eine imaginative Bearbeitung unserer allgemeinen Begriffe uns recht bald schon eine Erzählung von einer gewissen Art liefern wird, die uns sodann als Anleitung zu weiterer Forschung dienen kann, in deren Verlauf wir ermitteln, ob sich weiteres, unabhängiges Beweismaterial zur Stützung unserer Erzählung finden läßt.

Ohne solche weiteren, unabhängigen Beweise (und hierbei müssen wir uns auf Gnade und Ungnade dem ausliefern, was die Geschichte-als-Zeugnis bereithält) wäre unsere Erzählung ein Luftgebilde: sie wäre Fiktion. Doch hilft uns dies sicherlich dabei, zu erkennen, was der Unterschied zwischen Erzählungen und dem Beweismaterial ist, das wir ihnen zuordnen können (eine fiktive Erzählung erfordert *einzig* begriffliche Beweismittel). Man könnte sagen, daß der Unterschied zwischen einer Chronik und einem richtigen Stück Geschichtsschreibung der Unterschied zwischen einer gut fundierten im Gegensatz zu einer schlecht fundierten Erzählung ist. Und dies wiederum würde den Vergleich zwischen einer oft bestätigten und einer nur mangelhaft bestätigten Theorie nahelegen. Doch ist dies nicht ein Unterschied zwischen Arten oder Genres von Theorien bzw. zwischen Arten oder Genres von Erzählungen: es ist ein ganz und gar quantitativer Unterschied zwischen Graden der Bewahrheitung oder Mengen von Belegmaterial.

An einer Stelle behauptet Walsh, daß zusätzlich zu der unbestreitbar sehr begrenzten Menge an Information, die derzeit über griechische Malerei zugänglich ist[11], noch hinzukomme,

> »daß wir, weil wir dem 19. Jahrhundert näherstehen, zu den Gedanken und Empfindungen dieser Ära besseren Zugang haben und unsere Beweise effektiver nutzen können.«[12]

Dies ist ein interessanter Gesichtspunkt, insofern anerkannt wird, daß nicht nur die Anzahl der verfügbaren Informationen, sondern auch die Weise wichtig ist, in der wir diese Informationen verwerten. Allerdings enthält diese Feststellung implizit eine Reihe höchst kontroverser Auffassungen. Zunächst ist da die Behauptung, daß wir einen Bezug zum Denken und Fühlen der Menschen herstellen müßten, um verständlich erscheinen zu lassen, was sie tun. Darin liegt eine Zurückweisung des Behaviorismus. Zweitens wird implizit unterstellt, daß solcher Bezug Erfolg haben und es uns demgemäß gelingen könne, das Verhalten von Individuen einsichtig zu machen, und zwar im umgekehrten Verhältnis, in dem die zeitliche Distanz zwischen uns und den betreffenden Individuen zunimmt. Zur ersteren dieser Thesen will ich mich nicht äußern. Sie ist kontrovers in demselben Maße, in dem der philosophische Behaviorismus selbst umstritten ist, und ohne mich jetzt schon verteidigen zu wollen, möchte ich für eine begrenzte Anzahl von Fällen meine Übereinstimmung mit Walshs anti-behavioristischem Standpunkt zum Ausdruck bringen. Eine Verteidigung würde uns in einen noch mehr ausufernden Problembereich hineinreißen, als der es war, der mit dem Verstehen der Vergangenheit zusammenhängt; es wären dies Probleme, die mit dem Verstehen von *Handlungen* zu tun haben. Und wenn ein Philosoph die behavioristische These vortragen wollte, daß wir keineswegs auf die Gedanken und Empfindungen von Akteuren Bezug nehmen müßten, um ihre Handlungen verstehen zu können, dann würde aus diesem Standpunkt folgen, daß wir solchen Bezug auch nicht zu vergangenen Akteuren und deren Handlungen herzustellen brauchen, denn solche philosophischen Anschauungen sind Zeit-invariant. Walsh ist natürlich, allgemein gesehen, keineswegs skeptisch hinsichtlich unserer Fähigkeit oder des Erfordernisses, solche Bezüge herzustellen, doch offensichtlich neigt er, was Individuen aus der Vergangenheit angeht, zu einem gewissen Skeptizismus, und dies im Verhältnis zu dem Maße, in dem sie vergangen sind. Deshalb will ich mich ausschließlich seinen Ausführungen hierzu zuwenden.

Es gibt einen grundsätzlichen Einwand gegen die These, daß wachsender zeitlicher Abstand die Verstehbarkeit menschlicher Handlungen verringere. Sie liefe darauf hinaus, daß unsere zeitliche Distanz zu den Griechen es gleichermaßen schwierig machen müßte, einen Bericht über die *politischen* Geschehnisse im Jahre 300 v. u. Z. zu schreiben bzw. zu verstehen, wie eine Darstellung der künstlerischen Aktivitäten derselben Periode. Doch das ist eindeutig nicht der Fall. Thukydides' Buch ist nahezu ein Paradigma verständlicher politischer Geschichtsschreibung. Seine Darstellung ist in der Tat derart scharfsinnig, daß wir sie sogar auf unsere Zeit anwenden und argumentieren könnten, daß die Menschen sich nur sehr wenig geändert haben. Worauf das letztlich hinausläuft, ist also *nicht*, daß wir zeitlich von den Griechen des 3. Jahrhunderts v. u. Z. weiter entfernt sind als, sagen wir, von den Franzosen des 19. Jahrhunderts; sondern lediglich, daß unser Verständnis des politischen besser als dasjenige des künstlerischen Verhaltens ist. Und das wiederum bedeutet, daß wir ein extensiveres und vielleicht verläßlicheres Reservoir von dem besitzen, was ich als die *begrifflichen* im Gegensatz zu den *dokumentarischen* Beweisen für politische Konstruktionen – im Unterschied zu solchen künstlerischer Art – definiert habe. Man könnte sodann darauf hinweisen, daß im Falle der Politik unser begrifflicher Beweis uns in die Lage versetzen wird, unabhängig von spezifisch dokumentarischem Beweismaterial vielschichtigere, komplexere Erzählungen zu konstruieren, als unser entsprechender konzeptueller Beweis für die künstlerische Tätigkeit uns zu gestalten erlauben würde. Sollte es darüber auch nur den geringsten Zweifel geben, dann stelle man sich einmal jemanden vor, der den Versuch macht, auf der Grundlage eines Verzeichnisses von Künstlernamen und Werktiteln die Geschichte der Malerei des 19. Jahrhunderts zu schreiben. Ich wage zu behaupten, daß die relative zeitliche Nähe uns dabei nicht viel weiter hilft. Und wenn wir gleich alles über das 19. Jahrhundert wüßten, ausgenommen, was in ihm an Malerei entstanden ist, könnten wir uns dennoch den Impressionismus schwerlich überhaupt nur *vorstellen*.[13]

Was den Begriff des konzeptuellen Beweises angeht, gibt es zumindest zwei Schwierigkeiten, die ich nicht unerwähnt lassen will.

Die erste besteht darin, daß in ihm vorausgesetzt wird, daß das *Verhalten* gegenüber dem an dieses gewendeten *Verstehen* durch alle Zeit unveränderlich sei. Insofern dies jedoch nicht der Fall ist, muß unser Gebrauch begrifflicher Beweise von abnehmender Effizienz sein, und dies nicht so sehr als Funktion der *Zeit*, vielmehr als eine Funktion der Anzahl und Arten von Wandlungen, die inzwischen eingetreten sein mögen.[14] Ähnlich wie das Applizieren einer wissenschaftlichen Theorie ein isoliertes System voraussetzt, setzt auch die Anwendung einer auf begriftlichen Beweisen beruhenden Erzählung die Konstanz von Institutionen und Handlungsweisen voraus.

Wir könnten uns ungestraft des begrifflichen Beweises zur Rekonstruktion der Geschichte einer Gesellschaft bedienen, ganz gleich, welches ihre Lebensdauer gewesen sein mag, vorausgesetzt nur, daß es keinen Wandel in den verschiedenen Handlungsarten gegeben hat, die durch unsere Begriffe abgedeckt sind. Ist diese Bedingung jedoch nicht erfüllt, dann ergeben sich mancherlei der Historie eigentümliche Schwierigkeiten. Ibn Chaldun hat sie gültig formuliert:

»Eine Dynastie wird nun viele der Sitten ihrer Vorgängerinnen übernehmen, worüber sie allerdings nicht die eigenen vergißt, so daß also die vorherrschenden Sitten sich von denen der voraufgegangenen Generation unterscheiden werden. Sollte die regierende Dynastie jedoch wiederum durch eine andere ersetzt werden, welche ihre eigenen Sitten abermals mit den vorherrschenden vermischt, dann wird sich eine Sachlage ergeben, die sich vom ersten, ursprünglichen Stadium sogar noch mehr unterscheidet als vom zweiten.
Dieser graduelle Wandel in Richtung auf eine zunehmende Unterscheidung wird weitergehen, bis schließlich eine totale Ungleichheit erreicht ist...
Die Menschen sind naturgemäß geneigt, nach Vergleichung und Analogie zu urteilen; dennoch führen beide Methoden leicht zu Irrtümern. Gehen sie des weiteren noch einher mit Unaufmerksamkeit und Voreiligkeit, so können sie den Forscher sehr weit vom Gegenstand seiner Untersuchung abführen ... Werden die großen Wandlungen, ja Revolutionen in den Verhältnissen und Institutionen außer acht gelassen, die seit jenen Zeiten eingetreten sind, dann ziehen sie Analogien zwischen Ereignissen der Vergangenheit und jenen, die sich um sie herum abspielen, wobei sie die Vergangenheit nach Maßgabe dessen beurteilen, was sie aus der Gegenwart wissen. Doch der Unterschied zwischen beiden Perioden kann überaus groß sein, sodaß hierbei unübersehbare Irrtümer unterlaufen.«15

Es mag nun immerhin sein, daß das politische Verhalten durch alle Zeit eine größere Konstanz aufweist als das künstlerische (man denke an den Unterschied zwischen der Geschichte der amerikanischen Politik und der Geschichte der

amerikanischen Kunst während der vergangenen sechzig Jahre), und dies könnte allerdings den Unterschied im Gebrauch von Beweisen rechtfertigen, den Walsh für unumgänglich hält. Indessen interessiert mich dies weitaus weniger als die speziellen Schwierigkeiten, die anscheinend in Verbindung mit dem begrifflichen Beweis als solchem auftreten. Eine Erzählung z. B., die zu ihrer Bestätigung in beträchtlichem Umfange von ihm Gebrauch macht und verhältnismäßig geringe Verwendung für den *dokumentarischen* Beweis hat, ist mit Notwendigkeit von gewissen allgemeinen Ideen abhängig, die für wahr gelten oder von denen man *annimmt*, sie seien zu der Zeit, als sie niedergeschrieben wurde, für wahr gehalten worden. Wären unsere Beweise einzig von *dieser* Art, dann wäre in der Tat alle geschriebene Geschichte ›Gegenwartsgeschichte‹. Dieses Phänomen wollen wir den *zeitlichen Provinzialismus* nennen. Gewiß handelt es sich hier um ein durchaus vertrautes Phänomen. Man denke nur an die große religiöse Malerei, auf der all die wunderbaren Geburten, die Anbetungen und Verkündigungen, die Passionen und Auferstehungen dargestellt sind, als hätten sie sich unter den Augen italienischer Gabenbringer in der umbrischen Landschaft zugetragen. Eine Erzählung, die überwiegend von begrifflichen Beweisen abhängig ist, hat unausweichlich einen gegenwartsbezogenen oder zeitlosen Zug, ganz so, als handele sie von Gegenwärtigem statt von Vergangenem oder nicht von einer bestimmten, sondern von jeder Zeit.
Wir sind, denke ich, alle ›zeitlich provinziell‹ im Hinblick auf die *Zukunft*. Und dies zum Teil deswegen, weil wir für die Ereignisse der Zukunft *ausschließlich* begriffliche und überhaupt keine dokumentarischen Beweise besitzen. Dies wird später zu einem wichtigen Umstand für uns werden, dann nämlich, wenn wir uns der Erörterung der Frage zuwenden, ob wir die Geschichte von Ereignissen schreiben können, bevor diese geschehen sind. Natürlich können wir es. Doch wir wären schwerlich in der Lage, sie mit dokumentarischen Beweisen zu untermauern, wie wir dies bei Erzählungen über

die Vergangenheit vermögen, und aus diesem Grunde eignet unserem Begriff von der Zukunft etwas seltsam Offenes und Abstraktes. Wenn es möglich ist, im Hinblick auf Aussagen über die Vergangenheit Fehler jener Art zu begehen, wie Ibn Chaldun sie erwähnt hat, dann ist es *a fortiori* möglich, Fehler hinsichtlich der Zukunft zu machen, und dies aus genau dem Grunde, daß wir der Kontrollen – auf die Ibn Chaldun sich zweifellos bezieht – für die von uns projektierten Erzählungen entraten müssen: der Kontrollen hier und jetzt verfügbarer Beweise. Das ist, so meine ich, letztlich die Bedeutung der Geschichte-als-Zeugnis. Ohne sie lebten wir nahezu vollständig in der Gegenwart und hätten keinen Begriff davon, daß die Vergangenheit verschieden ist oder verschieden gewesen sein könnte. Aber auch dies steht in Beziehung zu unserem zeitlichen Provinzialismus hinsichtlich der Zukunft. Denn unsere begrifflichen Beweise müssen im Lichte der dokumentarischen Beweise modifiziert werden, oder vielmehr: Erzählungen, die sich auf erstere gründen, müssen im Lichte der letzteren Art von Beweisen abgeändert und berichtigt werden, sofern solche auffindbar sind. Doch hilft dies, aufzuzeigen – und bietet in der Tat induktive Gründe dafür, zu sagen –, daß begriffliche Beweise uns nicht sehr weit führen werden. Denn wenn wir genötigt sind, sie angesichts dokumentarischer Beweise zu berichtigen, so daß wir sagen können, daß die Begriffe selbst sich gewandelt haben, können wir dann nicht mit Gewißheit dasselbe im Hinblick auf die Zukunft erwarten? Demgemäß werden zukünftige Begriffe den unseren ebenso unähnlich sein, wie unsere gegenwärtigen Begriffe denen der Vergangenheit unähnlich sind. Wir können *erwarten*, daß die Zukunft verschieden von demjenigen sein wird, was unsere begrifflichen Beweise uns veranlassen, zu erwarten. Daß sie verschieden sein *wird*, können wir vermuten. Doch in welcher Weise sie es sein wird, ist nicht nur deshalb schwer zu sagen, weil wir über keine dokumentarischen Beweise verfügen: unsere begrifflichen Beweise selbst sind nicht einmal *allgemein* adäquat. Wenn sie es schon nicht für die Vergangenheit sind, warum sollten sie es dann für die Zukunft sein? Das also sind die Grenzen des begrifflichen Beweises, und wäre er alles, was wir besitzen, dann würde unsere Konzeption von der Zukunft zugleich unsere Konzeption von der Vergangenheit sein, und beide wiederum würden unserer Konzeption von der Gegenwart ähneln. Das wäre gleichbedeutend damit, daß wir weder für die Vergangenheit noch für die Zukunft über *historischen Sinn* verfügen und im Grunde zeitlos denken würden. Erzählungen also, die ausschließlich auf begrifflichen Beweisen aufbauen, wären wahrhaftig ahistorisch und schematisch im Gegensatz zu unseren wirklichen Erzählungen, beispielsweise über die politischen Geschehnisse im 19. Jahrhundert. Alles in allem wäre also letztlich eine Erzählung, die sich die Geschichte der Malerei in Griechenland zum Gegenstand macht – zusammengeklaubt aus Bruchstücken verfügbaren dokumentarischen Materials plus dem, was immer wir an begrifflichen Beweisen haben mögen –, ein sich sehr armselig ausnehmender Kontrast dazu.

Eine zweite hiermit zusammenhängende Schwierigkeit ist folgende. Angenommen, wir hätten ein Verzeichnis der Künstler, ihrer Lebensdaten und der Werktitel, jedoch jedes ihrer Werke trüge den Titel *Das Abendmahl*. Würden wir ausschließlich begriffliche Beweise als Grundlage für die Konstruktion ihrer Lebensbeschreibungen verwenden, so wären diese Erzählungen, insoweit sie durch begrifflichen Beweis untermauert sind, bemerkenswert uniform. Keine Aussage könnte auch nur in einer von ihnen enthalten sein, die nicht mit gleicher Rechtfertigung auch in einer anderen und in allen übrigen enthalten wäre. Sie würden sich nur in den Namen und Datierungen voneinander unterscheiden. Wir müßten dies geradezu erwarten, denn alles, was wir zu Recht über irgendein Individuum auszusagen imstande wären, würde Bezug nehmen auf das, was es mit jedem anderen Individuum, das unter denselben Begriff fällt, gemeinsam hat. Insofern und solange uns also keine weiteren dokumentarischen Beweise zur Hand sind, haben wir kein zu rechtfertigendes

Mittel, die Monotonie gleichförmiger Erzählungen zu individualisieren. Gewiß könnten wir willkürlich irgendwelche Unterscheidungen treffen, doch vermöchten wir nicht zu *rechtfertigen*, warum wir dies zwar in dem einen, nicht aber auch in einem anderen Falle tun. Folglich wären die ausschließlich auf begrifflichen Beweis gegründeten Erzählungen durch jene eigentümlich abstrakte Qualität gekennzeichnet, die ich vorhin erwähnt habe: sie würden für *jeden* der Künstler (oder jeden Künstler aus jener Periode) für wahr gelten, in der gleichen Weise wie der Satz ›*X* ward geboren, und einige Zeit später verstarb *X*‹ für jeden Menschen gilt, der nicht mehr am Leben ist.
Es ist, glaube ich, so viel klar geworden, daß es nicht Sache der Historiker sein kann, solche abstrakten Erzählungen zu schreiben. Sie sind vielmehr daran interessiert, individuierte Erzählungen zu schreiben, Erzählungen, wenn man so will, die für höchstens ein Individuum Gültigkeit besitzen. Es ist natürlich stets ein Problem, ob eine gegebene Erzählung (oder eine gegebene Beschreibung), die wir hervorbringen, tatsächlich nur für höchstens ein Individuum Wahrheit besitzt.[16] Doch das soll uns hier nicht interessieren. Was uns viel mehr angehen muß, ist der Umstand, daß der Unterschied zwischen einer ›abstrakten‹ Erzählung und einer individualisierenden nicht die beabsichtigte Unterscheidung zwischen einfachen und signifikanten Erzählungen sichtbar macht. Jede von einem Historiker gestaltete Erzählung ist der Intention nach eine individuierte Erzählung. Ich glaube daher, daß signifikante so gut wie einfache Erzählungen es sich in diesem Sinne zum Ziel machen werden, zu sagen, was wirklich an einem bestimmten Ort, zu einer bestimmten Zeit geschehen ist, und dies jedenfalls bliebe m. E. unverändert durch jedwede weitere Distinktion, die wir eventuell zwischen Erzählarten zu treffen beabsichtigen könnten. Man wird bemerkt haben, daß eine Erzählung über die griechische Malerei, die hauptsächlich auf begrifflichen Beweisen beruht, jene Bedingung *nicht* erfüllt. Sollte demnach diese Art der Erzählung als Chronik

oder einfache Erzählung eingestuft werden, dann könnten wir kaum Chroniken oder einfache Erzählungen als »exakte Beschreibungen dessen, was geschehen ist«, charakterisieren. Wir könnten demnach sagen, daß wir hier zwei verschiedene Ebenen des Verstehens vor uns haben. Doch entspräche dies keineswegs einem Unterschied zwischen der Angabe darüber, was genau geschehen ist, und Aussagen, die mehr als nur dies enthalten. Es korrespondiert vielmehr dem Grad der Individualisierung, die wiederum Folge der unterschiedlichen Menge an dokumentarischem Beweismaterial ist, das wir unseren Erzählungen rechtens zuzuordnen imstande sind. Eine Geschichte der griechischen Malerei ist eindeutig weniger individuiert als eine Geschichte der politischen Geschehnisse im 19. Jahrhundert.

(2) An einer bestimmten Stelle seines Buches spricht Walsh davon, daß Chroniken in demselben Verhältnis zur Geschichte stehen wie die Sinneswahrnehmung zur Naturwissenschaft. Es gibt selbstverständlich viele verschiedene Arten des Verhältnisses zwischen Sinneswahrnehmung und Naturwissenschaft, doch die wohl natürlichste Interpretation des Walshschen Gedankenganges ist nach meiner Auffassung folgende: der Unterschied ist vergleichbar demjenigen zwischen dem bloßen Wahrnehmen, daß etwas der Fall ist, und der Erklärung, warum es sich so verhält. Gewiß würde man der Behauptung nicht zustimmen können, daß der Unterschied vielmehr vergleichbar sei dem wiederholt festgestellten Gegensatz zwischen dem gesunden Menschenverstand und der sogenannten wissenschaftlichen Beschreibung der Welt. Denn dies scheint kaum auf die Geschichte anwendbar und mit Sicherheit nicht auf die spezifischen Beispielfälle übertragbar, die Walsh uns vorgelegt hat. Die Geschichte der politischen Geschehnisse des 19. Jahrhunderts etwa wäre ein Beispiel, das sich ganz im Rahmen der Ansichten des gesunden Menschenverstandes hält: sie beschreibt Menschen und deren Handlungen in genau der Weise, in der wir sie gewöhnlich beschreiben, und dies teilweise deswegen, weil derartige Erzählungen

in der gewöhnlichen Sprache abgefaßt sind, die wir alle sprechen und mittels deren wir die Weltauffassung des sogenannten gesunden Menschenverstandes zum Ausdruck bringen. Wenn nichts sonst, so ist allerdings eine Erzählung, die die griechische Malerei zum Inhalt hat, ein wenig zu weit von solchen common-sense-Anschauungen abgelegen, doch dies wäre wohl eher dem Umstand zuzuschreiben, daß der gesunde Menschenverstand (wie wir anläßlich unserer Erörterung der begrifflichen Beweise gesehen haben) besser geeignet ist, sich mit politischem als mit künstlerischem Verhalten zu befassen. Nichtsdestoweniger bestehen nur geringfügige Unterschiede (denn selten nur ist die Sprache der historischen Erzählung technisch) in der Art und Weise, wie das wissenschaftliche Vokabular beschaffen ist, und die meisten Menschen wären wohl, ohne sich zunächst ein spezielles Vokabular oder irgendwelche besonderen Fertigkeiten erwerben zu müssen, in der Lage, Erzählungen über politische Verhaltensweisen im 19. Jahrhundert zu folgen. In der Tat müßten sie sehr wahrscheinlich weitaus *mehr* Fachsprache bewältigen, um einer Erzählung über griechische Malerei folgen zu können. So wollen wir lediglich die nächstliegende Interpretation des Walshschen Gedankens in Betracht ziehen.

Man wird nicht bezweifeln, daß man eine Trennlinie ziehen kann zwischen der Wahrnehmung, daß x der Fall ist, und der Erklärung, warum es so ist. Hier würde man gewiß sorgfältige Unterscheidungen vornehmen wollen. Der eine Mensch würde vielleicht sagen, daß er einen blendenden Lichtschein sehe, während ein anderer, der sich demselben Phänomen gegenübersieht, erklären wird, er habe eine Magnesium-Explosion gesehen, wobei die zweite Beschreibung desselben Phänomens einer Erklärung des Geschehen bereits sehr nahekommt. Dennoch könnte man, Komplexitäten der Beschreibung einmal beiseitegelassen, gewiß der Auffassung zustimmen, daß es ein Unterschied sei, ob man lediglich sagt, daß Napoleon bei Waterloo verloren habe, oder ob man weitergeht und erklärt, warum er verloren hat. Die einzige Schwierigkeit ist hier, daß wir einen Unterschied zwischen zwei Arten von *Erzählung* feststellen sollen, und ›Napoleon hat verloren‹ ist sicherlich keine Erzählung. Doch dagegen könnte nun eingewendet werden, daß wir nichtsdestoweniger eine Erzählung vorlegen könnten, die lediglich beschriebe, was geschehen ist, und eine andere, die erklärte, warum es sich zugetragen hat. Ich möchte indessen behaupten, daß eine Erzählung, der es nicht gelingt, zu erklären, sehr wahrscheinlich eine Aussage sein wird wie *S* und demgemäß nicht wirklich eine Erzählung sein kann; während eine Erzählung, die wirklich erklärt, genau dies leistet: sie sagt aus, was tatsächlich geschehen ist, und qualifiziert sich gemäß den Walshschen Kriterien als *einfache* Erzählung. Uns bliebe dann wieder das Problem, herauszufinden, was eine signifikante Erzählung leisten würde, die von jener verschieden ist. Und ich kann nur sagen: sie kann nichts anderes und mehr tun als aussagen, was genau geschehen ist, solange es sich um eine *historische* Erzählung handeln soll. Die Unterscheidung ist folglich nicht derart, daß sie *innerhalb* der Geschichte selbst getroffen werden könnte.

Einfache Erzählungen, so schreibt Walsh, zielen darauf ab, zu berichten, »›was eigentlich geschehen ist‹, nach dem berühmten Ranke-Wort, und es dabei bewenden zu lassen«.[17] Es gibt offenbar einige Interpretationsschwierigkeiten angesichts der Aussage Rankes, daß seine Geschichte aufzeigen wolle, was wirklich geschehen ist (»wie es eigentlich gewesen«)[18]. Er selbst hob nur einen Kontrast hervor: er strebe weder danach, so sagte er, die Vergangenheit abzuurteilen, noch »die Gegenwart zum Wohle zukünftiger Jahrhunderte zu belehren«. Er hatte nur das Interesse, zu sagen, was wirklich geschehen ist. Dennoch hat manch einer diesen ungewöhnlich bescheidenen Verzicht für einen außerordentlich überheblichen Anspruch gehalten, dem kein Mensch gerecht werden könne. Man hat ihn z. B. dahingehend verstehen wollen, daß in seiner vollständig objektiven Geschichte nichts Eigenes durchscheinen dürfe[19]; oder daß in ihr *alles* über ihren Gegenstand zur Sprache kommen solle[20]. Wie bereits erwähnt, ist beides unmöglich. Betrachten wir die zuletzt erwähnte Deutung. Es ist wahr, so will mir scheinen, daß man nicht gleichzeitig der Aufforderung Folge zu leisten vermag, einen Bericht über irgendein Geschehnis zu geben, und der Forderung nachkommen kann, *alles* zu erwähnen. Jede Darstellung, so habe ich erklärt, muß ihrem Wesen nach manches auslassen, und in der Historie wie überall sonst ist es ein Kennzeichen dafür, daß es jemand verstanden hat, einen Gegenstand zu organisieren, wenn er weiß, was er ausscheiden muß, und wenn er sich zutraut, zu behaupten, daß einige Dinge wichtiger sind als andere. Angenommen, ich wünschte zu wissen, was in einer Gerichtsverhandlung geschehen ist. Ich könnte meinen Informanten bitten, nichts auszulassen, mir alles zu erzählen. Doch sicherlich wäre ich bestürzt, würde er mir zusätzlich zu seiner Wiedergabe der Reden der Anwälte, zur Schilderung der emotionalen Haltung der Prozeßführenden und des Verhaltens des Richters auch noch erzählen, wie viele Fliegen im Gerichtssaal waren, und mir anhand einer komplizierten Grafik zeigen, in welcher Flugbahn sie genau umherkreisten, ein ungeheures Gewirr von Epizyklen. Oder wenn er das Husten und Schneuzen im Saal erwähnen würde. Der eigentliche Bericht würde von all diesen Details zugedeckt werden. Wohl *kann* ich mir vorstellen, daß er sagt: »In diesem Augenblick setzte sich eine Fliege auf die Brüstung des Zeugenstandes.« Denn ich würde erwarten, daß gleich etwas Unvorhergesehenes und Interessantes folgt: der Zeuge schreit auf, verrät eine sonderbare Phobie. Oder ein brillanter Ankläger ergreift die Gelegenheit zu einer großartigen forensischen Demonstration (»Wie diese Fliege hier, meine Damen und Herren ...«). Oder bei dem Versuch, sie zu verscheuchen, wird ein Tintenfaß über ein entscheidendes Beweisstück gegossen. Was immer auch der Fall sein mag, ich begehre zu wissen: *was* hatte es mit dieser Fliege *auf sich*? Doch wenn es ›nichts damit auf sich hat‹, wenn es lediglich ›Teil dessen ist, was während der Gerichtsverhandlung geschah‹, dann gehört es ganz und gar nicht in einen Prozeßbericht. Wenn ich demnach sage: »Erzähl mir die ganze Geschichte und laß nichts weg«, dann muß man (und muß ich) das so verstehen: laß nichts Bedeutsames aus: was immer in die Geschichte gehört, ich möchte es erfahren. Und gewiß ist es dies, was Ranke hauptsächlich gemeint haben muß.

Es gibt wenige Probleme in der Philosophie, die eine gründlichere Auseinandersetzung verdienten als die Frage der Relevanz, doch hier möchte ich lediglich an unsere intuitiven Unterscheidungskriterien appellieren, aufgrund derer wir imstande sind, etwas als zu einer Geschichte gehörig oder nicht zu ihr passend zu erkennen: sogar ein Kind vermag dies. Wenn mit dem Erzählen dessen, was eigentlich geschehen ist, das gemeint ist, was einige Kritiker Rankes anzunehmen scheinen, dann wäre, was Ranke ideell produziert haben würde, nicht einmal eine *einfache* Erzählung: es wäre gar keine Erzählung. Ich würde demnach sagen, daß jede Erzählung eine den Ereignissen unterlegte Struktur ist, die einige von ihnen mit anderen gruppiert, einige andere wiederum aussondert, weil es ihnen an Relevanz mangelt. Demzufolge kann es kein Unterscheidungsmerkmal irgendeiner gegebenen Art von Erzählung sein, daß sie das tut. Wenn man es vorzieht, diesen Sachverhalt trivial auszudrücken, könnte man sagen, daß eine Erzählung nur die signifikanten Ereignisse erwähnt: doch in dieser Hinsicht wäre jede Erzählung darauf aus, die Signifikanz von Ereignissen zu ermitteln: jede Erzählung wäre idealiter bestrebt, einzig jene Dinge aufzunehmen, die für andere Ereignisse relevant oder signifikant sind. Wir können schwerlich Erzählungen vermittels dieses Kriteriums in Klassen aufteilen, ausgenommen vielleicht in gute und schlechte, wobei die schlechten durch einen Überhang an nicht-signifikanten Details gekennzeichnet sind.

Es ist nicht eben leicht zu sehen, welche Bedeutung Historiker Ereignissen beilegen können, durch die eine philosophisch wesentliche Unterscheidung zwischen Arten von Erzählungen getroffen werden könnte. Es gibt zum Beispiel zahlreiche Ereignisse oder Gestalten, die für bedeutsamer angesehen werden als andere. Die Schlacht von Waterloo etwa hatte größere Bedeutung als die Schlacht von Wagram, und Napoleon war ein bedeutenderer General als Blücher. In einem parasitären Sinne ließe sich sagen, daß Erzählungen über Waterloo und Napoleon signifikanter seien als solche über Blücher und Wagram. Indes wäre diese Feststellung m. E. von nur geringem philosophischen Gewicht; jedenfalls wäre denkbar, daß beide Erzählungen genau das berichten, was geschehen ist. Was allerdings von einiger philosophischer Wichtigkeit sein könnte, wäre eine Spezifizierung der unterschiedlichen Weisen, in denen wir von einem Ereignis oder einem Individuum als einem ›signifikanten‹ sprechen, und hierzu möchte ich nun einige Überlegungen anstellen. Darüber hinaus will ich zu zeigen versuchen, daß manche dieser Bedeutungen den Historiker zu etwas mehr verpflichten als nur zu sagen, was eigentlich geschehen ist. Deshalb möchte ich den Nachweis erbringen, daß keins dieser ›extra‹-Dinge die geforderte Unterscheidung wirklich auch zu einer philosophisch wichtigen macht.

(1) *Pragmatische Signifikanz.* Gelegentlich wählt der Historiker ein gewisses Geschehnis oder ein Individuum für eine Erzählung aus, weil seinem Gegenstand nach seiner Auffassung ein moralisches Interesse innewohnt, so daß er also zusätzlich zur Niederschrift dessen, was genau geschehen ist, noch die Hoffnung hegt, einen moralischen Gesichtspunkt zur Geltung bringen zu können. Seine Erzählung dient dann einem gewissen Zweck, der darüber hinausgeht, bloß zu berichten, was wirklich geschehen ist. In der Regel gibt bereits der Ton, in dem der Historiker sich äußert, einen sicheren Anhaltspunkt dafür, welches moralische Argument er vorbringen will. Gibbon zum Beispiel schreibt in einem empörten Tonfall über die Exzesse der byzantinischen Herrscher. Er beabsichtigte damit, sie in Gegensatz zu den weitaus abgeklärteren Monarchen seiner eigenen Zeit zu bringen. Es kann kaum Zweifel

daran geben, daß vieles, was er in sein Werk aufgenommen hat, dort nur wegen seiner moralistischen Absichten einen Platz gefunden hat. Genau entgegengesetzt ist die Absicht, die Tacitus mit seiner *Germania* verbindet. Er wählte sich Germanien zum Gegenstand seiner Schrift, um einen Gegensatz in Sitte und Verhaltensweisen, insbesondere im Sexualverhalten, bei den Germanen und seinen eigenen Landsleuten deutlich zu machen: er betont also die Tugendhaftigkeit der Germanen. Es ließen sich viele solcher Beispiele anführen. Lebensbeschreibungen der Päpste, von Industriekapitänen, von Hofdamen aus dem alten Japan haben oft eine Bedeutung, die in diese Richtung geht: solche Historien sind mit der erklärten Absicht geschrieben und manchmal explizit dazu konstruiert, moralistischen Zwecken zu dienen. Alle derartigen Erzählungen sollten demgemäß für ›signifikant‹ anstatt für ›einfach‹ angesehen werden. Ein Relativist könnte natürlich behaupten, daß *alle* Erzählungen in diesem Sinne signifikant seien, da alle Historiker von irgendwelchen moralischen Anliegen oder pragmatischen Absichten beherrscht würden, und diese dienten zur Bestimmung dessen, worüber sie schreiben, der Weise, in welcher sie schreiben, und der Ereignisse, die sie für relevant halten. Wie dem auch sei, die Tatsache bleibt bestehen, daß Erzählungen immerhin denkbar sind, die dies nicht tun, und zumindest Ranke behauptete von sich, keinen derartigen Endzweck zu verfolgen: *ihm* lag nur daran, zu sagen, was wirklich geschehen sei, und in diesem Sinne eine *einfache* Erzählung niederzuschreiben.

(2) *Theoretische Signifikanz.* Eine Reihe von Geschehnissen kann für den mit einer Untersuchung Beschäftigten signifikant sein, weil er sie in einem beweisenden oder illustrierenden Verhältnis zu einer allgemeinen Theorie stehend glaubt, die er selbst aufstellen oder widerlegen will. Dementsprechend könnte man die Cromwellsche Revolution entweder als Ereignis werten, das eine allgemeine Revolutions-Theorie bewahrheitet, oder als Gegenbeweis für eine solche Theorie; und daß es relativ zu einer derartigen Theorie ist, daraus leitet

sich für ihn die Bedeutung des Ereignisses her. Die einzigartigen Erzählungen von Marx zur französischen Geschichte, die der Illustration einer allgemeinen Theorie des Klassenkampfes dienen, sind ein Beispiel dafür. Eine Erzählung desselben Ereignisses, geschrieben, um die marxistische Theorie zu bekämpfen, wäre gleichermaßen signifikant, wenn wir hier als ›signifikante Erzählung‹ eine solche werten, die in einer derartigen theoretischen Absicht geschrieben worden ist. Eine einfache Erzählung wäre dann die, die keinen solchen Zweck verfolgt. Noch einmal: in einem etwas vagen Sinne kann jede Erzählung von diesem Gesichtspunkt her gesehen signifikant sein, und selbst Rankes Erzählung *könnte* signifikant in dem Sinne sein, daß sie explizit in der Absicht geschrieben wurde, darzutun, daß objektive Geschichtsschreibung möglich ist: ihre Signifikanz läge gerade in ihrer Einfachheit.

(3) *Konsequenz-Signifikanz.* Ein Ereignis *E* kann dann für einen Historiker *H* als signifikant gelten, wenn *E* gewisse Konsequenzen hat, denen *H* Bedeutung beimißt. Das ist beispielsweise der Sinn des Wortes ›Signifikanz‹ für den Psychoanalytiker, wenn er abschließend zu dem Bericht eines Patienten über seine Vergangenheit bemerkt, dieser habe darin einen signifikanten, bedeutenden Punkt berührt. Vor allem dies ist die typische Verwendung dieses Begriffs in historischen Schriften. Wenn wir von einem Ereignis sagen, es sei ohne Bedeutung, dann meinen wir damit nicht, daß es überhaupt keine Folgen habe, sondern daß ihm keine *wichtigen* Folgen beizumessen sind. Demnach ist dieses Verständnis von ›Signifikanz‹ logisch verknüpft mit einem davon unabhängigen Begriff der *Wichtigkeit,* wobei diese wiederum von einer Mannigfaltigkeit verschiedener Kriterien abhängig sein mag. Beispiele lassen sich hier leicht nennen. Wir erklären, daß als Folge der Persischen Kriege das Volk der Hellenen und insbesondere die Athener in die Lage versetzt wurden, sich autonom zu entwickeln und ihre kulturellen Errungenschaften zu konsolidieren. Wir sagen, daß die Signifikanz der Pest darin bestanden habe, daß sie einen Arbeitsmarkt

schuf, auf dem sich die Ware Arbeitskraft günstig verkaufen konnte, daß dadurch ein Ansteigen der Löhne erfolgte, was wiederum zu einem Aufbrechen der feudalen Struktur der gebundenen Arbeit beigetragen hat.
Es ist dieser Wortsinn von ›Signifikanz‹, der zutreffend ist, wenn wir im Anschluß an ein berühmtes Dictum Pascals feststellen, daß die Größe der Nase Cleopatras von historischer Signifikanz gewesen sei: Eine Erzählung, die die Bedeutung dieses oder jenes Ereignisses beschreibt oder aufzeigt, kann eine signifikante Erzählung genannt werden. Andererseits jedoch fällt es schwer, sich eine hiervon abgehobene einfache Erzählung zu denken, denn dieser Begriff der Signifikanz scheint ein wesentliches Strukturmerkmal von Erzählungen schlechthin zu sein. Wenn ein früheres Ereignis im Hinblick auf ein späteres Ereignis einer Geschichte nicht signifikant ist, dann gehört es nicht in diese Geschichte. Und man kann stets die Aufnahme eines Ereignisses in ihren Kontext durch den Nachweis rechtfertigen, daß es in dem genannten Sinne signifikant ist. Wenn jedes in einer Geschichte erwähnte Ereignispaar derart beziehungslos ist, daß das voraufgegangene im Hinblick auf das spätere Ereignis ohne Signifikanz ist, dann ist das Ergebnis in der Tat *nicht* eine Geschichte, sondern eine bloße Aussagenreihe, die *S* nahekommt.
(4) *Erhellende Signifikanz.* Ich habe dargelegt, daß das Verhältnis einer Geschichte zu einem Komplex von Beweisen an einem gewissen Punkt in die Irre führen kann. Auf der Grundlage einer Reihe von Zeugnissen, Belegen etc. *postulieren* wir gewissermaßen eine Geschichte und gehen dann daran, nach weiterem Beweismaterial zu suchen, durch das sie Bestätigung findet. Einmal gefunden, kann ein derartiger Beweis insofern als ein signifikanter Fund gewertet werden, als er endlich eine Behauptung erhärtet, derer wir uns bislang nicht gewiß waren. Vergleichbar hiermit kann es irgendeine Lücke in einer Geschichte geben, oder sie mag teilweise erhebliche Fehler aufweisen, oder es mag Dinge geben, die sich ereignet haben, von denen uns aber nichts bekannt ist, so daß

wir nicht bemerken können, wo unsere Geschichte lückenhaft ist. Und dann treffen wir unvermutet auf einen Bericht, der von Ereignissen erzählt, die eine Lücke in unserer Geschichte schließen, oder der von demjenigen abweicht, wovon wir annahmen, daß es wirklich geschehen sei, oder der etwas mitteilt, wovon wir bisher nichts gewußt haben. Solche Entdeckungen sind signifikant, weil sie etwas bislang Unbekanntes enthüllen, und in einem abgeleiteten Sinne können wir auch die Ereignisse selbst für signifikant ansehen. Dies ist natürlich relativ zu einem bestimmten Wissensstand: man kann niemandem enthüllen, was er bereits kennt, und Enthüllungen von gestern sind die abgestandenen Neuigkeiten von Heute. Nichtsdestoweniger ist dies ein wichtiger Begriff von ›Signifikanz‹, und ich werde ihn im folgenden auf Ereignisreihen anzuwenden versuchen. Ich werde sagen, daß eine Reihe von Ereignissen *E* dann für einen Historiker signifikant ist, wenn er auf ihrer Grundlage dazu imstande ist, irgendeine andere Ereignisfolge zu rekonstruieren oder irgendwie zu erschließen. Befragt, beispielsweise, worin die Signifikanz der Übersiedlung des Descartes nach Holland liege, könnte ich erklären, daß dies Ereignis die Tatsache beleuchte, daß in Frankreich Mächte aufkamen, die die Gedankenfreiheit unterdrückten, und daß solche Mächte in Holland keinen Einfluß hatten. Nachdem ich diese These *postuliert* habe, kann ich darangehen, das Vorhandensein solcher Kräfte in Frankreich und deren Abwesenheit in Holland zu verifizieren. Auch hier wiederum gibt es ein psychoanalytisches Analogon. Ich könnte sagen, die Signifikanz dessen, daß *x* eine ältere Frau geheiratet habe, sei in dem Wunsch zu suchen, einen Ersatz für seine Mutter zu finden. Man könnte nun sagen, eine signifikante Erzählung sei eine solche, die Ereignisse oder Ereignisreihen erzählt, welche sich in dieser Weise zueinander verhalten. Andererseits aber ist es nicht leicht, zu sehen, worin eine einfache Erzählung bestehen soll. Man nehme zum Beispiel an, *E* sei signifikant für eine Ereignisfolge, die in einem *erklärenden* Verhältnis zu *E* steht. Ich würde es merkwürdig finden, wenn ein in einer Erzählung enthaltenes Ereignis nicht eine erklärende Rolle gegenüber einem anderen Ereignis einnähme. Denn worin besteht denn hier das Verhältnis, wenn nicht darin, daß wir dazu beitragen, *E* durch die Beziehung auf ein anderes Ereignis Sinn zu geben? Und wenn keines der in einer Erzählung aufgeführten Ereignisse dazu beiträgt, irgendeinem der anderen Sinn zu geben, haben wir wiederum etwas, das *S* ähnlicher ist als einer Erzählung.

Diese Liste des vierfachen Sinnes von ›Signifikanz‹ ist nun allerdings kaum erschöpfend und vielleicht noch nicht einmal exklusiv: (3) ist womöglich nur ein Sonderfall von (4); eine Erzählung kann signifikant sowohl im Sinne von (2) wie von (4) sein, und so weiter. Dennoch kommt sie meinen augenblicklichen Anforderungen weit genug entgegen, und ich werde nun darangehen, jeden einzelnen von mir versuchten Einstieg kurz zu kommentieren.

a) Es ist nicht zu leugnen, daß Historiker in den Ereignissen der Vergangenheit moralische Richtlinien, moralische Parallelen, abschreckende Beispiele und moralische Paradigmata finden. Ebensowenig kann geleugnet werden, daß ihr Motiv dafür, überhaupt Geschichte zu schreiben, oftmals ein pragmatisches ist: Sie möchten einen Ruf zerstören oder wiederherstellen, moralische Belehrung erteilen oder eine moralische Überzeugung stärken und unterstützen. Nichtsdestoweniger ist nichts von alledem unvereinbar damit, zu berichten, was wirklich geschehen ist, und tun sie dies nicht, dann schreiben sie eben nicht Geschichte. Gewiß, verschiedene Historiker mit abweichenden moralischen Überzeugungen und Anliegen können unterschiedliche Geschichten schreiben. Dennoch könnte jeder genau das schreiben, was wirklich geschehen ist, denn sie schreiben schließlich über recht verschiedene Dinge, und der einzige Streit, den sie untereinander austragen, würde sich auf *moralisch* strittige Fragen beziehen, während die Gegenstände ihrer Erzählungen jeweils verschieden sind. Wenn sie andererseits beide versuchen, die gleiche Geschichte zu erzählen, und die Geschichten dann voneinander abweichen, handelt es sich nicht mehr nur um moralische Streitfragen, sondern um sachliche. In diesem Falle jedoch wird die eine der beiden Erzählungen oder werden alle beide fehlerhaft in jenem einzig relevanten historischen Sinne sein, daß es ihnen nämlich nicht gelungen ist, genau anzugeben, was geschehen ist. Angenommen, dieser Mangel ist berichtigt, so können sie fortfahren, sich in moralischen Streitfragen zu überwerfen, doch ist dies dann nicht länger ein *historisch* relevanter Meinungsstreit, denn sie können unabhängig von historischer Information miteinander hadern, und wenn sie tatsächlich in der Feststellung der Fakten übereinstimmen, dann ist ihre fortdauernde Meinungsverschiedenheit über moralische Interpretationen schlechthin irrelevant für die Geschichte, und diese ist irrelevant für sie. Was nicht als sachliche Meinungsverschiedenheit ausgetragen werden kann, ist irrelevant für die Historie, und was sich als solche darstellen kann, ist nichts anderes als eine gegensätzliche Auffassung über das, was wirklich geschehen ist. Eine signifikante Erzählung in dem hier von uns gemeinten Sinne wäre eine einfache Erzählung plus einer moralischen Interpretation. Doch es ist die einfache Erzählung, die Historie ist. Die moralische Interpretation ist extra-historisch, so daß also der Gegensatz zwischen einfacher und signifikanter Erzählung ein Gegensatz nicht innerhalb der Historie selbst ist, sondern zwischen dieser und irgend etwas anderem.

Es könnte natürlich jemand einwenden, daß die sogenannte Unterscheidung zwischen Glaubensüberzeugungen und Einstellungen (beliefs und attitudes) nicht klar sei. Ich würde darauf erwidern, daß im selben Maße die Unterscheidung zwischen einfachen und signifikanten Erzählungen nicht klar ist. Sollte nun jemand ähnlich argumentieren, daß es – als Folge eben der Sprache, die wir verwenden – unmöglich sei, zu sagen, was geschehen ist, ohne daß man in der einen oder anderen Weise ein moralisches Urteil fällt, dann gibt es und kann es allerdings keine einfachen Erzählungen geben, dann ist die Unterscheidung hinfällig. Sollte *per contra* jemand dagegenhalten, daß ethische Prädikate *nicht* der Ausdruck von Haltungen seien, sondern wirkliche Eigenschaften von Dingen und Ereignissen bezeichnen, und daß jede Beschreibung, der es nicht gelingt, sie zu verwenden, unvollständig sei, dann allerdings könnten wir einen Unterschied zwischen einfachen und signifikanten Erzählungen zugeben. Dann würde einer signifikanten Erzählung gelingen, was eine einfache Erzählung nicht vermag, nämlich getreu zu berichten, was wirklich geschehen ist. Denn eine sachliche *plus* einer ethischen Beschreibung wäre eine genauere oder vollständigere Darstellung als ein bloßer Tatsachenbericht.

Ich glaube allerdings, daß die Unterscheidung hinreichend klar ist. Würde jemand sagen, daß hier ein gutes Stück Geschichtsschreibung vorliege, wenngleich darin kein moralischer Standpunkt vertreten werde, so würde jedermann ihn verstehen. Gewiß sagte er damit nichts, das in sich inkonsequent wäre. Wenn er sagte, es handele sich um schlechte Geschichtsschreibung, weil sie keine Moral enthalte, dann würde er sie tatsächlich nicht vermittels eines moralischen Kriteriums abwerten, das man gemeinhin anlegt, um Geschichten als gute oder schlechte zu klassifizieren. Es wird *nicht* allgemein als Grund für die Einstufung eines historischen Werkes als schlechte Geschichtsschreibung akzeptiert, daß es moralische Neutralität wahrt, ebensowenig wie der Umstand, daß Napoleon nicht darin erwähnt wird, als ein Grund dafür gilt, etwas als schlechte Historie auszugeben. Wenn demgegenüber jemand sagt, daß etwas gute Geschichtsschreibung sei, wenngleich daraus nicht hervorgehe, was wirklich geschehen ist, so würde er ernstlich die Frage aufwerfen, warum man es überhaupt Geschichte nennen solle. Sagt man, daß es sich um gute Geschichtsschreibung handele, *weil* es erzählt, was geschehen ist, so ist dies *die* gängige Begründung für die Einschätzung als gute Geschichtsschreibung, während die Bemerkung, daß etwas ein gutes Stück Historie sei, obschon es erzähle, was geschehen ist, nahezu vollends unverständlich wäre. Hinwiederum zu sagen, daß es gute Geschichtsschreibung sei, obwohl es eine moralische Absicht enthalte, wäre durchaus verständlich. Das meint letztlich, daß die moralisierende Intention nicht davon abgehalten hat, den Kriterien für gute Geschichtsschreibung gerecht zu werden. Wir können deshalb Punkt *a* der Vergessenheit überantworten.

b) Ich habe die Auffassung vertreten, daß Erzählungen als Arten von Theorie angesehen werden können, die der Bewahrheitung fähig sind und die in die Ereignisse – durch gewisse Gruppierungen – eine Art Ordnung und Struktur bringen. Eine so betrachtete Erzählung bleibt gleichwohl lokalisiert in Raum und Zeit, sie gibt Antwort auf eine historische Frage und läßt sich dementsprechend von einer allgemeinen Theorie unterscheiden, die nicht solcherart lokalisiert ist und demgemäß *nicht* die Antwort auf eine historische Frage darstellt. Bedeutung *b* von ›signifikant‹ findet Anwendung auf eine Erzählung, die speziell deshalb geschrieben wurde, um irgendeine allgemeine Theorie zu illustrieren oder zu bestätigen, die für sich selbst keine Antwort auf eine historische Frage ist, vielmehr auf eine (natur)wissenschaftliche oder eine Art (natur)wissenschaftlicher Fragestellung. Sicherlich wäre genau dieselbe Erzählung niedergeschrieben worden, ob der Schreibende diesen Endzweck im Sinne gehabt hätte oder nicht. Als Erzählung können wir sie unabhängig davon beurteilen, ob sie irgendeine außerwissenschaftliche Aufgabe, die sie sich gesetzt hat, erfüllt oder sie verfehlt. Ich würde demnach sagen, daß die Illustration oder Bestätigung einer allgemeinen Theorie eine nicht-historische Aufgabe ist, und Fragen wie »Ist es eine gute Veranschaulichung?« oder »Bestätigt es Theorie *T*?« sind keine Antworten auf historische Fragen, wenngleich die Erzählung selbst gewiß darin *versagen* würde, das Geforderte zu leisten, wenn es ihr nicht gelingt, Antwort auf die ihr angemessene historische Frage zu sein. Wenn es ihr demnach nicht gelingt, den minimalen historischen Erfordernissen zu genügen, wird sie schwerlich irgendeine Aufgabe höherer (oder andersartiger) Ordnung erfüllen können. Wir haben hier jedenfalls nicht zwei unterschiedliche Arten von

Erzählungen, sondern nur eine einzige, wenngleich sie gelegentlich zu einem nicht-historischen Gebrauch eingesetzt wird. Das Verhältnis zwischen einer Erzählung und einer allgemeinen Theorie wird am zutreffendsten wohl verstanden, wenn man es ähnlich dem Verhältnis zwischen einer Erzählung und einer moralischen These oder Absicht begreift. Ich möchte später noch einige weiterführende Bemerkungen über dieses Verhältnis machen, doch für unseren gegenwärtigen Zweck genügt es wohl, wenn wir Bedeutung *b* als irrelevant für jede Unterscheidung innerhalb der Geschichte ansehen und für völlig ungeeignet, uns mit einer treffenden Distinktion zwischen einfachen und signifikanten Erzählungen zu versehen.

c) Nehmen wir einmal an, der Unterschied zwischen einer einfachen und einer signifikanten Erzählung bestehe in der Tatsache, daß letztere die Folgen einer Reihe von Ereignissen ausspricht, während die erstere jene Ereignisse lediglich aufeinander bezieht. Nennen wir diese zwei Erzählungen *N-s* beziehungsweise *N-p*. *Ex-hypothesi* ist *N-p* also eine Erzählung. Dementsprechend muß sie einigen weiteren Bedingungen genügen, die sie gegen unsere paradigmatische Nicht-Erzählung *S* abheben. Doch dies bedeutet, daß zumindest einige der späteren in *N-p* erwähnten Ereignisse signifikant im Hinblick auf einige der früheren Ereignisse sein müssen, d. h. jene späteren Ereignisse *sind* die Bedeutung der früheren, insofern sie deren Folgen darstellen. Wenn wir imstande sind, durch Nennung keines in *N-p* erwähnten Ereignisses die Frage zu beantworten, welches die Bedeutung *dieses* Ereignisses sei, gefragt für *jedes* Ereignis in *N-p*, dann kann *N-p* keine Erzählung sein. Demgemäß also muß jede Erzählung irgendwelche Konsequenzen irgendwelcher Ereignisse aussprechen, und folglich ist der Unterschied zwischen *N-p* und *N-s* ein gradueller. Angesichts dieser Tatsache ist schwer einzusehen, warum *N-s*, wenn *N-p* als getreuer Bericht über wirklich Geschehenes aufgefaßt wird, unterschiedlich charakterisiert werden sollte. Sie mag *mehr* von dem berichten, was im einzelnen alles geschehen ist, als in *N-p* enthalten ist, doch ist dies ganz und gar nicht dasselbe wie mehr zu leisten, als genau das zu berichten, was sich zugetragen hat. Wenn es andererseits *N-p* nicht gelingt, zu berichten, was eigentlich geschehen, *weil* sie irgendwelche Folgen irgendwelcher Ereignisse nennt, dann ist wiederum schwer zu begreifen, wie eine Erzählung überhaupt berichten *kann*, was genau sich zugetragen hat. Die intendierte Unterscheidung wäre dementsprechend keine solche, die Arten von *Erzählungen* gegeneinander kontrastiert. Nach Bedeutung *c* von ›signifikant‹ müßte demnach jede Erzählung signifikant sein. Wenn nun aber eine Erzählung, gleichviel in welcher annehmbaren Form, genau beschreibt, was geschehen ist, und eine andere dies nicht vermag, dann hat sich letztere, insofern sie nicht genau beschreibt, was sich zugetragen hat, als Geschichtsschreibung von vornherein disqualifiziert. Daraus folgt, daß in der Historie jede Erzählung eine *einfache* Erzählung ist. Demnach ist jede historische Erzählung unterschiedslos einfach oder signifikant.

d) Punkt *d* können wir hier ganz kurz behandeln. Angenommen, es gibt eine Lücke in einer Erzählung *N-p* und aus Mangel an verfügbarem dokumentarischen Beweismaterial vermögen wir sie nicht zu schließen, ausgenommen, wir greifen auf irgendwelche begrifflichen Beweise zurück. Wir wissen, daß *E-1* und *E-3* geschehen sind, und haben im Gefühl, daß sie miteinander in Verbindung stehen, wissen jedoch nicht, worin diese Verbindung besteht. Dabei darf nicht außer acht gelassen werden, daß diese Lücke relativ zu der jeweiligen erzählerischen ›Organisation‹ oder Gestaltung ist. Postulieren wir nun ein Ereignis *E-2*. Damit ist jedoch ein ›erhellendes‹ Beweisstück entdeckt, das wir zur Grundlage nehmen, um diese Lücke aufzufüllen, die Erzählung gewissermaßen zu schließen. Unsere neue Erzählung vermag, was *N-p* nicht gelungen ist, nämlich zu berichten, was genau geschehen ist. Das ist es im allgemeinen, was zu leisten die Entdeckung von etwas hilfreich ist, das erhellende Bedeutung besitzt. Indem wir etwas aufdecken, das uns vorher unbekannt gewesen ist oder was wir lediglich gemutmaßt haben, versetzt uns unser Fund in die Lage, genauer zu berichten, was sich zugetragen hat, als es uns ohne das neue Beweisstück gelungen wäre. Erhellende Signifikanz vermag daher nicht die geforderte Unterscheidung zu leisten.

Aus den genannten Gründen scheint es mir mehr als angebracht, ein für allemal zu erklären, daß es nicht zwei Arten von Erzählungen in der Geschichtsschreibung gibt, keine solchen jedenfalls, wie wir sie hier erörtert haben. Rankes Charakterisierung ist, ungeachtet ihrer Vagheit und unbeschadet der verständnislosen Deutungen, die ihr von unfreundlichen Kritikern zuteil geworden ist, eine bewundernswerte Charakterisierung dessen, was der Historiker zu vollbringen bestrebt ist. Ich möchte sie sogar als eine Variante zu jener Kennzeichnung dessen werten, was ich eingangs die minimale historische Zielsetzung genannt habe. Dennoch müssen Historiker in dem nämlichen Sinne, in dem sie mit dem Mittel der Erzählung beschreiben, was geschehen ist – da eine Erzählung stets zugleich eine Weise ist, Sachverhalte zu organisieren, und damit über das Gegebene ›hinausgeht‹ –, sich auf etwas einlassen, das man ›eine Interpretation geben‹ nennen könnte. Vermutlich gibt es Probleme, die im Zusammenhang mit der semantischen Verbindung zwischen Erzählungen und ›Geschichte-als-Wirklichkeit‹ auftauchen, und die Wahrheits-Bedingungen für Erzählungen sind gewiß überaus komplex. Doch was die Fragen des Genres angeht, ist die Geschichte, wie ich es genannt habe, aus einem Guß. Jede Art von Erzählung – angenommen, es gibt wirklich solche Arten – würde Kriterien der Relevanz fordern und voraussetzen, denen gemäß Dinge entweder in sie aufgenommen oder aus ihr ausgeschieden werden. Das bedeutet m. E., daß die maximal detaillierte Darstellung, jenes ideale Duplikat der Geschichte-als-Wirklichkeit, keine Erzählung sein könnte.
An einer Stelle seines Buches[19] erklärt Walsh, daß es einen Unterschied gebe zwischen dem Aufstellen eines Faktums und

dem Herstellen einer Verbindung zwischen Fakten; daß beide Arten von Aktivität auf verschiedenen Ebenen vollzogen würden. Vermutlich könnte man sagen, daß zwar der Begriff eines Faktums unklar ist, es jedoch immerhin ein *Faktum* sei, daß zwei Dinge miteinander verbunden sind.

Dagegen könnte jedoch eingewandt werden, daß es verschiedene Ebenen des Faktischen gebe. Festzustellen, daß *Ef* geschehen ist, und dann festzustellen, daß *Eg* geschehen ist, ist philosophisch unterscheidbar davon, eine Verbindung zwischen *Ef* und *Eg* herzustellen. Zu diesem Punkt möchte ich noch kurz einiges bemerken.

(1) Es ist gewiß wahr, daß es in der historischen Praxis so etwas gibt wie ein für allemal als Tatsache festzuhalten, daß ein bestimmtes Ereignis sich zugetragen hat. Das Ausmaß, in dem dies bewerkstelligt werden kann, ohne daß Verbindungen zwischen diesem Ereignis und anderen Ereignissen der Vergangenheit hergestellt worden sind, läßt sich schwer sagen, und ich bin geneigt, zu glauben, daß dies überhaupt nicht vollbracht werden kann. Ich lasse diesen Punkt allerdings erst einmal beiseite, denn es könnte ja schließlich jemand lediglich daran Interesse haben, zu ermitteln, daß ein gewisses Bild zu einem bestimmten Zeitpunkt gemalt wurde, wohingegen es ihn nicht unbedingt interessieren muß, irgendeine Geschichte zu erzählen. Angenommen, der Historiker stellt fest, daß das Bild 1817 gemalt wurde, und er publiziert dazu etwas, das diesen Sachverhalt dokumentiert. Der von ihm vorgelegte Text mag nun keineswegs eine Erzählung sein, wenngleich zweifellos eine Erzählung vorausgesetzt wird und diese neu ermittelte Tatsache vielleicht Eingang in irgendeine Erzählung findet. Wie dem auch sei: wenn das von ihm angefertigte Schriftstück keine Erzählung ist, kann es auch keine einfache Erzählung sein. Tatsächlich hat der Historiker eine historische Frage beantwortet. Er hat eine wahre Aussage über die Vergangenheit gemacht. Allerdings kann, was er getan hat, nicht als Niederschrift einer Erzählung verstanden werden; stellt man nun seine Arbeit derjenigen von Historikern gegenüber,

die Erzählungen schreiben, so bedeutet dies nicht, daß man eine Unterscheidung zwischen Arten von Erzählungen getroffen hat. Ich habe mich ausschließlich mit der Frage befaßt, ob es Erzählarten gibt, die man gegeneinander abheben kann.

(2) Wie soll man eine Erzählung schreiben, ohne daß man Verbindungen zwischen Ereignissen herstellt? Eine Darstellung, die Ereignisse verbindet, einer Darstellung entgegenzusetzen, die dies nicht tut, heißt schwerlich, eine Erzählung einer Erzählung kontrastierend gegenüberstellen, sondern vielmehr, eine Erzählung mit etwas ganz anderem zu konfrontieren, etwas in der Art von *S*.

(3) Wir haben gelegentlich eine Humesche Tendenz, uns Ereignisse als diskret und kugelartig zu denken und Verbindungen zwischen Ereignissen uns nicht als aus intervenierenden ›Kugeln‹ bestehend vorzustellen. Ich will mich hier nicht näher damit auseinandersetzen. Mir liegt lediglich daran, festzuhalten, daß nicht jede wahre Beschreibung eines Ereignisses allein vermittels monadischer Prädikate zu bewerkstelligen ist. Ganz ähnlich verhält es sich mit der Beschreibung von Dingen. Es ist eine wahre Beschreibung meiner Schreibmaschine, wenn ich konstatiere, daß sie schwarz ist; ebenso wahr ist die Beschreibung, daß sie auf einem Tisch in meinem Zimmer steht und daß es sich um dieselbe Maschine handelt, auf der ich vor fünf Tagen einen Brief geschrieben habe. Beschreibungen von Dingen oder Ereignissen zu geben, *erfordert*, daß wir zwischen ihnen und anderen Dingen und Ereignissen Verbindungen herstellen. Als Beispiel hierzu zwei Beschreibungen ein und desselben Ereignisses.

B-1 Jones riß ein Streichholz an.

B-2 Jones verriet dem Feind die Stellung seiner Einheit und machte so durch seine Fahrlässigkeit den taktischen Vorteil zunichte, den sie sich errungen hatte.

Man kann *B*-2 nicht niederschreiben, ohne damit zugleich eine Unmenge weiterer Verbindungen zu anderen Ereignissen herzustellen, und einige dieser Verbindungen erstrecken sich quer durch die Zeit.

(4) Es ließe sich wohl Übereinstimmung darüber erzielen, daß alle Erzählungen Ereignisse miteinander verbinden. Doch dagegen könnte wiederum vorgebracht werden, daß manche mehr tun als nur dies. Sie *erklären* das Geschehene, von dem sie einen genauen Bericht geben. Dies ist es, was den Unterschied zwischen einfachen und signifikanten Erzählungen ausmacht. Das Problematische an dieser Behauptung ist nur, daß sie das Ausmaß unberücksichtigt läßt, in dem eine Erzählung bereits eine *Form* der Erklärung ist. Erzählungen gegen andere Formen der Erklärung abzugrenzen, mag zwar von einiger Wichtigkeit sein, doch wäre es kaum die hier geforderte Art der Unterscheidung. Eine Erzählung beschreibt und erklärt ineins.

(5) Es gibt Beschreibungen von Vergangenem, die nicht erzählend sind. Das bringt uns natürlich der beabsichtigten Distinktion kein Stück näher, doch immerhin wirft es einige interessante Fragen auf. Ich will mich nur mit der folgenden Frage befassen: Der Definition gemäß lassen Erzählungen einiges aus. Wenn man sich dagegen nicht der erzählenden Form bediente, könnte man eventuell imstande sein, jene vollständige Beschreibung zu geben, die idealiter als das Ziel aller Geschichte vorgestellt wurde, und mithin idealiter jene Aussage am unteren Ende der Aussagenreihe hervorbringen, die durch eine historische Frage vorgezeichnet ist. Ich dagegen möchte behaupten, daß niemand die vollständige Beschreibung irgendeines Ereignisses geben kann, der sich nicht der Erzählung bedient. Ein Ereignis vollständig beschreiben zu wollen würde bedeuten, es einzubauen in die Gesamtheit der ›richtigen‹ Geschichten, und das ist schlechterdings unmöglich. Wir können es nicht, weil wir im Hinblick auf die Zukunft zeitlich provinziell sind. Wir vermögen es aus denselben Gründen nicht, die es uns verbieten, eine spekulative Geschichtsphilosophie zu entwerfen. Mithin setzt die vollständige Erzählung eine narrative Organisation voraus, und narrative Organisierung ist etwas, das *wir* tun. Nicht allein dies, sondern die Aufgabe der narrativen Organisation belastet uns zudem lo-

gisch mit einem unausrottbaren subjektiven Faktor. Sie enthält ein Moment reiner Willkürlichkeit. Wir organisieren Ereignisse relativ zu irgendwelchen anderen Ereignissen, die uns in einem Sinne signifikant erscheinen, von dem hier noch nicht die Rede gewesen ist. Es ist dies ein Sinn von ›Signifikanz‹, der indessen allen Erzählungen gemeinsam ist und bestimmt wird durch die jeweiligen topischen Interessen dieses oder jenes Individuums. Die Relativisten behalten wieder einmal recht. Den Nachweis hierfür will ich im folgenden zu erbringen versuchen.

VIII. Erzählende Sätze

Ich möchte hier eine Klasse von Sätzen herausgreifen und analysieren, deren Vorkommen in der Geschichtsschreibung mir höchst typisch erscheint, wenngleich sie auch sonst in Erzählungen aller Art auftreten und sogar auf recht natürliche Weise in die Umgangssprache Eingang gefunden haben. Ich werde sie im folgenden als ›erzählende Sätze‹ bezeichnen. Ihr allgemeinstes Merkmal besteht darin, daß sie sich auf mindestens zwei zeitlich voneinander getrennte Ereignisse beziehen, obwohl sie nur das frühere der beiden *beschreiben* (oder Aussagen *darüber* machen), auf die sie sich beziehen. Gewöhnlich bedienen sie sich der Vergangenheitsform, und in der Tat wäre es – aus Gründen, mit denen ich mich hier auseinandersetzen will – ungewöhnlich, wenn sie von einer anderen Zeitform Gebrauch machen würden.

Der Umstand, daß diese Sätze in gewissem Maße ein stilistisches Unterscheidungsmerkmal für erzählende Schriften abgeben könnten, ist für mich von geringerem Interesse als die Tatsache, daß ihr Gebrauch ein Unterscheidungsmerkmal der historischen Erkenntnis anzuzeigen scheint. Doch selbst dies interessiert mich weitaus weniger als die Tatsache, daß erzählende Sätze die Gelegenheit bieten, in systematischer Form eine Reihe jener philosophischen Probleme zu erörtern, die die Geschichte aufwirft und deren Lösung zu versuchen Aufgabe der Geschichts*philosophie* ist. Im Zusammenhang einiger dieser Probleme werde ich sie in die Diskussion mit einbeziehen. Die These, die ich aufstellen will, lautet, daß erzählende Sätze in so einzigartiger Weise mit unserem Begriff der Geschichte verknüpft sind, daß ihre Analyse erweisen muß, welches einige der hauptsächlichen Merkmale jenes Begriffs sind. Darüber hinaus helfen sie uns, klarzustellen, warum die einzig angemessene Antwort auf die leidige Frage »Ist Geschichtsschreibung Kunst oder Wissenschaft?« nur lauten kann: »Keines von beiden«.

Peirce schrieb einst an Lady Welby: »Unsere Vorstellung von der Vergangenheit ist eigentlich die Vorstellung von etwas, das absolut bestimmt, fixiert, *fait accompli* und tot ist, im Unterschied zur Zukunft, die uns lebendig, plastisch und bestimmbar erscheint.«[1]

Gewiß denken dies die meisten von uns. Doch könnten wir überhaupt eine andere Auffassung vertreten? Einige Menschen waren aus mannigfaltigen Gründen der Ansicht, daß die *Zukunft* ebenso festgelegt und determiniert sei wie die Vergangenheit. Angenommen, wir wüßten über Cäsar lediglich, daß er existiert hat. Ob er sich überhaupt an irgendeinem bestimmten Ort, sagen wir in England, aufgehalten hat, wäre unbekannt. Dennoch könnten wir uns auf einen ehrwürdigen Grundsatz, den Satz vom ausgeschlossenen Dritten, berufen und sagen, daß er entweder hier oder nicht hier gewesen sei und daß zumindest eine dieser Alternativen wahr sein müsse. Warum nun sollte nicht jemand im 5. Jahrhundert v. u. Z. unter Berufung auf dasselbe Prinzip die Behauptung aufgestellt haben können, daß Cäsar sich entweder in England aufhalten werde oder nicht? Vielleicht weil niemand damals in der gleichen Weise gewußt hätte, wie wir dies heute wissen, daß Cäsar überhaupt existieren würde. Dennoch hätte er schließlich behaupten können, daß Cäsar entweder existieren werde oder nicht und daß jedenfalls eine dieser Aussagen wahr sein müsse. *Wenn* dieses Prinzip zur Feststellung dieses Sachverhalts herangezogen werden kann, warum dann nicht gleich auch für alle anderen? Was indessen könnte der bloße Name ›Cäsar‹ einer solchen Person bedeuten, von welcher Sache spricht sie, wenn sie sagt, daß er existieren werde oder nicht? Nun, ich bin von der Annahme ausgegangen, daß alles, was *wir* wissen, ist, daß er existiert hat. Das ist zweifellos unrealistisch. Ganz gleich, wie wir eine Beschreibung ausschmücken mögen, die Frage bleibt immer noch, was einen Menschen des 5. Jahrhunderts v. u. Z. davon abhalten könnte, zu sagen, daß jemand, auf den gerade diese Beschreibung zutrifft, existieren werde oder nicht? Hätte er sich in dieser Weise ausgedrückt, warum dann sollte jenes Prinzip nicht garantieren, daß zumindest diese Beschreibung oder deren Negatives wahr ist? Oder gilt es nur für die Vergangenheit? Immerhin gibt es *vier* Möglichkeiten, einschließlich derjenigen, daß die Zukunft determiniert und die Vergangenheit »lebendig, plastisch und bestimmbar« ist. Warum verhält es sich so, daß unsere ›Vorstellung‹ von Vergangenheit und Zukunft lediglich jener Möglichkeit entspricht, die Peirce umrissen hat? Vorausgesetzt, daß dies wirklich unsere Vorstellung ist, bleibt dennoch zu fragen, *warum* sie es ist.

Heutzutage wären wir natürlich versucht zu sagen, daß es lediglich eine Frage der Definition sei. Lassen wir jedoch einmal die Phantasie wild ausschweifen und stellen wir uns den gesamten Gang der Geschichte umgekehrt ablaufend vor, wie einen rückwärts abgespulten Filmstreifen. Nach geraumer Zeit würde der Ruf erschallen »thciL edrew sE«, und Finsternis würde bald darauf wieder über den Wassern liegen. Die Zukunft wäre dann das genaue Spiegelbild der Vergangenheit und es gäbe eine Regel, vermittels derer sich für jeden wahren Satz über die Vergangenheit ein entsprechender Satz über die Zukunft finden ließe. In einem solchen Falle wäre in puncto Determiniertheit die Zukunft der Vergangenheit genau gleichgestellt. Gewiß, wir selbst sind in diesem Bild nicht unterzubringen: niemand könnte *wissen*, daß das, was hier geschieht, die Umkehrung der Geschichte ist – denn dadurch würde die ganze Symmetrie zerstört. Was wir mit der Indeterminiertheit der Zukunft meinen, bedeutet vielleicht, *daß* wir uns ins Bild setzen können, daß wir Bewegungsspielraum haben. Doch was das angeht, können wir uns zumindest in der Imagination (worauf es hier einzig und allein ankommt) sehr wohl auch in die Vergangenheit versetzen, ganz so wie in Mark Twains *A Connecticut Yankee in King Arthur's Court*. Natürlich gibt es in Wirklichkeit für Fremdlinge aus dem 20. Jahrhundert in König Arthurs England keinen Platz. Aber andererseits wäre ebensowenig im korrespondierenden Segment der Zukunft für uns Raum, wenn die Geschichte um-

gekehrt ablaufen würde. Niemand wird behaupten, daß dies jemals geschehen wird: aber es ist keineswegs eine Frage der *Definition*, ob dies geschehen kann oder nicht.
Stellen wir einmal die Behauptung auf, wir hätten die empirische Gewißheit, daß die Zukunft nicht das Abbild der Vergangenheit sein werde. Wem wird die Zukunft dann gleichen? Man wird sich dieses oder jenes ausdenken können, doch im Gegensatz zu unserem Wissen von dem, was sich zugetragen hat, sind wir doch sehr ungewiß hinsichtlich dessen, was geschehen wird. Kann es dies sein, was gemeint ist, wenn man sagt, daß die Vergangenheit bestimmt ist, wohingegen die Zukunft lediglich bestimmbar sei? So daß folglich unsere ›Vorstellung‹ nicht auf irgendeiner Definition von Vergangenheit und Zukunft beruht, sondern auf unserer jeweiligen Kenntnis beider? Dann aber ist Peirces Darstellung falsch. Wir revidieren beständig unsere Auffassungen über die Vergangenheit, und sie für ›fixiert‹ zu halten wäre eine Treulosigkeit gegenüber dem Geist historischer Untersuchung. Im Prinzip bedarf jede Vormeinung über Vergangenes der Revision, vielleicht in genau derselben Weise wie jede Annahme hinsichtlich zukünftiger Ereignisse. Tatsächlich ist die Gewißheit hinsichtlich dessen, was die Zukunft bringen wird, oftmals größer als hinsichtlich des Vergangenen. In einem gegebenen Augenblick ist meine Gewißheit darüber, wo ein niederfallender Pinienzapfen aufschlagen wird, weitaus größer, als wenn ich anzugeben versuchen will, von woher er sich abgelöst hat. Bestenfalls ist der Unterschied ein nur gradueller.
Peirce schreibt ferner, daß das »Daseiende in jeder Hinsicht determiniert« sei.[2] Möglicherweise ist dann das, dessen wir bedürfen, eine Art ontologischer Interpretation seiner ursprünglich gemachten Behauptung. Die Zukunft existiert nicht, wenn sie nicht determiniert ist. Soll aber die Entgegensetzung schlüssig sein, so muß die Vergangenheit existieren – was immer man darunter verstehen soll. Damit wäre sogar das Prinzip des ausgeschlossenen Dritten endlich außer Kraft ge-

setzt. Denn da es nichts gibt, worauf die vorgeblich über die Zukunft gemachten Aussagen sich beziehen, kann die Frage nach wahr oder falsch gar nicht erst aufkommen.[3] Oder wir könnten sagen: die Vergangenheit ist konstruiert worden, die Zukunft dagegen nicht – um so gewissermaßen vermittels einer begrifflichen Verschiebung, eines Wortspiels, für unsere Zwecke eine Erweiterung des Intuitionismus zu erreichen, damit wir von jenem lästigen Prinzip loskommen.[4] Natürlich würde es kaum hinreichend sein, wenn wir sagten, daß unsere Vorstellung von der Vergangenheit sich auf Daseiendes beziehe und unsere Vorstellung von der Zukunft auf Nicht-Daseiendes. Wenn überhaupt, dann geht unsere Vorstellung von der Vergangenheit auf etwas, das existiert *hat*, während unsere Vorstellung von der Zukunft sich auf etwas bezieht, das existieren *wird*. Nur wenige Menschen gehen davon aus, daß die Vergangenheit existiert. Aber einige hervorragende Philosophen haben in dieser Weise gedacht. »Mir erscheint es so, als wenn ein Ereignis, sobald es einmal geschehen ist, in alle Ewigkeit existiert«, schreibt C. D. Broad.[5] Denn gewiß, so argumentiert er, ist es sinnvoll zu sagen, daß ein bestimmtes Ereignis vergangen ist, d. h. in einem bestimmten zeitlichen Verhältnis zu einem anderen Ereignis steht. Wenn es jedoch nicht existierte, würde das Verhältnis in Ermangelung eines Korrelats zusammenbrechen und unsere Aussage darüber wäre barer Unsinn. Demzufolge müssen alle derartigen Ereignisse »einen bleibenden Teil des Universums« konstituieren.[6] Dies scheint in der Tat ein sehr schwaches Argument zur Untermauerung von derart Folgenschwerem, und wir könnten *mutatis mutandis* mit derselben Folgerichtigkeit dagegen einwenden, daß dann, wenn wir sinnvoll von einem Ereignis als einem zukünftigen sprechen wollen, dieses Ereignis ewig existieren muß, sollen nicht alle Aussagen über die Zukunft völlig unsinnig sein. Doch nehmen wir einmal an, daß Broad recht hat, und errichten wir ein metaphysisches Modell zur Absicherung unserer Vorstellung von Vergangenheit und Zukunft, die durch diese Interpretation der Aussagen von Peirce erforderlich zu sein scheint. Das wichtigste Merkmal dieses Modells ist das Festgelegtsein, die Fixiertheit der Vergangenheit. Dabei bleibt zu berücksichtigen, daß dieser metaphysische Exkurs nicht erklärt, *warum* wir die Vorstellung haben, daß die Vergangenheit fix und die Zukunft fließend ist. Er zeigt lediglich auf, wie die Welt beschaffen sein müßte, wenn unsere Vorstellung *wahr* sein soll.

Man denke sich die Vergangenheit als eine Art riesigen Behälter, einen Kasten, in dem alle Ereignisse, die jemals geschehen sind, in der Reihenfolge ihres Eintretens aufbewahrt sind. Es wäre ein Behälter, der Augenblick um Augenblick in einer Richtung länger und Augenblick um Augenblick voller würde, in dem Maße, in dem die Ereignisse Schicht um Schicht in sein Inneres, das sich proportional zu ihrer Menge ausdehnt, aufgenommen würden. Die Verlängerung der Vergangenheit in Vorwärtsrichtung wäre unaufhaltsam und regelmäßig; und innerhalb des Behälters würden ein gegebenes Ereignis *E* und das wachsende Ende der Vergangenheit in einem Umfang auseinandergehen, der dem Maß entspräche, in dem die Zeit abläuft. *E* wird, mit dem schichtweisen Hinzukommen neuer Ereignisse, immer tiefer in der Vergangenheit begraben. Doch dieses konstant zunehmende Zurückweichen von der Gegenwart ist die *einzige* Veränderung, der *E* jemals ausgesetzt sein kann: abgesehen hiervon ist es keiner Modifikation zugänglich. *E* wird zudem im allgemeinen nur eines aus einer Reihe von Ereignissen sein, die gleichzeitig in ›die Vergangenheit‹ eingehen. In diesem Falle konstituieren *E* und das mit ihm Gleichzeitige eine exklusive Klasse in dem Sinne, daß kein *weiteres* Ereignis sich ihnen jemals sozusagen als neuer Zeitgenosse anschließen kann. Demgemäß kann sich ›die Vergangenheit‹ weder durch irgendeine Modifikation von *E* (abgesehen von seiner sukzessiven, momentweise zunehmenden Vergangenheit) noch durch das Hinzukommen irgendeines anderen, mit *E* zeitgleichen Ereignisses, das *E* bei seinem Eingehen in die Vergangenheit als ein ihm gleichzeitiges gefehlt haben könnte, verändern.

Dieses ›Modell‹ konstruiert Ereignisse als sich in die Zeit erstreckende Entitäten innerhalb eines sich in der Zeit ausdehnenden Universums, eine Anschauung, die denkbar legitim ist. Was an diesem Modell *nicht* ganz so legitim ist, ist jener Teil, der unterstellt, daß *E* und das ihm Gleichzeitige auch von genau der gleichen Dauer seien, d. h. gleichsam denselben zeitlichen Durchmesser haben und daß ihre Endpunkte koinzidieren. Der gewöhnliche Gebrauch des Begriffs ›Ereignis‹ ist ziemlich chaotisch, und gemeinhin wenden wir ihn auch auf Geschehnisse von unterschiedlicher Dauer an, ja sogar auf solche ohne jede Dauer. Für den morgendlichen Betrachter der Vogelwelt beispielsweise ist es vielleicht ein wichtiges Ereignis, wenn er ein Rotkehlchen erblickt. Doch ein derartiges Ereignis ließe sich womöglich am besten nach einer von Ryle vorgenommenen Einteilung als ›Erfolgserlebnis‹ klassifizieren, das zwar datiert, nicht aber zeitlich gemessen werden kann.[7] Ereignisse wie etwa einen Blitzstrahl können wir demgegenüber sowohl datieren als auch zeitlich messen. Wir sprechen von der Französischen Revolution oder dem Bürgerkrieg als den Hauptereignissen in der Geschichte Frankreichs resp. der Vereinigten Staaten, und diese lassen sich besser anhand des Kalenders als durch die Uhr messen, vorausgesetzt, wir sind uns über den Zeitpunkt einig, mit dem wir unsere Rechnung beginnen. Die Treue gegenüber dem Sprachgebrauch würde sodann von uns fordern, uns Ereignisse als solche von je unterschiedlicher Dauer zu denken; die einzige Alternative hierzu wäre, willkürlich zu entscheiden, daß die Dauer eines Ereignisses so und soviel, sagen wir: drei Minuten, betrage.[8] Folgen wir jedoch dem Sprachgebrauch, dann könnten wir gezwungen sein zu sagen, daß *E*, obschon es vieles ihm Gleichzeitige geben mag, dennoch nichts an die Seite gestellt werden kann, was von gleicher Dauer ist, so daß eine Linie, die vom Anfangspunkt von *E* im rechten Winkel zur Richtung der Zeit gezogen würde, vermutlich dennoch nicht den Anfangspunkt irgendeines der *E* zeitgleichen Ereignisse schneiden würde. Dies jedoch hat ungünstige Konsequenzen für jenen

Teil unseres Modells, wo sich unserer Voraussetzung gemäß die Ereignisse Schicht um Schicht übereinander lagern und in geordneter Weise von der Gegenwart entfernen. Denn nehmen wir einmal an, daß *E* vollends in die Vergangenheit eingegangen ist, während das gleichzeitige *E'* nur erst partiell die Vergangenheit erreicht und einen Teil seiner Laufbahn noch zu durchlaufen hat. Man könnte nun fragen, *wo* der Rest von *E'* abgeblieben ist, wenn derjenige seiner Teile, der mit *E* zusammenfällt, in der Vergangenheit ist. Irgendwie hat man ein unbehagliches Gefühl, wenn man sich vorstellen soll, daß es wie der Wurm in der Blechbüchse des Anglers halb herausragt. Gewiß können wir sagen, daß derjenige Teil, der nicht in der Vergangenheit ist, sich in der Zukunft befinde, womit dann *E'* lediglich von dem einen Behälter in den anderen überginge. Doch dann wiederum braucht man sich nur vorzustellen, daß sich *E'* sowohl mit *E* wie mit *E''* überschneidet, wenngleich keines dieser beiden sich mit dem anderen überdeckt. Wenn dann *E* vollständig in der Vergangenheit ist, ist *E''* vollständig in der Zukunft. Dann aber existiert die Zukunft doch, und die beabsichtigte Unterscheidung zwischen der Bestimmtheit der Vergangenheit und der Unbestimmtheit der Zukunft wird hinfällig. Nein, wir müßten schon sagen, daß der Rest von *E'* nicht existiert. Doch angenommen, der ›Rest‹ von *E'* ereignete sich überhaupt nicht? Nun denn, dann muß die Vergangenheit eben Fragmente von Ereignissen ebenso wie Ereignisse selbst enthalten. Mit diesem lahmen Zusatz könnten wir dann damit fortfahren, von unserem Modell, ungeachtet seiner Tauglichkeit, Gebrauch zu machen.

Ich will gern zugeben, daß es nicht viel taugt. Zum einen deswegen, weil von der Zukunft nur höchst beiläufig die Rede ist. Wie dem auch sei, ›dort‹, in der Vergangenheit, sind jedenfalls alle Ereignisse, die jemals geschehen sind, wie eingefrorene Bilder aufgehoben. Sie sind in der Reihenfolge ihres Eintretens dort gelagert, sie überlappen einander (denn sie sind von unterschiedlicher Größe) und durchdringen einander (denn ein Ereignis *E* kann ein anderes Ereignis *E'* zum Bestandteil haben). Wichtiger noch: sie können sich weder verändern, noch ist ihre Reihenfolge veränderlich, noch können der Vergangenheit neue Inhalte zufließen, es sei denn an ihrem äußersten, vorgeschobenen Ende. *Warum* sie sich nicht verändern können, ist noch nicht klar. Doch es müssen schwerwiegende Gründe sein, denn einer ehrwürdigen Tradition gemäß kann nicht einmal *Gott* ungeschehen machen, was einstmals getan worden ist: »*Niente diminisce la sua omnipotenza il dire che Iddio non puo fare che il fatto non sia fatto.*«[9] Doch für den Augenblick will ich dieses Problem beiseitelassen und mich statt dessen der Beschreibung unserer starren, trägen Vergangenheit zuwenden.

Mit der *vollständigen Beschreibung* eines Ereignisses *E* meine ich im folgenden eine Reihe von Sätzen, die absolut alles aussagen, was in *E* geschehen ist. Da die Reihenfolge des Geschehens wichtig ist, möchten wir erreichen, daß durch die eine oder andere Vorkehrung diese Ordnung in der vollständigen Beschreibung widergespiegelt wird. Eine vollständige Beschreibung wird also eine die Ordnung bewahrende Darstellung sein müssen. Als solche weist die vollständige Beschreibung Analogien zu einer Landkarte auf: es besteht eine Isomorphie zwischen der vollständigen Beschreibung und dem Ereignis, für das sie gilt. Nun ergeben sich bei Landkarten zwei Arten von Problemen. Erstens gibt es Dinge in dem kartographierten Territorium, die auf der Landkarte nicht eingezeichnet sind, so daß diese in der Regel unvollständig bleibt und kein genaues Duplikat des Territoriums darstellt.[10] Zum zweiten veralten Landkarten, weil die Territorien sich verändern: ganze Küstenstreifen werden weggespült, Städte werden zerstört und andere entstehen, Grenzen werden als Folge von Kriegen oder Verträgen neu festgelegt.[11] Dieses zweite Problem stellt sich für die vollständige Beschreibung vergangener Ereignisse nicht, insoweit die Vergangenheit sich nicht verändert. Doch ebensowenig muß dann das erste Problem gelten. Wir können uns eine Beschreibung vorstellen, die wirklich eine vollständige Beschreibung ist, die alles berichtet und dem Ereignis vollkommen isomorph ist. Eine solche Beschreibung wird tatsächlich *definitiv* sein: sie zeigt das Ereignis so, *wie es eigentlich gewesen ist.* Nun kann man sich die Landkarten sämtlicher Ereignisse zu einer versammelt vorstellen, die dann eine (d. h. *die)* Landkarte der gesamten Vergangenheit darstellt. Diese globale Landkarte wäre nur in der Weise veränderlich, in der die Vergangenheit selbst sich verändert: an ihrem vordersten Ende käme etwas hinzu. Es würde nun keinen Unterschied mehr machen, ob wir von der Vergangenheit oder ihrer vollständigen Beschreibung sprechen.

Ich möchte an dieser Stelle den Idealen Chronisten in mein Bild einfügen. Was immer geschieht, er weiß es stets im selben Moment, in dem es geschieht, er weiß sogar, was in anderen Köpfen vorgeht. Er besäße zudem die Gabe der instantanen Transkription: all das, was längs dem vorgeschobenen Saum der Vergangenheit geschieht, würde von ihm – sobald es geschieht, in der *Weise,* in der es geschieht – unmittelbar niedergelegt. Die sich daraus ergebende laufende Darstellung werde ich die Ideale Chronik (im folgenden abgekürzt I. C.) nennen. Sobald *E* sicher in die Vergangenheit eingegangen ist, steht seine vollständige Beschreibung in der I. C. Wir können nun die verschiedenen Teile der I. C. als Darstellungen ansehen, denen sich anzunähern praktizierende Historiker in ihren eigenen Darstellungen versuchen werden.

Sagen wir also, daß jedes Ereignis der Vergangenheit jetzt seine vollständige Beschreibung gefunden hat, die irgendwo im Himmel des Historikers ordentlich aufbewahrt ist. Man erinnere sich: die Ereignisse der Vergangenheit sind schließlich »festgelegt, *fait accompli* und tot«. Nur eine Modifikation in den Ereignissen selber könnte eine Veränderung der I. C. erzwingen. Doch dieser Fall scheidet aus. Die I. C. ist demnach notwendig definitiv. Im Gegensatz hierzu sind die wirklichen Darstellungen, die der Historiker seinem Publikum vorlegt, stets veränderungsbedürftig. Sie enthalten falsche Sätze, wahre Sätze werden womöglich in der falschen Reihenfolge ausgesagt, und mit an Sicherheit grenzender Wahrscheinlichkeit sind sie unvollständig. Gelegentlich veranlassen unechte Beweise oder falsche Interpretationen von *bona fide*-Zeugnissen unsere Historiker dazu, einen wahren Satz gegen einen falschen auszuwechseln, so daß uns daran gelegen sein muß, jene von einer *korrekten* Modifikation einer historischen Darstellung zu unterscheiden. Das wird von unserem derzeitigen Standpunkt aus am besten dadurch geschehen, daß wir sie in Übereinstimmung mit der I. C. bringen und sie zurechtrücken. Eine derartige Abänderung kann höchstens drei verschiedene Formen annehmen: (a) wir fügen Sätze hinzu, die in der I. C. vorkommen, jedoch nicht in der Darstellung des Historikers; (b) wir eliminieren Sätze, die zwar in der Darstellung des Historikers, jedoch nicht in der I. C. vorkommen; (c) wir verändern die Stellung aller verbleibenden Sätze der Darstellung des Historikers dergestalt untereinander, daß sie der Stellung der entsprechenden Sätze in der I. C. konform sind. Durch wiederholte Anwendung dieser drei Regeln der Berichtigung erhalten wir schließlich eine berichtigte Fassung der ursprünglichen Darstellung. Sie wäre das genaue Duplikat des entsprechenden Teiles in der I. C.

Das ist nun allerdings eine Verrichtung, die auch von einer Maschine ausgeführt werden könnte. Vielleicht könnte sogar die Arbeit des Idealen Chronisten einer Maschine überantwortet werden. Das einzige, bei dem noch die bloße menschliche Anstrengung erforderlich ist, wäre dann die Konstruktion einer ›unberichtigten Darstellung‹. Diese müßte allerdings durch die altmodischen Methoden bewerkstelligt werden, als da sind das Sammeln von Materialien, das Aufstellen von Hypothesen, das Ziehen und Überprüfen von Schlußfolgerungen und ähnliches. Man kann bei derartigen Darstellungen, die in dieser Fußgänger-Manier konstruiert sind, niemals sicher sein; neue Beweise können auftauchen, eine neuartige Hypothese mag durch kürzlich gemachte wissenschaftliche Entdeckungen legitimiert worden sein, grundlegend neue Interpretationen werden möglich, wenn ein Genie die Szene betritt. Mühselig werden alte Darstellungen revidiert und durch neue ersetzt, und die ganze Arbeit, die in die frühere Darstellung eingegangen ist, hat nur hervorgebracht, was jetzt veraltet ist. Ein undankbares Geschäft ohne Ende. Welch ein Jammer, daß der Historiker in den eigenen Archiven keine beglaubigte Kopie der I. C. besitzt, im Vergleich mit der er durch Anwendung unserer wenigen simplen Regeln seine eigene Darstellung überprüfen kann.

Wohlan denn, *geben* wir ihm die I. C.! Jetzt kann er alles wissen. Doch es ist eine ganz und gar heimtückische, hinterhältige Gabe. Denn was soll unser Historiker jetzt tun? Er kann sich einem anderen Gebiet der Geschichte zuwenden, doch unsere Freigebigkeit kennt keine Grenzen: ganz gleich, welchen Teil der I. C. er sich wünscht, er bekommt ihn von uns. Zweifellos gibt es für ihn qua Historiker nichts mehr zu tun, kein Sammeln von Materialien, kein Aufstellen von Hypothesen, keine Konstruktion einer Darstellung usw. Warum soll er sich auch anstrengen, nur um Talmi-Darstellungen zu schreiben, die der Korrektur bedürfen, wenn die richtige Darstellung vorliegt und der Lektüre harrt? Gewiß war es womöglich gerade die Anwendung jener alten Praktiken, in denen der Historiker seine *raison d'être* finden konnte. Sir Edmund Hillary hätte es zweifellos sehr übel aufgenommen, wenn eine große Hand vom Himmel herabgelangt und ihn wie einen Spielzeugsoldaten auf den Gipfel des Mount Everest gesetzt hätte. Sicherlich, er wäre angekommen, wohin er gelangen wollte, doch wohl niemand hätte dies als eine Großtat des Alpinismus anerkannt – nicht einmal Sir Hillary hätte darum gebetet, daß dies geschehen möge. Denn Beten gehört nicht zu den Geschicklichkeiten des Bergsteigens. Ich sage nur: Pech für den Historiker. Wir müssen ihn daran erinnern, daß Historiographie schließlich kein Sport ist, daß der Gebrauch seines gelehrten Apparats stets nur ein Mittel zum Zweck, nämlich zur Entdeckung der Wahrheit, gewesen ist. Und gerade die haben wir ihm gegeben. Was macht es schon, wenn sich seine historiographischen Werkzeuge als klägliche *faute de mieux* herausstellen? Was will er mehr, oder vielmehr: was *kann* er noch wollen?

Croce richtet eine ähnliche Herausforderung an diejenigen, die die Aufgabe der Geschichte darin erblicken, die Vergangenheit so zu beschreiben, »wie sie eigentlich gewesen ist«. Angenommen, man besäße eine vollständige Beschreibung: was will man dann noch tun?[12] Croce entgegnet: »Handeln!« Das soll vermutlich bedeuten: der Historiker muß selbst etwas mehr Geschichte machen, um mehr Geschichte schreiben zu können – eine verzweiflungsvolle Sisyphusarbeit, vergleichbar der einer zwanghaft getriebenen Haushälterin, die Staub verbreiten muß, um ihre Wesensbestimmung nicht zu verfehlen. Doch ich will diese Herausforderung ernstnehmen. Was bleibt den Historikern zu tun? Sie können sich natürlich einfach nur mißtrauisch gegenüber meiner segensreichen Gabe verhalten. Sollen sie sie doch prüfen. Sie werden feststellen, daß ihre Auskünfte unfehlbar sind, solange sie sich der richtigen Methoden bedienen. Oder sie können ihre Zuflucht zum Skeptizismus nehmen, doch wäre dieser für die gewöhnliche historische Praxis genau so verheerend wie für die I. C. Oder aber sie können sie einfach ignorieren. Doch soll sich der Historiker wie irgendein Galahad verhalten, der den Gral traurig in den Händen dreht, erkennend, daß sein Streben eigentlich darauf gerichtet war, unablässig danach zu fragen? Das ergäbe keinen rechten Sinn: ein Weitersuchen kann fortan nur Unglück bedeuten. Die Fliege ist in dem Fliegenglas. Es ist Aufgabe des Philosophen, sie ins Freie zu lassen.

Mein Vorschlag lautet: soll er doch die I. C. benutzen wie den Augenzeugenbericht über ein Ereignis, an dem er interessiert ist. Sie wird ihm nicht alles mitteilen, was er über das Ereignis wissen möchte. Das klingt so, als widerspräche es dem vorhin Gesagten. Ist die I. C. nicht definitiv vollständig? Und habe ich nicht gesagt, daß mit der Vergangenheit nichts vorgehen könne, was sie falsch oder in irgendeiner Hinsicht lückenhaft machen würde? Natürlich ist sie vollständig – doch vollständig in der Weise, in der ein Zeuge, ja sogar ein Idealer Zeuge, darüber berichten würde, der imstande ist, alles zugleich wahrzunehmen, was geschieht, sobald es geschieht, in der Weise, in der es geschieht. *Doch das ist nicht genug.* Denn es gibt eine Klasse von Beschreibungen eines beliebigen Ereignisses, in deren Rahmen das Ereignis nicht bezeugt werden kann[13], und diese Beschreibungen sind notwendig und systematisch von der I. C. ausgeschlossen. Die ganze Wahrheit über ein Ereignis kann erst im Nachhinein, und gelegentlich nur *lange* nachdem ein Ereignis stattgefunden hat, gewußt werden, und diesen Teil der Geschichte zu erzählen, obliegt einzig den Historikern. Es handelt sich dabei um etwas, das selbst der beste Zeuge nicht wissen kann. Womit wir in voller Absicht den Idealen Chronisten nicht ausgestattet haben, war das Wissen von der Zukunft.

Yeats beschreibt die Vergewaltigung Ledas durch Zeus mit den Worten: »A shudder in the loins engenders there / The broken wall, the burning roof and tower / And Agamemnon dead.« Alle Fragen nach der Historizität dieser Episode einmal beiseitegelassen, ist dieser *Satz* selbst von einer Art, wie sie in der I. C. undenkbar ist, auch wenn das Ereignis wirklich geschehen wäre – im Gegensatz zu dem Satz »He holds her helpless breast upon his breast«, der dort durchaus vorstellbar ist. Denn er beschreibt, was bezeugt werden kann. Doch niemand könnte auf der Grundlage der Beschreibung »Zeus ruft den Tod des Agamemnon hervor« Zeuge dieser Tat werden. Denn jener König ist noch nicht einmal geboren, und wie wir heute wissen, wird noch vieles geschehen, bevor er sein tragisches Ende findet. Gewiß, der Tod Agamemnons konnte bezeugt werden, nur eben wesentlich später. Dann allerdings hätte jemand alles auf die Schändung Ledas zurückführen und in historischer Retrospektive erkennen können, daß Zeus' Tat gewissermaßen schicksalsträchtig gewesen ist.

All diesem gegenüber ist der Ideale Zeuge jedoch blind. Ohne Beziehung auf die Zukunft, ohne dem vorzugreifen, was über das aktuelle Geschehen hinausgehend ausgesagt werden kann, sobald es geschieht, in der Weise, in der es geschieht, hätte er im Jahre 1618 nicht einmal schreiben können: Jetzt beginnt der Dreißigjährige Krieg – wenn dieser Krieg den Namen seiner Dauer verdankt.

Die Klasse von Beschreibungen, mit der ich mich hier befasse, bezieht sich auf zwei voneinander unterschiedene und zeitlich getrennte Ereignisse, *E*-1 und *E*-2. Sie *beschreiben* das frühere der Ereignisse, auf die sie sich beziehen. Yeats Satz bezieht sich sowohl auf die Vergewaltigung Ledas als auch auf den Tod Agamemnons, aber er beschreibt lediglich die Vergewaltigung Ledas. ›Der Dreißigjährige Krieg begann im Jahre 1618‹ bezieht sich auf den Anfang und das Ende des Krieges, doch er handelt nur von dessen Beginn. Wenn die Annahme richtig ist, daß der Krieg wegen seiner Dauer so genannt wurde, dann konnte ihn vermutlich niemand schon im Jahre 1618 – oder irgendwann vor 1648 – als den ›Dreißigjährigen Krieg‹ bezeichnen. Gewiß konnte jemand *vorhersagen*, daß der Krieg so lange dauern werde, und hinlänglich Vertrauen in seine Vorhersage setzen, um den Krieg in dieser Weise wirklich *beschreiben* zu können. Doch er würde damit einen Vorgriff auf die Zukunft machen, und das gerade ist es, was wir der I. C. nicht gestatten können. Wenn wir ein Ereignis *E*-1 beschreiben, indem wir uns auf ein zukünftiges Ereignis *E*-2 beziehen, noch bevor *E*-2 eingetreten ist oder sein Eintreten vermutet werden kann, dann müssen wir die Beschreibung zurückziehen oder sie für falsch erachten, wenn *E*-2 nicht eintritt. Doch die I. C. ist derart konstruiert, daß sie an keinem Punkt mißverständlich aufgefaßt werden kann. Es darf keine Tilgungen geben. Was sie beschreibt, ist festgelegt, und sie sagt nichts aus, was nicht wahr wäre. Ich werde später noch Gelegenheit haben, einiges mehr über Beschreibungen und Vorhersagen zu äußern, und ich möchte dann darüber hinaus einige der Konsequenzen untersuchen, die sich ergeben, wenn man der I. C. einräumt, Vorgriffe auf die Zukunft zu machen. Wie die Dinge jetzt liegen, kann sie indessen keinen derartigen Anspruch erheben und sich demgemäß nicht jener Art von Sätzen – die fortan *erzählende Sätze* genannt werden sollen – bedienen, die ich soeben charakterisiert habe. In diesem Falle gibt es weder Anfang noch Ende in der I. C. »Wenn es nicht Anfang und Ende gibt,« schrieb Virginia Woolf in *Die Wellen,* »dann gibt es keine Geschichten.« »Man schneide die Zukunft ab«, schrieb Whitehead, »und die Gegenwart fällt, ihres eigentlichen Inhalts beraubt, in sich zusammen.«[14] Man beginnt zu ahnen, daß eine ›vollständige Beschreibung‹ den Bedürfnissen der Historiker nicht adäquat ist und schwerlich für jenes Ideal angesehen werden kann, dem wir uns mit unseren eigenen Darlegungen zu nähern hoffen; und daß es gar nicht so nachteilig ist, nicht Zeuge der Ereignisse zu sein, wenn uns historische Interessen leiten – was m. E. wiederum zeigt, daß einige der Argumente des Relativismus unangemessen sind.[15]

Faktisch falsche Sätze können auf zweierlei Weise in wahre verwandelt werden, vorausgesetzt, die Bedeutung der in ihnen verwendeten Wörter bleibt konstant: wir können die Sätze korrigieren oder die Fakten berichtigen, die jene beschreiben sollen. Wenn in einem Raum drei Stühle stehen und jemand fälschlich sagt: »In diesem Zimmer stehen vier Stühle«, dann kann er eine wahre Beschreibung erreichen entweder, indem er einen vierten Stuhl hinstellt, oder indem er ›vier‹ ausstreicht und durch ›drei‹ ersetzt. Im Hinblick auf falsche Sätze über die Vergangenheit jedoch habe ich lediglich die Möglichkeit, die Sätze zu korrigieren, wenn es mir um die Wahrheit zu tun ist. Über einige Jahrhunderte hinweg gab es keine Gelegenheit, die Borgias sozusagen moralisch ›umzuerziehen‹ und die Aussage »Die Borgias waren nette Menschen« wahr zu machen. Bestenfalls kann ich ›nett‹ durch ›niederträchtig‹ ersetzen, oder wenn mir an dem Satz gelegen ist, kann ich versuchen, die Bedeutung des Wortes ›nett‹ abzuwandeln – ein Akt der Selbsttäuschung, wenn ich mich zu der Auffassung bekennen will, daß die Borgias *nett* gewesen seien. Der Satz »Man kann die Borgias nicht zu angenehmen Menschen machen« verändert seine Bedeutung radikal nach 1503: vor diesem Zeitpunkt bedeutete er womöglich nur, daß die Borgias unverbesserliche Übeltäter seien, nach jener Zeit jedoch, daß die Borgia-Familie und die Vorkommnisse in ihrem Leben unwiderruflich in die Vergangenheit eingebettet sind. Angenommen jedoch, es gäbe eine Zeitmaschine: unser Vorhaben könnte dann sein, in die Vergangenheit zurückzukehren, auf Alexander und seine Sippschaft Druck auszuüben, sie auf den Pfad der Tugend zurückzuführen und in die Gegenwart mit einem Satz zurückzukehren, der *via* Berichtigung der Tatsachen wahr geworden ist. Das ist natürlich ein hoffnungsloses Unternehmen, und dies nicht wegen der Borgias, sondern wegen der Unveränderbarkeit der Vergangenheit. Doch *warum* ist die Vergangenheit unveränderlich?

Man könnte versucht sein, zu sagen: weil Wirkungen zeitlich nicht ihren Ursachen vorhergehen können, so daß die Ereignisse der Vergangenheit weder jetzt noch zu irgendeinem zukünftigen Zeitpunkt Wirkung von noch immer wirkenden Ursachen sein können. Gewiß kann der Grund nicht einfach der sein, daß die fraglichen Ereignisse nicht ›hier‹ sind, daß wir nicht sozusagen Hand an sie legen können: denn zukünftige Ereignisse sind ebensowenig ›hier‹, und dennoch kann man erwarten, daß hier und jetzt wirkende Ursachen irgendwelche Auswirkungen auf zukünftige Ereignisse haben werden. Andererseits unterscheidet sich die hier geschilderte Situation von der *folgenden:* von einem späteren Ereignis, sagen wir einer auf ›Zahl‹ fallenden Münze, wird behauptet, daß sie durch ein früheres Ereignis verursacht worden sei, wie etwa, daß jemand vorher ›Zahl‹ gesagt hat.[16] In diesem Fall hat der Betreffende, wenn die Münze zum Zeitpunkt t-2 auf Zahl fällt, bereits wirklich in t-1 ›Zahl‹ gesagt. Doch was man tatsächlich als *Veränderung* der Vergangenheit werten könnte, wäre vielleicht folgendes: irgend jemand unterzieht sich der Aufgabe, die Borgias in *t*-2 zu ändern; diese sind in *t*-1 noch abgrundtief schlecht, dem Jemand gelingt es, sie *zum Zeitpunkt t*-1 tugendhaft zu machen und sie von ihrer Schlechtigkeit abzubringen. Um beide Fälle parallel zu behandeln, gehen wir einmal davon aus, der Mann sage ›Wappen‹ in *t*-1, die Münze falle in *t*-2 auf Zahl und *dies* veranlasse sodann jenen Mann, in *t*-1 ›Zahl‹ anstatt ›Wappen‹ zu sagen.

Wenn nun die Vergangenheit nicht in dieser Weise verändert werden kann, so nicht einfach deswegen, weil Wirkungen ihren Ursachen nicht vorausgehen können. Denn angenommen, der Historiker, der sich in jüngster Zeit lebhaft für die Verteidigung der Reputation der Borgias interessierte, würde einräumen, daß *er* außerstande sei, irgendetwas in dieser Richtung zu unternehmen. Dennoch könnte er vorbringen, daß sie sich sehr wohl noch ändern könnten. Denn es kann zeitlich frühere Ereignisse gegeben haben als jene, die eindeutig das bösartige Verhalten der Borgias belegen, und diese früheren Ereignisse könnten die Borgias immer noch dazu bewegen, ihren Lebenswandel zu bessern: daß sie es bisher nicht getan haben, liegt einfach daran, daß die Ereignisse ihre kausale Energie bislang noch nicht freigesetzt haben, daß diese all die Jahrhunderte hindurch wie ein ruhender Vulkan geschlummert hat. Das ist gewiß eine recht extravagante Anregung, doch gehen die fraglichen Ursachen ihren gemutmaßten Wirkungen offensichtlich vorher, so daß die Unfähigkeit der Vergangenheit zur Veränderung nicht länger der zeitlichen Asymmetrie von Ursache und Wirkung zur Last gelegt werden kann. Zudem können wir nicht einfach sagen, daß jene behaupteten, zeitlich früher als die erhofften Wirkungen angesetzten Ereignisse kausal unwirksam geworden sein müßten, nur weil sie vergangen sind – denn das würde unmittelbar einen allgemeinen Einwand gegen die Kausalität zur Folge haben: unsere Konzeption der Kausalität erfordert Handlungen und Vorgänge in einer gewissen zeitlichen Distanz. Andernfalls könnten keine zeitlich getrennten Ereignisse als Ursache und

Wirkung aufeinander bezogen werden, und wir würden dementsprechend nicht erwarten können, daß die Zukunft in irgendeiner Weise durch Dinge, die hier und jetzt geschehen, beeinflußt werden kann. Schlimmer noch, es bliebe immer noch die Möglichkeit, daß sich die Ereignisse der Vergangenheit spontan ändern, ohne daß Ursachen dafür vorhanden sind.

Doch schließlich und endlich sind alle diese Schwierigkeiten irrelevant. Denn soweit es die Kausalität angeht, schließen wir aus, daß irgendeine, früher oder später als ein Ereignis *E* angenommene Ursache auf *E* einwirken kann, wenn *E* schon vergangen ist. Denn angenommen, *E* habe sich in *t*-1 zugetragen. Jede Veränderung von *E* kann dann entweder nur in der Hinzufügung einer Eigenschaft, der Eliminierung einer Eigenschaft oder in beidem bestehen. *F* sei eine solche hinzugefügte Eigenschaft: dann ist *E* in *t*-1 sowohl *F* als auch *nicht-F*, was ein Widerspruch ist. Doch wäre es ähnlich widersprüchlich, wenn eine Eigenschaft *G* eliminiert würde: *E* wäre dann in *t*-1 sowohl *G* als auch *nicht-G*. Dieser Umstand bewahrt sogar vor der spontanen Veränderung. Doch da *E* in *t*-1 ist, kann keine Veränderung in *E* zu irgendeinem anderen Zeitpunkt, sagen wir in *t*-2, vorgehen. Denn dann müßte etwas in *t*-1 und *t*-2 gleichzeitig geschehen, mit anderen Worten: zwei distinkte Zeiten müßten simultan sein. Und auch das ist wiederum ein Widerspruch.

Wenn falsche Beschreibungen von Ereignissen der Vergangenheit unterlaufen, dann besteht das einzige Mittel, sie in wahre umzuwandeln, in der »Berichtigung der Begriffe«. Andererseits können wir doch in gewissem Sinne von der Vergangenheit als einer veränderlichen sprechen; derart nämlich, daß ein Ereignis in *t*-1 neue Eigenschaften erwirbt, und dies nicht, weil wir (oder irgendetwas sonst) kausal auf jenes Ereignis einwirken, noch weil irgendetwas auch weiterhin in *t*-1 geschieht, nachdem *t*-1 vorübergegangen ist, sondern weil das Ereignis in *t*-1 in ein anderes Verhältnis zu Ereignissen gerät, die erst später eintreten. Doch das bedeutet faktisch, daß die

Beschreibung von *E*-in-*t*-1 mit der Zeit inhaltsvoller wird, ohne daß das Ereignis selbst irgendwelche Instabilität zeigte, und das ist auch der Grund dafür, daß dasjenige, was ich die »vollständige Beschreibung« von *E* in *t*-1 genannt habe, nicht definitiv sein kann.

Angenommen, *E*-1 in *t*-1 ist eine notwendige Bedingung für *E*-2 in *t*-2. Dann folgt daraus unmittelbar, daß *E*-2 in *t*-2 die *zureichende* Bedingung für *E*-1 in *t*-1 ist.[16a] Eine zureichende Bedingung für ein Ereignis kann demnach zeitlich später eintreten als das Ereignis. Wir können nicht unbesehen den Begriff der Ursache dem Begriff der notwendigen und zureichenden Bedingungen anverwandeln, solange wir nicht bereit sind einzuräumen, daß Ursachen ihren Wirkungen nachfolgen können.[17] Es ist nicht ohne Schwierigkeit, die Annahme zu machen, daß *E*-2 *E*-1 geschehen *macht*. Doch immerhin gestattet sie uns eine Beschreibung von *E*-1, dergemäß *E*-1 nicht bezeugt worden sein und dementsprechend auch nicht in der I. C. aufgetaucht sein könnte. Es kann nun unendlich viele solcher Beschreibungen geben, denn jede zeitlich spätere zureichende Bedingung für *E*-1 erfordert eine erneute Beschreibung jenes Ereignisses. Und genau dieselben Überlegungen gelten für zeitlich spätere, notwendige Bedingungen für *E*-1.

Man stelle sich beispielsweise vor, daß ein Wissenschaftler *W* in *t*-1 eine Theorie *T* entdeckt hat. *W* unterläßt es, *T* zu publizieren. Zu einem späteren Zeitpunkt *t*-2 nun entdeckt ein anderer Wissenschaftler *W'* unabhängig von seinem Vorgänger *T*, die jetzt veröffentlicht wird und ins Arsenal der geltenden wissenschaftlichen Theorien eingeht. Wissenschaftsgeschichtlern gelingt der Nachweis, daß *W* bereits vor *W'* auf *T* gestoßen ist. Das schmälert nicht das Verdienst von *W'*, doch es gestattet uns, nicht nur zu sagen, daß *W* in *t*-1 *T* entdeckt habe, sondern auch, daß *W* in *t*-1 die Entdeckung von *T* durch *W'* in *t*-2 *antizipiert* habe. Das wäre allerdings eine Beschreibung dessen, was *W* in *t*-1 getan hat, doch eine solche, der kein Bezeugen des Verhaltens von *W* voraufgegangen sein kann, dem sie sich verdanken würde, und es wäre zudem eine bedeutungsvolle Tatsache über das Ereignis selbst, die wiederum in der I. C. keine Erwähnung gefunden hätte. Der Historiker, der das Ereignis in dieser Weise beschreibt, würde sich eines *erzählenden Satzes* bedienen.

Denn damit als wahr gelten kann, daß jemand *T* in *t*-1 *antizipiert*, ist es *logisch* notwendig, daß *T* später, sagen wir in *t*-2, wirklich ausgearbeitet wird. Es gibt da allerdings einige Komplikationen. Wir können nämlich nicht *einfach* sagen, daß die Entdeckung von *T* durch *W'* in *t*-2 eine notwendige Bedingung der Antizipation von *T* durch *W* in *t*-1 gewesen sei. D. h. wir können nicht einfach erklären, daß *W*, wäre *W'* nicht in *t*-2 auf *T* gestoßen, in *t*-1 nicht *T* antizipiert haben würde. Denn immerhin könnte ja ein anderer Wissenschaftler als *W'* die Theorie entwickelt haben, oder *W'* könnte sie zu einem anderen Zeitpunkt als in *t*-2 ausgearbeitet haben. Wir können also lediglich sagen: damit die Aussage als wahr gelten kann, daß *W* in *t*-1 *T* antizipiert hat, muß *irgendjemand* zu *irgendeinem* späteren Zeitpunkt als *t*-1 ebenfalls *T* entdecken. Denn offensichtlich ist der Satz ›Irgendjemand entdeckt *T* später, als *W T* entdeckt‹ *nicht* dem Satz äquivalent ›*W'* entdeckt *T* in *t*-2, und *t*-2 ist später als der Zeitpunkt, zu dem *T* von *W* entdeckt wird‹. Der erstere Satz folgt aus dem zweiten, dieser jedoch nicht aus dem ersteren.

Eine feinere Beschreibung beider Ereignisse vermöchte nichtsdestoweniger ohne Schwierigkeit das letztere in eine notwendige Bedingung des ersteren umzuwandeln. Stellen wir uns vor, *W* sei Aristarchus und *W'* Kopernikus. Dann könnten wir das, was Aristarchus irgendwann im Jahre 270 v. u. Z. vollbracht hat, folgendermaßen beschreiben: »Aristarchus antizipierte im Jahre 270 v.u.Z. die Theorie, die Kopernikus 1543 u. Z. veröffentlichte.« Wenn Kopernikus die Theorie nicht publiziert oder sie jedenfalls nicht zu jenem Zeitpunkt publiziert hätte, oder wenn irgendjemand anderer als Kopernikus die Theorie zu dem angegebenen Zeitpunkt veröffentlicht hätte, dann wäre der Satz über Aristarchus *falsch*. Demnach ist, bei entsprechender Beschreibung eines Sachverhalts, etwas, das von Kopernikus getan worden ist, eine zeitlich spätere notwendige Bedingung für etwas, das von Aristarchus getan worden ist. Es folgt dieser Beschreibung gemäß unmittelbar daraus, daß das, was Aristarchus 270 v.u.Z. getan hat, eine *zureichende* Bedingung für das ist, was Kopernikus siebzehn Jahrhunderte später getan hat. Es folgt daraus natürlich nicht, daß das, was Aristarchus verursachte oder wofür er als Teil einer Ursache figurierte, die Bestätigung des Heliozentrismus durch Kopernikus gewesen sei. Das müßte unabhängig ermittelt werden. In gewisser Weise ist natürlich der Begriff der Kausalität nicht ganz so klar, wie man es sich wünschen möchte. Was Aristarchus tat, hat vielleicht in keinerlei Hinsicht verursacht oder veranlaßt, daß Kopernikus die heliozentrische Theorie entdeckte, doch in einem ganz bestimmten Sinne verursachte es, daß Kopernikus die heliozentrische Theorie *wieder*entdeckte. Es verhält sich nicht so, daß Kopernikus zwei verschiedene Dinge getan hätte: es war ein und dieselbe Handlung, die nur zwei verschiedenen Beschreibungen gemäß betrachtet wird.

›Ursache sein‹ ist womöglich ein Sonderfall jener Art der Charakterisierung von Ereignissen, die eine erzählende Beschreibung erfordert. Ursachen können immerhin nicht *als* Ursachen bezeugt werden: Hume hat bereits vor langem darauf hingewiesen. Von *E*-1 zu sagen, daß es *E*-2 verursacht habe, heißt eine Beschreibung von *E*-1 durch Bezugnahme auf ein anderes Ereignis (*E*-2) geben, das eine notwendige Bedingung für *E*-1 abgibt – bei angemessener Beschreibung. Wenn *E*-2 nicht eintrifft, wenn es falsch ist, daß ›*E*-2 stattfindet‹, dann würde daraus folgen, daß der Satz ›*E*-1 verursachte *E*-2‹ seinerseits falsch ist. Doch es folgt daraus *nicht*, daß *E*-1 eine zureichende Bedingung für *E*-2 ist. Wir würden vermutlich nicht allgemein sagen wollen, daß jede Ursache eines Ereignisses eine zureichende Bedingung für dieses Ereignis sei. Noch würden wir notwendigerweise behaupten wollen, daß *E*-1 eine notwendige Bedingung für *E*-1 sei. Richtig wäre es, zu sagen, daß das Eintreten von *E*-2 die notwendige Bedingung dafür sei, daß *E*-1 Ursache ist, oder genauer, eine Ursache von *E*-2. Kurzum, das Eintreten von *E*-2 ist keine notwendige Bedingung für das Eintreten von *E*-1; es ist lediglich eine notwendige Bedingung dafür, daß *E*-1 korrekt als eine Ursache von *E*-2 beschreibbar ist; und dementsprechend könnte die I. C. nicht von *E*-1, wenn es eintritt, sagen, daß *E*-1 eine Ursache von *E*-2 sei. Folglich ist ›ist Ursache von‹ kein der I. C. zugängliches Prädikat.

Wie wir gesehen haben, wäre auch ›antizipiert‹ ebensowenig ein Prädikat, das dem Idealen Chronisten verfügbar ist. Doch es gibt noch mehrere Beispiele dieser Art. Damit die Aussage als wahr gelte, daß Petrarca die Renaissance eingeleitet habe, ist es ein logisches Erfordernis, daß die Renaissance überhaupt stattfindet, wenngleich die Renaissance auch stattgefunden haben könnte, ganz gleich, ob Petrarca sie nun eingeleitet hat oder nicht. Wenn ferner wahr sein soll, daß Piero da Vinci ein Universalgenie zeugte, dann *mußte* sein Sproß (in diesem Falle Leonardo) *logisch* notwendig ein Universalgenie werden. Andere Beispiele wären: ›sagte richtig vorher‹, ›veranlaßte‹, ›regte an‹, ›begann‹, ›ging vorher‹, ›verursachte die Entstehung von‹ usf. Damit jeder dieser Begriffe für ein Ereignis *E*-1 als wahr gelten kann, ist logisch das Eintreten eines Ereignisses erforderlich, das zeitlich später als *E*-1 ist, und Sätze, die offen von solchen Begriffen Gebrauch machen, werden demnach erzählende Sätze sein.

Zum vollständigen Fehlen erzählender Sätze in der I. C. kommt noch hinzu, daß es ihr an gewissen Mitteln zur Herstellung von Bezügen mangelt; an Ausdrücken, die unverkennbar, in einzigartiger Weise gewisse Ereignisse, Personen und Lokalitäten durch Verwendung von Relativpronomina kennzeichnen – ›der Ort, wo . . .‹, ›die Person, die . . .‹ –, wobei die Leerstelle durch einen Ausdruck gefüllt wird, der sich auf ein Ereignis bezieht, das zeitlich später stattfindet als der früheste Zeitpunkt, zu dem es ein solches Einzelding gibt, auf welches man sich beziehen kann. Newton schrieb an seinen *Principia* von 1685 bis 1687, dem Jahr, in dem sein Werk veröffentlicht wurde. Nach jenem Datum wäre es nur natürlich, sich auf Newton als ›den Mann, der die *Principia Mathematica* geschrieben hat‹ zu beziehen. Es wäre von diesem Zeitpunkt an gerechnet sogar nicht unnatürlich, sich vermittels dieses Ausdrucks auf Newton zu beziehen, ganz gleich von welchem Abschnitt in Newtons Leben man sprechen möchte. Wir können folglich von Woolethorpe als dem Ort sprechen, in dem Newton geboren wurde, *oder* als von dem Ort, wo der Autor der *Principia* geboren wurde. Nicht die I. C., wohl aber wir können sagen, daß der Autor der *Principia* am Weihnachtstag des Jahres 1642 in Woolethorpe geboren wurde. Der Satz ›Der Autor der *Principia* wird in Woolethorpe geboren‹ kann für den Weihnachtstag von 1642 nicht in der I. C. auftauchen. Nur nach 1687 könnte dieser Satz – in die entsprechende Zeitform gebracht – in der Geschichtsschreibung erscheinen.

Das Haus in Woolethorpe steht noch immer. Es ist dasselbe Haus, das Bauern oder englische Freisassen womöglich schon im 17. Jahrhundert gesehen haben. Zweifellos sieht es fast noch so aus wie damals. Wir können, wenn wir wollen, dorthin pilgern. Wir werden dasselbe sehen, was jene Freisassen und Bauern gesehen haben. Doch wir werden es als die Geburtsstätte und den frühen Wohnort eines der größten Naturwissenschaftler aller Zeiten ansehen, den Ort, wo Newton im Jahr der großen Pest von 1665 seine großen Entdekkungen machte. Wegen der Wichtigkeit dieser Entdeckungen und infolgedessen auch der Wichtigkeit des Mannes selbst ist das Haus in Woolethorpe von besonderer Signifikanz. Niemand konnte 1642 diese Signifikanz erahnen: sie ist etwas, das nur Ereignisse, die nach 1642 geschehen sind, ihm verleihen konnten. Eben wegen der Signifikanz, die wir *jenen* – jetzt natürlich vergangenen – Ereignissen beimessen, sind wir besonders empfänglich für die Signifikanz dieses steinernen Landhauses.[18]

Wir können das Haus in Woolethorpe besichtigen, doch wir haben es nicht in der Zeit vor Augen, zu der Newton geboren wurde: der Vergangenheit begegnen, würde bedeuten, die Vergangenheit zu verändern, und das ist ausgeschlossen. Wenn wir *per impossibile* dennoch Zeugen der Geburt Newtons werden könnten, würden wir dieses Ereignis gewissermaßen als schicksalsträchtig ansehen, was zu erkennen selbst die ehrgeizigste Mutter blind gewesen wäre. Ein Schafhirt könnte von einem Hügel in Griechenland aus mit angesehen haben, wie einer Frau von einem Schwan Gewalt angetan wird (gewiß ein recht monströses Vorkommnis), doch er würde nicht zugleich auch sehen, daß damit der Tod des Agamemnon heraufbeschworen wird. Es ist dies etwas, das nur von jemandem ›gesehen‹ werden könnte, der bereits wüßte, was zu jenem Zeitpunkt noch niemand wissen konnte. Wären wir imstande, in die Vergangenheit zurückzugehen, dann würden wir dabei unser Wissen von der Zukunft mitbringen (wir würden uns tatsächlich solcher Ereignisse erinnern, die zeitlich später eingetreten sind als dasjenige, wovon wir gerade Zeuge sind). Wir könnten dann die Vergangenheit lediglich so bezeugen, wie sie ›wirklich geschehen ist‹, wenn wir gerade jene Art der Information vergessen könnten, die uns dazu bewogen haben mag zu wünschen, Ausflüge ins Vergangene zu unternehmen.

»Aber«, so könnte nun eingewendet werden, »ein Hellsichtiger könnte doch eine Reihe von Ereignissen so bezeugen, wie sie geschehen sind, *und* sie zugleich im Lichte zukünftiger Ereignisse als bedeutungsvoll erkennen. Eingedenk der von Einstein vollbrachten Leistungen könnten wir ihn als alten Mann in deren Lichte sehen. Warum sollte nicht jemand, der diese Leistungen vorausgesehen hat, den jungen Mann im Lichte derselben wissenschaftlichen Errungenschaften sehen? Man denke an die Weisen aus dem Morgenland!« Nun, vielleicht. Doch bisher haben wir dem Idealen Chronisten noch keine präkognitiven Gaben zugestanden. Er weiß nur, was geschieht, wann es geschieht und auf welche Weise es geschieht. Jedes Ereignis ist ihm gleich bedeutsam oder gleichermaßen bedeutungslos; was heißen soll, daß die Kategorie der Signifikanz hier nicht anwendbar ist. Wie sollte sie auch anwendbar sein, da er doch nicht die Zukunft kennt? Denn nur im Lichte der Zukunft nehmen die von ihm bezeugten Ereignisse ein gewisses Maß von Signifikanz an.

Wenn wir der I. C. jegliche Berufung auf die Zukunft verweigern, welcher Sprache soll sie sich dann bedienen, um zu beschreiben, was geschieht, wann es geschieht, die Weise, in der es geschieht? Ich habe geltend gemacht, daß Ereignisse von der I. C. nicht als Ursachen beschrieben werden können, noch daß sie sie vermittels erzählender Sätze charakterisieren kann. Erzählende Sätze beziehen sich zumindest auf zwei zeitlich getrennte Ereignisse und beschreiben jeweils das frühere. Doch in gewissem Sinn weist eine ganze Klasse von Sätzen diese Struktur auf, nämlich jene, die gewöhnlicherweise verwendet werden, um *Handlungen* zu beschreiben. Ist dann der I. C. die Verwendung der gesamten Aktionssprache versagt? Ich möchte dieser Frage nachgehen, denn dies wird uns helfen, einige weitere Merkmale erzählender Sätze herauszuarbeiten.

Vor der Jungfernfahrt des Unglücksschiffes *Andrea Doria* lief eine Werbekampagne an, in der Männer gezeigt wurden, die Bilder malten, Statuen meißelten, Mosaike legten und ähnliches. Unter jedem dieser Bilder stand zu lesen: »Dieser Mann baut ein Schiff«. Die Bilder zeigten Männer, die nicht etwa solche Fähigkeiten einsetzten, die man gewöhnlich beim Schiffsbau erwartet, sondern es sollte dadurch zu verstehen gegeben werden, daß es sich bei der *Andrea Doria* um kein gewöhnliches Schiff handeln werde. *Hätten* wir uns solche Verrichtungen wie das Mosaiklegen als Bestandteil dessen vorgestellt, was normalerweise beim Schiffsbau getan wird, dann hätte die Reklame ihren Zweck verfehlt – ein Bild, das Männer zeigt, die ein Schiff auf Kiel legen, hätte nicht deutlich zu machen vermocht, daß es sich bei dem fraglichen Schiff um ein *außergewöhnliches* handeln sollte. Denn wenn der

Ausdruck ›ein Schiff bauen‹ es nicht zuließe, so erweitert zu werden, daß er auch derartige nichtnormale Aktivitäten deckt, dann wäre es den Werbespots wiederum nicht gelungen, ihre Botschaft an den Mann zu bringen: wir wären in der Tat befremdet, wenn unter der Darstellung eines Mannes, der betrunken in der Gosse liegt, zu lesen wäre: »Dieser Mann baut ein Schiff«, während wir angesichts der Bilder, die uns gezeigt werden, keineswegs verwundert sind. Die Aktions-Prädikate unterliegen äußerst flexiblen Regeln: unendlich mannigfaltige Verhaltensformen lassen sich mit dem Ausdruck ›ein Schiff bauen‹ belegen.

Wörtlich gesprochen, kann jemand gerade dabei sein, Samenkörner in die Erde zu stecken, wenn wir ihn als jemanden beschreiben, der ›Rosen pflanzt‹, oder er dreht einfach Schrauben, während wir sein Tun als ›Reparieren des Radios‹ beschreiben. Doch niemand erwartet derartige wörtliche Beschreibungen. Ebensowenig wie es uns einfallen würde, die Beschreibung ›Rosen pflanzen‹ durch den wörtlicheren Ausdruck ›Samenkörner in die Erde stecken‹ zu korrigieren, würden wir daran denken, jemanden der Falschheit zu bezichtigen, wenn er uns auf die Frage »Was tun Sie?« zur Antwort gibt: »Rosen pflanzen«, denn was er wörtlich genommen tut, ist, unsere Frage zu beantworten. Der Umkreis der Tätigkeiten, die durch den Ausdruck ›pflanzt Rosen‹ abgedeckt werden, schließt ein: Umgraben, Düngen, Säen, ja sogar den Kauf von Schaufeln und Sämereien, auch das Lesen von Samenkatalogen oder das Heranziehen erfahrener Gärtner. In der Tat ist es schon einer der seltenen Fälle, wenn das Aktions-Prädikat wörtlich anwendbar ist, zum Beispiel da, wo ein Mann wirklich Rosensetzlinge in den Boden steckt. Das Vorhandensein von Rosen ist das *Resultat,* auf das alle diese getrennten Verrichtungen hinführen sollen; und weil wir eine Verbindung zwischen ihnen und einem solchen Resultat wahrnehmen, neigen wir dazu, diese verschiedenen Verrichtungen mit den Begriffen des jeweiligen Resultats zu kennzeichnen. *R* sei irgendein Resultat und *E* irgendeine Tätigkeit, die man ausübt, um *R* zustande zu bringen. Dann kann das, was ein Mann tut, sowohl mit *E* als auch mit *R* beschrieben werden. Dann wird ›*a* tut *R*‹ eine korrekte Beschreibung dessen sein, was *a* tut, wenn *a E* ausführt und *E* ein Mittel ist, *R* hervorzubringen. Doch in Wirklichkeit deckt ›tut *R*‹ im allgemeinen eine ganze Reihe von Verhaltensweisen $V_1 \ldots V_n$, so daß, wenn es wahr ist, daß *a R* tut, wir vorläufig annehmen können, daß *a* V_i ausführt, wobei V_i ein Glied der Reihe ist und ferner die wörtliche Beschreibung dessen darstellt, was *a* tut, nämlich V_i. Die Bandbreite dessen, was durch ein Prädikat wie ›*R*-tun‹ gekennzeichnet wird, ist gemeinhin überaus flexibel, und auf wen auch immer die Aussage zutrifft, daß er *R* tut, für den wird allgemein auch gelten können, daß er verschiedene Dinge auf der Skala der Verhaltensweisen tut. Oder es könnte der Fall sein, daß ›*R*-tun‹ unterschiedslos auf eine Gruppe von Individuen anwendbar ist, deren jedes *eine* der Tätigkeiten auf der Skala ausführt, wie etwa bei einer Massenproduktion in der Fabrik. Ich werde im folgenden Prädikate wie ›*R*-tun‹ als *Projektverben* bezeichnen.

Man nehme nun einmal an, daß *a* V_i in *t*-1 ausführt und wir sein Handeln mit dem zutreffenden Projektverb ›*a* tut *R*‹ beschreiben. Würde das nicht bedeuten, daß wir sein Verhalten im Lichte irgendeines zukünftigen Ereignisses – nämlich der Hervorbringung von *R* – beschreiben? Und bezieht sich der Satz dann nicht auf zwei zeitlich getrennte Ereignisse, nämlich V_i in *t*-1 und *R* in *t*-2? Doch dies würde anscheinend alle Sätze, die Projektverben in der von mir gekennzeichneten Weise verwenden, als erzählende Sätze qualifizieren. Wenn wir dem zustimmen und wenn erzählende Sätze aus der I. C. ausscheiden, dann würde daraus folgen, daß sich die I. C. keiner Projektverben bedienen kann und daß das Problem, wie sie Handlungen beschreiben sollte, mithin akut wird. Wenn wir andererseits die Anwendung von Projektverben durch die I. C. zulassen, gestehen wir ihr dann nicht auch das Recht zu, Vorgriffe auf die Zukunft zu machen? Warum sollen wir aber, wenn dieser Fall zutrifft, überhaupt eine Abgrenzung vornehmen? Oder wenn wir bestimmen, daß Sätze, die von Projektverben Gebrauch machen, keine erzählenden Sätze sind, welche andere Charakterisierung müssen wir erzählenden Sätzen dann geben, um den Unterschied herauszuarbeiten? Gehen wir diesen Fragen einmal einzeln nach. Angenommen, die I. C. müßte sich auf die Anwendung von Prädikaten jener Art beschränken, die in der Reihe $V_1 \ldots V_n$ ihren Platz haben, wo wir gewöhnlich von Projekt-Verben Gebrauch machen würden. Wenn wir dann das Verhältnis von Begriffen dieser Reihe und Projekt-Verben analog dem Verhältnis zwischen phänomenalen Prädikaten und Begriffen von physikalischen Objekten konstruieren würden, brauchten sich – zumindest im Prinzip – nicht unbedingt Schwierigkeiten zu ergeben. Denn ein Projekt-Verb wäre dann zugunsten einer Anzahl von Reihen-Begriffen eliminierbar, und die I. C. würde lediglich eine mehr ins Detail gehende Beschreibung dessen geben, was Menschen tun, als dies die Verwendung von Projekt-Verben ermöglichte. Solche detaillierten Darstellungen wären voll und ganz im Einklang mit demjenigen, was wir von der I. C. erwarten. Versehen mit den entsprechenden Übersetzungs-Regeln, könnten wir beim Lesen der I. C. stets eine Reihe solcher Beschreibungen durch eine einzelne Beschreibung ersetzen, die ein Projekt-Verb verwendet. Unglücklicherweise jedoch ist das Problem der Beschreibung von Handlungen noch vielschichtiger, als wir es bisher dargestellt haben. Zunächst könnte der Fall eintreten, daß ein Projekt-Verb für jemanden über einen gewissen Zeitraum hinweg als wahr gelten kann, während *kein* Begriff der Reihe $V_1 \ldots V_n$ Gültigkeit für ihn besäße. Denn ein Projekt-Verb kann für jemanden während eines unbestimmt langen Zeitraums gültig sein, ohne daß er zu irgendeinem Zeitpunkt während dieser Spanne das eine oder andere jener Dinge tun müßte, die die entsprechende Reihe zum Inhalt hat. Wir können von Jones sagen, daß er ein ganzes Jahr lang an einem Buch schreibe. Neben vielem anderen schläft Jones auch während dieser Zeit. Dennoch falsifiziert die Tatsache, daß er während dieser Zeit auch schläft, nicht die Behauptung, daß er an einem Buch schreibt. Mehr noch: angenommen, jemand verrichtet V_i und V_i ist Bestandteil der Reihe, die durch ›*R* tun‹ gekennzeichnet ist. Dennoch würde daraus nicht unmittelbar folgen, daß er *R* tut. Demnach könnte Jones Löcher ausheben, und obschon das Graben von Löchern ein Teil dessen ist, was für das *Tun* von jemandem als wahr gelten kann, von dem man sagt, daß er ›Rosen pflanzt‹, können wir daraus nicht unmittelbar schlußfolgern, daß Jones Rosen pflanzt. Er könnte ebensogut Lilien pflanzen oder *nur* Löcher graben. Doch angenommen, Jones legt zunächst – genau in dieser zeitlichen Abfolge – ein Samenkorn in ein Erdloch, kratzt sich sodann den Kopf, reißt ein Streichholz an, raucht Ringe, denkt an seine Frau und verlagert sein Gewicht vom einen auf den anderen Fuß. Befragt, *was* er in jedem beliebigen Augenblick dieser Zeitspanne tue, wird Jones' Antwort korrekt lauten: »Rosen pflanzen.« Doch nur die erste Tätigkeit in dieser Handlungsabfolge gehört in die Reihe, die durch dieses Projekt-Verb gekennzeichnet ist. In einem bedeutenden Sinne wird demnach das Nachlesen in der I. C. über dieses Intervall der morgendlichen Verrichtungen von Jones nicht wirklich einen Begriff von dem geben können, was Jones getan hat, solange wir nicht imstande sind, aus jener Reihe nur solche Verhaltensweisen herauszulösen, die als Bestandteile des einzelnen Projekts ›Rosenpflanzen‹ gewissermaßen zusammengehören.

Es liegt eine gewisse Zweideutigkeit in dem Wort ›tun‹. Sein einer Sinn ist der, daß wir, wenn wir alles über das Verhalten eines Menschen während eines bestimmten zeitlichen Intervalls wüßten, zugleich alles *wissen* würden, was er getan hat. In einem anderen Sinne indessen verfügten wir lediglich über die Rohmaterialien eines Wissens von dem, was er getan hat. Einerseits berichtet uns die I. C. alles, was wir wissen sollen, andererseits jedoch auch wieder nicht. Keine Projekt-Verben verwenden können ist gleichbedeutend dem Fehlen des linguistischen Mittels zur *Organisation* der verschiedenen Aussagen der I. C.; doch wichtiger noch: wenn der I. C. die Verwendung von Projekt-Wörtern versagt ist, ist sie außerstande, zu beschreiben, was die Menschen *tun* – und das disqualifiziert sie, niederzuschreiben, was geschieht, wann es geschieht, wie es geschieht.

Wenn wir jedoch dem Idealen Chronisten den Gebrauch von Projekt-Verben gestatten, so daß er eine folgerichtige Darstellung dessen, was vor sich geht, zu geben vermag, verstoßen wir dann nicht gegen unsere Restriktion, der gemäß es ihm versagt war, einen Vorgriff auf die Zukunft zu machen? Wenn der I. C. gestattet wird, zu sagen, daß Jones Rosen pflanze, während er bei seinem Gang zu den Rosenbeeten doch lediglich seinen Spaten schultert, warum soll sie dann nicht auch behaupten dürfen, daß Frau Newton dem Autor der *Principia* das Leben schenkt, während sie, wörtlich gesprochen, in Wirklichkeit gerade ein Kind mit schwächlichen Schultern zur Welt bringt? Es würde wohl *jedermann* verblüffen, wollte man ihm erzählen, daß im Nachbarhaus ein Universalgenie geboren worden sei, während es für niemanden etwas Befremdliches hätte, würde man ihm sagen, daß im Nachbargarten eine Rose gepflanzt worden ist – selbst wenn die Rose für einige Monate noch nicht sichtbar ist. Ich wage zu behaupten, daß der Unterschied in der Art des Vorgriffs liegt, der gemacht wird, und will im folgenden versuchen, diese Auffassung zu erläutern.

Wodurch kann ein Satz wie ›*a* pflanzt Rosen‹ jemals *falsifiziert* werden? Die Frage ist außerordentlich vielschichtig, was unter anderem der Unbestimmtheit in jener Reihe von Dingen zuzuschreiben ist, die durch das Projekt-Verb gekennzeichnet sind, sowie ferner jenen Schwierigkeiten und Komplikationen, die im Begriff der Intention angelegt sind. Wenn wir eine Person einfach dastehen sehen, können wir gewiß noch nicht sagen, es sei falsch, von ihr zu behaupten, daß sie ›Rosen pflanzt‹, selbst wenn sie im Augenblick keiner erkennbaren Beschäftigung nachgeht: sie ruht sich nur mitten in der

Ausführung ihres Vorhabens ein wenig aus. Wenn wir sie *fragen,* was sie tue, und sie ernsthaft antwortet: »Lilien pflanzen«, so falsifiziert dies ebensowenig den Satz, daß sie Rosen pflanzt, denn obgleich sie nicht beabsichtigte, Rosen zu pflanzen, tut sie tatsächlich eben dies, weil sie fälschlich angenommen hat, was sie aussäe, seien Liliensamen, während es in Wirklichkeit Rosensamen sind. *Wenn* später Lilien anstatt Rosen zum Vorschein kommen, falsifiziert dieser Umstand vielleicht den Satz, daß diese Person Rosen pflanze, vorausgesetzt allerdings, wir können sicher sein, daß niemand insgeheim die Rosensamen mit Liliensamen vertauscht hat. Doch wenn keine Rosen hervorwachsen, falsifiziert dies noch *nicht* unseren Satz, solange das, was sie getan hat, geltenden Kriterien der Rosenzucht gemäß zum Rosenpflanzen gerechnet werden kann. Nehmen wir also einmal an, es gebe eine festgelegte Reihe bestimmter Operationen, deren Ausführung die Tätigkeit des Rosenpflanzens konstituiert, und nehmen wir ferner an, daß diese Operationen notwendige Bedingungen für das Hervorwachsen von Rosen abgeben (wilde Rosen einmal beiseitegelassen). Wäre dies der Fall, so würde das Nicht-Beachten all dieser Dinge nicht nur das Nicht-Hervorwachsen von Rosen garantieren (wobei ›diese Dinge‹ die notwendigen Bedingungen dafür darstellen), sondern zugleich die Behauptung falsifizieren, daß jene Person Rosen pflanzte. Da aber andererseits diese Operationen nur notwendige Bedingungen sind, könnte es sein, daß *a* sie sämtlich ausführt und dies dennoch keine Garantie dafür bietet, daß Rosen daraus entstehen – ein Orkan könnte aufkommen und *a*'s Bemühungen zunichte machen –, aber dessen ungeachtet *wäre* es wahr, daß *a* Rosen pflanzte.

So kann also der Fall eintreten, daß es – obschon es wahr ist, daß *a* Rosen pflanzt – falsch ist, daß Rosen daraus entstehen. Allgemeiner gesprochen, wenn ›*R* tun‹ irgendein Projekt-Verb ist, könnte es der Fall sein, daß jemand *R* tut, ohne daß es der Fall sein muß, daß *R* geschieht – wobei *R* das angenommene Ergebnis des *R*-Tuns darstellt. Man kann zutreffend von jemandem behaupten, daß er ein Radio repariere – wenngleich das Radio keineswegs dadurch repariert wird –, vorausgesetzt, daß der betreffende den gängigen Kriterien gemäß diejenigen Dinge tut, die innerhalb des zugegebenermaßen elastischen Rahmens dessen fallen, was durch den Ausdruck ›ein Radio reparieren‹ bezeichnet wird. Wenngleich also ein Satz, der ein Projekt-Verb von jemandem aussagt, sich tatsächlich auf zwei zeitlich voneinander getrennte Ereignisse beziehen mag – V_i, das der betreffende *wörtlich* genommen tut, und *R*, das das erwartete Ergebnis darstellt – und das frühere Ereignis im Lichte des späteren beschreibt, ist es nicht *logisch* erforderlich, daß das spätere Ereignis eintrete, damit der Satz wahr ist. Wenn wir also korrekt feststellen, daß *a R* tut, kommt dennoch nicht die erfolgte Beziehung auf die Zukunft als Teil der Bedingungen für die Wahrheit eines Satzes ins Spiel.[19] Dementsprechend könnte es der I. C. gestattet sein, zu sagen, daß *a R* tut, ohne daß jene Art des Anspruchs auf die Zukunft gemacht wird, die in dem Falle eine Tilgung erforderlich machte, daß *R* nicht eintritt. Demnach ist *R* also nicht, was wir früher einen ›Zukunfts-bezogenen‹ Begriff genannt haben.

Rosensamen aussäend, pflanzt Jones nun Rosen, komme was da will. Es könnte sich ergeben, daß er Rosen gepflanzt hat, die gut wachsen und auf einer Rosen-Schau preisgekrönt werden. Dies würde die *erzählende* Beschreibung zulassen, daß Jones preisgekrönte Rosen pflanzte, und zwar würde sie genau dieselben Handlungen beinhalten, die der Satz ›Jones pflanzt Rosen‹ umfaßte. Zwei Zeugen dieser Handlungen von Jones könnten unabhängig voneinander sagen: »Jones pflanzt Rosen« resp. »Jones pflanzt Preise davontragende Rosen«. Der erste Satz wird seine Richtigkeit behalten, ganz gleich, was die Zukunft bringt. Der zweite Satz wird falsch, wenn Jones' Rosen zukünftig keinen Preis erringen, oder wenn Jones' Rosen überhaupt nicht wachsen. Vorausgesetzt, daß der zweite Sprecher nicht lediglich seine Hoffnungen zum Ausdruck bringen oder Jones etwas Aufmunterndes sagen wollte, ist sein Satz anspruchsvolleren, genaueren Wahrheitsbedingungen unterworfen als der erstere Satz. Denn damit *sein* Satz Wahrheit besitzt, ist es ein *logisches* Erfordernis, daß Jones' Arbeit Rosen zum Ergebnis habe und daß die Rosen Preise davontragen. In diesem Sinne ist sein Vorgriff auf die Zukunft nachdrücklicher als die einfache Feststellung ›Jones pflanzt Rosen‹.

In der Vergangenheitsform *erfordert* der Satz ›Jones pflanzte die preisgekrönten Rosen‹ zu seiner Bewahrheitung ein Resultat, das wirkliche Wachstum der Rosen, während der Satz ›Jones pflanzte Rosen‹ dies *nicht* erfordert. Ein erzählender Satz bezieht sich demnach nicht nur auf zwei zeitlich getrennte Ereignisse und beschreibt das frühere unter Bezugnahme auf das letztere. Wenn er wahr sein soll, erfordert er zusätzlich logisch das Eintreten *beider* Ereignisse. ›Jones pflanzt Rosen‹ hat in der Gegenwartsform keinen Vorhersage-Charakter, während ›Jones pflanzt Preise erringende Rosen‹ *partiell* eine Vorhersage impliziert. Als Vorhersage muß er falsch sein, wenn keine Rosen wachsen (und wenn sie keinen Preis gewinnen können). Hätte die I. C. die Aussage gemacht: »Jones pflanzt die Preise gewinnenden Rosen«, wäre demnach eine Tilgung angebracht, wenn das spätere Ereignis nicht eintreten würde. Um zu gewährleisten, daß keine Tilgungen notwendig werden, müssen wir entweder den Gebrauch erzählender Sätze im Präsens vermeiden oder dem Idealen Chronisten besondere kognitive Fähigkeiten zugestehen. Bevor wir *diese* Alternative in Erwägung ziehen, möchte ich auf einige weitere, logisch verschlungene Zusammenhänge hinweisen.

Ich habe behauptet, daß ein Projekt-Verb über eine ausgedehnte Zeitspanne für ein Individuum gültig sein kann, ohne daß dieses Individuum in jedem Augenblick dieses Zeitraums die eine oder andere der spezifischen Handlungen ausführen muß, die jene Reihe beinhaltet, die durch das Projekt-Verb gekennzeichnet ist. Dies folgt aus der Tatsache, daß mehr als ein Projekt-Verb während derselben Zeitstrecke für ein Individuum gültig sein kann: *a* kann an einem Buch schreiben und zugleich den ganzen Juni hindurch einer Witwe den Hof machen. Nehmen wir an, daß wir nicht an *a*'s vollständiger Biographie interessiert sind, sondern lediglich an der Entstehungsgeschichte seines Buches. Dann werden wir einige Kriterien benötigen, um alle und ausschließlich jene von *a* ausgeübten Tätigkeiten herausgreifen zu können, die seine Autorschaft unter Beweis stellen oder in dieser oder jener Weise damit in Verbindung gebracht werden können. Welche Ereignisse in *a's* Leben wir derart zusammentragen, wird weitgehend von den Kriterien abhängen, die man gemeinhin an das Schreiben von Büchern anlegt: der Umfang unserer Sammlung wird sich der Stringenz unserer Kriterien entsprechend verändern. Darüber hinaus ist *a* während dieses Zeitraums mit großer Wahrscheinlichkeit auch mit anderen Vorhaben beschäftigt, so daß Lücken zwischen jenen Ereignissen entstehen werden, die zu sammeln unsere Kriterien uns ermöglicht haben. Die Ereignisse, die wir *tatsächlich* zusammentragen, konstituieren eine willkürlich geschaffene Untergruppe dessen, was *a* während des genannten Zeitraums tut. ›*R* tun‹ gilt für *a* unverändert als wahr, solange sein Vorhaben im *R*-tun besteht, doch *a* führt *R* nur mit Unterbrechungen innerhalb dieser Zeitspanne aus.

In dem Maße, in dem wir übereingekommen sind, Ereignisse als zeitlich ausgedehnt zu betrachten, sind Vorhaben (Projekte) für uns Ereignisse mit zeitlicher Ausdehnung. Doch angesichts der rhapsodischen Geschichte typischer Vorhaben können wir Ereignisse als kontinuierlich und diskontinuierlich klassifizieren, in einer ungefähren Analogie zu der Unterscheidung zwischen durchgezogenen und gepunkteten Linien. Eine gepunktete Linie ist eine Reihe durchzogener Linien mit trennenden Zwischenräumen, und ein diskontinuierliches Ereignis kann dementsprechend als eine Reihe kontinuierlicher Ereignisse charakterisiert werden, die durch eingestreute irrelevante Geschehnisse unterbrochen wird. Gewiß, bei mikroskopischer Prüfung dessen, was dem bloßen Auge als durchgängig erscheint, wird sich herausstellen, daß es mannigfache Brüche aufweist. So wird schließlich der Unterschied ein bloß gradueller sein, und mir ist nicht daran gelegen, gewissermaßen durch transzendentale Deduktion nachzuweisen, daß es ›letzte‹ geschlossene Linien gibt. Ebensowenig möchte ich den Nachweis erbringen, daß es kontinuierliche Ereignisse geben muß, wenn wir die zeitlichen Endpunkte hinreichend dicht aneinanderrücken. In der Tat entspricht es weitaus mehr meinen Vorstellungen, wenn es diskontinuierliche Ereignisse in jenem Sinne gäbe, wie es von mir durch die Geschichte des Buches von *a* anschaulich gemacht worden ist. Die Unterscheidung, die ich treffen möchte, bezieht sich im wesentlichen auf ein Projekt und die Ereignisreihen, die der Abfolge von Handlungen zugerechnet werden können, wie sie durch die Anwendung des entsprechenden Projekt-Wortes gekennzeichnet sind. Kurzum, wenn V_1 und V_i in die Reihe von ›*R*-Tun‹ einzuordnen sind, dann wird, wenn V_i in *t*-1 und V_j in *t*-1 plus delta-*t* ausgeführt wird und wenn ferner nichts innerhalb des Intervalls zwischen V_i und V_j, das sich in die Reihe des ›*R*-Tuns‹ einfügt, getan wird, *R*-Tun diskontinuierlich und V_i und V_j, jeweils auf *R*-Tun bezogen, kontinuierlich sein. Ereignisse, die in dieser Weise diskontinuierlich sind, werde ich *temporale Strukturen* nennen.

Nun rechnen Vorhaben wie Bücherschreiben und das Hofieren von Witwen zu den simpleren Formen temporaler Strukturen. Beispielsweise schließen manche Vorhaben eine Reihe von Individuen ein. Mit einiger Gewaltsamkeit gegenüber dem gewöhnlichen Sprachgebrauch können wir davon sprechen, daß zahllose Franzosen in das französische Revolutionsgeschehen während eines zeitlichen Intervalls um das Jahr 1789 herum verwickelt gewesen sind. Das behelfsmäßige Projekt-Verb ›an der Französischen Revolution teilnehmen‹ gilt natürlich nicht für jedes Individuum in Frankreich während jener Zeitspanne, gilt aber für einige Individuen außerhalb Frankreichs. Ebensowenig war ein jeder von denen, für die dies zutrifft, in jedem Moment während dieses Intervalls Teilnehmer der Französischen Revolution. Demnach liegt nicht alles, was in Frankreich vorgegangen ist, innerhalb des Bereichs, der durch unser Projekt-Wort markiert ist: das ›Projekt‹ wurde folglich diskontinuierlich auf französischem Boden innerhalb einer Zeitspanne des 18. Jahrhunderts ausgeführt. Welche dort und damals abgelaufenen Geschehnisse der durch ›die Französische Revolution‹ bezeichneten temporalen Struktur zugeschlagen werden, hängt weitgehend von unseren Kriterien der Relevanz ab. Zweifellos gibt es gemeinschaftliche Kriterien, so daß über gewisse Ereignisse keine Meinungsverschiedenheiten auftreten können. Doch insofern es Meinungsverschiedenheiten hinsichtlich der Kriterien gibt, werden die streitenden Parteien unterschiedliche Ereignisse herausgreifen und die temporale Struktur unterschiedlich entwerfen. Natürlich werden unsere Kriterien im Lichte neuer soziologischer und psychologischer Erkenntnisse modifiziert. Die Vergangenheit verändert sich vielleicht nicht, wohl aber die Weise, in der wir sie organisieren und strukturieren. Um auf unseren Vergleich mit der Erstellung von Landkarten aus Abschnitt II zurückzukommen: es gibt eine bestimmte Bedeutung, dergemäß man davon sprechen kann, daß die Territorien (lies: die temporalen Strukturen), die die Historiker zu ›kartographieren‹ sich bemühen, sich *tatsächlich* verändern. Sie verändern sich in dem Maße, wie unsere Kriterien sich ändern, und bestenfalls sind unsere Kriterien flexibel, wie wir es an unserem Beispiel vom Schiffsbau sehen konnten.

Jeder Begriff, der in dem Ausdruck ›die Geschichte von *x*‹ legitim für dieses *x* stehen kann, bezeichnet eine temporale Struktur. Unsere Kriterien zur Identifizierung von *a* – wobei *a* einen Wert von *x* darstellt – bestimmen, welche Ereignisse in unserer Geschichte erwähnt werden sollen. Kein Kriterium dafür zu besitzen, einige Ereignisse als relevant und andere als irrelevant herauszugreifen, bedeutet einfach, daß man nicht in der Lage ist, überhaupt Geschichte zu schreiben.[20]

Temporale Strukturen sind natürlich bis zu einem gewissen Grade *ad hoc* zu verstehen. Dasselbe Ereignis kann in der Tat konstituierender Bestandteil einer beliebigen Anzahl anderer temporaler Strukturen sein: *E* kann gemeinschaftlich mit einer beliebigen Anzahl sonst unverbundener Sammlungen von Ereignissen zu bestimmten temporalen Ganzheiten zusammengefaßt werden. Demgemäß kann unsere Beschreibung von *E* entsprechend der Weise variieren, in der wir es zusammen mit verschiedenen Sammlungen von Ereignissen zu je verschiedenen temporalen Strukturen gruppieren. *E* vermittels eines erzählenden Satzes zu beschreiben – d. h. es auf ein späteres Ereignis *E'* zu beziehen – bedeutet demnach, sowohl *E* wie auch *E'* in derselben temporalen Struktur unterzubringen. Der Anzahl verschiedener erzählender Sätze, deren jeder eine wahre Beschreibung von *E* liefert, kann *a priori* keine Grenze gesetzt werden, und folglich kann auch die Anzahl verschiedener temporaler Strukturen, innerhalb welcher die historiographische Organisation der Vergangenheit *E* ansiedelt, nicht begrenzt werden.

Gleichwohl wird, ebenso wie verschiedene Zusammenhänge jeweils bestimmen werden, welche der zahllosen möglichen Beschreibungen eines Objekts die angemessene ist, auch die besondere temporale Struktur, an der ein Historiker interessiert ist, oftmals bestimmen, welches die zutreffende Beschreibung eines gegebenen Ereignisses ist. Ich habe behauptet, daß eine bestimmte Sache oder ein Ereignis historische *Signifikanz* gewinnt vermöge seiner Beziehungen zu irgendeiner anderen Sache oder einem Vorkommnis, an dem wir zufällig ein besonderes Interesse nehmen oder dem wir – aus welchem Grund auch immer – eine gewisse Bedeutung beimessen. Erzählende Sätze werden demnach häufig gebraucht, um in einer Erzählung die *Erwähnung* irgendeiner Sache oder eines Ereignisses zu rechtfertigen, deren Signifikanz sonst dem Leser entgangen wäre. Ein Romancier, zum Beispiel, unterbricht seine Geschichte, um in Erzählhaltung irgendein Geschehnis zu kommentieren, auf das er unsere Aufmerksamkeit lenken möchte, etwa »Smith konnte nicht ahnen, daß sein Zornesausbruch den Tod des Bischofs verursachen sollte«. Er bezieht sich somit vorgreifend auf jene bestimmte Episode, von dem das frühere und sonst recht trivial erscheinende Ereignis sein Gewicht erhält. Auch Historiker bedienen sich oftmals solcher Mittel. Warum soll man in einer Beschreibung des Krimkrieges Captain Nolan besonders erwähnen, während so viele Soldaten unerwähnt bleiben? Weil es »ein schicksalhafter Augenblick war«, als Captain Nolan sich dem Stab Lord Raglans anschloß.[21] »Dieser Offizier, tapfer, brillant, ergeben, war dazu auserkoren, das Instrument zu sein, das die Light Brigade ins Verderben führen sollte.«[22]

Worte wie ›schicksalhaft‹, ›auserkoren‹, ›Verderben‹ dramatisieren, was eine wesentliche Tatsache im Zusammenhang mit der Organisierung der Vergangenheit ist. Der Sturmangriff der Light Brigade war eine idiotische Glanztat, die in den Köpfen der Leute großen Eindruck machte: sie war sogar ein geeignetes Sujet für eine poetische Gestaltung. Hätte sie niemals stattgefunden oder wäre sie eine ruhmlose Routineangelegenheit gewesen, wäre das Licht historischen Interesses womöglich niemals auf Captain Nolan gefallen, oder seine Gestalt wäre in irgendeiner anderen temporalen Struktur, zum Beispiel in einer Geschichte der Kavallerie, in einer ganz anderen Beleuchtung erschienen.

Beispiele einer derartigen rückwirkenden Neugliederung der Vergangenheit ließen sich unbegrenzt herzählen. Jede neue philosophische Erkenntnis kann zum Beispiel eine umwälzende Re-Strukturierung der gesamten Geschichte der Philosophie erzwingen; man beginnt, frühere Philosophen als Vorläufer einzuschätzen – was ironischerweise vielfach dazu führt, daß die Originalität desjenigen unterstrichen wird, dessen neue Einsicht die historische Aufmerksamkeit auf sonst unbemerkt gebliebene Züge im Werk verflossener Philosophen lenkt. Kant hat sich bitter darüber beklagt.[23] Wir haben erst kürzlich im Gefolge der Produktionen der New Yorker Schule des abstrakten Expressionismus eine vergleichbare

Neubewertung Monets erlebt. Man wird vielleicht herausfinden, daß nicht ein einziges Mitglied der New Yorker Schule von Monet beeinflußt worden ist: doch weil diese Künstler eine neue Malweise entwickelten, *wurde* Monet mit seinem Spätwerk zu einem Vorläufer. »Wenn es«, so schrieb Bergson, »keinen Rousseau, keinen Chateaubriand, keinen Vigny und keinen Victor Hugo gegeben hätte, so hätte man in den Klassikern der Vergangenheit Spuren der Romantik nicht nur überhaupt niemals wahrgenommen, sondern es hätte sie *gar nicht erst gegeben.*« Denn

> »dieser Romantizismus der Klassizisten wurde lediglich durch das Herauslösen eines gewissen Aspekts in ihrem Werk aktualisiert. Doch diese *découpure* existierte in ihrer speziellen Form vor dem Aufkommen des Romantizismus ebensowenig in der Literatur des Klassizismus, wie ein lustiges Muster in einer dahinfliegenden Wolke existiert, bevor ein Künstler es darin wahrnimmt, indem er jene gestaltlose Masse nach Laune und Belieben spielerisch formt.«24

Das ist natürlich recht überspitzt formuliert. Ich würde vorziehen, zu sagen, daß die romantischen Elemente im Klassizismus vorhanden gewesen sind und erst entdeckt werden mußten. Doch es ist eine Entdeckung, zu der wir eines *Begriffs* vom Romantischen bedürfen und über Kriterien verfügen müssen, das Romantische zu identifizieren. Ein Begriff des Romantischen wäre in der Hochblüte des Klassizismus natürlich nicht denkbar gewesen. Ich möchte beiläufig bemerken, daß all dasjenige, was in den Schriften der Klassik unter den Begriff des Romantischen fallen könnte, zweifellos absichtsvoll in die entsprechenden Werke aufgenommen worden ist. Doch sie waren beabsichtigt nicht etwa im Sinne der Beschreibung ›romantische Elemente hineinbringen‹, denn den Autoren fehlte jener Begriff. Das ist eine wichtige Einschränkung im Gebrauch des Wortes *verstehen.* Es war nicht die *Absicht* des Aristarch, Kopernikus zu antizipieren, noch war es die des Petrarca, die Renaissance einzuleiten. Derartige Beschreibungen zu geben erfordert Begriffe, die erst einer späteren

Zeit zur Verfügung stehen. Daraus folgt, daß selbst der Zugang zu den Denkweisen derjenigen Menschen, deren Handlungen ein Idealer Chronist beschreibt, diesen nicht zugleich in die Lage versetzen werden, die Bedeutung jener Handlungen zu würdigen.

Um eine lebendige Anschauung von der Bedeutung der Ereignisse zum Zeitpunkt ihres Geschehens zu haben, muß man wissen, auf welche späteren Ereignisse jene von Historikern der Zukunft in der Form erzählender Sätze bezogen werden können. Es wird demnach nicht ausreichend sein, wenn man einfach imstande ist, zukünftige Ereignisse vorherzusagen. Es wird vielmehr notwendig sein, zu wissen, *welche* zukünftigen Ereignisse relevant sind, was eine Voraussage über die *Interessen* zukünftiger Historiker erfordert. Ich möchte mich nun dem Problem der Vorhersage von Ereignissen, die in dieser Weise erfolgt, zuwenden. Doch im Vorbeigehen möchte ich noch bemerken, daß dann, wenn der Ideale Chronist dies unternimmt, es vielmehr die Arbeiten menschlicher Historiker sein werden, die ihm zum Modell dienen, als umgekehrt – wie wir bereits früher vermutet haben.

Wir können einen Satz *S* nicht einfach anhand seiner Zeitform als Voraussage identifizieren, denn einige Sätze könnten Vorhersagen sein und dennoch atypisch sich der *Vergangenheitsform* bedienen. Demgemäß stellt der Satz »Aristarch antizipierte Kopernikus« zu jedem Zeitpunkt nach 270 v. u. Z. und vor 1453 u. Z. eine Vorhersage dar.[25] Ebensowenig ist es lediglich eine Angelegenheit des Verwenders von *S*, der mit *S* eine Vorhersage beabsichtigt, und das Rennen, dessen Ausgang er vorherzusagen versucht, kann zu dem Zeitpunkt, zu dem er *S* ausspricht, bereits gelaufen und gewonnen sein.[26] Ich möchte hieran anschließend zwar keine Definition für Voraussage-Sätze geben, wohl aber eine notwendige Bedingung nennen: *S* ist eine Voraussage, wenn *S* sich auf *E* bezieht und *E* nicht vor oder gleichzeitig mit dem Aussprechen von *S* eintritt.[27]

Ein erzählender Satz, der sich bekanntlich auf ein zeitlich geordnetes Ereignispaar *E*-1 und *E*-2 bezieht, wird demnach dann als eine Voraussage gelten können, wenn er vom Idealen Chronisten verwendet wird. Denn er schreibt ihn nieder, *sobald* *E*-1 stattfindet (erzählende Sätze machen ihre Aussage über das zeitlich am weitesten zurückliegende derjenigen Ereignisse, auf die sie sich beziehen), d. h. also zeitlich früher, als *E*-2 geschieht. Wenn darüber hinaus die I. C. ihren definitiven Charakter beibehalten soll, müssen jene *richtige* Voraussagen darstellen. Doch dies wiederum verändert die Aufgabe des Idealen Chronisten in ganz beträchtlichem Maße. Denn da das Ereignispaar, auf welches der erzählende Satz sich bezieht, zu der nämlichen temporalen Struktur gehört, muß der Ideale Chronist die Zukunft in derselben Weise strukturieren, in der zukünftige Historiker die Vergangenheit strukturieren werden. Da die I. C. *vollständig* sein muß, müssen alle erzählenden Sätze, die für *E*-1 als wahr gelten, gleichzeitig niedergeschrieben worden sein, und dementsprechend muß der Ideale Chronist alle diejenigen temporalen Strukturen ausbreiten und festlegen, in denen *E*-1 lokalisiert werden kann. In der Tat schreibt die I. C. Geschichte, bevor diese wirklich geschehen ist. Wenn wir es also *hier und jetzt* zulassen, daß alle Teile der I. C. in die Hände von Historikern fallen, dann werden diese weitaus mehr herausfinden als lediglich das, was geschehen ist, wann es geschehen ist, wie es geschehen ist. Darüber hinaus werden sie herausfinden, was geschehen *wird* (d. h. solange die Ereignisse, über deren Darstellung sie verfügen, nicht völlig unbezogen auf zukünftige Geschehnisse sind). Doch hiermit zerstören wir die Asymmetrie in unserer Vorstellung von Vergangenheit und Zukunft: Vergangenheit und Zukunft sind hinsichtlich ihrer Bestimmtheit oder Determiniertheit eins. Das ist allerdings analytisch. Denn die Wahrheit von *p* folgt logisch aus der Wahrheit der Aussage ›*a* sagt richtig voraus, daß *p*‹, und jede Voraussage, die vom Idealen Chronisten gemacht wurde, ist unserer Definition gemäß richtig.

Damit hat sich alles grundlegend gewandelt. Insbesondere die kognitiven Fähigkeiten des Idealen Chronisten stellen sich anders dar. War er zuvor auch weitaus größerer Vermögen teilhaftig, als es der Mensch sein könnte, so blieb doch die Weise seines Wissens schlicht die Erweiterung einer vertrauten kognitiven menschlichen Situation: er *bezeugte* die Ereignisse, die er niederschrieb. Doch man kann nicht *zukünftige* Ereignisse bezeugen, ohne zugleich die Bedeutung jenes ›Bezeugens‹ zu verändern. Wie *kann* er also von der Zukunft wissen? Ist das Verhalten des Idealen Chronisten für uns überhaupt noch einsichtig? Wenden wir uns einmal im engeren Sinne ›menschlichen‹ Beispielfällen zu, in denen Voraussagen gemacht werden, und arbeiten wir uns in entgegengesetzter Richtung schrittweise zu diesen Fragen vor.

Wenn in *t*-1 jemand *E*-in-*t*-2 voraussagt, können wir stets fragen, woher er weiß oder warum er glaubt, daß *E*-in-*t*-2. Dies wird in der Regel durch das Fordern von Beweisen geschehen, und unser Vertrauen in die Voraussage wird je dem Vorliegen gesicherter Beweise entsprechend größer oder geringer sein. Nehmen wir an, die Voraussage laute »Regen in *t*-2«. Die Beweise können dann von rheumatischen Gliederschmerzen oder bloßen Vorahnungen über die Wahrnehmung regenschwerer Wolken oder des Verhaltens der Vögel bis zu Testergebnissen in Wolkenkammern mit Röntgenstrahlen, elektronischer Diffraktion oder dergleichen reichen. Oder es dient uns einfach der Wetterbericht in der Tageszeitung zum Beweis. Was immer davon zutreffen mag, entscheidend ist, daß dasjenige, was als Beweise herangezogen wird, als solcher nur akzeptiert werden kann, wenn eine Antwort auf die Frage gegeben werden kann, *warum* angenommen wird, daß es einen Anhaltspunkt für die Annahme abzugeben imstande ist, daß ›Regen in *t*-2‹. Die Antwort kann von einer einfachen induktiven Generalisierung bis zur jüngsten meteorologischen Theorie reichen. Kurzum, wir benötigen zu irgendwelchen Voraussagen irgendein Ereignis und den einen oder anderen gesetzes-ähnlichen Satz, der es uns gestattet, aus jenem Ereignis ein zukünftiges Geschehnis abzuleiten. Im Augenblick läßt mich die Frage, ob etwas als guter oder schlechter Beweis gelten kann, noch unberührt, denn es geht mir hier lediglich um das allerallgemeinste Erfordernis, dem etwas genügen muß, um *überhaupt* als Beweis anerkannt werden zu können, daß nämlich, was auch immer als Beweis angeboten wird, zu dem Zeitpunkt verfügbar sein muß, zu dem die Voraussage gemacht wird. Ausgehend von unserer Charakterisierung der Voraussage läßt sich schon so viel sagen, daß das *eine*, das unbedingt durch dieses Erfordernis ausgeschlossen ist, das vorhergesagte Ereignis selbst ist. Jede Feststellung, die aussagt, daß *E* geschehen wird, wenn *E* bereits geschehen ist, wird automatisch deswegen falsch sein, weil sie das zeitliche Verhältnis zwischen der Äußerung jener Feststellung und *E* unangemessen wiedergibt. Demnach wird *E*, wenn es als Beweis für eine Voraussage über jenes *E* selbst angeboten wird, die Voraussage automatisch als falsch qualifizieren.

In *t*-2 besitzen wir demnach Zugang zu Informationen, die jemandem *prinzipiell* nicht verfügbar sein können, der vorhergesagt hat, was in *t*-2 geschehen werde. Genauer gesagt, wir sind in der Lage, zu *wissen*, daß seine Voraussage richtig oder unrichtig gewesen ist. Gefragt, wie wir denn wissen können, daß es regnet, können wir im Prinzip einen Beweis vorzeigen, auf den selbst der brillanteste Vorhersager nicht früher verweisen konnte: wir zeigen auf den Regen. Wenn sich nun erzählende Sätze auf zwei zeitlich getrennte Ereignisse beziehen und so lange Voraussagecharakter haben, bis das zweite Ereignis eintritt, dann sollte es doch möglich sein, daß jemand (ein Historiker) nach Eintreten jenes Ereignisses stets Beweise zugunsten des erzählenden Satzes heranziehen kann, und zwar solche, die prinzipiell nicht verfügbar gewesen wären vor dem Eintreten des zeitlich spätesten Ereignisses, auf welches er sich bezieht: er kann *das Ereignis selbst* anführen. Und dieser jemand wäre wie niemand sonst vor dem Eintreten des Ereignisses in der Lage, zu wissen, daß der

erzählende Satz wahr ist. Ob er schon vorher wahr gewesen sein könnte, ist eine Frage, die wir dem nächsten Kapitel vorbehalten wollen: mich interessiert hier einzig der erkenntnistheoretische Aspekt der ganzen Angelegenheit.
Doch wenn es uns hier wirklich um Erkenntnistheorie zu tun ist, sind wir zu weit gegangen. Denn angenommen, es werde in *t*-1 vorhergesagt, daß *E*-in-*t*-2. Dann wird gewiß jemand in *t*-2 über Informationen verfügen, die ihm in *t*-1 fehlten, nämlich über die Kenntnis des Ereignisses selbst, wenn und insofern sich herausstellt, daß die Vorhersage richtig gewesen ist. Vermutlich bezeugt er sodann *E*, obschon in *t*-1 lediglich Anzeichen für *E* bezeugt werden konnten. Dann aber kann *E* eigentlich *nur* zum Zeitpunkt *t*-2 bezeugt werden: in *t*-3 wäre es dafür bereits zu spät, und ebenso in jedem anderen Augenblick *t*-*n* (*n* > 3) danach. Vom Zeitpunkt *t*-3 an gerechnet wären wir ungefähr in derselben Situation wie jener, der in *t*-1 seine Vorhersage machte: genauso wie er können wir nur *Anzeichen* von *E*-in-*t*-2 bezeugen. In gewissem Sinne ist unsere Lage noch weniger günstig. Denn der Vorhersagende mag zumindest die Hoffnung hegen, Zeuge des Ereignisses zu werden, das er vorhergesagt hat. Denn unser eigener Beweisgang falsifiziert unweigerlich den Satz ›Ich werde *E* bezeugen‹, wenn *E* zeitlich früher eintritt, als dieser Satz ausgesprochen worden ist. Der Vorhersagende ist in der Situation dessen, der in der Lage ist, zu bezeugen und demnach zu wissen, ob er richtig vorhergesagt hat oder nicht. Nicht aber der ›Retrodiktor‹.
Dieser Nachteil wird teilweise wettgemacht durch die Tatsache, daß diejenigen, die das Eintreten von *E* vorhersagen, und jene, die nachträglich Aussagen darüber machen, unterschiedliche Klassen von Anzeichen für *E* zu Gesicht bekommen. Möglicherweise sind nasse Straßen keine besseren und stärkeren Anzeichen dafür, daß es geregnet hat, als dunkle, verhangene Wolken dafür, daß es regnen wird, aber Exemplare von *De Revolutionibus Orbium Caelestium* würden ohne weiteres als stärkere Anzeichen dafür gewertet werden,

daß *irgendjemand* dieses Buch geschrieben hat, als irgendetwas sonst mir als Anhaltspunkt dafür dienen könnte, daß jemand es schreiben wird. Jedenfalls könnte demjenigen, der im Nachhinein eine Aussage macht, die Erklärung von Zeugen eines Ereignisses vorliegen, und diese Art des Beweises ist demjenigen, der Vorhersagen macht, angesichts unserer generellen Restriktionen prinzipiell nicht zugänglich. Eben darum haben wir Geschichten von Ereignissen, nachdem diese sich zugetragen haben und nicht bevor sie geschehen.

Geht man davon aus, daß die Möglichkeit, daß jemand behauptet, er sei Zeuge eines Ereignisses geworden und warte nun darauf, daß es eintrete, durch unsere Einschränkung von vornherein ausgeschlossen ist; akzeptiert man ferner, daß wir jemandes Feststellung, sein Buch sei gerade veröffentlicht worden, so daß er jetzt wohl daran gehen müsse, es zu schreiben, einfach absurd finden würden, dann wäre zu fragen, ob man es für ähnlich absurd ansehen müsse, wenn jemand behaupten wollte, er habe die Geschichte einer Reihe von Ereignissen geschrieben, es komme nun lediglich darauf an, daß die Ereignisse auch *geschähen*? Führen wir uns diesen Fall einmal vor Augen.

Angenommen, wir finden zufällig ein Buch mit dem Titel *Die Schlacht von Iwo Jima*. Es beschreibt *bis ins letzte Detail* die Menschen und Wechselfälle jenes Konflikts: Es berichtet, wer wann verwundet wird, wer getötet wird und warum, und plötzlich müssen wir entdecken, daß das Buch schon 1815 geschrieben worden ist! Zudem machen wir die Feststellung, daß das Buch weitaus mehr berichtet, als wir bereits wissen, und dies, obschon wir im Hinblick auf jene Schlacht hervorragende historische Experten sind. Indem wir uns das Buch zum Leitfaden nehmen, befragen wir reihum die Überlebenden, die uns bislang unbekannt geblieben waren. Ihr Zeugnis stimmt stets Stück um Stück mit diesem sonderbaren anachronistischen Zufallstreffer überein, der nun zu einer unschätzbaren Anleitung für die historische Forschung wird, gleich einer Schatzsucher-Karte!

Immerhin könnte ja jemand *zunächst* die Schatzsucher-Karte zeichnen und erst danach den Schatz an Ort und Stelle bringen oder dort verstecken lassen. Jemand kann einen Entwurf machen und ihn hinterher ausführen oder ausführen lassen. Das alles sind Beispielfälle für ein ›Berichtigen der Tatsachen‹.[28] Warum können wir dann nicht auch eine Geschichte niederschreiben, bevor die Ereignisse, über die sie berichtet, tatsächlich geschehen? Dagegen könnte eingewendet werden, daß wir dies nicht Geschichte *nennen* würden, daß Geschichte *per definitionem* von Vergangenem handelt, daß es demgemäß gegen den Wortgebrauch verstoße, wenn man erklärt, die Geschichte von Ereignissen des Jahres 1945 könne im Jahre 1815 geschrieben werden. Gut, ich will nicht über den Wortgebrauch streiten: nennen wir es eben nicht ›Geschichte‹. Doch angenommen, wir fänden, *nachdem* wir dieses Buch als die definitive Darstellung der Schlacht von Iwo Jima akzeptiert haben, heraus, daß es im Jahre 1815 geschrieben wurde. Mir wäre sehr unbehaglich zumute, wenn wir es nicht länger Geschichte nennen dürften. Es ist allein schon die Möglichkeit einer derartigen Darstellung – man bezeichne sie, wie immer man will –, die ich sehr beunruhigend finde.

Ein Kleinkind könnte im Laufe seiner ersten Sprechversuche durch puren Zufall eine Folge von Lauten und Vokabeln hervorbringen, die sich als Bestätigung und Beweis des letzten Fermatschen Theorems herausstellen. Nenne man dies Koinzidenz: die eine Wort- oder Lautfolge mag gleichermaßen wahrscheinlich wie jede beliebige andere sein. Oder man erachte jedes Kleinkind als ein Orakel und denke sich Mathematiker, die auf jeden seiner Laute sorgfältig achtgeben. In einem derartigen Fall gilt unterschiedslos alles für vernünftig. Doch man stelle sich einmal vor, daß unser gedachtes Manuskript unter einem Bündel von Papieren – dem literarischen Nachlaß eines Schriftstellers aus dem 19. Jahrhundert – entdeckt würde, darunter auch eine Reihe von Briefen. Typisch für das, was sie mitzuteilen haben, wäre etwa: »Ich schreibe eifrig an meinem Buch über die Schlacht von Iwo Jima. Die Arbeit geht nur langsam voran...« Solche sekundäre Dokumentation überzeugt uns hinreichend davon, daß das Buch sich willentlicher menschlicher Planung verdankt. Wir stoßen auf Abschnitte, die durchgestrichen und ersetzt worden sind durch etwas, das sich als faktisch richtige Verbesserung erweist, und das alles geschrieben in jener sonderbaren Handschrift, wie sie für das 19. Jahrhundert kennzeichnend ist. Sofort würde jedermann sagen: dies ist eine Fälschung. Doch wenn wir unter den Papieren Newtons eine Himmelskarte für das Jahr 1960 fänden und eine Prüfung ergäbe, daß sie in allen Einzelheiten richtig ist, dann würden wir keine Täuschung argwöhnen. Wir empfänden nicht das Unbehagen, das sich immer dann einstellt, wenn eine Grundkonzeption in Frage gestellt wird. Warum eigentlich?

Wittgenstein schrieb: »Die Zukunft ist uns verborgen. – Aber denkt der Astronom so, wenn er eine Sonnenfinsternis berechnet?«[29] Die Frage ist rhetorisch: der Astronom denkt offensichtlich *nicht* so. Die Sache ist nämlich die, daß wir mehr oder weniger genau wissen, was der Astronom tut: er bestimmt Ausgangspositionen, löst Gleichungen und so weiter. Unser unzeitiger, vorgreifender Historiker schrieb: »Die Arbeit geht langsam voran.« Doch welche *Art* Arbeit? Das eben wissen wir nicht. Wir wissen lediglich, daß sie keineswegs dem ähnlich sein kann, was Historiker gewöhnlich tun: Durcharbeiten der Archive, Bestimmung der Authentizität von Dokumenten, Überprüfung von Zeugnissen, Befragen von Zeitgenossen und Überlebenden, Durchsicht von Photographien. Wir könnten nun geneigt sein, zu erklären, daß es keine Niederschrift von Geschichte geben könne, bevor die Ereignisse geschehen sind, weil eben nichts dergleichen als Historiographie gelten kann. Für den Astronomen ist die Zukunft ebensowenig verborgen wie die Vergangenheit, und Vorhersage wie Aussagen im Nachhinein sind durchaus gleichwertig. Doch es gibt eine spezielle Asymmetrie zwischen Zeichen und Spuren von Ereignissen, die uns bereits früher aufgefallen ist. Fußabdrücke gibt es nur, nachdem, nicht aber bevor ein

Fuß irgendwo aufgesetzt worden ist. Photographien, Augenzeugenberichte und dergleichen sind erst hinterher vorhanden, nicht aber vor dem Eintreten der Ereignisse, die sie bezeugen, und es sind derartige Materialien, mit denen es die Historiographie zu tun hat. Man mache sich einmal die schier unüberwindlichen Schwierigkeiten klar, die entstehen, wenn man versuchen will, genau die Stellen vorherzusagen, auf die ein Mensch seinen Fuß setzen wird, der einen Sandstreifen überquert: und wie einfach es demgegenüber ist, die jeweiligen Stellen nachträglich zu bestimmen, solange Fußspuren vorhanden sind.

Diese Asymmetrien sind sehr weitreichend. Beim Anblick verhangener Wolken kann ich sagen: »Es wird regnen, wenn nicht ...« Und beim Anblick nasser Straßen könnte ich sagen: »Es hat geregnet, es sei denn ...« Aber ein Ausdruck, der unterschiedslos beide Sätze vervollständigen würde, ist selten. Dementsprechend vervollständigt der Satz »Ein Wasserwagen kam vorüber« wohl den zweiten Satz, doch bei veränderter Zeitform würde der Satz »Ein Wasserwagen kommt vorbei« nur sehr schlecht mit dem ersteren zusammenstimmen. Also kann man wohl sagen: »Es wird regnen, wenn sich der Wind nicht dreht«, sofern regenschwere Wolken zu sehen sind, doch der Satz »Es hat geregnet, es sei denn, der Wind hat sich gedreht« klingt merkwürdig, wenn man eine nasse Straßendecke zu Gesicht bekommt. Zudem, wenn jemand Zeuge von E in t-2 ist, wird er auch noch in t-3 als Zeuge angesehen, doch obschon er das Ereignis bezeugen wird, gilt er nicht auch in t-1 als Zeuge.

Wenn wir indes die Bekundung eines solchen Zeugen als Grundlage für eine Aussage im Nachhinein werten, sind wir auf sein Gedächtnis angewiesen. Doch warum soll es schließlich nicht eine Symmetrie hinsichtlich der Verwendung irgendeiner präkognitiven Äußerung als Basis für eine Voraussage von seiten desjenigen geben, der Zeuge sein *wird*? Eine Person, auf die das zutrifft, mag man einen Vor-Zeugen nennen. Ein Vor-Zeuge präkogniziert, daß er bezeugen wird, und zwar in der Weise, in der ein Zeuge ein Ereignis *bezeugt zu haben* sich erinnert. Dagegen könnte nun wiederum eingewendet werden: wenn jemand sagen will, daß *a* ein Vor-Zeuge ist, dann setzt dies logisch voraus, daß *a E* bezeugen wird, und wenn man sagt, daß *a E* bezeugen wird, so setzt dies ebenfalls logisch voraus, daß *E* eintreten wird. Doch wir können nicht *a*'s Zeugnis – als das eines Vor-Zeugen – gleichermaßen als Beweis dafür akzeptieren, daß *E* eintreten wird, denn wollte man ihn als Vor-Zeugen anerkennen, so würde dies gerade die Frage, um die es hier geht, logisch zur Voraussetzung haben, nämlich das Eintreten von *E*. Unglücklicherweise würde eine genau analoge Argumentation den Beweis von Zeugen entwerten, denn will man *b* als einen Zeugen für *E* anerkennen, so setzt dies logisch voraus, daß *b E* bezeugt hat. Das aber setzt wiederum logisch das Eintreten von *E* voraus. Akzeptiert man demnach *b* als einen Zeugen und sein Zeugnis als Beweis für das Eintreten von *E*, dann käme das einer *petitio principii* gleich. Die Wahrheit von *p* folgt aus der Wahrheit des Satzes »*b* erinnert sich, daß *p*«. Dann aber folgt die Wahrheit von *p* daraus, daß der Satz »*a* präkogniziert, daß *p*« als wahr gilt.

Wenn wir allerdings darauf bestehen, die Präkognition als mit der Erinnerung symmetrisch zu betrachten, dann müßten wir vermutlich die Präkognition von vornherein ausscheiden, als dasjenige nämlich, worauf der ›Historiker‹ der Schlacht von Iwo Jima seine Darstellung stützt. Denn wenn wir uns keiner Ereignisse erinnern können, die wir nicht bezeugt haben, können wir auch keine Ereignisse präkognizieren, die wir *nicht* bezeugen werden, so daß auch der Historiker mit an Sicherheit grenzender Wahrscheinlichkeit diese Schlacht nicht wird bezeugen können. Also ist es mit der behaupteten Symmetrie zwischen Erinnerung und Präkognition nicht weit her. Das berührt den typischen Historiker indessen kaum, der nur äußerst selten diejenigen Ereignisse auch bezeugt hat, über die er schreibt: doch es ist herheerend für jemanden, der über Ereignisse schreibt, die er nicht bezeugen *wird*.

Vielleicht hat er dann so etwas wie die Gabe des Zweiten Gesichts und stützt seine Darstellung auf prophetische Visionen. Wir können dann seine Verbesserungen damit erklären, daß eine spätere Vision eine frühere an Klarheit überbietet, wie etwa beim Zustandekommen des *Koran*. Doch wir würden uns fragen, wie er wissen kann, daß er tatsächlich über so etwas wie das Zweite Gesicht verfügt, wie er zwischen einer echten Vision und dem bloßen Vorstellen von Dingen unterscheiden will. Es könnte sein, daß das, was er bei der Niederschrift des Satzes »Die Arbeit geht langsam voran« gemeint hat, folgendes war: »Visionen sind selten und stellen sich nur vereinzelt ein.« Doch wie soll er seinen eigenen Fall und den eines Romanciers, den seine Muse im Stich gelassen hat, auseinanderhalten? Dabei darf nicht vergessen werden, daß wir unserem seltsamen Propheten eine gleichermaßen absonderliche Person gegenüberstellen können, die rückwärtsgewandte Visionen hat: jemanden, der im Jahre 1960 und ausschließlich auf der Grundlage von Visionen die Geschichte dessen schreibt, was 1815 geschehen ist! Man stelle sich nun einmal vor, daß diese Person in dieser Weise eine in jeder Hinsicht richtige Darstellung liefere. Immerhin können wir die Visionen dieser betreffenden Person durch Gegenüberstellung mit gängigen Darstellungen *überprüfen*. Selbst wenn er über Dinge berichtet, die sich in herkömmlichen Darstellungen nicht finden, können wir doch im Prinzip angeben, welcher Art von Beweisen es bedarf, um das zu verifizieren, was er sagt. Doch im Jahre 1815 hätte es nichts dem Entsprechendes gegeben, an dem eine Überprüfung der »Geschichte der Schlacht von Iwo Jima« möglich gewesen wäre. Schon gar nicht durch Gegenüberstellung mit *anderen* Darstellungen. Denn dann würde sich die Frage stellen, wie diese Darstellungen zustande gekommen sein sollten. Wenn auch sie auf der Grundlage von Visionen verfaßt worden wären, dann hätten wir lediglich unser Problem verschoben. Eine visionäre Historie und eine orthodoxe können zu genau denselben Schlußfolgerungen gelangen: es gäbe orthodoxe Verfahrensweisen, beide zu überprüfen. Doch wenn der Bericht *vor* dem Eintreten der fraglichen Ereignisse geschrieben worden ist, gibt es weder orthodoxe Darstellungen noch orthodoxe Verfahrensweisen, um jene unorthodoxen zu überprüfen. Es *könnte* solche Visionen geben. Sie zu haben, wäre eben ein ausgesprochener Glücksfall für jemanden – wie wenn jemand ein Universalgenie zeugte. Piero da Vincis Verhalten ist hier äußerst lehrreich: er versuchte, die genauen Begleitumstände, unter denen Leonardo empfangen wurde, in der Erwartung zu wiederholen, daß ihm ein zweiter Leonardo geboren würde. Man kann nun sagen, daß er genau das Richtige oder das Falsche getan habe. Das macht keinen Unterschied. Denn schließlich und endlich ist nichts richtig oder falsch, wenn es darum geht, ein Universalgenie in die Welt zu setzen. Es gibt da keine verbindliche Anleitung.

Wenn indessen der Astronom eine zukünftige Sonnenfinsternis berechnet, unterstellen wir *ihm* nicht, daß er über spezielle präkognitive Gaben verfügt oder seine Erkenntnisse dem Zweiten Gesicht verdankt. Wenn wir erklären, daß die Zukunft uns verborgen sei, so meinen wir damit lediglich, daß uns diejenigen Gesetze und Theorien nicht zugänglich sind, über die der Astronom verfügt. Könnte es nicht sein, daß der ›vorzeitige‹ Historiker sich der Naturwissenschaft bedient hat? Unter dem Satz »Die Arbeit geht nur langsam voran« müssen wir nun verstehen, daß er gemeint habe: es ist ungemein schwer, die entsprechenden Werte für alle Variablen zu bestimmen, es ist überaus schwierig, jene vertrackten Berechnungen anzustellen, die auf deduktivem Wege zu den Schlußfolgerungen führen, die die »Geschichte der Schlacht von Iwo Jima« uns darbietet. Nun gut, das mag wohl angehen. Wir besitzen gute Gründe zu der Annahme, daß es derartige Theorien anno 1815 noch nicht gegeben hat. Auch heute verfügen wir noch nicht darüber. Und da selbst wir derartige Theorien nicht besitzen, sind wir nicht in der Lage, wirklich zu verstehen, welche Arten von Dingen zu Anfangs- oder Randbedingungen gerechnet werden müssen.

Doch nehmen wir einmal an, daß jenem Mann diese Dinge bekannt waren und daß seine Arbeit ›wissenschaftliche‹ Arbeit gewesen ist. Er sagte die Schlacht in genau derselben Weise voraus, in der der Astronom die Sonnenfinsternis vorhersagt.

Doch versuchen wir, von einfachen Fällen auszugehen. Denken wir uns eine Theorie *T*, unter deren Zuhilfenahme ein Ereignis *E* von einem anderen Ereignis *C* aus vorhergesagt werden kann. *T* sei: »Immer wenn regenschwere Wolken, dann Regen.« Das Vokabular von *T* besteht somit aus zwei besonderen Elementen, nämlich ›regenschwere Wolken‹ und ›Regen‹. Nun können die verschiedenartigsten Dinge über Regengüsse ausgesagt werden, die als wahr gelten dürfen, und nicht nur, *daß* sie eben Regengüsse sind und nichts anderes sonst. Dementsprechend läßt sich leicht eine Beschreibung *B* für *E* entwerfen, die mit dem kargen Lexikon von *T* nicht bestritten werden kann.

Nun kann *E* gewiß vermittels *T* vorhergesagt werden, doch nicht gemäß der Beschreibung *B*. Um imstande zu sein, *das* zu tun, werden wir nachweisen müssen, daß die Prädikate von *B* explizit definierbar sind mit den bereits in *T* enthaltenen Momenten, oder – was im vorliegenden Fall wahrscheinlicher ist – wir werden unseren Vorrat an Begriffen entsprechend erweitern müssen. Als Konsequenz daraus wird *T* verhältnismäßig vielschichtiger, und wir werden nun annehmen können, daß *T* auf jene Ebene der Komplexität erhoben wird, wie sie gegenwärtig für die jüngsten meteorologischen Theorien kennzeichnend ist. Nehmen wir also an, daß das Vokabular von *T* nun aus einer Reihe von Begriffen, F_1, F_2, F_3 ... F_n besteht, so können wir sagen, daß die Beschreibung, welcher gemäß *E* vorausgesagt wird, sich idealiter jedem dieser Termini oder deren Negation bedienen wird. Dies wird dann die vollständigste Beschreibung sein, die der gegenwärtige theoretische Standard erfordert.

Wir wissen natürlich alle, daß jede derartige Beschreibung, wie reichhaltig sie auch immer ausfallen mag, im Gegensatz zu dem, was logisch möglich ist, überaus dürftig erscheinen muß: daß jedes Prädikat der Sprache (oder dessen Negation) auf *E* anwendbar sein könnte, und daß selbst dann – da immer noch das Diktum Gültigkeit besitzt: *individuum est ineffabile* – die Eigenschaften von *E* noch nicht erschöpft wären: der Reichtum der Eigenschaften von *E* übersteigt den maximalen Reichtum an deskriptivem Vermögen, der in unserer Sprache *in toto* angelegt ist. Doch das berührt mich nicht sonderlich. Denn nehmen wir einmal an, daß *E* – entsprechend der Vorhersage – wirklich eingetreten ist. Dann kann es Beschreibungen von *E* geben, die wir zwar für wichtig erachten, die jedoch aus dem linguistischen Umfeld von *T* herausfallen. Es muß nicht eben nur ein Regenguß gewesen sein: es kann sich um den heftigen Regenguß gehandelt haben, bei dem unser Erdgeschoß überflutet wurde oder der den Kai hinweggeschwemmt hat, der 1912 von Smith erbaut worden war. Ich will damit also nicht behaupten, daß diese Dinge nicht hätten vorausgesagt werden können. Ich will damit nur sagen, daß sie allein vermittels *T* nicht hätten vorhergesagt werden können. Denn ›überflutet Jones' Erdgeschoß‹ oder ›schwemmt Smiths Kaimauer hinweg‹ sind fast mit Sicherheit keine Ausdrücke, die für Regengüsse gelten können, welche unter *T* fallen oder vermittels der Termini, für die dies zutrifft, explizit definierbar sind.

Es wird allgemein eingeräumt, daß eine wissenschaftliche Theorie ein Ereignis nicht nach Maßgabe einer jeglichen wahren Beschreibung jenes Ereignisses voraussagen kann. In der Tat sind wir der Auffassung, daß ein Teil dessen, was die wissenschaftliche Tätigkeit ausmacht, darin besteht, die angemessene Sprache für die Beschreibung von Ereignissen zu finden, solche Termini herauszugreifen, die relevante Eigenschaften von Ereignissen bezeichnen, oder Begriffe zu diesem Zweck zu erarbeiten. Es reicht vollauf, die Ausgangsstellung und Bewegung eines Körpers zu kennen, um in der Lage zu sein, den Weg eines Körpers vorherzusagen: man muß nicht unbedingt auch wissen, daß es sich bei einem derartigen besonderen Körper um ein Porzellan-Ei gehandelt hat, das für die älteste Tochter des Zaren Nikolaus eigens angefertigt worden ist. Demnach wäre es sinnlos und am Ende auch für die gesamte Konzeption einer wissenschaftlichen Theorie abträglich, wollte man die Einbringung jener Termini in eine Theorie wie *T* empfehlen, vermittels derer wir, bewogen durch unser lokales Interesse an Erdgeschossen und Kaimauern, Regengüsse beschreiben. Darüber hinaus wäre dies auch eine unerfüllbare Forderung. Denn die Zahl temporaler Strukturen ist nicht absehbar, in denen der zukünftige Historiker *E* lokalisiert sehen könnte. Es könnte als der Sturm bekannt werden, in dem Alice und Bernard ihre schicksalhafte Auseinandersetzung hatten oder in dessen Verlauf der Mann, der Fermats letzten Lehrsatz einer Lösung zuführte, geboren wurde. So ist es völlig ausreichend, wenn man imstande ist, *E* aufgrund *irgendeiner* Beschreibung seiner vorherzusagen. Jene Behauptung (der man im übrigen heutzutage weniger häufig begegnet als früher), daß es zwei unterschiedene Arten von Ereignissen gebe – nämlich naturwissenschaftliche Ereignisse, die vorausgesagt und erklärt werden können, und historische Ereignisse, bei denen man dies nicht vermag –, ist abwegig. Es gibt nicht zwei Klassen von Ereignissen, sondern höchstens zwei Klassen von Beschreibungen. Naturwissenschaft vermag es womöglich nicht, uns diejenigen Auskünfte über Ereignisse zu geben, die wir uns wünschen, aber das rührt daher, daß solche Informationen nicht immer in der verkürzten Sprache wissenschaftlicher Theorien wiedergegeben werden können. Derartige Forderungen zu stellen, würde bedeuten, das gesamte Konzept der Meteorologie *umzustoßen.*

Das mag zwar alles sein, doch sind wir an einer ganz anderen Theorie interessiert: an jener, vermittels derer nicht nur das Eintreten der Schlacht von Iwo Jima vorhergesagt wird, sondern jenes Ereignisses, das in die so lückenlos detaillierte Beschreibung eingebracht wurde, der wir in unserer umstrittenen ›Geschichte‹ begegnet waren. Es müssen sich in dieser

Sätze finden wie etwa: »Am 20. Februar um 3^{30} Uhr wurde Feldwebel Mallory von dem gemeinen Soldaten Kito getötet, als er gerade eine Granate nachlud – und zwar durch den letzten von fünf abgegebenen Schüssen und einzigen Treffer dieses Tages.« Kein Wunder also, daß die Arbeit nur so langsam voranging! Es wäre schon mühselig genug, nur die *Geschichte* dermaßen detailliert zu schreiben. Jedenfalls müßte die Theorie, der man sich bedienen wollte, um all dies vorherzusagen, linguistisch ebenso reich und inhaltsvoll wie die Umgangssprache sein. Immerhin vermuten wir doch, daß die Darstellung für den einfachen Leser einsichtig und hinreichend verständlich ist.

Doch nehmen wir einmal an, das Manuskript wäre etwa um das Jahr 1890 entdeckt worden. Wer es gelesen hätte, wäre vielleicht über manche sprachliche Wendung verwundert gewesen (genauso wie uns oftmals die ihrigen seltsam anmuten), doch hingerissen von dem Schwung der Erfindungsgabe und Einbildungskraft des Autors hätte er es vielleicht demselben Genre zugerechnet wie die Schriften eines Jules Verne – wenngleich es vielleicht allzu wortreich und detailliert gewesen wäre, um einen richtigen Roman abzugeben. Es würden veröffentlichte Fassungen erscheinen, womöglich sogar Jugendbuchausgaben. Erst nach dem Jahre 1945 werden die Menschen es als vorweggenommene Geschichtsschreibung erkennen können. Oder man stelle sich einmal vor, es wäre irgendwann im Jahre 1944 entdeckt und als ein Stück echter wissenschaftlicher Vorhersage wirklich ernst genommen worden. Das Oberkommando hätte sich seiner angenommen und darüber diskutiert, es mit seinen eigenen Planungen verglichen, vielleicht sogar die eigenen Pläne danach geändert. Feldwebel Mallory würde wohl darauf achten, sich an diesem Tag, dem 20. Februar um 3^{30} Uhr, anderswo aufzuhalten. Und dann wäre all die Arbeit und Mühe, die soviel Zeit gekostet hat, unversehens vergeblich gewesen: die Vorhersagen wären durchweg falsch! Denn die Menschen würden sich weigern, sich den Angaben des Manuskripts gemäß zu verhalten. Ganz so wie rebellische Schauspieler, die mit ihrer Rolle unzufrieden sind. Es ist eine recht alltägliche Angelegenheit, Vorhersagen zu falsifizieren. Jemand sagt vorher, daß der Ball zu einem bestimmten Zeitpunkt auf den Boden auftreffen wird, und jemand anderer fängt ihn vorher auf. Ganz sicher aber wäre es wohl im Interesse eines Menschen, die Vorhersage zu falsifizieren, daß er zu einer bestimmten Zeit, an einem bestimmten Ort, sein Leben lassen wird. Die einzige Möglichkeit, daß die Vorhersage sich erfüllen wird, *ist*, daß sie erst nach dem Ereignis als solche entdeckt und erkannt wird. Denn, wie man sich erinnern wird: wir können die Vergangenheit nicht ändern.

Mag sein, daß sich jener Mensch im Jahre 1815 all dessen bewußt gewesen ist. Mag sein, daß er sogar die Zukunft so vorhersagte, daß das Manuskript den Menschen 1944 in die Hände fallen würde und daß sie dann versuchen würden, die in ihm gemachten Vorhersagen zu falsifizieren. Er hätte also vorhergesagt, was sie tun würden, und sogar darüber geschrieben! Dann würde sich dieselbe Situation wie zuvor ergeben, wenn nun auch diese ›vollständigere‹ Darstellung den Menschen 1944 in die Hände fallen sollte. Was wir uns nicht vorstellen können, ist, wie sie wissen sollen, welche Vorhersage gemacht worden ist, und daß sie *nicht* imstande sein könnten, sie zu falsifizieren, solange das vorausgesagte Ereignis nicht bereits eingetreten wäre. Stellen wir uns vor, wir hätten als Voraussage, daß jemand seinen linken Fuß in *t*-1 und seinen rechten in *t*-2 bewegen wird. Man versucht nun, dies zu falsifizieren: man versucht, in *t*-1 ganz einfach stillzustehen, oder bewegt seinen rechten Fuß, doch *trotz* aller Anstrengungen, die man macht, erfüllt sich die Vorhersage! Die Füße fallen in die vorgezeichneten Fußstapfen: ganz so, als hätte man die Kontrolle über seine Gliedmaßen verloren, bewegen sie sich nun ganz aus eigenem Antrieb. Oder man stelle sich vor, man versuchte, nicht zu schreien, und stelle dessenungeachtet fest, daß den Lippen ein Schrei entfährt. Man denke sich ein ganzes Schlachtfeld, auf dem Menschen dieser verrückten Entfremdung ausgesetzt sind. Voller Entsetzen stellen sie fest, daß sie ihre Gewehre anlegen; Hände greifen spontan nach Handgranaten und ziehen sie ab; einige versuchen den Befehl zum Rückzug auszugeben, doch statt dessen rufen sie zum vorhergesagten Angriff. Jedermann beobachtet sein eigenes Verhalten fast in der Weise eines unbeteiligten Zuschauers, unbetroffen und unberührt von jeder Handlung, stets schon bereits im voraus wissend, was getan werden wird, und außerstande, irgendetwas zu *tun*, um das Geschehen zu verhindern. Dergleichen Dinge ereignen sich vielleicht in Alpträumen oder in den Träumen wahnsinniger Wissenschaftler. In Träumen mag es zuweilen vorkommen, daß jemand ruft: »Hör auf zu fallen!« und ich gehorche bei meinem Sturz durch den Raum diesem Zuruf – ich halte mitten in der Luft ein. ›Hör auf zu fallen!‹ stellt in der Wirklichkeit den paradigmatischen Fall eines Befehls dar, dem wir nicht Folge leisten können. ›Beweg deinen rechten Fuß!‹ ist in normalen Situationen der paradigmatische Fall eines Befehls, den wir nicht befolgen müssen, wofern wir dies nicht wollen. Der angenommene Fall, den ich versucht habe, mir oben vorzustellen, könnte nur eintreten, wenn die Menschen dessen verlustig gingen, was wir gewöhnlich als die Kontrolle über ihre Handlungen ansehen. Das eine und einzige Buch, das wir uns nicht in den Händen der Menschen von Iwo Jima vorstellen können, ist »Die Geschichte der Schlacht von Iwo Jima«. Oder besser: wir können uns nicht vorstellen, daß sie es zur Hand haben *und* daß es zugleich wahr bleibt. Was wir also nicht wissen, ist, was die zukünftigen Historiker über uns sagen werden. *Wüßten* wir es, dann könnten wir ihre Darstellungen in genau derselben Weise falsifizieren, in der wir Vorhersagen zu falsifizieren vermögen, die vor der Zeit gemacht wurden, zu der wir handeln, oder wir können dies innerhalb der Grenzen normaler menschlicher Kontrolle tun; eine Reihe Limitationen, von denen wir erwarten, daß sie durch Wissenschaft eher erweitert als eingeschränkt werden.

Nehmen wir also jetzt einmal an, daß die Schlacht vorhergesagt wurde und diese Vorhersage erst im Nachhinein entdeckt worden ist. Wir betrachten dies als eine große Leistung und bedauern lediglich, daß sie zu spät entdeckt wurde. Da sie zu spät entdeckt wurde, ist sie wahr. Nichts kann der Vergangenheit etwas anhaben, wodurch jene falsch würde, doch mit der Zeit werden wir es ein ums andere Mal notwendiger finden, den vorhandenen Beschreibungen der Schlacht von Iwo Jima neue hinzuzufügen. Ein Mann, der nur ein einfacher Soldat gewesen ist, überlebt dank der heroischen Tat eines Mannes, dessen letzter Gedanke gewesen sein mag, daß er sich selbst für eine so unbedeutende Person aufgeopfert habe. Dieser gemeine Soldat verrichtet jedoch daraufhin bewundernswerte Großtaten! Die Episode erhält dadurch eine ganz besondere Bedeutung: sie dient Schulkindern zur Belehrung. Sie finden Gefallen daran, sich die Szene vor Augen zu führen, in welcher das Leben jenes Mannes gerettet wurde, der ... Mehr und mehr solcher erzählenden Sätze finden Eingang in spätere Darstellungen der Schlacht: Sätze, die selbst jenes Genie von 1815 nicht gekannt hat.

Könnten sie dem Idealen Chronisten bekannt gewesen sein? Es läge an uns, das zu klären. Schließlich ist er unser Geschöpf, wir können mit ihm nach Belieben verfahren. Denn schließlich waren wir es, die *entschieden* haben, daß er imstande sein solle, simultan alles zu transkribieren, was geschehen ist, wann es geschehen ist, wie es geschehen ist. Doch warum sollen wir an dieser Fiktion festhalten? Sie war unseren Zwecken dienlich und kann nun fallengelassen werden. Und mit ihr fällt die I. C., von der es uns nicht gelang, eine Version zu finden, die uns entweder weniger mitteilen konnte, als wir wissen wollten, oder mehr, als wir wissen können. Wie also steht es mit unserem unzulänglichen metaphysischen Modell? Wozu hat es gedient, abgesehen davon, daß es in metaphorischer Weise bestätigt hat, daß wahre Sätze über die Vergangenheit nicht falsch sind – was so ziemlich alles ist, worauf der Satz »die Vergangenheit ist unveränderlich«

letztlich hinausläuft. Wie aber steht es dann mit wahren Aussagen, die sich auf die Zukunft beziehen? Nun, wenn wir eine Aussage über die Zukunft falsifizieren können, so ist sie eben nicht wahr. Wenn ›die Zukunft ändern‹ lediglich meint, daß Voraussagen falsifiziert werden, dann sind wir mit Sicherheit imstande, die Zukunft zu ändern. Warum aber können wir dann nicht ebensogut ›Aussagen im Nachhinein‹ falsifizieren? Die Antwort lautet: in einer Hinsicht sind wir dazu wohl in der Lage. Wenn ich wüßte, daß jemand retrospektiv feststellen würde, daß ich in *t*-1 einen Pfirsich gegessen habe, könnte ich statt dessen einen Apfel verzehren und damit jene nachträgliche Aussage falsifizieren. Aber gerade dies ist es, was ich nicht wissen kann. Wüßten wir nämlich, was die Historiker der Zukunft über uns sagen werden, dann könnten wir ihre Aussagen nach Belieben falsifizieren, genau so wie wir nach Wunsch falsifizieren können, was die Menschen vor uns über unser zukünftiges Tun vorhergesagt haben. Warum kennen wir die Zukunft nicht in eben diesem Sinne? Ich vermag es nicht zu sagen. Doch besagt jener Satz von Peirce, den wir eingangs zitierten, mehr, als daß wir nicht wissen, was zukünftige Historiker alles sagen werden? »Die Zukunft ist offen« besagt lediglich, daß niemand bereits die Geschichte der Gegenwart geschrieben hat.

IX. Zukunfts- und Vergangenheitskontingenzen

Meine zuletzt gegebene Bestimmung des Idealen Chronisten war philosophisch unzulänglich. Man wird schwerlich annehmen dürfen, das Problem des historischen Vorwissens adäquat behandelt zu haben – jenes vorgebliche Wissen um die Geschichte von Ereignissen, bevor noch diese Ereignisse geschehen sind –, indem man zunächst von der Möglichkeit ausgeht, daß jemand ein solches Wissen haben könnte, und sodann dagegen argumentiert, daß es niemanden mit einem solchen Wissen geben könne, und zwar aus dem einfachen Grunde, weil man sich ja lediglich nur vorgestellt habe, es gäbe ihn. Die Frage ist nicht, ob es tatsächlich ein Wesen gibt, das ein derartiges Wissen besitzt, sondern ob es überhaupt ein solches Wesen geben kann, und das wiederum führt zu der Frage, ob ein solches Wissen möglich ist. Um einmal einen vergleichbaren Fall heranzuziehen: es gibt Formen des Skeptizismus, die von niemandem jemals vertreten worden sind, doch trägt dieser Umstand allein noch nicht zu einer Widerlegung dieser Skeptizismen bei. Ich kann zudem nicht einmal für mich in Anspruch nehmen, als erster die Möglichkeit eines solchen Wesens erfunden zu haben, das mit historischem Vorwissen ausgestattet ist. Denn das Wissen um die Zukunft ist gelegentlich Gott zugeschrieben worden, und zwar insofern man ihn sich mit Allwissenheit ausgestattet gedacht hat. Spekulative Geschichtsphilosophen haben in der Tat zuweilen die gesamte Geschichte so aufgefaßt, als komme in ihr ein göttlicher Plan zur Ausführung, den zu erkennen sie für ihre Pflicht hielten, oder den teilweise bereits erkannt zu haben – womöglich durch Offenbarung – sie sich zur Ehre angerechnet haben. Ich muß also einige weitaus positivere Argumente vorbringen, wenn ich die Möglichkeit historischen Vorwissens ernstlich widerlegen will. Ich will mich bemühen, solche Beweisgänge im vorliegenden Kapitel zu entwickeln.

Eine gesicherte Schlußfolgerung, zu der ich m. E. im Laufe meiner Erörterung erzählender Sätze gelangt bin, lautet, daß die Handlungen des Menschen häufig und in nahezu typischer Weise jenen Beschreibungen gemäß nicht als intentional aufgefaßt werden dürfen, die vermittels erzählender Sätze von ihnen gegeben werden. Daraus folgt natürlich nicht, daß die Bezugnahme auf menschliche Absichten und Zwecke historisch unwichtig sei. Die Handlungen des pfälzischen Kurfürsten sind einsichtig erklärt, wenn man sie in Beziehung zu gewissen Ambitionen setzt, die er mit Sicherheit gehegt haben muß, nämlich die böhmische Krone zu gewinnen bzw. sie, nachdem er sie einmal verloren hatte, wiederzugewinnen. Seine zahlreichen Verhandlungen mit Frankreich und England, seine Versuche, Geld aufzutreiben und Allianzen zu schmieden, können im Lichte dieser Ambitionen durchaus richtig gewürdigt werden als Bestandteile dessen, was ich vorhin *Projekte* genannt habe. Dennoch zogen seine Handlungen jedesmal Konsequenzen nach sich, die er niemals beabsichtigt hatte und die er angesichts unserer Unwissenheit hinsichtlich der Zukunft auch nicht beabsichtigt haben *konnte*. Doch gerade im Blick auf diese Konsequenzen und in Anbetracht ihrer folgenreichen Auswirkungen auf den Dreißigjährigen Krieg haben seine Handlungen in der historischen Perspektive die Bedeutung angenommen, die ihnen zukommt. Kurzum, wir werten sie in einer Weise, wie es Friedrich unmöglich gewesen wäre, jedenfalls zu der Zeit, als er sie ausführte. In der Tat wäre er wohl entsetzt gewesen, wären ihm jene erzählenden Sätze vor Augen gekommen, in denen seine Handlungen inzwischen niedergelegt worden sind.

Doch dieser Fall ist typisch. Es ist ein Gemeinplatz dichterischer Weisheit, daß wir uns nicht in derselben Weise sehen wie andere uns, daß das Bild, das wir uns von uns machen, oftmals von dem Bild abweicht, das andere von uns selbst haben, daß die Menschen beständig den Wert ihrer Erfolge, ihres Versagens und ihrer Befähigung über- oder unterschätzen. Solche Diskrepanzen werden selten zugunsten des Individuums entschieden, denn unsere Kriterien für die Bewertung von Handlungen sind weitgehend behavioristische. Diese Diskrepanzen sind nirgendwo augenfälliger als in der Geschichte, wo wir der Natur der Sache gemäß das Verhalten eines Menschen im Lichte von Ereignissen sehen, die im Verhältnis zu seinen Handlungen zukünftig sind, und als signifikant erst im Hinblick auf jene. Historiker sind im Besitz eines Vorteils, den der Handelnde und dessen Zeitgenossen prinzipiell nicht gehabt haben können. Historiker besitzen das einzigartige Privileg, Handlungen in einer zeitlichen Perspektive betrachten zu können. Demgemäß handelt es sich, wie ich wiederholt festgestellt habe, um eine sehr müßige Klage, wenn man es bedauert, daß wir, die wir einen zeitlichen Abstand zu jenen Handlungen haben, die uns als Historiker angehen, sie nicht in derselben Weise kennen, in der ein Zeuge Kenntnis von ihnen haben mag. Der Sinn der Geschichtsschreibung besteht *nicht* darin, von Handlungen solche Kenntnis zu haben, wie sie unmittelbaren Zeugen möglich ist, sondern sie als Historiker in Verbindung mit späteren Ereignissen und als Teilstücke zeitlicher Ganzheiten zu kennen. Sich diesen einzigartigen Vorteil hinwegzuwünschen[1], wäre allerdings töricht und für die Historie selbst ebenso verhängnisvoll wie unerfüllbar. Es wäre dies, in Analogie zu Platos Gleichnis, der Wunsch, in die Höhle zurückzusteigen, von der aus gesehen die Zukunft noch immer opak und undurchdringlich ist. Die Menschen würden viel darum geben, wären sie imstande, ihre Handlungen mit den Augen zukünftiger Historiker zu sehen.

Da jedoch Handlungen von den Historikern in Beschreibungen gekleidet werden, wie sie der Handelnde selbst seinerzeit nicht gegeben haben könnte, und weil die Handlungen gemäß *jenen* Beschreibungen nicht als intentional dargestellt werden können, ist es einigermaßen schwierig zu klären, was man mit der Kontroverse um den Freien Willen und ihre jeweilige Nutzanwendung in der Historiographie anfangen soll. Die Versuchung ist natürlich groß, anzunehmen, daß die Prädikate ›ist frei‹ und ›ist determiniert‹ direkt kontradiktorisch seien, so daß, wenn eines von einer gegebenen Handlung nicht ausgesagt werden kann und falsch ist, eben das andere wahr sein müsse. Doch diese These ist schwerlich mit dem Umstand vereinbar, daß eine Handlung in einer beliebigen Anzahl wahrer Beschreibungen dargestellt werden kann, deren einige echte erzählende Sätze sind, wohingegen nur gemäß einigen dieser Beschreibungen die Handlung als willkürlich und absichtsvoll erscheint. Es besteht wohl weitgehend Übereinstimmung darüber, daß das Willkürliche und Absichtsvolle einer Handlung als die notwendige Bedingung dafür gilt, daß sie frei genannt werden kann. Die Analyse der Absichten selbst ist zwar vielschichtig und gibt Anlaß zu mancherlei Fragen, doch so viel läßt sich immerhin noch gefahrlos einräumen. Mehr noch, man kann das Zugeständnis machen, daß einigen Handlungen eine Absicht zugrunde liegt. Selbst ein Determinist könnte dies noch einräumen, mit dem einzigen Vorbehalt, daß eine Handlung, selbst wenn sie beabsichtigt ist, aus diesem Grund allein noch nicht als frei gelten kann.[1a] Doch nehmen wir einmal an, daß es freie Handlungen – was immer man im einzelnen darunter verstehen mag – gibt und daß solche Handlungen intentional sind. Dann bleibt immer noch die Tatsache unberücksichtigt, daß diese Handlungen nur *einigen* Beschreibungen gemäß intentional sind und daß es zahlreiche andere gibt, denen zufolge sie eindeutig nicht intentional sein können. Wenn ›*a* ist intentional‹ die notwendige Bedingung ist für ›*a* ist frei‹, dann folgt daraus, daß *a* derartigen Beschreibungen gemäß nicht frei sein kann. Doch können wir deswegen schon sagen, daß sie diesen Beschreibungen zufolge determiniert sei? Es folgt nicht automatisch daraus, es sei denn, man geht von der Annahme aus, daß eine Handlung, sofern sie nicht frei ist, determiniert sein müsse. Doch die Anhänger der Lehre von der Willensfreiheit dürfen nicht zugeben, daß dieselbe Handlung, die zugegebenermaßen einigen Beschreibungen gemäß frei ist, anderen zufolge nicht als frei angesehen werden kann; und selbst wenn ›nicht-frei‹

automatisch im Sinne von ›determiniert‹ aufgefaßt wird, ist die identische Handlung sowohl frei als auch determiniert. Woraus folgen würde, daß es sich hier um sub-konträre Prädikationen handelt, die je entsprechend von derselben Handlung als wahr gelten können.

Sind wir aber andererseits auch wirklich bereit, die Regel zu akzeptieren, daß ›nicht-frei‹ synonym mit ›determiniert‹ sei? Man würde für gewöhnlich annehmen, daß ein Determinist eine unabhängige Analyse desjenigen Prädikats parat hat, das er von jeder Handlung aussagen will. Zumindest würde man annehmen, daß er etwa folgende Begründung im Sinn habe: jede Handlung ist die Wirkung von Ursachen, deren Vorhandensein aus der Tatsache folgt, daß die Handlung eingetreten ist und daß, wofern diese Ursachen vorhanden sind, die Handlung geschehen muß. Diese minimale Charakterisierung indessen stößt auf eine Reihe verwirrender Probleme, wenn wir an Handlungen denken, wie sie in erzählenden Sätzen zur Darstellung kommen.

Man erinnere sich meines vorhin gegebenen Beispiels, in dem Aristarchus als jemand dargestellt ist, der Kopernikus antizipiert hat – ein Satz, wie man ihn in jeder modernen Geschichte der Astronomie finden könnte. Gewiß würde man damit nicht sagen wollen, das Antizipieren von Erkenntnissen des Kopernikus sei etwas gewesen, das Aristarchus *beabsichtigt* habe. Folglich war *dies* nicht etwas, das gemäß dem Kriterium der Anhänger der These von der Willensfreiheit als eine freie Handlung gewertet werden könnte. Aber könnten wir sagen, daß *dieser Beschreibung entsprechend* Aristarchus *veranlaßt* wurde, den Kopernikus zu antizipieren; daß alle Ursachen für das Auslösen der Handlung versammelt gewesen seien und daß, vorausgesetzt, sie waren es wirklich, jene Handlung stattfinden *mußte?* Wir könnten es behaupten. Doch wären wir dann nicht zugleich genötigt zu sagen, daß Kopernikus' spätere Handlungen mit der gleichen Notwendigkeit ausgeführt werden mußten? Denn es kann als sicher gelten, daß Aristarchus den Kopernikus nicht wirklich antizipiert haben könnte, wenn Kopernikus späterhin nicht dieselben Dinge getan hätte, die Aristarchus zuvor vollbracht hatte. Wenn aber Aristarchus' Handlung determiniert ist, d. h. unter der Voraussetzung der jetzt als gültig etablierten Ursachen geschehen mußte, dann mußte auch wiederum (logisch zwingend) des Kopernikus Handlung eintreten, mußte es also *zu jenem Zeitpunkt* wahr sein, daß des Kopernikus Handlung zu geschehen hatte. Doch ist dies gleichbedeutend damit, daß alle Ursachen des späteren Ereignisses zu derselben Zeit vorhanden gewesen sind wie die Ursachen des früheren Ereignisses? Das wäre eine Konsequenz von einiger Bizarrerie, aus der neben vielem anderen folgen müßte, daß ein Historiker, der bestrebt ist, die Ursachen für das Verhalten des Kopernikus im 14. Jahrhundert aufzusuchen, in seinem Bemühen völlig fehlgeht: es zu erklären, würde er statt dessen Ereignisse zu untersuchen haben, die im 4. Jahrhundert v.u.Z. geschehen sind.

Die Alternativen hierzu sind nicht eben verlockend. Angenommen, wir wollten uns den Glauben daran erhalten, daß die Ursachen einer Handlung – oder zumindest einige von ihnen – in der unmittelbar voraufgegangenen zeitlichen Nachbarschaft der Handlung selbst aufgesucht werden müßten und daß die Wissenschaftsgeschichtler nicht fehlgehen, wenn sie bestrebt sind, Kopernikus' Verhalten im Lichte mehr oder weniger lokaler Ursachen zu deuten. Doch wenn ein Ereignis *E*-2 (zumindest teilweise) durch Ursachen determiniert ist, die nach einem voraufgegangenen Ereignis *E*-1 auftreten, auf welches es in der Erzählform bezogen ist, dann sind *gemäß der geforderten erzählenden Beschreibung* nicht alle Ursachen von *E*-1 präsent gewesen, als *E*-1 sich ereignete. Denn insbesondere die Ursachen des späteren Ereignisses, das durch den erzählenden Satz logisch gefordert wird, sind nicht präsent. Das würde sich m. E. wiederum sehr nachteilig auf die prädiktiven Ansprüche auswirken, die gelegentlich von den Deterministen erhoben werden. Denn einmal angenommen, es lägen uns zwei zeitlich voneinander getrennte Ereignisse, *E*-1 und *E*-2, vor, die durch einen erzählenden Satz miteinander verknüpft sind, und einige der Ursachen von *E*-2 stellten sich erst nach dem Eintreten von *E*-1 ein. Dann würde mit großer Sicherheit selbst eine ideell vollständige Bestandsaufnahme der Welt bis zum Zeitpunkt von *E*-1 nicht die entsprechenden Informationen für eine unfehlbare Voraussage von *E*-2 bereitstellen, ja unter Zugrundelegung des erzählenden Satzes noch nicht einmal von *E*-1 selbst. Folglich gäbe es wahre Beschreibungen von Ereignissen, denen gemäß diese Ereignisse nicht vorhergesagt werden könnten, selbst wenn man die vollkommene Kenntnis der jenem Ereignis zeitlich vorhergehenden Ursachen voraussetzt. Man *könnte* sagen, daß *E*-1 durch Ursachen determiniert worden sei, die aufgetreten sind, nachdem jenes eingetreten ist, doch würde dies das Kausalverhältnis umkehren, das die Geschichtswissenschaft vor bloßer Intuition bewahrt. Es hätte zur Folge, daß man einigen Ursachen eines Ereignisses in Zeiträumen nachspüren müßte, die später liegen als das Ereignis selbst, so daß beispielsweise eine vollständige Erklärung der Handlungen des Aristarchus eine Erforschung kausaler Zusammenhänge erforderlich machen würde, nach denen etwa um die Zeit des Kopernikus zu suchen wäre.

Dem Deterministen stehen m. E. zwei Alternativen zur Wahl, vorausgesetzt, er ist bereit, die minimale Charakterisierung zu akzeptieren, mit der ich seine Position umrissen habe. Die erste bestände darin, erzählende Sätze einfach als Bastarde abzutun und zu behaupten, daß für den Determinismus alle nicht-erzählenden Sätze über Ereignisse völlig hinreichend als Erklärungsmittel seien. Das wäre ein heroischer Schritt, doch ich bin mir nicht so sicher, ob er auch zulässig ist, denn um nur einen Punkt zu nennen, sind es schließlich erzählende Sätze, vermittels deren wir unsere Zeitwahrnehmungen der uns umgebenden Welt zum Ausdruck bringen. Sollte der Determinist dagegen einwenden, daß allein schon daran etwas Falsches sei, die Welt in einer zeitlichen Form wahrzunehmen, dann könnten wir einfach darauf hinweisen, daß Beschreibungen von Ereignissen als Ursachen anderer Ereignisse, wie ich dargelegt habe, Sonderfälle erzählender Sätze darstellen und bereits unserer zeitlichen Wahrnehmung der Welt zuzurechnen sind. Wenn das Sprechen über Verursachung unzulässig sein soll, worüber macht dann der Determinist überhaupt noch so viel Aufhebens? Die zweite Alternative läuft fast auf dasselbe hinaus. Sie besteht einfach darin, daß man erklärt, es gebe Beschreibungen von Ereignissen, denen zufolge jene Ereignisse nicht determiniert seien. Doch der Determinist ist zweifellos noch viel weniger bereit, ›ist nicht determiniert‹ mit ›ist frei‹ gleichzusetzen, als es der Anhänger der Willensfreiheit ist, ›nicht frei‹ mit ›ist determiniert‹ zu identifizieren. Aus all den hier angeführten Gründen ist es schwer, zu bestimmen, was man von der Kontroverse über die Willensfreiheit, die im Bereich der Geschichte ausgetragen wird, eigentlich halten soll. Bei Handlungen, die vermittels erzählender Sätze dargestellt werden, wird man kaum sagen können, daß sie entweder determiniert oder frei seien. Tatsächlich sind sie in der Regel weder das eine noch das andere.

Doch es gibt eine Form des Determinismus, die sich womöglich von all den von der Kausalität aufgeworfenen Fragen freihält und die gelegentlich als ›logischer Determinismus‹ bezeichnet worden ist. Sie stützt sich auf gewisse, vorgeblich zeitlose Eigenschaften von Sätzen, nämlich deren Wahrheitswerte. Unter Voraussetzung der einen oder anderen Fassung der Korrespondenztheorie der Wahrheit stellt der logische Determinist die Behauptung auf, daß, wenn ich (zum Beispiel) zu einem bestimmten Zeitpunkt *t*-1 die *Times* lese, der Satz »Danto liest die *Times* in *t*-1« wahr ist und falsch, wenn ich es nicht tue. Wenn es aber zu irgendeiner Zeit wahr ist, dann ist es auch jederzeit wahr, d. h. im wesentlichen: ebenso wie es immer wahr gewesen ist, so wird es auch immer wahr sein, daß »Danto die *Times* in *t*-1 liest«. Dabei ist unerheblich, ob irgend jemand diesen Satz jemals ausgesprochen hat oder ob er sogar niedergeschrieben worden ist, oder ob jemand tatsächlich davon Kenntnis genommen hat. Denn aus der Tatsache, daß es wahr ist, und aus der Tatsache, daß, wenn ein Satz wahr ist, er nicht falsch sein kann, folgt notwendig, daß der Satz nicht falsch sein kann. Doch wenn er nicht falsch sein kann, dann kann es nicht der Fall gewesen sein, daß ich die *Times* nicht in *t*-1 gelesen habe. Kurzum, was je geschieht, muß geschehen, und was je nicht geschieht, hätte auch nicht geschehen können. Hier bleiben Ursachen völlig unerwähnt. Logischer Determinismus ist beispielsweise von Ryle kritisiert worden als eine Angelegenheit, bei der

> »... wir dazu verleitet werden, vorgängige Wahrheiten als Ursachen von Geschehnissen anzusehen, für die jene als wahr gelten, wobei der bloße Umstand ihrer jeweiligen Datierung uns davor bewahrt, Geschehnisse für Wirkungen jener Wahrheiten zu halten, die später als diese Ereignisse anzusetzen sind.«[2]

Doch der logische Determinist begeht diesen Fehler meines Erachtens nicht. Zunächst einmal schon deswegen nicht, weil Ursachen Ereignisse in der Zeit sind, was für Aussagen nicht gilt; ein Satz, der wahr ist, ist nicht etwas, das geschieht, sondern vielmehr: wenn ein Satz wahr ist, dann muß das, wovon er als wahr gilt, geschehen. Der logische Determinist gibt vor, keine Kenntnis von Ursachen zu haben. Zweifellos haben Ereignisse – so wird er argumentieren – ihre Ursachen, irgendetwas wird mich dazu veranlaßt haben, die *Times* in *t*-1 zu lesen. Doch dann wiederum ist es zeitlos wahr, daß mich dies dazu veranlassen würde, die *Times* in *t*-1 zu lesen, und infolgedessen ebenso zeitlos wahr, daß ich die *Times* in *t*-1 lesen muß, und folglich unmöglich, daß ich es nicht tue.[3] Insofern auch Ryle von zeitlich voraufgegangenen Wahrheiten spricht, ist er selbst noch in der Position befangen, die er kritisieren will. Um ein Gespür für die Argumentationsweise des Deterministen zu bekommen, muß man sich die Schriften von Fatalisten ansehen. Der Held in Diderots Roman *Jacques le Fataliste* bringt diesen Standpunkt in einem der endlosen Dialoge mit seinem Herrn gültig zum Ausdruck. Nachdem er einen wilden Haufen von Strauchdieben gewaltsam ins Bett befördert hat, nimmt er den Faden der Unterhaltung wieder auf:

»M: Jacques, quel diable d'homme est tu! Tu crois donc...
J: Je ne crois ni ne decrois.
M: S'ils avaient refusé de coucher?
J: Cela était impossible.
M: Pourquoi?
J: Parce qu'ils ne l'ont pas fait.«4

Rekonstruieren wir einmal versuchsweise jene Art von Argument, das diese sonderbare Position voraussetzt. Zunächst wird von der Annahme ausgegangen, daß jede Aussage entweder wahr oder falsch sei. Doch da eine Aussage nicht zugleich beides, wahr und falsch, sein kann, so folgt daraus, daß, wenn sie wahr ist, sie nicht falsch sein kann. Diese Tatsache in Verbindung mit den Regeln der Synonymik gestattet uns, folgendermaßen zu argumentieren:

(1) p ist notwendig entweder wahr oder falsch.
(2) Wenn p wahr ist, dann ist es unmöglich, daß p falsch ist.
(3) Wenn es unmöglich ist, daß p falsch ist, dann ist es auch unmöglich, daß p nicht wahr ist.
(4) Wenn es unmöglich ist, daß p nicht wahr ist, ist es notwendig, daß p wahr ist.
∴ (5) Wenn p wahr ist, dann ist es notwendig, daß p wahr ist.

Durch eine ähnliche Argumentationsweise erhalten wir:
∴ (6) Wenn p falsch ist, dann ist es notwendig, daß p falsch ist.

Und aus (1), (5) und (6) erhalten wir:
∴ (7) Es ist notwendig, daß p wahr ist, oder es ist notwendig, daß p falsch ist.

Wahrheit gilt hier als eine Beziehung semantischer Art zwischen einem Satz und einem Ereignis, und obgleich Ereignisse sich in der Zeit abspielen, ist diese Beziehung offenbar zeitunabhängig. Mehr noch: wenn ein Satz wahr ist, muß diese

Beziehung vorliegen. Ohne Zweifel würde es der Determinist für absurd halten, zu sagen, daß ein Satz notwendig wahr sei, sich auf irgendein Ereignis beziehe, das Ereignis selbst jedoch möglicherweise nicht eintreten werde. Wenn also der Satz notwendig wahr ist, muß auch das Ereignis mit Notwendigkeit eintreten. Wenn somit das Ereignis eintritt, so geschieht es notwendig, und es ist unmöglich, daß es *nicht* eintritt. Das ist im großen und ganzen das logico-philosophische Gepäck, das Diderots fatalistischer Held unwissentlich mit sich herumträgt.

Erzählende Sätze bergen für diese Spielart des Determinismus keine Schrecken und werfen keine Probleme auf. Ihre Behauptung geht tatsächlich dahin, daß zukünftige Ereignisse ein für allemal determiniert seien, sich so ereignen müssen, wie sie eben geschehen. Wenngleich der logische Determinismus, wie ich bereits hervorgehoben habe, nicht die Forderung erhebt, daß wahre Sätze stets schriftlich niedergelegt oder bekannt sein müßten, neigte Jacques der Fatalist offenbar dieser Auffassung zu. »Tout ce qui nous arrive de bien et de mal ici-bas,« so erklärt er wohlgemut seinem Herrn, »est écrit la-haut.«[5] Das alles hat große Ähnlichkeit mit unserer I. C. und gleicht jenem historischen Vor-Wissen, wo die Geschichte von Ereignissen, noch bevor diese wirklich geschehen sind, einem alles vorherwissenden Wesen bereits bekannt ist. »Savez-vous, monsieur, quelque moyen d'effacer cette écriture?«, fragt Jacques. Ich möchte mit der in dieser Frage enthaltenen Herausforderung Ernst machen und werde nun die Logik des historischen Vor-Wissens im Zusammenhang mit dem logischen Determinismus einer eingehenden Prüfung unterziehen.

Eine Version des logischen Determinismus wurde von Aristoteles in einem überaus gehaltvollen Abschnitt seiner Schrift *De Interpretatione* aufgegriffen und von ihm bekämpft. Er war der Auffassung, daß das Argument des Deterministen, sollte es schlüssig sein, die Möglichkeit des Handelns zunichte mache und die Wirksamkeit menschlichen Denkens und Planens fragwürdig erscheinen lassen müsse. In der klugen Überlegung, das scheint seine Meinung gewesen zu sein, könne dann kein Sinn liegen, wenn alles notwendig so geschehen muß, wie es geschieht, und er sah nur dann einen Sinn im überlegten Abwägen des Möglichen, wenn man derjenigen seiner Handlungen den Vorzug geben kann, die man im Lichte des eigenen Wissens und der eignen Information für die beste erachtet.[6] Dementsprechend unternahm er es, den Beweis des Deterministen *ad absurdum* zu führen. Die Weise, in der er diesen gemäß der herkömmlichen Auslegung späterer Interpreten zu widerlegen versuchte, ist folgende: er bestand darauf, daß (1) falsch sei. Positiv gewendet: er behauptete, daß nicht jede Aussage mit Notwendigkeit entweder wahr oder falsch sein müsse. Wenn es sich tatsächlich so verhielte, dann würde dies allerdings die Beweisführung des Deterministen hinfällig machen, denn obgleich sie möglicherweise formell noch immer gültig sein könnte, wäre in der Konklusion nichts Zwingendes mehr enthalten, sobald eine der Prämissen sich als falsch herausstellte. (1) ist falsch, so glaubte Aristoteles, weil es Ausnahmen gibt. Natürlich hätte Aristoteles ebensogut das gegnerische Argument zu Fall bringen oder seine eigene Auffassung entwickeln können, indem er seinen Angriff gegen eine andere Prämisse gerichtet hätte, nämlich gegen (2). Denn (2) ist seinem eigenen Gegensatz äquivalent[7]:

(2a) Wenn es möglich ist, daß *p* falsch ist, dann ist *p* nicht wahr.

Zudem ist (2a) offensichtlich zweideutig. Es läßt (mindestens) zwei Deutungen zu:

(2b) Wenn es möglich ist, daß *p* falsch ist, dann ist *p* falsch.

(2c) Wenn es möglich ist, daß *p* falsch ist, dann ist *p* nicht definitiv wahr.

Doch (2b) ist falsch, so daß auch sein äquivalent Entgegengesetztes (2a) falsch ist, und da (2) für den Beweis des Deterministen unverzichtbar ist, wird der Argumentationsgang durch diese Interpretation insgesamt hinfällig. Doch die Interpretation (2 c) gibt schwerlich Aristoteles' eigene Position richtig wieder. Er würde vielleicht so urteilen, daß, wenn es nur möglich sei, daß *p* falsch ist, es zugleich auch möglich sei, daß es wahr ist. Aber natürlich nicht *definitiv* wahr. Ebensowenig *definitiv* falsch. Wenn es demnach Aussagen gibt, von denen wir sagen können, es sei möglich, daß sie wahr sind, und auch möglich, daß sie falsch sind, dann gibt es Aussagen, die nicht definitiv wahr und nicht definitiv falsch sind. Das aber widerspräche (1).

Mit Sicherheit würde der Determinist dem entgegentreten und fragen, welche Interpretation man dem Prädikat ›möglich‹ geben wolle. Wenn Aristoteles unter dem Satz »Es ist möglich, daß *p* wahr ist, und es ist möglich, daß *p* falsch ist« nichts anderes versteht als »Wir sind uns nicht sicher, ob *p* wahr oder ob es falsch ist«, dann belastet er sich wiederum mit etwas Fehlerhaftem, d. h. er sagt aus: »Wenn wir nicht sicher sind, daß *p* wahr oder falsch ist, dann ist *p* nicht definitiv entweder wahr oder falsch«. Mit anderen Worten, der Determinist würde hier entweder etwas Falsches oder etwas gänzlich Überflüssiges unterstellen, wobei im Nachfolgenden in etwas anderer Weise nur wiederholt wird, was im Vorangehenden schon enthalten ist. Wenn aber andererseits Aristoteles keine epistemologische Interpretation beabsichtigte – und der Determinist würde sich hierüber ohnehin in keinen Streit einlassen –, sondern sagen wollte, daß *p* wirklich, objektiv, weder wahr noch falsch sei, dann verwirft der Determinist kurzerhand diese Auslegung. Er wird darauf bestehen, daß für jeden Wert von *p* die Aussage ›*p* ist möglich‹ falsch sei – und zwar auf der Grundlage eben dieser Interpretation. Folglich ist (unter Berufung auf die materiale Implikation) (2b) wahr. In dieser übertragenen Wiedergabe von (2a) liegt demnach keine Schwierigkeit. Andererseits setzt die Wiedergabe von (2a), die Aristoteles' Behauptung zu stützen geeignet wäre, genau jenen Punkt voraus, für den er Gründe geltend machen möchte. Demzufolge muß das ganze wieder auf dasselbe hinauslaufen wie zuvor: der Determinist bejaht, Aristoteles verneint (1). Der einzige Sinn dieser logischen Abschweifung besteht darin, klarzumachen, daß Aristoteles, insofern man jener Textstelle die Bedeutung »Einige Aussagen sind weder definitiv wahr noch definitiv falsch« unterlegt, diese Äußerung in einem tieferen Sinne als dem bloß erkenntnistheoretischen auffaßte – gründend »in der Natur der Dinge und nicht nur in der Beziehung auf unser Wissen oder unser Nicht-Wissen von den Dingen«, wie Richard Taylor es formuliert hat.[7a]

»In der Natur der Dinge...«? Der Determinist findet dies befremdlich. Will Aristoteles damit sagen, daß es *hier*, in *dieser* Welt, Situationen gebe, die weder in der einen noch in der anderen Weise zu verstehen sind? Situationen *s*, wo von den Aussagen ›*s* ist *F*‹ und ›*s* ist nicht *F*‹ keine von beiden wahr und keine falsch ist? Das sagt Aristoteles *nicht*. Er sagt nicht, daß es solche Situationen gebe oder jemals *gegeben habe*. Er schreibt vielmehr:

> »Im Falle dessen, was ist oder stattgefunden hat, müssen Aussagen, seien sie positiv oder negativ, entweder wahr oder falsch sein.«[8]

Diese Feststellung zeigt hinreichend, daß Aristoteles keine Aussage über etwas im Sinn hatte, das lediglich »in Beziehung zu unserem Wissen oder Nicht-Wissen« steht, denn es gibt endlos viele Aussagen, die vergangene oder gegenwärtige Situationen betreffen, von denen wir nicht sagen können, ob sie nun wahr oder falsch sind. Dennoch erklärt Aristoteles unzweideutig, daß sie entweder das eine oder andere sein *müssen*. Im Gegensatz zu Aussagen über das, was ist oder gewesen ist, schreibt Aristoteles:

> »Wenn das Subjekt individuell ist und dasjenige, was prädiziert wird, sich auf die Zukunft bezieht, ändert sich die Sache (i.e. ist ›nicht dasselbe‹ – ουχ ὁμοίως).«[9]

Es sind Aussagen über die Zukunft oder solche Aussagen über Zukünftiges, die sich auf Einzelnes beziehen, die für Aristoteles die einzigen Ausnahmen zu (1) bilden. Aber Aristoteles sagt nicht, daß es zukünftig Situationen geben werde, die weder in dem einen noch in dem anderen Sinne gelten; daß die Gegenwart und schließlich auch die Vergangenheit eines Tages doppeldeutige Situationen in sich bergen würden. Denn dann wäre *jede* vergangene oder gegenwärtige Situation doppeldeutig. Doch er hat erklärt, daß alles, was gegenwärtig oder vergangen ist, in dem geforderten Sinne nicht doppeldeutig ist, daß nämlich Sätze hierüber definitiv entweder wahr oder falsch sind.

Es ist dies eine rätselhafte Lehre, denn angenommen, wir haben einen Satz »*s* wird *F* sein« vorliegen, der den von Aristoteles in 18a 35–36 genannten Bedingungen gerecht wird; können wir dann nicht sagen: »›*s* wird F sein‹ wird wahr oder falsch sein«? Aristoteles würde hier wahrscheinlich eine Doppeldeutigkeit unterstellen. Er würde sagen, daß es davon abhänge, ob das Wort ›wird‹ in einem genuin temporalen Sinne gebraucht wurde. Ist dies nicht so, dann sagt der Satz nicht mehr aus, als was er selbst in 18a 27-28 erklärt, und ist demnach *per definitionem* wahr. Aber wenn das Wort ›wird‹ in einem echten temporalen Sinne gebraucht wurde, dann ist er weder wahr noch falsch. Mehr noch: wenn er ›wird‹ in einem echt zeitlichen Sinne gebraucht, so ist dies nicht der Aussage »›*s* wird *F* sein‹ ist wahr oder falsch« äquivalent. Denn der erstere bezieht sich auf die Zukunft und ist weder wahr noch falsch, während der letztere – da er ›ist‹ zeitlich gebraucht – sich auf die Gegenwart bezieht und demnach falsch ist. Aristoteles hätte statt dessen sagen können, daß der zweite Satz aus dem ersten folge, daß der zweite in der Tat dieselbe Bedeutung wie der erste hat, daß beide sich genuin auf die Zukunft beziehen und keiner von ihnen wahr oder falsch ist. Aristoteles hätte nun nach meiner Auffassung zu genau demselben Ergebnis kommen können, indem er einfach sämtliche Aussagen über die Zukunft als falsch ausgegeben hätte.

Wir sind heutzutage philosophische Kontroversen gewohnt, in denen die eine Partei von einer gegebenen Klasse von Sätzen behauptet, daß die Exemplare dieser Klasse weder wahr noch falsch sind, während die andere Partei dagegenhält, daß ebendieselben Exemplare falsch sind. Der klassische Fall hierfür sind singulär bezogene Feststellungen wie die folgende: »Der gegenwärtige französische König ist kahlköpfig«, wenn es nichts gibt, worauf diese Feststellungen sich beziehen können. Aristoteles hätte diese andere Möglichkeit wahrscheinlich für wenig wünschenswert gehalten, vielleicht weil er die Disjunktion eines Satzes ebenso wie deren Verneinung nicht als wahr aufgefaßt hätte.[10] »Morgen wird eine Seeschlacht stattfinden oder es wird keine stattfinden« faßte er als wahr, d. h. *logisch* wahr, auf. Es wäre ihm wahrscheinlich aufgefallen, daß dies, wenn beide Disjunkte falsch sind, einer solchen Behauptung nur sehr schlecht entsprechen würde. Doch es ist nicht leicht einzusehen, daß die Ansicht, jedes der beiden Disjunkte sei weder wahr noch falsch, hier passender wäre. Hätte er indessen einen gegebenen Zukunftssatz *und* auch dessen Verneinung als gleichermaßen falsch angesehen und dennoch daran festgehalten, die logische Wahrheit von *p* oder nicht-*p* zu retten, so hätte er sich vielleicht eine differenziertere Analyse von Zukunfts-Sätzen zur Aufgabe gemacht, mit dem Ziel, aufzuzeigen, daß beide – wie sie auch in herkömmlichen Abhandlungen dargestellt sind – falsch sein können, – eine Analyse von der Art, wie sie Russell in seiner berühmten Theorie der Beschreibungen geliefert hat, in der er zeigt, daß der Satz »Dies-und-das ist so-und-so beschaffen« und seine unmittelbare Verneinung »Dies-und-das ist *nicht* so-und-so beschaffen« keine wirklichen Widersprüche sind, daß also nicht einer von ihnen wahr sein *muß*. Ich selbst habe allerdings keine derartige Analyse zu bieten.

Es ist verlockend, dem Aristoteles die Auffassung zuzuschreiben, daß das Vorhandensein eines Designatum für jede gegebene Anwendung eines singulär bezogenen Ausdrucks (»Wenn das Subjekt individuell ist . . .«) eine notwendige Bedingung (eine ›Voraussetzung‹) für jedweden Satz ist, der sich eines derartigen Ausdrucks bedient, damit ihm ein definitiver Wahrheitswert zukommen kann. Demnach wird keiner von beiden, weder »*s* wird *F* sein« noch »*s* wird nicht *F* sein«, einen definitiven Wahrheitswert haben, da *s* nicht existiert, nicht *ist*. Ich glaube allerdings nicht, daß er dies akzeptiert hätte. Denn dann wären »*s* war *F*« und »*s* war nicht *F*« beide – unter Zugrundelegung desselben Kriteriums – weder wahr noch falsch, und dies stünde im Gegensatz zu 18a 27-28. Ebensowenig könnten wir die notwendige Bedingung folgendermaßen erweitern: indem wir die gegenwärtige oder *vergangene* Existenz eines Designatum für einen singulär bezogenen Ausdruck setzen. Denn angenommen, wir ließen uns über die Schönheit von Napoleons siebenundfünfzigster Frau aus. Diese Frau hat es nie gegeben. Dennoch würde eine Aussage über sie eine Feststellung über die Vergangenheit sein und müßte – wenn Aristoteles recht behalten soll – definitiv wahr oder falsch sein. Ein Sinologe, der alles aufbietet, um nachzuweisen, daß eine Person wie Lao-Tse nie gelebt hat, würde es schwerlich auf die leichte Schulter nehmen, würden wir ihm eröffnen, daß sein Satz nicht wahr ist – selbst wenn wir ihn damit trösteten, daß er auch nicht falsch ist. Diese Erweiterung führt uns also nicht weiter. Doch wie ich eingangs festgestellt habe, schließt die notwendige Bedingung für jede Aussage über die Vergangenheit aus, daß sie einen definitiven Wahrheitswert habe, während, wenn man angesichts dieses Umstandes darauf besteht, daß Sätzen über die Vergangenheit doch definitive Wahrheitswerte zukommen, sich die Frage erhebt: Warum kann dies nicht auch für Sätze über die Zukunft gelten? Ich glaube also, daß Aristoteles weder die notwendige Bedingung noch ihre Erweiterung als eine Voraussetzung dafür akzeptieren würde, daß singuläre Aussagen wahr oder falsch sind.

Worauf ich vor allem Nachdruck legen möchte, ist, daß Aristoteles die Zeit ernst nimmt, und wenn wir seine Lehre unter diesem Aspekt würdigen, dann hört sie nicht nur auf, rätselhaft zu sein, sondern es erweist sich, daß sie mit unserer gewöhnlichen Betrachtungsweise übereinstimmt. Ich werde versuchen, Aristoteles' Auffassung dementsprechend zu rekonstruieren, und werde zeigen, daß es ihm um so etwas wie jene notwendigen Bedingungen geht, die soeben behandelt wurden; ein Faktum, das erklärt, warum wir versucht sein konnten, ihm jene Auffassung zu unterstellen.

Wenden wir uns nun dem genuinen zeitlichen Gebrauch der Wörter ›wird sein‹, ›ist‹ und ›war‹ zu. Wir benötigen sechs Sätze, um unsere Analyse durchzuführen:

(1) *s* ist *F*,
(2) *s* ist nicht *F*,
(3) *s* war *F*,
(4) *s* war nicht *F*,
(5) *s* wird *F* sein,
(6) *s* wird nicht *F* sein.

Versuchen wir nun, zu spezifizieren, wann es angezeigt ist, (5) und (6) anzuwenden. Ich werde sagen, daß es angemessen sei, sie zu verwenden, wenn (1)-(4) durchweg falsch sind. Diese sind in dem speziellen Falle falsch, wenn *s* nicht stattgefunden hat und auch nicht gegenwärtig stattfindet. Ich werde sagen, daß dann, wenn *s* nicht eingetreten ist und jetzt nicht eintritt, (1)-(4) sämtlich *zeit-falsch* sind. Ich erkläre, daß es angemessen sei, (5) und (6) anzuwenden, wenn (1)-(4) alle zeit-falsch sind. Wir können sogar sagen, daß dann, wenn (1)-(4) sämtlich zeit-falsch sind, (5) und (6) *zeit-wahr* sein müssen. Sollte indessen irgendeines von jenen (1)-(4) zeit-wahr sein – aufgrund dessen, daß *s* stattgefunden hat oder stattfindet –, dann sind (5) und (6) zeit-falsch. Ferner behaupte ich, daß ein Satz, sofern er zeit-falsch ist, tatsächlich falsch *ist*. Daraus folgt jedoch nicht, daß er zugleich wahr *ist*, wenn er zeit-wahr ist. Insbeosndere gilt dies für die Fälle (3) und (4), die zwar beide zeit-wahr sein können[11], deren einer jedoch falsch sein muß.[12] Man kann im übrigen Aristoteles so interpretieren, als habe er sagen wollen, daß dann, wenn (5) und (6) zeit-wahr sind, sie in keinem darüber hinausgehenden Sinne wahr oder falsch sind. Kurzum, (5) und (6) sind entweder beide zeit-falsch und folglich schlechthin falsch, oder sie sind beide zeit-wahr und weder wahr noch falsch.

Denken wir uns den Fall, in dem beide zeit-wahr sind. Hier gibt es drei denkbare Fälle:

(*A*) *s* tritt niemals ein,
(*B*) *s* tritt ein und ist *F*,
(C) *s* tritt ein und ist nicht *F*.

Nehmen wir nun einmal an, (*A*), (5) und (6) sind immer zeit-wahr, (1)-(4) sind stets zeit-falsch und demzufolge *falsch*. Doch wenn man unterstellt, daß (*B*) oder (C) der Fall sind (und sie können nicht beide der Fall sein), dann sehen wir uns der folgenden Situation gegenüber. Zu einem gegebenen Zeitpunkt sind (1) und (2) zeit-wahr, das eine von ihnen wahr, das andere falsch. In jenem Zeitpunkt sind (3)-(6) zeit-falsch und (5) und (6) für jede Zeit danach zeit-falsch und falsch. Nach jenem Zeitpunkt sind (3) und (4) beide zeit-wahr und das eine von ihnen wahr, das andere falsch. Zu *diesem* Zeitpunkt sind (1), (2), (5), (6) sämtlich zeit-falsch und demzufolge falsch und bleiben es ein- für allemal. Wenn nun wiederum (1)-(2) und (5)-(6) alle zeit-falsch sind, bleiben (3) und (4) auf immer zeit-wahr. Welches von ihnen also je wahr ist, bleibt auch für immer wahr, und welches von ihnen je falsch ist, bleibt auch für immer falsch. Dieser Analyse entsprechend gibt es keine vorgängigen Wahrheiten außer der, daß, wenn (1)-(4) zeit-falsch sind, (5) und (6) *per definitionem* zeit-wahr, jedoch nicht zugleich *anderweitig* wahr sind. Wie ich hervorgehoben habe, sind singuläre Zukunftsaussagen in Wirklichkeit niemals wahr, doch sie können falsch sein, wie dies tatsächlich der Fall ist, wenn sie zeit-falsch sind. Man könnte zwar sagen, daß sie wahr würden, doch das hieße streng genommen nur, daß (1) und (2) zu irgendeinem Zeitpunkt (der Zeitpunkt, zu dem sie ›wahr werden‹) zeit-wahr sind und eines von ihnen wahr *ist*. Doch ob (1) und (2) jemals zeit-wahr werden (und eines von ihnen wahr), hängt in erheblichem Maße vom allgemeinen Lauf der Dinge ab, und dieser wiederum hängt zum Teil, wenn auch nicht in dem Ausmaß, wie Aristoteles angenommen hatte, von der praktischen Vernunft des Menschen ab. Wir können davon sprechen, daß wir bestimmte Aussagen falsch- bzw. wahr*machen,* und dementsprechend sagen, daß die Wahrheit oder Falschheit von Aussagen vom Lauf der Dinge abhängt, in viel stärkerem Maße jedenfalls, als es der logische Determinist wahrhaben will.

Das also *ist* im großen und ganzen unsere herkömmliche Auffassung von Wahrheit, Zeit und der Welt. Aristoteles gehörte zu denen, die die gewöhnliche Anschauungsweise stets ernst genommen haben. Das Problematische der Position des Deterministen liegt darin, daß er – ungleich Aristoteles – die Zeit nicht ernst nimmt. Der logische Determinist hat für Aristoteles eine Erwiderung bereit, die ich sogleich aufgreifen werde. Doch bevor ich dies tue, möchte ich einige der Implikationen des aristotelischen Standpunkts erörtern, den ich versucht habe, zur Darlegung jener Probleme zu rekonstruieren, die diesem Kapitel zugrunde liegen.

Ein Problem, das die aristotelische Lehre aufwirft, besteht darin, wie Sätze mit gemischter Zeitform bewertet werden sollen. Ich denke dabei natürlich an erzählende Sätze, Sätze über die Vergangenheit, jedoch Sätze, deren Wahrheit oder Falschheit zufällig ist im Hinblick auf die Wahrheit oder Falschheit irgendeines Satzes über die Zukunft. Wenn Sätze über die Zukunft weder wahr noch falsch sind – wenngleich, unabhängig davon, zeit-wahr –, sind wir dann berechtigt zu sagen, daß diese Sätze, die logisch von jenen abhängig sind, zugleich weder wahr noch falsch sind? Oder dürfen wir sagen, daß sie falsch sind, weil sie zeit-falsch sind – selbst wenn das Ereignis, auf das sie sich beziehen, sich bereits tatsächlich ereignet hat, so daß die fraglichen Sätze eigentlich als zeitwahr angesehen werden müßten und entweder die Aussage oder ihre Verneinung eben wirklich wahr *sind*?

Diese Frage ist für uns von einiger Wichtigkeit. Denn wenn

es wirkliche Zukunftskontingenzen gibt, dann muß es, so scheint es mir jedenfalls, ebensowohl Vergangenheitskontingenzen geben: mit der Sache unvereinbare Beschreibungen, die gewissermaßen über einem gegebenen vergangenen Ereignis schweben, außerstande, definitive semantische Beziehungen zu dem Ereignis herzustellen, solange sich nicht irgendetwas in der Zukunft ereignet. Talleyrand zeugte ein Kind, das, wie sich später herausstellte, einige berühmte Bilder malen sollte, darunter das Gemälde *Mort de Sardanapale*. *Hier und jetzt* könnten wir sagen:

(1) Talleyrand zeugte jenen Mann, der das Bild *Mort de Sardanapale* gemalt hat.

Tatsächlich mag man sich einen Satz dieser Art in den Galerien zugeflüstert haben, als dieses Gemälde zum ersten Male ausgestellt wurde. Doch konnten wir, bevor das Gemälde nicht wirklich geschaffen wurde, sagen, daß (1) wahr oder falsch sei?

Talleyrand hatte mannigfaltige Nachkommenschaft, doch einzig sein illegitimer Sohn Delacroix schuf unser Gemälde. Mit dieser Kenntnis ausgestattet, können wir (1) folgendermaßen bestimmen:

(2) Talleyrand zeugte Delacroix, und Delacroix malte das Bild *Mort de Sardanapale*.

Das ist in sich bereits eine kleine Geschichte, da – wie nicht anders zu erwarten – (1) ein erzählender Satz ist. Doch formal betrachtet, handelt es sich um eine logische Konjunktion, aus der, wenn sie wahr ist, folgt:

(3) Delacroix malte das Bild *Mort de Sardanapale*,

was als wahr gelten kann, wenn (2) wahr ist. Doch nehmen wir einmal an, daß (2) ausgesagt wurde, nachdem der Maler sein Vorhaben ins Auge gefaßt hatte, jedoch noch vor Ausführung des Gemäldes. Die einzige Weise, (2) so wiederzugeben, daß es zeit-wahr ist, wäre:

(4) Talleyrand zeugte Delacroix, und Delacroix wird das Bild *Mort de Sardanapale* malen.

Die Frage lautet hier, ob (4) wahr ist, wenn es zeit-wahr ist. Es kommt uns schwer an, zu sagen, daß es wahr ist, denn wäre es so, so folgte daraus:

(5) Delacroix wird das Bild *Mort de Sardanapale* malen.

Aber (5) ist genau jene Art Satz, die von Aristoteles für weder wahr noch falsch angesehen wird. Demnach müssen wir (4) entweder als falsch oder als weder wahr noch falsch erachten. Ich glaube, es macht keinen großen Unterschied, *welche* von diesen Möglichkeiten wir auswählen. Wozu wir uns auch entschließen, es ist klar, daß (4) nicht (2) äquivalent ist. Da sowohl (2) als auch (4) Wiedergaben von (1), jedoch zu verschiedenen Zeitpunkten, sind, so folgt daraus, daß (1) zum einen Zeitpunkt wahr ist und entweder falsch oder weder falsch noch wahr zu irgendeinem anderen Zeitpunkt ist.

Ich bin der Auffassung, daß es dann, wenn wir einfachen Aussagen keinen bestimmten Wahrheitswert zugestehen wollen, unbegründet wäre, ebenso den zusammengesetzten Aussagen unbestimmte Wahrheitswerte abzusprechen. Da negative Aussagen in der Tat als zusammengesetzte angesehen werden, wird (und muß sogar, nach Aristoteles' Ansicht) die Verneinung von (5), da es sich dabei um einen Satz über die Zukunft handelt, weder wahr noch falsch sein, wenn (5) weder wahr noch falsch ist. Jedenfalls muß sich schließlich herausstellen, daß jede zusammengesetzte Aussage, die weder wahr noch falsch ist, als eines ihrer Aussageteile einen einfachen Satz enthalten muß, der weder wahr noch falsch und Aristoteles' Analyse zufolge eine zeit-wahre, zukunftsbezogene, singuläre Aussage ist. Ich gehe also davon aus, daß die gesamte zusammengesetzte Aussage, etwa (4) – wenn nämlich jede derartige zusammengesetzte Aussage *zugleich* eine zeit-wahre, vergangenheits-bezogene singuläre Aussage ist – eine *Vergangenheitskontingenz* zum Ausdruck bringt.

Demnach ist nicht jeder einzelne zeit-wahre Satz über die Vergangenheit wahr oder falsch. Wenn die Zukunft offen ist, kann die Vergangenheit nicht endgültig verschlossen sein.

Wenden wir uns nun der Frage des historischen Vor-Wissens zu. Die Denker des Mittelalters haben sich insbesondere mit dieser Frage beschäftigt, nicht zuletzt wegen zweier Lehren des christlichen Glaubens, die in ihrer Sicht schwer miteinander zu vereinbaren waren. Die eine besagte, daß Gott allwissend sei, und die zweite, daß der Mensch frei sei.[13] Die Annahme lautet, daß Gott alles weiß. Folglich weiß er auch alles über die Zukunft. Und da aus ›*a* weiß *p*‹ *p* folgt, so folgt daraus weiterhin, daß, wenn Gott die Zukunft kennt, alles, was er weiß, wahr ist, und wenn es wahr ist, kann es nicht falsch sein. Wenn ich demnach heute morgen die *Times* lese, dann ist der Satz »Danto las heute morgen die *Times*« wahr, und dies alles hatte Gott bereits schon vorher gewußt. Doch welche Wahl blieb mir dann überhaupt? Ich konnte gar nicht umhin, heute morgen die *Times* zu lesen. Zu behaupten, daß ich mich auch anders hätte verhalten können, würde bedeuten, Gott die Allwissenheit abzusprechen oder die Analyse von ›*a* weiß, daß *p*‹ zu verwerfen, derzufolge aus jenem Satz *p* folgen mußte. Aristoteles' Lehre kann uns aus diesem Dilemma befreien, das sich aus dem eben umrissenen Problem ergab. Denn wenn aus ›*a* weiß, daß *p*‹ tatsächlich *p* folgt (und dies ist ein entscheidendes, die Erkenntnis betreffendes logisches Faktum), dann drückt der erstere Satz eine zureichende Bedingung für den letzteren aus. Die gleiche Analyse vorausgesetzt, drückt jedoch die letztere eine notwendige Bedingung der ersteren aus. Insbesondere kann dann, wenn *p* nicht wahr ist, der Satz ›*a* weiß, daß *p*‹ nicht wahr sein. Doch sind Sätze, die die Zukunft betreffen, nach Aristoteles' Analyse nicht wahr: sie sind nicht wahr und sie sind nicht falsch. Wenn demnach *p* eine zeit-wahre, zukunfts-bezogene, singuläre Aussage ist, kann Gott nicht wissen, daß *p*. Weder Gott noch irgendjemand sonst kann die Zukunft kennen. Annähernd dasselbe Resultat könnte erzielt werden, wenn wir eben diese Sätze sämtlich als falsch ausgeben würden. Denn man kann nicht wissen, was nicht der Fall ist. Gott mag dann getrost allwissend bleiben, vorausgesetzt, man will an dieser These festhalten. Denn wenn man sagt, daß irgendein Wesen allwissend sei, dann bedeutet dies, wie Richard Taylor hervorgehoben hat, daß es alles das weiß, was gewußt werden *kann*.[14] Dann aber kann die Zukunft nicht gewußt werden. Ich kann bis zu einem gewissen Grade einen rationalen Glauben hinsichtlich der Zukunft hegen, doch von ihr kein Wissen haben. In dieser Hinsicht hat uns Gott nichts voraus. Aristoteles' Lehre schließt demgemäß historisches Vor-Wissen aus – wenngleich nicht auch notwendigerweise historischen Vor-Glauben.

Doch wenn die Zukunft nicht gewußt werden kann, kann es auch keine vollkommene Kenntnis der Vergangenheit geben. Insofern es uns logisch verwehrt ist, ein Wissen von der Zukunft zu besitzen, ist es uns – auch dies wiederum logisch – nicht möglich, all dasjenige zu wissen, was in solchen Sätzen ausgedrückt wird, in denen *Vergangenheitskontingenzen* manifest werden. Wir können erzählende Sätze nur dann wissen und erkennen, wenn diese zeit-wahr und wahr sind, und sie sind es nicht, wenn sie eine singuläre, zeit-wahre, zukunftsbezogene Aussage enthalten. Doch da wir Ereignissen nur vermittels erzählender Sätze historische Bedeutung beimessen können, kann Gott, selbst wenn er allwissend ist, nicht *wissen*, welches die Bedeutung von Ereignissen ist, bevor sie diese Bedeutung tatsächlich *haben*. So hat auch in dieser Hinsicht Gott uns nichts voraus. In welchem Sinne jedoch läßt sich sagen, daß die Geschichte einem göttlichen Plan folge, der am Anfange der Zeit niedergelegt wurde? Wenn Aristoteles, gemäß der Auslegung, die ich ihm zuteil werden ließ, Recht behält, dann haben wir jetzt meines Erachtens eine passende Antwort für Diderots Fatalisten parat. Es mag wohl sein, daß alles, was geschieht, *là-haut* vorher niedergeschrieben ist. Es wäre dies eine gewiß interessante Tatsache über Welt und Leben, doch es bestünde keine Notwendigkeit, diese Schrift zu tilgen, denn nicht einmal Gott könnte wissen, ob das Geschriebene richtig ist. Allerdings würde er sehr schnell feststellen können, daß es falsch gewesen ist, sobald nämlich das Geschriebene zugleich mit den Geschehnissen in der Welt die Zeitform ändern würde. Denn sodann würde es unversehens zeit-falsch und mithin auch in jeder anderen Beziehung falsch werden, wenn es in einer Sprache niedergeschrieben wäre, die die Zeit ernst nimmt. Doch angenommen, so könnte man jetzt wiederum einwenden, es wäre in einer nicht-zeitförmigen Sprache niedergelegt? Mit diesem letzten Einwand kommt unsere Kontroverse zwischen Aristoteles und dem logischen Deterministen in ihr entscheidendes Stadium.

Der logische Determinist empfindet vermutlich zu Recht jene Aristotelische Lehre als sonderbar, wonach zukunfts-bezogene Aussagen weder wahr noch falsch sind, und viel mehr noch wird sie ihm durch meine Erweiterung mit den Begriffen von Zeit-Wahrheit und Zeit-Falschheit rätselhaft und unverständlich erscheinen. Seine Behauptung besagt, daß eine Aussage, sofern sie wahr, zeitlos wahr ist und daß im allgemeinen Aussagen wahr (oder falsch) unabhängig von der Zeit sind, zu der sie ausgesagt werden. Das ist jedoch offensichtlich falsch. Gewiß gibt es Aussagen, für die dies zutrifft, doch handelt es sich dabei um solche, deren Wahrheitsbedingungen keine Zeit-Faktoren fordern. Aristoteles jedoch spricht ausdrücklich nicht von solchen Aussagen: er redet gerade von denjenigen, im Hinblick auf welche die Zeit ernstgenommen werden muß. Wenn ich sage, daß Smith sein Haus verließ, während er sein Haus *nicht verlassen hat,* dann habe ich etwas Falsches ausgesagt – selbst wenn Smith *einen Augenblick später* wirklich sein Haus verläßt. Wenn Smiths Frau in Beantwortung einer ungeduldigen Nachfrage am Telefon die Auskunft gibt, daß Smith das Haus verlassen habe, obwohl sie weiß, daß er es noch nicht getan hat, aber zu gehen beabsichtigt und gerade aufbrechen will, dann würden wir gewöhnlich sagen, sie habe eine »weiße« Lüge ausgesprochen. Doch eine Lüge, gleich welcher Farbe, sagt etwas Falsches. Sätze *in Zeitform* sind, damit sie als wahr oder falsch bezeichnet werden können, in hohem Maße von dem Zeitpunkt abhängig, zu dem sie ausgesprochen werden: tatsächlich macht der Zeitpunkt der Äußerung hier womöglich den ganzen Unterschied zwischen Wahr und Falsch aus.

Gegen diese Behauptung wird gewöhnlich ein Standard-Einwand vorgebracht. Er besteht darin, daß man erklärt, zeitförmige Sätze seien für sich genommen unvollständig, ja nicht einmal eigentlich Sätze, sondern lediglich Satz-Funktionen mit einer impliziten temporalen Variable. Indem wir die Variable explizit machen, wie etwa in dem Satz »Smith verläßt das Haus in *t*-x«, erhalten wir etwas, das nicht allein nicht wahr, sondern ebensowenig falsch ist, ebenso wie etwa die Formel ›$x + 3 = 9$‹ weder wahr noch falsch ist, solange wir x keinen entsprechenden Wert zuordnen. Wenn wir nun aber statt der Variablen eine Konstante einsetzen, wie in »Smith verläßt das Haus in *t*-1«, dann erhalten wir einen Satz, der entweder wahr oder falsch ist, ja mehr noch, wahr oder falsch unabhängig vom Zeitpunkt seiner Äußerung. Insofern ein zukunfts-bezogener Satz nicht den *Zeitpunkt* des Ereignisses näher spezifiziert, auf das er Bezug nimmt, ist er offensichtlich weder wahr noch falsch: er ist einfach kein Satz. Dasselbe gilt für die grammatikalischen Alternativen in verschiedenen Zeitformen. Aristoteles war unnötig restriktiv. Ein Satz ist selbst dann, wenn er grammatikalisch im Futurum steht und auch wenn die Zeit, die hierbei in Frage kommt, explizit angegeben ist, zeitlos wahr oder falsch. Es sind Sätze wie diese, so würde der logische Determinist erklären, auf die er *seine* Behauptung stützt.

Doch zu diesem Gegenzug gibt es wiederum ein durchschlagendes logisches Gegenmittel. Es besteht einfach in dem Hinweis, daß der nicht-zeitförmige Satz »Smith verläßt (zeitlos verstanden) das Haus in *t*-1« uns nicht, wie der zeitförmige Satz »Smith verließ das Haus«, mitteilt, daß die Handlung bereits stattgefunden hat, vergangen ist. Gewiß, in einem gegebenen Kontext, in dem Sprechender sowohl wie

Zuhörender die Zeit kennen, auf die in dem Satz Bezug genommen wird, ebenso wie die Zeit, zu der der Satz ausgesprochen wird, könnte der Zuhörer durch eigene Berechnungen schlußfolgern, daß die Handlung in der Vergangenheit stattgefunden hat. Doch bleibt dies ein besonderer, zusätzlicher Informationsteil, der, wie das Erfordernis eines spezifizierenden Kontexts schon für sich gezeigt hat, nicht hinreichend in den Satz selbst Eingang gefunden hat. Insoweit dies der Fall ist, kann der Determinist nicht legitim den Anspruch erheben, die zeitförmige Sprache eliminiert zu haben; er hat sie nur innerhalb des Kontexts sozusagen reloziert; und das ist es schließlich, was aufgrund der Schlußfolgerungen aus Kapitel IV erwartet werden mußte. Wir können keine zeitlosen Äquivalente für Sätze anbieten, unter deren Wahrheitsbedingungen sich zeitliche Umstände befinden. Also hat auch dieser Gegenzug keine Beweiskraft.

Aristoteles hätte diesen Punkt noch weiterführen können; denn erfordert der Beweisgang des Deterministen nicht irgendeine Fassung der Korrespondenz-Theorie der Wahrheit zu seiner Untermauerung? Wenn es sich so verhält, welche Analyse hat er dann zu bieten, um seine Behauptung zu stützen, daß ein Satz im Futurum auch wahr *ist?* Die Korrespondenz-Theorie erfordert, daß es etwas, sagen wir ein Ereignis, gebe, das, was immer man darunter verstehen mag, dem in Frage kommenden Satz korrespondiert. Doch *gibt* es überhaupt irgend etwas, das einem im Futurum stehenden Satz korrespondiert? *Wenn* es da etwas gibt, in welchem Sinne können wir dann das Futurum angemessen gebrauchen? Antwortet nun der Determinist, daß es zwar faktisch nichts dem Satz Entsprechendes *gebe*, daß es aber etwas *geben werde*, bedient er sich dann nicht einer zeitförmigen Sprache? Gewiß, der Determinist könnte dagegenhalten, ein im Futurum stehender Satz könne so verstanden werden, als sei damit gemeint, daß ein gegebenes Ereignis zeitlos später angesetzt wird als ein gegebenes, auf jenes bezogenes Ereignis; doch dann sind wir wieder bei unserem ersten Beweisgang angelangt, denn der Dreißigjährige Krieg ist zeitlos später als der Untergang der Spanischen Armada. Die Frage bliebe jedoch stets, wie wir jemanden in die Lage versetzen können, zu wissen, daß das letztere Ereignis zukünftig ist, ohne ihm gleichzeitig mitzuteilen, ob das erstgenannte Ereignis bereits geschehen ist oder nicht. Wir können lediglich sagen, daß das letztere Ereignis dem vorhergenannten *zukünftig sei*, und daß ein Ereignis *im Verhältnis zu einem anderen Ereignis zukünftig* sein könne, ohne selbst zukünftig zu sein, denn tatsächlich ist der Dreißigjährige Krieg, obschon zukünftig in Beziehung auf den Untergang der Armada, *vergangen.* Von welcher Seite wir die Angelegenheit nun auch betrachten mögen, es mißlingt dem Deterministen entweder vollständig, zeitlose Äquivalente für zeitförmige Aussagen zu finden, oder aber er schmuggelt in dem Glauben, daß es ihm doch gelungen sei, genau diejenige Art der zeitlichen Information mit ein, die er gerade zu eliminieren beabsichtigte. Mehr noch, die bloße Festlegung seiner eigenen Position erfordert geradezu jene Art der zeitlichen Information, von der er prahlerisch verkündet hatte, daß seine Position frei und unabhängig davon sei. Er kann sich von der Zeit nicht freimachen. Selbst wenn er Aristoteles gegenüber hervorheben wollte, daß *seine* (oder meine) Spezifizierung der Wahrheitsbedingungen für zeitförmige Sätze zeitliche Information voraussetze – ein in der Vergangenheitsform stehender Satz ist zeit-wahr, wenn das Ereignis, worauf er sich bezieht, *geschehen ist* –, dann muß dies den Aristoteles nicht weiter beunruhigen. Vielmehr unterstreicht es, mehr als alles andere sonst, was ich als seine implizit gemachte Behauptung ansehe, nämlich daß wir, um nur dies eine zu nennen, nicht über die Zeit sprechen können, ohne eine temporale Begrifflichkeit zu verwenden. Es gibt vermutlich eine hinreichende Zahl von Problemen, die mit der Zeit im Zusammenhang stehen, doch diesen müssen sich Aristoteles wie sein Gegner gemeinschaftlich in *De Interpretatione* stellen. Man *kann* rätselhaft finden, daß es Vergangenheit, Gegenwart und Zukunft geben soll; daß es in der

Zeit Asymmetrien geben soll, die als Asymmetrien in den Wahrheitsbedingungen für Sätze widergespiegelt werden, die mit der Zeit ernst machen; doch es bleibt stets ratsam, daß man, sobald man von solchem Gefühl der Rätselhaftigkeit befallen wird, sich klarzumachen versucht, wie es um die Zeit bestellt wäre, wenn das, was darin so rätselhaft ist, beseitigt wäre. Am Ende mag sich dann herausstellen, daß ein Aussprechen unserer Verwunderung über die Zeit in Wirklichkeit nichts anderes ist als einfach eine Beschreibung dessen, was und wie die Zeit ist. Der zeitlose Begriff des logischen Deterministen von der Wahrheit erweist sich so als ein zeitloser Begriff von *Zeit*. Was kann er also damit meinen, wenn er sagt, daß die *Zukunft* determiniert sei?

Man kann nun allerdings fortfahren, trotz meiner voraufgegangenen Feststellungen ein Determinist zu sein. Man kann mit Aristoteles darüber streiten, ob es auf praktisch-kluge Überlegung ankomme oder nicht, doch muß die Frage, wie ich denke, anderswo entschieden werden. Aristoteles, so möchte ich unterstellen (und daran möchte ich festhalten), behält in der soeben erörterten Kontroverse recht, und der Umstand, daß er recht behält, schließt die Unmöglichkeit eines historischen Vor-Wissens ein; das heißt jedoch nicht, daß wir nicht innerhalb gewisser Grenzen Ereignisse voraussagen können. Diesem Punkt werde ich mich in den nächsten beiden Kapiteln zuwenden, denn es handelt sich um eine Frage, die am besten im Zusammenhang mit den Problemen der historischen Erklärung erörtert wird.

X. Historische Erklärung: Das Problem der allgemeinen Gesetze

Gegen Ende von Kapitel VII, im Zusammenhang meiner Erörterung jener Möglichkeit, daß eine Weise der Unterscheidung zwischen »einfachen« und »bedeutungsvollen« (signifikanten) Erzählungen möglicherweise darin bestehe, daß wohl die letzteren, nicht aber die ersteren Erklärungen für dasjenige zu bieten haben, was geschehen sei, habe ich die Behauptung aufgestellt, daß eine Erzählung ihrem Wesen nach bereits eine *Form* der Erklärung sei. Im vorliegenden Kapitel will ich versuchen, diese Auffassung zu verteidigen und näher zu begründen.

Zunächst kann man von der schlichten Tatsache ausgehen, daß der Historiker in einer Vielzahl von Fällen, d. h. solange er nicht einer allgemeinen historischen Theorie wie etwa dem Marxismus verpflichtet ist, uns auf unsere Bitte hin, ein bestimmtes Vorkommnis näher zu erklären, spontan mit einer Erzählung aufwarten würde; und daß er selbst, sobald es ihn drängt, eine Erklärung für ein Geschehnis zu finden, sogleich den Versuch machen wird, dasjenige zu ermitteln, was wir gelegentlich die »Story« nennen – das heißt, er wird, grob gesprochen, jene Ereignisse feststellen wollen, die zu dem in Frage stehenden Ereignis geführt haben. Doch dieser Fall gilt nicht ausschließlich für Historiker. Wenn beispielsweise jemand einen Autounfall erleidet und hinterher aufgefordert wird, zu erklären, warum (oder wie) es dazu gekommen sei, dann bestünde die Antwort erwartungsgemäß in einer Erzählung. Es hat demnach einige Berechtigung für sich, wenn man versucht ist zu sagen, daß historische Erklärungen schlicht aus Erzählungen bestehen, und wenn man daran festhält, daß dies bereits alles aussage, was mit dem Wort »Erklärung« im historischen Kontext gemeint sein könne. Da eine Erzählung allem Anschein nach nicht nur ein Vorkommnis erklärt, sondern Auskunft darüber gibt, was innerhalb einer gewissen Zeitspanne vorgefallen ist, besteht weiterhin die Neigung zu sagen, daß die Mitteilung desjenigen, was geschehen ist, und die nähere Erklärung dazu Dinge seien, die gleichzeitig ausgeführt werden, daß also eine Erzählung, insoweit sie erklärt, zugleich genau angibt, was geschehen ist, und daß sie, insofern sie genau wiedergibt, was geschehen ist, zugleich auch erklärt. In dieser Weise also bilden erzählende Beschreibung und historische Erklärung ein unauflösbares Ganzes.

Dagegen könnte allerdings zu Recht eingewendet werden, daß nichts Widersprüchliches in der Klage darüber liege, daß man zwar wisse, was geschehen sei, jedoch außerstande sei, zu *erklären*, was sich ereignet habe. Gewöhnlich heißt dies nur, daß nach einer ganzen Ereignisfolge ein abschließendes Ereignis eingetreten ist, man jedoch die genaue Abfolge der Ereignisse nicht kennt, deren Schlußpunkt jenes darstellt. Wollte man beispielsweise die Frage eines Polizeibeamten »Was ist geschehen?« mit dem Satz beantworten: »Es hat einen Unfall gegeben«, so würde dieser selbstverständlich sagen, daß er dies sehr wohl *wisse*, doch daß es nicht das sei, was ihn bei seiner Frage »Was ist geschehen?« eigentlich interessiert habe. Er möchte die ganze Vorgeschichte des Unfalls wissen; er will zugleich wissen, was geschehen ist und warum es geschehen ist. Die folgende Darstellung würde als ein Bericht akzeptiert werden, der beiden Forderungen genügt (insofern es hier überhaupt richtig ist, von *zwei* Forderungen zu sprechen, denn ich gehe davon aus, daß sie nur unterschiedliche Weisen darstellen, *dasselbe* zu fordern):

> Der Wagen fuhr hinter einem Lastwagen in östlicher Richtung; der Lkw scherte nach links aus; der Fahrer des Wagens glaubte, daß der Lastwagen nach links abbiegen wolle, und beschleunigte, um von rechts zu überholen; doch plötzlich zog der Lastwagen wieder nach rechts hinüber, denn er hatte nach links geschwenkt, weil er Schwierigkeiten hatte, in einer Kreuzung, die der Fahrer des Wagens nicht gesehen hatte, nach rechts abzubiegen.

Würde der Polizeibeamte jetzt weiterhin darauf bestehen, und sagen, daß er wohl wisse, was geschehen sei, jedoch noch immer auf eine Erklärung warte, so wären wir vermutlich recht verwundert. Wir hätten ihm zwar einen mehr ins Detail gehenden Bericht liefern können, doch schwerlich einen klareren; dabei wäre es schwer, sich irgendeine weitere Einzelheit auszudenken, die es irgend klarmachen würde, warum der Unfall sich zugetragen hat. Was könnte er sich noch mehr wünschen? Gewiß, wir haben aus der gesamten Folge von Geschehnissen, die sich über eine gewisse Zeitspanne erstreckte, welche schließlich mit dem Unfall endete, nur einen sorgsam gewählten Ausschnitt abstrahiert, doch geschah dies nur, weil wir Kriterien der Relevanz angelegt haben und weil gewisse Ereignisse, wiewohl sie Teil jener Zeitspanne sind, nicht als Bestandteil der Story gerechnet werden können, viel weniger noch (um es einmal anders auszudrücken) einen Teil der Erklärung bilden. Vielleicht spielte in dem Augenblick, in dem der Lastwagen nach links schwenkte, das Radio im Pkw gerade die *Appassionata.* Dieser Umstand bleibt unerwähnt, weil er bedeutungslos ist. Natürlich hätte ihm womöglich Bedeutung zukommen können. Der Fahrer des Wagens, ein Pianist, lauschte der Interpretation eines Stückes aus seinem eigenen Repertoire durch einen Konkurrenten derart angespannt, daß seine Aufmerksamkeit von der Verkehrssituation auf der Straße abgelenkt wurde. Doch dies war nicht der Fall und scheidet allein schon durch die Behauptung des Fahrers aus, er habe geglaubt, der Lkw biege nach links ab.
Sicherlich, das mag eine Lüge gewesen sein und er könnte sehr wohl von der Musik ganz gefangen gewesen sein, doch dann wäre es ihm mit seiner Lüge nicht nur mißlungen, eine richtige Erklärung abzugeben, sondern er wäre auch außerstande gewesen, zu sagen, was geschehen ist. Es gibt demgemäß gewissermaßen eine Berechtigung *prima facie* dafür, zu erklären, daß es eine und dieselbe Sache sei, vermittels einer erzählenden Beschreibung anzugeben, was geschehen ist, und zu erklären, warum etwas geschehen ist, und ferner, daß eine

richtige Erklärung von *E* ganz einfach eine wahre Geschichte ist, deren abschließende Episode *E* darstellt.

Auf der Grundlage von Überlegungen, die gelegentlich unserer Erörterung erzählender Sätze angestellt worden sind, könnte man nun allerdings einwenden, daß es eine beliebige Anzahl wahrer Geschichten gebe, deren abschließende Episode *E* bildet, und daß in einem gegebenen Kontext nicht alle diese wahren Geschichten notwendigerweise als Erklärung für *E* anerkannt werden können. Zudem könnte man entgegnen, daß auch Erklärungen für *E* denkbar seien, die nicht notwendig die Form einer Geschichte annehmen müssen. Tatsächlich ist mit vollem Ernst die Auffassung vertreten worden, daß eine richtige Erklärung eine völlig andersartige Form habe, die Form eines deduktiven Arguments nämlich, wobei sich ein Satz *E* als dessen Konklusion darstelle. Also kann das soziologische Faktum, daß Erzählungen oftmals, und sogar höchst typisch, als Erklärungen angeboten werden, und kann das psychologische Faktum, daß wir oftmals, und auch dies wiederum für uns typisch, eine wahre Geschichte verlangen und nur durch sie zufriedenzustellen sind, wenn wir eine Erklärung fordern, nicht ohne weiterreichende Analyse als vollgültige Begründung für die Behauptung akzeptiert werden, die ich verteidigen möchte. Bevor ich mich jedoch an ihre Verteidigung mache, möchte ich einige gegnerische Analysen des Begriffs der historischen Erklärung näher untersuchen; denn es verhält sich tatsächlich so, daß nur wenige Probleme der Geschichtsphilosophie ein derartiges Maß an geballtem philosophischen Scharfsinn auf sich gezogen haben wie dieses eine, und im großen und ganzen hat man sich in der Diskussion mit der Angemessenheit einer Analyse der historischen Erklärung auseinandergesetzt, die radikal von derjenigen verschieden ist, die zu verteidigen mein Anliegen ist. Dementsprechend werde ich mit einer Darlegung jener Kontroverse den Anfang machen, die ich hoffentlich einer Lösung zuführen kann. Danach werde ich mich wieder der Analyse von »Stories« zuwenden.

Diejenige akzeptable Analyse der historischen Erklärung und der Erklärung im allgemeinen, die sich hier zunächst als Streitobjekt anbietet, ist in ihrer klassischen Form von C. G. Hempel vorgetragen worden.[1] Das Element, daß in seiner Analyse vor allen anderen kontrovers ist, gewinnt zentralen Stellenwert durch sein Insistieren darauf, daß neben anderen notwendigen Bedingungen für eine Erklärung *E* vor allem die folgende gegeben sein muß, damit *E* eine *adäquate* Erklärung abgeben kann: *E* muß mindestens ein allgemeines Gesetz enthalten. Wir können das Terrain der philosophischen Auseinandersetzung, die von dieser Hempelschen These eingeleitet worden ist, am besten abstecken, indem wir sie in Verbindung setzen zu zwei angeblichen Tatsachen, die mit der historischen Praxis zu tun haben. Das Problem der historischen Erklärung, so wie es in jüngster Zeit erörtert worden ist, erhebt sich als Folge der logischen Spannungen, die unter den folgenden drei Aussagen auftreten:

(1) Historiker erklären gelegentlich Ereignisse.
(2) Jede Erklärung muß mindestens ein allgemeines Gesetz enthalten.
(3) Die Erklärungen, die Historiker geben, schließen keine allgemeinen Gesetze in sich.

Die Schwierigkeit besteht nun darin, daß es uns, wiewohl die meisten von uns vielleicht mit gewissen Einschränkungen bereit wären, allen drei Sätzen zuzustimmen, dennoch logisch verwehrt ist, mehr als *zweien* unsere Zustimmung zu geben, zumindest angesichts der Form, in der sie hier aufgeführt sind. Denn ganz gleich, welchem Satzpaar wir zustimmen wollen, aus beiden folgt, daß der eine verbleibende Satz falsch sein muß. Betrachten wir dies einmal etwas näher: aus (1) und (2) folgt nicht – (3); aus (1) und (3) folgt nicht – (2); und aus (2) und (3) folgt nicht – (1). Demnach kann man drei mögliche Standpunkte einnehmen, obgleich wir diese Zahl faktisch durch die Annahme verringern können, es sei allgemein anerkannt, daß (3) wahr ist. Darüber hinaus kann (3) als wahr – oder jedenfalls im großen und ganzen wahr – abgesichert werden, indem man Beispiele angeblicher Erklärungen untersucht, wie sie von Historikern geliefert werden. Man wird sodann erkennen, daß diese nahezu niemals allgemeine Gesetze enthalten (es wird sich erweisen, daß es sich bei diesen in der Regel fast stets um Erzählungen handelt). Die Frage lautet also, welchem von beiden – ob (1) oder (2) – wir in Verbindung mit (3) zustimmen wollen, d. h. in Anbetracht der Tatsache, daß wir so, wie sie formuliert sind, nicht *beiden* zugleich zustimmen können. Für welche dieser Wahlmöglichkeiten wir uns entscheiden mögen, wird bis zu einem gewissen Grade von unseren allgemeinen philosophischen Überzeugungen abhängig sein, und ferner davon, ob wir die Forderungen und Praktiken der Historiker oder die Forderungen und Praktiken der Logiker für paradigmatisch ansehen wollen. Demgemäß wird der Logiker – um uns hier einmal mythischer Typen zu bedienen, wie sie oftmals als Charaktere in dramatischen Konfrontationen Verwendung finden, vermittels deren derartige Fragen gelegentlich in philosophischen Schriften dialogisch auseinandergelegt werden – dem Satz (2) zustimmen und (1) leugnen, während der Einfache Mann (in diesem Falle der Historiker) (1) seine Zustimmung geben und (2) leugnen wird.[2] Das Auseinandertreten der Standpunkte könnte diesmal endgültig sein, in der Weise, in der dies bei philosophischen Differenzen so häufig zutrifft, wenn Argumente in eleganter Schlachtordnung gegen Gegenargumente ins Feld geführt werden, die beide dann über einen dialektischen Abgrund hinweg einander entgegenstarren, verhielte es sich nicht andererseits auch wiederum so, daß es einer Person mit bescheideneren Ansprüchen so scheinen könnte, als sei beiden Standpunkten eine gewisse Wahrheit eigen. Begierig, wie man es vielleicht sein mag, den einen der beiden zu verteidigen, würde es sich womöglich wirklich als sehr unangenehm erweisen, den anderen zu leugnen. So können wir schließlich zwei radikale und zwei gemäßigtere Positionen gegeneinander abgrenzen, die eingenommen werden könnten, vorausgesetzt, man ist sich auch weiterhin über (3) einig: –

(*A*) (2) ist absolut wahr und (1) ist absolut falsch.

(*B*) (2) ist absolut wahr und (1) läßt sich so umformulieren, daß er schließlich akzeptabel ist, wenngleich er so, wie er jetzt dasteht, falsch ist.

(*C*) (1) ist absolut wahr und (2) läßt sich so umformulieren, daß er schließlich akzeptabel ist, wenngleich er so, wie er jetzt dasteht, falsch ist.

(*D*) (1) ist absolut wahr und (2) ist absolut falsch.

Ganz offensichtlich sind (*A*) und (*D*) radikale, (*B*) und (*C*) gemäßigte Positionen. Nun können jedoch zwei gemäßigte Philosophen denselben Standpunkt, formuliert in denselben Begriffen, wie oben geschehen, einnehmen und trotzdem noch immer heftig in ihren Meinungen auseinandergehen, denn es bleibt nach wie vor beträchtlicher Spielraum für Meinungsunterschiede hinsichtlich der Art und Weise, in welcher die Darstellung erfolgen soll. Selbst unter den Radikalen kann es erhebliche Differenzen über die jeweiligen *Gründe* geben, die sie anführen wollen, um entweder (1) oder (2) als absolut falsch auszuschließen. Somit erscheinen ebensowohl die philosophischen Differenzen wie die unterschiedlichen Weisen, historische Praxis zu würdigen, in dieser gewissermaßen verfeinerten Form der Wiedergabe jener Auseinandersetzung wieder. Ich will versuchen, jeweils einen Repräsentanten für jeden einzelnen dieser vier Standpunkte namhaft zu machen und sodann seine Auffassungen zu kommentieren. Jede einzelne von ihnen kann zudem wiederum als eine unterschiedliche Darstellungsweise der angeblichen Wahrheit von (3) angesehen werden.

(*A*) Es ist nicht gerade leicht, auch nur *einen einzigen* Philosophen zu nennen, der (*A*) verteidigen würde, doch er deckt sich im großen und ganzen mit der Auffassung jener Denker, die ich als Historische Idealisten bezeichnen will, wie etwa Croce, Dilthey, Collingwood etc. So weitreichend die individuellen Unterschiede auch sein mögen, sie bestehen einhellig auf einer radikalen Unterscheidung zwischen menschlichem Gattungsverhalten und demjenigen nicht-menschlicher Daseinsformen und dementsprechend auch auf einer radikalen Unterscheidung zwischen den jeweiligen wissenschaftlichen Disziplinen, deren Gegenstand diese zwei angeblich getrennten Verhaltensarten sind. Diese werden Humanwissenschaften im Gegensatz zu Naturwissenschaften genannt, oder, will man sich der gebräuchlichen deutschen Ausdrücke bedienen, Geisteswissenschaften im Gegensatz zu Naturwissenschaften. Den Auffassungen dieser Schule entsprechend ist es die Aufgabe der Naturwissenschaften, nicht-menschliche Phänomene zu erklären und dies vermittels der Nennung derjenigen Gesetze zu leisten, denen diese Phänomene unveränderlich unterliegen. Erklären heißt also, einem Gesetz zuordnen, und demgemäß ist (2) absolut wahr. Doch Menschen handeln ihrem Wesen nach nicht in Übereinstimmung mit allgemeinen Gesetzen. Menschen sind freie Akteure, historische Ereignisse sind einzigartig und unwiederholbar, und das Handeln menschlicher Agenten muß im Lichte gewisser innerer Vorgänge gewürdigt werden, wie etwa Absichten (Intentionen), Motive, Wünsche, die man nicht-menschlichen Daseinsformen nicht zusprechen kann.[3] Es ist Aufgabe der Humanwissenschaften, diese inneren Mechanismen zu rekonstruieren, die, da sie nicht beobachtet werden können, in irgendeiner anderen Weise zugänglich gemacht werden müssen. Nur äußerliches Verhalten der Menschen kann beobachtet werden und ist nicht verstehbar, es sei denn, man bezieht es auf unbeobachtbare Vorgänge im Inneren der Handelnden. Dieser Prozeß besteht gewissermaßen in einem einfühlenden Verstehen der inneren Abläufe einer fremden Intelligenz, ein Prozeß, der, um hier wieder das gebräuchliche deutsche Wort zu verwenden, häufig *Verstehen* genannt wird. Folglich ist (1) absolut falsch. Die Historiker – als Humanwissenschaftler – erklären nicht, wenn man unter ›erklären‹ die für die *Naturwissenschaften* angemessene Erkenntnisweise versteht. Vielmehr

›verstehen‹ Historiker die einzigartigen und unwiederholbaren Ereignisse, an denen die freien menschlichen Agenten über die Jahrhunderte teilhaben. (3) ist demnach in einem recht trivialen Sinne wahr. Die Erklärungen der Historiker enthalten aus dem einfachen Grunde keine Gesetze, weil es keine historische Erklärung gibt. Der Grund, weswegen wir in Geschichtsbüchern keine allgemeinen Gesetze erwähnt finden, ist der, daß dort in streng *naturwissenschaftlichem* Sinne keine Erklärungen gegeben werden können. Dies ist indessen kein Mangel, und von den Historikern zu verlangen, daß sie erklärten, ist ein logisches Mißverständnis der Natur ihrer Disziplin, ebenso wie es ein metaphysisches Mißverständnis der Natur des Menschen und der wesentlichen Unterschiede zwischen ihm und anderen Formen des Daseins ist.

(*B*) Es muß gewissermaßen eine Reaktion auf jene unter (*A*) grob skizzierten Auffassungen gewesen sein, die Hempel zur Abfassung seiner berühmten Schrift über die Funktion allgemeiner Gesetze in der Geschichtswissenschaft bewogen hat. Denn eine der grundlegenden Überzeugungen der Schule des *Logischen Empirismus*, deren überaus rühriger und schöpferisch produktiver Vertreter Hempel gewesen ist, war die von der *Einheit der wissenschaftlichen Methode;* die Überzeugung nämlich, daß Unterschiede zwischen den Arten von Phänomenen nicht mit Notwendigkeit als Unterschiede der wissenschaftlichen Erfassung von Eigenschaften und Verhalten des Gegenstandes reflektiert werden müssen und daß wissenschaftliche Methode in Beziehung auf ihren jeweiligen Gegenstand invariant ist. Genauer gesagt, Hempel befaßte sich nicht direkt mit den Phänomenen selbst, sondern – und dies ganz in Übereinstimmung mit dem, worin die Logischen Empiristen ihre Aufgabe erblickten – mit der Sprache, deren sich die Wissenschaftler zur Beschreibung der Phänomene bedienen. In der Tat spiegeln sich in den Naturwissenschaften Unterschiede in ihrem jeweiligen Gegenstand als Unterschiede des entsprechenden wissenschaftlichen *Vokabulars* wider, oder genauer, als Unterschiede im sogenannten nicht-logischen

Vokabular dieser oder jener Wissenschaft, doch hat dies keineswegs irgendwelchen Einfluß auf die logische Struktur von Wissenschaften, die sich eines unterschiedlichen nicht-logischen Vokabulars bedienen. Gewiß hat es zeitweilig eine Tendenz gegeben, das grundlegende Vokabular einer jeden Wissenschaft als explizit definierbar vermittels einer der Sphäre der *Beobachtung* entlehnten Begrifflichkeit anzusehen, oder man glaubte jedenfalls, daß es auf Sätze reduzierbar sei, in denen ausschließlich von einem Beobachtungs-Vokabular Gebrauch gemacht wird; mithin ein Programm wissenschaftlicher Analyse, das sich gegen die Behauptung der Idealisten richtete, menschliches Verhalten sei nur im Lichte wesentlich *un*beobachtbarer Vorgänge verstehbar. Indessen wird diese These des Physikalismus nicht unbedingt durch die These von der Einheit der wissenschaftlichen Methode vorausgesetzt, und was Hempel vornehmlich nachweisen wollte, war, daß insbesondere die Erklärung von genau derselben Struktur ist, ob sie nun mit menschlichem oder nichtmenschlichem Verhalten zu tun hat. Natürlich wollte er darüber hinaus auch aufzeigen, daß wir menschliches Verhalten grundsätzlich zu erklären imstande sind und dies auch tun.

Ein Phänomen *erklären* bedeutet nach Auffassung Hempels, daß man eine Operation mit einem *Satz* (dem *explanandum*) vornimmt, der das entsprechende Phänomen beschreibt. Hempel zufolge besteht diese Operation darin, daß dieser Satz aus einer Reihe von Prämissen *deduziert* wird, die als adäquate Erklärungsgründe für das explanandum gewertet werden (denn hätten wir jene adäquaten Gründe nicht, wie könnten wir dann behaupten, erklärt zu haben?). Die Reihe der Prämissen nannte er die *explanans*. Ich will dies als die *Deduktions-Voraussetzung* bezeichnen, obwohl klar sein muß, daß das logische Merkmal der Deduzierbarkeit aus Prämissen nicht als mehr denn eine notwendige Bedingung für Erklärungen schlechthin angesehen werden kann, selbst wenn mir davon ausgehen, daß eine adäquate Erklärung als eine Deduktion darstellbar sein muß. Denn es ist gewiß immer möglich, Prämissen zu finden, aus denen das explanandum deduziert werden könnte, wenngleich niemand dies als *Erklärung* anzuerkennen bereit wäre. Ich glaube indes, daß wir nichtsdestoweniger aus der Deduktions-Voraussetzung, gemeinschaftlich mit unserem prä-analytischen Begriff der explanatorischen Inadäquanz, vermittels einer Art transzendentaler Argumentation dasjenige an der Hempelschen Analyse klar herausarbeiten können, was für uns von bleibendem Interesse ist.

(1) Das explanandum ist, da es ein besonderes Vorkommnis beschreibt, seiner Form nach singulär. Nehmen wir den Satz *Ga*. Nun gibt uns die Deduktions-Voraussetzung für sich allein nur spärliche Auskunft über die formale Zusammensetzung der Prämissen, die das explanans für *Ga* abgeben sollen, ausgenommen diese eine, daß sie – gleichviel, wie sie beschaffen sein mögen – (*per definitionem*) nicht durchweg wahr sein können, solange *Ga* falsch ist. Doch dieser Bedingung können eine Vielzahl von Aussagen entsprechen: *Ga* ist zum einen deduktive Folgerung aus sich selbst, sodann seiner eigenen doppelten Negation, schließlich jeder Konjunktion, in der er selbst ein Konjunkt darstellt, etc. Niemand würde indessen diesen Deduktionen erklärende Funktion beimessen, und ohne uns noch weiter in logische Subtilitäten verstricken zu lassen, wollen wir davon ausgehen, daß wir ein Ereignis gewöhnlich durch Bezugnahme auf seine Bedingungen erklären, so daß eine der Prämissen unbedingt irgendeine Bedingung des Ereignisses beschreibt, das von *Ga in toto* beschrieben wird und mithin von *Ga* selbst unterschieden sein muß. Da die Bedingung stets *spezifische* Bedingung ist, verlangt auch sie eine singuläre Aussage, in der sie zum Ausdruck gebracht wird. Nennen wir diese Aussage *Fa*.

(2) Natürlich aber folgt nun aus *Fa* deduktiv keineswegs *Ga*. So daß also, wenn die Prämissen einzig aus *Fa* bestünden, gegen die Deduktions-Voraussetzung verstoßen würde. Man beachte dabei allerdings, daß *Fa* eine zureichende Bedingung für das Eintreten jenes in *Ga* beschriebenen Vorkommnisses zum Ausdruck bringen muß, denn andernfalls könnte

Fa wahr und *Ga* falsch sein und wir verfügten dann über keine adäquate Erklärung dafür, warum *Ga* wahr ist. Wenn das Ereignis nicht eingetreten ist, obgleich seine Bedingung gültig gesetzt ist, läßt sich aus dem Vorhandensein der Bedingung unmöglich erklären, warum es dann schließlich *doch* eingetreten ist, und mithin wäre die Erklärung inadäquat. Wir müssen demgemäß näher spezifizieren, daß die Bedingung eine zureichende Bedingung ist und daß *per definitionem* mit der Aussage, daß *Fa* eine zureichende Bedingung für *Ga* sei, zugleich behauptet ist, daß *Fa* ⊃ *Ga* (⊃ ist das von Russell verwendete Symbol für die logische Implikation, Anm. d. Übers.). Doch *dieser* Konditionalsatz bedeutet in Gemeinschaft mit *Fa* das Eingeständnis, daß *Ga* tatsächlich eine deduktive Folgerung darstellt.

(3) Stellen wir uns nun eine mit *Fa* untrennbar verbundene Bedingung *Fb* vor, mit der Einschränkung, daß dann, wenn *Fb* gilt, nicht auch *Gb* gültig ist, obgleich, wenn *Fa* gilt, auch *Ga* gelten muß. Wir machen mit anderen Worten die Annahme, daß *a* und *b* einander gleichen, und daß Bedingung *Fa* und *Fb* gleich sind, daß jedoch, wenn *Fb*, ›*Gb*‹ falsch ist, obzwar dann, wenn *Fa*, ›*Ga*‹ wahr ist. Der Einfachheit halber nehmen wir darüber hinaus noch an, daß auch alles übrige gleich sei. Wenn wir dies nun aber annehmen, dann sind entweder *Fa* und *Fb* nicht untrennbar oder aber *Fa* stellt keine zureichende Bedingung für *Ga* dar. Das heißt also: solange nicht für jeden Wert von *x* Fx⊃Gx – wobei alles übrige als gleich vorausgesetzt wird –, kann *Fa* keine zureichende Bedingung für *Ga* sein. Die Annahme zu machen, daß wir eine solche zureichende Bedingung haben, würde folglich besagen, sich die generelle Aussage zu eigen zu machen, daß unter ähnlichen Umständen sich dieselben Dinge ereignen werden, wenn dieselben Bedingungen gültig sind. Wenn dieser allgemeine Satz falsch ist, dann verfügen wir allerdings über keine zureichende Bedingung; und wenn wir diese nicht haben, ist uns keine Erklärung möglich. Offensichtlich erfordert unsere Erklärung tatsächlich die Geltung dieses generellen Konditio-

nalsatzes. Dieser laute nun (x) $(Fx \supset Gx)$. Und da wir hieraus ohne Schwierigkeit durch Anwendung einer bekannten Ableitungsregel $Fa \supset Ga$ erhalten, ist das letztere Glied nicht von dem vorderen unabhängig und kann als eine der Prämissen fallengelassen werden.

(4) Das explanans muß demgemäß zumindest aus (wenigstens) zwei Prämissen bestehen, Fa und (x) $(Fx \supset Gx)$. Doch natürlich würde die empirische Interpretation die letztere als ein *allgemeines Gesetz* identifizieren, und die empirische Interpretation der ersteren würde diese als eine *Anfangsbedingung* ausweisen. Demnach bedeutet ein Ereignis (empirisch) zu erklären, dieses Ereignis mit einer Bedingung zu verbinden, und zwar vermittels eines Gesetzes, wie Hempel dargetan hat. Dieses Vorgehen genügt sowohl der Deduktions-Voraussetzung wie unseren prä-analytischen Begriffen.

Erinnern wir uns, daß das, was wir hier soeben expliziert haben, der Begriff einer *adäquaten* Erklärung ist. Doch kann eine inadäquate Erklärung überhaupt als Erklärung durchgehen? Ist sie es nicht, so wie ein aufgesetzt falsches Gesicht eben kein Gesicht ist, dann brauchen wir ›Erklärung‹ nicht durch ›adäquat‹ begrifflich näher zu bestimmen, ebensowenig wie wir dem Wort ›Gesicht‹ das Prädikat ›aufrichtig‹ (›echt‹, ›wahr‹) beilegen müssen; und dementsprechend hätten wir den Begriff der Erklärung vermittels einer transzendentalen Argumentation zureichend expliziert.

Hempel und Oppenheim[4] haben noch eine Reihe weitergehender Überlegungen – syntaktischer und semantischer Art – angestellt; doch es hätte wenig Sinn, sie hier bis ins einzelne aufzulisten, und mir ist lediglich daran gelegen, die Art und Weise eingehender zu erörtern, in der ihre Analyse von Hempel auf die Geschichte angewendet worden ist. Nehmen wir zunächst einmal an, er hätte eine Deutung der (natur-) *wissenschaftlichen* Erklärung gegeben, so wäre klar, daß die (Natur-)Wissenschaft Erklärungen für einzelne Ereignisse zu geben vermöchte. Vorausgesetzt, daß keine zwei Ereignisse der Gesamtheit aller Klassen gleichzeitig angehören können, muß gefolgert werden, daß jedes einzelne Ereignis bis zu einem gewissen Grade von jedem anderen unterschieden ist, während aus der Tatsache, daß zwei Ereignisse mindestens eine Eigenschaft gemeinschaftlich haben, folgen muß, daß kein Ereignis einzigartig ist. In dieser Hinsicht besteht demnach keine Veranlassung, die Geschichte gegen die Naturwissenschaft aus dem Grunde abzuheben, daß jene sich mit einzelnen Ereignissen befaßt; ebensowenig aus dem Grund, daß sie sich mit einzigartigen Ereignissen abgibt – denn die gibt es nicht. Doch es könnte eingewendet werden, daß jene Eigenschaften, die ein gegebenes historisches Ereignis vielleicht mit anderen Ereignissen gemeinsam hat, trivial oder uninteressant seien, daß es einen Wortsinn gebe, in dem historische Ereignisse unleugbar einzigartig sind. Wie aber lassen sie sich dann allgemeinen Gesetzen jener Art unterstellen, wie sie durch Hempels Analyse bestimmt worden sind? Es ist nun allerdings eine Tatsache, daß die Historiker selbst, wenn sie es unternehmen, Ereignisse zu erklären, es zwar unterlassen, irgendwelche Gesetze genauer zu benennen, jedoch dessenungeachtet stillschweigend ihre Existenz voraussetzen, so daß dementsprechend ihre Erklärungen stets den Charakter echter, verkürzter logischer Schlüsse haben. Andererseits – und dies ist Teil der relativen Zurückgebliebenheit einiger Sozialwissenschaften – bleibt die Tatsache bestehen, daß derartige Gesetze, die implizit wirksam oder vorausgesetzt sein mögen, nicht explizit in einer einwandfrei gültigen Weise formuliert werden können. Wenn wir demnach mit ›Erklärung‹ strenggenommen meinen, daß ein explanandum als deduktive Folge eines explanans aufgewiesen wird, das wissenschaftlich annehmbare allgemeine Gesetze enthält, so ist allerdings (1) *falsch*. Doch wir können (1) umformulieren. Wir könnten sagen, daß die Erklärung, die Historiker anzubieten haben, nicht eigentlich Erklärungen seien, sondern – wie Hempel sie nennt – »Erklärungs-Skizzen«. Es werden gewissermaßen Stellen freigehalten, in welche das angemessene, nur vorausgesetzte allgemeine Gesetz zur gegebenen Zeit eingefügt wird, womit die bloße Skizze in eine vollständige, allen Ansprüchen genügende Erklärung umgewandelt würde. Eine solche Skizze

»... besteht aus einem mehr oder weniger vagen Verweis auf die Gesetze und Ausgangsbedingungen, die für relevant angesehen werden, und bedarf der ›Auffüllung‹, damit sie zu einer vollgültigen Erklärung werden kann«.[5]

Hiervon ausgehend argumentiert Hempel sodann, daß (2) wahr ist, (1) dann wahr ist, wenn wir ›erklären‹ ersetzen durch ›Erklärungen skizzieren für‹; und daß (3) wahr ist, wenn wir zu der Erkenntnis gelangen, daß wir *Erklärungs-Skizzen* meinen, die keine allgemeinen Gesetze in sich schließen, sondern sie voraussetzen.

Der allgemeine Gang der hier nachgezeichneten Analyse geht ursprünglich auf K. R. Popper[6] zurück, und man kann feststellen, daß sie sich breitester Zustimmung bei empiristischen Philosophen gleichermaßen wie unter gewissen avantgardistischen Historikern erfreut.

Wenn meine Einschätzung richtig war und die von Hempel bezogene Position einen direkten Angriff auf (*A*) darstellt, dann sind die verbleibenden zwei allgemeinen Standpunkte vornehmlich von solchen Philosophen eingenommen worden, denen es darum ging, (*B*) in der Formulierung, die sie bei Hempel gefunden hat, zu Fall zu bringen. In diesem Sinne hat die Hempelsche Analyse die Gestalt der nachfolgenden Geschichte des Problems in ihren wesentlichen Zügen bestimmt. Nebenher sei bemerkt, welch lohnendes Unterfangen es wäre, dem Hempelschen Argumentationsgang folgend die späteren Stationen der philosophischen Diskussion erklärend nachzuvollziehen, die durch seine eigene Analyse so klar vorgezeichnet worden ist. Doch wenden wir uns zunächst der gemäßigten und sodann der radikalen Kritik von (*B*) zu.

(*C*) Gewiß ist kennzeichnend für das Bestreben der historischen Erklärungen die Feststellung der Ursachen eines Ereignisses, und sicherlich ist die Behauptung, daß etwas – *K* –

ein Ereignis *E* verursacht habe, gleichbedeutend mit der Überzeugung vom Vorhandensein irgendeines allgemeinen Gesetzes, demzufolge *K*-ähnliche Ereignisse *E*-ähnliche Ereignisse verursachen. Soviel immerhin deckt der Sinn des Begriffs der »Relevanz«, der in einem meiner früheren Beispiele hinsichtlich seiner Funktion definiert worden war. Insoweit wir auf Ursachen oder mutmaßliche Ursachen eines Ereignisses verweisen, tun wir eindeutig etwas, das dem Hempelschen Begriff einer Erklärungs-Skizze entspricht. Doch haben wir irgendein Recht, anzunehmen, daß die fragliche Skizze lediglich der expliziten Nennung des entsprechenden Gesetzes bedarf, auf das man sich beruft, damit sie zu einer vollgültigen Erklärung werde? Denn bei dem Gesetz kann es sich ja, was vielfach hervorgehoben worden ist, um ein Wahrscheinlichkeits-Gesetz handeln. Wir wissen vielleicht, daß *E* eingetreten ist und daß *K* sich ereignet hat und betrachten es als wahrscheinlich, daß *E* von *K* deswegen verursacht worden ist, weil beständig *K*- und *E*-ähnliche Ereignisse in enger Verbindung miteinander aufgetreten sind. Doch man nehme einmal an, daß Fälle bekannt sind, in denen einem *E*-ähnlichen Ereignis kein *K*-ähnliches Ereignis voraufgegangen ist, wenngleich ihre Verbindung im großen und ganzen als erwiesen angesehen werden kann. Von einem Satz, der *K* beschreibt, können wir nicht durch Berufung auf ein derartiges Wahrscheinlichkeits-Gesetz stringent einen Satz *deduzieren,* der *E* beschreibt. Wir besitzen streng genommen keine ausreichenden Gründe für das explanandum ›... E...‹, denn es ist nunmehr logisch möglich, daß dieser Satz falsch ist und ›... K ...‹ sowie das Wahrscheinlichkeits-Gesetz wahr sind. In diesem Sinne hätten wir dann schwerlich *E* erklärt, selbst wenn wir das betreffende Gesetz explizit machten, und es könnte sehr wohl der Fall sein, daß die einzigen Gesetze, die in historischen Erklärungen vorausgesetzt werden, durchweg von dieser Art sind, so daß es uns durch Berufung auf sie niemals gelingen wird, Ereignisse zu erklären. Wenn es indessen noch irgendein anderes Gesetz von (strikt) universeller Validität geben sollte, dann ist die Tatsache nicht zu übersehen, daß wir es nicht kennen und schwerlich in einem einleuchtenden Sinne behaupten dürften, es vorausgesetzt zu haben, und in jedem Falle könnte es sich dabei um kein Gesetz handeln, das *K* und *E* in demselben Grade miteinander in Verbindung bringt, wie sie *ex hypothesi* allein schon durch ein Wahrscheinlichkeits-Gesetz miteinander verbunden sind. Also würde von demjenigen, worauf wir uns beziehen, eine unterschiedliche Anfangs-Bedingung verlangt werden müssen, und dementsprechend kann diejenige, die wir heranziehen, nicht länger als eine Skizze für die endgültige Erklärung dienen, die lediglich noch der »Ausfüllung« harrt. Vielmehr müßte sie über Bord geworfen werden. Andererseits könnte es einfach so sein, daß Wahrscheinlichkeits-Gesetze das endgültig Letzte, Unübersteigbare sind, in welchem Fall kaum etwas Besseres zu erhoffen wäre, und das Ausfüllen würde noch immer nicht eine Erklärung in dem von Hempel festgelegten Sinne verlangen. Doch mag dies der Fall nicht nur in der Geschichte wie im gewöhnlichen Leben sein, sondern ebensosehr auch in der Naturwissenschaft, und dann wären wir zu der Schlußfolgerung gezwungen, daß es womöglich weder einfachen Menschen, noch Historikern, noch auch Naturwissenschaftlern *jemals* gelungen ist, überhaupt irgendwelche Phänomene zu erklären. Die Frage müßte dann lauten, ob wir nicht entweder in all unseren Erklärungsversuchen kläglich gescheitert sind, oder ob die Kriterien für eine Erklärung – gemäß der Hempelschen Analyse – derart verstiegen und hochgegriffen sind, daß ihnen niemals Genüge getan werden kann. Vielleicht müßte die Deduzierbarkeits-Voraussetzung aufgegeben werden. Doch insoweit wir diese fallenlassen, geben wir damit zugleich die Grundlage für die gesamte Hempelsche Analyse auf, die nahezu – wie ich dargelegt habe – als logische Folgerung aus dieser Voraussetzung gelten kann. Ebenso könnte man den *Gebrauch* des Wortes ›erklären‹ einer eingehenderen Prüfung unterwerfen. Gewiß ist in einem bestimmten Sinne, und vielleicht sogar im eigentlichen Wortsinn, einfachen Menschen, Historikern und Naturwissenschaftlern Erfolg darin beschieden, Dinge zu erklären. Sie ›machen klar‹, bewerkstelligen ein ›Verstehen‹ von Dingen und Vorgängen, die vorher noch dunkel und unverständlich gewesen sind. In diesem Sinne aber wäre dann (1) fraglos wahr. Historiker lehren uns verstehen, machen klar, warum die Dinge sich so zugetragen haben, wie sie geschehen sind. Ausnehmend feinsinnig zwar, doch grundsätzlich fehlgeleitet in seinen semantischen und syntaktischen Bestimmungen, hat Hempel geflissentlich die zentrale *pragmatische* Dimension des Begriffs der Erklärung übersehen.

Dennoch ist (2) nicht *absolut* falsch. Er ist falsch nur insofern, als er uns bedeuten will, daß die in Frage stehenden Gesetze kategorisch seien und als Haupt-Prämissen eines deduktiven Prozesses in Erklärungen Eingang finden. Denn die Gesetze können, wie wir vorhin gesehen haben, bloße Wahrscheinlichkeits-Behauptungen sein, die nicht unbedingt die geforderten deduktiven Verbindungen herstellen können. Doch angenommen, wir stellten weiterhin die Deduktions-Voraussetzung in Frage: Wir können dann zwar noch immer den Gedanken, daß Gesetze in Erklärungen enthalten oder involviert seien, eine annehmbare Fassung geben, und so (2) in einer Weise umformulieren, die ihn einwandfrei und zugleich mit dem pragmatischen Aspekt der Erklärung verträglich macht. Wenn beispielsweise jemand anbietet, *E* mit Beziehung auf *K* zu erklären, dann könnte man ihn auffordern, die Erklärung zu *rechtfertigen*. Dann könnte er tatsächlich genötigt sein, irgendein allgemeines Gesetz zu zitieren oder grob zu umreißen, um welches Gesetz es sich handele, dem die Erklärung zugeordnet wird. Doch gibt es irgendeinen einsichtigen Grund, ein derartiges Gesetz als *Bestandteil* der Erklärung anzusehen? Die Antwort lautet nein. Das Gesetz kann gewiß Bestandteil der *Gründe* für die Erklärung sein, und das Mißlingen, ein Gesetz vorzuweisen, setzt vielleicht jemanden dem Vorwurf aus, eine unbegründete Erklärung abgegeben zu haben. Dann wiederum gibt es viele verschiedenartige Gründe für jedwede Erklärung; wobei nicht die Notwendigkeit besteht, sie sämtlich aufzunehmen oder irgendeinen auszuscheiden, wenn einige aufgenommen sind. Wenn wir beispielsweise *K* zur Erklärung von *E* anführen, müssen wir gewiß einiges Vertrauen besitzen, daß ›... *K* ...‹ wahr ist; doch dürfen wir unseren Beweis für diesen Glauben als Bestandteil mit in die Erklärung aufnehmen? Selbst Hempel ist nicht so weit gegangen. Warum dann sollen wir so weit gehen wie er mit seiner Forderung, daß überhaupt irgendwelche Gründe als Bestandteil der Erklärung angesehen werden müssen?

Wenn wir also mit der Feststellung »enthält ein allgemeines Gesetz« nur die Bedeutung verbinden, daß die Erklärung, nebst ihren *Gründen*, zumindest ein annehmbares allgemeines Gesetz in sich schließt, dann ist (2) nicht bloß philosophisch einwandfrei, er ist offensichtlich *wahr*: oder doch beinahe. Denn was wir bei der Aufforderung zu dieser Art der Absicherung einer Erklärung bestenfalls anzubieten hoffen dürfen, ist irgendein einem allgemeinen Gesetz ähnlicher Satz, der in dem von Hempel geforderten Sinne vielleicht nicht gerade ein Gesetz ist, es sei denn, wir lockerten unsere Kriterien für Gesetze um ein weniges und betrachteten Allgemeinaussagen als Gesetze, selbst wenn sie Ausnahmen und Abschwächungen gestatten. So können wir etwa eine Erklärung dafür suchen, warum Jones ein Feuer entfacht. Wir könnten es damit erklären, daß ihm kalt war. Kann ich ein Gesetz anführen, das keine Ausnahme zuläßt, um dies zu rechtfertigen? Das wäre nicht ganz einfach. Es gibt Menschen, die es friert, ohne daß sie ein Feuer anzünden (Asketen), oder die ein Feuer entfachen, ohne daß ihnen kalt ist (Hausmeister), und es gibt Menschen, die es zwar friert und die auch ein Feuer anmachen, jedoch dies letztere nicht *wegen* des ersteren tun (es ist eben ihr Beruf, doch sie haben nicht das Recht, um ihres eigenen Wohlergehens willen zu heizen). Dennoch akzeptieren wir es unfraglich als eine Binsenweisheit, daß Menschen Feuer machen, wenn ihnen kalt ist. Wir berufen uns auf ein

»Gesetz«, das etwa folgendermaßen zu formulieren wäre: Menschen (im allgemeinen), denen (über das Erträgliche hinaus) kalt wird, beginnen (neigen gemeinhin dazu), ein Feuer (der einen oder anderen Art) (mehr oder weniger) zu entfachen. Man ginge wohl nicht fehl, wenn man sagt, daß die Historiker derartige allgemeine, gemeinplätzige, wahrheitsgemäße Sätze implizieren und vermittels dieser ihre Erklärungen rechtfertigen. Doch wir können schwerlich durch Retuschen und oberflächliche Flickarbeit die parenthetischen Bestimmungen darin beseitigen und sie kurzerhand in Naturgesetze umwandeln.

Diese Position und mit ihr manche derjenigen Argumente, die sie festigen könnten, ist mit aller Konsequenz von Michael Scriven vertreten worden.[7] Karl R. Popper war der erste, der auf die den Historikern eigentümliche Verwendung trivialer Generalisierungen aufmerksam gemacht hat[8], doch hielt er im Gegensatz zu Scriven ihre Rolle für eher deduktiv, als daß er ihnen Rechtfertigungscharakter beigemessen hätte. Ernest Nagel hat die Rolle der Wahrscheinlichkeits-Gesetze hervorgehoben und betrachtet sie, obzwar er sich darüber im klaren ist, daß sie keine Deduktionen gestatten, im Gegensatz zu Scriven als Bestandteil der Erklärung und nicht lediglich als Teil der *Gründe* für eine Erklärung.[9] Daß die sogenannten Naturgesetze selbst in den Naturwissenschaften (wo wir naturgemäß bestrebt sind, solche aufzustellen) in hohem Maße idealisiert werden und in irgendeinem gegebenen Kontext, in welchem Zugeständnisse im Sinne eines *ceteris paribus* gemacht werden müssen, nicht mehr mit ganzer Schärfe gültig sind, ist inzwischen ein Gemeinplatz in der Philosophie der *angewandten* Naturwissenschaften. Daß die Mehrzahl der Generalisierungen, die sich auf menschliches Verhalten beziehen, Binsenwahrheiten sind, kann man sich bestätigen lassen, indem man nach Belieben irgendeine soziologische Untersuchung zu Rate zieht.

(D) Es ist nicht ganz leicht, einer radikalen Kritik an Hempel habhaft zu werden, eines Philosophen also, der vorbehalt-

los die *absolute* Falschheit von (2) vertritt, doch vielleicht kommt von all denen, die vornehmlich Aussagen zu diesem Problem gemacht haben, William Dray dieser Auffassung am nächsten. Scriven, der Zweifel daran äußert, ob es jemals Gesetze der geforderten Art gegeben hat oder geben wird, räumt dessen ungeachtet ein, daß einige Sätze (»normierte Sätze«) als Grund für Erklärungen in der Erklärung »enthalten« seien. Für Dray wäre dies wohl ein allzu weit gehendes Zugeständnis. Er schreibt, daß der Historiker *»überhaupt kein Gesetz* in jedem üblichen Wortsinn zur Anwendung bringen« müsse[10], und seine Hervorhebungen legen die Vermutung nahe, daß dies seine eigene, radikale Auffassung in dieser Angelegenheit ist. Es gibt allerdings Stellen in seinem Buch, wo er sich weitaus vorsichtiger äußert und eingesteht, daß diese Beurteilung allzu voreilig sein mag. Dennoch scheint sein destruktiver Beweisgang in die Richtung der von ihm hervorgehobenen Satzstelle zu weisen, und seine erklärte Absicht, zu Fall zu bringen, was er das »Modell der Deckung durch ein Gesetz« (Covering Law Model) nennt, hat mich darin bestärkt, seinen Bemerkungen diese Auslegung zu geben.[11] Ob nun Historiker von Gesetzen »in jedem üblichen Wortsinn« Gebrauch machen oder nicht, ist eine sachliche, empirischer Nachprüfung zugängliche Frage, die, wie Dray richtig erkennt, nicht zu der Art Fragen gehört, die hiermit aufgeworfen werden. Selbst wenn wir unterstellen, daß sie wirklich Gesetze verwenden, muß die Frage vielmehr lauten, ob der Gebrauch, den sie von Gesetzen machen, in irgendeiner Weise die notwendige Bedingung für jede Erklärung darstellt, die sie anbieten mögen, und ob ihre Verwendung von Gesetzen die zureichende Bedingung für eine Erklärung abgibt. Diese Fragen entscheidet Dray negativ. Sein Argument stützt sich dabei auf die mutmaßliche psychologische Tatsache, daß ein Historiker unbeirrt an einer von ihm gegebenen Erklärung festhalten kann, ohne die Nötigung zu fühlen, sich der unabhängigen Wahrheit irgendeines Gesetzes, das zur Anwendung auf das Ereignis vorgeschlagen wird, zu verschreiben, so daß in einem nicht näher spezifizierten Sinn des Begriffs der Folge gesagt werden kann, daß aus seiner Erklärung kein Gesetz *folgt*. Doch andererseits kann wiederum aus annähernd vergleichbaren Gründen der Historiker ein gegebenes Gesetz als unabhängig wahr akzeptieren und sogar als ein solches, das ein in Frage stehendes Ereignis unter sich faßt, ohne daß er dabei die Annahme macht, daß es das Ereignis, ›auf‹ welches es tatsächlich anwendbar sein mag, wirklich erklärt. Zur Illustrierung des ersteren Falles: Bei der Erklärung der Tatsache, daß Ludwig XIV bei seinem Tode sehr unpopulär war, und zwar durch den Nachweis, daß er eine Politik verfolgt habe, die den nationalen Interessen Frankreichs abträglich war, mag der Historiker es schwierig finden, anzugeben, welches Gesetz es denn sei, das diese Erklärung sanktioniert, und er kann ungestraft jeden Logiker, der darauf besteht, daß es ein Gesetz geben *müsse*, dazu auffordern, ihm zu sagen, welches denn dieses Gesetz sei. Die Erklärung hat in keiner unmittelbar einsichtigen Weise ein Gesetz zur Folge, und dennoch hat der Historiker die *Gewißheit*, daß er die Tatsache richtig erklärt hat. Zur Illustration des zweiten Falles: Bemüßigt, die Tatsache zu erklären, daß Sir Brian Tuke krummbeinig gewesen ist, würde es ein Historiker (nach Auffassung Drays) wenig erhellend finden, wenn ein Zunftgenosse darauf hinweisen wollte, daß alle Ritter des Mittelalters krummbeinig gewesen seien.

Wenn wir das sogenannte »Modell der Deckung durch ein Gesetz« für die historische Erklärung ablehnen, welchem Modell sollen wir dann unsere Zustimmung geben? Dray bringt unter mancherlei Vorbehalten in Vorschlag, was er ein »Modell der kontinuierlichen Reihen«[12] nennt: Wir erklären ein sehr vielschichtiges, weitmaschiges Ereignis, indem wir es in eine Reihe von Sub-Ereignissen zerlegen, bis wir zu irgendeiner Ereignisfolge gelangt sind, die einigermaßen verständlich ist, zu Ereignissen, angesichts deren uns »ein Licht aufgeht« und die keiner weiteren Erklärung bedürfen. Dennoch zögert Dray, diesem Modell mit überschwenglicher Begeisterung das

Wort zu reden, zunächst weil es da einige immanente Schwierigkeiten gibt, und ferner weil es keinen Grund zu der Annahme gibt, daß es irgendein einzelnes Modell *gibt*, dem jedweder als solcher anerkannte Beispielfall einer historischen Erklärung entspricht. Historiker können Erklärungen anbieten, die ihrer Form nach weit voneinander abweichen, und es war demgegenüber – urteilt man sowohl nach dem übrigen Inhalt seines Buches wie nach dem seiner darauffolgenden Publikationen[13] – Drays Programm, gewissermaßen eine Phänomenologie historischer Erklärungen vorzulegen. Ähnlich wie Scriven indessen legt auch Dray großen Nachdruck auf die pragmatischen Aspekte von Erklärungen. Eine Erklärung ist stets relativ auf einen Zusammenhang sowie auf einen Wissensstand, über den man bereits verfügt.

Wenn ich damit Recht habe, Dray auf die absolute Falschheit von (2) und die absolute Wahrheit von (1) festzunageln, und seine kritischen Argumente berücksichtige, dann wird leicht einsichtig, welche Begründung er für die Wahrheit von (3) heranziehen würde, und dies relativ unabhängig davon, welche Beweise man im Ergebnis einer sorgfältigen Durchsicht historischer Schriften zur Unterstützung von (3) vorlegen will. Sie besteht einfach darin, daß wir zuallererst niemals die Erwartung hegen sollten, in den Erklärungen von Historikern auf Gesetze zu stoßen. Jenen Mangel können wir wohl auf diese Weise begründen, doch müssen wir uns auf die Geschichte des Problems beziehen und auf das Irreführende am Modell der Subsumtion unter ein Gesetz, wenn wir dem Umstand Rechnung tragen wollen, daß überhaupt jemand diesen Mangel erwähnenswert findet.[14]

Das oben Angeführte stellt mithin einige der Weisen dar, in denen die Grundpositionen zum Problem der historischen Erklärung artikuliert worden sind. Selbst anhand dieser Kurzdarstellungen dürfte hinlänglich klar geworden sein, daß die streitenden Parteien in dieser Auseinandersetzung oftmals geneigt gewesen sind, das Problem innerhalb eines Kontextes unterschiedlicher philosophischer Überzeugungen anzugehen und mit abweichenden Kriterien hinsichtlich dessen, was die Lösung eines philosophischen Problems konstituieren kann. Dies gewährt einen gewissen Spielraum für so manches Scharmützel ohne tödlichen Ausgang, es läßt mancherlei kleinere Bodenverschiebungen zu, ohne daß dabei vollständig klar würde, wie das Problem zu jedermanns Zufriedenheit gelöst werden kann. Dies ist teilweise dem Umstand zuzuschreiben, daß der Unterschied zwischen diesem oder jenem Philosophen vielfach auf eine direkte, offenherzige Verschiedenheit der verbalen Selbstdarstellung zurückzuführen ist, wobei die Kontrahenten eigentlich nur darüber streiten, wie ein bestimmtes Schlüsselwort verwendet werden soll. Scriven hat beispielsweise die Behauptung aufgestellt, eine Erklärung sei, was jeweils das *Verstehen* eines Phänomens oder Ereignisses bewirke, das der Erklärung bedarf. Es gibt keinen Grund, weswegen Hempel diese Behauptung bestreiten sollte. Er könnte allerdings eine Analyse des Begriffs ›Verstehen‹ fordern und sodann feststellen, daß er nur dasjenige als etwas anerkennen könne, das das Verstehen (im Unterschied zu Pseudo-Verstehen?) voranbringt, was nämlich nach seiner Auffassung alle (echten) Erklärungen aufweisen: eine deduktive Struktur. Im Hinblick auf Drays Vorbehalte gegenüber der explanatorischen Valenz der Aussage »Alle Ritter des Mittelalters waren krummbeinig« mit Beziehung auf die Tatsache, daß Sir Brian Tuke krummbeinig war, würde Hempel womöglich sagen, daß zunächst einmal die Frage gestellt werden müsse, ob dieser Satz den Anforderungen entspreche, die an ein allgemeines Gesetz zu stellen seien, und daß er sich der Schwierigkeiten so gut wie jeder andere bewußt sei, wenn man angeben wolle, welches nun diese Kriterien sind. Gleichviel, der Satz – sollte er wahr sein – ist schwerlich so nichtexplanatorisch, wie Dray es behauptet. Er weist in die Richtung, in der wir nach einer Erklärung suchen könnten, z. B. Sir Brians Stellung als Angehöriger des Ritterstandes im Gegensatz etwa zu einem vergleichbar allgemeinen Satz der Art:

»Alle Mitglieder der Tuke-Familie waren krummbeinig«, woraus dann zu folgern wäre, daß Sir Brians Entstellung vielmehr ein erworbenes als ein vererbtes Körpermerkmal gewesen sei. Was den Einwand von seiten Drays und Scrivens angeht, daß nämlich Historiker erklären und folglich Erklärungen von Ereignissen bieten, so würde Hempel vielleicht nur sagen, daß er dem wohl zustimme, allerdings mit der Einschränkung, daß er es mit Rücksicht auf eine philosophische Analyse vorziehe, jene als Erklärungs-Skizzen zu bezeichnen. Warum über Worte streiten?

Bis zu einem gewissen Grade also handelt es sich hier um eine Auseinandersetzung über mehr verbale Aspekte, doch gleichzeitig ist eine unterschiedliche Haltung zur Geschichte als solcher festzustellen. Dray und Scriven scheinen die Praxis der Historiographie, so wie sie geht und steht, für vollkommen befriedigend zu halten; Hempel jedoch – wenn er auch nicht gleich offen dafür eintritt, eine Reform der Geschichte in Richtung auf die Physik, die paradigmatische Wissenschaft, durchzuführen – hat sicherlich einige Historiker in der Auffassung bestärkt, daß die Geschichtswissenschaft einer Revision bedürftig sei. Gewiß jedenfalls würde er nicht die These akzeptieren, daß eine solche Revision unmöglich sei und daß die Distinktion zwischen Geschichte und einer beliebigen gegebenen Naturwissenschaft das letzte Wort sei, wie die Anhänger des Historizismus behauptet haben. Scrivens Antwort darauf würde lauten, daß diese Unterscheidung in der Tat keine endgültige sei, sondern daß die Physik *faktisch* dem doch weitaus ähnlicher sei, was die Historiographie *de facto* ist; daß Hempel die logische Struktur der paradigmatischen Wissenschaft selbst falsch konstruiert habe und auf diesen Umstand die Forderung zurückzuführen sei, daß die Geschichtswissenschaft revisionsbedürftig sei – denn es gibt keinen Gegensatz der von ihm angenommenen Art zwischen Historie als solcher und Physik als solcher, sondern lediglich zwischen Geschichte und Physik (wie jeder anderen Naturwissenschaft) einerseits und einem idealisierten Modell andererseits, das keiner wirklich vorhandenen Naturwissenschaft entspricht, sondern nur in der Phantasie des Logikers existiert.

Doch dies wiederum spiegelt eine grundsätzlich verschiedene Haltung hinsichtlich der Aufgabe der Philosophie wider. Hempel könnte auf Scrivens Einwand erwidern, daß es nicht in seiner Absicht gelegen habe, die Naturwissenschaft zu *beschreiben.* Dies Geschäft solle man besser den Soziologen überlassen. Vielmehr sei er bestrebt gewesen, wie es sich für einen Philosophen zieme, rational den Begriff der wissenschaftlichen Erklärung zu rekonstruieren. Sein Anliegen sei es gewesen, zu spezifizieren, welche Bedingungen erfüllt sein müßten, wenn wir vorgeben wollen, angemessene Gründe für etwas zu besitzen, wozu wir eine Erklärung anzubieten haben. Es schien ihm voll und ganz plausibel, daß wir adäquate Gründe für ein explanandum haben, sobald wir imstande sind, es von Prämissen zu deduzieren, die einer Varietät von Bedingungen genügen.[15] Zu der Behauptung, daß allgemeine Gesetze Bestandteil der Gründe für eine *Erklärung* seien, was Scriven für erwiesen ansieht, und man sich zum Zweck der *Rechtfertigung* einer Erklärung auf sie berufen könne, würde er vielleicht rückfragen, wie der Begriff ›Rechtfertigung‹[16] zu verstehen sei? Unzweifelhaft hat Scriven den Bereich der Diskussion erweitert, indem er pragmatische Faktoren mit einbezogen hat; doch ist nicht die Frage nach der Anwendung von Gesetzen zur Rechtfertigung einer Erklärung – die Frage nach dem nämlich, was er »die Rolle der Rechtfertigung von Kriterien« nennt – eigentlich der springende Punkt? Diese »Rolle der Rechtfertigung von Kriterien« wird ins Spiel gebracht, wo derjenige, der die Erklärung anbietet, aufgefordert wird, den Einwand zu beantworten, daß vielleicht gar kein »kausaler Zusammenhang besteht zwischen dem näher bestimmten Phänomen und seiner angeblichen Wirkung«. Doch wie anders kann man diesem Einwand begegnen, als indem man beweist, daß der Zusammenhang wirklich besteht? Wie kann dies bewerkstelligt wer-

den, außer indem man das hier angemessene allgemeine Gesetz vorweist? Sobald man dies jedoch getan hat, nimmt dann nicht die Rechtfertigung einfach die Form einer Deduktion an? Und insoweit sie dies nicht vermag, ist in demselben Maße die Rechtfertigung nicht erreicht worden. Wenn demnach »Rechtfertigung« keine Deduktion nach sich zieht, ist die Bedeutung der erstgenannten Operation alles andere als klar.
So erscheinen die Spannungen, die zwischen unseren ursprünglichen drei Aussagen bestanden haben, als weitere Spannungen zwischen den verschiedenen Lösungen, die jene finden sollten, wieder, wobei die letzteren aus einander widerstreitenden Versuchen hervorgegangen sind, die Bedeutung gewisser Schlüsselbegriffe in Übereinstimmung mit kontroversen Haltungen bezüglich Sprache, Geschichte und Philosophie selbst festzulegen. Was nun unsere anfänglichen drei Aussagen angeht, so scheint ein wahres Moment in jedem einzelnen der Standpunkte zu liegen, die zur Lösung der ursprünglichen Schwierigkeiten eingenommen worden sind. Um es zu wiederholen: Es ist schwer, irgendeinem von ihnen zuzustimmen, wenn und sofern dies eine vollständige Ablehnung der verbleibenden anderen erforderlich machte. Nun glaube ich allerdings, daß es möglich sein wird, dies Moment der Wahrheit aus allen vier miteinander im Widerstreit liegenden Standpunkten herauszulösen und eine Analyse der Rolle von Gesetzen in der historischen Erklärung anbieten zu können, die gleichzeitig alle Kontrahenten zufriedenzustellen imstande ist; eine Analyse, welche die Schwierigkeit auflöst, indem sie alle vier als vielmehr komplementär und nicht als wechselseitig einander ausschließend aufweist. Angenommen, daß dies zu leisten ist, können wir uns vorab dem Problem zuwenden, wie zu bestimmen sei, in welchem Sinne die Form historischer Erklärungen die von Erzählungen ist.

Die vier Standpunkte, die ich herausgearbeitet habe, hatten vornehmlich mit der Struktur des *explanans* zu tun, und die Streitfrage lautete, ob allgemeine Gesetze in die *explanantia* mit aufgenommen werden sollten. (*A*) und (*B*) sprachen sich dafür aus, waren jedoch geteilter Ansicht darüber, ob es *historische* Erklärungen gibt. (C) und (*D*) gingen in der Frage der Existenz historischer Erklärungen mit (*B*) konform, indem sie einräumten, daß es dergleichen zwar gebe, daß jedoch keine Gesetze unter die *explanantia* zu rechnen seien. Während (*C*) erklärte, daß allgemeine Gesetze in *gewissem Sinne* in Erklärungen enthalten seien, wies (*D*) diese Auffassung kurzerhand zurück. Doch der Punkt, der von keiner der unterschiedlichen Positionen zur Sprache gebracht worden ist, hat nichts mit der Anatomie des *explanans* zu tun, sondern mit derjenigen des *explanandum.* Ich möchte geltend machen, daß es *explananda* gibt, die logisch allgemeine Gesetze zur Voraussetzung haben, und explananda, auf die dies nicht zutrifft. Dementsprechend hängt die Frage, ob im explanans allgemeine Gesetze enthalten sein müssen, von unserer ursprünglichen Beschreibung desjenigen Ereignisses ab, für das wir eine Erklärung suchen. Ich werde ferner darauf verweisen, daß, wenn das ursprüngliche explanandum keines ist, das logisch ein allgemeines Gesetz voraussetzt, es durch ein solches ersetzt werden kann, das ein Gesetz erfordert, und vice versa, so daß die Frage der allgemeinen Gesetze in einem bedeutsamen Sinne mit der Frage verbunden ist, wie Phänomene und Ereignisse *beschrieben* werden sollen.

An dieser Stelle möchte ich auf einen trivialen und offensichtlichen Umstand hinweisen. Es sind nicht Phänomene *als solche,* die erklärt werden. Es sind dies lediglich *in eine Beschreibung aufgenommene* Phänomene, welche einer Erklärung fähig sind, und wenn wir ferner davon sprechen, daß wir sie erklärten, so muß dies stets mit Beziehung auf *jene* Beschreibung geschehen. Als muß die Erklärung eines Phänomens der Natur der Sache gemäß jeweils relativiert werden auf eine Beschreibung jenes Phänomens. Wenn wir aber ein Phänomen *E* erklärt haben, und zwar gemäß seiner Beschreibung *D*, dann bleibt es stets möglich, eine andere Beschreibung *D′* von *E* zu finden, dergemäß *E* nicht vermittels der ursprünglichen Erklärung erklärt werden kann. Wenn es nun unbestimmt viele mögliche Beschreibungen eines Phänomens gibt, dann kann es ebensogut unbestimmt viele mögliche, verschiedene Erklärungen für jenes Phänomen geben, und es gibt dann vielleicht tatsächlich Beschreibungen jenes Phänomens, bei deren Zugrundelegung es überhaupt nicht erklärt werden kann.

Solange wir nicht explizit die Beschreibung liefern, oder wofern eine beabsichtigte Beschreibung davon nicht implizit dem Kontext zu entnehmen ist, ergibt sich kein Sinn aus der Aufforderung, das bezeichnete Phänomen zu erklären. Hier werde ich zunächst die Hempelsche Analyse zur Sprache bringen. Was ich nun deutlich machen will, ist, daß ich streng genommen ebensowenig eine Erklärung des Bürgerkrieges liefern oder verlangen kann, wie ich eine Erklärung für den Bogen Papier in einer Schreibmaschine anzubieten habe oder fordern kann. Was wollte schon jemand mit der Aufforderung anfangen: Erkläre jenes Blatt Papier!, solange nicht eine Beschreibung gewissermaßen in der Luft liegt, wie z. B. daß der Papierbogen weiß ist, hier vor mir liegt, oder mit Marmeladenflecken beschmutzt ist? Bestenfalls sind die Ausdrücke ›der Bürgerkrieg‹ oder ›der Bogen Papier in der Schreibmaschine‹ beziehende Ausdrücke. Sie können Satzsubjekte sein oder Objekte von Verben, doch für sich selbst sind sie keine Sätze und demnach für sich selbst genommen weder wahr noch falsch. Folglich können sie – aus naheliegenden Gründen – nicht als Konklusionen in deduktiven Beweisführungen dienen. Kurzum, worauf sie sich beziehen, kann nur dann durch Gesetze abgedeckt werden, wenn sie zuvor in Sätze gekleidet sind, und die Dinge, die sie bezeichnen, können im Prinzip nur dann Gesetzen unterstellt werden, wenn sie zuerst einmal in Beschreibungen eingebracht worden sind. Linguistisch gewissermaßen nackt, sind sie unverständlich. Allerdings gibt es im Prinzip Beschreibungen, die sie vielleicht decken, die ein logisches Hindernis dagegen sind, daß sie von allgemeinen Gesetzen gedeckt werden.

Man betrachte sich beispielsweise den zugegebenermaßen fragwürdigen Begriff einer *vollständigen* Beschreibung von *E*. Stellen wir uns vor, sie bestehe darin, daß sie all die logisch unterscheidbaren wahren Sätze über *E* enthält, bei jedem einzelnen von dessen prädikativem Ausdruck abstrahiert und sodann alle diese prädikativen Ausdrücke von *E* konjunkt behauptet, so daß ebenso viele prädikative Ausdrücke in der Konjunktion enthalten sind, wie es unterscheidbar wahre Sätze über *E* gibt. Es spielt dabei keine Rolle, daß eine solche vollständige Beschreibung nicht zu leisten ist. Es ist nämlich, gemäß dem Prinzip der Identität des Nicht-Unterscheidbaren, für zwei Phänomene *E* und *E'* logisch unmöglich, identische vollständige Beschreibungen zu haben. Doch dann wiederum kann, bei einer vollständigen Beschreibung, *E* nicht durch ein Gesetz gedeckt sein, denn ein derartiges Gesetz wäre logisch beschränkt auf einen einzelnen Anwendungsfall, womit es sich demnach als Gesetz disqualifizieren würde.

Doch wir brauchen uns nicht auf vollständige Beschreibungen zu beschränken. Gemäß Hempels eigenen Kriterien für ein allgemeines Gesetz darf ein vorgeschlagenes Gesetz *G* »kein wesentliches – i. e. nicht-eliminierbares – Auftreten von Bezeichnungen für besondere Objekte« enthalten. Insoweit demnach die Beschreibung *B* eines Phänomens *E* solche Bezeichnungen enthält, kann es, nach Maßgabe von *B*, nicht unter ein allgemeines Gesetz gebracht und von diesem nicht gedeckt werden. Es ist eine strittige Frage, ob alle derartigen Bezeichnungen im Prinzip eliminierbar sind. Angenommen, diese Frage würde positiv beantwortet, so daß wir im Prinzip aus *B* alle solche Bezeichnungen eliminieren und eine andere Beschreibung *B'* anfertigen können, die keine einzige mehr enthielte: immer noch kann auf der Grundlage von *B E* nicht durch ein allgemeines Gesetz abgedeckt werden – wenn man zugesteht, daß es derartige Beschreibungen gibt –, selbst wenn es unter Zugrundelegung einer anderen Beschreibung *B'* einem Gesetz unterstellt werden *kann*. Doch ist dies, wie ich zeigen werde, eine alles entscheidende Überlegung. Aus ihr ginge hervor, daß ein Phänomen durch ein allgemeines Gesetz nur abgedeckt sein kann, insofern wir eine Beschreibung zustande bringen, die keine nicht-eliminierbaren besonderen Bezeichnungen von ihm enthalten. Oder kürzer ausgedrückt, wir können ein Ereignis nur dann unter ein allgemeines Gesetz bringen, wenn wir es zuvor in eine allgemeine *Beschreibung* eingebracht haben. Doch dann ist es leicht, Beschreibungen eines Phänomens zu finden, denen gemäß es nicht dergestalt abzudecken ist und dementsprechend auch nicht im Hempelschen Sinne erklärt werden kann. Daraus folgt unmittelbar, daß jedes Werk der Geschichtsschreibung viele Beschreibungen von Ereignissen enthalten wird, bei deren Zugrundelegung diese Ereignisse nicht erklärt werden können, wenn Hempels Modell richtig ist. Doch folgt daraus *nicht*, daß das Modell als solches unrichtig ist oder daß die fraglichen Ereignisse unerklärbar sind. Unerklärbar sind sie nur auf der Grundlage jener Beschreibungen, die ihnen zuteil geworden sind. Um diese Ereignisse erklären zu können, bedarf es demnach einer *neuen, umgeformten* Beschreibung. Tatsächlich aber bedeutet die Fähigkeit, die Ereignisse neu zu beschreiben, bereits in gewissem Sinne, sie erklärt zu haben. Denn oftmals können wir die neue, gewandelte Beschreibung nur dann durchführen, wenn wir die Erklärung kennen, und die Neubeschreibung hat bezeichnenderweise zur Folge ein »deckendes« Gesetz.

Versuchen wir diese Behauptungen zu illustrieren, indem wir ein Beispiel herausgreifen, das typisch für eine ganze Klasse historischer Erklärungen ist, Erklärungen, die sich auf die Geschichte dessen beziehen, was jeweils nach Erklärung verlangt. Während der Feierlichkeiten zum letzten *monegassischen Staatsfeiertag* waren die Straßen, wie zu erwarten gewesen, mit der Flagge Monacos geschmückt. Doch Seite an Seite mit diesen fand man auch *amerikanische* Flaggen. Das konnte Anlaß zur Verwunderung geben, denn während die amerikanischen Flaggen sich den Ehrenplatz mit monegassischen Fahnen teilten, waren keine anderen Nationalflaggen, z. B. die der Engländer, Franzosen oder Deutschen, vertreten. Hier also ist ein Zusammenhang, angesichts dessen man das Bedürfnis nach einer Erklärung verspürt, und zwar nach der Erklärung zweier Umstände: dem Vorhandensein der amerikanischen neben der monegassischen Nationalflagge und der Abwesenheit anderer Flaggen. Und hier ist eine vollkommen plausible Erklärung, die jemand dafür finden könnte: Er könnte uns erzählen, daß der Fürst eine Amerikanerin zur Frau genommen habe. An diesem Punkt nun könnten wir Professor Drays Spiel spielen; wir könnten darauf verweisen, daß wir kein Gesetz kennen, daß das Ereignis *K* (Fürst Rainier III. heiratete die Schauspielerin Grace Kelly) mit dem Ereignis *E* (die Monegassen hängen an ihrem Nationalfeiertag amerikanische Flaggen heraus) in Verbindung bringt. Tatsächlich gibt es auf dieser Ebene der Beschreibung kein Gesetz, das diese beiden Ereignisse miteinander verbindet, doch aufgrund einer angemessenen Neubeschreibung jedes einzelnen Ereignisses wäre es leicht genug, ein Gesetz aufzustellen, und zwar ein Gesetz, das sowohl die Neubeschreibungen legitimiert wie durch die Neubeschreibungen legitimiert wird. Mehr noch können wir sogar, sobald wir erst die Neubeschreibungen vorgenommen haben, die Erklärung in eine deduktive Form bringen.

Hier eine Trias von Beschreibungen des Ereignisses *E* auf verschiedenen Ebenen:

a. Die Monegassen hängten amerikanische Flaggen Seite an Seite mit der monegassischen heraus.

b. Die Monegassen ehrten eine Fürstlichkeit amerikanischer Herkunft.

c. Die Angehörigen einer Nation ehrten eine Fürstlichkeit mit einer von der ihren verschiedenen nationalen Abstammung.

Wir können *a* als die Beschreibung des Ereignisses ansehen, bevor noch eine Erklärung geliefert werden konnte. Wir können weitergehen und sie als das *explanandum* bezeichnen. Wir können *b* als die Beschreibung *desselben* Ereignisses auffassen, *nachdem* dieses erklärt worden ist. Wäre uns diese Beschreibung des Ereignisses von Anbeginn bekannt gewesen, dann hätten wir keine Erklärung gebraucht, weder für die Anwesenheit amerikanischer Flaggen noch für die Abwesenheit von Flaggen anderer Nationen. Wir können *c* als eine Beschreibung wiederum desselben Ereignisses ansehen, wiewohl es sich dabei ebensogut um eine Beschreibung verschiedener Ereignisse der gleichen Art handeln könnte. Wir können tatsächlich *c* als das Resultat einer Eliminierung von solchen Begriffen auffassen, die besondere Objekte bezeichneten, und zwar zugunsten generell bezeichnender Begriffe, in deren Umfang die ursprünglich bezeichneten Objekte aufgenommen sind. Ich will *c* das *explanatum* nennen. Allerdings eignet sich *b* ebensowohl als *explanatum*. Die Tatsache ist die, daß der Schritt von *b* zu *c* relativ leicht zu vollziehen ist. Die eigentliche Schwierigkeit liegt im Übergang von *a* zu *b*. Er kommt fast einer Transformation der Wahrnehmung gleich, bei der die Objekte im Gesichtsfeld konstant bleiben, jetzt jedoch in einem vollständig neuen Geflecht von Verhältnissen untereinander gesehen werden. Man hat das Gefühl, erleuchtet worden zu sein. Man kann sich nun dem philosophischen Hang zu weiteren Distinktionen überlassen und sich auf *b* als das *konkrete* und auf *c* als das *abstrakte* explanatum beziehen. Es ist das letztere von beiden, das es uns gestattet, das Ereignis unter ein formales Gesetz zu bringen.

Doch unter *welches* Gesetz? Ich halte es nicht für allzu schwer, in einer zumindest vagen Weise zu ermitteln, welches allgemeine Gesetz spontan von jemandem zur Anwendung vorgeschlagen würde, der sich von dem Wandel in der Beschreibung, der sich zwischen *a* und *b* abgespielt hat, illuminiert glaubt. Es müßte etwa lauten:

G. Wann immer eine Nation einen Fürsten von anderer nationaler Abkunft hat als derjenigen seiner eigenen Bürger, dann werden diese Bürger bei gegebenen Anlässen jenen Fürsten in einer angemessenen Art und Weise ehren.

Wir gehen davon aus, daß unabhängig bekannt sei

K-1. Die regierende Fürstin von Monaco ist nicht-monegassischer Herkunft.
K-2. Der monegassische Nationalfeiertag ist ein angemessener Anlaß, die regierenden Fürsten von Monaco zu ehren.
K-3. Das Setzen der Flagge des Geburtslandes einer Person ist eine annehmbare Form der Ehrung jener Person als eines Abkömmlings jener Nation.

Nachdem wir all diese Verbindungen festgestellt haben – und es mag Personen geben, für welche diese, ebensosehr wie andere mögliche Verbindungen, gemeinschaftlich mit näheren Bestimmungen, sämtlich einzeln ausgesprochen werden müssen –, gibt es keinen Grund, noch zu bezweifeln, daß wir schließlich *c* als eine deduktive Folgerung aus allen zusammengenommen darstellen können. Vermutlich ist die vorliegende Erklärung die richtige, doch es mag einigen Aufwand erfordern, sie sämtlich in der formal stimmigen Weise zu formulieren, so daß die Deduktion durchgeführt werden kann. Ich hätte folglich keine Einwände zu machen, wenn jemand mir vorhalten würde, ich hätte lediglich eine Erklärungsskizze geliefert. Ich habe in einer etwas unbestimmten Weise auf ein Gesetz verwiesen, jenes Gesetz sogar genannt und die relevanten Anfangsbedingungen spezifiziert. Ebensowenig hätte ich irgendwelche Einwände, wenn jemand hervorheben wollte, daß nicht unbedingt eine Notwendigkeit bestehe, die Erklärung auszuarbeiten, daß womöglich alles, was ich angeführt habe, spontan von der Person verstanden werde, welcher die Erklärung gegeben werden soll. Pragmatisch gesehen liegt allerdings kein Sinn darin, doch hier handelt es sich immerhin um eine philosophische Frage. Vertreter der formalen Logik mögen es gleichermaßen ermüdend finden, alle Schritte einzeln anzugeben, die zur formalen Darstellung eines Beweises erforderlich sind, dessen Validität sie intuitiv zu erfassen vermögen.

Es bleiben noch mancherlei Fragen, die zur Diskussion anstehen, doch ich möchte hier einen Augenblick innehalten, um anzugeben, wie die oben durchgeführte Analyse für die letzten drei der vorhin genannten vier Positionen annehmbar sein könnte.

Gewiß sollte diese Analyse Hempel zufriedenstellen. Wir besitzen ein Gesetz, das das Ereignis unter sich faßt. Wir haben eine Erklärungs-Skizze geliefert, die bei gebotener Sorgfalt zu einer vollgültigen Erklärung gemacht werden könnte, und ganz allgemein gesprochen ist, abgesehen von den Bemerkungen über explananda und explanata, diese Analyse auch im wesentlichen diejenige, die er selbst gibt. Andererseits sollte sie auch Dray vollkommen zufriedenstellen. Erstens deckt das Gesetz *G* das Ereignis *E* nicht als solches, noch ist *E* selbst unter Zugrundelegung der Beschreibung *a* abgedeckt – die wiederum die Art von Beschreibung ist, die man mit größter Wahrscheinlichkeit in Geschichtsbüchern finden wird. Fernerhin kann man das explanandum (hier wieder *a*) nicht aus dem explanans deduzieren. Das, was ich als das explanatum bezeichnet habe, kann indes derart deduziert werden, und es mag ihm eine gewisse Befriedigung verschaffen, darauf hinzuweisen, daß wir erst dann imstande seien, das explanatum und natürlich auch das Gesetz vorzuweisen, nachdem uns die Erklärung gegeben worden ist (oder nachdem wir sie selbst herausgefunden haben). Die Ersetzung des explanandum durch das explanatum (*a* durch *b* und folglich *c*) muß ihm nicht unbedingt illegitim erscheinen. Es ist in Wirklichkeit genau ein Beispielfall dafür, was er anderswo das »Erklären, was« in der Geschichte genannt hat. Aus Gerechtigkeit gegen Dray sollte man sagen, daß derjenige, der die Erklärung gegeben hat, das Gesetz *G* nicht *angewendet* hat. Doch für einen Menschen, der mit den Gebräuchen, jemanden zu ehren, mit nationalen Symbolen und einem ganzen Geflecht damit zusammenhängender allgemeiner Begriffe oder Vorstellungen nicht

vertraut ist, wäre die Erklärung ausgesprochen undurchsichtig. Der Erklärende wäre in einem solchen Fall gezwungen, ein Gesetz wie *G* explizit zu erwähnen, um seine Erklärung zu rechtfertigen, und dies wiederum bringt uns zu dem Standpunkt, den Scriven vertritt. Denn *G* würde nicht nur jene rechtfertigende Rolle spielen, auf die er so großen Wert legt, sondern es würde sich als Binsenwahrheit entpuppen, oder, mit seinen Worten, als »normischer Satz«. Darüber hinaus verleiht es dem Begriff der Rechtfertigung bestimmten Sinn; nämlich den, daß eine Deduktion zulässig ist. Dies wäre voll und ganz mit den kontextuellen und pragmatischen Erwägungen vereinbar, die er so sorgfältig ausgearbeitet hat.
So will mir scheinen, daß wir dadurch, daß wir der Frage, wie Phänomene *beschrieben* werden sollen, einige Aufmerksamkeit zuwenden, eine Theorie der Rolle allgemeiner Gesetze in der Historie entwickeln können, die – von geringfügigen Einzelheiten abgesehen – geeignet wäre, die Hauptargumente von dreien der Grundpositionen miteinander zu versöhnen. Doch wir müssen uns noch immer mit *A* ins Einvernehmen setzen. Diesem Punkt will ich mich nun zuwenden.

Strenggenommen muß die soeben skizzierte Analyse mit *A* schlechthin unvereinbar scheinen, denn sie stützt eindeutig die Hempelsche Behauptung, daß das Erklärungs-Schema gleichgültig gegenüber der Unterscheidung zwischen menschlichen und nicht-menschlichen Phänomenen oder jedem angeblichen Unterschied zwischen »Human-« und »Naturwissenschaften« sei. Es gibt allerdings zwei Erwägungen, die sich anhand meines Beispiels anstellen lassen und die eindeutig zeigen, daß wir *in der Praxis* menschliches Verhalten durchaus würdigen und tatsächlich verstehen, und dies im Lichte sehr allgemeiner Vorstellungen, die, wollte man sie explizit formulieren, die Form allgemeiner Gesetze annehmen würden. Die erste hält die einfache Tatsache fest, daß, nachdem zunächst der Umstand, daß amerikanische Flaggen herausgehängt worden sind, durch einen Hinweis auf die nationale Herkunft der weiblichen Herrscherin Monacos erklärt worden ist, die meisten Menschen – wenn wir unterstellen, daß sie mit einem Minimum an relevanter historischer Information ausgestattet sind – spontan den Zusammenhang »sehen«, ohne daß man nun erst nach dem angemessenen allgemeinen Gesetz suchen müßte, vermittels dessen jener Zusammenhang gültig gestiftet wird. Die bloße Tatsache, daß sie sich nicht selbst explizit machen müssen oder von anderen explizit gemacht bekommen müssen, welches dieses allgemeine Gesetz sei, beweist oder legt vielmehr die Vermutung nahe, daß das Denken in allgemeinen Begriffen derart natürlich ist, daß es beinahe schon unbewußt erfolgt. Es ist dementsprechend sehr leicht einzusehen, warum angesichts der psychologischen Tatsache, daß die betreffenden Gesetze niemals (oder höchstens sehr selten) bewußt gemacht werden, die Philosophen versucht sind zu sagen, es gäbe kein allgemeines Gesetz, oder es sei kein allgemeines Gesetz erforderlich, um die Erklärung zu verstehen. Die zweite Überlegung ist, daß das Bedürfnis nach einer Erklärung oder das Gefühl der Verwunderung sich häufig und sogar in typischer Weise dann einstellen, wenn wir unfähig sind, das fragliche Phänomen einer gegebenen allgemeinen Vorstellung zu assimilieren. Wir denken dann etwa: Die Flaggen werden gezeigt, um eine befreundete Nation zu ehren. Doch das fügt sich irgendwie nicht ins Bild. Denn warum werden dann nicht auch die Flaggen anderer oder vielmehr aller befreundeten Nationen gezeigt? Wir sind also mit Rücksicht auf irgendeine akzeptierte allgemeine Vorstellung über Verhaltensweisen, die mit dem Zeigen von Flaggen zusammenhängen, irritiert, und dies wiederum zeigt, welch eine wichtige Rolle – sogar in den pragmatischen Aspekten des Problems – allgemeine Gesetze spielen. Irgend jemand, sagen wir ein Kind, das mit den anwendbaren allgemeinen Vorstellungen nicht vertraut ist, könnte nur dann von einem Gefühl der Verwunderung befallen werden, wenn man es zunächst über die entsprechenden Allgemeinbegriffe aufklärte, es darin unterrichtete; fehlen diese, dann empfindet es nicht das Bedürfnis nach einer Erklärung. Indessen wäre es unrichtig zu sagen, die als erklärungsbedürftig empfundenen Ereignisse könnten deshalb nicht einem allgemeinen Gesetz unterstellt werden, weil sie als *Ausnahmen* irgendeines allgemeinen Gesetzes gewertet werden. Denn es folgt daraus lediglich, daß sie Ausnahmen eines allgemeinen Gesetzes sind, das man von vornherein nur irrtümlich auf sie applizieren konnte, nicht aber, daß sie Ausnahmen *jedes* denkbaren allgemeinen Gesetzes seien. Es liegt in der Erklärung ein Analogon zum Phänomen der Illusion. Flaggen herauszuhängen, *hätte* ein Beispiel dafür *sein können,* wie man eine befreundete Nation ehrt. In diesem Falle war es kein Beispiel hierfür, und das Gefühl des Befremdetseins könnte einfach deshalb entstanden sein, weil man versucht und nichts dabei erreicht hat, es als Beispielfall jener allgemeinen Vorstellung zu subsumieren. Doch die Illusion verflüchtigt sich, sobald wir das Ereignis nicht als Ausnahme des ursprünglich herangezogenen Gesetzes betrachten, sondern als ein *richtiges* Beispiel für ein völlig *verschiedenes* allgemeines Gesetz.

Ich werde sogleich zu diesen Überlegungen zurückkehren. Bisher scheint es, als besäßen wir ein starkes Gegenargument gegen *eine* der Grundpositionen von *A.* Trotzdem muß eingeräumt werden, daß etwas noch verbleibt, das dennoch zugunsten jener Position geleistet werden kann. Ich möchte damit beginnen, daß ich das Augenmerk auf einen weiteren Aspekt der Hempelschen Analyse lenke. Er behauptet – wofür er im übrigen heftig kritisiert worden ist[17] –, daß Erklärung und Voraussage logisch gesehen ein Ganzes bilden; daß wir genau denselben »Apparat« benutzen, gleichgültig ob wir ein Ereignis erklären, das geschehen ist, oder ein Ereignis vorhersagen, das geschehen wird, wofern unser Apparat den Ansprüchen genügt – wobei der Unterschied nur darin besteht, *wann* wir diesen Apparat, relativ zum Zeitpunkt des Geschehens des Ereignisses, einsetzen, ins Spiel bringen. Man kann sagen, wir hätten ein Ereignis erklärt, wenn und nur wenn wir das

Ereignis erfolgreich hätten vorhersagen können, bevor es eingetreten ist, wobei wir genau dasselbe Gesetz anwenden.
Diese Behauptung bliebe sicher nicht unwidersprochen von den Anhängern der Position *A*, deren eine Hauptthese lautet, daß der Mensch frei sei[18], denn es erschiene ihnen wohl völlig unvereinbar mit menschlicher Freiheit, daß menschliches Verhalten vorhersagbar sein sollte. Akzeptiert man jedoch Hempels Umwandlungs-Regel, d. i. von Erklärungen in Voraussagen und umgekehrt, dann ist menschliches Verhalten, sobald es erklärbar wird, auch vorhersagbar. Wenn sie folglich behaupten wollen, daß es nicht vorhersagbar sei, dann werden sie ebenso sagen wollen, daß es vermittels der Anwendung allgemeiner Gesetze auch nicht erklärbar sei: Ob sie darin recht haben oder nicht, Vorhersagbarkeit mit der Negation der These zu verbinden, daß die Menschen frei seien, ist ein Punkt, den ich hier keiner näheren Prüfung unterziehen will. Nichstdestoweniger halte ich es für möglich, daß man eine subtilere Analyse des Verhältnisses zwischen Erklärung und Voraussage durchführen könnte, die ihnen meine Analyse allgemeiner Gesetze akzeptabel machte und so zumindest teilweise ihren Standpunkt unangetastet läßt. Noch einmal will ich der Frage der Beschreibung meine besondere Aufmerksamkeit zuwenden.
Es will mir nun allerdings scheinen, daß kein Zweifel daran aufkommen dürfte, daß wir sehr wohl – wäre uns das Gesetz *G* bekannt und wüßten wir ferner, daß die Fürstin von Monaco nicht-monegassischer Abkunft ist, daß der Nationalfeiertag der passende Anlaß ist, regierende Fürstlichkeiten zu ehren – mit einiger Gewißheit das fragliche Ereignis vorherzusagen imstande sein müßten. Oder vielmehr, wir hätten es gemäß der Beschreibung *c* oder *b* vorhersagen können – jener Beschreibung, die wir vorhin als das explanatum charakterisiert haben. Indessen folgt keineswegs, daß wir mit derselben Gewißheit und auf der Grundlage derselben Information unter Zugrundelegung der Beschreibung *a* das Ereignis hätten vorhersagen können. Denn wenngleich *a*, *b* und

c sämtlich Beschreibungen desselben Ereignisses sind, und obschon *c* und *b* deduktive Folgerungen aus *G* sind, zusammen mit jenen von uns spezifizierten Ausgangsbedingungen, so gilt dies doch *nicht* für *a*. Ich werde jetzt die Behauptung aufstellen, daß das Gesetz *G* – und eine Vielzahl, wenn nicht gar die Gesamtheit aller Gesetze, die Elemente von Erklärungen in der Geschichtsschreibung abgeben – eine Klasse von Anwendungsfällen umfaßt, die *offen* und zugleich *nicht-homogen* ist. Das ist so, weil der Extension jener Beschreibungen, die als *explanata* dienen, offene und nicht-homogene Klassen von Ereignissen zugehörig sind. Auf meine Illustration bezogen: Es gibt viele verschiedene Ereignisse, viele verschiedene Dinge, die die Monegassen getan haben könnten, die unterschiedslos unter *c* (oder *b*) und *G* fallen würden. Flaggen herauszuhängen ist nur eine Weise von vielen, der allgemeinen Beschreibung Genüge zu tun. Die entsprechenden Bräuche vorausgesetzt, folgt aus Beschreibung *a* Beschreibung *b*, doch aus *c* folgt *nicht a*. Denn – um uns nochmals auf dieselben Bräuche zu berufen – *c* ist vereinbar mit nicht-*a*. Man kann einen im Ausland geborenen Fürsten ehren, ohne daß man notwendigerweise die Flagge des Geburtslandes jenes Fürsten zeigt. Also hätte man wohl richtig *c* voraussagen können, ohne zugleich *a* vorauszusagen; oder man könnte zwar richtig *c* (oder *b*) voraussagen, während die Voraussage von *a unwichtig* wäre. Denn ein verschiedenes Ereignis *d* hätte anstelle von *a* eintreten können und wäre dennoch unter dasselbe Gesetz *G* und dieselbe allgemeine Beschreibung *c* gefallen. Es reicht demgemäß nicht aus, einfach zu sagen, daß wir das *Ereignis* vorhersagen können. Die Frage lautet vielmehr, gemäß welcher Beschreibung dasselbe Ereignis hätte vorausgesagt werden können.

Dieser Punkt steht mit einem früher erwähnten in Verbindung, und zwar an der Stelle, wo ich mich über die Konstruktion von Erzählungen auf der Grundlage dokumentarischer und begrifflicher Beweise ausgelassen habe. In dem Bestreben, eine Lücke unseres historischen Wissens dort auszu-

füllen, wo kein »dokumentarischer Beweis« (»Geschichte-als-Überlieferung«) vorliegt, könnten wir versuchsweise und auf der Grundlage irgendeines allgemeinen Gesetzes von der Art, wie ich es eben beschrieben habe, oder auf der Grundlage irgendeines Typus-Konzepts das Vorhandensein eines Ereignisses oder einer Reihe von Ereignissen postulieren, um jene Lücke zu schließen. Wir könnten dabei zufällig auf etwas gestoßen sein, das tatsächlich geschehen ist. Doch ein Typus-Konzept kann nicht mehr sein, als was es ist: Es hat mit demjenigen zu tun, was typisch der Fall sein kann, und dies ist vereinbar mit einer ganzen Reihe qualitativ verschiedener Ereignisse, deren jedes derselben allgemeinen Beschreibung genügt und von denen jedes einzelne geschehen sein *könnte*. Um aber in der Lage zu sein, zu wissen, welches Ereignis in unserer Reihe *tatsächlich* geschehen ist, bedürfen wir dokumentarischer Beweise. Gleicherweise stützt ein »konzeptueller« Beweis bestenfalls einen *plausiblen* Bericht.
Gemäß der Hempelschen Darstellung sind also die Gesetze, die, wie man sagen kann, implizit in typischen historischen Erklärungen enthalten sind, in besonderem Maße locker, d. i. unbestimmt in dem Sinne, daß sie einer beliebigen Zahl qualitativ verschiedener Fälle angepaßt sind. Sie lassen in der Tat *schöpferische Gelegenheiten* zu, denn die Klasse der Ereignisse, die sie unter sich fassen, ist offen, und zwar in dem Sinne, daß wir uns im Prinzip stets einen unter sie subsumierbaren Fall vorstellen können, der in keiner erkennbaren Weise Fällen aus der Vergangenheit ähnlich sein muß. Es handelt sich hier um dieselbe Situation, die es uns zum Beispiel erlaubt, Dinge – wie etwa Kunstwerke – zu klassifizieren, die nicht notwendigerweise als solchen bereits klassifizierten Objekten ähnlich sind, und die es Künstlern gestattet, stets auf der Suche nach Neuem zu sein, das sie, sollten sie es wirklich gefunden haben, nicht automatisch disqualifiziert, ein echtes Kunstwerk geschaffen zu haben. Womit wir es hier zu tun haben, ist das, was Wittgenstein ein ums andre Mal unter dem Begriff der »Familien-Ähnlichkeit« abgehandelt hat. Es liegt in

der Natur der Familien, Exemplare hervorzubringen, deren genaue Ähnlichkeit mit irgendeinem bereits existierenden Exemplar weitaus häufiger die Ausnahme als die Regel ist. Die Gesetze, auf die wir uns also in historischen Erklärungen berufen, könnten eingesetzt oder dazu verwendet werden, eine praktisch unerschöpfliche Klasse von Erklärungen zu rechtfertigen, aus deren keiner, wie Dray richtig festgestellt hat, wirklich das Gesetz *folgt*. Andererseits kann man jedoch wiederum sagen, daß aus ihnen das Gesetz folge, und zwar wenn man sie in Verbindung zu demjenigen sieht, was ich die *Regeln der Neubeschreibung (Re-Deskription)* nennen möchte, denen gemäß wir die gegebene Beschreibung eines Ereignisses durch eine andere von höherem Allgemeinheitsgrad ersetzen können. Diese Reihe von Regeln ist vielleicht schwer zu spezifizieren; welches sind beispielsweise die Kriterien, vermittels deren wir etwas als Kunstwerk klassifizieren? Es kommt zudem nicht immer nur einfach darauf an, diese Neubeschreibung zu erreichen, denn es kann so *scheinen*, als ob die eine allgemeine Beschreibung das Ereignis trägt, während es faktisch eine ganz andere erfordert. Dies ist es, was den logischen Raum für dasjenige schafft, was ich die *Illusionen der Erklärung* genannt habe.

Es gibt allerdings einen auf der Hand liegenden Einwand, der gegen diese allgemeine Charakterisierung allgemeiner Gesetze gekehrt werden kann. Nehmen wir an, man habe in Übereinstimmung mit meiner Analyse ein Ereignis erklärt, d. h. es durch ein allgemeines Gesetz abgedeckt, nachdem man es in eine Beschreibung von größerer Allgemeinheit eingebracht hat; man hat den Schritt vom explanandum zum explanatum getan. Die Tatsache bleibt bestehen, daß genau dasselbe explanatum und allgemeine Gesetz in Geltung bleiben könnten, wenngleich das erklärte Ereignis etwas von dem, was sich wirklich zugetragen hat, recht Verschiedenes ist; beschrieben worden ist mit einem anderen als dem von uns gegebenen explanandum, so daß der identische explanatorische Apparat gültig bleibt, ob das erklärte Ereignis nun wirklich geschehen ist oder nicht. Nehmen wir an, *E* sei das fragliche Ereignis und *B* das explanatum von *E*. Doch angenommen, *E'* sei ein von *E* qualitativ verschiedenes Ereignis, falle aber nichtsdestoweniger gleichermaßen unter die allgemeine Beschreibung *B*. Die Frage lautet nun, warum wir, da unser explanatorischer Apparat keinen Unterschied zwischen den einzelnen Fällen zu machen vermag, die er unter sich begreift, dabei bleiben wollen, zu behaupten, wir hätten *E* erklärt, wo wir doch mit demselben Apparat *E'* erklärt haben könnten. Angenommen, es behauptet jemand, wir hätten wirklich nicht erklärt, warum *E* anstatt *E'* eingetreten ist. Denn aus der Beschreibung *B* folgt nicht minder *E* als *E'* – obwohl aus beiden, bei Anwendung der entsprechenden Regeln, *B* folgt. Sind wir, da die Erklärung mit anderen möglichen Geschehnissen verträglich ist, dazu berechtigt, sie überhaupt als Erklärung anzusehen? Alan Donagan schreibt dazu:

»Wenn angenommen wird, daß aus einer Erklärung logisch nicht unbedingt dasjenige folgen muß, was es erklärt, sondern sie ebensogut mit zahlreichen anderen Möglichkeiten vereinbar ist, dann vermag sie nicht zu erklären, warum diese oder eine andere jener Möglichkeiten nicht realisiert worden ist, vermag sie nicht zu erklären, warum gerade das, was sie zu erklären vorgibt, und nicht vielmehr irgend etwas anderes geschehen sein soll.«[19]

Es ist nicht ganz ohne Interesse, daß Donagans Bemerkung von ihm als ein Argument zur *Stützung* des Hempelschen Modells vorgebracht wird, wir demgegenüber jedoch imstande sind, sie als Einwand gegen das zu formulieren, was im wesentlichen eine Variante des Hempelschen Modells ist. Andererseits ist es nicht ganz zutreffend, zu sagen, daß aus der Erklärung logisch nicht folge, was sie zu erklären vorgebe. Aus ihr *folgt* tatsächlich das explanatum. Das Problem besteht darin, daß daraus nicht dieser eine statt irgendein anderer der verschiedenen Fälle folgt, die unterschiedslos unter dasselbe explanatum fallen. Demnach haben wir eine Unterscheidung zwischen zwei Bedeutungen der Wendung ›andere Möglichkeiten‹ zu treffen.

Es gibt, um damit den Anfang zu machen, eine Bedeutung, nach welcher unsere Erklärung tatsächlich andere Möglichkeiten ausschließt. Man denke nur an das Heraushängen amerikanischer Flaggen Seite an Seite mit der monegassischen während des Nationalfeiertages. Das *könnte* abgedeckt werden durch eine beliebige Anzahl verschiedener allgemeiner Beschreibungen oder explanata. Es könnte beispielsweise ein Anwendungsfall der Beschreibung »Ehrung einer ausländischen Macht« sein. Es könnte ebensogut ein Beispielfall der allgemeinen Beschreibung »Provokation einer fremden Nation« sein: Das Heraushängen amerikanischer Flaggen könnte ein wohlbedachter Affront gegen Frankreich sein. Es könnte auch beides sein. Doch diese allgemeinen Beschreibungen scheiden durch unsere Erklärung, wofern sie richtig ist, als »andere Möglichkeiten« aus. Es ist vielleicht ein etwas starker Ausdruck zu sagen, sie schieden aus, denn die Möglichkeit der Überdeterminiertheit besteht natürlich immer. Selbst wenn wir das Prinzip des zureichenden Grundes akzeptieren und sagen, daß für alles, was geschieht, eine zureichende Bedingung seines Eintretens greifbar sein müsse, schließt dies noch nicht die Möglichkeit aus, daß man mehr als nur einer zureichenden Bedingung habhaft wird. Ebensowenig ist es ein Einwand dagegen, daß etwas eine Erklärung sei, wenn es für dieselbe Sache eine andere Erklärung geben sollte. Es gibt Leute, die zwei Fliegen mit einer Klappe schlagen, ausgehen, um sich Bewegung zu schaffen und zugleich ein Lammkotelett zu kaufen, und die Monegassen haben womöglich gleichzeitig ihren Fürsten geehrt, ein ausländisches Land geehrt und das andere beleidigt, und dies alles durch eine und dieselbe Handlung. Doch sind dies Verschränkungen, die wir für den Augenblick beiseite lassen können, so daß wir hier einfach feststellen dürfen, daß andere mögliche allgemeine Beschreibungen, ausgenommen bei Überdetermination, wegfallen, sobald es uns gelungen ist, ein Ereignis unter das richtige explanatum zu bringen. Ist uns dies gelungen, dann bleibt allerdings immer noch die zweite Bedeutung von ›andere Möglichkeiten‹, nämlich jene anderen »mit-möglichen« Ereignisse, die von besonderen Beschreibungen erfaßt werden, deren jede derselben allgemeinen Beschreibung genügt. Und da es die letztere nicht vermag, zwischen jenen zu unterscheiden, schließt sie auch keine einzige von ihnen aus. Wir könnten nicht ableiten, welche unter ihnen Gültigkeit besitzt, wenn wir lediglich wüßten, daß die allgemeine Beschreibung wahr ist. Es ist dies eine Angelegenheit, von der wir nur durch unabhängige historische Forschung Wissen erlangen können, und in demselben Maße, so möchte ich hinzufügen, wie es keine vergleichbare historische Erforschung der *Zukunft* geben kann, ist unsere Kenntnis der Zukunft allgemein und abstrakt im Vergleich zu unserem Wissen von der Vergangenheit. Die Kenntnis selbst der Gesamtheit aller allgemeinen Gesetze vorausgesetzt, könnten wir dennoch nicht – wären die Gesetze von der von mir bezeichneten Art – die Ereignisse der Zukunft nach Maßgabe besonderer Beschreibungen voraussagen. Der vorliegende Einwand indessen lautet, daß wir Ereignisse diesen Beschreibungen gemäß ebensowenig *erklären* können.

Wir haben folglich diese beiden Bedeutungen des Ausdrucks ›andere Möglichkeiten‹. Die erste ist, daß dasselbe Ereignis unter eine Verschiedenheit allgemeiner Beschreibungen fallen kann. Es ist dieser Umstand, der eine Überdetermination ebenso wie Illusionen der Erklärung möglich macht. Die zweite ist, daß dieselbe allgemeine Beschreibung qualitativ verschiedene Ereignisse unter sich fassen kann. Dieser Umstand ist geeignet, den allgemeinen Charakter unseres Wissens um die Zukunft zu erklären und dementsprechend die weitere Tatsache, daß ohne dokumentarischen Beweis (Geschichte-als-Überlieferung) unser Wissen von der Vergangenheit genau so allgemein und abstrakt wäre wie unser Wissen von der Zukunft. Unsere Erklärung dient dazu (bei Nichtberücksichtigung einer Überdetermination), anzuzeigen, von welcher jener Klassen, denen unser Ereignis zugehören *könnte*, es *tatsächlich* ein Beispielfall ist. Ich möchte sagen, daß es andere Möglichkeiten, im Sinne der Klasse verstanden, ausschließt. Haben wir jedoch erst einmal die Klasse isoliert, der es angehört, so gestattet uns dies noch nicht, zu sagen, welcher der vielen möglichen Fälle, die darin enthalten gewesen sein *könnten, wirklich* darin enthalten gewesen ist. Ich möchte dies so ausdrücken, daß es nicht gelungen ist, andere Möglichkeiten auszuscheiden. Das wäre vielleicht unwichtig, wenn die Exemplare der fraglichen Klasse homogen wären; da sie es nicht sind, *könnte* dieses Versagen als ein Mangel dieser Theorie der Erklärung angesehen werden.

Ich bin mir nun allerdings nicht sicher, ob ich diesen Einwand zufriedenstellend abweisen kann.[20] Nichtsdestoweniger läßt sich doch schon einiges sagen. Erstens: Der Einwand setzt das Vorhandensein anderer Möglichkeiten im Exemplar-Sinne voraus. Gäbe es sie nicht, dann könnte man uns nicht dafür verantwortlich machen, daß es uns nicht gelungen ist, eine Theorie der Erklärung auszuarbeiten, die ihnen Rechnung trägt. Da jedoch andere Möglichkeiten im Exemplar-Sinne relativ auf eine allgemeine Beschreibung und ein allgemeines Gesetz, deren Fälle sie darstellen, spezifiziert werden müssen, setzt der Einwand wiederum gerade jene Charakterisierung allgemeiner Beschreibungen und allgemeiner Gesetze voraus, die ich angeboten habe. Also wird im Grunde der Apparat, den ich ausgearbeitet habe, stillschweigend von jenem Einwand anerkannt, und dementsprechend wird ihm eine zumindest partielle Geltung beigemessen. Zweitens: Angenommen, wir fänden eine Beschreibung von einem intermediären Allgemeinheitsgrad zwischen *a* und *c* (oder *b*), relativ zu welcher einiges von demjenigen, was bislang andere Möglichkeiten im Exemplar-Sinne gewesen sind, in andere Möglichkeiten im Sinne der Klasse umgewandelt werden kann. Selbst dann würde uns das neue explanatum, vorausgesetzt es hält sich innerhalb des Rahmens der von mir beschriebenen Art, mit denselben allgemeinen Schwierigkeiten, wenn es denn Schwierigkeiten sind, belasten, denn es gäbe noch immer *einige* andere Möglichkeiten im Exemplar-Sinne. In der Tat würden uns diese Schwierigkeiten unablässig verfolgen, so lange, bis wir eine Art Beschreibung des Ereignisses zuwege bringen, in Beziehung auf welche es *keine* anderen Möglichkeiten im Exemplar-Sinne mehr geben kann. Diese Beschreibungen könnten zweifacher Art sein. Entweder sie wären Beschreibungen wie *a*, oder es handelte sich bei ihnen um allgemeine Beschreibungen mit homogenen Klassen von Fällen. Tritt das erstere ein, so stehen wir wieder vor der Frage nach einem *allgemeinen Gesetz*, aus dem *a* deduktiv folgt, und da das Gesetz – dem Hempelschen Kriterium gemäß – Bezeichnungen für spezifische Objekte (Eigennamen) enthielte, würde es automatisch als allgemeines Gesetz untauglich sein. Gilt der zweite Fall, dann ist es in der Tat sehr schwer festzustellen, was das Gesetz denn sein könnte, und es wäre fast mit Sicherheit falsch, zu sagen, daß ein derartiges Gesetz in historischen Erklärungen vorausgesetzt sei, weil ein jedes solches Gesetz beinahe mit Gewißheit nicht-homogene und offene Klassen von Fällen unter sich begreifen würde. Es läßt sich darüber streiten, ob wir jemals über solche Gesetze verfügen würden, und ich sehe keinen Weg, *a priori* zu unterscheiden, wie ein solcher Streit geschlichtet werden könnte.

Allerdings ist es der Natur der Sache gemäß keine einfache Angelegenheit, im voraus zu sagen, welches die anderen Möglichkeiten im Exemplar-Sinne sind; insbesondere ist es schwierig, die gesamten Exemplare der Klasse zu spezifizieren. Vielleicht ist es auch unmöglich, dies zu tun, denn es gibt immer die Möglichkeit, daß menschlicher Erfindungsgeist einen neuen Beispielfall schafft, den wir im Nachhinein zwar als jener Klasse zugehörig erkennen, den wir jedoch nicht antizipieren könnten, selbst wenn wir in ganz allgemeiner Form imstande gewesen sein könnten, die allgemeine Beschreibung vorherzusagen, unter die dieser Beispielfall zu bringen ist. Vergleichbar hiermit wäre, daß es selbst dann, wenn die Disposition eines Menschen zu freundlichem Verhalten bekannt ist und wenn man weiß, daß von ihm zu gegebenem Anlaß erwartet werden kann, daß er etwas Freundliches tun werde, nicht immer ein Leichtes ist, zu sagen, welche Art der

Freundlichkeit er anderen erweisen wird. Freundlichsein bedeutet schöpferische Güte, Rücksichtnahme, die Fähigkeit, Menschen durch das stets Passende der eigenen Gesten zu überraschen. Schreibt man einer Person eine derartige Disposition zu, dann heißt dies, Spielraum für Kreativität zu lassen, da Freundlichkeit keine rituelle Angelegenheit ist; dann gibt es keine genau aufzählbare Reihe von Dingen, worin sich die Art und Weise erschöpft, in der sich solche Anlage bewährt. Viele Charakterzüge sind von dieser Art, so daß eine der am häufigsten geäußerten Behauptungen von Deterministen, daß wir, wenn wir genaue Kenntnis über den Charakter einer Person und über die Bedingungen besäßen, unter denen sie handelt, unfehlbar ihr Verhalten vorhersagen könnten, nur zur Hälfte richtig ist. Gewiß könnten wir dies bei Zugrundelegung einer allgemeinen Beschreibung: Wir können getrost sagen, daß der gütige Mensch etwas Gutes tun, der Witzige etwas Lustiges von sich geben wird, doch bedeutet dies noch nicht, daß wir in einer genauer angebbaren Weise vorhersagen könnten, wie sich die Weitherzigkeit des ersteren beweisen wird und welche Scherze und *bonmots* letzterem einfallen werden. Wir können sie im Nachhinein als treffende Beispiele erkennen, ohne daß wir imstande wären, sie auch vorherzusagen.

Doch angesichts derartiger Erwägungen ist es eine gewissermaßen leere Forderung, eine Erklärung dafür zu verlangen, warum gerade E geschehen ist anstelle von etwas, das im Exemplar-Sinne gleichermaßen möglich gewesen wäre wie E. Gewiß kann man wohl irgendein mögliches Ereignis E' bestimmen und dann fragen, warum nicht E' stattgefunden habe anstatt E, und man kann darauf hinweisen, daß E' dem Zweck ebensogut entsprochen hätte wie E. Doch während die Erklärung für das Nicht-Eintreten von E' verschiedene Formen annehmen kann – E' zu tun, kam den Handelnden niemals in den Sinn, oder es wurde zwar erwogen, doch aus diesem oder jenem Grund verworfen –, erfordert es im Prinzip keine Gesetze, die von jenen der von uns abgehandelten Art verschieden sein müßten, sondern man würde von Fall zu Fall vorzugehen haben, womit man am Ende jedoch sich genau denselben Einwänden aussetzen würde. Bis man also über eine völlig andere Art Gesetz verfügen kann, enthüllt der Einwand einen der Struktur der Erklärung inhärenten Grundzug, der im Grunde für die Position *A* einnehmen muß.

Vielleicht spricht er nur zu sehr für sie, mag man einwenden. Denn das Beispiel, das ich ausgewählt habe, könnte speziell deswegen ausgesucht scheinen, um *A* ins beste Licht zu rücken. Das wäre jedoch nicht ganz wahr. Es wurde ausgesucht als typischer Fall für eine Art der historischen Erklärung, und tatsächlich stellte sich heraus, daß es zunächst den anderen Positionen Genüge tat, deren eine *A* diametral entgegengesetzt war. Es kann andererseits die Frage nur lauten, was wir – in einem bestimmten Wortsinn – einzig imstande sein sollten, zu entscheiden, welche allgemeine Beschreibung der Handlung – des Heraushängens von Fahnen – gegeben werden soll, indem irgendeine Tatsache über die monegassische Mentalität und ihre genauen Absichten verifiziert wird. Dennoch folgt daraus nicht, daß wir genötigt wären, irgendeine Operation empathischer Projektion durchzuführen, um ein derartiges Faktum verifizieren zu können. Denn die Emphase, die ich auf das Moment der Kreativität gelegt habe, bedeutet bereits eine Einschränkung jenes Begriffs (der einfühlenden Projektion). Denn wenn wir uns schöpferisch verhalten, machen wir oftmals selbst die Erfahrung, daß wir auf eine bestimmte Sache gestoßen sind, ohne daß wir uns darüber klar wären, wie dies vonstatten gegangen ist, oder was überhaupt in jenem schöpferischen Augenblick in unseren Köpfen vorgegangen ist. Sich in genau jenem Moment einfühlend mit unserem Denken zu identifizieren, würde dem Einfühlenden keine größere Klarheit bringen, als wir selbst besitzen, wenn wir annehmen, daß es ihm gelänge, unseren mentalen Zustand genau zu simulieren. Zweitens gibt es gewiß allgemeine Beschreibungen von Handlungen, denen gemäß die Handlung nicht als absichtsvoll erscheint, in welchem Fall empathische Projektion natürlich völlig unangebracht wäre. Die allgemeine Beschreibung – das explanatum –, die die unmittelbaren Agenten selbst dem Ereignis geben, könnte sich schließlich und endlich (was wiederum einen speziellen Fall abgibt) auf der Grundlage späterer historischer Einsichten als falsch herausstellen, als eine Illusion der Erklärung, die erst spätere historische Forschung zu berichtigen vermag. In einem solchen Fall aber wäre die Erklärung des Ereignisses auf der Basis dieser neuen und mutmaßlich richtigen Beschreibung etwas von derjenigen, die die an dem Ereignis selbst Beteiligten gegeben hätten, völlig Verschiedenes. Demnach besitzen diejenigen, die in das Ereignis verwickelt gewesen sind – wie ich hoffentlich in meinem Kapitel über erzählende Sätze hinreichend deutlich gemacht habe –, keinen privilegierten Status, wo es um historische Erklärungen geht.

Ich habe hiermit versucht, jenen Teil der Wahrheit, der jedem einzelnen der aufgeführten Standpunkte für sich eignet, zu retten und zu einer Theorie der Rolle allgemeiner Gesetze in historischen Erklärungen zusammenzufassen; also eine Synthese herzustellen, die allen vier Positionen ihr Recht beläßt und mit der wirklichen Praxis in Übereinstimmung ist. Doch wo bleibt in all diesem noch Raum für jene Position, die zu verteidigen mein ursprüngliches Anliegen gewesen ist? Denn die Theorie, die ich synthesiert habe, scheint oberflächlich betrachtet in sich geschlossen. Was müssen wir zur Erklärung von Ereignissen noch weiter tun, als sie in allgemeine Beschreibungen einbringen und dann allgemeinen Gesetzen unterstellen? Welcher Punkt bleibt noch unberücksichtigt? Was ist bei Erzählungen sonst noch erforderlich? Diesen Fragen will ich mich im folgenden Kapitel zuwenden.

XI. Historische Erklärung: Die Rolle der Erzählungen

Die einzige Unterstützung, die die Behauptung, daß »Geschichten« oder Erzählungen Formen der Erklärung seien, bisher erfahren hat, besteht in der pragmatischen Überlegung, daß in gewissen Zusammenhängen dasjenige, was Menschen wollen und erwarten, wenn das Bedürfnis nach Erklärung empfunden wird, ganz schlicht eine wahre Geschichte ist. Das ist eine Tatsache, die vermutlich keine Kontroverse auslösen wird. Ebensowenig kontrovers ist ferner die Tatsache, daß dieses Bedürfnis nur mit einer Geschichte der geforderten Art gestillt werden kann, und weiterhin der Umstand, daß diejenigen, die aufgefordert sind, etwas zu erklären, natürlich eine Geschichte erzählen. Doch welche Bedingungen von einer solchen Geschichte erfüllt werden müssen, bleibt noch zu bestimmen.

Ich will ansetzen mit einem nochmaligen Blick auf die Beschreibung desjenigen, wofür eine Erklärung gesucht und wozu sie gegeben wird. Dabei hat man, so scheint mir, trotz mancherlei Bemerkungen in Auseinandersetzungen über die Funktion von Erklärungen in der Geschichtswissenschaft und anderswo, einen Sachverhalt nicht hinreichend berücksichtigt, und zwar den Umstand, daß das explanandum nicht einfach ein Ereignis beschreibt – etwas, das geschieht –, sondern eine *Veränderung*. In der Tat ist das Vorhandensein von Veränderung in die Sprache eingebaut, die wir benutzen, um Dinge zu beschreiben: Die Beschreibung stellt implizit den Bezug zu einem vergangenen Zustand im Subjekt der Veränderung her. Ich habe mich bei meinen Darlegungen im V. Kapitel auf die Verwendung der Zeitsprache bezogen. Auch hier finden wir wiederum, daß in den explananda implizit der Bezug auf einen zeitlichen Ablauf hergestellt ist. Wenn man beispielsweise ein Auto lediglich als *verbeult* beschreibt, so ist damit implizit auf einen früheren Zustand des Autos Bezug genommen, zu dem es noch *nicht* verbeult war; und verlangt man eine Erklärung für die Beule, so fordert man dementsprechend auch eine Erklärung für diese Veränderung. Wir verlangen von Geschichten, daß sie einen Anfang, einen mittleren Teil und ein Ende haben. Eine Erklärung besteht demnach darin, die Mitte zwischen den zeitlichen Endpunkten einer Veränderung auszufüllen. Die Hauptschwierigkeit, *S* (im VII. Kapitel) als Geschichte zu werten, bestand darin, daß oberflächlich betrachtet keine Verbindung zwischen den in ihr erwähnten zeitlich geordneten Ereignissen zu bestehen schien. Kein später erwähntes Ereignis schien in einer sinnfälligen Weise sich auf ein früheres, ebenfalls in *S* angeführtes zu beziehen, und demgemäß bildete auch kein intermediäres, in *S* erwähntes Ereignis die Mitte zwischen jenen Ereignissen, die es zeitlich flankieren. *S* besteht demnach aus einer Folge von Anfängen oder Enden, jedoch nicht Anfängen oder Ausgängen derselben Geschichten. Oder vielleicht sind die in ihr genannten Ereignisse mittlere Teile von Geschichten, deren jeweilige Anfänge und Ausgänge nicht in *S* aufgenommen werden konnten. Eine Geschichte ist die Darstellung oder, wie ich sagen möchte, Erklärung dessen, wie die Veränderung von Anfang bis Ende stattgefunden hat, und sowohl der Anfang wie das Ende sind ein Teil des explanandum.

Betrachten wir nun zwei Beispiele, die unlängst von Geschichtsphilosophen untersucht worden sind, nämlich Gardiners[1] (und Drays) Beispiel vom Tod des unpopulär gewordenen Ludwig XVI., sowie Nagels Beispiel von einem Sinneswandel und einer veränderten Einstellung beim Duke of Buckingham.[2] Zu sagen, daß Ludwig XVI. bei seinem Tode im Volke unbeliebt war, heißt vermutlich voraussetzen, daß Ludwig nicht immer unpopulär gewesen ist, denn sonst könnte seine Unpopularität schwerlich erklärt werden mit einer Bezugnahme auf die Politik, die er verfolgte, von der man überzeugt war, daß sie den nationalen Interessen Frankreichs schadete. Die Beziehung darauf dient also dazu, die Gesinnungsänderung gegenüber jenem König zu erklären. Sie bildet im großen und ganzen die Mitte in der Geschichte darüber, wie sich die Einstellung der Menschen gegenüber Ludwig änderte. Anfang und Ende der Geschichte sind die Endpunkte der Veränderung und gehören gleicherweise zum explanandum.

Wenn Nagel darangeht, den Widerstand des Herzogs von Buckingham gegen die vorgeschlagene Heirat zwischen Prinz Charles und der Infantin zu erklären, dann geht wiederum ganz offensichtlich die Vermutung dahin, daß der Herzog sich nicht allzeit und *immer* widersetzte (denn dann gäbe es überhaupt keine Geschichte zu erzählen), sondern daß ein fühlbarer *Wandel* in der Einstellung des Herzogs gegenüber jener Heirat eingetreten sein muß. Doch es wäre ein Fehler, wenn wir *einfach* sagen wollten, daß dasjenige, wofür wir eine Erklärung verlangten, der Widerstand des Herzogs gegen die Heirat sei, und irrig, wenn wir den Satz »der Herzog widersetzte sich der Heirat zum Zeitpunkt *t*-1« als das explanandum hinstellten. Was wir erklärt haben wollen, ist der Sinneswandel, und ein zutreffenderes explanandum wäre ein *erzählender Satz,* ein solcher, der sich auf zwei voneinander verschiedene Ereignisse bezieht, zum Beispiel in der Art (um hier Nagels Formulierung zu übernehmen): »Buckingham änderte seine Meinung über die Wünschbarkeit der Heirat und wurde zu einem Gegner dieses Plans.« Es ist wichtig, das temporale Vokabular dieses Satzes zu beachten, der hier als explanandum angeboten wird. Der Herzog *änderte* seinen Sinn, der Herzog *wurde* zum Gegner – was impliziert, daß er sich vorher entweder neutral verhalten hat oder ein Befürworter gewesen ist. Daraus folgt, daß es ein Fehler ist, das Ereignis, worauf früher Bezug genommen wird, als Teil des explanans anzusehen. Denn das bedeutet, es auf einer logischen Karte der Struktur historischer Erklärung falsch zu lokalisieren. Wir könnten allerdings das frühere Ereignis mit einem erzählenden Satz beschreiben, der sich auf das spätere Ereignis bezieht, d. h. nicht einfach mit einem von der Art

»der Herzog befürwortete die Heirat in *t*-o«, sondern etwa mit folgendem: »der Herzog, der sich später der Heirat entgegenstellte, war bis zum Frühjahr 1623 ein Befürworter dieser Verbindung«. Es ist völlig gleichgültig, ob wir sagen, daß wir das spätere oder aber daß wir das frühere Ereignis nach der erzählenden Beschreibung erklären wollen, denn es geht um die *Verbindung zwischen* den Ereignissen, die erklärt werden soll.

Diese Verbindung ist *keine* kausale: vielmehr sind die betreffenden Ereignisse als Endpunkte einer zeitlich sich erstreckenden Veränderung verbunden – als der Anfang und das Ende eines zeitlichen Ganzen –, und es handelt sich um die darin angesprochene Veränderung, für die eine Ursache gesucht wird. Es scheint mir demnach, daß Nagel die Verbindung mißdeutet, denn er bemerkt, daß es schwer sei, »sich eine vernünftige Generalisierung vorzustellen, die es gestatten würde, unter Voraussetzung von c_0 [Buckingham wünscht die Heirat zwischen Charles und der Infantin] zu schlußfolgern, daß sich c_{12} [Buckingham ändert seine Meinung] wahrscheinlich ereignen werde.«[3] Und er sagt ferner, daß »es keine andere Verbindung zwischen c_0 und c_{12} (i. e. die Handlung, für die eine Erklärung vorgeschlagen wird) zu geben scheine als die, daß letzteres das ›Gegenteil‹ des früheren ist«. Aber es gibt eine Verbindung, und Nagel hat faktisch bereits angesprochen, welches diese ist. Es verhält sich lediglich so, daß er nach einer unterschiedlichen Art der Verbindung gesucht hat. Die Verbindung ist die des Teiles zum Ganzen. Das frühere Ereignis ist Teil dessen, was erklärt werden soll, und die Beziehung darauf ist bereits enthalten in der Beschreibung »der Herzog änderte seine Meinung«. Wenn dem so ist, dann wäre dies der klare Fall eines Ausgehens von einer falschen Voraussetzung, wenn man annehmen wollte, daß das frühere Ereignis zum erklärenden Apparat gehöre, den man einsetzt, um die Veränderung zu interpretieren. Es ist einfach Teil der Veränderung und dementsprechend ein Teil dessen, was erklärt werden soll.

Von Veränderung sprechen heißt, implizit eine kontinuierliche Identität im Subjekt der Veränderung unterstellen. In der philosophischen Tradition wurde es für eine metaphysische Notwendigkeit ausgegeben, daß irgendeine unveränderliche Substanz sich in der Veränderung erhält, so daß man, verhielte es sich anders, überhaupt nicht von Veränderung sprechen könnte und sich in der Benennung vergriffen haben würde. Ohne daß wir hier Halt machen wollten, um uns über Substanzen Gedanken zu machen, müssen wir doch von dem Subjekt der Veränderung sprechen, welcher metaphysische Status diesem Subjekt auch immer zukommen mag. Damit wir uns also strikt an unser Beispiel halten können und jede weitere Analyse dessen, was noch darin enthalten sein mag, in der Schwebe belassen: Das Gardiner-Dray-Beispiel hat mit einer Veränderung der Einstellung seitens des französischen Volkes gegenüber seinem König zu tun: »*Sie* änderten ihre Haltung.« Das Beispiel Nagels betrifft einen Sinneswandel beim Herzog von Buckingham: *Er* änderte seine Meinung. Es ist diese implizite Beziehung auf ein kontinuierliches Subjekt, die einer historischen Erzählung ein gewisses Maß von Einheitlichkeit verleiht. Dies bietet uns einen weiteren Grund, *S* als Erzählung abzulehnen: Sie handelte nie von derselben Sache. Weil es dort kein Subjekt gab, hat es streng genommen auch keine Veränderung gegeben.

Die Form eines explanandum in der Geschichtswissenschaft kann folgendermaßen wiedergegeben werden:

E: x ist F in t-1 und x ist G in t-3.

F und G sind Prädikatsvariable, die jeweils ersetzt werden müssen durch entgegengesetzte Prädikate; und x ist eine individuelle Variable, die durch einen Eigennamen zu ersetzen ist, der das Subjekt der Veränderung bezeichnet. So erhalten wir

E: Der Herzog von Buckingham befürwortet die Heirat in t-1, und der Herzog von Buckingham stellt sich der Heirat in t-3 entgegen.

Der Wandel von *F* - *G* ist die Veränderung in *x*, die Erklärung verlangt. Doch um den Wandel zu erklären, bedarf es der Beziehung auf *etwas, das in t-2 mit x geschieht*, ein Ereignis (von beliebigem Komplexitätsgrad), das die Veränderung in *x* verursachte. Ich biete daher folgendes Modell, das die Struktur einer erzählenden Erklärung wiedergeben soll:

(1) *x* ist *F* in *t*-1.
(2) *H* ereignet sich mit *x* in *t*-2.
(3) *x* ist *G* in *t*-3.

(1) und (3) bilden zusammen das explanandum, (2) ist das explanans. Die Hinzuziehung von (2) ergibt die Erklärung für (1) – (3). Ohne mich im Augenblick mit der Frage nach allgemeinen Gesetzen belasten zu wollen, möchte ich hervorheben, daß es jetzt eigentlich vollkommen klar sein müßte, in welchem Sinne eine historische Erklärung die Form einer Erzählung annimmt. Einfach in dem Sinne nämlich, daß (1), (2) und (3) bereits die Struktur der Erzählung eigentümlich ist. Sie hat einen Anfang (1), einen Mittelteil (2) und ein Ende (3).

Man könnte an dieser Stelle einwenden, daß meinem Modell – wenn man es so nennen will – in der Tat *jedwede* kausale Darstellung Genüge tut. Wir können es leicht mit Humes Paradigma in Einklang bringen, zum Beispiel: Der Billardball *A* ist in *t*-1 in Ruhestellung, wird in *t*-2 von Billardball *B* angestoßen und bewegt sich in *t*-3. Wenn dem aber so ist, lautet der Einwand weiter, dann ist es meiner Analyse nicht gelungen, eine befriedigende Unterscheidung zwischen historischen Erklärungen und kausalen Erklärungen im allgemeinen zu treffen. Ich halte dies allerdings für keine allzu schwerwiegende Kritik. Denn ich wäre vollkommen zufrieden, wenn es mir gelungen wäre, zu zeigen, daß es a) keinen wesentlichen Unterschied zwischen historischen und kausalen Erklärungen gibt und daß b) Kausalerklärungen tatsächlich ausnahmslos die Form von Geschichten haben. Es mag natürlich wahr sein, daß es in den Naturwissenschaften Erklärungen gibt, die nicht die erzählende Form besitzen. Denken wir beispielsweise an ein physikalisches System, dessen sämtliche Zustände im genauen Sinne determiniert sind durch einen willkürlich angenommenen Anfangszustand des Systems, wobei die Erklärung für einen gegebenen Zustand des Systems darin besteht, die Werte dieses Zustandes unter Zugrundelegung gewisser Algorithmen aus den Werten der Variablen des Systems in seinem Anfangszustand zu deduzieren. Doch es darf nicht übersehen werden, wie Russell hervorgehoben hat, daß der Begriff der *Ursache* in einer solchen Darstellung keinen Platz hat.[4] Mich interessieren hier nur kausale Erklärungen.

Zweitens könnte eingewendet werden, daß jede derartige Erklärung im Prinzip stets in einer Art und Weise rekonstruiert werden kann, die ein deduktives Argument ergibt. Das mag zwar richtig sein, doch würde sich daraus bestenfalls ein formaler Unterschied ergeben; eine unterschiedliche Weise, eine Erklärung auszudrücken. Das ließe meine Behauptung unberührt, daß eine Erzählung eine *Form* der Erklärung ist. Indessen bleibt der Erwähnung wert, daß Hempel, der als der kompromißloseste Verfechter des Modells des deduktiven Beweises genannt worden ist, sein berühmtes Beispiel vom geborstenen Heizkörper unmißverständlich in erzählender Form vorgetragen hat.[5] Es scheint mir also einige Berechtigung in der Behauptung zu liegen, daß wir eine »naturwissenschaftliche Erklärung« als Erzählung rekonstruieren können, genausoviel Berechtigung gewiß, wie der umgekehrten Behauptung zukommt, und daß eine Darstellung in erzählender Form nichts von der erklärenden Potenz des Originals einbüßt, vorausgesetzt, es besaß diese erklärende Potenz von vornherein.

Nebenher gesagt besteht eine gewisse Ähnlichkeit zwischen dem Erzählungs-Modell und dem angeblich *dialektischen* Schema, das nach Hegels berühmter Behauptung die gesamte Geschichte allenthalben aufweist. Bis zu einem gewissen Grade handelt es sich dabei lediglich um eine numerische Koinzidenz: These, Antithese und Synthese können mit jener Struktur: Anfang, Mittelteil, Ende in Einklang gebracht werden. Indem wir erzählende Beschreibungen verwenden, könnten wir in der Tat jener Hegelschen Behauptung beinahe Sinn verleihen, daß die These Antithese und Synthese in sich »enthalte«. Es ist allerdings schwierig, genau zu ermitteln, wie weit diese Analogie durchgezogen werden kann, und ich habe nicht den Ehrgeiz, in diesem Punkt eine Klärung herbeizuführen. Ich werde statt dessen wieder zur Bestimmung der Stellung zurückkehren, die allgemeine Gesetze in erzählenden Erklärungen einnehmen.

Es scheint mir keines Beweises zu bedürfen, daß jede Entscheidung darüber, was die eigentliche Mitte in einer Erzählung abgeben soll, das Ereignis *H* (das also, was mit *x* geschieht und verursacht, daß *x* sich verändert), im Lichte irgendeines allgemeinen Begriffs ausgewählt werden muß, der sich womöglich noch als allgemeines Gesetz ausdrücken läßt. *H* muß diejenige Art Ereignis sein, die eine Veränderung von der Art *F* – *G* im Subjekt *x* hervorbringen kann. Man könnte an diesem Punkt bemerken, daß Erzählungen, anstatt lediglich Erklärungs-Skizzen zu sein, die die Stelle markieren, an der Gesetze eingefügt werden sollen, vielmehr als *Resultat* der Verwendung einer Erklärungs-Skizze aufgefaßt werden können, die bereits Gebrauch von allgemeinen Gesetzen macht, die ihrerseits die Stelle angeben, wo die Erklärung eines Ereignisses eingefügt werden muß. Das heißt: wo wir uns über das Gesetz im klaren sind, jedoch im Ungewissen darüber, was eigentlich geschehen ist, wird die Erzählung, die vorerst in nicht mehr als einer Darstellung bestehen kann, in der das *allgemeine* Wissen darüber, welcher *Art* die Sache ist, die sich zugetragen haben muß, formuliert ist, ersetzt werden durch die spezifische Kenntnis dessen, welche spezifische Sache der geforderten Art sich *tatsächlich* ereignet hat. Dies kommt der Vorstellung von einer Skizze weitaus näher als jedes wirkliche Exemplar erstklassiger historische Erzählung, die, oberflächlich betrachtet, mit einer Skizze überhaupt keine Ähnlichkeit aufzuweisen scheint, sondern sich vielmehr als vollständig und in sich abgeschlossen gibt.

Um dies anhand eines einfachen Falles zu verdeutlichen, nehmen wir einmal an, wir wüßten, daß eine Veränderung in einem bestimmten *x* stattgefunden hat – es handele sich dabei, sagen wir, um ein Auto – und zwar zwischen *t*-1 und *t*-3. Die Veränderung wird kenntlich an der Form einer Stoßstange: sie ist eingedrückt, während sie kurz vorher noch nicht verbeult war. Wir wollen nun dieser Veränderung etwas auf den Grund gehen. *A priori* würden wir normalerweise eine deterministische Maxime wie etwa die folgende unterlegen: Autos verändern sich nicht spontan in der genannten Weise: sie tun dies nur, wenn ihnen »etwas zustößt«. Das ist schwerlich schon ein Gesetz. Es ist vielmehr eine methodologische Anweisung, vermittels deren wir uns vergewissern, daß hier die Erzählung einer Geschichte angebracht ist, und die uns veranlaßt, nach einer verursachenden Episode Ausschau zu halten. Doch wir besitzen mehr als diese Direktive, wovon wir ausgehen können: In der Regel sind wir imstande, in einer allgemeinen Weise anzugeben, welcher Art die »kausale« Episode ist, die sich abgespielt haben muß. Und das heißt wiederum, sich auf einen allgemeinen Begriff berufen, der es uns gestattet, eine explanatorische Mitte für die Geschichte zu *setzen*, deren Anfang und Ende wir kennen. Wir tun nicht mehr, als eine kausale Episode etwa in der Art der folgenden allgemeinen Beschreibung zu setzen: »etwas, *y*, stieß gegen *x*, unter Ausübung eines gewissen Drucks, in *t*-2«. Allein aufgrund allgemeiner Prinzipien können wir demnach behaupten, die Wahrheit der folgenden Erzählung zu kennen:

I. Das Auto ist unverbeult in *t*-1.
II. Das Auto wird von *y* angestoßen in *t*-2.
III. Das Auto ist verbeult in *t*-3.

Das ist allerdings wirklich nicht mehr als die Erklärungs-*Skizze* für eine Erzählung, da eine Erzählung nur dann zustande kommen kann, wenn wir wissen, was wann gegen das Auto gestoßen ist. Also markiert II. die Stelle, an der im Lichte eines bekannten allgemeinen Gesetzes die Beschreibung eines besonderen Ereignisses eingefügt werden muß, damit die Erklärungs-Skizze in eine vollgültige (erzählende) Erklärung umgewandelt werden kann. Diese geforderte Beschreibung ist nur durch eine historische Untersuchung zu erbringen[6], die sich zweifellos von der Erzählungs-Skizze und dem allgemeinen Gesetz *leiten* läßt, übereinstimmend mit welchem jene konstruiert worden war. Denn außer durch das Anstellen einer solchen Untersuchung gibt es keinen Weg, zu bestimmen, welches der besondere Fall gewesen ist, den das bekannte allgemeine Gesetz und die bekannte allgemeine Beschreibung erfassen. Aus diesen allein könnten wir beispielsweise nicht ableiten

II'. Ein Lastwagen prallte um 3^{30} Uhr gegen das Auto

– denn die Erzählungs-Skizze könnte wahr sein, während die Erzählung, die daraus entsteht, daß II durch II' ersetzt wird, falsch ist. Dennoch ist II' jene *Art* Ereignis, die die Geschichte vervollständigen und die Veränderung erklären könnte (d. h. die angibt, was geschehen ist, und zugleich erklärt, was geschehen ist). Allerdings können wir bei Zugrundelegung derselben allgemeinen Prinzipien, die uns das Wissen vermitteln, daß die Erzählungs-Skizze wahr ist und die Erzählung selbst wahr sein *könnte*, wenn II durch II' ersetzt würde, gleichzeitig auch wissen, daß das Folgende die Geschichte *weder* vervollständigt noch eine Erklärung für die Veränderung anzubieten hat:

II''. Der Fahrer des Autos hustete gegen 3^{20} Uhr

– selbst wenn das so gekennzeichnete Ereignis wirklich geschehen ist und sich innerhalb des Intervalls, das durch *t*-1 und *t*-3 definiert ist, abgespielt hat. Ich sage nicht, daß II'' in der Geschichte überhaupt nicht erwähnt werden muß: der Hustenanfall des Fahrers kann heftig gewesen sein, hat vielleicht seine Aufmerksamkeit vom Straßenzustand abgelenkt und ihn möglichen Zusammenstößen ausgesetzt, doch sind dies derart komplexe Umstände, daß ich mich hier nicht damit herumschlagen muß. Denn worum es mir hier einzig zu tun ist, ist dies, daß die Konstruktion einer Erzählung ebenso wie die Anerkennung einer Erzählung als einer *explanatorischen* der Anwendung allgemeiner Gesetze bedarf. Diese aber müssen, wie wir gesehen haben, ergänzt werden durch Regeln, die es uns gestatten, jene Dinge auszumachen, die als »Fälle« der allgemeinen Beschreibung sich zutragen, was so gut wie alles ist, was das allgemeine Gesetz uns in die Hände geben kann. Demnach wird nicht nur II′ der allgemeinen Beschreibung in meiner Erzählungs-Skizze gerecht, sondern gleichfalls

> II‴. Der Besitzer des Autos schlug um 3³⁰ Uhr mit einem Vorschlaghammer gegen seinen Wagen.

Das allgemeine Gesetz kann uns ebensowenig wie die allgemeine Beschreibung II Auskunft darüber geben, was von alledem der Fall ist. Hierzu wäre erforderlich, was ich den »dokumentarischen Beweis« genannt habe. Und diesen zu erbringen, ist Aufgabe der historischen Forschung. Andererseits könnte II″, wenngleich mit beiden Darstellungen vereinbar, leichter als einer Erklärung zugehörig angesehen werden, die durch II′ vervollständigt wird, als eine solche, deren Ergänzungsstück II‴ ist.

Das Problem wird gewissermaßen erschwert, wenn es darum geht, den Wandel in der Einstellung gegenüber der Heirat des Prinzen Charles seitens des Herzogs von Buckingham zu erklären. Wir können natürlich sagen, daß irgendetwas ihn bewogen haben müsse, seine Meinung zu ändern, doch ist dies kaum mehr als ein Pochen auf Befolgung der methodologischen Anweisung, daß man nach einer Ursache *Ausschau halten* müsse. Zudem gestattet uns unsere allgemeine Kenntnis, die wir gemeinhin von Autos besitzen, ohne längeres Überlegen zu sagen, daß dann, wenn eine Beule daran zu sehen ist, es an dieser Stelle mit einiger Gewalt angestoßen worden sein muß. Es ist nicht ganz so einfach, anzugeben, was Menschen im allgemeinen dazu veranlassen könnte, ihre Meinung über Eheschließungen zu ändern. Hier müßten wir wissen, welche Art Mensch der Herzog von Buckingham gewesen ist. Angenommen, wir wüßten sogar, daß er ein stolzer Mann gewesen ist, so wären wir bestenfalls imstande, als allgemeine Beschreibung des »Mittelteils der Geschichte« anzubieten, daß irgendetwas den Anstoß dazu gegeben haben müsse, daß jene Disposition in Richtung auf eine Sinnesänderung aktualisiert wurde. Doch würde dies noch immer eine Mannigfaltigkeit *anderer Möglichkeiten*, verstanden im Sinne der »Klasse«, offenlassen. Der Herzog könnte beispielsweise auch ein kluger Politiker gewesen sein und erkannt haben, daß eine Verbindung mit den spanischen Habsburgern den nationalen Interessen Englands Schaden bringen würde. Oder er besaß womöglich persönlichen Ehrgeiz, so daß er den Prinzen mit jemand anderem verbinden wollte und sich aus dieser Verbindung Vorteile erhoffte. Wir sehen uns also einem zweifachen Problem gegenüber. Erstens dem, andere Möglichkeiten im Sinne der Klasse auszuschalten – etwas, das im Falle eines verbeulten Autos beinahe schon selbstverständlich geschieht –, und sodann dem, andere Möglichkeiten im Exemplar-Sinne auszuschließen. Unwissend, welches Gesetz infrage kommt, ist die historische Untersuchung im selben Maße ohne Anleitung. Besitzen wir jedoch erst einmal die Erklärung, dann ist es nicht mehr schwer, die geforderte allgemeine Beschreibung und das Gesetz zu finden. Die Erklärung wird in der folgenden Kurzdarstellung geliefert:

> »Der Sohn (von König James) und sein Günstling Buckingham, verärgert über ihren Empfang in Spanien, wohin sie gereist waren, um die Verhandlungen voranzutreiben, kehrten nach England zurück und erklärten, daß sie nicht mehr bereit seien, beim Zustandekommen dieser unheiligen Allianz mitzuwirken.«[7]

Das ist ganz sicherlich eine weitaus weniger detaillierte Darstellung als die, die Trevelyan uns in seinem Buch *England under the Stuarts*[8] gegeben hat. Doch C. V. Wedgwood arbeitet mit noch wesentlich breiterer Palette. Die Sinnesänderung des Herzogs – die für sich eine Geschichte ausmacht – ist Bestandteil der mittleren Partie innerhalb einer weiteren Geschichte: der Änderung der Heiratspläne des Prinzen Charles. Diese wiederum ist Bestandstück des Mittelteils einer noch weiter ausgreifenden Geschichte, des Wandels in der Politik von König James gegenüber dem pfälzischen Kurfürsten. Das ist nun wiederum Teil der mittleren Partie innerhalb einer breiteren Geschichte, des Wandels in der Einstellung Englands gegenüber dem Krieg zwischen Protestanten und Katholiken in Deutschland, und diese einer wieder anderen Geschichte, der veränderten Machtstellung der Habsburger, des Wandels in der Stellung der katholischen Kirche ... und so weiter.

Jede dieser Veränderungen ist als Teil der Geschichte der nächsterwähnten Veränderung enthalten, wobei dann die letzte Geschichte schließlich alle anderen in sich enthält. Um aber die abschließende Geschichte erklären zu können, müssen wir Schritt um Schritt zurückgehen, bis zum Sinneswandel des Herzogs von Buckingham. Veränderungen sind eingebettet in andere Veränderungen, und die Geschichten erfordern zunehmend komplexere Mitteilteile, um die äußerste Veränderung erklären zu können. Wir können dies graphisch folgendermaßen darstellen:

( )
(( ))
((( )))
(((( ))))
... ((((( ))))) ...

Offensichtlich ist dies Schema zu glatt. Denn es gibt Fälle wie den folgenden:

(( ) ( ) ( ))

der spezielle Fragen der multiplen Verursachung und Überdetermination aufwirft, gleich dem nächsten:

(( )(( ))())

wo es Überschneidungen gibt. Doch abgesehen von diesen Komplikationen, bei denen es sich letztlich um Probleme im Begriff der Kausalität handelt, bin ich der Auffassung, daß kein weiteres Sonderproblem hinsichtlich des Verhältnisses zwischen Erzählungen und allgemeinen Gesetzen von ihnen aufgeworfen wird. Philosophisch gesehen brauchen wir in dieser Angelegenheit nicht weiter zu gehen. Dennoch möchte ich dieser Darstellung einige Bemerkungen über den Begriff der Kausalität anfügen.

Zunächst einmal scheint es mir nicht erforderlich, daß wir zur Analyse der Kausalität in der Geschichte einer solchen bedürften, die von der klassischen Analyse Humes verschieden wäre. Was in der Gesamtheit der Fälle, die ich hier vorgelegt habe, enthalten ist, ist meines Erachtens niemals mehr als die konstante Verbindung gleicher Ereignisse mit ähnlichen Ereignissen. Es ist natürlich wahr, daß wir selbst nicht erst diese Assoziationen herstellen müssen, indem wir individuell die induktiven Generalisierungen durchführen, die es uns gestatten, Kausalerklärungen zu liefern. Hier liegt ein soziales Erbe vor, und die Masse der Generalisierung, deren wir uns bedienen, ist über Generationen akkumuliert und in die Vorstellungen, Begriffe eingebaut worden, die die meisten von uns die meiste Zeit über anwenden, um die Erfahrung zu organisieren und zu erklären, wie die Dinge geschehen. Derart unmittelbar ist größtenteils unsere deskriptive Reaktion, wenn wir mit einem Fall konfrontiert sind, der unter einen Begriff fällt, daß leicht einzusehen ist, wie manche Philosophen davon überzeugt sein konnten, daß eine besondere Art Vermögen, ein intuitives Begreifen oder *Verstehen*, am Werk sein müsse, ganz so als wüßten wir unmittelbar und direkt oder als könnten wir unmittelbar und direkt wissen, was welches Geschehnis in dieser Veränderung, oder jenes in diesem oder jenem Subjekt verursacht hat. Und natürlich verhält es sich gewissermaßen auch so. Insbesondere dann, wenn menschliches Verhalten hineinspielt, denn die Mehrzahl von uns ist weitaus vertrauter damit, wie Menschen sich verhalten, als damit, wie irgendeine andere Gruppe von Dingen sich verhält. Doch wenn jene unsere Vertrautheit mit *jeder* Art Verhalten in jeder Art Ding – Tieren, Maschinen oder Elektronen – auf dasselbe Niveau gehoben werden könnte, würden wir auch hier mit derselben Unmittelbarkeit und Sicherheit reagieren.[9] Philosophen könnten einwenden, daß zur Erklärung solchen Verhaltens kein Gesetz erforderlich sei oder zur Anwendung komme – die Erklärung werde einfach »gesehen«. Doch so wahr dies psychologisch betrachtet auch sein mag, läßt es doch die logischen Charaktere der Erklärung unberührt, und sollte sich einmal etwas gänzlich Unvorhersehbares und Beispielloses ereignen, etwas, das total jeder anderen Veränderung, die, soweit unser Wissen selbst im Falle menschlichen Verhaltens reicht, jemals stattgefunden hat, ungleich und unvergleichbar ist, so wären wir, was ich gern einräumen möchte, völlig außerstande, eine Erklärung auch nur zu versuchen, zu »sehen«, welches die Ursachen dieser Veränderung gewesen sind, solange es uns nicht gelungen ist, das Ereignis in eine allgemeine Beschreibung einzubringen und es mit ähnlichen Fällen in Beziehung zu setzen. Sollte dies von jemandem bezweifelt werden, so kann ich ihn, der diesen Zweifel hegt, ganz im Geiste Humes nur dazu auffordern, einen Fall – und sei es auch einen nur vorgestellten – vorzulegen, der allem, was jemals zuvor gesehen und erlebt wurde, so von Grund auf unähnlich ist, daß er imstande wäre, jene natürliche Operation des menschlichen Verstandes schlagend zu widerlegen. In sämtlichen Annalen der Geschichte findet sich gewiß kein dermaßen stark abweichendes Vorkommnis berichtet.

Wenngleich wir nun das Zwingende der Humeschen Analyse getrost anerkennen dürfen, muß ich einige nähere Bestimmungen anbringen, die mir meine Erörterung der historischen Erklärung erforderlich zu machen scheint. Diese sind, wenn sie gleich über Humes Darstellung hinausführen, dennoch in keiner Weise als mit ihr unvereinbar anzusehen. Vielmehr erweitern und bekräftigen sie womöglich nur seine Darstellung und helfen dabei, zu verdeutlichen, warum manche Leute vielfach geglaubt haben, in der Geschichte mit ihren einzigartigen Ereignissen und beispiellosen kausalen Sequenzen begegne Humes Analyse ihrer Nemesis.

Erstens erfordert ein Akzeptieren der Auffassung, daß gleiche Ereignisse ähnliche Ursachen haben und die Rede von Ursachen gleichbedeutend damit ist, von konstanten Verbindungen zu sprechen, nichtsdestoweniger Übereinstimmung darüber, daß von Ähnlichkeit nur bei einem bestimmten Allgemeinheitsniveau gesprochen werden kann. Unsere Aufgabe in Fällen, in denen nach einer Erklärung gesucht wird, besteht darin, die richtige allgemeine Beschreibung des betreffenden Ereignisses zu finden, es in der geeigneten kausalen Perspektive zu sehen. Haben wir dies erreicht, dann ist es leicht, das dazugehörige Gesetz zu nennen, ja es geschieht beinahe automatisch. Denn wir wissen, wenn auch vielleicht nur in recht allgemeiner Weise, *welcherart* die Ursache gewesen sein muß, die für die Veränderung verantwortlich zu machen ist. Doch es gibt einen nicht unbeträchtlichen Unterschied zwischen dem Herstellen dieser Beziehung und der Identifizierung des spezifischen Ereignisses, das unter die allgemeine Beschreibung fällt. In ganz besonderem Maße gilt dies für die Geschichte, denn es gibt eine unabsehbare Mannigfaltigkeit von Fällen, die ungefähr unter dieselbe allgemeine Beschreibung fallen. In der Tat liegt die Faszination, die die Geschichte auf uns übt, teilweise in dem von ihr dargebotenen Anblick einer unermeßlichen Varietät qualitativ verschiedener Handlungen und Leidenschaften, ausgeführt und durchlebt von Menschen über die Jahrhunderte hinweg, die trotzdem noch stets Fälle derselben allgemeinen Beschreibung sind und denselben allgemeinen Prinzipien unterliegen, deren wir uns im alltäglichen Leben bedienen, Prinzipien, die, werden sie ausgesprochen, schließlich kaum mehr sind als Gemeinplätze. Das wiederum ist der Grund dafür, warum wir von der Geschichte nur wenig lernen können im Sinne von neuen allgemeinen Prinzipien, d. h. solchen, die wir noch nicht als Teil unseres kulturellen Erbes erworben haben. Dies ist es, was der oft gehörten Behauptung Nahrung gibt, die Geschichte sei keine Wissenschaft. Wenn allerdings eines derjenigen Dinge, die wir uns von einer Wissenschaft erwarten, die Entdeckung neuer allgemeiner Prinzipien ist, dann ist dieser Vorwurf fast mit Sicherheit wahr. Das hält uns natürlich nicht davon ab, nach Belieben und Laune all diese Gemeinplätze – die vielleicht weitaus mehr sie verifizierendes Fall-Material besitzen als jedes naturwissenschaftliche Gesetz – zu sammeln und das Ganze als Wissenschaft auszugeben. Doch würde dies von uns verlangen, vom »gesunden Menschenverstand« als Wissenschaft zu sprechen, und am Ende nur dazu führen, daß einige bedeutsame Distinktionen wieder verwischt werden. Andererseits hätten diese so bemerkenswert reichhaltig abgesicherten und bewahrheiteten allgemeinen Prinzipien, die sogar an der extravagantesten Einbildungskraft ihre Stütze finden, uns niemals in die Lage versetzt, die immense Vielfalt vorauszusagen, durch welche jene Prinzipien in der Vergangenheit exemplifiziert und illustriert worden sind.

Zweitens ist leicht einzusehen, warum angesichts kausaler Erklärungen in der Geschichte das Gefühl einer gewissen Unklarheit und Ungenauigkeit zurückbleiben kann; warum es uns nicht gelingen will, auch in der Geschichte jene Unvermeidbarkeit im Verhältnis von Ursache und Wirkung festzustellen, die wir glauben empfinden zu müssen. Hume analysierte brillant den psychologischen Ursprung unseres Begriffs von kausaler Notwendigkeit, wobei er nachwies, daß sie sich in den Ereignissen selbst nicht findet, nicht objektiv ist, sondern in die Verbindungen solcher Ereignisse hineingelesen wird, die man jeweils für Ursachen und Wirkungen hält, und ferner, daß sie eine Gewohnheit des Verstandes ist. Doch eine dieser von Hume gelieferten genau entsprechende Erklärung kann sich des Gefühls der *Nicht*-Notwendigkeit der Beziehung von Ereignissen annehmen, von denen in der Geschichte behauptet wird, sie verhielten sich zueinander wie Ursache und Wirkung. Sie besteht im Hervorheben der Tatsache, daß solche Notwendigkeit nur auf einer Ebene der Allgemeinheit Geltung besitzt, der gemäß wir nicht zu denken gewohnt sind, wenn wir historische Vorgänge würdigen. Humes Billard-Kugeln waren offensichtlich und jedem erkennbar allen anderen Billard-Kugeln gleich, und es hätte schon einer besonderen Anstrengung bedurft, Unterschiede zwischen einem beliebigen Paar herausgegriffener Billard-Kugeln zu entdecken. Wäre ein Mensch imstande, aus einem Haufen Billard-Kugeln genau die eine Billard-Kugel herauszugreifen, mit der er vor einem Jahr in Pawtucket gespielt hat, dann hätte er ein Unterscheidungsvermögen bewiesen, das der Mehrzahl seiner Mitmenschen abgeht, die dergleichen Dinge gewöhnlich in einer gewissen Anonymität belassen. In praktischer Rücksicht haben sie damit recht, sie so zu behandeln, obschon wir *a priori* wissen, daß Unterschiede wohl vorhanden sind. Was für Billard-Kugeln gilt, gilt *a fortiori* für ihre Kollisionen untereinander. Doch die Fälle, welche eine allgemeine Beschreibung unter sich faßt – zum Beispiel ›eine Revolution‹ –, sind eindeutig und oftmals gewaltig voneinander verschieden. Wir denken nicht automatisch zugleich auch an jede andere Revolution, wenn wir an die Französische Revolution denken. Beulen in Autos sind wiederum kausal homogen. Wir besitzen eine (zugegeben etwas unscharf umrissene) Vorstellung davon, welcher Art das Ereignis sein kann, das dem Auto »zugestoßen« sein muß, so daß es jetzt eingebeult ist. Doch ein Vorgang von der Art, wie er eingetreten sein muß, um bei einem Menschen wie dem Herzog von Buckingham einen Sinneswandel über die Heirat eines Prinzen hervorzubringen, ist vorab nicht so leicht herzuzählen. Sobald wir einmal wissen, was bei einer Sache den Ausschlag gegeben hat, können wir sie ohne viel Umstände unter ein allgemeines Prinzip bringen. Doch gleichzeitig läßt eben dasselbe allgemeine Prinzip so viele und derart unterschiedliche Reihen von Fällen zu, daß wir keinen Grund dafür erkennen können, warum gerade dies und nicht vielmehr jenes den Herzog veranlaßt haben soll, seine Meinung zu ändern, und dementsprechend haben wir ein weniger starkes Gefühl der Notwendigkeit, der Gewißheit, als wir es im Falle von Billard-Kugeln oder eingebeulten Autos empfinden. Dennoch gibt es von einer bestimmten Ebene der Allgemeinheit an gerechnet keinen Unterschied mehr zwischen diesen Fällen. Wir könnten sagen, daß der Herzog, wäre er weniger arrogant gewesen, und hätten die Spanier größere Bereitwilligkeit gezeigt, sein Verhalten hinzunehmen, vielleicht nicht anderen Sinnes geworden wäre. Das mag schon sein. Doch wenn eine Billard-Kugel *B* eine geringere Masse hätte, oder wenn die Billard-Kugel *A*, da sie auf dem Untergrund festgeklebt worden ist, der Stoßwirkung größeren Widerstand entgegensetzen könnte, dann würde *A* sich nicht bewegt haben. Die Ernüchterung des Herzogs gegenüber Spanien nebst der Stimmung im englischen Volke gegenüber den spanischen Habsburgern haben gemeinschaftlich James dazu bewogen, seine Politik zu ändern. Doch wir könnten ebensogut im Augenblick des Stoßes mit der Queue dem Billardtisch einen Stoß versetzen und dann sagen, beides sei Ursache dafür, daß *A* sich bewege. Die gegenläufigen Probleme der Faktizität bleiben unverändert dieselben.

Daß in einer typischen historischen Erklärung das explanandum die Beschreibung einer Veränderung sein sollte oder die Beschreibung einer Veränderung implizieren müßte, folgt m. E. aus der Tatsache, daß dasjenige, wonach gesucht wird und was Erklärungen in so idealer Form beibringen, eine *Ursache* (oder eine Reihe von Ursachen) ist. Denn angenommen, wir nennen etwas – *y* – als Ursache dafür, daß *x* in *t-n G* ist. Es ist ganz gewiß nicht ausreichend, nun einfach imstande zu sein, darzulegen, daß *y* geschehen ist, daß *x* hinterher *G* ist (in *t-n)* und daß *y*-ähnliche Vorgänge oder Dinge *wirklich* Ursache dafür sein können oder es in der Regel sind, daß *x*-ähnliche Dinge zu *G* werden, so daß also eine gesetzesähnliche Verbindung bestünde zwischen dem Auftreten von *y*-ähnlichen Dingen und dem Umstand, daß *x*-ähnliche Dinge zu *G* werden. Denn all dies mag zwar tatsächlich zutreffen, aber dennoch muß *y* nicht Ursache dafür sein, daß *x* zu *G* wird. Nehmen wir beispielsweise an, daß *x* ein weibliches Säugetier und in *t-n* schwanger ist, und daß *y* sich auf einen episodischen Geschlechtsakt zwischen *x* und einem bestimmten männlichen Säugetier *m* zu irgendeinem geeigneten Zeitpunkt vor *t-n* bezieht. Es steht außer Frage, daß es sich hierbei genau um diejenige Art Ereignis handelt, die Ursache dafür ist, daß *x* zu *G* wird. Dennoch folgt keineswegs schon, daß der geschlechtliche Verkehr zwischen *x* und *m* Ursache für das Schwangersein von *x* ist, denn dieser Fall mag bei einer anderen Gelegenheit mit einem anderen männlichen Säugetier eingetreten sein. Wir könnten demnach im Prinzip eine Reihe von Gesetzen und Bedingungen spezifizieren, die voll und ganz dem Hempelschen Modell Genüge tun und denen es dennoch nicht gelingt, das *G*-sein von *x* zu erklären. Es bliebe ein weiteres Informationsteil übrig, für welches Hempel keinen Raum gelassen hat, nämlich Auskunft, die sich damit beschäftigt, wie die Verfassung, der Zustand von *x* vor *y* gewesen ist. Man nehme daher einmal an, *y* finde zum Zeitpunkt *t*-2 statt und *x* sei *G* in *t*-3, und *y könne* Ursache dafür sein, daß *x* zu *G* wird. Wenn aber *x* in *t*-1 bereits *G* ist, i. e. sowohl vor wie nach *y*, dann ist *y* ganz eindeutig nicht Ursache dafür, daß *x G* ist. Dasjenige, was etwas in demselben Zustand beläßt, in dem es vorher gewesen ist, kann nicht die Ursache für jenen Zustand in *x* sein. Eine Ursache muß einen Unterschied bewirken. Demgemäß folgt aus der Tatsache, daß wir nach einer Ursache suchen, wenn wir es unternehmen, den Zustand, in dem etwas ist, zu erklären, daß das explanandum – wenn auch nur implizit – die Beschreibung einer Veränderung ist. Wenn der Heizkörper schon *vor* dem Kälteeinbruch auseinandergebrochen ist, kann der Kälteeinbruch nicht das Auseinanderbrechen des Heizkörpers erklären.

Ich lasse mich über diesen völlig selbstverständlichen Punkt so weitschweifig aus, weil nicht immer deutlich wird, daß wir uns tatsächlich auf eine Veränderung beziehen, wenn wir eine Erklärung für irgendein Ereignis verlangen, und weil es unnötig gekünstelt erscheinen mag, explananda mit den Begriffen Anfang und Ende wiederzugeben. Man denke zum Beispiel an meine eigene Illustration, das Heraushängen amerikanischer Flaggen zur Feier der monegassischen *fête nationale*. Es ließe sich plausibel argumentieren, daß alles, wonach wir in solch einem Falle suchen, einfach eine Erklärung für dieses Ereignis sei und daß wir das Ereignis nicht sozusagen als den Schlußpunkt einer Veränderung wahrnehmen. Gewiß, wir können der einen oder anderen Veränderung wohl gewahr werden. Etwa so: am Freitag ist Monaco unbeflaggt, eine Tatsache, über die wir an jenem Tag kaum eine Bemerkung verloren hätten, genausowenig wie wir bemerkt hätten, daß sich am Freitag in Monte Carlo keine Adler gezeigt haben. Doch am Sonntag ist in der Stadt geflaggt. Die Erklärung für *diese* Veränderung lautet, daß dies der Nationalfeiertag ist, doch es ist nicht die Veränderung, die uns hier interessiert, und in der Tat ist eingewendet worden, daß wir nicht im mindesten an einer Veränderung interessiert seien, sondern lediglich daran, daß amerikanische Fahnen in den Straßen hängen. Ist es überhaupt notwendig, diese Seite einer Veränderung zu sehen, und was eigentlich könnten wir als ihren Anfang nennen? Ich antworte darauf, daß aus der Erklärung des Ereignisses eine Bestimmung dessen folgt, was den Anfang bildete, denn sie teilt uns mit, welcher Art die Veränderung ist, die stattgefunden hat. Denn wir haben die Heirat des Fürsten mit einer aus Amerika gebürtigen Frau zur Erklärung für dieses Ereignis herangezogen und haben jetzt das Ereignis unter der allgemeinen Beschreibung »Ehrung einer Fürstlichkeit ausländischer Herkunft« wahrgenommen. Wenn *dies* die Erklärung des Ereignisses ist, dann ist gewiß das Heraushängen amerikanischer Fahnen nicht etwas gewesen, das vor der Heirat des Fürsten an ihrem Nationalfeiertag bei den Monegassen üblich gewesen ist, und wenn sie jenem Brauch wirklich schon vorher huldigten, dann ist die Heirat des Fürsten gewiß ungeeignet, dieses Brauchtum zu erklären.

Die Erklärung könnte jetzt lauten: »Der Fürst heiratete eine Amerikanerin, also begann die Bevölkerung damit, an ihrem Nationalfeiertag amerikanische Fahnen herauszuhängen.« Doch der Anfang eines Brauchs ist nicht das, was ich den Anfang einer Veränderung nenne. Der Anfang einer Veränderung liegt in dem, was Brauch gewesen ist, *bevor* das kausale Ereignis eintrat, das angeblich die Erklärung für den Brauch ist.[10]

Ein allgemeiner Punkt, der hier vorgebracht werden kann, ist der, daß wir stets eine historische Erklärung (und überdies jede kausale Erklärung) zurückweisen können, die angibt, daß etwas – x – sich in einem gewissen Zustand G als Folge einer vorgeblich kausalen Episode y befinde, wenn wir nachweisen können, daß x bereits G schon vor dem Eintreten von y gewesen ist. Das ist insbesondere dann ganz offensichtlich der Fall, wenn wir Erklärungen für den *Ursprung* von etwas zu geben versprochen haben. Es ist eine plausible Erklärung für den Ursprung jener Sitte, zur Weihnachtszeit Zweige von Immergrün zu schmücken, wenn man darauf hinweist, daß im Elsaß des Spätmittelalters am Vorabend des Weihnachtstages (Adam-und-Eva-Tag) Spiele aufgeführt wurden, die die Geschichte der Vertreibung aus dem Paradies zum Inhalt hatten; daß für szenische Zwecke Äpfel an Bäume, in diesem Falle Immergrün, gehängt wurden, die die einzigen Bäume waren, die zu dieser Jahreszeit Blätter trugen; und daß in Anbetracht des natürlichen menschlichen Hanges zur Ausschmükkung die Dekorationen zunehmend kunstreicher wurden. Man mag dies als Erklärung für den *Ursprung* des Weihnachtsbaumes zurückweisen – und Widerlegungen dieser Art sind vornehmlich das Geschäft der Geschichtswissenschaft –, indem man zu der Entdeckung gelangt, daß man schon wesentlich früher um die Weihnachtszeit Immergrün zur Ausschmückung verwendet hat.

Angesichts dieser Überlegungen können wir dem einen Sinn geben, was manchmal zur Erklärung dafür angeboten wird, daß x G ist, nämlich daß x schon immer G gewesen sei. Dies muß natürlich einfach als eine Weise verstanden werden, zum Ausdruck zu bringen, daß keine besondere Erklärung für die Tatsache vonnötigen ist, daß *x hier und jetzt G* ist: ein Fremder mag eine Erklärung dafür verlangen, warum Jones an diesem Morgen so reizbar ist, und erhält den Bescheid, daß Jones *jeden* Morgen sehr reizbar sei. Oder man fragt, warum die Monegassen an ihrem Nationalfeiertag Fahnen heraushängen, und erhält zur Antwort, daß sie dies schon immer so gehalten hätten. Doch natürlich kann die Erklärung – wenn wir sie so nennen wollen – in beiden Fällen zu einer neuen Frage nach dem Ursprung von Jones' Reizbarkeit oder dem Brauch der Monegassen führen, und dies wiederum ist ein Rückfragen nach einer Ursache und impliziert infolgedessen eine Veränderung.

Der Anfang, wie er in einem explanandum bestimmt ist, ist demnach jener Zustand, in dem *x* sich befunden hat, bevor es sich in seinen neuen Zustand veränderte. Diese Tatsache gestattet die Verwendung einer besonderen Klasse erzählender Sätze, die *x* negativ so beschreiben, wie *x* vor der Veränderung gewesen ist, Beschreibungen wiederum, von denen es oftmals müßig und sinnlos gewesen wäre, anzunehmen, daß sie zu jenem Zeitpunkt überhaupt hätten gegeben werden können. Dennoch könnte ein Historiker, der die Geschichte des Elsaß schreibt, von einer bestimmten Periode sagen, daß die Elsässer damals noch nicht ihren seltsamen Brauch entwickelt hätten, am Vorabend des Weihnachtsfestes Äpfel an Immergrünzweigen aufzuhängen. Doch ins Präsens gewendet, könnten wir schwerlich erwarten, daß der gleiche Satz etwa im Tagebuch eines Zeitgenossen, der durch das Elsaß reiste, zu finden gewesen wäre. Das würde dieselbe lächerliche Wirkung auf uns machen wie eine diplomatische Botschaft von Sachsen nach Paris im Jahre 1617, in der festgestellt wird, daß der Dreißigjährige Krieg noch nicht begonnen habe – während nichts Ungewöhnliches dabei empfunden wird, wenn ein Historiker über das Europa jener Epoche schreibt, daß dies der Vorabend des Dreißigjährigen Krieges gewesen

sei. Indessen kann ich mir gut vorstellen, daß ein Kind plötzlich einen Begriff von der Vergangenheit bekommt, wenn ihm erzählt wird, daß es einst eine Zeit gegeben habe, in der die Menschen noch keine Weihnachtsbäume hatten. Ätiologische Mythen beginnen oftmals mit Wendungen wie dieser.
Allgemein gesprochen: was wir also als Anfang einer Erzählung auswählen, ist bestimmt durch das Ende, eine Behauptung, die untermauert wird durch die Legitimität erzählender Beschreibungen des Anfangs mit Beziehung auf das Ende. Eine der Hauptaufgaben der Erzählung besteht darin, das Szenario für die Handlung zu bereiten, die zum Ende führt, deren Beschreibung die Erklärung der Veränderung bietet, deren Endpunkte wiederum Anfang und Ende bilden. In meiner Erörterung erzählender Sätze habe ich Bezug genommen auf *temporale Ganze* und die Auffassung vertreten, daß es charakteristisch für die Geschichte sei, daß sie die Vergangenheit in zeitliche Ganzheiten organisiert. Mir entgeht dabei nicht, daß Worte wie »Ganzes« notorisch schwer zu analysieren sind und daß gelegentlich behauptet wird, wir verbänden mit dem Wort »Ganzes« mehr als nur die Vorstellung einer Ansammlung von Teilen. Wir meinen damit eine *zur Einheit gebrachte* Ansammlung, und die Hauptschwierigkeit liegt vermutlich im Begriff der Einheit. ›Einheit‹ ist häufig natürlich ein Begriff, den die wertende Kritik verwendet: wir loben bzw. verreißen ein Kunstwerk, und legen als Maßstab an, ob es Einheitlichkeit besitzt oder nicht, ob seine Teile miteinander im Zusammenhang stehen oder nicht. Zweifellos verfügen wir über abweichende Kriterien der Einheit, abhängig jeweils vom Genre des Kunstwerks – Gedicht, Malerei, Musikkomposition –, das wir kritisch würdigen, doch geht es mir hier einzig um den Begriff der Einheit, wie er auf die Erzählung angewendet werden kann, und es scheint mir, als könnten wir einen Ansatz zur Spezifizierung eines Kriteriums für die Einheit der Erzählung finden, indem wir die Aussage ernstnehmen, daß eine Erzählung und ein deduktives Argument womöglich alternative *Formen* der Erklärung konsti-

tuieren. Wenn es sich so verhält, finden vielleicht gewisse Formfehler in der Deduktion, gewisse Mängel in einem Beweisgang, die ihn seiner Durchschlagskraft berauben, ihre Analogie in Erzählungen. Das heißt, wir machen womöglich eine Anzahl Bedingungen ausfindig, die, so ihnen ein Beweisgang nicht gerecht wird, die *Erzählung* ungültig machen. Das wären sodann die notwendigen Bedingungen für einen gültigen Beweis. Vermittels einer Analogie können wir diese vielleicht zu notwendigen Bedingungen für eine »gültige Erzählung« konstituieren. Ich behaupte nicht, daß wir in dieser Weise *alle* notwendigen Bedingungen für die Einheit der Erzählung herausarbeiten können, doch einige zumindest werden wir erhalten. Indem wir überdies die Analogie zwischen Deduktion und Erzählung näher ergründen, wird für uns absehbar, wo die Analogie aufhört, und dies wird uns, wie ich hoffe, in die Lage versetzen, zu bestimmen, welche besondere und unersetzbare Rolle Erzählungen in der historischen Erklärung spielen.

Ich werde den einfachsten Fall auswählen, der den Hempelschen Kriterien für eine Erklärung genügt, eine *modus-ponens*-Beweisführung:

(1) $(x)\, Fx \supset Gx$,
(2) Fa,
(3) Ga.

worin (3) das explanandum abgibt (einen Satz, der ein einzelnes, singuläres Vorkommnis beschreibt) und worin (1) und (2) gemeinschaftlich das explanans bilden, jeweils als allgemeines Gesetz und Anfangsbedingung. Ich will davon ausgehen, daß das explanans sämtlichen Kriterien Hempels entspricht und zudem (3), einzig aus logischen Gründen, aus (1) und (2) folgt. Ich habe bereits meine Unzufriedenheit mit diesem Modell angemerkt und erinnere an meinen Haupteinwand, daß $Fa - Ga$ eine Veränderung ist, d. h. daß es die Veränderung ist, für die wir eine Erklärung verlangen, daß solche Veränderungen nicht immer durch allgemeine Gesetze abgedeckt sind, wenngleich die Verbindung zwischen diesen Veränderungen und irgendeiner der Veränderung zugeordneten *Ursache* stets durch ein allgemeines Gesetz abgesichert ist, usw. Nichtsdestoweniger können wir gerade anhand dieses vereinfachten Modells einige logico-ästhetische Argumente vortragen.

(*A*) Angenommen, wir ersetzten (2) durch *Fb*. Dies wäre die Verletzung einer Regel der natürlichen Deduktion, und aus den Prämissen würde nicht mehr *Ga* folgen. Doch nehmen wir den ähnlichen Fall, daß wir (3) durch *Gb* ersetzen. Diese Konklusion würde dann nicht mehr aus (1) und (2) hervorgehen. Vom logischen Standpunkt aus erheben wir die Forderung, daß durchgängig dieselbe Variable durch dieselben Konstanten ersetzt wird. Das narrative Analogon könnten wir als *Einheit des Subjekts* bezeichnen. In der oben dargestellten Beweisführung kann in der Konklusion keine Konstante auftauchen, die nicht vorher bereits in den Prämissen erscheint. Auf die Erzählung bezogen heißt dies: »Die Kontinuität oder Beständigkeit der Elemente, die eine charakteristisch historische Erklärung auszeichnet, kann von einer Art sein, die dazu dienlich ist, das *explanandum* – wenn menschliches Handeln oder eine Folge von Handlungen vorliegt – einsichtig zu machen oder zu rechtfertigen.«[11] Wir sind hier mit einem ungemein schwierigen Problem der historischen Ontologie konfrontiert, dem Problem nämlich, *welches* die Elemente sind, die sich in einer Veränderung erhalten. Es ist vergleichsweise einfach, wo es uns um den Sinneswandel des Herzogs von Buckingham zu tun ist. Doch es ist in erheblichem Maße vielschichtiger und metaphysisch bedrohlicher, wenn wir an einer solchen Veränderung interessiert sind wie etwa der Auflösung des Feudalismus oder dem Aufleben des Nationalismus, oder aber, um auch dies zu nennen, an der im Laufe der Zeit immer kunstvolleren Ausschmückung des Weihnachtsbaumes. Wie immer in diesem Punkt entschieden werden mag, von einem *formalen* Gesichtspunkt her gesehen erfordert eine Erzählung ein kontinuierliches Subjekt.

(*B*) Es ist ein Gemeinplatz der logischen Theorie, daß kein Prädikat in der Konklusion eines deduktiven Beweises auftreten darf, das nicht vorgängig in den Prämissen enthalten ist. Nehmen wir einmal an, daß unsere Konklusion zwar Bedingung (*A*) genügt, jedoch ein überschüssiges Stück Information enthält. Man stelle sich beispielsweise vor, es sei dies eine konjunktive Behauptung zweier Aussagen über *a* – *Ga* und *Ha*. Gewiß bieten (1) und (2) für sich genommen keine adäquate Evidenz für die Behauptung dieser Konjunktion, und dementsprechend unvollständig wäre die Erklärung. Doch noch ein weiteres analoges Argument kann hinsichtlich Erzählungen, seien sie historischer Art oder bloße Fiktion, vorgebracht werden. Angenommen, wir wissen am Ende des Dramas sowohl, daß Macbeth tot ist, wie daß er von Macduff verabscheut wird, wiewohl das Schauspiel selbst nur die erstere Tatsache berücksichtigt. Da der Autor (unserer Annahme zufolge) dem Umstand einiges Gewicht beimißt, daß Macduff den Macbeth haßte, uns jedoch nicht gezeigt hat, warum dies so ist, müssen wir natürlich die Geschichte als lückenhaft und das ganze Drama als künstlerisch mangelhaft empfinden, während jene Lücke und dieser Mangel beseitigt sind, sobald Episoden eingeführt werden, die Macduffs feindseliger Haltung gegenüber Macbeth Rechnung tragen: der Tatsache, daß Macbeth den Tod der Frau und der Kinder Macduffs veranlaßt hat! Es mag *tatsächlich* am Ende der Geschichte eine Menge Dinge geben, die hinsichtlich Macbeths' Wahres aussagen, für die jedoch im Stück selbst keine Erklärung geboten worden ist. Aus all diesen sind nur einige wenige für die erzählende Erklärung ausgewählt worden. Doch natürlich gilt dies für jede Erklärung, historische oder sonstige. Wichtig ist wiederum nur, daß wir Ereignisse nicht als solche erklären, sondern vielmehr Ereignisse gemäß einer gewissen Beschreibung; wobei es gleichermaßen in der Geschichts- wie in der Naturwissenschaft wichtig ist, eine Beschreibung zu wählen. Doch einmal ausgewählt, muß das Ereignis relativ zu jener Beschreibung gewissenhaft erklärt werden.

(C) Angenommen, wir fügten einfach noch eine Prämisse (3*a*): *Ea*, hinzu. Der Beweis würde geführt werden wie vorher, doch (3*a*) würde keinen Beitrag zu der eigentlichen logischen Arbeit leisten. Sie verletzt eine Regel der deduktiven Eleganz, die verlangt, daß ein gültiger Beweis *alle* und *nur* jene Sätze in sich enthalte, die für die Konklusion erforderlich sind. Ästhetisch gesehen, und bezogen auf ein erzählerisches Analogon, würde sie eine Verletzung des künstlerischen Geschmacks darstellen. Es ist ein Mangel in einer Erzählung, wenn sie Episoden enthält, die nicht zur Handlung selbst beitragen. Die Szene mit dem betrunkenen Pförtner in Macbeth bietet ein Beispiel für eine erzählerisch unwirksame, belanglose Episode und ist aus diesem Grunde tatsächlich kritisiert worden. Das heißt selbstverständlich nicht, daß ihre Einfügung nicht anderweitig ihre Rechtfertigung fände. Sie mag vielleicht eine gewisse Erleichterung von dem Gefühl lebhaften Entsetzens schaffen, das die unmittelbar voraufgegangene Mordszene zurückgelassen hat. Auch Historiker lassen vielleicht gelegentlich erzählerisch belanglose Informationen mit einfließen. Doch bin ich hier lediglich an dem erklärenden Aspekt von Erzählungen interessiert.
Auf der Grundlage dieser Analogien können wir demnach m. E. einige der notwendigen Bedingungen für die Einheit der Erzählung aufführen. Wenn also *E* eine Erzählung ist, dann ermangelt *E* der Einheit, wenn nicht (*A*) *E* von demselben Subjekt handelt, (*B*) *E* die Veränderung, der jenes Subjekt unterliegt, das vom explanandum abgedeckt ist, adäquat erklärt, und (C) *E* nur soviel Information enthält, wie von (*B*) gefordert wird, und kein Deut mehr. Ich will nicht behaupten, daß dies die einzigen Kriterien der Einheit seien, es mag noch weitere Kriterien für ein anspruchsvolles Stück Geschichtsschreibung geben, die womöglich mit einigen von jenen, zum Beispiel (C), in Konflikt geraten könnten. Doch ich möchte den hier diskutierten Gegenstand nicht unnötig dadurch komplizieren, daß ich noch weiter aushole, denn schließlich geht es uns hier um die Rolle der Erzählungen.

Daß es diese Analogien zwischen deduktiven Beweisen und Erzählungen gibt, hilft meine Behauptung untermauern, daß die Erzählung eine Form der Erklärung ist, wenn für den deduktiven Beweis dasselbe gilt. Doch jetzt möchte ich aufzeigen, wo, wie mir scheint, die Analogie aufhört, und warum demgemäß Erzählungen nicht immer auf deduktive Beweisführung reduzierbar sind.

Ich habe bisher, in minimaler Gestalt, eine Geschichte vorgelegt, die etwa folgende Form besitzt:

(i) *Fa*,
(ii) *y*,
(iii) *Ga*.

Hier stellen *Fa* und *Ga* gemeinschaftlich, und in dieser Reihenfolge, eine Veränderung in *a* dar. Diese Veränderung mag nicht durch ein allgemeines Gesetz abgedeckt sein, doch sowie erst einmal auf *y* – in unserem Kontext eine kausale Episode – Bezug genommen ist, beruft man sich auf irgendein allgemeines Gesetz, wird eine allgemeine Annahme gemacht, und zwar des Inhalts, daß *y*-ähnliche Dinge Ursache dafür sind, daß *a*-ähnliche Dinge sich von *F* zu *G* verändern. Eine derartige Erzählung werde ich eine *atomische Erzählung* nennen, enthaltend einen Anfang (i), ein Ende (iii) und eine Mitte (ii). Ich werde sie graphisch folgendermaßen darstellen:

FG
/ . /

– wobei die Striche die Endpunkte einer Veränderung darstellen und der Punkt die Ursache dieser Veränderung.

Nun mag es jedoch geschehen, daß es Veränderungen derart gibt, daß keine einzelne Ursache ausreicht, sie zu erklären. In diesem Falle können wir annehmen, daß *a* – das Subjekt der Veränderung – eine *Sequenz* von Veränderungen durchlaufen hat und daß dementsprechend eine Folge von Ursachen herangezogen werden muß, um die hauptsächliche Veränderung zu erklären. Ungefähr in der Weise, daß z. B. ein Mann nur so von Westchester nach Nairobi gelangen kann, indem er zunächst, sagen wir, eine Untergrundbahn nimmt, dann ein Flugzeug besteigt, dann einen Zug, schließlich ein Schiff – in der angegebenen Reihenfolge –, wobei es keine einzelne Art des Transports gibt, die ihn über die volle Distanz zu befördern imstande wäre. In Fällen dieser Art, wo keine einzelne Ursache für sich die Veränderung erklärt, sondern nur eine Abfolge von Ursachen dies leistet, in der jede einzelne je eine sukzessive Veränderung begründet, möchte ich von einer *molekularen Erzählung* sprechen, die graphisch folgendermaßen darzustellen ist:

FGHI
/ . / . / . /

– wobei *F – G*, *G – H*, *H – I* die aufeinanderfolgenden Veränderungen bilden.

In einer molekularen Erzählung ist jede Einheit / . / durch ein allgemeines Gesetz gedeckt, ein Gesetz von der Art zumindest, wie ich es weiter oben charakterisiert habe, doch es ist kein allgemeines Gesetz erforderlich, das die gesamte Veränderung unter sich befaßt. Man mag die Frage stellen, warum wir des Begriffs einer molekularen Erzählung bedürfen und nicht vielmehr jede derartige molekulare Erzählung einfach als eine Anfangs-zu-Endpunkt-Reihe atomischer Erzählungen auffassen. Die Antwort hierauf ist klar. Es geschieht dies deshalb, weil wir an einer umfassenderen, *größeren Veränderung* (gemäß der obigen Wiedergabe) *F–I* interessiert sind, in der die dazwischenliegenden Veränderungen *Bestandteile* sind. Doch das dient wiederum dazu, auf das zu entgegnen, was als ein Einwand gegen unsere Darstellung erscheinen mag, ein Einwand in der Tat, der sich gegen das gesamte Unterfangen der Geschichtsschreibung schlechthin richtet. Der Einwand lautet folgendermaßen: warum benötigen wir zur Begründung von *I* überhaupt noch mehr als die letzte

Einheit in der Kette atomischer Erzählungen? Denn trifft es nicht etwa zu, daß die Ursache, die in der Graphik

HI
/ . /

durch den Punkt wiedergegeben wird, die Ursache von *I* ist? Verhält es sich so, warum dann den ganzen weiten Weg zurückgehen bis zu

F
/ ?

Die Antwort lautet: die betreffende Ursache dient wohl dazu, *I* zu erklären, doch die Tatsache ist die, daß wir an *I* als solchem nicht in besonderem Maße interessiert sind, sondern vielmehr an der Veränderung *F–I*, und für die Veränderung ist die angeführte Ursache nun einmal nicht zureichend. Hier liegt ein weiteres Beispiel für jene Art Fehler vor, die entsteht, wenn man das explanandum in einer historischen Erklärung einfach als Beschreibung eines Ereignisses auffaßt. Wenn wir im Gegensatz hierzu erkennen, daß das charakteristische historische explanandum eine Veränderung beschreibt und oftmals eine in der Tat *gewaltige* Veränderung, die sich vielleicht über Jahrhunderte erstreckt, dann gelangen wir unmittelbar zu der Einsicht, warum wir eine erzählende Erklärung nicht auf ihre abschließende Episode (oder atomische Erzählung) reduzieren können.
Doch was geschieht nun mit unserer Analogie zwischen Erzählungen und deduktiven Beweisführungen? Zunächst könnte man erwidern, daß wir, genauso wie wir uns auf mehrere Veränderungen und demzufolge auch auf mehrere Ursachen beziehen müssen, um eine umfassende »molekulare« Veränderung zu begründen, gleicherweise in einem deduktiven Beweisgang vielleicht *mehrere* verschiedene Prämissen benötigen, um eine Konklusion abzuleiten, aus denen jeweils für sich genommen nicht die Konklusion folgen kann. Wenn wir an die oben genannte Bedingung (*B*) denken, könnten wir daher zum

Beispiel nicht *Ha* lediglich aus den beiden Prämissen *Fa* und $(x)\ (Fx \supset Gx)$ ableiten. Doch indem wir eine weitere Prämisse *hinzufügen*, können wir die Beweisführung in gültiger Form vervollständigen. Dem Hempelschen Modell gemäß muß es sich bei der hinzugefügten Prämisse entweder um ein allgemeines Gesetz oder um die Feststellung einer anderen erforderlichen Ausgangsbedingung oder um beides zugleich handeln. Nehmen wir nun einmal an, wir fügten das allgemeine Gesetz hinzu $(x)\ (Gx \supset Hx)$. Das würde die Sache mit einem Schlage bereinigen, doch Tatsache ist, daß wir in einem derartigen Fall die *beiden* allgemeinen Gesetze zugunsten eines anderen eliminieren können, denn da wir gültig $p \supset r$ von $p \supset q$ und $q \supset r$ ableiten können, fallen beide Gesetze in ein einziges zusammen – $(x)\ (Fx \supset Hx)$. Doch eine solche Eliminierung kann offenbar nicht in jeder gültigen Erzählung vorgenommen werden. Angenommen daher, wir hätten

$$FGH$$
$$/\,.\,/\,.\,/$$

worin zwei allgemeine Gesetze vorausgesetzt sind und das sich auf zwei verschiedene Ursachen, sagen wir $k \cdot 1$ und $k \cdot 2$ bezieht. Die Gesetze sehen folgendermaßen aus:

$$k \cdot 1 \quad F - G$$
$$k \cdot 2 \quad G - H$$

Wir mögen nicht imstande sein, diese Gesetze in ein einziges, größeres zusammenfallen zu lassen, und überdies sind wir vielleicht nicht in der Lage, eine einzige Ursache für die Veränderung $F - H$ zu finden, so daß hier die Analogie ein Ende hat.

Andererseits gibt es noch eine weitere Möglichkeit. Angenommen wir eliminieren unser allgemeines Gesetz und setzen an seine Stelle dieses *eine*: $(x)\ (Fx \cdot Gx \cdot \supset Hx \cdot)$, und fügen zudem noch als weitere Anfangsbedingung *Ga* hinzu. Hier folgt weder aus *Fa* noch aus *Ga* allein die Schlußfolgerung, und das Gesetz erfordert ihre Konjunktion, wenn seinem Vorgänger Genüge getan werden soll. Das wäre sicherlich dem Fall einer Erzählung analog, die mehr als nur einer Ursache zur Begründung einer umfassenden Veränderung bedarf. In der Tat könnten wir sogar Gesetze haben, in denen die erforderlichen Anfangsbedingungen in einer Sequenz erfüllt werden müssen, zum Beispiel $(x)\ (Fx_{t-1} \cdot \supset \cdot Hx)$, wo das tiefer Gedruckte die Reihenfolge angibt, in der die Anfangsbedingungen erfüllt werden müssen. Wir könnten derartige Gesetze *historische Gesetze* nennen. Wir könnten sodann unter Zuhilfenahme historischer Gesetze, zusammen mit einer Spezifikation zeitlich unterschiedener Anfangsbedingungen, tatsächlich unsere Konklusion deduzieren. Solche Gesetze würden uns faktisch in die Lage versetzen, Voraussagen zu machen, oder besser: *qualifizierte* Voraussagen. Denn da die beiden Formen $(p \cdot q) \supset r$ und $p \supset (q \supset r)$ erweislich äquivalent sind, folgt daraus, daß wir – wenn wir über ein *historisches Gesetz* der Form

$$\left(C^{o}_{t\text{-}o} \cdot C^{I}_{t\text{-}1} \cdot \cdot \cdot \cdot C^{n}_{t\text{-}n}\right) \supset E$$

verfügen, und wenn C° in $_{t-0}$ eintritt – voraussagen können, daß E eintreten wird, wenn $CI \ldots C^{n}$ in der geforderten zeitlichen Reihenfolge stattfinden. Ungefähr in der gleichen Weise, wie wir sagen (voraussagen) könnten, daß eine Rakete eine gewisse Strecke zurücklegen wird, vorausgesetzt, es treten aufeinanderfolgend drei Zündungen ein; angenommen, die erste tritt dann *wirklich* ein, so können wir fortfahren mit unserer Voraussage, indem wir erklären, daß die Rakete die erforderliche Strecke zurücklegen werde, wenn die zwei *verbleibenden* Zündungen planmäßig eintreten.

Es mag *wirklich* historische Gesetze geben. Es mag historische Gesetze sogar in der Geschichte selbst geben. Doch würden sie entdeckt, könnten sie dem Determinismus kein weiteres Beweisstück zuführen, nicht mehr jedenfalls als das Vorhandensein nicht-historischer Gesetze als Beweis dienen kann. Ebensowenig würden sie uns in irgendeiner Weise zu der

Schlußfolgerung berechtigen, daß es eine historische Zwangsläufigkeit gebe, nicht mehr jedenfalls, als das Vorhandensein allgemeiner Gesetze nicht-historischer Art zu der Schlußfolgerung berechtigt, daß es Zwangsläufigkeit in der Natur gebe. Folglich würde die Entdeckung historischer Gesetze in keinem auch noch so geringen Maße den prophetischen Prätentionen substantialistischer Geschichtsphilosophen Gewicht geben.
Indessen glaube ich mich zu der Behauptung berechtigt, daß die Frage, ob wir eine molekulare Erzählung in einen deduktiven Beweis umwandeln können, abhängig ist von der Frage, ob es historische Gesetze gibt, und überdies bliebe noch immer, selbst wenn *einige* historische Gesetze entdeckt würden, die weitere Frage, ob für *jede* molekulare Erzählung ein allgemeines historisches Gesetz gefunden werden kann.
Wie immer es sich damit verhalten mag, die Tatsache bleibt bestehen, daß, zumindest in der Geschichte, wenn überhaupt, dann nur wenige historische Gesetze bekannt sind; doch mindert oder gefährdet dies in keiner Weise die erklärende Kraft von Erzählungen. Wenn irgend etwas, so stellt sie eine Bedrohung für ein philosophisches Programm dar, das sich der Auffassung verschrieben hat, daß jede Erklärung zu ihrer notwendigen Bedingung erfordere, daß sie einer deduktiven Formulierung fähig sei. Ich habe eingeräumt, daß dies sehr wohl eine *zureichende* Bedingung sein mag, jedoch keine notwendige Bedingung, damit molekulare Erzählungen als explanatorische anerkannt werden können. Daraus folgt wiederum nicht, daß Erzählungen ohne Verwendung allgemeiner Gesetze konstruiert werden können, sondern nur, daß kein allgemeines Gesetz gefunden werden muß, damit dieses die *gesamte Veränderung* unter sich begreife, die von einer Erzählung abgedeckt und erklärt wird.
Die Rolle der Erzählungen in der Geschichte sollte nunmehr klar sein. Sie werden verwendet, um Veränderungen zu erklären, und zwar – was überaus charakteristisch für sie ist – umfassende Veränderungen, die innerhalb von Zeiträumen stattfinden, die verglichen mit der Dauer eines Menschenle-

bens gewaltig sind. Es ist Aufgabe der Geschichte, uns diese Veränderungen offenbar zu machen, die Vergangenheit zu zeitlichen Ganzheiten zu organisieren und diese Veränderungen gleichzeitig mit der Erzählung dessen, was sich zugetragen hat, zu erklären – und sei es unter Zuhilfenahme jener Art der zeitlichen Perspektive, die linguistisch in erzählenden Sätzen widergespiegelt wird. Das *Skelett* einer Erzählung hat die folgende Form:

/ . / . / . . . . . /

doch das Skelett kann man zu fleischlichem Leben bringen durch eingeflochtene Beschreibungen, Anekdoten, moralische Werturteile und dergleichen. Doch sind diese, so glaube ich jedenfalls, zumindest philosophisch gesehen von zweitrangigem Interesse.

Hier noch ein Schlußwort. Selbst wenn man annimmt, daß wir wirklich über außergewöhnliche Gesetze verfügen, die eine gewaltige Mannigfaltigkeit von Variablen in sich bergen und gewaltige Zeitstrecken umfassen, gäbe es noch immer keinen Grund zu der Annahme, daß die Verbindung zwischen diesen Gesetzen und den zeitlichen Ganzheiten, die ihnen das Fall-Material stellen, weniger locker sein werde als die Verbindung zwischen jenen Gesetzen, die ich erörtert habe, und deren Anwendungsfällen. Nicht nur wären also solche Voraussagen, die wir vermittels jener Gesetze träfen, konditional, sie wären zugleich auch im schlechten Sinne allgemein. Sie würden uns bestenfalls mitteilen, was nur gemäß gewissen, hochgradig *allgemeinen* Beschreibungen geschehen wird, vorausgesetzt daß gewisse Anfangsbedingungen – auch diese wieder unter höchst allgemeinen Beschreibungen stehend – aufeinanderfolgend bewahrheitet werden. Um ein weiteres Mal also wäre damit den prophetischen Aspirationen substantialistischer Geschichtsphilosophen der Boden entzogen, und wieder stünden wir vor dem Problem, die Geschichte von Ereignissen zu schreiben, bevor diese Ereignisse geschehen sind, eine Aufgabe, die auch durch die Existenz historischer Gesetze nicht zu lösen wäre. Unser Wissen um die Zukunft bliebe abstrakt im Gegensatz zu unserer Kenntnis der Vergangenheit. Und die Aufgabe der Geschichte selbst würde noch immer lauten, die Geschichte dessen zu erzählen, was sich eigentlich zugetragen hat, selbst dann, wenn die Geschichte als Fall unter ein allgemeines historisches Gesetz fallen sollte und auch wenn das betreffende Gesetz bekannt sein sollte. Nur die Geschichte selbst wäre imstande, die erstaunliche Mannigfaltigkeit von zeitlichen Ganzheiten vor uns auszubreiten, die nichtsdestoweniger sämtlich unter ein einziges historisches Gesetz fallen. Unsere Faszination durch die Details der Vergangenheit würde nur zunehmen. Man findet Sonette nicht weniger interessant oder schön, nachdem man darüber aufgeklärt worden ist, daß alle Sonette eine unveränderliche Form besitzen. Vielmehr wüchse nur unsere Bewunderung für die poetische Kreativität, nachdem wir erfahren haben, daß so viele unverwechselbar individuelle und unvergleichliche Werke sämtlich in Übereinstimmung mit den rigidesten und starrsten Regeln hervorgebracht worden sind!

XII. Historisches Verstehen und das Problem anderer Epochen*

Es wird allgemein anerkannt, daß es die Aufgabe der Geschichtswissenschaft sei, zusammenzustellen, was sich wann ereignete, und es ist mehrfach die Auffassung geäußert worden, daß es eine untergeordnete Aufgabe oder eine Hilfsdisziplin dieser Wissenschaft sei, die Ereignisse und Epochen der Vergangenheit von innen heraus zu konstruieren, gleichsam vom Standpunkt derjenigen aus, die sie durchlebten. Um dies zu erreichen, stellte eine Generation von Philosophen, die großzügiger als die unsrige war, ein Repertoire methodologisch zweifelhafter Hilfsmittel bereit: empathische Intuitionen, einfühlende Verstehensakte, sekundäre, nachempfindende Identifikationen und dergleichen, durch deren ausgiebigen Gebrauch der Geist des Historikers harmonische Resonanz, Austausch mit den Geistern anderer Zeitalter zu erlangen bestrebt war, jenseits der ansonsten undurchdringlichen Isolierungen von Zeit und Veränderung. Eine berechtigte Unzufriedenheit mit diesen Hilfsmitteln – ob als Entdeckungs-, Erklärungs- oder Bestätigungsinstrumente – ging logisch Hand in Hand mit einer behavioristischen Ideologie, derzufolge die Berücksichtigung »innerlicher« Strebungen, immanenter Aspekte jeglicher Art als geradezu ehrenrührig, jedenfalls aber als entbehrlich angesehen wurde. Da diese Ideologie inzwischen etwas an Glanz eingebüßt hat und da die Qualität des Lebens, wie es in verschiedenen Epochen gelebt worden ist, die historische Neugier in den Quellen umtreibt, würde ich gern noch einmal das aufgreifen, was ich als *das Problem anderer Epochen* bezeichnen werde, und mich mit dem Grad auseinandersetzen, bis zu dem wir erfolgreich ein

* Dieser Beitrag zu dem APA-Symposium über »Historical Understanding« (erschienen in *The Journal of Philosophy* 63, 19 (1966), S. 566-577) wurde auf Wunsch des Autors in die deutsche Ausgabe seines Buches eingefügt. In der Originalausgabe (1965) folgt hier das Schlußkapitel (XII), das nunmehr die Nummer XIII erhält.

inneres Verständnis davon erreichen können, wie das Leben in anderen Epochen als der unsrigen ausgesehen haben mag. Epochen haben, wie Personen, ihr Inneres, und meine Nomenklatur indiziert zugleich eine Ähnlichkeit mit dem Problem »anderer denkender Wesen« (Other Minds), also dem Problem des Fremdverstehens, eine Ähnlichkeit, der ich große Bedeutung beimesse. Ein Teil meiner These lautet, daß unser Problem nicht als logisches Ergebnis des Problems »anderer denkender Wesen« und »anderer Zeiten« aufzufassen ist.[1] Es geht nicht aus der Tatsache hervor, daß Mitglieder anderer Epochen andere Intelligenzen und Nicht-Zeitgenossen sind, sondern eher aus dem Wesen der Erstellung eines historischen Berichts selbst, oder – wenn ich den kontinental-europäischen Begriff benutzen darf – aus der Geschichtlichkeit der Geschichte. Demgemäß sehe ich das Problem logisch im Begriff der Geschichte angelegt, so daß seine Erörterung in einem analytischen Schritt in Richtung auf die Bestimmung der Konturen dieses Begriffs sowie in einem metaphysischen Schritt in Richtung auf die Würdigung der einzigartigen Charakteristika historischer Existenz zu erfolgen hat.

1.

In diesem Abschnitt lege ich einige kurze Analysen von Aspekten des Problems »anderer Zeiten« und »anderer denkender Wesen« vor, in welche sich unser Problem jedoch nicht so einfach aufspalten und transportieren läßt. Diese Schattierungen sind, wie zu hoffen steht, in einer Reihenfolge kontinuierlich abnehmender philosophischer Banalität angeordnet, und ich erwarte mir davon, vermittels ihrer fortschreitend den Begriff des sympathetischen Erfassens (= *Verstehen*) isolieren zu können und zu zeigen, daß *Verstehen*, wenngleich nicht gar so scharf zu mißbilligen, wie seine Kritiker glaubten, gänzlich ungeeignet ist, uns in das Innere anderer Epochen zu versetzen, d. h. insoweit sie wirklich »andere« *sind*.

1. Das Problem »anderer Zeiten« leitet sich von der Tatsache her, daß Ereignisse unabhängig voneinander sind, und es wird durch den Umstand nur noch kompliziert, daß wir hier und jetzt nicht Ereignisse beobachten können, deren zeitlich nächste Endpunkte hinter uns liegen. Das Argument (B. Russells) lautet ungefähr folgendermaßen: Nichts, was geschieht, ist in einem logisch stringenten Sinn durch irgendein anderes Ereignis nezessiert, noch bedingt es seinerseits mit Notwendigkeit das Eintreten anderer Ereignisse. Daher kann, was sich gegenwärtig ereignet, durchaus folgerichtig als einzig deswegen geschehen angenommen werden, weil es eben wirklich geschieht, was auch immer der Charakter vergangener Ereignisse gewesen sein mag. Die Gegenwart, wie wir sie vorfinden, ist logisch mit jedem beliebigen Ausschnitt der Vergangenheit vereinbar, einschließlich der Nichtexistenz von Vergangenheit überhaupt, wie Russells berühmte These lautet. Woher nehmen wir dann überhaupt das Recht, irgendein Wissen von der Vergangenheit für uns zu beanspruchen, oder auch nur das Wissen darum, ob es eine Vergangenheit gibt, über die ein Wissen beansprucht werden kann? Denn jede Schlußfolgerung muß auf Beweise gegründet sein, die aus der Gegenwart entnommen werden, und alle Gesetze, die wir anwenden (wobei Kausalgesetze und Beweisregeln in geeigneter Form miteinander verschmolzen werden), setzen eben dasjenige voraus, was in Frage steht. Ich werde mich nicht mit den Problemen – oder Rätseln – befassen, die diese Beweisführung hervorruft, geschweige denn besonders darauf verweisen, daß sie ihrem Wesen nach einem instantanen Skeptizismus und schließlich dem Skeptizismus schlechthin das Feld bereiten; was darin als bedrohlich für die Existenz der Geschichtswissenschaft schlechthin erscheint, ist sekundär und vordergründig. Die Zweifel sind allerdings hinreichend subversiv, um die Grundfesten des gesunden Menschenverstandes und der Wissenschaft zum Einsturz zu bringen, deren beider Gesetzlichkeiten Voraussetzung für das Zustandekommen von Darstellungen in der Geschichtswissenschaft sind. So wird die

Geschichte genau an dem Punkt empfindlich berührt, wo sie von angewandter Wissenschaft (oder erweitertem gesunden Menschenverstand) nicht zu unterscheiden ist. Die so gefährdeten Gesetze werden von der Vergangenheit nur erfassen, was sie mit der Gegenwart gemeinsam hat, und mithin wird durch das Problem der »anderen Zeiten« kein besonderer Grundzug der Vergangenheit als solcher – im Gegensatz zur Gegenwart – erhellt. Tatsächlich würde das Problem der »anderen Zeiten« selbst dann bestehenbleiben, wenn all das hier in Zweifel Gezogene vollständig rehabilitiert wäre.

2. Auf seiner wohl oberflächlichsten Ebene – die zur Verwirrung gerade des Skeptikers beiträgt – ist das Problem des »Fremdverstehens«, d. i. des Verstehens anderer Intelligenzen, demjenigen der »anderen Zeiten« formal gleich. Es legt sich die Frage vor, ob es andere geistige Wesen gibt und was, wenn überhaupt etwas, in und mit ihnen vor sich geht. Es weist darauf hin, daß äußeres Verhalten genauso sein könnte, wie es ist, ganz gleich, was auch immer im Geiste vor sich gehen mag, und schließt die Möglichkeit nicht aus, daß es womöglich überhaupt keinen Geist gibt, in dem etwas vor sich gehen kann. Folglich hat es den Anschein, als sei das Problem aus der scheinbaren logischen Unabhängigkeit äußerer und innerer Ereignisse voneinander entstanden und als werde es nur durch die Tatsache kompliziert, daß wir uns nicht in den Geist eines anderen versetzen können, um dann im Rückschluß von der Vertrautheit mit den Vorgängen in unserem eigenen Geist auf den eines anderen zu beobachten, was darin vorgeht. So könnte danach, durchaus übereinstimmend mit Verhaltensweisen, die von anderen als wir selbst an den Tag gelegt werden, das in Frage stehende Verhalten genausogut dasjenige von Automaten sein oder von empfindungslosen Nicht-Automaten, von empfindungslosen Nicht-Automaten mit einem eingewurzelten Hang zur Verstellung, von Eingeborenen, die eine Geheimsprache reden, von *res cogitans*, die an ein untergehendes tierisches Lebewesen oder an Protein-Strukturen gebunden ist, oder von multiplen Enti-

täten in ontologischer Analogie mit sich selbst. Ich will diese erschreckenden Möglichkeiten nicht alle im einzelnen erörtern, denn sie konfrontieren uns ebensogut auch mit unseren eigenen Zeitgenossen, z. B. mit jenen, die ich, angetan mit Hut und Mantel, genau unter meinem Fenster vorbeihasten sehe. Verhält sich dies so, dann kann auch kein weiterer Schaden durch die insgeheim angestellte Überlegung entstehen, ob nicht auch Nicht-Zeitgenossen – Nikolai Gogol, Gogols Frau, Heliogabal oder Maria Mancini – nach allem, was ich weiß, Automaten gewesen sein können, ungeachtet ihres sonstigen Verhaltens. Und sollten wir Linderung in jenen beschwichtigenden, trostreichen Versicherungen finden, daß gewisse äußerliche Verhaltensweisen logisch hinreichende Beweise dafür bieten, daß »anderen« den menschlichen Geist charakterisierende Prädikate beigelegt werden können, dann reduziert sich das Problem des »Fremdverstehens«, soweit es die Geschichte angeht, auf das Problem »anderer Zeiten«: ein weiterer, doch nicht in besonderem Maße verschiedener Aspekt der Abfassung von Tatsachenberichten. Angenommen also, der Ausruf »Que je souffre!« sei Ausdruck großer Schmerzen und logisch adäquates Mittel, dem, der sich so artikuliert, das Prädikat »empfindet starke Schmerzen« beizulegen, dann müßte es ausreichend sein, zu ermitteln, daß Sigismund von Burgund den Ausruf »Que je souffre!« in *t* getan hat, um mit Sicherheit feststellen zu können, daß dieser Heilige in *t* Schmerzen empfunden hat. Anderen Schmerzempfindungen zuzuschreiben, ist gewiß gleichgültig hinsichtlich der Zeit, in der jene sie empfinden; solange also die Menschen anderer Zeiten nicht Subjekt einer grundlegend verschiedenen Klasse psycho-physischer, mentaler Prädikate gewesen sind, läßt das in dieser Art konstruierte Problem des Fremdpsychischen ein Aufkommen des Problems der »anderen Zeiten« gar nicht erst zu.

3. Das Problem des »Fremdverstehens« ist hiermit indessen noch nicht ausgestanden, und es besitzt Merkmale, die uns unserem eigentlichen Problem vielleicht näher bringen. In jüngster Zeit haben die Philosophen Übereinstimmung dar-

über erzielt, daß Sätze, die sich »mentaler« Prädikate bedienen, durch jeden Wechsel der grammatischen Person hindurch ihrer Bedeutung nach unverändert bleiben und ebenso gleichgültig dagegen sind, ob sie auf das Selbst oder auf andere Personen bezogen werden. Ich habe – dieser Auffassung gemäß – den Sinn solcher Prädikate nicht begriffen, wenn ich zwar Schwierigkeiten zu haben glaube, sie auf andere anzuwenden, jedoch keine entsprechende Schwierigkeit darin sehe, sie auf mich zu beziehen, denn die gelungene Anwendung auf andere ist eine notwendige Voraussetzung, sie auf mich selbst anzuwenden, ganz abgesehen einmal von der logischen Wahrnehmungshemmung vis-à-vis den eigenen Gefühlen. Mag sein, daß es sich wirklich so verhält: Ich will mich hier jedenfalls nicht damit auseinandersetzen. Doch diese Position läßt es dahingestellt sein, daß man zwar gelernt haben kann, solche Prädikate korrekt auf andere anzuwenden, aber noch nicht erkennen gelernt hat, was es wirklich heißt, selbst Subjekt derartiger Prädikate zu sein. Meine Absicht ist aber, den Nachweis zu erbringen, daß es hinsichtlich dieser Prädikate zwei Verständnisebenen gibt – wir könnten sie folglich *Zwei-Stufen-Prädikate* nennen – und daß die endgültige Unterscheidung zwischen Selbst und Fremdpersonen wiedererscheint im Unterschied der Verständnisebenen dieser Prädikate, die vermöge ihrer Duplizität als eine Klasse definiert sind.

4. Es gibt eine Klasse weithin anerkannter Prädikate, zu deren Verständnis erforderlich ist, daß man Fälle erfahren hat, die darunter zu bringen sind. So daß, selbst wenn man die Kenntnis der Logik derartiger Prädikate dadurch beweist, daß man sie richtig anwendet, man dessen ungeachtet ihr Hauptanwendungsfeld übersieht, wenn man sie nicht auf Fälle anzuwenden vermag; und um dies tun zu können, muß man diese Prädikate in Verbindung mit der eigenen Erfahrung entsprechender Fälle zu meistern imstande sein. Es gibt hinsichtlich dieser empiristischen These berüchtigte Schwierigkeiten, doch entstehen diese in Verbindung mit einer wesent-

lich weiteren Klasse von Prädikaten, als sie uns hier angehen, wobei *mein* Anliegen vornehmlich darin besteht, aufzuzeigen, daß die Prädikate, die mich hier interessieren, dieser Klasse zugehörig sind. Es sind dies »mentale« Prädikate, deren Verstehen es erforderlich macht, daß *man selbst* die Erfahrung gemacht hat, ihren Verwirklichungsfall abzugeben. So daß das eigene Verstehen, obschon man sie erfolgreich auf andere anzuwenden vermag, mangelhaft bleibt, solange man sie nicht auf sich selbst anzuwenden versteht. Deshalb sagen wir auch, es verstehe derjenige nicht, was »Liebe« sei, der niemals selbst verliebt gewesen ist. Ich kann mir nun einen unterkühlten Menschentypus denken – nehmen wir einen gewissen Testadura als Beispiel –, dessen Gemütsruhe derart steinern ist, daß ihn nichts zu bewegen vermag, und der nichtsdestoweniger imstande ist, das Prädikat »ist wütend« mit hinreichender Sicherheit zu handhaben, um es mit routinemäßigem Erfolg auf andere anzuwenden, und das Prädikat »ist nicht wütend« völlig sinnentleert auf sich selbst zu beziehen. Ausdrücke wie »verborgene Wut« oder »unterdrückter Zorn« erscheinen ihm, sofern er sie überhaupt verstehen kann, geradezu komisch: ganz so als würden hinter unbewegten menschlichen Fassaden innere Duplikate ihrer Träger ihrer Wut freien Lauf lassen: erzürnte Gespenster in gleichmütigen Maschinen. Sofern diese Schwelle nicht pathologisch hoch liegt, kann Testadura vermittels einer Art emotionaler Erziehung die Bedeutung des Wortes ›Wut‹ gelehrt werden. Wir setzen ihn systematisch Frustrationen und Zwängen aus, die er zu bewältigen hat, bis sein einstiges *sangfroid* eines Tages in öffentlich durchbrechendem, manifestem Wut-Verhalten überkocht und sich Luft schafft. Und dann sagen wir ihm, daß er wütend sei. Nachdem er auf diese Weise gelernt hat, was ›wütend‹ (im vollen Wortsinn) meint, wird Testadura eine Dimension des Verstehens erreicht haben, in deren Licht seine noch vor kurzem gehegte Vorstellung von ›versteckter Wut‹ sich als metaphysische Karikatur erweist: Er hat sich (bis zu einem gewissen Grade) ein *Inneres* erworben. Diese Weise, sich ein inneres Verständnis eines Zwei-Stufen-Prädikates zu erwerben, werde ich im folgenden *situationale Ostension* nennen. Doch ich möchte hervorheben, daß das Erlernen dessen, was ein Inneres sei, nicht darin besteht, daß man im Laufe des routinemäßigen Lernvorgangs, mit dem man sich die Kenntnis der Welt erschließt, einem erworbenen Bestand an Fakten einfach ein weiteres Faktum hinzuzufügen weiß. Es schließt vielmehr die *Transformation* einer *Gesamtheit* von Fakten in sich, eine simultane Transformation seiner selbst sowie der Umwelt. Denn sobald man ein Inneres erwirbt, erfordert gleichermaßen auch die Welt (oder Teile in ihr) ein solches Innere. Ein derartiger Lernvorgang weist gewissermaßen Ähnlichkeit mit einer religiösen Konversion auf; z. B. sieht man plötzlich, was bisher nur simple *Dinge* gewesen sind, als »göttliche visuelle Sprache« (Berkeley).

5. Wir statten andere Menschen mit einem Inneren aus und bemühen uns um ein Verständnis ihrer inneren Psychographien, genauso wie auch wir selbst eine eigene *éducation sentimentale* durchmachen, die von derjenigen gar nicht so sehr verschieden ist, die ich den Testadura habe durchlaufen lassen: ein Erleben jener Situationen, die das banale Grundmuster menschlichen Lebens bilden: Zorn, Angst, Liebe, Hoffnung, Eifersucht, Ekstase, Langeweile, Bedauern, Kummer und die erotischen Entropien des alternden Herzens. Es ist tatsächlich die innere Beherrschung dieser Begriffe, was in der Umgangssprache ›Erfahrung‹ genannt wird; und meine Ausführungen über situationale Ostension legen den Gedanken einer Kontinuität zwischen so verstandener Erfahrung und jener Erfahrung nahe, von der die Empiristen handeln, die daran festhalten, daß es vergleichbare Begründungen für das Erlernen der Bedeutung von ›rot‹ gebe, und die, das sei nebenher bemerkt, vom Standpunkt einer gewissen Seichtigkeit her als flach und oberflächlich abgestempelt worden sind. In welcher Weise auch immer (und es gibt eine solche Weise) es in einem nicht-trivialen Sinne wahr ist, daß der Blinde die Bedeutung von ›rot‹ nicht verstehen kann, birgt auch die Her-

zenskälte eine genau analoge Unkenntnis des Wortes ›Liebe‹ in sich (was wiederum darauf hindeutet, daß alle grundlegenden Prädikate zweistufig sein könnten). Genau an diesem Punkt bietet sich die Konzeption des *Verstehens* als einer legitimen Verlängerung unserer linguistischen Reichweite an. Nehmen wir an, daß *m* das Prädikat *F* nur dann richtig in einem sympathetischen Vollzug *n* beilegen kann, wenn *m* selbst einen Fall von *F* erlebt hat und wenn *n* demjenigen genügt, was immer die öffentlichen Kriterien von *F*-heit sein mögen. Das setzt voraus, daß es öffentliche Kriterien für das Beilegen von *F* gibt und daß *m* innerlich die Bedeutung von *F* erfaßt hat, wenn er diese öffentlichen Kriterien zur Anwendung bringt. Er könnte demnach wohl schon immer *F* anderen richtig zugeschrieben haben. Doch nur auf der Grundlage der richtigen Erfahrung kann er korrekte *sympathetische* Zuschreibungen machen. Ich werde im folgenden *Verstehen* so thematisieren, als handle es sich dabei um ein richtiges sympathetisches Beilegen mentaler Prädikate.

6. Die Modalitäten des Gefühls sind für die ungeschulte Einbildungskraft ebenso unzugänglich wie die Modalitäten der Sinne. Derjenige, der einer gegebenen Sinnes-Modalität nicht mächtig ist, ist unfähig, richtige Vorstellungsbilder zu Sinneseindrücken jener Modalität zu evozieren. So kann der Blinde sich keine Bilder der Farbe ›rot‹ vorstellen, sondern bestenfalls vielleicht sinnreiche Surrogate: Trompetenstöße (Locke) oder Hitze (Geach). Ebenso verhält es sich mit jenen, die, weil sie vielleicht einem anderen Geschlecht angehören, oder wegen irgendeines physiologisch begründbaren Fehlens der Libido, nicht imstande sind, die Sprache der Emotionen situational zu beherrschen: Wegen irgendeiner modalen Deprivation können sie unter jenen Modi kein *Verstehen* praktizieren.

Das sind gewichtige Behauptungen, doch es würde aus ihnen folgen, daß das Ausmaß unseres Vermögens, *Verstehen* zu praktizieren, genau durch die Gelegenheiten begrenzt ist, die die *Gegenwart* der situationalen Ostension gewährt. Dementsprechend können wir Figuren der Vergangenheit sympathetisch nur insoweit Prädikate beilegen, als sie uns ähnlich sind, und in bezug auf eine erfolgreiche Anwendung von *Verstehens*-Akten sind Unterscheidungen zwischen Vergangenheit und Gegenwart irrelevant. Wir durchlaufen wohl alle ausnahmslos die Standard-Skala menschlicher Erfahrung; so daß schließlich auch für andere menschliche Wesen jenes *humani nihil alienum* gilt. Soweit es folglich gemeinschaftliche menschliche Erfahrung gibt, hat in einer allgemeinen *science humaine* das *Verstehen* einigen praktischen Sinn. Doch in dem Maße, in dem das Leben anderer Perioden von demjenigen der unseren wirklich verschieden gewesen ist, ähnelt das Unvermögen unserer Einbildungskraft genau jenen modalen Unfähigkeiten, und *Verstehen* verliert allen Sinn. Wo Vergangensein einen inneren Unterschied ausmacht, kann *Verstehen* nicht helfen. Sollten wir allerdings eine logische Barriere finden, die das *Verstehen* nicht überschreiten kann, und sollte diese Schranke in einer inneren Beziehung zum Wesen der Vergangenheit stehen, dann hätten wir vielleicht eine das historische Verstehen definierende Grenze ermittelt und etwas über die Geschichtlichkeit der Geschichte in Erfahrung gebracht. Tun wir also noch einen weiteren Schritt.

7. Ich möchte mich jetzt einer entscheidenden Klasse von Sätzen zuwenden, die ich als *komplexe Sätze* bezeichnet habe. Diese sind aus Sätzen konstruiert, zusammen mit nichtsatzförmigen Fragmenten, die gewöhnlich »Aussagehaltungen« genannt werden. Danach sind »Odysseus glaubte, daß Penelope ihm treu sei« und »Marco Polo hoffte, daß Prester John noch am Leben sein möge« komplexe Sätze. In ihrer Analyse konnte man allerdings zu keinem schlüssigen Ergebnis gelangen, zumindest jene nicht, die extensionalistische Überzeugungen hegen, und wenngleich ich in dieser Angelegenheit selbst nicht ganz ohne eigene, bestimmte Vorstellungen bin, möchte ich hier nur das hervorheben, was nicht kontrovers ist, daß nämlich aus unseren Beispielen, wenn man sie als wahr unterstellt, wohl die Existenz von Odysseus und Marco Polo folgt, jedoch *nicht* diejenige Penelopes und Pre-

ster Johns. Entsprechend können wir uns jeden Satz einzeln daraufhin ansehen, von welchem jeweiligen Individuellen (*s*) er handelt, dessen Existenz aus dem Satz folgt, der wahr ist, und sodann die Balance des Satzes als ein ziemlich kompliziertes Prädikat betrachten. Folglich ist »... glaubte, daß Penelope treu sei« ein einwertiges Prädikat, das für Odysseus und die versammelten Freier als wahr gilt, mehr jedenfalls als ein zweiwertiges Prädikat, das, sagen wir, Penelope und Odysseus zum Beweis anführt. Da diese Prädikate zumindest einen gut ausgeformten Satz enthalten, werde ich sie *sentenzielle Prädikate* nennen. Einen komplexen Satz erkennt man demzufolge daran, daß er ein sentenzielles Prädikat enthält.

Ich weiß nun aber mit derselben Verläßlichkeit, mit der ich überhaupt irgend etwas über die Vergangenheit weiß, daß die Menschen Überzeugungen gehegt haben, die uns heute seltsam anmuten: daß der Kreis auf das Quadrat zurückführbar sei, daß Prester John fortlebe, daß Waldfeen in verwunschenen Eichen hausten, daß die Kreisbahnen der Planeten in die fünf regelmäßigen geometrischen Körper des Euklid eingetragen werden können. Ich vermeine sentenzielle Prädikate zu verstehen, in welchen derartige Sätze figurieren, und beherrsche so gut wie jedermann sonst die richtige Anwendung solcher Prädikate auf andere. Doch da jene nicht *meine* Überzeugungen sind und niemals gewesen sind, kann ich diese Prädikate nicht *sympathetisch* anderen beilegen. Ich besitze kein inneres Verständnis dessen, was es heißt, zu glauben, daß Prester John in Ulan Bator verirrte Seelen rettet; denn ich bin im Lichte meiner anderen Überzeugungen nicht imstande, diesen Glauben entweder selbst zu teilen oder mir vorzustellen, wie sich die Welt jemandem darstellen würde, der wahrhaftig daran glaubt. Denn es müßten so viele sentenzielle Prädikate über mich als wahr gelten, wofern dieses eine auf mich zuträfe – oder es wären so viele andere falsch über mich ausgesagt, wenn dieses eine wahr wäre –, daß ich in der Tat unvorstellbar verschieden sein müßte von dem, was ich bin, und ich ganz anders in der Welt (oder in einer ganz anderen Welt) leben würde, als ich es tatsächlich tue. Gewiß gibt es die mannigfaltigsten Formen und Weisen möglicher Verwandlungen, Metamorphosen und Metempsychosen, obschon nur wenige von uns derartige Prädikate der Veränderung, weil sie diese nie durchlebt, sympathetisch irgendwem oder irgendetwas beilegen können: Saulus wurde zu Paulus; Teiresias wurde zu einer kretischen Hetäre und schlichtete einen berühmten Streit zwischen Zeus und Hera; Papst Gregor verwandelte sich in ein Stachelschwein; Gregor Samsa in eine Küchenschabe. Ich kann mir wohl vorstellen, daß diese oder ähnliche Dinge auch mir zustoßen, aber ich kann mir nicht vorstellen, *wie es wäre*, wenn sie sich ereignet hätten. Ein Schriftsteller kann in mir eine Empfindung erzeugen, *als ob* ich die – historischen oder fiktiven – Ereignisse durchlebte, die er beschreibt. Aber gerade aus diesem Grund ist es keineswegs dasselbe, wie wenn man jene Ereignisse wirklich durchlebt; denn man müßte radikal sich selbst entfremdet sein, um so zu empfinden, *als ob* man die Geschehnisse *nur* durchlebte, die man tatsächlich durchlebt: Es würde bedeuten, daß man durch psychische Distanz von seinem eigenen Leben abgetrennt ist. Aber könnte ich mich nicht in einer anderen Zeit einrichten und dabei in jeder anderen Beziehung dennoch mit mir selbst in Übereinstimmung sein? Die Vergangenheit ist für jene Art der Transportation logisch hinreichend durchlässig; es gibt freien Raum für Menschen vom Schlage des Connecticut Yankee. Ja, gewiß. Doch er lebte nicht im Mittelalter, und in der Tat brachte er ein gut Teil Kenntnisse »nach dorthin« mit, über die die Menschen jener Epoche nicht verfügt haben konnten, nämlich ein Wissen um Ereignisse aus *seiner* Vergangenheit und von *ihrer* Zukunft. Also konnte er sich niemals bruchlos in mittelalterliche Lebens- und Denkweisen einfügen, blieb stets ein Fremder, ein »temporal« Außenstehender. Doch hier sind wir an eine Grenze gestoßen, die der Geschichte als Geschichte eigentümlich scheint: Kenntnis der Vergangenheit entfremdet uns Zeiten, die andere sind als unsere eigene Zeit!

2.

Ich möchte nun drei Klassen von Gründen näher bestimmen, die uns an einem inneren Verstehen anderer Epochen hindern und die ihrerseits in einem inneren Zusammenhang mit dem Begriff der Geschichte stehen.

1. Unter den Sätzen, die aufzustellen sich die Historiker zur Aufgabe machen, befinden sich solche, die ich *erzählende Sätze* nenne: Sätze, aus denen, sofern sie wahr sind, folgt, daß mindestens zwei zeitlich getrennte Ereignisse geschehen sind. Demnach folgen, nimmt man den Satz »Washington wurde der erste Präsident der Vereinigten Staaten« wörtlich, daraus zumindest die beiden Ereignisse: Berufung Washingtons und Nachfolge durch einen späteren Präsidenten; aus »Jan Hus nahm die Reformation vorweg« folgt, daß eine Reformation sich ereignete und daß, bevor dies geschah, Jan Hus proto-reformatorische Entwicklungen veranlaßte; aus dem Satz »Der Vater Felix Mendelssohns wurde im Jahre 1780 geboren« folgt, daß sich (unter anderem) zweimal eine Geburt ereignet haben muß; etc. Das sind Sätze, die typisch sind für das, was Historiker aussagen, und die aus naheliegenden Gründen sich in jeder anderen Zeitform als der einfachen Vergangenheit seltsam ausnehmen würden. Indessen sind bloß grammatische Kriterien nicht ausreichend, erzählende Sätze von anderen abzuheben: Obwohl der Satz »Der Vater des Komponisten der *Italienischen Symphonie* wurde gestern morgen geboren« in der einfachen Vergangenheitsform seltsam klingen würde. An anderer Stelle habe ich einiges zur Logik erzählender Sätze ausgeführt und möchte hier nur hervorheben, daß die Art des Wissens, die sie zum Ausdruck bringen, ebenso wie die Weise, in der sie eine Organisation der Erfahrungswelt bewirken, in einem ganz speziellen Sinne irreduzibel historisch sind.

Ereignisse, in erzählende Beschreibungen gefaßt, hätten als solche nicht von denjenigen erfahren werden können, die sie durchlebt haben – es sei denn, jene Menschen besaßen Kenntnis von der Zukunft, was wir ihnen wahrscheinlich aber bestreiten würden. Aufeinanderfolgende Ereignisse, innerlich durch ein erzählerisches Band mit früheren verbunden, gestatten Neubeschreibungen jener früheren, die Zeitgenossen unerreichbar gewesen wären, ganz gleich, ob sie an jenen Ereignissen beteiligt gewesen sind oder nicht. Die Gegenstände und Orte – »der Ort, wo Danton den Tod fand«, »die Maske, die die Entstehung des Werkes *Les Demoiselles d'Avignon* anregte« –, die vorhanden und beobachtbar frühestens von dem Zeitpunkt an gewesen sind, zu dem sich ein erzählender Satz auf sie bezog, hätten zur Zeit der in diesem Satz gegebenen Beschreibung gemäß nicht beobachtet werden können. Zu versuchen, sympathetisch ein inneres Verständnis jener Ereignisse zu erlangen, erfordert die Verwendung ausschließlich nicht-erzählender Beschreibungen – letztlich also ein Auslöschen der darauf erfolgenden Niederschrift, des Berichts (ein Absehen von der Zukunft also), ein willkürliches In-der-Schwebe-Halten; daher ist es eine unmögliche Forderung. Wir wissen einfach zu viel, um in der Lage zu sein, uns in jenen Zustand der Unwissenheit über die Zukunft zu versetzen – und dementsprechend auch über die Gegenwart, denn es ist schließlich die Zukunft, die rückwirkend der Gegenwart Gestalt und Farbe gibt –, in dem sich jene, die die Ereignisse durchlebt haben, vermutlich befunden haben müssen. *Nicht wissen, wie das alles noch ausgehen wird,* ist kennzeichnend für das unmittelbare Erleben der Ereignisse.

2. Doch es sind nicht nur Gegenstände, die unter Zuhilfenahme von Relativpronomina – »der Ort, wo ...«, »der Gegenstand, welcher ...« – erzählerisch neu beschrieben werden, sondern Gegenstände in ihrer jeweiligen normalen Beschreibung, die je unterschiedlich Eingang sowohl in unsere Wahrnehmungen wie in die Wahrnehmungen jener finden, aus deren Zeit sie herkommen. Man denke an Spinnräder. Wir erkennen sie auf Anhieb, genauso wie Pfennige, Äpfel oder Rohrdommeln, und was dabei die richtige Erkennung von Spinnrädern angeht, so rechnen wir sie uns ebenso hoch an,

wie wir uns das Erkennen irgendwelcher anderen Dinge unserer Umwelt zugute halten. Doch sind Spinnräder nicht gerade Bestandstücke des gegenwärtigen Inventars: Sie sind, mit einem Wort Heideggers, nicht einmal mehr *Zeug* (Werkzeuge): Sie sind frühere Werkzeuge, durch die Gezeiten industrieller Veränderung als Strandgut in die Gegenwart geschwemmt und hier von uns durch Sentiment und den bescheidenen Hinweis auf ihre sinnreiche Formgebung erhalten. Ihre Rolle haben sie vornehmlich darin, von Schulkindern neugierig beäugt und als Überbleibsel aus älterer Zeit mit den Händen angefaßt zu werden. Der Platz, den sie in unserer Welt haben, ist der Antiquitätenladen, als authentische Rekonstruktion, als absichtsvoll atavistisches Dekorum: *Keine* Stelle haben sie im *Zeugganzen* der Textilmanufaktur oder als Gebrauchsgegenstand im Haushalt. Die natürliche Zeitform für Sätze, in denen von Spinnrädern gesprochen werden kann, ist das *Imperfekt,* das im Englischen weniger leicht kenntlich ist als in einigen anderen Sprachen, und das verwendet wird, wenn man davon spricht, was der Fall zu sein *pflegte.* Wenn Sätze über Spinnräder (oder dergleichen) von der Gegenwart ins Imperfekt übergehen, dann ist eine Gestalt des Lebens alt geworden. Denn Spinnräder fallen nicht einfach als einzelne Gegenstände aus der Gegenwart heraus: Sie werden im Laufe von Veränderungen im gesamten System des Lebens ausgeschieden, und wenn diese eingetreten sind, ist es unmöglich, die Rückkehr des Spinnrades in unsere Welt wieder zu erzwingen, denn die Stelle, die sie einst eingenommen haben, ist nun nicht mehr frei.

Ich kann mich der reizenden Phantasie überlassen, unvermutet in ein abgeschiedenes Dorf zu kommen, in dem sich die alten Lebensformen erhalten haben, und dies nicht vermöge eines Willensaktes der Dorfbewohner und ganz im Geiste von Williamsburgh, sondern spontan. Es besäße die Qualität eines Traums, einen solchen Ort zu betreten, in dem die Frauen weite, lange Kleider tragen, Männer in der Anrede die dritte Person Singularis gebrauchen und die Mädchen am heimischen Herd das Spinnrad drehen. Damit dies möglich sei, damit diese Menschen wirklich Spinnräder mit denselben Augen sehen, wie sie einst gesehen worden, muß ihnen die ganze Geschichte der »Jenny«, der Crompton-Mule (Spinnmaschine), ganz zu schweigen von Lochkarten und Regelkreisen, unbekannt geblieben, ja das gesamte moderne Leben an ihnen spurlos vorübergegangen sein. Sie müssen sich selbst verstehen, nicht als würden sie jede Veränderung absichtlich von sich fernhalten, sondern als lebten sie ihr Leben in der natürlichsten Weise. Sie könnten die Veränderungen und Ereignisse nicht kennen, die ihr Gegenstück in *unserer* Geschichte von *uns* trennen. Kurzum, sie müssen unwissend in allem sein, was unsere Vergangenheit betrifft, die die Zukunft ihrer wahren Zeitgenossen gewesen wäre, die wiederum unsere Vorgänger sind.

Ich will damit nicht sagen, daß Benjamin Franklin Spinnräder genau mit denselben Augen gesehen hätte, wie sie von einem einfachen Mädchen aus Salem, von ihm durch die Kluft von Geschlecht, Klasse und Wissen getrennt, gesehen worden sein mögen. Doch sind dies keine *historischen* Inkongruenzen: Franklin und das Mädchen aus Salem waren Teil derselben Lebensform. Und ich denke hier ausschließlich an Perioden, wie sie im Hinblick auf die jeweilige Lebensform definiert sind. Epochen sind keine bloßen chronometrischen Einheiten wie z. B. Dekaden oder Jahrhunderte. Zeiteinheiten haben kein Inneres, wohl aber Lebensformen: denn schließlich werden Lebensformen *gelebt*, und folglich kann ein Verstehen von Lebensformen auf zwei Ebenen erreicht werden. Mit den Lebensformen wird demnach *Verstehen* möglich; allerdings wird es uns nur zu den unseren ähnlichen Lebensformen hinführen, insoweit diese Ähnlichkeiten aufzuweisen haben, und sobald solche Ähnlichkeit versagt, bleibt allein ein äußerliches Verständnis möglich. Für jegliche deskriptiven Zwecke ist dies völlig ausreichend. Doch mein Argument lautet, daß ein Gebrauch von Wörtern unsererseits, wie diese von Menschen anderer Epochen angewendet worden sind, es erforderlich machen würde, daß man die Lebensform durchlebt habe, die jene Epoche definiert, und demnach scheidet uns ein Unterschied der Sprache von anderen Epochen ab (und zudem auch von Objekten, insoweit der Umstand, daß in verschiedenartigen Sprachen von ihnen gesprochen wird, diese Objekte faktisch als verschiedene konstituiert). Ich kann zwar wissen, wie von den Wörtern Gebrauch gemacht wurde, doch kann ich sie in dieser Weise nicht verwenden: es ist nicht *meine* Sprache.

3. Der bloße Umstand, daß ich mein Leben gelebt habe, qualifiziert mich nicht *in besonderem Maße* dazu, nun auch anzugeben, wie mein Leben *beschaffen* ist, da ich ein anderes schließlich nicht gelebt habe. Wäre alles Leben durchweg uniform, so gäbe es keine äußerliche Vergleichsbasis und dementsprechend keinen Weg, in Erfahrung zu bringen, wie das eine Leben im Gegensatz zu irgendeinem anderen ausgesehen hat. Wir erwerben uns ein Gefühl für die Qualität, Beschaffenheit unseres Lebens in einer recht obliquen Weise und auf indirektem Wege: durch Erhellungen, die vom Leben anderer abgeschattet werden, die exzentrischen Schattierungen unseres eigenen Lebens in sich noch weiter brechend. Man würde folglich kein *Bewußtsein* der Qualität eines Lebens erlangen, kennte man nichts außer dem eigenen (unterstellt, man könnte es unter den obwaltenden Bedingungen wirklich *kennen*, sich seiner *bewußt* sein). Ich glaube, mit den Lebensformen verhält es sich ebenso. Die Beschaffenheit einer Epoche bliebe denen, die in ihr leben, unbekannt, wäre sie die einzige Lebensform, die sie kennen. Bewußtsein entsteht durch den Gegensatz zu anderen Lebensformen oder durch Veränderungen innerhalb der eigenen (es ist kein Zufall, daß der Stammvater der Historiographie einen Ruf als weitgereister Mann genossen hat). Es ist das durch Veränderungen hervorgebrachte *retroaktive Bewußtsein*, das spezifisch historisch ist, und wenn eine Form des Lebens isoliert, aber dennoch sich verändernd wäre, dann würden die, die an ihr teilhaben, das Bewußtsein von einem ihrer Aspekte erst erlangen,

nachdem sie sich verändert hat, denn, Hegels bemerkenswertem Diktum zufolge, die Eule des Bewußtseins tritt ihren Flug erst an, nachdem es für alles andere zu spät geworden ist und *nur noch Verstehen* übrigbleibt. Solche Isolierung gibt es natürlich in Wirklichkeit nicht, doch ich glaube, daß das Maß unseres Selbstbewußtseins hinsichtlich unserer eigenen Lebensform in gewisser Weise Funktion unseres Provinzialismus ist. Es gibt eine Hinsicht, in der wir stets provinziell bleiben werden, und zwar im Hinblick auf die Zukunft. Wir sind uns, vermittels Kontrastierung mit Vorgängern und Zeitgenossen, vieler Dinge bewußt, die in unserer Epoche vorgehen, doch noch vieles bleibt verborgen und wird sich erst in Vergleichungen und Entgegensetzungen aufschließen, die wir nicht vornehmen können, nämlich in Beziehung auf spätere Epochen, als es die unsere ist.

Wenngleich wir Lebensformen, die untergegangen sind und für die es in der Struktur der Welt keinen Platz mehr gibt, nicht nochmals durchleben können, können wir oftmals mehr über die Qualität früheren Lebens wissen als diejenigen, die damals gelebt haben. Es bleibt demgemäß vielleicht eine letzte Analogie, die zum Phänomen des Fremdpsychischen gezogen werden kann, nämlich die, daß es keinen privilegierten Zugang ins Innere einer Epoche von seiten derer gibt, deren Epoche sie ist. Zugang ins Innere von Epochen wird nicht durch einen reflexiven Akt, ein Art Rück- oder Widerspiegelung erreicht, wie ein von unseren Analogien beeindruckter Berkeleyaner wohl unterstellen mag, sondern erschließt sich refraktiert, gebrochen durch unser Wissen, unsere Kenntnis anderer Epochen, anderer Lebensformen. Die volle Qualität des Lebens könnte einzig durch Brechungen erfaßt werden, von denen wir ausgeschlossen sind, da wir kein Wissen um die Zukunft besitzen. Wir wissen genausoviel über die Zukunft der Griechen, wie der Geschichtsstrecke entspricht, die zwischen ihnen und uns liegt. Und obschon dies unsere Ausübung von Verstehen hinsichtlich ihrer Lebensform, insoweit diese von der unseren wirklich verschieden ist, einerseits hemmt und einengt, verfügen wir doch paradoxerweise über ein besseres Verständnis darüber, als sie selbst besessen haben mögen, und zwar vermöge jenes Umstandes. Es ist kein Nachteil für das *autrui*, daß eine Inkongruenz zwischen dem *pour soi* einer Epoche und dem *pour autrui* jener Epoche besteht. Und in einer Epoche zu leben, bedeutet nicht unbedingt, daß man sich in einer begünstigten Position befindet, die Qualität des Lebens zu würdigen, die jene definiert. Die Gegenwart gewinnt ihre Form aus der Zukunft, hat sie diese Form erst einmal angenommen, so ist sie vergangen.

XIII. Methodologischer Individualismus und methodologischer Sozialismus

Es war bisher vornehmlich mein Bestreben, im Gegenzug gegen die substantialistische Geschichtsphilosophie gewisse logische Grundcharaktere dessen herauszuarbeiten, was man als Zeitsprache bezeichnen könnte. Im Fortgang dieser Bemühungen habe ich versucht, unseren Begriff von der Geschichte unter Hinweis darauf zu explizieren, daß es die unzulässige Erweiterung wesentlich historischer Beschreibungsverfahren über jenen Bereich hinaus ist, in dem sie ihr Anwendungsfeld haben, was die Bestrebungen der substantialistischen Geschichtsphilosophie definiert. Ich habe mich sodann bemüht, eine Grenzlinie zu ziehen, die zu überschreiten wir stets versucht sind, ohne es zu können. Die Analysen von Geschichte und substantialistischer Geschichtsphilosophie sind interdependent ungefähr in derselben Weise wie Transzendentale Analytik und Transzendentale Dialektik in Kants *Kritik der reinen Vernunft*: Denn die Dialektik deckt das unglückliche Schicksal auf, das die Vernunft sich bereitet, wenn sie versucht, jene Verstandesformen, wie sie in der Analytik bestimmt worden sind, über ihren Geltungsbereich hinaus auszudehnen, nämlich den Bereich der Erfahrung. Es geschieht ganz im Geiste der kritischen Philosophie, wenn ich den Wunsch ausspreche, daß mein Hauptargument auch verstanden worden sein möge.

Zu diesem Punkt – wie unzulänglich er auch vorgetragen worden sein mag – habe ich nichts mehr hinzuzufügen. Aber bevor ich zum Abschluß komme, möchte ich einen anderweitigen Vorwurf zurückweisen, der gelegentlich gegen die substantialistische Geschichtsphilosophie erhoben worden ist, nämlich daß sie die Auffassung vertrete, Geschichte werde nicht von Menschen gemacht, sondern die eigentlichen Agenten der Geschichte seien übermenschliche oder superorganische Wesenheiten. Ich will nicht sagen, daß sie sich schuldlos diesem Vorwurf ausgesetzt haben, sondern nur, daß es kein philosophisches Verbrechen ist, sich dessen schuldig zu machen; und wenn philosophisch orientierte Historiker sich solchen Wesenheiten verschreiben, dann mögen sie zwar Recht haben oder auch nicht, aber letztlich wird über das Falsche ihrer Auffassungen faktisch und empirisch entschieden, nicht jedoch rein begrifflich und philosophisch. Dies nachzuweisen, erfordert eine detaillierte Begriffsanalyse, denn die hierbei auftretenden Probleme sind überaus verschlungen, und die Darlegung setzt sich zusammen aus ontologischen Topoi, d. h. Methodologie einerseits und Sprache andererseits, die einander beinahe allzu ähnlich sind, als daß man erwarten dürfte, daß einige Enthusiasten sich die Zeit nähmen, sie sorgfältig auseinanderzuhalten. Ich werde diesen Versuch jetzt unternehmen, in der Hoffnung, dabei nebenher auch einiges zu der richtigen Analyse historischer Sätze beizusteuern.

Mit *historischem Satz* meine ich: ein Satz, der irgendein Faktum über die Vergangenheit aussagt. Historische Schriften bestehen vornehmlich aus historischen Sätzen, und sie sind ferner durch den Umstand gekennzeichnet, daß eine beträchtliche Anzahl jener historischen Sätze, aus denen sie sich zusammensetzen, sich – als grammatischer Subjekte – Eigennamen (z. B. Friedrich V) oder bestimmter Beschreibungen (z. B. der pfälzische Kurfürst im Jahre 1618) einzelner Menschen bedienen, die wirklich existiert haben. Keine dieser linguistischen Grundbestimmungen bringt uns indessen einer angemessenen Charakterisierung historischer Schriften wesentlich näher. Historische Sätze treten nicht ausschließlich in historischen Schriften auf, und während es vielleicht (logisch) unvorstellbar ist, daß es eine historische Schrift geben sollte, die *keinen einzigen* historischen Satz enthält, bereitet es demgegenüber keine große Schwierigkeit, sich eine historische Darstellung zu denken, in welcher *keiner* der historischen Sätze, aus denen sie besteht, sich solcher Ausdrücke bedient, die sich direkt auf einzelne Menschen beziehen, die wirklich existiert haben. Eine historische Schrift allerdings, deren *sämtliche* Sätze derartige Ausdrücke verwenden, ist schon weitaus schwerer vorstellbar.

Einzelne Menschen sind nicht die einzigen Individuen, auf die im Subjekt historischer Sätze Bezug genommen wird. Es gibt darüber hinaus noch, was ich *soziale Individuen* nennen will, Individuen, die wir vorläufig dadurch charakterisieren können, daß einzelne Menschen als Teile in ihnen enthalten sind. Als Beispiel solcher sozialen Individuen wären zu nennen soziale Klassen (das deutsche Bürgertum um 1618), nationale Gruppen (die Bayern), religiöse Organisationen (die protestantische Kirche), Ereignisse von weitreichender Bedeutung (die Gegenreformation) und so weiter. Soziale Individuen sind nicht die einzige Art Individuen, die nicht mit einzelnen Menschen zusammenfallen, auf die man sich im Subjekt historischer Sätze beziehen kann, so daß also diese beiden Arten sich auf Einzelnes beziehender historischer Sätze nicht die gesamte Klasse historischer Sätze ausmachen. Nichtsdestoweniger sind es gerade diese beiden Satzarten, mit denen ich mich im folgenden befassen will.

Unter dem Aspekt einer reibungslosen Kommunikation, das wird man wohl allgemein einzuräumen bereit sein, kann keine der beiden Satzarten ohne weiteres aus der Sprache der Historiker eliminiert werden. Es macht Schwierigkeiten, sich auszudenken, wie ein Historiker ausschließlich unter Zuhilfenahme von Sätzen, die sich direkt auf einzelne Menschen beziehen, ähnlich glatt und verstehbar die Information zu vermitteln imstande sein sollte, die in dem Satz »Der Dreißigjährige Krieg begann im Jahr 1618« mitgeteilt wird. Nichtsdestoweniger haben gewisse Philosophen und Historiker, ungeachtet der größeren Bequemlichkeit der Kommunikation und ohne Berücksichtigung von Erwägungen, die die erzählerische Ökonomie betreffen, dieser letzteren Art von Sätzen ein gewisses Mißtrauen entgegengebracht – ein Mißtrauen, dessen Ursache in schwerwiegenden Bedenken gegen den Begriff des sozialen Individuums als solchen begründet ist.

Diese Denker legen ein verzeihliches Widerstreben an den Tag, einzuräumen, daß die soziale Welt aus einzelnen Menschen *und* anderen, übermenschlichen Individuen besteht, die, wenngleich von ihnen ausgesagt werden könnte, daß sie Menschen als Teile in sich enthalten, nichtsdestoweniger mit diesen Teilen nicht vollständig zu identifizieren sind und gewissermaßen ein Eigenleben führen. In gewissem Sinne scheinen sie damit sagen zu wollen, daß die soziale Welt ausschließlich von einzelnen Menschen gebildet wird und daß es nichts gäbe, das einzelne Menschen unter seine Teile rechnen kann und zugleich für sich selbst ein festes Glied der sozialen Welt ist. So entpuppt sich, was auf den ersten Blick eine Streitfrage zu sein schien, als Problem der Ontologie. So schreibt der Philosoph J. W. N. Watkins:

»Die entscheidenden, ›letzten‹ Konstituentien der sozialen Welt sind Individuen, die mehr oder weniger angemessen, nach Maßgabe des eigenen Verständnisses ihrer Situation handeln. Jede komplexe soziale Situation, Institution oder Aktion ist Ergebnis einer besonderen Konfiguration von Individuen, ihrer Dispositionen, Glaubenssätze und physischen Ressourcen sowie ihrer jeweiligen Umwelt.«1

Und H.-J. Marrou, ein Historiker, der sonst nicht müde wird, daran zu gemahnen, daß es mehr Dinge im Himmel und auf Erden gibt, als unsere Philosophie sich träumen läßt, schreibt:

»Das, was ›tatsächlich existiert hat‹, ist weder eine Tat der Zivilisation, noch das System oder das Supersystem, sondern das menschliche Sein, dessen einzig wahrer Organismus die Individualität ist, authentisch belegt durch die Erfahrung.«2

Das Wort »Zivilisation« wird hier höchstwahrscheinlich polemisch gebraucht und muß als streitbare Anspielung auf Toynbees berühmte These verstanden werden, daß Zivilisationen in der Tat ein Eigenleben führen und zudem die »letzten« Einheiten bilden, mit denen die historische Forschung sich zu befassen hat. Doch tatsächlich verwirft auch er alle vorgeblich übermenschlichen Wesenheiten in der Geschichte:

»Beim Lesen gewisser zeitgenössischer Arbeiten gewinnt man den Eindruck, daß die Akteure der Geschichte nicht mehr Menschen, sondern nur mehr Wesenheiten sind, der antike Stadtstaat, der Feudalismus, die kapitalistische Bourgeoisie, das revolutionäre Proletariat. Das geht bis zum Exzeß.«[3]

Auch Watkins bekämpft im allgemeinen die Auffassung, daß »irgendwelche übermenschlichen Agenten oder Faktoren in der Geschichte am Werk sind« – zum Beispiel »die angeblich zyklische, in langen Zeiträumen abrollende Welle im ökonomischen Leben, von der angenommen wird, sie habe die Form der Selbstbewegung, sie sei unkontrollierbar und nicht in Begriffen menschlicher Aktivität erklärbar«, und er besteht darauf, daß »Menschen ... die alleinigen Agenten in der Geschichte sind«.[4]
Die zitierten Autoren bezeugen in diesen Passagen eine derart geschlossene Einmütigkeit ihrer Haltung, daß es wie bare Pedanterie erscheinen muß, zwischen ihren Positionen noch eigens Unterscheidungen treffen zu wollen. Nichtsdestoweniger scheint mir, daß sie in der Tat unterschiedliche und womöglich sogar völlig voneinander abweichende Auffassungen vertreten. Marrous Ansichten scheinen ziemlich unzweideutig auf eine ontologische These hinauszulaufen. Er insistiert darauf, daß in der sozialen Welt *nur* menschliche Individuen wirklich sind und außer- bzw. übermenschliche oder soziale Individuen es nicht sind. Sein Anwendungskriterium für »*x* ist wirklich« ist offensichtlich ein erkenntnistheoretisches: »*x* ist wirklich«, wenn – und nur wenn – wir *x* erfahren. Watkins vertritt – im Gegensatz dazu – eine ontologische These – oder womöglich auch nicht. Er hat lediglich erklärt, daß Menschen das *letztendliche* konstituierende Element der sozialen Welt darstellen, und aus dem Kontext ist ganz eindeutig die Auffassung herauszulesen, daß ›letztendlich‹ meint, daß Menschen die einzigen *Agenten* in der sozialen Welt sind. Aus der Tatsache, daß Menschen die alleinigen bewegenden Kräfte in der sozialen Welt sind, folgt jedoch nicht, daß sie die einzigen (Mit-)Glieder der sozialen Welt sind, sondern

nur, daß alles, was sonst noch Glied der sozialen Welt sein mag, nicht bewegendes Prinzip sein kann. Also ist Watkins, ob er nun zusätzlich noch Marrous ontologischer These beipflichten will oder nicht, in Wahrheit an einer These über *Erklärung* interessiert. Was er sagen zu wollen scheint ist folgendes: Wenn es tatsächlich so etwas wie soziale Individuen gibt, kann deren Verhalten letztlich nur durch Beziehung auf das Verhalten einzelner Menschen erklärt werden und *nicht* durch Beziehung auf andere soziale Individuen. Und das deswegen (so würde er behaupten), weil Menschen die einzigen *kausalen* Agenten in der Geschichte sind.

Es gibt, wie wir sehen werden, noch weitere Unterschiede, und es wird nützlich sein, sie zu akzentuieren. Aber weil jede einzelne ihrer Positionen Ähnlichkeit mit einer dritten möglichen These besitzt, der These nämlich, daß Sätze, die sich scheinbar auf soziale Individuen beziehen, »reduzierbar« auf solche Sätze seien, die sich nur auf einzelne Menschen beziehen, ist es wichtig zu erkennen, daß keine dieser Positionen ein derartiges Reduktions-Programm anempfiehlt. Die Strategie eines solchen philosophischen »Reduktionismus« in der gegenwärtigen oder in jüngster Zeit ausgetragenen philosophischen Diskussion besteht in folgendem: Wenn wir eine Reihe von Sätzen $\{s\}$ vor uns haben, die Begriffe der Art T verwenden, welche sich vorgeblich auf Objekte der Art O beziehen, und eine zweite Reihe von Sätzen $\{s\}$, die Begriffe der Art t verwenden, welche sich vorgeblich auf Objekte der Art *o* beziehen, dann brauchen wir, wofern wir jeden Kontext ... T ... in $\{s\}$ durch einen oder mehrere »Kontexte« ersetzen können, in unserer Ontologie nur Objekte der Art *o* zuzulassen. Sollte ein derartiges Programm tatsächlich Erfolg haben, so würde daraus nicht folgen, daß es keine Objekte vom Typus O gibt, sondern lediglich, daß wir es nicht nötig haben, die *Annahme zu machen,* daß es derartige Objekte gibt. Kein einziger dieser Autoren würde behaupten wollen, daß Sätze, die sich vorgeblich auf soziale Individuen beziehen, in diesem oder irgendeinem anderen Sinne aus der Sprache der

Historiker eliminierbar seien. Ich glaube in der Tat, daß sogar Marrou, und wäre er noch so unnachgiebig in seiner Zurückweisung sozialer Individuen, dennoch spüren würde, daß Sätze dieser Art in historischen Schriften eine unverzichtbare Rolle spielen. Für ihn besteht diese Rolle zumindest nicht darin, irgendeine Tatsache über soziale Individuen auszusagen, sondern womöglich vielmehr darin, in der einen oder anderen Form Tatsachen über einzelne Menschen zur Sprache zu bringen, die vielleicht nicht ganz so bequem unter Zuhilfenahme von solchen Sätzen ausgesagt werden können, die sich direkt auf einzelne Menschen beziehen, d. h. wenn dergleichen Tatsachen überhaupt vermittels solcher Sätze zum Ausdruck gebracht werden können.

An dieser Stelle halte ich es für angebracht, ein konkretes Beispiel heranzuziehen, bei dem es ganz den Anschein hat, als würde ein Historiker hier eine Tatsache über ein soziales Individuum aussagen, wenngleich uns letztendlich die Aufgabe nicht erspart bleiben wird, den Begriff eines sozialen Individuums zu analysieren. In diesem Beispiel bemüht sich ein Historiker, eine Veränderung zu erklären, an der Massen einzelner Menschen in der einen oder anderen Weise beteiligt gewesen sind, wobei es sich indessen um einen Wandel handelt, dessen sich die Akteure selbst nicht bewußt gewesen sind. Diese Veränderung ging »unmerklich« vor sich und war nach ungefähr siebzehn Jahren abgeschlossen.[5] Diese Veränderung wird folgendermaßen beschrieben:
der Verlust »jedweder geistigen Bedeutung, die [der Dreißigjährige Krieg] gehabt haben mag«. Es wird sich als besonders lehrreich erweisen, darauf achtzugeben, in welcher Weise hier auf einzelne Menschen Bezug genommen wird. C. V. Wedgwood beschreibt den Hintergrund, auf dem dieser Wandel vor sich gegangen ist, folgendermaßen:

»Während die zunehmende Beschäftigung mit den Naturwissenschaften der gebildeten Welt eine neue Philosophie eröffnet hatte, hatten die tragischen Ergebnisse der angewandten Religion die

Kirchen in ihrer Rolle als Staatslenker diskreditiert. Nicht daß der Glaube in den Massen seine Macht eingebüßt hätte; sogar unter den Gebildeten und den philosophischen Köpfen bewahrte er einen nachhaltigen Einfluß; doch er war persönlicher geworden, war jetzt im wesentlichen eine Angelegenheit zwischen dem Individuum und seinem Schöpfer ...

Unvermeidlich schwand die spirituelle Macht aus dem öffentlichen Leben, während die Religion zunehmend zu einer unter mehreren Privatmeinungen verkümmerte, und Priester und Pastoren, vom Staat fallengelassen, fochten einen aussichtslosen Kampf gegen Philosophie und Naturwissenschaft. Während Deutschland an Auszehrung litt, brach ein neuer Tag über Europa an, sein Licht von Italien her über Frankreich, England und den Norden verbreitend. Descartes und Hobbes schrieben zu dieser Zeit bereits, die Entdeckungen Galileis, Keplers und Harveys hatten ihren festen Platz innerhalb des gesicherten Bestandes allgemeiner Erkenntnisse eingenommen. Überall ersetzte das Lippenbekenntnis zur Vernunft die dumpfen Regungen des Geistes. Im wesentlichen handelte es sich tatsächlich nur um ein Lippenbekenntnis. Die kleine Gruppe gebildeter Männer, die den Wert der neuen Erkenntnisse zu würdigen wußten, verbreiteten wenig mehr als den Schatten ihres Wissens. Ein neuer emotionaler Antrieb mußte gefunden werden, der an die Stelle der religiösen Überzeugung treten konnte; eine Woge des Nationalgefühls brandete allenthalben auf, um diese Lücke zu schließen.

Die absolutistischen und repräsentativen Prinzipien gingen ihrer Unterstützung durch die Religion verlustig; dafür gewannen sie diejenige des Nationalismus. Das ist der Schlüssel zur Entwicklung des Krieges in der späteren Phase. Die Begriffe Protestant und Katholik büßten allmählich ihre Kraft ein, die Begriffe Deutscher, Franzose und Schwede nahmen dafür um so bedrohlichere Formen an. Der Kampf der Habsburg-Dynastie und ihrer Opponenten hörte auf, ein Konflikt zweier Religionen zu sein, und wurde zu einem Kampf von Nationen um das Gleichgewicht der Kräfte ...«[6]

In bündiger Kürze und mit sicherer Hand beschreibt und erklärt C. V. Wedgwood hier die Art und Weise, in welcher der Dreißigjährige Krieg sich von einem religiösen in einen politischen Konflikt verwandelte, und wenn die Autorin sich auf Individuen bezieht, so geschieht dies vornehmlich dazu, um diese Veränderung zu *illustrieren* oder um den Beweis dafür zu liefern, daß in der Tat ein Wandel eingetreten war. Es ist, als würde man den Strom der Geschichte ausloten. Hier noch einige weitere Beispiele:

> »Der alternde Kaiser, die Kurfürsten Sachsens, Brandenburgs und Bayerns, der schwedische Kanzler, Richelieu ... hielten noch ihren alten Kurs. Doch allenthalben war in ihrer Umgebung eine neue Generation von Soldaten und Staatsmännern herangewachsen. Durch den Krieg erzogen, trugen sie die Kennzeichen ihrer Erziehung in einer Vorsicht, einem Zynismus und einer Verachtung für geistige Ideale, die ihren Vätern fremd gewesen war.«7

Und weiter:

> »Friedrich von Böhmen hatte seine Krone verloren, weil er seine Untertanen herausgefordert hatte, um seinem calvinistischen Kaplan Gehorsam zu leisten; sein Sohn, Prinz Rupert, seiner Religion und Moral nach Calvinist, kämpfte in England gegen Presbyterianer und Independisten, weil seine Religion für ihn – wie für die meisten seiner Generation – keines anderen Mannes Angelegenheit war, sondern ausschließlich seine eigene.«8

Diese verschiedenen Individuen sind ausgewählt und der besonderen Erwähnung wert befunden, und gewisse Tatsachen über sie sind herausgegriffen und miteinander kontrastiert worden, nicht etwa weil sie in sich von besonderem Interesse wären – denn für sich genommen sind sie vielleicht nicht weiter interessant –, sondern wegen ihrer *historischen* Bedeutung: Sie machen uns klar, daß ein grundlegender Wandel in Gesinnung und Verhalten bei Individuen mit ungefähr gleicher sozialer Stellung eingetreten ist. Betrachten wir ein weiteres Beispiel. Der Schlachtruf der Soldaten von White Hill lautete »Sancta Maria!« Der Kriegsruf, der später bei Nördlingen ausgestoßen wurde, hieß »Viva España!« Jene, die möglicherweise Zeugen dieser beiden Schlachten gewesen sind, hätten die Bedeutung der Schlachtrufe mit großer Sicherheit nicht erfaßt. Denn die Bedeutung liegt im Gegensatz zwischen beiden, ein Gegensatz, der für einen Historiker überaus bedeutsam ist, der darin Anzeichen dafür erkennt, daß »unmerklich und unvermittelt schnell das Kreuz der Fahne gewichen ist«.

Ich halte es nachgerade für gewiß, daß nur sehr wenige dieser Veränderungen von irgend jemandem *beabsichtigt* gewesen sind. Die Menschen verfolgten ihre eigenen Zwecke, handelten nach Maßgabe ihrer eigenen Einschätzung der jeweiligen Situation, waren nicht empfänglich für die »Bedeutung« dessen, was sie taten. Mehr noch, die hier beschriebenen Veränderungen haben vielleicht nicht einmal innerhalb des Lebensschicksals auch nur *eines einzigen* Menschen, der diesen Wandel miterlebt hat, ihre Parallele gefunden. Hierzu einmal ein Beispiel, das aus den Tagen Leibniz' datiert: Um die Farbe einer Schüssel mit blauem Pulver zu ändern, setzen wir diesem gelbes Pulver zu, so daß sich der Inhalt der Schüssel von blau zu grün hin verändert, ohne daß irgendein *einzelnes* Teilchen die Farbe zu ändern hätte. Auch wenn bestimmte Individuen sich wirklich geändert haben, können wir allein daraus nicht das Ausmaß der Veränderungen ableiten, die unbestreitbar eingetreten sind. Selbst wenn wir vollständige Biographien jedes einzelnen menschlichen Lebewesens besäßen, das zu dieser Zeit gelebt hat, würden wir dennoch sorgfältige Vergleichungen und Unterscheidungen vornehmen müssen, um daraus schlußfolgern zu können, daß Veränderungen dieser Art geschehen sind. Um es bündiger auszudrükken: Die Veränderung fand nicht in den Individuen, sondern in der *Gesellschaft* statt.

Nun scheint mir, daß dasjenige, was in dieser Periode stattgefunden hat und in diesen Bericht aufgenommen worden ist, ein ziemlich klares Beispiel dafür abgibt, was Watkins als »organismus-ähnliches Sozialverhalten« bezeichnet hat, was heißen soll, daß

> »Angehörige irgendeines sozialen Systems (verstanden als eine Ansammlung von Individuen, deren Aktivitäten sich gegenseitig

stören und einander beeinflussen) sich durch Wechselbeziehung Situationen anpassen, die von anderen in einer Weise geschaffen wurden, die – ohne Anleitung von oben – zum Gleichgewicht oder zur Erhaltung oder zur Entwicklung des Systems führt.«[9]

Watkins führt weiter aus, daß ein

»organismus-ähnliches Verhalten von solcher Wirkungsbreite, das Menschen einbezieht, die räumlich durch große Entfernungen voneinander getrennt und weitgehend einander unbekannt sind, nicht einfach beobachtet werden kann. Es kann nur theoretisch rekonstruiert werden, indem man die jeweiligen sozialen Konsequenzen von typischen Reaktionen einer großen Zahl von Menschen auf bestimmte, sich wiederholende Situationen ableitet.«

C. V. Wedgwoods Bericht ist aus mancherlei Gründen ein Beispiel hierfür, doch im Augenblick möchte ich vor allem auf die Tatsache aufmerksam machen, daß die sozialen Wandlungen, auf die sie unser Augenmerk gelenkt hat, nicht als solche beobachtbar sind. Alles, was tatsächlich beobachtet werden kann – wobei wir vorerst auf Fragen verzichten wollen, die Probleme der Verifizierung von Aussagen über die Vergangenheit vermittels Beobachtung betreffen –, ist das Verhalten einzelner Menschen. Aber dieses Verhalten muß nichtsdestoweniger gewürdigt und verstanden werden durch Bezugnahme auf ein soziales System im Prozeß der Veränderung, und es muß als ein Beweis dafür genommen werden, daß das System selbst sich verändert. Nur wenn wir den konsequentesten, durchgeführtesten »Verifikationismus« zu akzeptieren bereit wären, dürften wir sagen, daß ihre Darstellung eine solche *über* Individuen gewesen sei, d. h. Aussagen darüber enthält, wessen Verhalten vielleicht den dem Wesen der Sache entsprechenden, einzig verfügbaren Beweis zur Verifizierung von Aussagen über das soziale System im Wandel abzugeben imstande ist.
Wenn wir dies im Auge behalten, können wir nun jene weiteren Differenzen zwischen den Positionen von Watkins und Marrou, auf die vorhin angespielt wurde, klarer erkennen. Die Tatsache, daß wir soziale Systeme nicht als solche beob-

achten können, sondern nur das Verhalten einer Reihe von Individuen, muß Marrous Kriterium gemäß zur Folge haben, daß soziale Systeme als solche nicht »wirklich« sind. Nichtsdestoweniger ist er bereit einzugestehen, daß der Begriff eines sozialen Systems wohl einen thoretischen Nutzen haben mag, in dem Sinne nämlich, daß dieser Begriff dann erforderlich wird, wenn wir das Verhalten individueller menschlicher Wesen erklären wollen. Ich nehme an, daß er die Konsequenz, die sich aus dieser Auffassung ergibt, nicht scheut und daß er darauf bestehen würde, daß elektromagnetische Felder ebensowenig »wirklich« seien und daß der Nutzen von Feldtheorien uns keineswegs zu der Annahme verpflichtet, daß »Felder« Teile der physikalischen Welt sind. Felder wären, genau wie soziale Systeme, nichts weiter als Abstraktionen. Also:

»Selbst wenn sich bei der Überprüfung allen dokumentarischen Materials herausstellen sollte, daß ein derartiges historisches Phänomen sich durch eine dieser sozio-kulturellen Abstraktionen erklären läßt, wird der Historiker sich stets davor hüten müssen, selbst zu vergessen und vergessen zu machen, daß jene nur eine Konstruktion des Verstandes ist (als sei dies das einzige Mittel, die Vielschichtigkeit der Wirklichkeit zu erfassen) – was zweifellos unvermeidlich, innerhalb der Grenzen ihrer Anwendung jedoch wiederum legitim ist –, aber letzten Endes handelt es sich dabei eben doch um eine Abstraktion, ein abgeleitetes Produkt und nicht um die Wirklichkeit selbst, auch nicht – wie man vom Glauben her beständig abschließend urteilen zu können meint – um ein Produkt des Überwirklichen!«[10]

Im Gegensatz dazu scheint Watkins durchaus bereit einzuräumen, daß die soziale Welt zusätzlich zu den individuellen menschlichen Lebewesen (die dessen ungeachtet deren »grundlegende Komponenten« darstellen mögen) auch soziale Systeme in sich enthält, deren Verhalten »organismus-ähnlich« ist. In der Tat ist er genau an Erklärungen von Dingen wie gerade diesen interessiert, doch ganz im Unterschied zu Marrou glaubt er nicht – und das ist sein Haupteinwand –, daß es in einem endgültigen, abschließenden Sinne der Beziehung auf Tatsachen über solche sozialen Systeme bedarf, um andere, zu diesem gehörige Tatsachen zu erklären. Theorien, die diese Art der Beziehung nicht herstellen, sind, wie er es nennt, »halbe Theorien« und diese werden den »optimalen Erklärungen« gegenübergestellt:

»Wir werden so lange keine ›optimalen Erklärungen‹ solcher umfangreichen sozialen Phänomene zustande bringen, wie wir nicht ihre Darstellung aus Aussagen über die Dispositionen, Überzeugungen, Fähigkeiten und die wechselseitigen Beziehungen der Individuen abgeleitet haben.«[11]

Hieraus ist eindeutig erkennbar, daß Watkins nicht glaubt, daß wir, wenn wir von solchen umfangreichen sozialen Phänomenen sprechen, lediglich von einzelnen Menschen und ihren Überzeugungen, Dispositionen, Fähigkeiten und wechselseitigen Beziehungen reden, denn dann fiele die Unterscheidung zwischen »halben« und »optimalen Erklärungen« in sich zusammen.

Ich werde nun damit den Anfang machen, mich kritisch mit Watkins Position, die er *methodologischen Individualismus*[12] genannt hat, auseinanderzusetzen, weil es mir scheint, daß Marrous Auffassungen am besten im Lichte einer solchen Diskussion gewürdigt und bewertet werden können.

Ich möchte eingangs besonders hervorheben, daß es eine Anzahl eng aufeinander bezogener und verweisender, aber nichtsdestoweniger voneinander unterscheidbarer Thesen gibt, die sorgfältig vom methodologischen Individualismus abgehoben werden müssen. Hier sind einige Beispiele dafür, was er alles *nicht* ist.

(1) Der methodologische Individualismus ist keine Theorie der Bedeutung. Es geht nicht an, zu behaupten, daß jede Aussage über soziale Phänomene »wirklich« oder »letztlich« eine Aussage über einzelne Menschen sei. Ebensowenig ist es sein Bestreben, nachzuweisen, daß jedes Prädikat, das nominell über soziale Individuen als wahr ausgesagt wird, expli-

zit vermittels solcher Prädikate definiert werden kann, deren Geltungsbereich sich auf einzelne Menschen erstreckt. Daher handelt es sich bei ihm nicht um eine *analytische* Theorie, in Übereinstimmung mit welcher *Sätze* über soziale Individuen zumindest im Prinzip – und ohne daß sie an Bedeutung verlören – für übersetzbar in solche Sätze angesehen werden können, die ausschließlich von einzelnen Menschen ausgesagt werden. Andererseits verlangt er, daß es *irgendeine* Art der Beziehung zwischen diesen beiden Klassen von Sätzen gebe. So kann es zum Beispiel sehr gut möglich sein, daß wir nur vermittels einer durch Beobachtung vorgenommenen Verifizierung gewisser Sätze über Individuen dazu imstande sind, einen Satz über soziale Systeme zu bestätigen. Aber das heißt nicht, daß Sätze über soziale Individuen wirklich derart verstanden werden müssen, als würden sie sich auf das beziehen, dessen Beobachtung dann schließlich jene bestätigen wird. Der methodologische Individualismus ist nicht notwendig dem Verifikationskriterium der Bedeutung verpflichtet. Wie wir sehen werden, ist es in der Tat ein wichtiger Punkt, daß diese beiden Klassen von Sätzen je besondere Arten der Bedeutung besitzen und auch bewahren. Folglich wäre es im allgemeinen irrelevant, wollte man beweisen, daß Sätze über soziale Individuen (oder – wie auch immer verstandene – soziale Phänomene) »irreduzibel« sind.

(2) Wenn er keine analytische Theorie ist, kann er auch keine Konstruktionstheorie sein. Er bestätigt nicht Russells berühmtes Diktum, daß geschlußfolgerte Entitäten – im Interesse größerer Ökonomie und Kürze – stets durch logische Konstruktionen ersetzt werden sollten. Er geht *nicht* davon aus, daß Gesellschaften logische Konstruktionen sind, abgeleitet aus Individuen, in der Weise etwa, wie Russell zu sagen pflegte, daß Sterne und Tabellen logische Konstruktionen aus Sinnesdaten sind. Dem methodologischen Individualisten geht es nicht um den *Logischen Aufbau der Gemeinschaftswelt*. Ein solches Programm könnte, wie sein analytisches Gegenstück, philosophisch interessant, eine intellektuelle Herausforderung

und möglicherweise sogar wichtig sein, aber die Lebensfähigkeit des methodologischen Individualismus hängt nicht von *seiner* Lebensfähigkeit selbst ab, noch würde, wenn ein derartiges Programm Schiffbruch erlitte, dieses Scheitern von mehr als einem bloß äußerlichen Interesse für den methodologischen Individualisten sein. Wenn Watkins von *Konstruktionen* spricht, hat er dabei die Konstruktion einer wissenschaftlichen und nicht einer metaphysischen Theorie im Sinn, deren Zweck nicht darin besteht, soziale Systeme zu eliminieren, sondern sie zu erklären. In der Basis einer solchen Theorie sind in der Tat Sätze über einzelne Menschen enthalten, doch haben wir zu unterscheiden zwischen der Grundlage einer Theorie und dem Rest der Theorie; selbstverständlich verliert der Begriff einer *Grundlage* alle Bedeutung, wenn da nicht noch irgend etwas anderes, von ihr Unterscheidbares ist, wofür sie die Grundlage abgibt: Ein Gebäude kann nicht nur Fundament und nichts sonst sein.

(3) Methodologischer Individualismus ist keine ontologische Theorie, in Übereinstimmung mit welcher nur Menschen in der sozialen Welt als wirklich gelten. Vielleicht wird man sagen wollen, daß Gesellschaften oder soziale Individuen hinsichtlich ihrer Existenz von einzelnen Menschen abhängig sind und daß, wenn es keine einzelnen Menschen gäbe, es auch keine sozialen Individuen geben würde. Aber kurz gesagt, auch wenn etwas zufälligerweise existiert, existiert es dennoch. Der methodologische Individualist ist nicht durch einen metaphysischen Monismus motiviert, und die Kontroverse zwischen ihm und seinen Gegnern ist nicht analog der Kontroverse zwischen jenen, die die Auffassung vertreten, daß Vorstellungsbilder bloße Zustände des Gehirns *sind*, und jenen, die ableugnen, daß sie Zustände des Gehirns seien. In der Tat ist er ein geradezu militanter Dualist. Seine Position *ist* tatsächlich analog derjenigen des Epiphänomenalisten, der die Überzeugung hegt, daß Vorstellungen (und geistige Ereignisse im allgemeinen) von Prozessen innerhalb des Gehirns (und physischen Vorgängen allgemein) unterschieden sind,

aber dennoch daran festhält, daß ersteres mit dem letzteren unilateral kausal verknüpft ist und nur unter Bezugnahme auf letzteres *erklärt* werden kann.

(4) Demgemäß leugnet der methodologische Individualist nicht von vornherein, daß es allgemeine, gesetzesähnliche Sätze gibt – oder daß sie gefunden werden können –, die verschiedene Eigenschaften sozialer Systeme miteinander in Beziehung setzen. Auch behauptet er nicht, daß solche Gesetze, sollten sie gefunden werden, Gesetze sein würden, die eigentlich nur das Verhalten einzelner Menschen beschreiben. Er könnte in der Tat, wie ich bereits angedeutet habe, darauf bestehen, daß solche Gesetze nur durch die Verifikation von Sätzen über einzelne Menschen bestätigt werden können. Aber das würde in keiner Weise zur Folge haben, daß die Gesetze, von denen hier die Rede ist, nicht wirklich Gesetze sind, die das gesamte Verhalten sozialer Individuen beschreiben.

Wir sehen also, daß der methodologische Individualismus nichts, aber auch gar nichts, mit einer ganzen Anzahl interessanter und aufregender Positionen gemein hat, wie man vielleicht annehmen könnte. Kurz gesagt, er scheint die Auffassung zu vertreten, (*a*) daß Sätze über soziale Individuen logisch unabhängig von Sätzen über einzelne Menschen sind, (*b*) daß soziale Individuen ontologisch von einzelnen Menschen verschieden sind, (*c*) daß soziale Individuen kausal abhängig sind vom Verhalten einzelner Menschen und nicht umgekehrt, (*d*) daß Erklärungen des Verhaltens sozialer Individuen als letztgültige zurückgewiesen werden müssen, es sei denn, daß diese Erklärungen ausschließlich in Begriffen des Verhaltens einzelner Menschen ausgedrückt werden, und (*e*) daß die Erklärung menschlichen Einzelverhaltens niemals in Begriffen des Verhaltens sozialer Individuen erfolgen darf. (*a*) ist eine These über Bedeutung, (*b*) und (*c*) sind Thesen über die Welt, und (*d*) und (*e*) sind Thesen über die ideale Form einer Sozialwissenschaft.

Die natürliche methodologische Position, die dem methodologischen Individualismus entgegensteht, werde ich als methodologischen Sozialismus bezeichnen. Und erneut mag es hier Positionen analog denjenigen von (1) – (4) geben, die dem methodologischen Sozialismus ähnlich, nichtsdestoweniger aber von ihm verschieden sind. Es könnte somit jemand annehmen, daß Sätze über einzelne Menschen in Sätze über soziale Individuen übertragen werden können oder daß soziale Individuen wirklich und einzelne Menschen es nicht sind usw.; Hegel scheint Auffassungen wie diese vertreten zu haben. Um aber jede unbegründete, überflüssige Ablenkung von unserem Hauptinteresse zu vermeiden, werde ich den methodologischen Sozialismus folgendermaßen charakterisieren: Man ersetze einfach jedes Vorkommen von ›einzelne Menschen‹ in den Thesen (*a*) bis (*e*) des vorangegangenen Abschnitts durch den Ausdruck ›soziale Individuen‹, und jedes Vorkommen von ›soziale Individuen‹ durch ›einzelne Menschen‹. Die daraus resultierenden Sätze (*a*) – (*e*) charakterisieren sodann den methodologischen Sozialismus. Man beachte, daß (*a*) und (*b*) von solchen Substitutionen unberührt bleiben. Die Kontroverse zwischen den beiden Positionen verlagert sich dementsprechend auf (*c*), (*d*) und (*e*), und in welchem Sinne auch immer der Individualist vorgeben wird, daß einzelne Menschen das letztlich Ausschlaggebende – das »letzthin Grundlegende« – der sozialen Welt sind, wird demgegenüber der Sozialist behaupten, daß *soziale Individuen* das Ursprüngliche, Elementare in der sozialen Welt sind.

Es ist nicht verwunderlich, daß das vornehmste Beispiel einer Theorie, die dieser Bestimmung des methodologischen Sozialismus genügt, der Marxismus ist, und keineswegs verwunderlich ist auch, daß der Marxismus hauptsächlich zur Zielscheibe von methodologischen Individualisten wie z. B. Watkins und Popper geworden ist. Man braucht sich jedoch nur zu überlegen, wie die Vertreter beider methodologischen Positionen jeweils diese Tatsache als solche *erklären* würden, um selber präzise Erklärungen dafür zu finden, die sich ausgezeichnet in jene Charakterisierungen einfügen, die ich von diesen beiden Positionen gegeben habe. Im Marxismus, der vornehmlich den methodologischen Sozialismus repräsentieren soll, ist nun derjenige Teil der Marxschen Theorie enthalten, der als *historischer Materialismus* bekannt ist. Marx glaubte (und glaubte selbst nachgewiesen zu haben), daß es eine direkte, einsinnige Interaktion zwischen sozialen Prozessen und wenigstens einigen psychologischen Prozessen gibt, so daß, was wir denken und wie wir handeln, erklärt werden muß durch Bezugnahme auf Beziehungen *vis-à-vis* der vorherrschenden Produktionsweise; und was immer es auch sein mag, das Veränderungen in der Produktionsweise verursacht, es ist jedenfalls *nicht* etwas, das durch individuelles menschliches Handeln hervorgebracht ist. Kurzum: wir erklären einige Tatsachen gewisser Produktionssysteme durch Beziehung auf andere Sachverhalte in anderen Produktionssystemen; und wir erklären uns einige Tatsachen über einzelne Menschen durch Beziehung auf einige Tatsachen innerhalb eines Produktionssystems; aber wir erklären niemals irgendwelche Tatsachen innerhalb von Produktionssystemen vermittels der Beziehung auf irgendwelche Tatsachen des individuell-menschlichen Verhaltens; und schließlich erklären wir niemals irgendwelche Tatsachen individuell-menschlichen Verhaltens durch Beziehung auf faktische Gegebenheiten eines anderen individuell-menschlichen Verhaltens.

Wenn *S* für irgendeine Tatsache, die ein soziales Individuum betrifft, und *P* für ein Faktum der individuell-menschlichen Psychologie steht, dann können wir diese Position folgendermaßen schematisch darstellen:

$$\begin{array}{ccccccc} P_1 & & P_2 & & P_3 & & \\ \uparrow & & \uparrow & & \uparrow & & \\ S_1 & \longrightarrow & S_2 & \longrightarrow & S_3 & \longrightarrow & \end{array} \qquad \text{(A)}$$

Die Pfeile zeigen die Richtung an, in der die Kausalität wirkt und das *Fehlen* eines Pfeiles zwischen jeweils zwei Punkten bedeutet das Fehlen einer kausalen Verknüpfung.

Eine Theorie, die wiederum den Bedingungen des methodologischen Individualismus genügt, würde schematisch folgendermaßen aussehen (bei Verwendung derselben Symbole wie oben):

$$\begin{array}{ccccccc} P_1 & \longrightarrow & P_2 & \longrightarrow & P_3 & \longrightarrow & \\ \downarrow & & \downarrow & & \downarrow & & \\ S_1 & & S_2 & & S_3 & & \text{(B)} \end{array}$$

Indessen wird der methodologische Sozialismus auch provisorische oder unvollständige, »halbe« Theorien dieser Form tolerieren:

$$P_1 \dots\dots\dots\dots \; P_2 \dots\dots\dots\dots \; P_3 \dots\dots\dots\dots \quad \text{(C)}$$

wobei die unterbrochenen Linien nur scheinbar kausale Verbindungen anzeigen. Und *mutatis mutandis* wird der methodologische Individualismus provisorische oder halbe Theorien dieser Form zulassen:

$$S_1 \dots\dots\dots\dots \; S_2 \dots\dots\dots\dots \; S_3 \dots\dots\dots\dots \quad \text{(D)}$$

Es ist wichtig zu betonen, daß der Marxismus nur ein *Beispiel* für eine Theorie ist, die dem methodologischen Sozialismus genügen könnte, und daß (B) nur das *Beispiel* einer Theorie ist, die dem methodologischen Individualismus gerecht würde. So ist die letztere in der Tat nicht – gleichgültig in welchem Sinn – der *unabhängigen* These verpflichtet, daß wir Tatsachen, die soziale Individuen betreffen, durch Bezugnahme auf *psychologische* Tatsachen über individuelle Menschen erklären können. Das heißt, Psychologismus ist nur ein besonderer Beispielfall für eine Theorie, die den Kriterien des methodologischen Individualismus genügt.[13] Aber mit Sicherheit würde niemand, nicht einmal der streitbarste Individualist, sagen, daß die Theorie allein aus diesem Grunde *richtig* sei. Bestenfalls würde er sagen, daß eine solche Theorie *akzeptabel* ist.

Die Aufgabe, die nun vor uns liegt, lautet, ob es irgendeinen guten Grund dafür gibt, zwischen dem methodologischen Individualismus und dem methodologischen Sozialismus eine Wahl zu treffen. Ich werde an dieser Stelle eine außerordentlich interessante Überlegung Maurice Mandelbaums[14] heranziehen, die, wenn ich sie richtig verstehe, darauf abstellt, eben solche guten Gründe für eine Ablehnung des methodologischen Individualismus zu liefern, und zwar zumindest in Gestalt eines allgemeinen methodologischen Programms. Mandelbaum hat Gründe für die Existenz und Autonomie von etwas vorgebracht, das er *gesellschaftliche Tatsachen* nennt, die, wie er hervorhebt, genauso »letztgültig« und ursprünglich wie psychologische Tatsachen sind und die sich nicht restlos auf Konzeptionen reduzieren lassen, die sich auf das Denken und die Handlungen besonderer Individuen beziehen.[15] Gesellschaftliche Tatsachen sind »Tatsachen, die die in der Gesellschaft vorhandenen Organisationsformen betreffen«.[16] Über die Beziehungen zwischen psychologischen und gesellschaftlichen Tatsachen macht Mandelbaum einige Aussagen. Ich werde diejenigen zusammenstellen, in denen nach meiner Auffassung seine vier Hauptthesen niedergelegt sind.

(i) Sätze über gesellschaftliche Tatsachen können nicht in Sätze über psychologische Tatsachen übertragen werden, ohne daß ein ›gesellschaftlicher‹ Rest zurückbleibt.[17]

(ii) Sätze über gesellschaftliche Tatsachen müssen (›es ist ... notwendig ...‹) partiell in Sätze über individuelle Tatsachen übersetzt werden, denn solange wir dies nicht tun, verfügen wir über kein Mittel, irgendwelche Aussagen zu verifizieren, die wir über gesellschaftliche Fakten treffen.[18]

(iii) Gesellschaftliche Tatsachen können hinsichtlich ihrer Existenz abhängig sein »von der Existenz von Menschen, die ein gewisses Vermögen zum Denken und zum Handeln besitzen«. Aber daraus folgt nicht, daß die zuerst genannte Tatsachenreihe *identisch* ist mit derjenigen Tatsachenreihe, hinsichtlich deren Existenz jene zufällig ist.[19]

(iv) Die Existenz gesellschaftlicher Fakten hat nicht zur Folge, daß es keine individuellen Tatsachen *gibt* oder daß Individuen nicht »wirklich« sind. Vielmehr gibt es jene beiden verschiedenen Tatsachenreihen, von denen ausgesagt werden kann, daß sie »interagieren«. Also: »Es gibt gesellschaftliche Tatsachen, die externe Zwänge auf Individuen ausüben, nicht weniger als es Tatsachen des je individuellen Wollens gibt, die oftmals mit diesen Zwängen in Konflikt geraten.«[20]

Es sollte klar geworden sein, daß nur sehr weniges hiervon mit dem methodologischen Individualismus, so wie ich ihn charakterisiert habe, unvereinbar ist, sondern es ist bestenfalls unvereinbar mit einigem von dem, das, wie man versucht sein könnte anzunehmen, dem methodologischen Individualismus angeblich ähnlich ist. Der einzige Konfliktpunkt taucht in der These (iv) auf, wo – da hier einigermaßen klar ausgesprochen wird, daß es auf eine zweiseitige, nicht monokausale Interaktion abgesehen ist – Unvereinbarkeit mit (*c*) besteht und ferner mit derjenigen These, die Mandelbaums ganze Argumentation erst angeregt hat, nämlich:

(v) Im Verstehen oder Erklären der Handlungen eines Individuums müssen wir uns oft auf gesellschaftliche Tatsachen beziehen, d. h. auf Fakten, die die Organisation der Gesellschaft, in der es lebt, betreffen.[21]

Werfen wir nun einen kurzen Blick auf diejenigen Argumente Mandelbaums, die er zu (v) anführt. These (v) besteht aus zwei Teilen, einem nicht-formalen (oder Wittgensteinschen) und einem formalen (nicht-Wittgensteinschen) Teil. Der *nicht-formale* Teil beinhaltet folgendes: Man könnte niemanden, dem unsere Kultur fremd ist, lehren, was ein Mitglied unseres Kulturkreises tut, wenn er Bankangestellten eine Zahlungsanweisung hinreicht, ohne ihm angesichts der Ausführung dieser Handlung zugleich auch einiges über die Art und Weise beizubringen, in der Zahlungsanweisungen in dem System von Verfahrensweisen funktionieren, die unser Bankwesen ausmachen. Aber da die Bezugnahme auf ein Banksystem *ipso facto* den Bezug auf einen gesellschaftlichen Tatbestand darstellt, können wir niemandem, der nicht zu unserem Kulturkreis gehört, erklären, was solch ein Mensch tut, ohne daß wir in unserer Erklärung den Bezug auf eine gesellschaftliche Tatsache herstellen. Man beachte einmal, wie das Wort *erklären* hier gebraucht wird. Es wird in *folgendem Sinne* verwendet: jemandem erklären, was diese Person nicht versteht. Es ist dies der Sinn, in dem ein Lehrer eine Lektion erklärt oder die Bedeutung eines Wortes. In Mandelbaums Beispiel macht der Lehrer verständlich, was Mitgliedern unseres eigenen Kulturkreises für selbstverständlich gilt und wessen sie sich vielleicht in einer kategorialen Art und Weise bedienen, wenn sie mit Bankangelegenheiten zu tun haben.

Der *formale* Teil des Arguments besteht im wesentlichen in der Übersetzbarkeit von These (*i*). Was Mandelbaum sagen will, ist folgendes: Angenommen wir haben eine Sprache L_s, in der nur Ausdrücke vorkommen, die gesellschaftliche Tatsachen bezeichnen, z. B. ›Institution‹, ›Bräuche‹, ›Ideologien‹, ›Status‹, ›Klasse‹; angenommen ferner, es gibt noch eine andere Sprache L_i, die solche Ausdrücke enthält, die nur zur Beschreibung von Gedanken, Handlungen und Fähigkeiten einzelner Menschen verwendbar sind. Mandelbaum vertritt nun die Ansicht, daß wir Sätze von L_s nach L_i nicht »restlos« übertragen können. In der Tat ist Mandelbaum in diesem Punkt nicht ganz sicher. Er deutet sogar an, daß es theoretisch dennoch möglich sein könnte, diese Übersetzung schließlich doch noch zu bewerkstelligen, auch wenn es in der Praxis ungemein schwierig sein würde und wissenschaftlich gesehen ohne jedes Interesse wäre.[22] Doch worauf es eigentlich ankommt, hat – wie er selbst einräumt – nichts damit zu tun, wie gesellschaftliche Begriffe analysiert werden sollen, vielmehr kommt es darauf an, wie individuelle Handlungen *erklärt* werden müssen, was uns wiederum zu dem nichtformalen Teil des Arguments zurückbringt.

Die Zwei-Sprachen-These ist in meinen Augen eine Verirrung. Es scheint mir angebracht, hierzu einige Bemerkungen zu machen, trotz Mandelbaums Eingeständnis, daß ihr – da es sich hier nicht um eine Frage des Prinzips, sondern lediglich um eine solche der Praxis handelt – keine philosophische Bedeutung zukommt. Tatsache ist, daß es weitaus verheerendere Konsequenzen für seine Position hätte, wenn wir die Übersetzung nicht zustande brächten, als wenn sie uns gelingen würde. Denn wir verwenden L_s, um über gesellschaftliche Tatsachen zu reden, und L_i, um über Individuen zu reden, und worauf er hinaus will, ist eine Weise, über Individuen zu sprechen, in der ein Bezug auf gesellschaftliche Tatsachen hergestellt wird. Wonach er sucht ist, glaube ich, folgendes. Wir haben einige Begriffe, die sich auf individuell-menschliches Denken und Handeln beziehen, und die einiges, was für gesellschaftliche Tatsachen gilt, zur Voraussetzung haben; und es gibt andere Begriffe, die sich auf individuell-menschliches Denken und Handeln beziehen und *nicht* von dieser Art Voraussetzung abhängig sind. Ich weiß nicht, ob es die letztere Art von Begriffen wirklich gibt, aber nehmen wir einmal an, es gäbe sie tatsächlich. Ich werde im folgenden jeden Begriff, dessen richtige Anwendung auf einen einzelnen Menschen irgendeine Tatsache, die Organisation der Gesellschaft betreffend, voraussetzt, ein *S*-Prädikat nennen, und jeden Begriff, dessen richtige Anwendung auf ein Individuum *keiner* solchen Voraussetzung bedarf, werde ich als ein *I*-Prädikat bezeichnen. Einen Satz, der sich eines *S*-Prädikates bedient, nenne ich einen *S*-Satz. Jeden Satz, der ausschließlich *I*-Prädikate verwendet (i. e. als nicht-logische Begriffe), nenne ich *I*-Satz. Also folgendermaßen:

(*S*-1) Der Bankkassierer bestätigt die Zahlungsanweisung,
(*S*-2) Der Mann macht sich Zeichen auf das Stück Papier

sind Beispiele für einen *S*- und einen *I*-Satz. Aber

(*S*-3) Der Mann beglaubigt die Zahlungsanweisung

ist ebenfalls ein *S*-Satz, da er sich nicht allein eines *I*-Prädikats bedient, sondern auch ein *S*-Prädikat verwendet.

Wir können alle drei Sätze verwenden, um ein und dasselbe Ereignis zu beschreiben. Wir können weiterhin sagen, daß (*S*-1) und (*S*-3) einige Tatsachen, die die Organisation unserer Gesellschaft betreffen, voraussetzen, daß aber (*S*-2) diese Voraussetzung *nicht* hat. Einem Trobriand-Insulaner könnte beigebracht werden, (*S*-2) zu verstehen, ohne daß man ihm dabei über irgendeine jener Tatsachen Aufklärung gibt. Wir können tatsächlich sagen, daß *I*-Prädikate trans-kulturell sind. Jeder Begriff, dessen Bedeutung vermittelt werden kann, ohne daß man irgendeine Tatsache über organisatorische Besonderheiten einer gegebenen Gesellschaft mit heranziehen muß, gehört natürlich zum *I*-Vokabular. Wir können jetzt Mandelbaums These folgendermaßen rekonstruieren: Ein *S*-Satz kann nicht restlos in einen *I*-Satz oder in eine Reihe von *I*-Sätzen übertragen werden. Die Frage ist nun, wie ›restlos‹ zu interpretieren ist. Ich will eine Interpretation geben, die – so hoffe ich – nicht bloß Mandelbaum gerecht werden wird, sondern zugleich auch mit meiner revidierten Fassung seiner These zusammengeht. Betrachten wir die folgenden Auflistungen von Begriffen, wobei in der rechten Spalte *I*-Begriffe zu finden sind, die den *S*-Begriffen in der linken Spalte korrespondieren. Die Begriffe in beiden Spalten beziehen sich jeweils auf einen einzelnen Menschen, eine Handlung und einen materiellen Gegenstand:

Bankkassierer	Mann
bestätigt	macht sich Zeichen auf
Zahlungsanweisung	Stück Papier

Zwischen den korrespondierenden Ausdrücken in beiden Spalten bestehen keine Folge-Relationen. Wir können aus der kargen Information, daß jemand Bankkassierer ist, nicht ableiten, daß es sich um einen Mann handelt; auch eine Umkehrung ist nicht möglich; nicht jedes Stück Papier ist eine Zahlungsanweisung, und selbst wenn jede Zahlungsanweisung *zufällig* ein Stück Papier wäre, würde eine Bank sich schwerlich einer logischen Schwierigkeit konfrontiert sehen, die sich entschlösse, Zahlungsanweisungen aus Plastik einzuführen; und schließlich kann jemand eine Zahlungsanweisung bestätigen, ohne daß er ein Zeichen auf irgend etwas macht (der Kassierer könnte einfach »in Ordnung« sagen), und es ist mit Sicherheit ebenso wahr, daß man nicht in jedem Fall, in dem man Zeichen auf etwas macht, etwas gegenzeichnet oder bestätigt (nicht einmal wenn die Zeichen auf eine Zahlungsanweisung gesetzt werden: Der Bankkassierer könnte auch schreiben: »nicht in Ordnung«). Daher ist es durchaus möglich, daß, wenn ›... Mann ...‹ als Übersetzung für ›... Bankkassierer ...‹ angeboten wird, das erstere falsch sein könnte, während das letztere wahr ist; und da die primitivste Forderung, die wir an eine Übersetzung richten, die ist, daß das Übersetzte *äquivalent* sei, würde ersteres keine Übersetzung des letzteren darstellen.

Nun mag es allerdings Gesellschaften geben, in denen solche Folge-Relationen gültig sind. In einer bestimmten Periode der englischen Geschichte mag es wirklich so gewesen sein, daß nur Männer Bankkassierer sein durften. Doch wäre dies einzig aufgrund gewisser organisatorischer Wesensmerkmale der Fall, es handelte sich demnach also um eine gesellschaftliche Tatsache, die mit vorübergehenden Besonderheiten der englischen Gesellschaft zusammenhängt. Die Übersetzung würde nur dann durchgehen, wenn man *diesen* Satz zur Voraussetzung machte: »Alle Bankkassierer in dieser Gesellschaft sind männlichen Geschlechts.« Das wäre dann allerdings ein *S*-Satz.

›Restlos‹ heißt also in meiner Interpretation: Man kann keinen *S*-Satz in einen *I*-Satz übersetzen, ohne einen anderen *S*-Satz vorauszusetzen. Das gilt allgemein. Daher könnte jemand, der den Vorschlag machte, vermittels Übersetzung *S*-Prädikate zugunsten von *I*-Prädikaten zu *eliminieren,* dies nur tun, indem er gerade jene Art von Sätzen gelten läßt, die zu eliminieren er sich vorgenommen hatte. Daher fällt jedes derartige Programm von vornherein in sich selbst zusammen und ist erwiesenermaßen nicht durchführbar.

Was aber ist in einem genaueren Sinne unter diesen gesellschaftlichen Tatsachen zu verstehen, auf die implizit in jeder derartigen Übersetzung Bezug genommen wird oder – nehmen wir einen anderen Fall – in jeder Unterweisung eines kulturell Außenstehenden? Ich möchte sie so deuten, daß es sich bei ihnen um Regeln, Normen und Konventionen handelt, wie etwa »nur Männer können Bankkassierer sein«. In der Tat scheint mir dies die natürlichste Art, Mandelbaums These (iv) zu interpretieren, denn wir sprechen mit großer Natürlichkeit davon, daß Menschen gezwungen seien, in Übereinstimmung mit dieser oder jener Regel zu handeln, und daß sie sich gegen diese Regeln zur Wehr setzen und sie geändert sehen wollen. Daher fühlt sich eine Frau, deren ganzer Ehrgeiz im Leben darin besteht, Bankkassiererin in einer Zentralbank zu werden, durch eine derartige Regel womöglich frustriert, und dies könnte – mit einiger Freiheit – als Beispiel für die Interaktion zwischen einem Individuum und einem sozialen Tatbestand angesehen werden. Aber so verstanden ist es schwer, zu bestimmen, wie sowohl (iv) als auch (v) noch weiterhin mit dem methodologischen Individualismus unvereinbar sein sollen. Der methodologische Individualist leugnet durchaus nicht, daß es Regeln gibt, daß Menschen in Übereinstimmung mit ihnen handeln, sie ändern, durch sie frustiert sind, usw. Was (v) angeht, so hat sich gezeigt, daß diese These kaum mehr ist als eine These über *Bedeutung*, und der methodologische Individualist kann sehr wohl mit Mandelbaum darin übereinstimmen, daß wir – wenn wir aufgefordert sind, einem Fremden eine bestimmte Verhaltensweise zu erklären, und zwar genau in dem Sinne von ›Erklären‹, wie er in einem solchen Kontext angebracht ist – ihm einige der Regeln, Normen und Konventionen verständlich machen müssen. Wir können ferner darin übereinstimmen, daß wir in dem vorhin erwähnten kategorischen Sinne Handlungen gemäß einer gewissen Art und Weise der Beschreibung unter Bezugnahme auf gewisse Regeln, Normen und Konventionen durchaus verstehen. Aber das ist *nicht* der Sinn von ›Erklären‹, der den methodologischen Individualisten interessiert. Regeln, so wird er vielleicht hervorheben, werden zu allen Zeiten gebrochen, und wenn eine Regel gebrochen wird, darf sie nicht allein schon durch diesen Umstand als *aufgeho-*

ben betrachtet werden. Nur Regeln, die gelten, können gebrochen werden. Doch er wird hinzufügen, daß sein Interesse *Gesetzen* gelte, und zwar genau in dem Sinne, in dem wir von naturwissenschaftlichen Gesetzen sprechen. Wenn ein solches Gesetz gebrochen wird, beweist dies, daß das »Gesetz« nicht in Geltung bleibt, und damit wäre die Angelegenheit dann erledigt. Die Frage lautet nicht, ob es Regeln im vorhin erwähnten Sinne gibt, noch ob wir Handlungen durch Bezugnahme auf sie verstehen. Die Frage lautet vielmehr, ob es *Gesetze* gibt, die das Verhalten von Gesellschaften unter sich begreifen, ob diese Gesetze »letztgültig« sind und ob wir in den Sozialwissenschaften dazu in der Lage sind, das Funktionieren von Gesellschaften einfach durch Beziehung auf individuell-menschliches Verhalten zu erklären. Deswegen sind Mandelbaums Thesen, selbst wenn man sie straffen wollte, nicht nur vereinbar mit methodologischem Individualismus, sondern sie sind völlig irrelevant, was Fragen angeht, die den Status des letzteren betreffen. Die Tatsache, daß sie für so überaus relevant angesehen werden konnten, verdankt sich letztlich einer Äquivokation des Wortes ›erklären‹.

Das natürliche Bestreben des methodologischen Individualismus muß darauf gerichtet sein, die *logische Unmöglichkeit* des methodologischen Sozialismus aufzuzeigen – ein Wunsch, dessen Erfüllung seiner eigenen Position nachgerade die Weihen der logischen Notwendigkeit zuteil werden ließe. Watkins hat versucht, die logische Unmöglichkeit des historischen Materialismus nachzuweisen; zwar ist es richtig, daß die Widerlegung des historischen Materialismus nicht verhängnisvoller für den methodologischen Sozialismus wäre als eine Widerlegung des Psychologismus für den methodologischen Individualismus – da beide nur *Beispielfälle* der eigentlichen Hauptpositionen sind –, aber als Tatsache ist festzuhalten, daß Watkins' Argument sich ohne Schwierigkeit in die allgemeinere Position einbringen ließe. Der Beweis hat vier verschiedene Thesen zur Voraussetzung:

(α) Es gibt Aussagen, die soziale Individuen unter sich begreifen.

(β) Es gibt Aussagen, die Individuen unter sich begreifen.

(γ) Wenn *E* eine adäquate Erklärung für ein Phänomen *e* sein soll, so ist es eine notwendige Bedingung, daß ein Satz, der *e* beschreibt, als eine deduktive Folgerung aus Prämissen dargestellt wird.

(δ) Es kann keinen nicht-logischen Term in der Konklusion eines deduktiven Beweises geben, der nicht in den Prämissen jenes Beweises erscheint.

Wenn es eine Erklärung *E* für irgendein beliebiges individuelles Verhalten *e* geben soll, dann muß das cxplanandum, d. h. der Satz, der zur Formulierung von *e* verwendet wird, von Prädikaten Gebrauch machen, deren Geltung sich auf einzelne Menschen erstreckt. Nehmen wir an, *S* sei ein solcher Satz. Die Erklärung wird zum mindesten erfordern, daß *S* als eine aus Prämissen deduzierte Folgerung (γ) ausgewiesen wird, und unter diesen Prämissen muß zumindest ein Satz erscheinen, der wenigstens ein Prädikat enthält, das für einzelne Menschen Geltung besitzt (δ). Dementsprechend kann *S* nicht aus Prämissen abgeleitet werden, in denen Sätze enthalten sind, die *nur* für soziale Individuen gültige Prädikate verwenden, und folglich kann *e* nicht erklärt werden. Watkins stellt diesen Sachverhalt so dar:

»Keine noch so vollständige Beschreibung des gesellschaftlichen Produktionsapparates oder irgendwelcher anderer, nicht-psychologischer Faktoren kann uns in die Lage versetzen, auch nur eine einzige psychologische Schlußfolgerung daraus abzuleiten, weil psychologische Aussagen logisch nicht von völlig nicht-psychologischen Aussagen abgeleitet werden können.«23

Und er fügt hinzu:

»Daß eine Erklärung, die damit einsetzt, irgendein soziales Phänomen gewissen menschlichen Faktoren zuzuschreiben, nicht damit fortfahren kann, jene Faktoren vermittels irgendwelcher nicht-menschlicher Determinanten zu erklären, ist eine notwendige Wahrheit.«24

Ich glaube durchaus nicht, daß es sich hier um eine notwendige Wahrheit handelt, wenngleich ich ihm darin zustimmen würde, daß es eine notwendige Konsequenz aus den Thesen (α) – (δ) ist; aber für den methodologischen Individualisten besteht die Hauptschwierigkeit darin, daß *ein genau analoger Beweisgang dartun würde, daß der methodologische Individualismus scheitern muß*. Dieses Argument läßt sich leicht konstruieren, indem man die im oben genannten Beweis angeführten »Prädikate, deren Geltung sich auf soziale Individuen erstreckt« durch »Prädikate, die für einzelne Menschen gelten« ersetzt und umgekehrt. Somit hat das Argument Bumerang-Wirkung. Wenn es zwingend ist und die Unmöglichkeit des methodologischen Sozialismus aus ihm folgt, dann zieht es auch die Unmöglichkeit des methodologischen Individualismus nach sich. An diesem Punkte scheint der klügste Weg der zu sein: logische Abrüstung und friedliche philosophische Koexistenz.

Andererseits kann der Streit zwischen unseren Methodologien – wenn wir sie beide als gleich möglich gelten lassen wollen – an einem anderen Punkt wieder aufgenommen werden. Akzeptieren wir einmal die allgemeine Berichtigung der vier Thesen (α) – (δ), aber ziehen wir zugleich mehr ins einzelne gehend in Erwägung, was alles dazu erforderlich ist, wenn wir beides tun sollen, sowohl jene akzeptieren als auch unsere beiden Methodologien als möglich ansehen. Es scheint mir, daß folgende Änderung vorgenommen werden muß: In einer Erklärung des Verhaltens einiger sozialer Individuen, die dem methodologischen Individualismus akzeptabel sein soll, muß eine ihrer Prämissen sich wenigstens *eines* Satzes bedienen, der wenigstens ein Prädikat verwendet, das für soziale Individuen gilt. Ähnlich verhält es sich mit dem methodologischen Sozialismus. Unter den Prämissen für *seine* Erklärungen muß er wenigstens *einen* Satz gelten lassen, der mindestens *ein* Prädikat verwendet, das für einzelne Menschen gilt. Nicht nur kann dieser Bedingung entsprochen werden, sondern indem wir ihr gerecht werden, verfügen wir über etwas, das mir eine weitaus plausiblere Art und Weise zu sein scheint, die beiden Methodologien darzustellen, als alles andere, was wir bislang erörtert haben. Die Bedingung wäre erfüllbar, wenn unter den Prämissen für die Erklärungen wenigstens jeweils ein gesetzesähnlicher Satz der folgenden Formen anzutreffen wäre:

$$(L\text{-}1)\ (x)\ (y)\ (P_i\, x \supset P_s\, y)$$
$$(L\text{-}2)\ (y)\ (x)\ (P_s\, y \supset P_i\, x),$$

wobei P_i ein Prädikat ist, das für einzelne Menschen gilt, und P_s ein Prädikat, das für soziale Individuen gilt, und wo das Voranstehende aufgefaßt wird als die Beschreibung einer Reihe von Anfangsbedingungen für einen Stand der Dinge, wie er durch das Nachstehende beschrieben wird. Nun würde jede Erklärung, die einen gesetzesähnlichen Satz der Form (*L*-1) unter ihren Prämissen enthielte, vermöge dieses Umstandes dem methodologischen Individualismus genügen, denn dann wären gewisse Tatsachen über das Verhalten einzelner Menschen Anfangsbedingungen für gewisse Tatsachen, die sich auf soziale Individuen beziehen, und genau den gleichen Überlegungen entsprechend würde eine Erklärung, die unter ihren Prämissen einen gesetzesähnlichen Satz der Form (*L*-2) enthält, eben deswegen dem methodologischen Sozialismus genügen. Der historische Materialismus stellt im übrigen eben jene Behauptung auf, daß es bekannte Gesetze der Form (*L*-2) gibt, in denen gewisse Tatsachen über das jeweils herrschende Produktionssystem Ausgangsbedingungen für gewisse psychologische Tatsachen darstellen, die einzelne Menschen betreffen.

Wir können jetzt eine allgemeine Interpretation dieser gesetzesähnlichen Sätze geben. Wir können einfach als Regel aufstellen, daß die Prädikate in dem Voranstehenden für eine *andere Art* von Phänomenen gelten als die Prädikate im Nachstehenden. Derartige gesetzesähnliche Sätze würde man sodann als Beschreibungen kausaler Verbindungen zwischen Phänomenen verschiedener Art auffassen; z. B. daß kausale Verbindungen zwischen gewissen Zuständen im Gehirn eines Individuums und gewissen psychischen Zuständen desselben Individuums bestehen – wobei angenommen wird, daß die »Zustände des Gehirns« und die »psychischen Zustände« Beispiele für verschiedene Arten von Phänomenen sind. Im Zuge der Etablierung derartiger gesetzesähnlicher Sätze sprechen wir auch von einer *Reduktion* in einem (natur-)wissenschaftlichen Sinne. Und es ist wichtig zu betonen, daß wir *nur* dann von Reduktion im Unterschied zu gewöhnlicher kausaler Erklärung sprechen können, wenn wir es mit wesentlich verschiedenen Arten von Phänomenen zu tun haben. *Reduktion* in diesem Sinne soll heißen: eine Art von Phänomen durch Bezugnahme auf Phänomene einer davon unterschiedenen Art erklären. Dabei handelt es sich natürlich um *kausale* Reduktion, und diese muß von der philosophischen Reduktion unterschieden werden, d. h. einer solchen, in der eine gegebene Reihe von Begriffen für übersetzbar in eine andere bevorzugte Reihe von Begriffen angesehen wird. Ich habe hervorgehoben, daß der methodologische Individualismus *keine* These über den philosophischen »Reduktionismus« darstellt und ihm nicht daran gelegen ist, zu beweisen, daß die *Bedeutung* von Prädikaten, die für soziale Individuen gelten, vermittels solcher Prädikate wiedergegeben werden muß, die für einzelne Menschen gelten. Aber ich möchte nun behaupten, daß es sich hierbei um eine These über (natur-)*wissenschaftliche* Reduktion handelt; in der Tat könnte diese sich nicht gut beiden Arten von reduktionistischen Programmen zurechnen, denn wissenschaftliche Reduktion setzt eindeutig voraus, daß wir es mit verschiedenen Arten von Phänomenen zu tun haben: sonst könnten wir mit dem einfachen Mittel der Definition jede beliebige Reduktion vornehmen, wo und wie es uns gerade in den Sinn kommt. Ich möchte ferner hervorheben, daß auch der methodologische Sozialismus gleichermaßen eine These über wissenschaftliche Reduktion darstellt, und wenn diese meine Konstruktion des Sachverhaltes zutrifft, vertritt der methodologische Individualismus die Forderung, daß einzig Erklärungen, die Gesetze der Form (*L*-1) verwenden, als »letztgültige« oder optimale Erklärungen in den Sozialwissenschaften akzeptiert werden dürfen, und daß Gesetze der Form (*L*-2) sowie alle sogenannten Erklärungen, die sich ihrer bedienen, zurückgewiesen werden müssen. Genau das Gegenteil hiervon wird dann die Forderung des methodologischen Sozialismus sein.

Nachdem wir den Konflikt auf diese Formel gebracht haben, können wir uns noch einmal die Frage vorlegen, ob es irgendeinen zwingenden Grund dafür gibt, zwischen dem methodologischen Individualismus und dem methodologischen Sozialismus zu wählen, und ich möchte schon im voraus sagen, daß ich mich völlig außerstande sehe, einen solchen zu nennen. Nichtsdestoweniger könnten einige weitere Bemerkungen nutzbringend an die Analyse des Konflikts – in der Form, die er für uns angenommen hat – gewendet werden, was gleichbedeutend mit dem Hinweis darauf ist, warum es so schwer ist, geeignete Gründe dafür zu finden, sich in der einen oder anderen Richtung zu entscheiden.

Der Begriff der Reduktion in der Wissenschaft ist mit bemerkenswerter Eindringlichkeit von Ernest Nagel analysiert worden; im folgenden werde ich von der Annahme ausgehen, daß seine Analyse im wesentlichen richtig ist.[25] Ich verweise den Leser auf die in seiner Schrift vorgetragenen Argumente, die ich hier nicht im einzelnen anführen möchte. Er hat natürlich die folgenden Bemerkungen nicht mit zu verantworten.

Nehmen wir an, wir würden von Makro- und Mikroeigenschaften von Gesellschaften sprechen. Als Modell könnte man sich einzelne Menschen vorstellen, deren Verhältnis zur Gesellschaft in etwa demjenigen gleicht, in dem Moleküle zu Gasen stehen. Das mag sich letzten Endes als eine irreführende Analogie herausstellen, aber im Augenblick kommt sie mir ganz gelegen, da sich an ihrem Beispiel einige Probleme aufwerfen lassen. Was die Gase betrifft, so sprechen wir hier von Reduktion im folgenden Sinne: Einige Verhältnisse und Proportionen zwischen gewissen Makroeigenschaften der Gase werden unter Bezugnahme auf einige Verhältnisse und Proportionen, wie sie zwischen Molekülen bestehen, erklärt, z. B. werden Abweichungen in der durchschnittlichen kinetischen Energie von Molekülen erklärt, die sich im Zustand einer zufälligen, ziellosen Bewegung befinden, und ferner durch Beziehung auf das mechanische Verhalten von Molekül-Aggregaten. Ich nehme an, der methodologische Individualist würde – sofern er diese Analogie akzeptieren kann – in einem genau ähnlichen Sinne von Reduktion sprechen: Verhältnisse zwischen Eigenschaften von Gesellschaften müssen – makroskopisch gesehen – vermittels der Beziehung auf Verhältnisse zwischen einzelnen Menschen erklärt werden, d. h. unter Bezugnahme auf »mikroskopisch« aufgefaßte Gesellschaften.

Bevor nun im 19. Jahrhundert die Reduktion der Thermodynamik auf die Mechanik gelungen war, verfügten die Wissenschaftler über einigermaßen klare Kriterien dafür, wie sie Begriffe der früheren Theorie auf Gase anzuwenden hatten, über hinreichend gesicherte Laboratoriumsverfahren zur Messung der Abweichungen in den Eigenschaften, wie sie durch diese Begriffe bezeichnet werden, und ferner über hinreichend schlüssige Mittel zur Bestätigung oder Widerlegung, d. h. über gesetzesähnliche Sätze, deren Zweck darin bestand, Verhältnisse der Ko-Varianz dieser Eigenschaften untereinander richtig zu beschreiben. All dies wurde bewahrt, auch nachdem jene Reduktion vorgenommen worden war. Sämtliche bekannten Gesetze der Thermodynamik blieben erhalten. Was erreicht worden war, ist (in überaus armseligen, dürren Worten) folgendes: Das Verhalten der Gase, wie es von der Thermodynamik beschrieben worden, war durch Beziehung auf das Verhalten von Molekülen, wie es in der Mechanik dargestellt wird, erklärt worden, und demnach könnte man, wenn man so will, die Mechanik die »endgültigere« der beiden Theorien nennen und die Moleküle als die »letztlich« entscheidenden Konstituentien der Gase bezeichnen. Allgemein könnten wir folgendes sagen: Wenn *T*-1 eine Theorie ist, die das Verhalten von Phänomenen *P*-1 erklärt und vorhersagt, dann ist – wenn *T*-2 auf *T*-1 in dem Sinne reduziert wird, in dem wir nun zugleich auch das Verhalten von *P*-2 durch Beziehung auf *P*-1 erklären und vorhersagen können – *T*-1 die endgültigere Theorie, dann hat sie Vorrang gegenüber *T*-2. Oder – um zu Watkins Sprachgebrauch zurückzukehren – *T*-2 kann als eine »halbe« Theorie mit Bezug auf *P*-2 angesehen werden, während *T*-1 die »optimale« Theorie für *P*-2 abgibt. Das heißt natürlich weder, daß Phänomene *P*-2 nicht »wirklich« sind, noch bedeutet dies, daß Sätze über *P*-2 sich »eigentlich« auf Erscheinungen der Art *P*-1 beziehen.

Nehmen wir jetzt einmal an, es gäbe eine Gesellschaftstheorie, die der Thermodynamik vergleichbar wäre, d. h. eine Theorie, die sich in makroskopischer Weise mit Gesellschaften auseinandersetzt. Stellen wir uns ferner vor, daß unter den Begriffen dieser Theorie solche enthalten wären wie etwa »soziale Dichte« und »kulturell-ökonomische Elastizität« und daß es mannigfach bewahrheitete Gesetze gäbe, wie etwa: »Die soziale Dichte verändert sich umgekehrt proportional der Kubikzahl kulturell-ökonomischer Elastizität.« *Gäbe es wirklich* eine derartige Theorie, dann würde der methodologische Individualist sagen: Man kann die Variationen innerhalb dieser Eigenschaften endgültig erklären, man kann Ko-Varianzen zwischen ihnen ein für allemal vermittels einer Theorie ermitteln, die das Verhalten einzelner Menschen zum Gegenstand hat. Auf diese Theorie müßte letztendlich die Makro-Theorie der Gesellschaft reduzierbar sein. Damit wir jedoch überhaupt von Reduktion im wissenschaftlichen Sinne sprechen können, bedürfen wir natürlich zunächst einmal zweier Theorien. Gewiß *könnte* man den methodologischen Individualismus als eine strikte – negative – Anweisung auffassen, die sich *dagegen* richtet, überhaupt nach Makro-Theorien der Gesellschaft zu suchen. Verhält es sich so, dann erweist es sich als außerordentlich schwer, zu erkennen, was mit ›Reduktion‹ oder mit ›Individuen als primären Bestandteilen‹ gemeint sein soll. Zudem macht der methodologische Individualist selbst das Zugeständnis, daß es Eigenschaften von Gesellschaften gibt, die radikal von den Eigenschaften von Individuen verschieden sind. Sollen diese Eigenschaften letztlich unerklärt bleiben? Gewiß besteht das Hauptargument des methodologischen Individualismus darin, daß alle Verhältnisse und Proportionen zwischen solchen Eigenschaften grundsätzlich durch Beziehung auf individuell-menschliches Verhalten erklärt werden müssen. Mithin würde es der methodologische Individualist wohl für einen Akt der Selbstaufgabe ansehen, wollte er eine solche negative Anweisung befolgen. Wenn Watkins über den methodologischen Individualismus sagt, daß er ein regulatives Prinzip sei, dessen Zweck unter anderem darin bestehe, jemanden davon abzubringen, seine Forschungen in gewisse Richtungen abirren zu lassen, dann bringt er sich selbst in die ironische Position dessen, der die Lebensfähigkeit seines methodologischen Programms abhängig macht vom Erfolg gerade jener Art Forschungen, die es verhindern soll, und wir können diese sonderbare Dialektik ergänzen, indem wir genau dasselbe auch für den methodologischen Sozialismus nachweisen.

Doch nehmen wir einmal an, die Sozialwissenschaften machten Fortschritte und es gelänge eines Tages eine Reduktion von genau der Art, wie sie dem methodologischen Sozialisten am Herzen liegt: Das *individuell-menschliche* Verhalten könnte wirklich durch Beziehung auf umfangreiche Veränderungen in den Makro-Eigenschaften von Gesellschaften erklärt werden! Das Ergebnis wäre in mancherlei Weise genau das umgekehrte wie in unserem Gas-Beispiel. Nicht nur wäre die Erklärungs-Richtung – *von oben bis unten* – verschieden, sondern auch die operationalen Probleme wären unterschiedlich. Denn während die Makro-Eigenschaften der Gase im Bereich des Beobachtbaren liegen, gilt nicht auch dasselbe für Mikro-Eigenschaften. Umgekehrt liegt individuell-menschliches Verhalten im Bereich des Beobachtbaren, während be-

reits seit langem Übereinstimmung darüber erzielt worden ist, daß wir das Funktionieren von Gesellschaften als solcher nicht beobachten können. Ich werde mich also mit diesem Unterschied einmal etwas eingehender befassen.
Es ist, sollte man annehmen, eine allgemein angestellte Überlegung, daß es, wenn eine kausale Theorie in den Naturwissenschaften vorgetragen wird, die beispielsweise beinhaltet, daß Veränderungen in einer abhängigen Variablen *V*-1 erklärt werden und vorhersagbar sind durch Beziehung auf Veränderungen in einer unabhängigen Variablen *V*-2, notwendig sei, daß wir über unabhängige Verfahren verfügen, die Abweichungen in diesen beiden Variablen zu messen. Das Boyle-Charles-Gesetz läßt sich daher durch Beobachtungen anhand von Druckmessern und Thermometern bestätigen. Nehmen wir aber einmal an, die einzige Weise, in der wir der mittleren kinetischen Energie unbeobachtbarer Moleküle einen bestimmten Wert zuschreiben können, bestehe darin, die Temperatur eines beobachtbaren Gaskörpers zu messen. Man würde dann vielleicht anfangen, sich über den Status eines Gesetzes zu wundern, in dem davon ausgegangen wird, daß Temperaturschwankungen erklärt würden und vorhersagbar seien durch die Beziehung auf eine Abweichung in der durchschnittlichen kinetischen Energie von Gas-Molekülen. Man stelle sich vor, jemand würde behaupten, die Bewegung eines Aals im Wasser komme durch die simultane Bewegung von Millionen sub-mikroskopischer Gliedmaßen zustande, die, wie bei einer gewaltigen Galeere, fest an beiden Körperseiten des Aals sitzen. Sobald sich die Schlag-Frequenz der unbeobachtbaren Ruder erhöht, nimmt proportional die Geschwindigkeit des Aals im Wasser zu, doch unglücklicherweise besteht der einzige Weg, auf dem wir den Wert der »mittleren Schlag-Frequenz« der »urprünglich ersten Konstituentien« ermitteln können, darin, die relative Geschwindigkeit zu messen, mit der sich der Aal durch das Wasser bewegt. Wissenschaftler würden diese Erklärung wahrscheinlich in Bausch und Bogen als Märchen abtun, aber tatsächlich be-

stand die Reduktion der Thermodynamik auf die Mechanik nicht in der Behauptung einer einfachen Beziehung der Ko-Varianz zwischen Mikro- und Makro-Eigenschaften von Gasen. Das Verhältnis war weitaus komplexer, und die Mechanik besaß eine lange und ehrwürdige Geschichte, bevor sie modifiziert und so erweitert wurde, bis sie zur Erklärung thermischer Phänomene herangezogen werden konnte. Tatsache ist, daß es mannigfache Weisen gibt, in der wir die Werte der durchschnittlichen kinetischen Energie von Molekülen in zufälliger, ungerichteter Bewegung ermitteln können, doch natürlich niemals so, indem wir den Molekülen direkt die Elle anlegen. Diese entziehen sich nach wie vor der Beobachtung, und unser Verhältnis zu ihnen ist ein indirektes, das durch ausgefeilte Laboratoriumsverfahren und einen mathematischen Apparat vermittelt ist. Nichtsdestoweniger bleibt die Möglichkeit, an der Existenz von Molekülen überhaupt Zweifel anzumelden. Einem radikalen Empiristen bleibt es unbenommen zu versuchen, die Beziehung auf jene einfach zu eliminieren, und zwar zugunsten einer rekonstruierten Theorie, die ausschließlich Beobachtungs-Prädikate verwendet. Oder man kann sie, wie Marrou jene »abstraits socioculturels« aufgefaßt hat, lediglich als Begriffe betrachten, wenngleich von ihnen in der Organisation der Erfahrung unbefragt Gebrauch gemacht wird. Doch derartige Auffassungen berühren Probleme der Ontologie und der Bedeutung, während wir uns auf sicherem Grund bewegen, wenn wir feststellen, daß die Theorie eine unbestreitbare erklärende und prädiktive Kraft besitzt.

Aber genau die eben erwähnten Alternativen blieben bei jener Art der reduktiven Theorie, wie ich sie hier aufgestellt habe, bestehen. Der radikale Empirist und der Instrumentalist gleichermaßen können Interpretationen der Gesetze und der Sprache dieser Theorie anführen, die genau jenen analog wären, die sie in der kinetischen Wärmetheorie vorbringen. Ihre Positionen sind in beiden Fällen relativ unabhängig von derjenigen des methodologischen Individualisten, der lediglich die Behauptung aufstellt, daß eine derartige Theorie nicht »endgültig« sei, selbst wenn *pro tempore* die Annahme gemacht werden sollte, daß ihr echte prädiktive und erklärende Macht zukomme. Sein Einwand stützt sich gewiß nicht auf ontologische Gründe, ebensowenig auf die Art von Verhalten, die die Bedeutungshaftigkeit betreffen, von der der radikale Empirist so angetan ist. Doch worauf gründen sich seine Einwände nun *tatsächlich?* Was eigentlich wäre an einer solchen Theorie so falsch? Es fällt mir überaus schwer, eben dies zu bestimmen. Ich *glaube* zu wissen, daß er dasjenige *fürchtet,* was aus einer derartigen Theorie folgen würde. Ich werde gleich darauf zurückkommen. Doch vorab möchte ich darauf hinweisen, welch geringes philosophisches Interesse einer solchen Kontroverse innewohnt. Das philosophische Interesse, das sie zu haben *scheint,* leitet sich her aus anderen, interessanten Streitfragen, die ihr in manchem ähnlich sind. Sobald man sie von diesen abtrennt, verkommt sie sehr schnell zu einer recht unphilosophischen, schrulligen Beschäftigung mit science fiction. Doch es ist ein *gefährliches* Geschäft, bei dem man leicht mit einem *self-fulfilling*-Theorem endet. Sozialwissenschaftler, die schon vorab davon überzeugt sind, daß eine gewisse Art von Theorie suspekt ist, könnten das Hinterfragen derartiger Theorien womöglich ganz fallenlassen. Und das wiederum könnte am Ende genau die Konsequenzen haben, die der methodologische Individualist so sehr fürchtet.

Was der Individualist fürchtet, ist meines Erachtens folgendes. Er spürt, daß aus Theorien von der Art, wie er sie abzuwehren wünscht, folgen könnte, daß wir unser Schicksal nicht in eigenen Händen halten, daß wir gleichsam fortgerissen werden von der Entwicklung der sozialen Individuen, deren Teil wir sind und die ein Eigenleben haben.[26] Doch selbst wenn dies aus dergleichen Theorien folgen sollte, widerspräche es gleichwohl grundsätzlich dem Geist der Philosophie, wollte man es ablehnen, sich mit solchen Theorien abzugeben. Wir können mit jener Haltung vielleicht sympathisieren, sie

jedoch schwerlich gutheißen, die, so berichtet die Legende, die Pythagoräer so weit getrieben hat, jenen Mann zu beseitigen, der entdeckt hatte, daß es keine rationale Zahl gebe, deren Quadrat = 2 ist. Demgegenüber will mir scheinen, daß aus den strittigen Theorien nichts dergleichen folgt, und ein wichtiger Schritt dahin, unser Schicksal in die eigenen Hände zu nehmen, bestünde vielmehr in der Entdeckung gerade dieser Art von Theorien. Es folgt aus der Tatsache, daß es uns gelingt, das gesamte thermische Verhalten von Gasen durch Beziehung auf das mechanische Verhalten von Molekülen zu erklären, nicht zugleich auch, daß wir das mechanische Verhalten von Molekülen nicht kontrollieren können. Indem wir leistungsstarke Apparate zur Wärmeerzeugung und Kühlung auf gasförmige Körper anwenden, können wir den Wert der durchschnittlichen kinetischen Energie der in ihnen enthaltenen Moleküle modifizieren, und sollten wir – in symmetrischer Analogie hierzu – jemals imstande sein, das Verhalten individueller Menschen durch Beziehung auf das Verhalten von umfassenden Prozessen in *sozialen* Individuen zu erklären, so könnte nichts uns davon abhalten, ähnlich auch jene umfassenden Prozesse zu *kontrollieren*, indem wir auf der »Mikro-Ebene« operieren, d. h. auf einzelne Menschen einwirken. Die Wissenschaft genießt nicht deswegen Anerkennung, weil sie unsere Kontrolle über Sachen *einschränkt*.
Selbst wenn wir die Richtigkeit jener Annahme des methodologischen Individualismus unterstellen, daß soziale Prozesse nichts weiter als das zusammengesetzte Ergebnis vieler individueller Handlungen seien, bleibt dessen ungeachtet das Ausmaß, in dem wir Kontrolle über unser eigenes Schicksal haben, doch bis zu einem gewissen Grade begrenzt. Denn gewöhnlich sind, wie ich aufzuzeigen versucht habe, die Folgen unserer Handlungen nur in den seltensten Fällen von uns beabsichtigt, und die Akteure – solange sie nicht überleben und alles im Nachhinein erkennen – sind blind für die Bedeutung ihrer Handlungen, weil sie blind gegenüber der Zukunft sind. Wir erkennen dies nirgendwo mit größerer

Deutlichkeit als am Beispiel jener historischen Darstellung, wie sie eingangs dieses Kapitels zitiert worden ist. Die Veränderungen, die C. V. Wedgwood beschreibt, vollzogen sich »unmerklich«, und nur wenige nahmen wahr, daß sie sich unter ihren Augen abspielten. Und dies nicht etwa, weil ein feiner konstruiertes Instrument sie vielleicht hätte aufspüren können, denn ein derartiges Instrument läßt sich nicht bauen: die Veränderungen hätten zu jenem Zeitpunkt nicht aufgespürt werden können, denn nur im Lichte zukünftiger Ereignisse lassen sie sich überhaupt erst beschreiben. Imstande zu sein, diese Veränderungen zu kontrollieren oder zu modifizieren, hätte demgemäß erfordert, daß Menschen ihre eigenen Handlungen in einer Perspektive sehen, die ihnen unglücklicherweise nicht zugänglich ist, die Perspektive von Historikern nämlich, die vom Standpunkt der Zukunft her ihre Handlungen bewerten. Da wir nicht wissen, wie unsere Handlungen aus dem Gesichtswinkel der Historie gesehen werden, ermangeln wir dementsprechend auch der Kontrolle über die Gegenwart. Wenn es so etwas wie Unausweichlichkeit in der Geschichte gibt, so ist sie nicht so sehr sozialen Prozessen zuzuschreiben, die sich aus eigener Kraft in Gang halten und den Eigengesetzlichkeiten ihrer Natur gemäß ablaufen, sondern eher dem Umstand, daß es zu dem Zeitpunkt, zu dem klar wird, was wir getan haben, zu spät ist, noch etwas daran zu ändern. »Die Eule der Minerva beginnt ihren Flug erst in der Dämmerung.« Geschichtsphilosophien suchen sich der Zukunft zu bemächtigen, ohne zu bedenken, daß wir, hätten wir das Wissen um die Zukunft, die Gegenwart kontrollieren und somit Aussagen über die Zukunft falsifizieren könnten, so daß folglich derartige Entdeckungen völlig nutzlos wären. Wir ergreifen die Zukunft erst, wenn es zu spät ist, in der Gegenwart, auf die es ankommt, noch etwas auszurichten, denn *sie* ist dann vergangen und unserer Kontrolle entzogen. Wir können nur herausfinden, worin ihre Bedeutung bestanden hat, und das ist die Arbeit der Historiker: Geschichte wird von ihnen gemacht.

Anmerkungen

I. Kapitel

1 K. Marx/F. Engels, *Werke* (MEW) Bd. 3, *Die deutsche Ideologie*: »Sowie nämlich die Arbeit verteilt zu werden anfängt, hat Jeder einen bestimmten ausschließlichen Kreis der Tätigkeit, der ihm aufgedrängt wird, aus dem er nicht heraus kann; er ist Jäger, Fischer oder Hirt oder kritischer Kritiker und muß es bleiben, wenn er nicht die Mittel zum Leben verlieren will – während in der kommunistischen Gesellschaft, wo Jeder nicht einen ausschließlichen Kreis der Tätigkeit hat, sondern sich in jedem beliebigen Zweige ausbilden kann, die Gesellschaft die allgemeine Produktion regelt und mir eben dadurch möglich macht, heute dies, morgen jenes zu tun, morgens zu jagen, nachmittags zu fischen, abends Viehzucht zu treiben, nach dem Essen zu kritisieren, wie ich gerade Lust habe, ohne je Jäger, Fischer, Hirt oder Kritiker zu werden.«
Marx' Widerstreben, Näheres über die klassenlose Gesellschaft auszusagen, steht natürlich im Zusammenhang mit seiner allgemeinen Theorie, derzufolge Lebens- und Bewußtseinsformen die materiellen Lebensbedingungen widerspiegeln (»Die Produktion der Ideen, Vorstellungen, des Bewußtseins ist zunächst unmittelbar verflochten in die materielle Tätigkeit und den materiellen Verkehr der Menschen, Sprache des wirklichen Lebens«; ebd. S. 26) – wie also könnte man von ›Ideen, Vorstellungen etc.‹ sprechen, die erst unter einer Form des materiellen Lebens existieren *werden*, die nie zuvor existiert hat? Zudem müssen die Menschen in der klassenlosen Gesellschaft auf jeden Fall von diesen materiellen Ursachen befreit werden und frei sein, um über ihr Leben bestimmen zu können. Man kann also nur sagen, daß zu jenem Zeitpunkt alle Dinge und Verhältnisse dem ›entgegengesetzt‹ sein werden, wie sie gegenwärtig sind, es ist also bestenfalls eine negative Charakterisierung möglich. Doch es ist nicht eben leicht, positiv zu bestimmen, was ›nicht-A‹ heißen soll. Vgl. F. Engels, *Der Ursprung der Familie, des Privateigentums und des Staats*: »Was wir also heutzutage vermuten können über die Ordnung der Geschlechtsverhältnisse nach der bevorstehenden Wegfegung der kapitalistischen Produktion ist vorwiegend negativer Art, beschränkt sich meist auf das, was wegfällt.« (MEW, Bd. 21, S. 83)
2 »Sind aber alle Widersprüche ein für allemal beseitigt, so sind wir bei der sogenannten absoluten Wahrheit angelangt, die Weltge-

schichte ist zu Ende, und doch soll sie fortgehn, obwohl ihr nichts mehr zu tun übrigbleibt – also ein neuer, unlösbarer Widerspruch.« F. Engels, *Ludwig Feuerbach und der Ausgang der klassischen deutschen Philosophie*, MEW, Bd. 21, S. 270. Allerdings spricht Engels hier von Hegel, doch in Wirklichkeit gilt derselbe ›Widerspruch‹ gleichermaßen für sein eigenes System. In der klassenlosen Gesellschaft oder für die post-revolutionäre Geschichte besitzen die marxistischen Theorien der Geschichte keine Geltung und Anwendung. Vgl. auch die folgende Anmerkung.

3 Die Geschichte läßt nach marxistischer Auffassung eine Theorie offenbar nur insoweit zu, als die Menschen von Mächten getrieben werden, über die sie keine Kontrolle besitzen. In der klassenlosen Gesellschaft aber wird der Mensch frei sein von historischen Mächten und folglich ›seine eigene Geschichte machen, anstatt von ihr gemacht zu werden‹. »Der Umkreis der die Menschen umgebenden Lebensbedingungen, der die Menschen bis jetzt beherrschte, tritt jetzt unter die Herrschaft und Kontrolle der Menschen, die zum ersten Male bewußte, wirkliche Herren der Natur, weil und indem sie Herren ihrer eigenen Vergesellschaftung werden ... Die eigene Vergesellschaftung der Menschen, die ihnen bisher als von Natur und Geschichte aufgenötigt gegenüberstanden, wird jetzt ihre freie Tat. Die objektiven fremden Mächte, die bisher die Geschichte beherrschten, treten unter die Kontrolle der Menschen selbst. Erst von da an werden die Menschen ihre Geschichte mit vollem Bewußtsein selbst machen ... Es ist der Sprung der Menschheit aus dem Reich der Notwendigkeit in das Reich der Freiheit.« F. Engels, *Die Entwicklung des Sozialismus von der Utopie zur Wissenschaft*, MEW, Bd. 19, S. 226.

4 Immanuel Kant, »Idee zu einer allgemeinen Geschichte in weltbürgerlicher Absicht«, in: *Kleine Schriften zur Geschichtsphilosophie, Ethik und Politik*, hrsg. v. K. Vorländer, Philosophische Bibliothek, Felix Meiner, Hamburg 1959.

5 Karl Löwith, *Meaning in History* (Der Sinn in der Geschichte), University of Chicago Press, Chicago 1957. In der Einleitung zu dieser amerikanischen Ausgabe schreibt Patrick Gardiner: »was derartige Vorhaben, die man gewöhnlich als ›Geschichtsphilosophie‹ bezeichnet, gemeinsam haben, ist ihr Ziel, eine allumfassende Erklärung des Geschichtsprozesses zu liefern, die ›einen Sinn ergibt‹.«

6 »Hier möchte ich sagen: das Rad gehört nicht zur Maschine, das man drehen kann, ohne daß anderes sich mitbewegt.« Ludwig Wittgenstein, *Philosophische Untersuchungen*, Suhrkamp Verlag, Frankfurt 1971, § 271.

7 Löwith, op. cit., S. 1. Ich kann allerdings Löwiths *Gründe* für

diese Aussage, die mir nur rhetorisch scheint, nicht akzeptieren.

8 Die Unterscheidung zwischen Voraussage und Prophetie übernehme ich von K. R. Popper. Vgl. seinen Beitrag »Prediction and Prophecy in the Social Sciences«, in: Patrick Gardiner (Hrsg.), *Theorie of History*, Free Press, Glencoe 1959, S. 276 ff. Mit Prophetie meint Popper eine unbedingte Voraussage. Er hält nur bedingte Voraussagen für zulässig (d. h.: ist die Bedingung *B* gegeben, dann folgt C), oder solche Voraussagen, die aus jenen abgeleitet sind. Er führt an, daß »Historizisten« nicht nur unbedingte Voraussagen machen, sondern sie zudem noch auf Systeme beziehen, bei denen dies nicht legitim ist. Unbedingte Voraussagen sind nur dann zulässig, wenn sie von bedingten abgeleitet sind, und auch dann nur im Hinblick auf »in sich abgeschlossene, stationäre, wiederkehrende Systeme«. Dies ist vielleicht nicht ganz dieselbe Bedeutung, in der ich, wie es scheinen mag, den Begriff Prophetie verwende. Auch finde ich den Historizismus nicht ganz unzulässig, wie Popper dies sowohl hier wie in anderen seiner Schriften tut. Vgl. insbesondere sein Buch *The Poverty of Historicism* (Bacon Press, Boston 1958), 2. Kap. und passim. Ich gehe im XII. Kapitel noch näher darauf ein.

9 Zum Beispiel Hitler, der mit Vorliebe Äußerungen tat wie: »Der Krieg ist gewonnen« (so im Frühjahr 1940). Hitlers unerschütterlich vertrauensvolle Beschreibungen der Gegenwart im Licht der Zukunft verliehen ihm den Anschein, im Besitz ganz besonderer, nur ihm zugänglicher Einsichten zu sein; dies wird in gewissem Maße zu dem bemerkenswerten Einfluß beigetragen haben, den er über Denken und Fühlen anderer Menschen besaß.

10 Donald Williams, »More on the Ordinariness of History«, in: *Journal of Philosophy*, LII, Nr. 10, S. 272.

11 W. H. Walsh, »›Meaning‹ in History«, in: Gardiner, op. cit., S. 296 ff.

12 G. W. F. Hegel, *Vorlesungen über die Philosophie der Geschichte*: »Wir finden nun außerdem im Osten von Europa die große *slawische* Nation ... Es haben zwar diese Völkerschaften Königreiche gebildet und mutige Kämpfe mit den verschiedenen Nationen bestanden; sie haben bisweilen als Vortruppen, als ein Mittelwesen in den Kampf des christlichen Europa und unchristlichen Asien eingegriffen, die Polen haben sogar das belagerte Wien von den Türken befreit, und ein Teil der Slawen ist der westlichen Vernunft erobert worden. Dennoch aber bleibt diese ganze Masse aus unserer Betrachtung ausgeschlossen, weil sie bisher nicht als ein selbständiger Moment in der Reihe der Gestaltungen der Vernunft in der Welt aufgetreten ist. Ob dies in der Folge geschehen werde, geht uns hier nicht an; denn in der Geschichte haben wir

es mit der Vergangenheit zu tun.« Und weiter: »Wir haben diesen Fortgang des Begriffs allein betrachtet und haben dem Reize entsagen müssen, das Glück, die Perioden der Blüte der Völker, die Schönheit und Größe der Individuen, das Interesse ihres Schicksals in Leid und Freud näher zu schildern. Die Philosophie hat es nur mit dem Glanze der Idee zu tun, die sich in der Weltgeschichte spiegelt.« Reclam, ed. Brunstäd, Stuttgart 1961, S. 478 und S. 605.
13 Jakob Burckhardt, *Force and Freedom: Reflections on History*, Üb. J. H. Nichols, New York 1943, S. 80.
14 Ibid.

II. Kapitel

1 Thukydides, *Geschichte des Peloponnesischen Krieges*, hrsg. und übersetzt von Georg Peter Landmann. Deutscher Taschenbuch Verlag, München 1973, 1. Band, 1. Abschnitt (im folgenden zitiert: I, 1 ff.): »Es war bei weitem die gewaltigste Erschütterung für die Hellenen und einen Teil der Barbaren, ja sozusagen unter den Menschen überhaupt. Denn was davor war und noch früher, das war zwar wegen der Länge der Zeit unmöglich genau zu erforschen; aber aus Zeichen, die sich mir bei der Prüfung im großen ganzen als verläßlich erwiesen, glaube ich, daß es nicht erheblich war, weder in Kriegen noch sonst.« (S. 23) Diese Feststellung ist von Spengler gründlich mißverstanden worden.
Thukydides »Mangel an historischem Sinn«, schreibt Spengler in *Der Untergang des Abendlandes*, sei »schlüssig dargetan worden bereits auf der allerersten Seite seines Buches durch die verblüffende Feststellung, daß vor seiner Zeit (um das Jahr 400 v. Chr.) keine Ereignisse von Bedeutung in der Welt geschehen seien«. Thukydides sagt allerdings nichts dergleichen, sondern erklärt lediglich, daß auf der Grundlage sorgfältigster Prüfung vorhandener Beweise sich nichts Größeres und Gewaltigeres als der Krieg zwischen Sparta und Athen zugetragen habe. Spengler meint, was Thukydides absolut verschlossen gewesen sei, sei der Sinn für »Perspektive« gewesen, »das Vermögen, die Geschichte von Jahrhunderten zu überblicken, das für uns unbedingt zu der Vorstellung gehört, die wir uns von einem Historiker machen«. Gewiß, was Thukydides fehlte, war ein Vorgänger von gleicher Begabung, wie er selbst sie besessen hat. Und seine geradezu peinvolle Genauigkeit, die sogar Spengler bewundert, sollte, wie wir sehen werden, »für alle Zeit« gültig sein, so daß hinfort die Menschen jederzeit in der Lage sein sollten, sein Werk zu *benutzen.* »Jemand sagte einmal: ›Die toten Schriftsteller sind so fern, weil wir um soviel mehr *wissen* als sie.‹ Genau, und eben sie sind dasjenige, worum wir

wissen.« T. S. Eliot, »Tradition and Individual Talent«, in: *Selected Essays; 1917–1932*, Harcourt Brace, New York 1932, S. 6.

2 Thukydides, I, 22: »Was aber tatsächlich geschah in dem Kriege, erlaubte ich mir nicht nach Auskünften des ersten besten aufzuschreiben, auch nicht ›nach meinem Dafürhalten‹, sondern bin Selbsterlebtem und Nachrichten von andern mit aller erreichbaren Genauigkeit bis ins einzelne nachgegangen. Mühsam war diese Forschung, weil die Zeugen der einzelnen Ereignisse nicht dasselbe über dasselbe aussagten, sondern je nach Gunst und Gedächtnis.« (S. 35 f.) Ein glanzvolles Beispiel hierfür ist die berühmte Schilderung der Seuche: »... ich will nur schildern, wie es war; nur die Merkmale, an denen man sie am ehesten wiedererkennen könnte, um dann Bescheid zu wissen, wenn sie je noch einmal hereinbrechen sollte, die will ich darstellen, der ich selbst krank war und selbst andere leiden sah.« (II, 48; S. 150). Diese Passage illustriert übrigens sehr sinnfällig jene Art von Nutzen, den sein Werk nach Meinung des Thukydides für die Nachwelt haben könnte. Vgl. die folgende Anmerkung.

3 »Zum Zuhören wird vielleicht diese undichterische Darstellung minder ergötzlich scheinen; wer aber das Gewesene klar erkennen will und damit auch das Künftige, das wieder einmal, nach der menschlichen Natur, gleich oder ähnlich sein wird, der mag es so für nützlich halten, und das soll mir genug sein: zum dauernden Besitz, nicht als Prunkstück fürs einmalige Hören ist es aufgeschrieben.« (Op. cit. I, 22; S. 36)

4 τοιαῦτα καὶ παραπλήσια – »dergleichen / ebensolches«; also ähnlich, genau ähnlich.

5 »Seine Methode war induktiv. Er nannte Tatsachen und zog daraus die Schlußfolgerungen. Er glaubte an Zyklen in der Geschichte und hegte den Wunsch, die Sache der Zivilisation zu fördern, indem er den Menschen zeigte, wie Individuen und vor allem Gemeinschaften in der Vergangenheit richtig oder falsch gehandelt hatten, damit in Zukunft die Fehler der Vergangenheit vermieden würden.« G. B. Grundy, *Thukydides and the History of his Age*, John Murray, London 1911, S. 8.

6 Vgl. Anm. 1. Ferner: »Von allen früheren Taten war also die bedeutendste der Perserkrieg, und doch kam dieser in zwei Seeschlachten und zweien zu Lande rasch zur Entscheidung ... Nie wurden so viele Städte erobert und entvölkert ... nie gab es soviel Flüchtlinge, so viele Tote, durch den Krieg selbst und in den Parteikämpfen. Was man von früher immer sagen hörte, aber die Wirklichkeit so selten bestätigte, wurde glaubhaft: Erdbeben, die weiteste Länderstrecken zugleich mit ungewohnter Wucht heimsuchten ...« (I, 23; S. 36)

7 Seiner anfänglichen Emphase, mit der er von den gewaltigen Ausmaßen des Krieges spricht, mag die Absicht zugrunde gelegen haben, den Gegenstand seiner Geschichtsschreibung als »größer und weitaus interessanter als jenen seines Vorgängers Herodot herauszustellen« (Grundy, op. cit., S. 3). Vgl. auch die beständigen neidvollen Anspielungen auf den Persischen Krieg, z. B. in I, S. 21.

8 Richard Taylor, »Fatalism«, in: *Philosophical Review*, LXXI, 1 (Januar 1962), S. 56–66.

9 Und natürlich hatte es auch wirklich diesen beabsichtigten Nutzen, die Zukunft wäre der Vergangenheit tatsächlich nicht ähnlich gewesen. Indem man die tückischen, von Flugsand verdeckten Senken, die Menschen zur tödlichen Falle geworden sind, markiert, erwartet man gewiß, daß die Zukunft frei von Opfern sei – zumindest von Opfern jener Senken.

10 »Wir können uns wenigstens einen Wechsel in dem Laufe der Natur denken; welcher hinlänglich beweist, daß eine umgekehrte Ordnung der Begebenheiten nicht absolut unmöglich sei. Wenn man sich einen klaren Begriff von einem Dinge machen kann, so ist dieses ein unleugbarer Beweis für seine Möglichkeit, und ist ganz allein schon eine Widerlegung jeder vermeinten Demonstration dagegen.« David Hume, *Über die menschliche Natur*, Halle 1790, 1. Buch, 3. Teil, VI. Abschnitt, S. 183. Vorstellbarkeit ist Humes Kriterium für logische Möglichkeit. Wenn das Gegenteil eines Zustandes *S* vorstellbar ist, dann ist *S* nicht notwendig. Wir können folglich nicht *beweisen*, daß keine derartige Veränderung stattfinden wird. Ebensowenig können wir uns auf Erfahrung berufen, weil dies von vornherein an andere Voraussetzungen gebunden wäre. Doch wir verfügen nun einmal nur über Demonstration und Erfahrung als Grundlagen des Urteilens. Humes Kriterien sind viel zu unbestimmt, um hier klärend wirken zu können.

III. Kapitel

1 Der erste Philosoph, der diese Auffassung vertreten hat oder ihr zumindest sehr nahegekommen ist, scheint Peirce gewesen zu sein. »Es ist nicht zu leugnen«, schrieb er, »daß a-kritische Schlüsse sich auf die Vergangenheit in ihrer Eigenschaft als Vergangenheit beziehen können; doch den Grundsätzen des Pragmatismus gemäß muß die Konklusion einer denkenden Kraft sich auf die Zukunft beziehen. Denn ihre Bedeutung bezieht sich auf Verhalten, und weil es sich um eine begründete, logische Schlußfolgerung handelt, muß sie auf willkürliches Verhalten gerichtet sein, das seinerseits kontrollierbares Verhalten ist. Doch kontrollierbares Verhalten

ist einzig zukünftiges Verhalten ... Daher bezieht sich der Glaube, daß Kolumbus Amerika entdeckt habe, in Wirklichkeit auf die Zukunft.« (C. S. Peirce, *Collected Papers*, Hrsg. C. Hartshorne und P. Weiss, Harvard University Press, Cambridge, Mass. 1934, V, § 461) Und weiter: »Die Wahrheit der Aussage, daß Cäsar den Rubicon überschritten habe, besteht in der Tatsache, daß sich, je weiter wir unsere archäologischen und sonstigen Studien vorantreiben, umso nachhaltiger jene Schlußfolgerung in unserem Bewußtsein festsetzen wird, womöglich für immer – oder jedenfalls träte dieser Fall dann ein, wenn die Studien bis in alle Ewigkeit fortgesetzt würden.« (*Collected Papers*, V, § 544)

2 Russell vertrat den Standpunkt, daß jede bedeutungsvolle Aussage entweder wahr oder falsch sein müsse. Seine vielgerühmte Theorie der Beschreibung war vornehmlich als Mittel zur Behandlung solcher Sätze aufgestellt worden, deren Bedeutung zwar eindeutig verständlich ist, denen man jedoch nicht ohne weiteres einen Wahrheitswert beilegen könnte, denn (1) schienen diese Sätze zu fordern, daß tatsächlich etwas existiere, worauf im Satzgegenstand Bezug genommen wird, während (2) jedoch kein derartiges Ding wirklich existierte. Anstatt nun besondere Gegebenheiten zu produzieren, worüber dergleichen Sätze wie »Der gegenwärtige König von Frankreich ist kahlköpfig« etwas aussagen, formte er sie in einer solchen Weise um, daß keine neuen Gegebenheiten erforderlich wurden und man jetzt imstande war, jenem Satz sowie seinem natürlichen Gegenteil den Wert »falsch« beizulegen, wodurch das Prinzip des Widerspruchs in Geltung blieb. Ganz allgemein gesprochen sind all diejenigen Sätze, die sich singulär beziehender Ausdrücke (z. B. Eigennamen) im Satzgegenstand bedienen und in Wirklichkeit nichts haben, worauf sie Bezug nehmen, *falsch*. Siehe insbesondere B. Russell, *Introduction to Mathematical Philosophie,* 2. Ausgabe, Allen and Unwin, London 1920, XVI. Kapitel. Wenige Ergebnisse zeitgenössischer philosophischer Analysis sind hitziger diskutiert worden, und in der Tat ließe sich eine gesamte Geschichte der jüngsten anglo-amerikanischen Philosophie unter besonderer Berücksichtigung der Theorie der Beschreibung denken. Der gewichtigste kritische Angriff kam von seiten P. F. Strawsons, in seinem Aufsatz »On Refering«, in: *Mind,* LIX (Juli 1950). Die Literatur, die sich hieran anschließt, ist beträchtlich.

3 Ich unterscheide zwischen »*a* bezweifelt, daß *p*« und »*a* ist skeptisch in bezug auf *p*«. Der erste Satz impliziert, daß *a* glaubt, daß nicht -*p*, während im zweiten enthalten ist, daß *a* keine Gründe dafür besitzt, zwischen *p* und nicht -*p* zu wählen, und sich zurückhält, das eine oder das andere zu glauben.

4 Margaret Macdonald, »Some Distinctive Features of Arguments

used in Criticism of the Arts«, abgedruckt in M. Weitz (Hrsg.): *Problems in Aesthetics*, Macmillan, New York 1960, S. 696.

5 F. Nietzsche, *Jenseits von Gut und Böse*, II, Abschnitt 68. Das Zitat findet sich bei Freud, *Psychopathologie des Alltagslebens*, GW IV, S. 162.

IV. Kapitel

1 Siehe C. I. Lewis, *Mind and the World Order*, Dover, New York 1956, S. 148–153. Lewis greift das Problem wieder auf in *An Analysis of Knowledge and Valuation*, Open Court, Lassalle, Ill. 1946, S. 197–200. Zur Erörterung einiger der genannten Probleme vgl. Evelyn Masi, »A Note on Lewis's Analysis of the Meaning of the Historical Statements«, *Journal of Philosophy*, XLVI, 21 (1949), S. 670–674; und Israel Scheffler, »Verifiability in History: A Reply to Miss Masi«, *Journal of Philosophy*, XLVII, 6 (1950), S. 158–166. Scheffler macht die wichtige Bemerkung, daß Lewis' Analyse sich mit »intensionaler Bedeutung« anstatt mit »objektiver Beziehung« befasse, doch ist mir nie ganz klar geworden, ob Lewis *selbst* sich dieser Unterscheidung bewußt gewesen ist oder ob er sie, sollte sie ihm wirklich bewußt gewesen sein, auch mit seiner Analyse in Einklang zu bringen vermochte. Wenn wir »objektive Beziehung« herausfallen lassen, was ist dann mit der »Zukunft«?

2 *Mind and the World Order*, S. 140.

3 Ibid., S. 142.

3a Oder, wie er später formuliert hat, »übersetzt in«. Vgl. *An Analysis of the Knowledge and Valuation*, VII. Kap. und passim, insbesondere S. 182–185.

4 *Mind and the World Order*, S. 149. Vgl. *An Analysis of Knowledge and Valuation*, S. 197: »Wenn man die Bedeutung des Satzes ›Cäsar ist gestorben‹ so beschreibt, daß sie in demjenigen besteht, was ihn für uns in einer zukünftigen, möglichen Erfahrung verifiziert, so wäre eine derartige Bestimmung womöglich dadurch belastet, daß man dasjenige, was vergangen ist, in etwas zu übersetzen hätte, das ausschließlich zukünftig ist.«

5 John Dewey, »Realism without Monism or Dualism: I. Knowledge Involving the Past«, *Journal of Philosophy*, XIX, 12 (1922), S. 314. Hier findet sich Deweys unzweideutigste Erklärung über dasjenige, was als allgemeine pragmatische These aufgefaßt werden kann. Kritiker des Pragmatismus wie etwa Blashard, Lovejoy und Santayana haben nicht versäumt, gerade diese als seinen verwundbarsten Punkt herauszustellen. Auseinandersetzungen damit aus jüngster Zeit sind nachzulesen bei Richard Gale, »Dewey and the Problem of the Alleged Futurity of Yesterday«, *Philosophy and Phenomenological Research*, XXII, 4, S. 501 f.

6 John Dewey, *The Influence of Darwin on Philosophy*, Holt, New York 1910, S. 160–161.
7 *Mind and the World Order*, S. 151.
8 Ibid., S. 151.
9 Ibid., S. 153.
10 David Hume, *Über die menschliche Natur*, 1. Buch, 1. Teil, 3. Abschnitt: »Es erhellt beim ersten Blicke, daß die Begriffe des Gedächtnisses lebhafter und stärker sind, als die Begriffe der Einbildungskraft, und daß die Farben, mit welchen das erstere Vermögen seine Objekte darstellt, weit heller sind, als diejenigen, welche das letztere gebraucht.« Op. cit., S. 34; vgl. auch 3. Teil, 5. Abschnitt. Hume verwendete später genau dasselbe Kriterium, um zwischen »Begriffen« und »Vorstellungen« unterscheiden zu können, mit dem Ziel, eine Antwort auf die Frage zu finden: Wie kann ich sagen, ob ich ein *x* wahrnehme und erkenne oder mir ein solches *x* bloß denke? (Vgl. hierzu auch seinen *Versuch über den menschlichen Verstand*, 2. Abschnitt.)
11 R. F. Holland, »The Empiricist Theory of Memory«, *Mind*, LXIII, 252 (1954), S. 466.
12 Bertrand Russell, *The Analysis of Mind*, Allen and Unwin, London 1921, S. 162. Dies ist nicht das einzige Kriterium, das Russell anzubieten hat: er erwähnt auch den »Grad des Zusammenhangs«. Zu beachten ist, daß das »Gefühl des Vergangenseins« unterscheiden soll zwischen nahen und entfernten Erinnerungen: »Gefühle der Vertrautheit« sollen zwischen Erinnerungen *überhaupt* und bloßen Einbildungen differenzieren. Wie dem auch sei, Russells Versuche sind beherrscht von der Neigung, die Hauptfrage, die dem Humeschen Denken zugrunde liegt, als gültig zu akzeptieren: »Es scheint so, daß es irgendein Merkmal oder Kennzeichen geben müsse, wodurch sich ein Zustand des Bewußtseins, in dem man sich erinnert, von einem solchen, in welchem man bloß vorstellt, unterschieden werden kann. So daß man schließlich zu der Frage geführt wird: Worin besteht dieses Merkmal oder Kennzeichen?« (Holland, loc. cit. S. 465) Genau dies ist auch Lewis' Problem.
13 Bruce Walters, »The Past and the Historical Past«, *Journal of Philosophy*, LII (1955), S. 253–264.
14 Vgl. zum Beispiel *An Inquiry into the Forgery of the Etruscan Terracotta Warriors in the Metropolitan Museum of Art*, The Metropolitan Museum of Art Papers, Nr. 11 (1961).
15 *Mind and the World Order*, S. 150. Vgl. *An Analysis of Knowledge and Valuation*, S. 200, wo er ganz ähnlich seine Zuflucht im Angriff sucht.
16 Zum Beispiel Bertrand Russell, *partout*.

17 A. J. Ayer, *Language, Truth and Logic*, 2. Auflage, Gollancz, London 1946, S. 102.
18 Ibid.
19 A. J. Ayer, *The Problem of Knowledge*, Penguin Books, 1956, S. 154.
20 A. J. Ayer, Vorwort zur 2. Auflage von *Language, Truth and Logic*, S. 119.
21 A. J. Ayer, *The Foundations of Empirical Knowledge*, Macmillan, London 1940, S. 167 f.
22 Ludwig Wittgenstein, *Tractatus logico-philosophicus*, in: *Schriften I*, Suhrkamp Verlag, Frankfurt 1963, 6.4311.
23 Vorwort zur 2. Auflage von *Language, Truth and Logic*.
24 Zu einigen Schwierigkeiten, die diese Auffassung mit sich bringt, s. John Hospers, *An Introduction to Philosophical Analysis*, Prentice Hall, New York 1953, S. 442.
25 A. J. Ayer, *The Problem of Knowledge*, S. 160.
26 Doch wir können beispielsweise genausogut (räumliche) »Richtungen« wie Tempora als Gesetzmäßigkeiten in unserer Sprache haben. Beim Erlernen der Konjugation von Verben würde dann von den Schülern gefordert, Dinge zu beherrschen wie das »rechtsseitige praesens indicativi«, das »linksseitige futurum« usw. Alsdann hätten wir vermutlich Schwierigkeiten, einer derart flektierten Sprache eine räumlich neutrale Übersetzung angedeihen zu lassen. In der Tat verfügen wir über Hilfsmittel, jede Information auszudrücken, die sich auf alle nur denkbaren räumlichen Gegebenheiten bezieht, in demselben Maße, wie Sprachen ohne Zeitstufen (wie beispielsweise das Chinesische) imstande sind, Informationen bezüglich der zeitlichen Gerichtetheit eines Gegenstandes wiederzugeben. Das Englische verfügt, in einem streng grammatischen Sinne, nur über zwei distinkte Zeitstufen. Doch ich werde später aufzuzeigen versuchen, in welcher Weise ein nicht unbeträchtlicher Teil unseres Vokabulars temporal bestimmt ist, ganz unabhängig von Zeitstufen.
27 Ayer, op. cit., S. 160.
28 Siehe A. N. Prior, *Time and Modality*, Clarendon Press, Oxford 1957, S. 9.
29 Siehe Kap. VIII.
30 Ayer, op. cit., S. 161.

V. Kapitel

1 Anspruchsvolle werden vor der Behauptung zurückscheuen, daß es falsche Erinnerungen gibt. Wenn das, was ich zu erinnern vorgebe, nicht geschehen ist, dann habe ich mich eben nicht ›daran‹ erinnert. Folglich besitze ich keine Erinnerung daran. Dieser Auf-

fassung gemäß ist es »analytisch«, daß, wenn *a* sich an *E* erinnert, *E* auch tatsächlich geschehen ist. Das mag seine Richtigkeit haben. Dennoch ist das Problem damit nur verschoben; die Frage lautet jetzt, was von demjenigen, das Erinnerung zu sein scheint, tatsächlich Erinnerung ist. Es ist dies eine Frage, von der der Skeptiker am liebsten sagen würde, daß sie für uns unbeantwortbar sei und daß wir sie insbesondere auf der Grundlage einer schlichten Überprüfung unserer Schein-Erinnerungen nicht beantworten könnten. Doch welche Alternative besteht dann noch für mich? Ich kann beim besten Willen nicht überprüfen, *wovon* jene Erinnerungen zu sein vorgeben. Jedenfalls möchte ich hoffen, daß der Gebrauch, den ich von dem Ausdruck ›falsche Erinnerung‹ mache, niemanden in die Irre führt.

2 H. H. Price, *Thinking and Experience*, Harvard University Press, Cambridge, Mass. 1953, S. 84.

3 David Hume, *Über die menschliche Natur*, 1. Buch, 3. Teil, 3. Abschnitt.

4 Bertrand Russell, *The Analysis of Mind*, Allen and Unwin, London 1921, S. 159 f.

5 D. h. wenn ›wissen‹ den Namen eines Individuums oder Individuellen als seines Akkusativs annimmt. Es handelt sich sodann um das, was ich ein ›*Existenz-zur-Folge-Haben*‹ nennen möchte. Demgegenüber wäre »*a* weiß, daß *p*« ein ›*Wahrheit-zur-Folge-Haben*‹, denn es folgt daraus logisch die Wahrheit von *p*.

6 Man beachte jedoch, daß ›wird soundso genannt‹ ein temporal neutrales Prädikat ist, d. h. ungefähr in derselben Weise, in der man ›scheint so und so beschaffen zu sein‹ *existenz-neutral* nennen könnte. Es verpflichtet nicht in derselben Weise wie die Aussage ›ist so und so (beschaffen) ‹ · › *X* wird Vater genannt‹ ist kompatibel mit ›*X* ist kein Vater‹.

7 Bertrand Russell, op. cit. S. 160.

8 »Doch im Gegensatz hierzu ist die Vorstellung, daß die Welt vor 5 Minuten entstanden sei, mit ihrer gesamten Bevölkerung, die sich einer vollends unwirklichen Vergangenheit ›erinnert‹, zwar faszinierend, doch völlig unhaltbar.« R. J. Butler, »Other Dates«, *Mind*, LXVII, 269 (1959), S. 16.

9 Die Literatur hierzu ist beträchtlich. Die überzeugendste Behandlung aus jüngster Zeit findet dieser Gegenstand insbesondere bei C. G. Hempel, »The Theoretician's Dilemma«, in: Feigl, Scriven and Maxwell (Hrsg.), *Concepts, Theories, and the Mind-Body-Problem*, Minnesota Studies in the Philosophy of Science, vol. II (University of Minnesota Press, 1958); und Israel Scheffler, »Prospects of a Modest Empiricism«, *Review of Metaphysics*, X, 3 und 4 (1958).

10 Mit Ausnahme von Peirce, dessen Gedanken zur Philosophie der Geschichte noch ein eingehendes Studium verdient hätten. »Wenn ich sage, daß ein reduktiver Schluß keineswegs Sache des Dafürhaltens und Glaubens ist, so begegne ich damit der Schwierigkeit, daß es gewisse Schlüsse gibt, die wissenschaftlich gesehen unzweifelhaft Hypothesen darstellen und dennoch praktisch vollkommen gewiß sind. Von dieser Art wäre etwa der Schluß, daß Napoleon Bonaparte wirklich zu Beginn dieses [des 19.] Jahrhunderts gelebt hat, eine Hypothese, die wir in der Absicht aufstellen, das einhellige Zeugnis Hunderter von Memoiren, veröffentlichter historischer Berichterstattung, mündlicher Überlieferung und unzähliger Denkmäler, Relikte etc. deutlich zu machen. Es wäre gewiß ausgesprochener Schwachsinn, Zweifel an Napoleons Existenz zu hegen.« Nichtsdestoweniger liegt letztere »einigermaßen abseits vom eigentlichen Gegenstand der Wissenschaft ... Sie ist außerwissenschaftlich«. C. S. Peirce, *Collected Papers*, V, § 589.

11 Vgl. »Theoretische Aussagen bieten Tatsachenerklärungen, jedoch nicht im Sinne von mehr Tatsachen.« P. Herbst, »The Nature of Facts«, in: A. Flew (Hrsg.), *Essays in Conceptual Analysis*, Macmillan, London 1956.

12 Es ist natürlich dem Instrumentalismus gegenüber nicht ganz fair, ihn als eine Art Reservat darzustellen, in die man sich zurückziehen kann, sobald man getrieben wird, ein skeptizistisches Rückzugsgefecht zu liefern. Er bot sich ursprünglich als eine eigenständige positive Theorie dar – als die er auch heute noch zu verteidigen wäre –, nicht aber als eine Art fall-out-Unterstand.

13 Ich übernehme die Anregung von Richard Taylor, »The ›Justification‹ of Memories and the Analogy of Vision«, *Philosophical Review*, LXV, Nr. 2 (1956), S. 198.

14 Butler, »Other Dates«, S. 16.

15 Das ist genau der Schritt, den Lewis machte. Alle Aussagen, die angeblich etwas über physikalische Objekte beinhalten, müssen in Reihen von Bedingungssätzen übertragen werden, in denen Handlungen und Erfahrungen enthalten sind.

16 Diese Feststellung würde, selbst wenn man ein instrumentalistisches Kriterium zugrunde legt, schwerlich akzeptiert werden, denn sie leistet äußerst schlechte Dienste für eine kohärente Organisation der Gegenwart.

17 Gilbert Ryle, *The Concept of Mind*, Barner & Noble, New York 1949, S. 149–153 und passim.

VI. Kapitel

1 Charles Beard, »Written History as an Act of Faith«, *The American Historical Review,* XXXIX 2 (1934), S. 219. Wiederabgedruckt bei Hans Meyerhoff (Hrsg.), *The Philosophy of History in Our Time,* Anchor Books, New York 1959, S. 140. Die Seitenzahlen beziehen sich auf die letzte Ausgabe.

2 Ibid.

3 Beard scheint nicht der Ansicht gewesen zu sein, daß es sich hierbei um eine besonders alltägliche Weise handelt, Geschichte zu betrachten: »Wenngleich diese Definition der Geschichte all jenen auf den ersten Blick entmutigend erscheinen mag, die leichthin über die ›Wissenschaft der Geschichte‹ und über die ›wissenschaftliche Methode‹ der historischen Forschung und Darstellung zu schreiben pflegten, steht sie dennoch tatsächlich in Einklang mit den tiefschürfendsten zeitgenössischen Gedanken zur Geschichte ...« (ibid.) Diese Feststellung ist bemerkenswert hinsichtlich der Auffassung Beards, daß seine eigene Charakterisierung tiefschürfend sei und daß Geschichte, charakterisiert in der beschriebenen Weise, irgendwie inkompatibel mit jedweder Anwendung einer »wissenschaftlichen Methode« sei.

4 Ibid.

5 R. Butler, »Other Dates«, S. 32.

6 Siehe den glänzenden Beitrag von David Pears, »Time Truth and Inference«, in: *Proceedings of the Aristotelian Society,* Bd. LVI. Wiederabgedruckt als Kapitel XI in: A. Flew (Hrsg.), *Essays in Conceptual Analysis.*

7 Vgl. A. J. Ayer, *The Problem of Knowledge,* S. 152. Ganz gleichartige Überlegungen gelten m.E. ebenso für seine *deiktische* Definition von ›ist gegenwärtig‹. »Der Begriff der Gegenwart ... kann ostensibel definiert werden ... als diejenige Klasse von Ereignissen, die zeitgleich sind mit *diesem,* wobei *›dieses‹* jedes Ereignis sein kann, das man auswählt, um im gegebenen Augenblick darauf zu verweisen.«

8 Charles Beard, »That Noble Dream«, *The American Historical Review,* XLI, 1 (1935), S. 74–87. Neu abgedruckt bei Fritz Stern (Hrsg.), *The Varieties of History,* Meridian Books, New York 1956, S. 323. Seitenzahlen beziehen sich auf den Neuabdruck. Zu beachten ist, daß das Wort ›objektiv‹ in diesem Kontext abgesetzt ist gegen ›sieht durch ein Medium‹ und ungefähr die Bedeutung hat: ›nimmt direkt wahr‹. Speziell will Beard damit sagen, daß man in den Naturwissenschaften Aussagen über seinen Gegenstand nicht auf der Grundlage dessen ableiten muß, was man wahrnimmt, denn man nimmt den Gegenstand als solchen wahr. Während es sich in der Geschichte ganz anders verhält.

9 Ich beziehe mich hier natürlich auf die wichtige Auseinandersetzung über »sehen als« und »Aspektblindheit« in L. Wittgensteins *Philosophischen Untersuchungen*, II, XI. Vgl. auch N. R. Hanson, *Patterns of Discovery*, Cambridge University Press, 1958; insbesondere das 1. Kapitel.

10 Beard, loc. cit., S. 324.

11 Claude Bernard, *Introduction à la Médicine Expérimentale*, Paris 1865, S. 67. Zitiert nach Pierre Duhem, *The Aim and Structure of Physical Theory*, Üb. Philip Wiener, Princeton University Press, Princeton 1954, S. 181 f.

12 Duhem, op. cit., S. 182.

13 Beard, loc. cit., S. 324.

14 »Thermodynamik kann auf Mechanik reduziert werden, die nach 1866 datiert, doch sie ist nicht reduzierbar auf eine Wissenschaft der Mechanik, wie sie um 1700 verstanden wurde. Ähnlich ist ein gewisser Teil der Chemie reduzierbar auf eine physikalische Theorie nach 1925, jedoch nicht auf eine physikalische Theorie, die hundert Jahre zurückliegt.« Ernest Nagel, »The Meaning of Reduction in the Natural Siences«, in: R. Stauffer (Hrsg.), *Science and Civilization*, University of Wisconsin Press, Madison 1949. Wiederabgedruckt bei A. Danto und S. Morgenbesser (Hrsg.), *Philosophy of Science*, Meridian Books, New York 1960, S. 307.

14a Beard, loc. cit., S. 324.

15 Duhem, op. cit., S. 183.

16 Die beste zeitgenössische Auseinandersetzung hiermit findet sich bei C. F. Presley: »Francis Bacon: His Method and His Influence«, *The Australian Journal of Science*, XIX (1957), S. 142–158.

17 »... Die Baconsche Methode der Induktion ... hätte, wäre man ihr konsequent gefolgt, die Wissenschaft auf dem Stand belassen, in dem sie sie vorfand.« A. N. Whitehead, *Process and Reality*, Macmillan, New York 1929, S. 7.

18 W. H. Walsh, *An Introduction to Philosophy of History*, Hutchinsons' University Library, London 1951, S. 103.

19 Ibid.

20 Ibid., S. 107.

21 Ibid.

21a Ibid., S. 106.

22 »Der ›gesunde Menschenverstand‹ als System von Gesetzen ist aufs feinste verästelt bis hinab zu den kleinsten Besonderheiten des Verhaltens, wie durch die Tatsache belegt wird, daß wir so überaus selten durch unser alltägliches Handeln und durch das, was wir tagaus, tagein mitansehen, überrascht sind. Ebenso sind natürlich auch Kinder nur selten überrascht: da sie über *keine* Allgemeinbegriffe verfügen, ist ihnen jede Erfahrung gleichermaßen

zufällig, gleichermaßen erwartet und unerwartet zugleich, da das Kind unbewußt ein Meister des Prinzips des unzureichenden Grundes ist.« A. Danto, »On Explanations in History«, in: *Philosophy of Science*, XXIII, 1 (1956), S. 27.

23 Vgl. H. P. Grice und P. F. Strawson, »In Defense of a Dogma«, in: *Philosophical Review*, LXV, 2 (1956), insbesondere S. 150 ff.

24 F. H. Bradley, »The Presuppositions of Critical History«, in: *Collected Essays by F. H. Bradley*, vol. 1, Oxford University Press, 1935.

25 Walsh, op. cit., S. 108.

VII. Kapitel

1 Arthur Danto, »On Historical Questioning«, in: *Journal of Philosophy*, LI (1954), S. 89–99.

2 »Da die Geschichte jeder beliebigen Epoche all das Wirkliche, das in sie verwoben ist, umschließt, und da sowohl Dokumentation wie Forschung ausschnitthaft sind, folgt notwendig, daß die Totalität der Wirklichkeit faktisch von keinem Historiker gewußt werden kann, gleichgültig wie fleißig, unparteiisch oder gläubig er in seinen Unternehmungen auch sein mag. Geschichte, so wie sie wirklich gewesen ... wird nicht bekannt und kann nicht erkannt werden, ganz gleich mit welchem Eifer das ›Ideal der Bemühung um die objektive Wahrheit‹ angestrebt wird.« C. Beard, »That Noble Dream«, S. 324.

3 Und ich sage doch, daß nichts sich hiervon unterscheidet, was erkennbar ein Stück Geschichtsschreibung ist. Zu einem ganz analogen Fall vgl. die Passage bei Christopher Blake, »Can History be Objective?«, in: *Mind*, LXIV (1955), S. 61–78, wiederabgedruckt bei P. Gardiner, *Theories of History*, S. 329–343. Blake empfiehlt uns einen zurückhaltenden Gebrauch des Wortes ›objektiv‹ mit Beziehung auf Darstellungen, die man sich nicht einmal vorstellen kann, und dies nicht, weil eine objektive Darstellung unermeßlich schwer zu leisten wäre, sondern weil es keineswegs geklärt ist, was wir mit einer ›objektiven Darstellung‹ meinen. Blake bemerkt, nachdem er sich über die Unbestimmtheit des Wortgebrauchs in diesem Fall ausgelassen hat, daß »wir nicht im mindesten genau anzugeben imstande sind, was eine objektive Darstellung von etwas sein soll« (S. 343). Er erinnert nur, daß wir, »bevor wir uns zu wundern anfingen, scheinbar ganz genau wußten, wie wir das Wort anwenden sollten«.

4 Benedetto Croce, *History – Its Theory an Practice*, Üb. D. Ainslee, Russell & Russell, New York 1960. Siehe besonders das erste Kapitel, dessen umfangreichster Teil abgedruckt ist bei Gardiner, op. cit.

5 W. H. Walsh, *Introduction to Philosophy of History*, S. 31. Er schreibt allerdings: »Ein für mich unbestreitbarer Punkt ist, daß das historische Ideal, wenngleich es möglich ist, diese beiden Ebenen von Chronik und eigentlicher Historie durch die gesamte Geschichtsschreibung hindurch zu verfolgen – wenngleich es möglich ist, Elemente der Chronik noch in der hochgestochensten Historie und ›eigentliche‹ Historie noch in der primitivsten Chronik nachzuweisen –, letztendlich darin besteht, vom Stadium der Chronik wegzukommen und das der eigentlichen Historie zu erreichen« (S. 33). Ich möchte meinerseits festhalten, daß es nicht zwei Arten von Dingen gibt, die anteilig in jedem Beispielfall einer historischen Erzählung aufzuweisen sind. Es handelt sich nicht einmal um eine Unterscheidung zwischen Handlungsarten, wie etwa das Experimentieren und Aufstellen von Theorien in der Physik.

6 Ich meine, daß ich mich in den folgenden Bemerkungen nicht strikt auf die Linie einer ad-hominem-Argumentation gegen Walshs Auffassungen begeben muß. Ich werde seine Behauptungen als Behauptungen allgemeiner Art werten und sie dazu verwenden, selbst allgemeine Gesichtspunkte vorzutragen. Walsh hat lediglich mit größerer Klarheit und bis ins letzte Detail gewisse Vorstellungen zu Ende gedacht, die in der Tat sehr verbreitet sind.

7 Walsh, op. cit., S. 32.

8 Ibid, S. 33.

9 Charles S. Peirce, *Collected Papers*, vol. V, § 146. Siehe insbesondere die Ausführungen zum Begriff der »Abduktion« bei N. R. Hanson, *Patterns of Discovery*, S. 85 ff. Ein ähnlicher Einstieg, basierend auf der Falsifikations-These K. R. Poppers und mit spezifischem Bezug auf die Geschichte, findet sich bei Joseph Agassi, »Towards an Historiography of Science«, gedruckt als Beiheft 2 zu *History and Theory* (1963).

10 Doch wir können uns nur schwer die große Mannigfaltigkeit vorstellen, mit der das Thema des »Letzten Abendmahles« abgewandelt und ausgeführt wurde, wenn wir lediglich jene Linie in Betracht ziehen, die mit Castagno beginnt und mit Veronese endet. Dieses Verhältnis zwischen Konzeption und einzelner Verwirklichung ist entscheidend; im Zusammenhang mit meiner Analyse der historischen Erklärung werde ich es mit größerer Ausführlichkeit behandeln.

11 »Es ist keine leichte Sache, die Geschichte der Malerei in Griechenland zu schreiben«, bemerkte Mary Hamilton Swindler in ihrer bedeutenden geschichtlichen Darstellung dieses Gegenstandes, *Ancient Painting*, Yale University Press, New Haven 1931, S. 109. Zunächst einmal, weil die großen Malereien verloren sind. Doch »das soll nicht heißen, daß kein Gemälde überliefert ist, das wir

benutzen könnten, noch weniger, daß wir uns keine adäquate Vorstellung darüber zu verschaffen vermöchten« (S. 110). Ferner reichen nur wenige klassische Schriften hinter das dritte Jahrhundert zurück, und eines der Hauptwerke, das des Plinius, trägt den Mangel, daß »er oftmals diejenigen Autoren nicht verstand, von denen er Auszüge machte«. Doch wir sind offensichtlich in der Lage, dies nachzuweisen. Schließlich hegen wir, aus verschiedenen Gründen, die Vorstellung, daß die Malerei in Griechenland im großen und ganzen eine untergeordnete Kunst gewesen sei, ein Umstand, der uns daran gehindert hat, einige zwingende Fakten richtig einzuschätzen. Trotz alledem ist es möglich, eine Darstellung der griechischen Malerei zu liefern.

12 Walsh, op. cit., S. 33.

13 »Im Jahre 1891 waren Manet und Seurat bereits tot; Pissaro, Monet und Renoir waren auf der Höhe ihres Künstlertums; und doch hatte Cézanne bereits eine völlig andersartige Welt erschlossen. *Sonntag an der Grande Jatte* und ›*Le Déjeuner dans le Bois*, *La Musique aux Tuileries*, *Les Dames dans un Jardin*, die ockerfarbigen Bauernhäuser und lohfarbigen Hügel von Aix waren da, auf Leinwand, ausgestellt, wurden betrachtet – für jedermann sichtbar, der gelernt hatte, zu sehen. Doch wurden sie wirklich gesehen? ... Denn das Zeitalter des Impressionismus war noch immer das Zeitalter des Dekors und des Pomphaften, des Mahagoni und der Souterrain-Küche, der überladenen Interieurs und der Stuck-Villa; ein Zeitalter, das alten, reichen und bösartigen Frauen und gerissenen Bankiers Ehrerbietung entgegenbrachte; in dem die Örtlichkeiten öffentlicher Geselligkeit protzig, von Pilastern umstellt und vulgär waren und jeder, der nicht gerade Sportsmann, arm oder noch sehr jung war, sich dreimal täglich auf hochlehnige Stühle setzte, um innerhalb der vier Wände nicht endenwollende Mahlzeiten zu sich zu nehmen.« Sybelle Bedford, *A Legacy*, III, 1.

14 Die Analogie besteht im Falle der Erinnerung darin, daß Erinnerungen nicht im Laufe der *Zeit* schwächer werden, sondern viel mehr dann, wenn die Zahl gegenläufiger, obliquer Erfahrungen zunimmt. Das läßt sich experimentell nachweisen.

15 Ibn Chaldun, *An Arab Philosophy of History*, übers. und ausgewählt von Charles Issawi, John Murray, London 1950, S. 31 f.

16 Siehe die Erörterung bei P. F. Strawson, *Individuals: An Essay in Descriptive Metaphysics*, Methuen, London 1959, S. 20 ff.

17 Walsh, op. cit., S. 32.

18 Leopold von Ranke, Vorwort zur Geschichte der lateinischen und germanischen Nationen von 1494–1514. Übers. v. Hrsg. in: Fritz Stern (Hrsg.), *The Varieties of History*, S. 55–60.

19 Zum Beispiel durch Pieter Geyl, *Debates with Historians*,

Meridian Books, New York 1958, 1. Kap.: »Man findet den ganzen Ranke in seinem Werk wieder.«

20 Oder daß er meinte, Ereignisse in genau derselben Weise zu verstehen, in welcher diejenigen sie verstanden, die sie durchlebten. Doch dann ist »Griechenland verstehen, *wie es eigentlich gewesen*, nicht nur unmöglich, sondern es ist nicht einmal eine gültige Vorstellung von Erkenntnis«, schreibt J. H. Randall jr. in *Nature and Historical Experience*, Columbia University Press, New York 1958, S. 64. Randall führt allerdings kein Gegenargument an.

21 W. H. Walsh, »›Plain‹ and ›Significant‹ Narratives in History«, *Journal of Philosophy*, LVIII (1958), S. 479–484. Es handelt sich hierbei um die Erwiderung auf einen Aufsatz von mir, »Mere Chronicle and History Proper«, *Journal of Philosophy*, L (1953), S. 173–182. Dieser wiederum ist die frühere Fassung eines Teiles dessen, was im vorliegenden Kapitel enthalten ist.

VIII. Kapitel

1 Irwin Lieb (Hrsg.), *Charles S. Peirce's Letters to Lady Welby* (Whitlock's, New Haven 1953), S. 9. Peirce macht diese Bemerkung mitten in der Darlegung seiner Theorie der Kategorien. Diese ist schon kompliziert genug, aber er liefert noch zudem *en passant* eine Darstellung der verschiedenen Gründe, die Kant zu der Auffassung bewogen haben mögen, daß die Zeit »einzig eine Form des inneren Sinnes ist«. Aus dem Zusammenhang ist nicht ersichtlich, ob der Satz von Peirce selber stammt oder ob er ihn Kant unterschiebt, oder aber ob er angenommen hat, daß Kant ihn implizit vertreten habe. Er erscheint innerhalb einer verwickelten und manchmal inkonsequenten Erörterung, doch untersuche ich hier nicht Peirces Auffassungen als solche, sondern verwende seine Bemerkung nur als stellvertretend für einen weitverbreiteten Standpunkt. Vgl. »(Die Menschen) ... haben sehr unterschiedliche Bilder von Vergangenheit und Zukunft. Man denkt sich die Vergangenheit als das, was ›da‹ ist, festgelegt, unveränderlich, unauslöschlich überliefert in den Annalen der Zeitläufte, ganz gleich, ob wir sie entziffern können oder nicht. Die Zukunft hält man hingegen nicht nur für weitgehend unbekannt, sondern auch für unentschieden ... Daher glaubt man die Zukunft offen, während man die Vergangenheit abgeschlossen wähnt.« A. J. Ayer, *The Problem of Knowledge*, Macmillan, London 1956, S. 188.

2 C. S. Peirce, loc. cit., S. 9.

3 Ich spiele hier natürlich auf P. F. Strawson, »On Referring« an, *Mind* (1950), wiederabgedruckt bei A. Flew (Hrsg.), *Essays in Conceptual Analysis*, Macmillan, London 1956. Strawsons *all-*

gemeine These ist für mich nicht akzeptabel – vgl. meinen Beitrag »A Note on Expressions of the Referring Sort«, *Mind* (1958). Danach müßte ihre Anwendung auf beziehende sprachliche Ausdrücke hinsichtlich vermeinter zukünftiger Gegebenheiten unabhängig nachgewiesen werden. Diese ganze Schwierigkeit rührt von der Auffassung her, daß die Wahrheit oder Falschheit eines Satzes *S* unabhängig von der Zeit sei, zu der *S* ausgesprochen wird. Strawson muß argumentieren, daß Sätze als solche niemals weder wahr noch falsch sind, sondern lediglich Feststellungen, *Aussagen;* und ob diese nun wahr oder falsch sind, ist vor allem eine Frage der Zeit, zu der sie ausgesprochen werden. Doch wenn wir Sätze ohne die entsprechende zeitliche Information für unvollständig ansehen, könnten wir Sätze, sobald sie entsprechend vervollständigt sind, als wahr betrachten, unabhängig von der Zeit, zu der sie ausgesprochen werden. Doch löst dies noch keines der erkenntnistheoretischen Probleme, die mich beschäftigen.

4 Siehe die grundsätzliche Auseinandersetzung hiermit bei A. Heyting, *Intuitionism: An Introduction*, North Holland Publishing Co., Amsterdam 1956, S. 1 ff. Heyting würde meine »Erweiterung« mit Recht als »metaphysisch« ablehnen.

5 C. D. Broad, *The Mind and its Place in Nature*, Kegan Paul, Trench, Trubner; London 1925, S. 252.

6 Ibid.

7 Gilbert Ryle, *The Concept of Mind*, S. 301–304 und passim.

8 Zum Beispiel Bertrand Russell, *The Analysis of Matter*, Kegan Paul, Trench, Trubner; London 1927, S. 294: »... kein Ereignis währt länger als höchstens einige Sekunden.« Mit »Ereignis« meint Russell eine Komponente eines Objekts von physikalischer Struktur. Andererseits aber heißt es: »Ob man die Schlacht von Waterloo ein Ereignis nennen will, ist eine Frage der Wortgebung« (S. 293). Vgl. aber M. Mandelbaum, *The Problem of Historical Knowledge*, Liveright, New York 1938, S. 254 und passim. Mandelbaum betrachtet die Reformation als Ereignis. Ich werde später für große, folgenreiche Ereignisse den Terminus »temporale Struktur« einführen.

9 Galileo Galilei, »Dialogo sopra i due massimi sistemi del mondo«, in: *Opere*, Edi. Naz., Florenz 1929–1939, VII, S. 129.

10 Ich weiß den Umtand zu würdigen, daß Unvollständigkeit bei Landkarten wichtig ist. »Denn wenn unsere Landkarte so groß und in jeder anderen Hinsicht gleich wie das in sie eingezeichnete Territorium wird – eigentlich schon lange bevor dies Stadium erreicht ist – dann ist dem Zweck einer Landkarte nicht länger gedient. So etwas wie eine ›ungekürzte‹ Landkarte gibt es nicht; denn Kürzung ist ein wesentlicher Vorgang beim Erstellen von

Landkarten.« (Nelson Goodman, »The Revision of Philosophy« in: Sidney Hook (Hrsg.), *American Philosophers at Work*, Criterion Books, New York 1956, S. 84.) Doch natürlich ist *diese* Landkarte keine stimmige Replik: der Unterschied zwischen einem Ereignis und seiner Beschreibung ist genauso groß wie der zwischen Pittsburg und einem bloßen Strich. Vor allem aber harrt der möglichen Verwendung, der meine »Landkarte« dienen soll, noch eine Vervollständigung.

11 Ich will damit nicht sagen, daß dies die *einzigen* Probleme seien, die Landkarten betreffen.

12 Benedetto Croce, *History: Its Theory and Practice*, passim.

13 In Ihrem Buch *Intention* (Basil Blackwell, Oxford 1957) hebt G. E. M. Anscombe hervor, daß es viele Beschreibungen einer Handlung gibt und daß eine Handlung nur einigen wenigen gemäß intentional ist. Ich halte dies für eine sehr wichtige Erkenntnis und möchte betonen, daß meine Gedanken hierzu direkt von Miss Anscombes Buch angeregt worden sind.

14 Alfred North Whitehead, *Adventures of Ideas*, Macmillan, New York 1933, S. 246 (dt. Übers. von E. Bubser, Suhrkamp, Theorie, Frankfurt 1971, Kap. XII).

15 Siehe Mandelbaum, op. cit., I. und IV. Kap.

16 Max Black, »Why Cannot an Effect Precede its Cause?«, *Analysis*, XVI (1956), S. 49–58.

16a Aus bekannten Gründen. Per definitionem sagt p eine notwendige Bedingung für q aus, wenn $\sim p \supset \sim q$. Doch dies ist äquivalent $q \supset p$. Und das wiederum ist stellvertretend für die Behauptung, daß q die zureichende Bedingung für p sei. Kurzum, wann immer p notwendige Bedingung für q ist, ist q eine zureichende Bedingung für p, und umgekehrt.

17 Obgleich natürlich der sogenannte mechanische Zustand eines physikalischen Systems s jeden anderen Zustand von s für jeden Wert von t determiniert – einschließlich aller zeitlich früheren Zustände von s.

18 N. R. Hanson würde argumentieren, daß wir nicht dasselbe sähen, das sie gesehen haben, daß sogar – sagen wir – ein zeitgenössischer Wissenschafts-Historiker und seine Frau, die nicht das mindeste Interesse an der Geschichte der Wissenschaft nimmt, nicht dasselbe sehen würden – abgesehen von der Gleichheit des Abbildes in der Retina –, wenn sie ihr Haus betrachten. Vgl. sein Buch *Patterns of Discovery*, insbesondere das 1. Kap.

19 Wenn zugegeben wird, daß B_i in die Reihenfolge $B_1 \ldots B_n$ gehört, die vorgezeichnet ist durch »tut R«, so zweifellos deswegen, weil es starke Anhaltspunkte dafür gibt, daß B_i im allgemeinen

zu *R* führt, oder daß ein Fehlschlag von B_i zu einem Scheitern von *R* führt. Wenn man allerdings von der Sprachgeschichte ausgehen will, mag sich sehr wohl erweisen, daß Projekt-Wörter in derselben Weise auf die verschiedensten Handlungen angewendet werden. Sobald jedoch Konvention ein Teil unserer Umgangssprache wird, folgt aus dem Zuschreiben von B_i nicht die Voraussage, daß *R*.

20 Eine ausführliche Auseinandersetzung damit ist nachzulesen in meinem Beitrag »Mere Chronicle and History Proper«, *Journal of Philosophy*, L (1953).

21 Cecil Woodham-Smith, *The Reason Why*, McGraw-Hill, New York 1954, S. 167.

22 Ibid. Man braucht nur wahllos ein Geschichtsbuch herauszugreifen, um Beispiele für diese Sprechweise zu finden. Etwa so: »In demselben Augenblick, als es den Anschein haben mußte, daß das Papsttum all seine Kräfte vereinen werde, um seinen Feinden Widerstand zu leisten, stürzte es sich selbst in jene Krise, die als das große Schisma bekannt geworden ist und die abendländische Christenheit vierzig Jahre lang in zwei Lager spalten sollte.« (Henri Pirenne, *History of Europe*, Anchor Books, New York 1956, II, S. 122.) »Ein beklagenswerter Zwischenfall ereignete sich, als Erasmus im Januar 1500 englischen Boden verließ... Dennoch hatte dieses Unglück einen großen Vorteil für die Welt und schließlich auch für Erasmus selbst. Ihm verdankt die Welt die *Adagia*; und er selbst ihm den Ruhm, der mit diesem Werk einsetzte.« (J. Huizinga, *Erasmus and the Age of Reformation*, Harper Torchbooks, New York 1958, S. 34 f.) »Und dennoch war dieser an sich so verabscheuungswürdige Handel von höchst weltgeschichtlicher Bedeutung. Diese samt ihren sektiererischen Seitenzweigen erstarrte und von aller Entwicklung abgeschnittene Kirche sollte eineinhalb Jahrtausende lang die Nationalitäten gegen den Druck der Barbaren zusammenhalten, ja selbst stellvertretend für die Nation sein, denn sie war stärker als Staat oder Kultur und überlebte sie daher beide. In ihr allein bewahrte sich das Wesen des Byzantinismus.« (Jakob Burckhardt, *Das Zeitalter Konstantins des Großen*, 1935; *The Age of Constantine the Great*, Anchor Books, New York 1954, S. 302.) »(Oresmes) Leistung war ein Schritt hin zur Erfindung der analytischen Geometrie und zur Einführung des Gedankens der Bewegung in die Geometrie, der der griechischen Geometrie fremd gewesen war.« (A. C. Crombie, *Augustine to Galileo: The History of Science: A. D. 400–1650*, Harvard University Press, Cambridge, Mass. 1953, S. 261.) Dieses letzte Beispiel (und sie ließen sich endlos fortführen) wird zitiert in einem

wichtigen Beitrag von Joseph T. Clark, »The Philosophy of Science and the History of Science«, in: Marshall Clagett (Hrsg.), *Critical Problems in the History of Science*, The University of Wisconsin Press, Madison, Wisconsin 1959, S. 127. Meine sämtlichen Zitate sind Beispielfälle dessen, was Father Clark *»die von oben bis unten geistesgeschichtliche Methode«* nennt, eine Methode, die besonders anfällig ist für das, was er als ›precursitus‹ bezeichnet (loc. cit., S. 103 und Anm. 2, S. 138). Precursitus (auch wenn es vielleicht eine etwas unglückliche Benennung ist) und die gesamte, von Father Clark charakterisierte Methode sind zurückführbar auf erzählende Beschreibung, eine Beschreibungsweise, deren Zeitstruktur ein »Von-Später-bis-Früher« ist.

23 »Die, so niemals denken, besitzen dennoch die Scharfsichtigkeit, alles, nachdem es ihnen gezeigt worden, in demjenigen, was sonst schon gesagt worden, aufzuspähen, wo es doch vorher niemand sehen konnte.« Immanuel Kant, *Prolegomena zu einer jeden künftigen Methaphysik, die als Wissenschaft wird auftreten können*, hrsg. v. K. Vorländer, Felix Meiner, Hamburg 1957, § 3, S. 22.

24 Henri Bergson, *La Pensée et le Mouvant*, Felix Alcan, Paris 1934, S. 23. Dieser Abschnitt wird zitiert bei Mandelbaum, op. cit., S. 29. Ich bin Prof. Mandelbaum dafür zu Dank verpflichtet, daß er mich besonders auf Bergsons Ausführungen aufmerksam gemacht hat.

25 Vielleicht zerfällt dieser Satz, obwohl er grammatikalisch gesehen einer ist, in eine Konjunktion, die als eines ihrer Konjunkte einen Satz im Futurum enthält. Er sagt folglich aus: (*a*) Aristarchus hat in *t*-1 dieses und jenes getan; und (*b*) Kopernikus wird dieses und jenes in *t*-2 tun; (*d*) dies und das hier ähnelt diesem und jenem. Aber (*b*) wechselt die Zeitform nach 1543, und das wiederum entspricht dem Argument, das ich weiter unten vortrage.

26 Das ist vielleicht zweifelhaft. Man denke etwa ans Lügen. Jemand hat die Absicht, *S* als Lüge darzustellen, doch ihm selber unbewußt spricht er einen wahren Satz aus. Sollen wir dann sagen, er habe in jedem Falle gelogen, da die Absicht zu lügen ausreichend sei, um *S* zu einer Lüge zu machen? Oder sollen wir sagen, daß er *versuchte* oder *beabsichtigte* zu lügen und es ihm nicht gelang? Ich würde letzteres sagen. Und entsprechend würde ich sagen, daß jener Mensch versuchte, eine Voraussage zu machen, und scheiterte. Doch das mag lediglich eine autoritative Verfügung meinerseits sein.

27 Selbst dies erfordert Vervollständigung und Erweiterung. Angenommen, *E* ereignet sich niemals, so daß ich in keinerlei temporaler Beziehung zu *E* stehen kann: ich unterstelle, daß es eine implizite Zeit-Begrenzung geben muß, z. B. in *t*-1 wird vorausge-

sagt, daß *E* in *t*-2 geschehen wird, so daß die vollständige Voraussage lauten müßte ›*E*-in-*t*-2‹. Wenn *E* nicht in *t*-2 geschieht, ist die Voraussage falsch gewesen. Doch offensichtlich können wir nicht stets derartige Spezifikationen machen. Ich könnte vorhersagen, daß ich sterben werde, doch abgesehen von besonders gelagerten Fällen ist mir der genaue Zeitpunkt verborgen.

28 Siehe weiter unten.

29 Ludwig Wittgenstein, *Philosophische Untersuchungen*, in: *Schriften I*, loc. cit., S. 536.

IX. Kapitel

1 Einige Historiker halten den Umstand natürlich für sehr glücklich, daß ihre zeitliche Distanz zu einem Ereignis ihnen eher einen Vorteil verschafft als daß sie etwas darstelle, wozu ihr Beruf sie verpflichte. Siehe etwa das folgende: »Il ne faut pas projeter indûment les développements ultérieurs sur la situation précédente, rendre par example Platon ›responsable‹ du scepticisme de la Nouvelle Académie, ni St. Augustin de Jansénius. Mais l'effort même qui me conduit à établir que la Jansénisme est un développement bâtard de l'Augustinisme m'aide puissamment à mieux comprendre ce dernier.« H.-I. Marrou, *De la Connaissance Historique*, Editions du Seuil, Paris 1959, S. 46 f.

1a Denn offenkundig ist es keine zureichende Bedingung für eine Handlung *a*, willkürlich (»frei«) zu sein, daß *a* bewußt intendiert war.

2 Gilbert Ryle, *Dilemmas*, Cambridge University Press 1956, S. 21.

3 Aristoteles' Gegner ist raffinierter als der Ryles. »Es macht keinen Unterschied, ob andere wirklich die entgegengesetzte Behauptung getan haben oder nicht. Denn es ist offenbar, daß die Umstände nicht beeinflußt sind durch die Tatsache einer Behauptung oder Leugnung von irgendjemandes Seite. Denn Ereignisse werden nicht stattfinden oder nicht nicht stattfinden, weil festgestellt wurde, daß sie stattfinden oder nicht stattfinden würden, noch ist dies in stärkerem Maße der Fall, wenn diese Voraussage zehntausend Jahre oder jede beliebige Zeitspanne weit zurückreicht. Wenn demgemäß durch alle Zeit die Natur der Dinge so beschaffen war, daß eine Voraussage über ein Ereignis wahr gewesen ist, dann ist es für alle Zeit notwendig, daß jene Voraussage in Erfüllung geht.« Aristoteles, *De Interpretatione*, 18 b–19 a.

4 Denis Diderot, *Jacques le Fataliste*, Bibliothèque Mondiale, Paris o. J., S. 19.

5 Ibid.

6 »Doch diese Auffassung führt zu einer unmöglichen Schlußfolge-

rung; denn wir sehen, daß sowohl Überlegung (Denken) wie Handeln hinsichtlich der Zukunft verursachend sind und daß, noch allgemeiner gesprochen, bei jenen Dingen, die nicht kontinuierlich wirklich sind, eine Potentialität nach beiden Richtungen besteht.« Aristoteles, op. cit., 19 a.

7 Dieser Schritt wird nahegelegt, wie auch der Hauptteil meiner allgemeinen Darstellung dieses Argumentationsstranges bisher gezeigt hat, durch die interessante Erörterung bei Colin Strange, »Aristoteles and the Sea Battle«, *Mind*, LXIX (1960), S. 463. Ich muß allerdings darauf hinweisen, daß meine Argumentation von hier an erheblich von derjenigen Stranges abweicht und daß mir viel mehr daran gelegen ist, Aristoteles zu rekonstruieren, als seinen Opponenten zu widerlegen. D. h. wenn der Gegner nicht Recht behält, bleibt dennoch das Problem, eine positive Darstellung zu geben, was ich hiermit beabsichtige.

7a Richard Taylor, »The Problem of Future Contingencies«. *Philosophical Review*, LXVI (1957), S. 3. Taylor bietet in Anm. 2 eine gute Bibliographie des Diskussionsstandes aus jüngster Zeit, und ein Teil, aber auch nur ein Teil, der gegenwärtigen Analyse ist m.E. vergleichbar mit Taylors eigenen, vorzüglichen Darlegungen.

8 *De Interpretatione*, 18 b.

9 Ibid.

10 D. h. obwohl weder »*s* wird *F* sein« noch »*s* wird nicht *F* sein« wahr oder falsch ist, ist dennoch die *Disjunktion* beider wahr. So wie ich sie hier formuliere, muß sie nicht notwendig wahr sein. Angenommen, es fände morgen eine Seeschlacht statt, so könnten wir sagen, daß sie schicksalhaft entscheidend für die eine Partei sein werde – oder auch nicht. Doch es muß nicht schicksalhaft oder sonstwie sein, wenn sich herausstellen sollte, daß keine Seeschlacht stattfindet. Gewiß, der Satz »Morgen wird eine Seeschlacht sein oder es wird morgen keine Seeschlacht geben« ist vielleicht notwendig wahr (vorausgesetzt, beide beziehen sich auf dasselbe »Morgen« und dieses Morgen tritt tatsächlich ein).

11 D. h. wenn *S* stattgefunden hat.

12 D. h. wenn *S* wirklich stattgefunden hat, war *S* entweder Teil von *F* oder nicht-*F*.

13 Siehe die vorzügliche Erörterung bei A. N. Prior, *Formal Logic*, Clarendon Press, Oxford 1955, Teil III, Kapitel II, Abschnitt 2.

14 Richard Taylor, loc. cit., S. 26.

1 C. G. Hempel, »The Funktion of General Laws in History«, *Journal of Philosophy*, XXXIX (1942). Kürzlich wiederabgedruckt, doch ich werde mich beziehen auf P. Gardiner (Hrsg.), *Theories of History*. Es ist wohl gerecht, wenn man sagt, daß nahezu alles, was seither zu diesem Gegenstand veröffentlicht worden ist, vorstrukturiert ist durch Hempels originelle Fassung des Problems, ob die Autoren nun mit ihm übereinstimmen oder nicht. Eine Bibliographie der einschlägigen Nachkriegs-Literatur findet sich bei John C. Rule, »Bibliography of Works in the Philosophy of History, 1945–1957«, veröffentlicht als Beiheft 1 zu *History and Theory* (1961).

2 Es möchte scheinen, als könne man schwerlich (3) für sicheren Boden erklären und dann dazu übergehen, (1) zu leugnen: denn wie soll man sich vergewissern, daß die Erklärungen der Historiker wirklich keine allgemeinen Gesetze enthalten, wenn – vorausgesetzt, (1) sei falsch – es keine derartigen Erklärungen gibt? (Wenn (3) wahr ist, dann muß (1) und folglich auch (2) falsch sein.) Wenn jedoch manche Leute (3) als wahr behaupten und (1) leugnen, dann beziehen sie zureichende Einschränkungen in ihre Überlegungen mit ein, die dies gestatten, wie sich in der folgenden Erörterung erweisen wird.

3 Ich spreche lieber von Historischen Idealisten als von Historisten, denn dieses Wort ist entweder allzu vage bestimmt oder lehnt sich allzu eng an den Gebrauch an, den K. R. Popper davon macht, dessen Auffassungen ich möglichst isoliert behandeln will, da sie von eigentümlicher Originalität sind.

4 C. G. Hempel und P. Oppenheim, »The Logic of Explanation«, *Philosophy of Science*, XV (1948). Wiederabgedruckt bei H. Feigl und M. Brodbeck, *Readings in Philosophy of Science*, Appleton & Crofts, New York 1953.

5 C. G. Hempel, »The Function of General Laws in History«, loc. cit, S. 351.

6 Siehe Karl Popper, *The Poverty of Historicism*, Beacon Press, Boston 1957, S. 144 und passim.

7 Michael Scriven, »Truisms as Grounds for Historical Explanations«, in: P. Gardiner (Hrsg.), *Theories of History*; und »Explanations, Predictions and Laws«, in: H. Feigl und G. Maxwell (Hrsg.), *Scientific Explanation, Space, and Time*, Minnesota Studies in the Philosophy of Science, Bd. III, University of Minnesota Press, Minneapolis 1962, S. 170 ff.

8 K. R. Popper, *The Open Society and its Enemies*, Princeton University Press, Princeton 1930, S. 448 ff. »Wenn wir zum Beispiel

die erste Teilung Polens von 1772 damit erklären, daß wir hervorheben, Polen habe unmöglich der kombinierten Macht Rußlands, Preußens und Österreichs standhalten können, so wenden wir stillschweigend ein triviales allgemeines Gesetz an, daß etwa lauten könnte: ›Wenn von zwei Armeen, die etwa gleich gut bewaffnet und geführt sind, die eine über eine gewaltige Übermacht an Soldaten verfügt, so kann die andere niemals gewinnen ...‹ Ein solches Gesetz könnte man beschreiben als ein Gesetz der Soziologie militärischer Macht; doch es ist allzu trivial, um für Soziologen ernstlich Probleme aufzuwerfen oder ihre Aufmerksamkeit auf sich zu lenken.«

9 Ernest Nagel, *The Structure of Science*, Harcourt Brace & World, New York 1961, passim.

10 William Dray, *Laws and Explanations in History*, Oxford University Press, Oxford 1957, S. 57.

11 Gewiß, daß ein Ereignis durch ein Gesetz abgedeckt sein kann und daß die Beschreibung eines Ereignisses von explanatorischen Prämissen abgeleitet werden kann, die ein allgemeines Gesetz enthalten, diese beiden Aussagen könnten als zwei distinkte Thesen betrachtet werden. Sie werden als solche behandelt von Alan Donagan in: »The Popper-Hempel Theory of Historical Explanation«, *History and Theory*, IV, 1 (1964). Donagan verteidigt den deduktivistischen Ansatz, verwirft aber das Theorem vom »deckenden Gesetz«.

12 Dray, op. cit., S. 66 ff.

13 Siehe z. B. William Dray, »›Explaining What‹ in History«, in: P. Gardiner (Hrsg.), *Theories of History*.

14 Ein ähnliches Argument vgl. bei J. Passmore, »Explanation in Everyday Life, in Science, and in History«, *History and Theory*, II (1962), 2.

15 Denn wenn das Explanans *Es* wahr sein könnte, während gleichzeitig das Explanandum *Em* falsch wäre, in welchem Sinn hätten wir dann wohl *Em* in bezug auf *Es* erklärt? Damit ist natürlich nicht hinlänglich bewiesen, daß eine Erklärung eine deduktive Operation erfordert, sondern lediglich, wie wir, wenn dem nicht Genüge getan ist, überhaupt von irgendeiner Art der Erklärung sprechen können.

16 Hempel and Oppenheim, »The Logic of Explanation«, loc. cit., III, Abschnitt 6.

17 Ganz eindeutig bei Israel Scheffler, »Explanation, Prediction, and Abstraction«, *British Journal for the Philosophy of Science*, VII (1957), S. 28. Wiederabgedruckt in: A. Danto and S. Morgenbesser (Hrsg.), *Philosophy of Science*, S. 274 ff.

18 Siehe Alan Donagan, loc. cit., Abschnitt 7. Donagan ist meines Erachtens kein Historist.

19 Alan Donagan, »Explanation in History«, *Mind*, LXVI (1957). Wiederabgedruckt bei P. Gardiner (Hrsg.), *Theories of History* (siehe S. 430).
20 In dieser Beziehung ist es nicht leicht zu erkennen, wie Donagan übereinstimmend mit seiner Annahme, daß Historiker erklären, laufend vom Erfordernis der Deduktion sprechen und gleichzeitig das zweite Erfordernis, das »deckende Gesetz«, ablehnen kann.

XI. Kapitel

1 Patrick Gardiner, *The Nature of Historical Explanation*, Oxford University Press, Oxford 1952.
2 Ernest Nagel, *The Structure of Science*, S. 564 ff.
3 Ibid., S. 565.
4 Bertrand Russell, »On the Notion of Cause, with Applications to the Free-Will Problems«, in: H. Feigl and M. Brodbeck (Hrsg.), *Readings in Philosophy of Science.*
5 C. G. Hempel, »The Function of General Laws in History«, loc. cit., S. 346.
6 Wo wir, meiner eigenen Terminologie zufolge, vom *begrifflichen* zum *dokumentarischen* Beweis übergehen.
7 C. V. Wegdwood, *The Thirty Years War*, Penguin Books, 1957, S. 167.
8 G. M. Trevelyan, *England under the Stuarts*, New York 1906. Zitiert bei Nagel, op. cit., S. 564–65.
9 Siehe A. Danto, »On Historical Questioning«, loc. cit.
10 Daher kann man nicht sagen, daß Ludwig XIV. vom Volke ungeliebt gestorben sei, weil er vergiftete Langusten gegessen habe: denn *das* erklärt nur, warum er *starb*. Tatsächlich würde dieser Umstand nicht einmal Eingang in eine Erklärung dafür finden, warum er als unpopulärer Mann gestorben sei.
11 W. B. Gallie, »Explanations in History and the Genetic Sciences«, wiederabgedruckt in: Gardiner (Hrsg.), *Theories of History*, S. 368 ff.

XII. Kapitel

1 Der Titel »Andere Zeiten« (»Other Dates«) ist – anders als »Andere denkende Wesen« (»Other Minds«) – kein philosophischer Gemeinplatz. Ich entlehne ihn von Ronald Butlers Aufsatz »Other Dates«, *Mind*, 68, 269 (Januar 1959), S. 16–33. Das Problem selbst behandle ich in Kapitel V dieses Buches.

XIII. Kapitel

1 J. W. N. Watkins, »Historical Explanation in the Social Sciences«, *British Journal for the Philosophy of Science* (1957). Wiederabgedruckt in: Gardiner (Hrsg.), *Theories of History*. Die Seitenzahlen beziehen sich auf diese Ausgabe. Der zitierte Abschnitt findet sich auf S. 505.

2 H.-J. Marrou, *De la Connaissance Historique*, Editions du Seuil, Paris 1959, S. 177. Genau gesehen ist der zitierte Satz durchweg falsch: die Erfahrung liefert Beispiele für Massen von Organismen, die nicht menschliche Individuen sind. Sie bietet uns in der Tat Beispiele von Organismen, die andere Organismen als Teil ihrer selbst in sich enthalten. Es ist ein strittiger Punkt, ob sie uns mit Beispielen von Organismen versieht, die Menschen als Teil ihrer selbst in sich enthalten. Doch gewiß ist es einzig dieser Punkt, um den es Marrou geht.

3 Ibid.

4 Watkins, loc. cit., S. 505.

5 C. V. Wedgwood, *The Thirty Years War*, Pelican Books 1957, S. 339.

6 Ibid., S. 339 f.

7 Ibid.

8 Ibid.

9 Watkins, loc. cit., S. 511.

10 H.-J. Marrou, op. cit., S. 177. Vgl. S. 163 ff.

11 Watkins, loc. cit., S. 505.

12 Die Literatur über Methodologischen Individualismus ist gewichtig, doch einer Vielzahl von Arbeiten ist es nicht gelungen, gerade die Distinktionen zu treffen, die ich für entscheidend halte. Zum gesamten Hintergrund der Diskussion siehe Watkins frühere Arbeit »Ideal Types and Historical Explanation«, *British Journal for the Philosophy of Science* (1952); wiederabgedruckt bei H. Feigl and M. Brodbeck, *Readings in the Philosophy of Science* (New York, 1953). Kritisches findet sich bei M. Mandelbaum, »Societal Facts«, *British Journal for the Philosophy of Science* (1955); L. Goldstein, »The Inadequacy of the Principle of Methodological Individualism«, *Journal of Philosophy* (1956); E. Gellner, »Holism versus Individualism in History and Sociology«, *Proceedings of the Aristotelian Society* (1956). Die Arbeiten von Mandelbaum (die ich auf den Seiten 445 ff. erörtern werde) und Gellner sind beide nachgedruckt bei Gardiner, op. cit., wo auch ein kurzer Aufsatz – »Reply to Mr. Watkins« – von Gellner zu finden ist. Zur Ergänzung siehe auch die früheren Diskussionen. Siehe F. A. Hayaks zwei Bücher, *Individualism and the Economic Order*

und *The Counter Revolution of Science*, ebenso K. R. Popper, *The Open Society and its Enemies* und *The Poverty of Historicism.*

13 Daher ist K. R. Popper vollkommen im Recht, wenn er im 14. Kap. von *The Open Society and its Enemies* den Psychologismus scharf ablehnt und Methodischen Individualismus anempfiehlt, und Gellner befindet sich logisch im Irrtum, wenn er den Methodischen Individualismus vermittels einer Kritik am Psychologismus zu widerlegen versucht, in der Annahme, beide seien nicht voneinander zu unterscheiden. Siehe »Holism versus Individualism in History and the Social Sciences«, bei Gardiner, op. cit., S. 501 und Anm. 9.

14 Die Seitenangaben beziehen sich auf die Ausgabe von Gardiner.

15 Ibid., S. 479. Ich glaube nicht, daß das Adjektiv ›spezifisch‹ allein zur Ablehnung der Beziehung auf anonyme Individuen ausreichend ist.

16 Ibid., S. 478.

17 Ibid., S. 483.

18 Ibid.

19 Ibid., S. 468.

20 Ibid., S. 488. Ein philosophischer Puritaner würde heftigen Widerspruch gegen die Auffassung erheben, daß Tatsachen imstande seien zu interagieren oder daß Tatsachen miteinander in Konflikt geraten könnten. *Dinge* können interagieren, Dinge und Aussagen können in Konflikt geraten. Doch dieser wenig strenge Gebrauch des Wortes ›Tatsache‹ tut Mandelbaums Beweis keinen Abbruch, trifft ihn nicht im Kern und läßt sich leicht rekonstruieren.

21 Ibid., S. 481.

22 Ibid., S. 482. Würde die »theoretische Möglichkeit«, wenngleich »praktische Unmöglichkeit« einer derartigen Übersetzung nachgewiesen, so wäre dies »bedeutsam vom Standpunkt einer allgemeinen Ontologie«, würde jedoch meinen Nachweis der Autonomie der Gesellschaftswissenschaften unberührt lassen.

23 Watkins, »Historical Explanation in the Social Sciences«, S. 509.

24 Ibid.

25 Siehe insbesondere das 2. Kapitel seines Buches *The Structure of Science: Problems in the Logic of Scientific Explanation*, Harcourt, Brace & World, New York 1961.

26 »Was ich als das eigentliche Problem ansehe, ist etwa folgendes: Sozialwissenschaftler lassen sich grob und mit einiger Gewaltsamkeit in zwei Hauptgruppen aufteilen: jene, die soziale Prozesse sich als sozusagen aus eigener Kraft fortbewegend denken, entsprechend ihrer eigenen Natur und ihrer Gesetze, die Menschen, die in sie verstrickt sind, mit sich fortreißend; und jene, die soziale

Prozesse als das komplizierte Ergebnis des Verhaltens von Menschen ansehen.« J. W. N. Watkins, persönlicher Brief vom 11. Januar 1962.

Register

[Verweise auf Anmerkungen sind mit der (römischen) Zahl des Kapitels und der (arabischen) Nummer der Anmerkung angeführt.]

Theorie

Herausgegeben von
Jürgen Habermas, Dieter Henrich und Jacob Taubes
Redaktion Karl Markus Michel

Gruppe III

Im Zusammenhang mit moderner Logik und Bedeutungstheorie hat die Analyse wissenschaftlicher Erkenntnisverfahren zu theoretischen Konzeptionen größter Allgemeinheit geführt, unter anderem bei Peirce, Carnap, Popper und Morris. Im Anschluß an sie ist unter dem Namen ›Wissenschaftstheorie‹ (philosophy of science) eine neue Disziplin entstanden, die das Verständnis einzelwissenschaftlicher Methoden schnell differenziert hat. Aufgrund einer Orientierung durch Methodologie konnte auch die Wissenschaftsgeschichte die Epochen und Wandlungen der Wissenschaft angemessener analysieren.
Die »Theorie« publiziert grundlegende Texte und wichtige neue Arbeiten aus diesen Gebieten. Bände mit Aufsätzen aus Kontroversen und über Probleme allgemeineren Interesses sollen folgen, – etwa über ›theoretische Begriffsbildung‹, den Strukturbegriff, operationale Semantik.

Dilthey, Wilhelm
Der Aufbau der geschichtlichen Welt in den Geisteswissenschaften. Einleitung von Manfred Riedel. 1970. 404 S.

Foucault, Michel
Archäologie des Wissens. Aus dem Französischen von Ulrich Köppen. 1973. 300 S.

Hermeneutik und Ideologiekritik
Beiträge von K.-O. Apel, C. v. Bormann, R. Bubner, H.-G. Gadamer, H. J. Giegel, J. Habermas. 1971. 318 S. (Theorie-Diskussion)

Schnädelbach, Herbert
Erfahrung, Begründung und Reflexion. Versuch über den Positivismus. 1971. 250 S.

Sebag, Lucien
Marxismus und Strukturalismus. Aus dem Französischen von Hans Naumann. 1967. 332 S.

Hans Blumenberg
Schiffbruch mit Zuschauer

Paradigma einer Daseinsmetapher
stw 289. Etwa 100 Seiten

Was sich der Anstrengung des Begriffs entzieht, ist in jeder Kultur der langwierigen Arbeit an den Bildern überliefert: der Blick auf das Ganze von Wirklichkeit, Welt, Leben und Geschichte. In den großen Metaphern und Gleichnissen schlägt sich nieder, wird abgewandelt und ausgebaut, was an imaginativer Orientierung gewonnen wurde. Eine der immer präsenten Prägungen ist die vom Leben als Seefahrt. Sie umspannt Ausfahrt und Heimkehr, Hafen und fremde Küste, Ankergrund und Navigation, Sturm und Windstille, Seenot und Schiffbruch, nacktes Überleben und bloßes Zuschauen. Die Metapher gibt sowohl den Umriß eines Ganzen von vielen Bedingungen und Möglichkeiten als auch die Grenzwerte des nahezu Unmöglichen, das allen anderen im besten Falle als Seemannsgarn angeboten wird. Die See zu befahren ist Metapher für den Lebensgang geworden, obwohl es nie das Normale und ›Landläufige‹ gewesen war, vielmehr immer Überschreiten einer Grenze zum nicht Geheueren und Unheimlichen hin. Fragen heften sich an das Bild des Überlebenden: Was bleibt jenseits des Schiffbruchs? Was lohnt es, durch ihn hindurch gerettet zu werden? Was läßt die Geschichte in ihren Untergängen Bestand behalten? Und dann die immer naheliegende, verführerische Wendung: Kann man nicht daheim im Hafen und Zuschauer bleiben? Gibt es die festen Standpunkte für den, der sich heraushalten will, den Kommentator, der die Chance hat, recht zu behalten? Gibt es geschichtliche Bedingungen für die Schwierigkeiten, die es dem Genossen seiner Zeit verwehren, ihr Zuschauer zu bleiben?
Das Buch nimmt das 1960 in den »Paradigmen zu einer Metaphorologie« vorgelegte und seither weiter entwickelte Programm erneut auf. Die Beschreibung und Analyse der nautischen Daseinsmetapher wird in den Rahmen einer ›Theorie der Unbegrifflichkeit‹ gestellt. Sie widersetzt sich der unablässigen Steigerung der Abstraktionen, die alle Gebiete der Humantheorie beherrschen und von ihren lebensweltlichen Ausgangslinien und Obligationen wegzureißen drohen, wenn nicht schon weggerissen haben.

Hans Blumenberg
Die Genesis der kopernikanischen Welt

804 Seiten

Ein Jahrzehnt Astronautik hat eine ›vorkopernikanische‹ Überraschung gebracht: die Erde ist eine kosmische Ausnahme. Das Universum scheint voller Wüsten zu sein. Die photographische Fernaufklärung im Planetensystem hat nichts als narbige Kraterwelten, stickige Gluthöllen, alle Arten von ausgeklügelten Lebenswidrigkeiten enthüllt. Inmitten dieser enttäuschenden Himmelswelt ist die Erde nicht nur ›auch ein Stern‹, sondern der einzige, der diesen Namen zu verdienen scheint.
Es ist die irritierende Umkehrung von Erwartungen der Aufklärung. Sie glaubte sich in einem Universum bewohnbarer Welten und vernünftiger Wesen. Es entsprach der kopernikanischen Konsequenz, daß die irdischen Bedingungen der Vernunft keine bevorzugten, eher provinzielle sein konnten. Der Rückstand gegenüber dem kosmischen Standard sollte durch Fortschritt aufgehoben, die Mitgliedschaft in der sternenweiten Kommunität durch Würdigkeit erworben werden. Die Vernunft durfte nicht einsam, nicht den faktischen Bedingungen ihrer irdischen Geschichte ausgeliefert sein.
Es schien, als könne niemals eine Erfahrung diesen Mythos der kosmischen Intersubjektivität zerstören. Aber es ist ein adäquater Schritt des Kopernikanismus als des großen Überwinders menschheitlicher Selbsttäuschungen, seine eigenen frühen Illusionen mit den Mitteln zu überwinden, die er in eine Welt gebracht hat, deren Homogenität und Durchquerbarkeit in seiner Konsequenz lag. Auch nüchterne Köpfe, die von der Rückseite des Mondes nicht viel Neues erwartet hatten, empfanden noch die Enttäuschung alter Erwartungen, als die automatischen Kundschafter aus dem Weltall nicht einmal ein wenig Grün, keine Anzeichen von niedrigstem Leben auf den bewunderten Sternen der Kindheit zu vermuten übrigließen.
Immer wieder in den Jahrhunderten nach Kopernikus entdeckte man, nach der Formel des Astronomen Lambert, daß man ›noch lange nicht genug kopernikanisch‹ geworden sei. Die kopernikanische Welt ist eine unvollendete: immer wieder sieht es so aus, als könne die Stellung des Menschen im Universum nun nicht exzentrischer mehr ge-

dacht werden. Immer wieder ist es ihre Illusion, bei der Zerstörung der letzten ihrer Illusionen angekommen zu sein. Immer noch wissen wir nicht bis zur Neige, was das Wort Goethes in seinem letzten Lebensjahr zum Kanzler Müller bedeutete, dieses sei »die größte, erhabenste, folgenreichste Entdeckung, die je der Mensch gemacht hat; in meinen Augen wichtiger als die ganze Bibel«.

Eine »Genesis der kopernikanischen Welt« kann kein isoliertes Stück Wissenschaftsgeschichte sein. Sie nimmt ein wissenschaftliches als ein anthropologisches Ereignis. Sie muß davon sprechen, wie ein peripheres Bewußtsein sich selbst auf die Spur dessen kommt, dies zu sein. Das ist die Zweideutigkeit des Himmels: er vernichtet unsere Wichtigkeit durch seine Größe, aber er zwingt uns auch durch seine Leere, nicht anderes wichtiger zu nehmen als uns selbst. Die Paradoxie einerseits jener Vernichtung, von der Kant gesprochen hat, und andererseits dieses Selbstbewußtseins, von dem er gleichfalls gesprochen hat, spannt die kopernikanische Welt zum Zerreißen an. Kann im Konvergenzpunkt ihrer Prozesse eine neue Eindeutigkeit stehen? Der bestürzende Verdacht, daß alles nur Wüste sei mit der einzigen Ausnahme dieser tellurischen Oase, könnte alle Intentionen auf die Erde verweisen als auf das Zentrum aller möglichen Vernunftinteressen, das selbst die Fluchtlinien der Astronautik zu sich zurückzwingt und sie zur Episode der Menschheitsgeschichte macht.

Der Betrachter des Himmels ist gepackt von der Unwahrscheinlichkeit seiner eigenen Daseinsbedingungen, ausgenommen zu sein von den Schrecknissen der kosmischen Strahlungen und Teilchenschauer.

In der Genesis der kopernikanischen Welt ist dem Menschen keine neue ›Stellung im Kosmos‹ definiert worden; aber sie macht es ihm dringend, eine solche zu definieren.

Die »Frankfurter Rundschau« schrieb zu diesem Werk u. a.: »Die kopernikanische Welt scheint geplatzt. In der paradoxen, ptolemäischen Konsequenz der kopernikanischen Kosmologie, die die Erde zum Stern unter Sternen machte, bekommt die Erde eine neue Sonderstellung. ›Die kosmische Oase, auf der der Mensch lebt, dieses Wunder von Ausnahme, der blaue Eigenplanet inmitten der enttäuschenden Himmelswüste, ist nicht mehr ›auch ein Stern‹, sondern der einzige, der diesen Namen zu verdienen scheint‹ (S. 793). Das ist Blumenbergs Resultat aus Kopernikanismus und seiner letzten Folgeerscheinung, der Astronautik.

Das Buch von der Genesis der kopernikanischen Welt zeigt auch ihr Ende an. Blumenbergs Kadenz der Frage nach dem Verhältnis von Mensch und Kosmos scheint voltairisch: ›Il faut cultiver notre jardin.‹ Aber in einer solch brillanten Weise auf die Sonderstellung des Menschen in der Welt, die unter Verzicht auf seine alte, kosmologisch definierte Würde neu begründet werden muß, hingewiesen zu haben, ist ein wissenschaftsgeschichtliches Ereignis.«

Hans Blumenberg
Die Legitimität der Neuzeit

Erweiterte Neuausgabe. Drei Bände in Kassette.
Band 1: Säkularisierung und Selbstbehauptung, stw 79.
Band 2: Der Prozeß der theoretischen Neugierde, stw 24.
Band 3: Aspekte der Epochenschwelle, stw 174

Die Bände dieser Kassette versammeln Blumenbergs Arbeiten zur Herkunft und Konstitution des Zeitalters, das sich zur ›Neuzeit‹ erklärte. Die in den Jahren 1973–76 zunächst getrennt wieder vorgelegten Teile der 1966 erschienenen »Legitimität der Neuzeit« sind in dieser durchgehend erneuerten und erweiterten Ausgabe zusammengefaßt. Sie dokumentiert damit zugleich den Stand des in einem Jahrzehnt unter Widerspruch und Zustimmung weiter vorangetriebenen Versuchs zu einer phänomenologischen Historik, die erfassen will, in welchen Prozeßformen und -intensitäten, in welchen Grundmustern von Rationalität Geschichte sich formiert.
Unter der übergreifenden Fragestellung nach der ›Legitimität‹ analysieren die einzelnen Teile in sich geschlossene Themenkomplexe zur Konstitution der Neuzeit anhand einer Kritik des Grundbegriffs der ›Säkularisierung‹, mit dem sich das Selbstverständnis der Moderne sowohl freisetzen als auch seiner rückwärtigen Bindungen versichern wollte, wird nach den Bedingungen für die Herauslösung einer Epoche aus ihren Vorgegebenheiten gefragt. Es ist, für das Verhältnis von Mittelalter und Neuzeit, der Prozeß der humanen Selbstbehauptung gegen einen theologischen Absolutismus *(»Säkularisierung und Selbstbehauptung«)*. In diesen Vorgang gibt einen detaillierten Einblick

die Darstellung des Wertungswandels der theoretisch-wissenschaftlichen Neugierde. Der Rahmen ist dabei weit gespannt, von der Antike bis zur Psychoanalyse, von Sokrates bis zu Feuerbach und Freud *(»Der Prozeß der theoretischen Neugierde«)*. Der letzte Teil verschärft noch einmal den Zugriff auf die Logik des Epochenwandels durch die Wahl des Doppelaspekts der Systeme von Welt- und Menschenansicht des Nikolaus von Cues und des Giordano Bruno: die Sorge um das Vergehende und der Triumph über das Anbrechende entfalten ihre elementare Differenz auf dem Boden der noch gemeinsamen metaphysischen Großfragen *(»Aspekte der Epochenschwelle«)*. Das Ganze des Werks sucht die sich formierende Neuzeit aus den Antrieben zu erfassen, die aus dem Zusammenbruch des Mittelalters herkamen und zu einem seinen Erwartungen strikt entgegengesetzten Konzept führten. Das obligate Thema des Gesamtwerks ist das Verhältnis von Vernunft und Geschichte. Nachdem die europäische Aufklärung wiederholt überrascht und betroffen vor dem Scheitern ihrer vermeintlich letzten Anstrengungen gestanden hat, muß sie sich statt der Zuflucht in sanfte und unsanfte Romantizismen die Analyse ihrer offenen und heimlichen Voraussetzungen, also Aufklärung über die Aufklärung, verschaffen. Seit Kant wissen wir – um es immer wieder zu vergessen –, daß die Kritik der Vernunft nicht nur eine *durch* Vernunft, sondern auch eine *an* der Vernunft ist und bleiben wird.

Alphabetisches Verzeichnis der suhrkamp taschenbücher wissenschaft